U0918669

中国社会科学院创新工程学术出版资助项目

中国哲学社会科学学科发展报告

当代中国经济学理论研究
（1949—2009）

STUDIES ON ECONOMICS THEORY OF CONTEMPORARY CHINA

张卓元 ● 主编

中国社会科学出版社

图书在版编目（CIP）数据

当代中国经济学理论研究（1949—2009）/张卓元主编．—北京：中国社会科学出版社，2009.9（2011.12重印）

（《中国哲学社会科学学科发展报告》）

ISBN 978-7-5004-8137-9

Ⅰ.①当… Ⅱ.①张… Ⅲ.①经济思想史—研究—中国 Ⅳ.①F092

中国版本图书馆CIP数据核字（2009）第160711号

责任编辑　卢小生
责任校对　王兰馨
封面设计　郭蕾蕾
技术编辑　李　建

出版发行　中国社会科学出版社　　出版人　赵剑英
社　　址　北京鼓楼西大街甲158号　　邮　编　100720
电　　话　010-64073835（编辑）　64058741（宣传）　64070619（网站）
　　　　　010-64030272（批发）　64046282（团购）　84029450（零售）
网　　址　http://www.csspw.cn（中文域名：中国社科网）
经　　销　新华书店
印　　刷　北京市大兴区新魏印刷厂　　装　订　廊坊市广阳区广增装订厂
版　　次　2009年9月第1版　　印　次　2011年12月第2次印刷
开　　本　710×1000　1/16　　插　页　2
印　　张　43
字　　数　701千字
定　　价　95.00元

《中国哲学社会科学学科发展报告》编辑委员会

总　序

当今世界正处于前所未有的激烈的变动之中，我国正处于中国特色社会主义发展的重要战略机遇期，正处于全面建设小康社会的关键期和改革开放的攻坚期。这一切为哲学社会科学的大繁荣大发展提供了难得的机遇。哲学社会科学发展目前面对三大有利条件：一是中国特色社会主义建设的伟大实践，为哲学社会科学界提供了大有作为的广阔舞台，为哲学社会科学研究提供了源源不断的资源、素材。二是党和国家的高度重视和大力支持，为哲学社会科学的繁荣发展提供了有力保证。三是“百花齐放、百家争鸣”方针的贯彻实施，为哲学社会科学界的思想创造和理论创新营造了良好环境。

国家“十二五”发展规划纲要明确提出：“大力推进哲学社会科学创新体系建设，实施哲学社会科学创新工程，繁荣发展哲学社会科学。”中国社会科学院响应这一号召，启动哲学社会科学创新工程。哲学社会科学创新工程，旨在努力实现以马克思主义为指导，以学术观点与理论创新、学科体系创新、科研组织与管理创新、科研方法与手段创新、用人制度创新为主要内容的哲学社会科学体系创新。实施创新工程的目的是构建哲学社会科学创新体系，不断加强哲学社会科学研究，多出经得起实践检验的精品成果，多出政治方向正确、学术导向明确、科研成果突出的高层次人才，为人民服务，为繁荣发展社会主义先进文明服务，为中国特色社会主义服务。

实施创新工程的一项重要内容是遵循哲学社会科学学科发展规律，完善学科建设机制，优化学科结构，形成具有中国特色、结构合理、优势突出、适应国家需要的学科布局。作为创新工程精品成果的展示平台，哲学社会科学各学科发展报告的撰写，对于准确把握学科前沿发展状况、积极推进学科建设和创新来说，是一项兼具基础性和长远性的重要工作。

中华人民共和国成立以来，伴随中国社会主义革命、建设和改革发展的历史，中国特色哲学社会科学体系也处在形成和发展之中。特别是改革开放以来，随着我国经济社会的发展，哲学社会科学各学科的研究不断拓展与深化，成就显著、举世瞩目。为了促进中国特色、中国风格、中国气派的哲学社会科学观念、方法和体系的进一步发展，推动我国哲学社会科学优秀成果和优秀人才走向世界，更主动地参与国际学术对话，扩大中国哲学社会科学话语权，增强中华文化的软实力，我们亟待梳理当代中国哲学社会科学各学科学术思想的发展轨迹，不断总结各学科积累的优秀成果，包括重大学术观点的提出及影响、重要学术流派的形成与演变、重要学术著作与文献的撰著与出版、重要学术代表人物的涌现与成长等。为此，中国社会科学出版社组织编撰“中国哲学社会科学学科发展报告”大型连续出版丛书，既是学术界和出版界的盛事，也是哲学社会科学创新工程的重要组成部分。

《中国哲学社会科学学科发展报告》分为两个子系列：《年度综述》和《前沿报告》。《年度综述》按一级学科分类，每年度发布，《前沿报告》每三年发布，并都编撰成书陆续出版。学科《年度综述》内容包括本年度国内外学科发展最新动态、重要理论观点与方法、热点问题，代表性学者及代表作；学科《前沿报告》内容包括学科发展的总体状况，三年来国内外学科前沿动态、最新理论观点与方法、重大理论创新与热点问题，国内外学科前沿的主要代表人物和代表作。每部学科发展报告都应当是反映当代重要学科学术思想发展、演变脉络的高水平、高质量的研究性成果；都应当是作者长期以来对学科跟踪研究的辛勤结晶；都应当反映学科最新发展动态，准确把握学科前沿，引领学科发展方向。我们相信，该出版工程的实施必将对我国哲学社会科学诸学科的建设与发展起到重要的促进作用，该系列丛书也将成为哲学社会科学学术研究领域重要的史料文献和教学材料，为我国哲学社会科学研究、教学事业以及人才培养作出重要贡献。

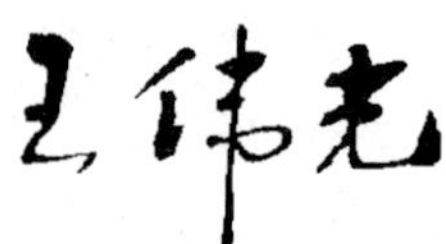

目　录

前　言

2009年，我们迎来了新中国成立60周年。本书是专门为庆祝祖国60周年大庆而作的。

本书是在2008年中国社会科学出版社出版的《中国经济学30年(1978—2008)》一书基础上重新组织编写而成的。内容不限于涵盖改革开放30年，还包括从新中国成立起直到2008年国际金融危机冲击下中国经济学的研讨与创新。涉及的领域也有扩展，增加了社会保障体系、转型经济学、经济增长等章节。尽管如此，本书总体上仍主要论述新中国成立以来我国经济学界关于理论经济学的研讨与创新，但没有包括一些应用经济学的发展。

本书力求按学术史要求写作，但限于作者能力和时间，做得还不够或有许多不足之处。以后如有机会，争取能做得好一些。这也是本书作者特别是主编的愿望。

新中国成立60年，中国经济建设取得令全世界惊叹的辉煌成就，年均GDP增速以1952年为基数达到8.1%，其中1978—2008年年均达9.8%，2007年起已跃居世界第三大经济体，2008年人均GDP按当年汇率计算已超3000美元。辉煌的业绩意味着中国经济建设的经验特别丰富，经济增长模式和道路高人一筹。中国经济学的繁荣和发展，正是植根于这一特别肥沃的土地上。我们在梳理与概括中国经济学60年的研讨与创新过程中，充满着自豪和憧憬更加美好未来的心情。

限于作者水平，本书定有不妥和不足之处，敬希读者不吝指正。

第一章

导论　中国经济学60年的六大进展

从1949年新中国成立到现在，已60年。在中国共产党的领导下，由于推翻了三座大山的黑暗统治，建立了人民当家做主的人民共和国，并逐步走上社会主义的康庄大道。中国经过60年的发展，国家的社会经济面貌发生了翻天覆地的变化，被全世界公认是经济发展最快的国家，创造了“中国的奇迹”。目前已跃居世界第三大经济体，2008年人均GDP已达3300美元。中国正在加快推进工业化和城市化，全面建设小康社会，预计再过40年，到新中国成立100周年时，基本实现现代化，进入中等发达国家行列。

在这一历史巨变过程中，中国经济学得到了空前的发展和繁荣。一方面，新中国经济建设的大规模开展和经验的大量积累，为经济学家的研究工作提供了肥沃的土壤和丰富的营养；另一方面，党的尊重知识、尊重人才的政策和“百花齐放、百家争鸣”的方针，为中国经济学家施展才能提供了最广阔的舞台。中国经济学在现实需求的推动和良好环境的鼓励下，在服务于国家的社会主义现代化建设的宏伟实践中，呈现出百花竞开的一派繁荣景象。

以下是根据笔者的研究和观察，以及50多年亲身参与一些经济学热点问题讨论的体会，概括出中国经济学主要是理论经济学60年来的六大进展。

第一节　确定社会主义初级阶段理论与中国特色社会主义道路

理论经济学的第一大进展：在马克思主义经济学基本原理指导下，努力探索中国自己的社会主义建设道路，并在改革开放过程中确立了社会主义初级阶段理论，开辟和形成了唯一正确的中国特色社会主义道路。

中国革命的成功和新中国的成立，就是在马克思主义基本原理同中国革命的具体实践相结合的毛泽东思想指导下取得的。新中国成立以后，怎样走社会主义发展道路，怎样进行社会主义经济建设，同样必须很好地探索把马克思主义经济学基本原理同中国建设实际相结合，才能成功。这一点，从党和国家领导人到广大经济理论工作者与实际工作者都是明确的，并一贯坚持的。

在中国社会主义建设过程中，有的探索是成功的，有的探索是失败的。60 年社会主义建设的实践是检验成功还是失败的标准。经过认真总结成功的经验和失败的教训，我们终于找到了一条符合客观规律和中国实际的建设中国特色社会主义的路子，形成了中国特色社会主义理论，包括经济理论体系。

先说失败的探索。这包括 1958 年开始的"一大二公"的人民公社化运动和否定商品生产与等价交换的一平二调，1958—1960 年的"大跃进"，"文化大革命"中批判利润挂帅、按劳分配和割资本主义尾巴，以及新中国成立头 30 年一次又一次用阶级斗争取代经济建设为中心使经济陷入困境等。

更多的是成功的探索。1956 年毛泽东《论十大关系》是他探索中国社会主义建设道路的重要成果，1959 年毛泽东总结一平二调错误后提出价值规律是"伟大的学校"，20 世纪 50 年代陈云、孙冶方、顾准、于光远、卓炯对社会主义制度下商品生产、价值规律、市场调节作用的远见卓识；20 世纪 60 年代经济学界关于速度和比例、经济核算和经济效果、资金利润率和生产价格的热烈讨论和探索。改革开放以后，邓小平提出以经济建设为中心、实行改革开放的指导方针，提出中国社会主义仍处于初级阶段、社会主义也可以搞市场经济、"三个有利于"的生产力标准、发展是硬道理和三步走发展战略等伟大构想；党的第三代中央领导集体提出中国经济改革的目标是建立社会主义市场经济体制、发展是党执政兴国的第一要务、公有制为主体多种所有制经济共同发展是社会主义基本经济制度、21 世纪头 20 年要集中力量全面建设小康社会；以胡锦涛为总书记的党中央提出以人为本、全面协调可持续的科学发展观、建设社会主义和谐社会等。与此同时，经济学界对社会主义发展阶段问题、计划与市场关系问题、社会主义商品经济和市场经济问题、经济体制和增长方式根本转变问题、通货膨胀问题、"三农"（农村、农业和农民）和农民工问题、收入分配关系问题、发展个体、私营经济的必要性和重要性问题、利用外资和对外投资问题、工业化和城市化具体道路问题、经济的协调发展和可持续发展问题、宏观经济调控和宏观经济政策选择问题、改革发展和稳定的关系问题等，也展开了一次又一次热烈的讨论和争鸣，提出了一系列有价值的意见和建议，为党和国家的科学决策提供理论论证和智力支持。通过以上成功的探索，形成了一系列马克思主义经济学中国化的创新成果，繁荣和发展了中国经济科学。

为什么有些探索是成功的，而有些探索是失败的？经过60年的社会主义建设实践，我个人认为，根本的原因，在于你的探索是不是从中国的国情出发，切合中国的实际需要。而新中国成立以后中国最基本的国情，是中国社会主义处于初级阶段，即不发展阶段。过去许多失败的探索，都是因为不从中国仍处于社会主义初级阶段出发，超越客观实际，结果欲速则不达，碰得头破血流，只好回头是岸。而所有成功的探索，则都能从中国仍处于社会主义初级阶段实际出发，从中国国情出发，运用马克思主义经济学基本原理，脚踏实地地解决实际问题。

举一个现在看来最简单的例子。新中国成立以后，一直到“文化大革命”结束，我国在所有制关系上就一直存在超越阶段的冒进问题，在城市和农村都一再搞“一大二公”，非公有制经济一直被视为社会主义的异己力量，受到排斥。稍有露头，就会被当做“资本主义尾巴”砍掉。其实，中国的生产力发展水平远未达到实现全面社会主义公有制的阶段。由于中国经济还比较落后，城市和农村有许多劳动还是手工操作，生产力发展的多层次性决定了所有制结构的多样性。所以，在发展公有制经济的同时，需要包括个体、私营等多种所有制经济并存和发展，以调动各方面力量，尽快走出贫困落后状态。马克思有一段名言：“无论哪一个社会形态，在它们所能容纳的全部生产力发挥出来以前，是决不会灭亡的；而新的更高的生产关系，在它存在的物质条件在旧社会的胎胞里成熟以前，是决不会出现的。所以人类始终只提出自己能够解决的任务，因为只要仔细观察就可以发现，任务本身，只有在解决它的物质条件已经存在或至少是在形成过程中的时候，才会产生。”① 1979年改革开放后，先是允许和鼓励个体、私营、

① 马克思：《〈政治经济学批判〉序言》，见《马克思恩格斯选集》第二卷，人民出版社1972年版，第83页。

外资等非公有制经济发展，1997 年党的十五大进一步确立公有制为主体、多种所有制经济共同发展为社会主义初级阶段的基本经济制度，个体、私营等非公有制经济是社会主义市场经济的有机组成部分，这样就逐步消除了前一段时间所有制结构上超越阶段做法造成的对生产力的羁绊，大大解放了社会生产力，有力地促进了生产的发展和人民生活水平的提高。到 2008 年，光是个体、私营经济吸纳就业就达 1.37 亿人。国家统计局发布的报告显示，城镇非公有制单位就业人员比例从 1978 年的 0.2% 增加到 2007 年的 75.7%。20 世纪 90 年代以来，中国个体、私营企业平均每年净增工作岗位 420 万个，占城镇每年新增就业岗位的 58.7%。[①] 个体、私营企业加上外资企业等非公有制企业已成为我国增加就业岗位主渠道，可见其不可替代的重要性。

社会主义初级阶段理论的形成和获得广泛共识，邓小平起着关键作用。1980 年 4 月，他说："要充分研究如何搞社会主义建设的问题。现在我们正在总结建国三十年的经验。总起来说，第一，不要离开现实和超越阶段采取一些'左'的办法，这样是搞不成社会主义的。我们过去就是吃'左'的亏。第二，不管你搞什么，一定要有利于发展生产力。"[②] 在这一思想指导下，1981 年 6 月党的十一届六中全会第一次明确提出："我们的社会主义制度还是处于初级的阶段"。1987 年 8 月，邓小平又说："我们党的十三大要阐述中国社会主义是处在一个什么阶段，就是处在初级阶段，是初级阶段的社会主义。社会主义本身是共产主义的初级阶段，而我们中国又处在社会主义的初级阶段，就是不发达的阶段。一切都要从这个实际出发，根据这个实际来制订规划。"[③] 1992 年在著名的南方谈话中，邓小平又说："我们搞社会主义才几十年，还处在初级阶段。巩固和发展社会主义制度，还需要一个很长的历史阶段，需要我们几代人、十几代人，甚至几十代人坚持不懈地努力奋斗，决不能掉以轻心。"[④]

中国经济学界对社会主义初级阶段理论的形成和传播也作出了自己的

① 参见《北京日报》2008 年 11 月 4 日。

② 邓小平：《社会主义首先要发展生产力》，《邓小平文选》第二卷，人民出版社 1994 年版，第 312 页。

③ 邓小平：《一切从社会主义初级阶段的实际出发》，《邓小平文选》第三卷，人民出版社 1993 年版，第 252 页。

④ 邓小平：《在武昌、深圳、珠海、上海等地的谈话要点》，《邓小平文选》第三卷，人民出版社 1993 年版，第 379—380 页。

贡献。1979年，苏绍智、冯兰瑞率先发表文章，坦言中国并未真正建成社会主义，中国“还处在不发达阶段的社会主义社会，还处在社会主义的过渡时期。”① 我国著名经济学家于光远在20世纪80年代初专门写了《论社会主义初级阶段经济》② 一书，系统地论述了社会主义初级阶段的理论和社会主义初级阶段的经济。这本书于1997年被中国社会科学院经济研究所组织的专家论证委员会评为“影响新中国经济建设的十本经济学著作”之一。2008年，于光远还回忆说，“1981年我在参与起草《中共中央关于建国以来党的若干历史问题的决议》的过程中，主张要将我国仍处在‘社会主义初级阶段’的判断写入文件，以便更深刻地认识走过的弯路。当时有的同志不同意这样做，还发生了争论。但最后，‘社会主义初级阶段’的概念还是写进了文件。”③

正是由于确立了社会主义初级阶段理论，使大家对中国的最基本国情有了准确的把握，并从马克思主义关于社会主义首先要发展社会生产力的基本原理出发，我们党终于在改革开放中开辟了一条有中国特色社会主义道路，从而使社会主义和马克思主义在中国大地上焕发出勃勃生机，给人民带来更多福祉；使中华民族大踏步赶上时代前进潮流、迎来伟大复兴的光明前景。可以说，社会主义初级阶段论，是马克思主义中国化最重要、影响面最大的创新成果。

第二节　确立了社会主义市场经济论

理论经济学的第二大进展：计划与市场关系问题是中国经济学界研讨的第一大热点，其突出成果是确立了社会主义市场经济论。

社会主义制度下计划与市场关系问题，是中国经济学界新中国成立以来讨论最为热烈、争议最大、发表文章最多、成果最为突出的问题，是我国老一辈经济学家薛暮桥1956年10月28日在《人民日报》发表《计划经济与价值规律》一文后，经济学界绵延50多年研讨的第一大热点。

---

① 参见苏绍智、冯兰瑞《无产阶级取得政权后的社会主义发展阶段问题》，《经济研究》1979年第5期。

② 于光远：《社会主义初级阶段的经济》，广东经济出版社1998年版。

③ 于光远：《背景与论题：对改革开放初期若干经济理论问题讨论的回顾》，《经济科学》2008年第6期。

说它是第一大热点，有以下几个理由：

（1）新中国成立后第一次（1959年）和第二次（1979年）全国经济理论讨论会，其主题都是关于社会主义制度下的商品生产和价值规律作用问题，实质是计划与市场关系问题。

（2）新中国成立后中国经济学家形成不同学派，首先是以对商品生产和价值规律的不同观点来区分的。如孙冶方是价值规律的宽派、于光远和卓炯是商品生产的宽派、骆耕漠是商品和价值的窄派等。

（3）改革开放后中国经济学家争论最多最尖锐的是坚持市场取向或市场化改革还是反对市场取向或市场化改革，这一争论可以说一直持续到现在。

（4）中国经济学界新中国成立以来研讨的最突出的成果，是形成了社会主义市场经济论，这一理论是我国改革开放的主要理论支柱，也是中国经济学家对马克思主义经济学宝库的主要贡献。

新中国成立以后，中国经济学家对计划与市场关系包括社会主义制度下商品生产与价值规律问题的讨论，可以分为改革开放前和改革开放后两大阶段。

改革开放前可以概括为探索时期，主要是从1956—1964年。这一时期中国经济学界比较活跃，不少有影响的经济学家频频向主流的传统经济理论挑战，提出了具有远见卓识的观点和主张。当时常常处于阶级斗争为纲的社会环境中，政治对学术研究的干扰和破坏很大，一些经济学家挨批，蒙受不白之冤，严重影响理论探索，真知灼见受到压抑。尽管如此，以下一些经济学家的功劳是不能抹杀的。

1956年，孙冶方提出把计划和统计放在价值规律基础上的鲜明主张。[①]

1957年，顾准认为，社会主义经济可以设想让价值规律自发调节企业的生产经营活动，即通过价格的自发涨落调节生产。[②]

1959年，于光远认为，凡是加入交换的产品（只要在交换中要比较产品中所包含的社会必要劳动，依据等量劳动与等量劳动交换的原则进行），都是商品，社会主义经济中存在的几种交换关系，都是商品交换关系。[③]

---

① 参见孙冶方《把计划和统计建立在价值规律基础上》，《经济研究》1956年第6期。

② 参见顾准《试论社会主义制度下的商品生产和价值规律》，《经济研究》1957年第3期。

③ 参见于光远《关于社会主义制度下商品生产问题的讨论》，《经济研究》1959年第7期。

1962年，卓炯（于风村）提出，商品经济是由社会分工决定的，只要存在社会分工，就存在商品经济；商品经济与社会主义不矛盾，还可以成为建设社会主义的有力工具。[①]

1963年，孙冶方提出，千规律，万规律，价值规律第一条。利润的多少是反映企业技术水平和经营管理好坏的最综合的指标。社会平均资金利润率是每个企业必须达到的水平，超过平均资金利润率水平的就是先进企业，达不到这水平的就是落后企业。[②]

需要指出的是，这一时期，党和国家领导人也曾提出过一些有积极意义的观点和政策主张。如陈云在1956年提出在社会主义经济中要有市场调节作为补充；[③] 毛泽东在1959年提出价值规律"是一个伟大的学校，只有利用它，才有可能教会我们的几千万干部和几万万人民，才有可能建设我们的社会主义和共产主义。否则一切都不可能。"[④]

好景不长。在史无前例的"文化大革命"中，所有过去经济学界对计划与市场关系的探索，均被说成是反党反社会主义反马克思主义的大毒草，受到无休止的口诛笔伐。与此同时，"左"的一套经济理论也在发展，比如，毛泽东1975年初在谈到社会主义制度时说："总而言之，中国属于社会主义国家，解放前跟资本主义差不多。现在还实行八级工资制，按劳分配，货币交换，这些跟旧社会没有多少差别。所不同的是所有制变更了。""我国现在实行的是商品制度，工资制度也不平等，有八级工资制，等等。这只能在无产阶级专政下加以限制。所以，林彪一类如上台，搞资本主义制度很容易"。[⑤]"文化大革命"后期流行的《社会主义政治经济学》（上海人民出版社1975年6月版），就是从经济理论上阐发一套比传统的社会主义经济理论还要片面的观点和政策主张的。总之，在这一时期，出现了经济理论的大倒退。

---

① 参见于风村《论商品经济》，《经济研究》1962年第10期。

② 参见孙冶方《社会主义计划经济管理体制中的利润指标》，《孙冶方全集》第2卷，山西经济出版社1998年版。

③ 参见陈云《社会主义改造基本完成以后的新问题》，《陈云文选》（一九五六——九八五），人民出版社1986年版，第13页。

④ 参见中共中央文献研究室编《毛泽东传（1949—1976）》，中央文献出版社2003年版，第936页。

⑤ 参见《人民日报》1975年2月22日。

"文化大革命"刚结束，即开始拨乱反正，批判"四人帮"的一套"左"的理论体系。特别是1979年改革开放后，经济学界在党的解放思想、实事求是思想路线指引下，思想异常活跃，对计划与市场关系的研究与讨论热烈展开，涌现出大批有价值的成果，并在创建社会主义市场经济论上得到绝大多数经济学家的确认。

改革开放后，社会主义市场经济论的创建不是一蹴而就的，而是逐步实现的。大体说来，第一步是主张在经济活动中引入市场机制，第二步是确立社会主义商品经济论，第三步才是确立社会主义市场经济论。

第一步，改革开放初期主张在经济活动中引入市场机制，尊重价值规律的作用。其标志性举措有：

1978年12月，具有伟大历史意义的党的十一届三中全会开启了改革开放的新时期。全会否定"以阶级斗争为纲"的错误理论和实践，做出了把党和国家的工作重心转移到经济建设上来、实行改革开放的历史性决策。全会公报指出，"现在我国经济管理体制的一个严重缺点是权力过于集中，应该有领导地大胆下放，让地方和工农企业在国家统一计划的指导下有更多的经营管理自由权"。"应该坚决实行按经济规律办事，重视价值规律的作用，注意把思想政治工作和经济手段结合起来，充分调动干部和劳动者的生产积极性"。为了大力恢复和加快发展农业生产，全会建议国务院做出决定，粮食统购价格从1979年夏粮上市的时候起提高20%，超额部分在这个基础上再加价50%，棉花、油料、糖料、畜产品、水产品、林产品等农副产品的收购价格也要分别情况，逐步做相应的提高。

从20世纪70年代末到80年代初，我国在广大农村地区实行包产到户，尊重农民的生产经营自主权，尊重农民独立的商品生产者地位；放开小商品和一部分农副产品价格；允许个体经济的存在和发展；利用外资，建立经济特区；扩大国有企业生产经营自主权，等等。这些改革开放的措施，使国民经济迅速活跃起来，广大干部和群众都亲身体会到市场机制的神奇作用。

经济学界也迅速行动。在党的解放思想、实事求是思想路线指引下，1979年4月在江苏无锡市举行了全国第二次经济理论研讨会，主题是探讨社会主义制度下价值规律的作用。参加讨论会的有300多人，我国最负盛名的经济学家薛暮桥、孙冶方参加了这次会议并作大会发言，会议收到论文上百篇，提出了许多具有深远影响的理论观点，包括：肯定社会主义经济是商品经济，肯定社会主义经济中市场调节的作用。[①] 在社会主义经济中，价值规律起调节作用，竞争是其内在机制。[②] 企业是独立的或相对独立的商品生产者和经营者，主张逐步扩大企业的自主权。1980 年 1 月，蒋一苇进一步提出著名的企业本位论。[③] 对现有不合理的价格体系和管理体制需进行改革，逐步缩小工农业产品价格“剪刀差”。[④]

总之，在经济活动中引入市场机制和竞争机制，扩大市场调节作用，按价值规律办事，是 1979 年全国第二次经济理论讨论会的主调，对中国启动市场化改革起着先导的作用。

第二步，确立社会主义商品经济论，这是迈向社会主义市场经济论的决定性步骤。

早在 20 世纪 70 年代末 80 年代初，我国经济学界就有一批人写文章主张社会主义经济也是一种商品经济，价值规律在社会经济活动中起调节作用。但是，也有一些经济学家持反对态度，争论是蛮激烈的。比如，1982 年，在党的十二大报告起草过程中，参加起草工作的袁木等五人给当时主管意识形态工作的胡乔木写了一封信，信中针对近几年在经济理论界占主流地位的强调市场调节作用、认为社会主义经济是商品经济的主张提出批判。信中说：“在我国，尽管还存在着商品生产和商品交换，但是绝不能把我们的经济概括为商品经济。如果作这样的概括，那就会把社会主义条件下人们之间共同占有、联合劳动的关系，说成是商品等价物交换的关系；就会认定支配我们经济活动的，主要是价值规律，而不是社会主义的基本经济规律和有计划发展规律。这样就势必模糊有计划发展的社会主义经济和无政府状态的资本主义经济之间的界限，模糊社会主义经济和资本主义经济的本质区别。”[⑤] 1982 年 8 月，胡乔木批转了这封信件。自那以后，大概有一年的时间，在论坛上出现了不少批判社会主义经济是商品经济的文

---

① 参见中国社会科学院经济研究所资料室等编《社会主义经济中计划与市场的关系》上、下，中国社会科学出版社 1980 年版。

② 参见孙尚清、陈吉元、张耳《论社会主义经济中计划性与市场性相结合的几个理论问题》，《经济研究》1979 年第 5 期。

③ 参见蒋一苇《企业本位论》，《中国社会科学》1980 年第 1 期。

④ 参见中国社会科学院经济研究所资料室等编《价值规律作用问题资料》，中国社会科学出版社 1979 年版。

⑤ 参见彭森、陈立等著《中国经济体制改革重大事件（上）》，中国人民大学出版社 2008 年版，第 120 页。

章，而主张社会主义经济也是一种商品经济的文章销声匿迹。但是，真理的声音是压不下去的。经济体制改革的实践，冲垮了上述人为地制造的理论框框。1983年以后，社会主义商品经济论，以其更强烈的现实背景、更充分的理论论证，重新登上中国的论坛，吸引着千百万人的注意。1984年10月，党的十二届三中全会，对我国经济界和理论界多年的争论，做了总结，以党的决议的形式，肯定了我国社会主义经济是公有制基础上的有计划的商品经济。这就使我们的研究和讨论进入一个崭新的阶段。

第三步，确立社会主义市场经济论。社会主义商品经济论确立以后，经济学家没有就此停步，而是继续探索。20世纪80年代后半期，经济学家进一步提出，中国的经济改革，应明确是市场取向的改革，市场化改革。内容包括：企业应成为市场竞争主体，价格改革的目标是建立市场价格体制，建立和发展包括商品市场和要素市场在内的市场体系，宏观经济管理要从直接管理转变为以间接管理为主，实行全方位对外开放，参与国际市场竞争等。1986年，有的文章认为，宏观经济管理的目标模式，主线是国家掌握市场（即国家主要通过经济手段和市场参数调节供需，实现对市场的"领导权"），市场引导企业，或者是"国家调控市场，市场引导企业。"① 1987年和1991年，吴敬琏等明确提出，"有计划的商品经济体制，即有宏观管理的市场经济体制。"改革的目标就是建立社会主义市场经济体制，并对新体制的框架作了比较详尽的论述。②

1992年春，中国改革开放的总设计师邓小平在南方谈话中，进一步阐发了他对计划和市场问题的看法，说："计划多一点还是市场多一点，不是社会主义和资本主义的本质区别。计划经济不等于社会主义，资本主义也有计划；市场经济不等于资本主义，社会主义也有市场。计划和市场都是经济手段。"③ 同年9月，中共十四大报告把中国经济体制改革的目标模式确定为建立社会主义市场经济体制，使市场在资源配置中发挥基础性作用。这标志着对经济改革理论的认识达到一个崭新的阶段。此后，社会主义市场经济理论随着改革的推进，改革经验的丰富，而日益充实和发展。

---

① 参见李成瑞《关于宏观经济管理的若干问题》，《财贸经济》1986年第11期。

② 参见吴敬琏课题组《经济体制中期改革规划纲要》，载《中国改革大思路》，沈阳人民出版社1988年版；吴敬琏、刘吉瑞《论竞争性市场体制》，中国财政经济出版社1991年版。

③ 《邓小平文选》第三卷，人民出版社1993年版，第373页。

需要指出，社会主义市场经济论的确立并不是一帆风顺的。1989年的那场政治风波后，有的经济学家对市场取向改革表示怀疑或否定，主张从“市场取向”转为“计划取向”，调子最高的，是“市场经济，就是取消公有制，这就是说，是否定共产党的领导，否定社会主义制度，搞资本主义”。“市场化”就是“自由化”，是“资本主义和平演变”① 等。由于大部分经济学家坚持“市场取向”改革，也由于1990—1991年邓小平几次讲话，明确指出不要以为计划经济就是社会主义，市场经济就是资本主义，计划和市场都是手段，都可以为社会主义服务等，这场理论争论不久就平息下去了。

社会主义市场经济理论还随着中国经济改革的深化而深化。1993年，党的十四届三中全会《关于建立社会主义市场经济体制若干问题的决定》，确定了社会主义市场经济体制的基本框架。党的十五大提出了从战略上调整国有经济布局的任务，要求从整体上搞好国有经济。明确个体私营等非公有制经济是社会主义市场经济的有机组成部分。党的十六大提出了建立中央政府和地方政府分别代表国家履行出资人职责，享有所有者权益，权利、义务和责任相统一，管资产和管人、管事相结合的国有资产管理体制的任务。党的十六届三中全会做出了完善社会主义市场经济体制的任务，提出股份制是公有制的主要实现形式、建立现代产权制度等。党的十七提出了加快建设国有资本经营预算制度，完善反映市场供求关系、资源稀缺程度和环境损害成本的生产要素和资源价格形成机制，建立全覆盖的社会保障制度，深化政府、财税、金融、农村改革等任务。

与此同时，经济学家对社会主义市场经济理论问题展开了热烈的讨论，发表了大量的论著，社会主义市场经济论逐步深入人心。现代企业制度理论、公司治理理论、利用外资理论、资本市场理论、市场价格理论、公共财政理论、金融创新理论、社会保障理论、效率与公平关系理论、法治市场经济理论、公有制与市场经济结合理论、收入分配理论、“三农”问题，等等，经济学界都有深入研究，其中有些成果具有超前性。

在社会主义市场经济理论创新和党的强力推动下，中国的市场化改革步步深入。举其要者有：1994年分税制改革，20世纪90年代以来国有企业

① 参见吴敬琏、张问敏《社会主义市场经济理论》，载张卓元主编《论争与发展：中国经济理论50年》，云南人民出版社1999年版。

的公司制股份制改革，1992 年以后个体私营经济的迅速发展，20 世纪末开展的以明晰产权为中心的集体企业改革，2001 年加入世贸组织，2002 年以来的国有资产管理体制改革，2003 年以来财政向公共财政转型并要求逐步做到基本公共服务均等化，2005 年以来上市公司股权分置改革，中国建设银行、中国银行、中国工商银行先后整体上市，20 世纪末开始的农村综合改革，近两年以全覆盖为目标的社会保障制度建设，等等。

应当清醒地认识，到现在为止，中国社会主义市场经济体制仍然不够完善，还有不少改革攻坚任务有待完成。举其要者至少有：政企分开、政资分开尚未很好实现，各种所有制经济平等竞争环境尚未很好形成，国有资产管理体制有待健全，垄断行业改革刚刚开始，宏观调控过多地运用行政手段，收入分配关系远未理顺，社会保障体系相当薄弱，防范系统性金融风险亟待完善，对外开放有待提高水平和质量，市场经济法制体系远未完备，等等。今后要加大改革力度，力争到 2020 年建立起完善的社会主义市场经济体制。

可以预期，随着改革攻坚的深入开展，随着社会主义市场经济体制的逐步完善，社会主义市场经济论将不断丰富和发展，形成一套完整的理论体系，成为中国特色社会主义理论体系的一个最重要的组成部分，并使马克思经济学原理取得划时代发展。

回顾新中国成立以来我国经济学界对计划与市场关系和经济体制改革的研究与探索，可以得出以下几点认识。

第一，计划与市场关系问题，是社会主义经济理论的核心问题。传统的社会主义经济理论的根本缺陷，在于把作为经济调节手段的计划或市场，说成是区分社会主义经济制度和资本主义经济制度的基本标志，把计划等同于社会主义，市场等同于资本主义。这种认识，完全不符合世界各国经济发展的实践。第二次世界大战以后，许多发达的资本主义国家，也在制订各种经济发展计划，调控宏观经济的运行。而实行传统社会主义计划经济体制的国家，则因贬低和排斥市场的作用，窒息了经济的生机和活力，以致在和平经济竞赛中败北。事实使越来越多的经济学家认识到，社会主义国家只有借助市场，才能重新活跃被指令性计划捆死了手脚的经济活动；只有发挥市场在资源配置中的基础性作用，才能提高经济效率。当然，市场也不是万能的，需要有“看得见的手”如政府的宏观调控等，来纠正市场的缺陷，以保证经济的健康运行。

第二，社会主义政治经济学的科学性，在很大程度上取决于是否能够科学地阐明社会主义同商品经济与市场经济的关系，使社会主义与市场经济相互适应相互结合。中国特色社会主义经济建设，就是发展社会主义市场经济。在世界科技进步加速、经济全球化趋势不可阻挡的今天，只有快速发展社会主义市场经济，才能振兴中华，实现工业化、城市化和现代化，有效地参与国际市场竞争，跻身世界民族之林，以经济的辉煌业绩证明社会主义市场经济理论的确立与成熟，从而构建社会主义政治经济学大厦。

第三，作为社会主义政治经济学的重要组成部分的转型经济学或过渡经济学，也是以论述从计划主导型经济体制向社会主义市场经济体制转型的过程及其规律性为主要内容的。中国是一个拥有13亿人口的大国。迄今为止，只有中国的经济体制转型的经验和规律性，最具有典型意义。揭示中国经济体制转型规律性，将为当代经济科学增添新的篇章，从而丰富和发展当代经济科学。

第四，社会主义市场经济论，是全新的理论体系，既需要社会主义市场经济的发展实践为这一理论提供素材和养料，也需要经济学家的艰辛探索和理论概括，需要经济学家的理论勇气和攀登科学高峰的精神。认识真理的过程是复杂而曲折的。真理有时在少数人手里。真理被大多数人认识需要有一个过程。在学术研究上真正贯彻“双百”方针，是经济学家们由衷的期盼。这也是防止扼杀真理、打击坚持真理者悲剧重演的重要保证。

第三节　确立了公有制为主体、多种所有制经济共同发展和按劳分配与按生产要素分配相结合

理论经济学的第三大进展：所有制理论和分配理论的重大突破：确认公有制为主体、多种所有制经济共同发展、平等竞争，股份制是公有制的主要实现形式，按劳分配与按生产要素分配相结合。

新中国成立60年来，中国经济学界在探索计划与市场关系这一世界性难题的同时，对所有制理论和分配理论进行了深入研讨，并取得重大突破性进展。

一、所有制理论研究

关于所有制理论研究方面，分以下三点论述。

（一）20世纪50年代关于对农业手工业和私人资本主义工商业的社会主义改造问题研究

中国1953—1956年对个体农业、手工业和私人资本主义工商业等生产资料私有制进行大规模的社会主义改造。1959年人民出版社出版、由薛暮桥、苏星、林子力合著的《中国国民经济的社会主义改造》一书，是这方面研究的代表性成果。当时经济学界着重阐述中国的社会主义改造走的是从中国国情出发的独特道路，主要是引导个体农业、手工业走合作化道路，对私人资本主义工商业采取和平赎买的方针。因此在短短几年取得了伟大的胜利。“文化大革命”后，有些经济学家以及其他各界人士认为20世纪50年代的社会主义改造也存在一些缺点和错误。对此，1981年6月党的十一届六中全会《关于建国以来党的若干历史问题的决议》说：“这项工作中也有缺点和偏差。在一九五五年夏季以后，农业合作化以及对手工业和个体商业的改造要求过急，工作过粗，改变过快，形式也过于简单划一，以致在长期间遗留了一些问题。一九五六年资本主义工商业改造基本完成以后，对于一部分原工商业者的使用和处理也不很适当。但整个来说，在一个几亿人口的大国中比较顺利地实现了如此复杂、困难和深刻的社会变革，促进了工农业和整个国民经济的发展，这的确是伟大的历史性胜利。”

（二）20世纪50年代社会主义改造基本完成到改革开放前

社会主义改造基本完成后至“文化大革命”结束前，经济论坛上的主流观点还是斯大林的教条，即认为社会主义公有制是社会主义社会的唯一的经济基础，社会主义公有制包括全民所有制和集体所有制，全民所有制是高级形式，集体所有制是低级形式，随着社会生产力发展，集体所有制要向全民所有制过渡，形成全面的全民所有制。

在这期间，也提出了一些有创新价值的观点。

1. 孙冶方1961年提出社会主义制度下，生产资料的所有权同占有权、使用权和支配权是可以分离的，认为在全民所有制之下，“经营管理权问题应该代替所有制的地位而成为社会主义政治经济学所要研究的生产关系三个方面中的第一个方面”。“财经管理体制的中心问题是作为独立核算单位的企业的权力、责任和它们同国家的关系问题，也即是企业的经营管理权问题。”[①] 苏绍智持有类似观点。[②]

2. 骆耕漠于1959年提出“大全民”中有“小全民”的独特观点。他认为，“在社会主义阶段，全民所有制的生产资料和产品，在一定范围内和一定程度上，还包含有局部全民所有的关系，即在‘大全民’所有之中还有‘小全民’所有的关系。”“这种大小全民的交叉关系，归根到底也是由于生产力发展水平还不够高和人们的共产主义觉悟还不够高。这两点使代表全民的国家，对于它的地方经济组织和各部门经济组织以及基层的企业单位，还必须适当利用物质利益去推动它们努力管好生产，好像国家必须适当利用‘按劳分配’原则（物质利益）去推动人们努力劳动一样。”[③]

3. 骆耕漠1957年提出集体所有制是“内公外私”的观点。他说：“集体所有制经济虽然是社会主义经济，但是毕竟是一伙人一伙人的公有，它们并不是全民所有；——我认为甚至还可以这样说，那一伙一伙的集体公有制经济是‘内公外私’的，即它对内为公有，对国家就比全民所有制经济内部的企业和个人对国家还含有更多的‘私的残余’。”[④]

（三）改革开放后30年

改革开放后，中国经济学界在所有制理论方面有一系列重大突破。

首先在所有制结构方面，认为在中国生产力发展水平不高，仍处于社会主义初级阶段的条件下，必须允许个体私营等非公有制经济的存在和发展。1997年，党的十五大进一步确立公有制为主体、多种所有制经济共同发展为现阶段基本经济制度。

我国著名经济学家薛暮桥早在1979年就针对当时全国城镇待业人员已达2000多万人，影响社会安定的实际情况，勇敢地提出发展多种经济成分、广开就业门路的重要建议。明确提出：“在目前，留一点个体经济和资本主义的尾巴，可能利多害少。”“我们现在还不可能使资本主义绝种，有一点也没有什么可怕。”[⑤] 他是在我国改革开放后最早倡导发展多种经济成分的

---

① 孙冶方：《关于全民所有制经济内部的财经体制问题》，《社会主义经济的若干理论问题》，人民出版社1979年版，第140页。

② 参见苏绍智《试论生产资料的所有权、占有权、支配权和使用权》，《学术月刊》1962年第6期。

③ 骆耕漠：《关于从社会主义向共产主义过渡的问题》，《新建设》1959年第8期。

④ 骆耕漠：《社会主义制度下的商品和价值问题》，科学出版社1957年版。

⑤ 参见《薛暮桥回忆录》，天津出版社1996年版。

经济学家。

中国经济体制改革的一个显著特点和优点是：在公有制推进改革的同时，体制外个体私营经济飞速发展，成为国民经济的新的生长点和吸收就业的重要渠道，使经济迅速活跃起来。到2007年，中国私营企业达551.3万家，从业人员7253万人；个体户2741.5万户，从业人员5496万人。2008年，中国个体私营经济创造了5.18万亿元产值，比上年增长6.5%；就业人数达到1.37亿人，比上年增加近千万人。其中私营企业657.42万户（含分支机构），实有注册资本金11.74万亿元。①

改革开放30年实践证明，允许个体、私营等非公有制经济发展，确认个体、私营等非公有制经济是社会主义市场经济的有机组成部分，社会主义基本经济制度的确立，大大解放了社会生产力，有力地促进了中国经济持续、快速发展。2007年，党的十七大报告进一步提出，坚持和完善公有制为主体、多种所有制经济共同发展的基本经济制度，坚持平等保护物权，形成各种所有制经济平等竞争、相互促进新格局。这就为今后进一步完善所有制结构指明了方向。

其次，提出公有制实现形式可以多样化，认为股份制是公有制包括国有制能同市场经济相结合的有效实现形式。

早在20世纪80年代初期，就有经济学家提出，随着改革的推进，公有制将不只限于全民所有制和集体所有制两种形式，“社会主义公有制目前出现许多形式”，“我们应该根据实际经济生活中的变化来重新研究社会主义生产资料所有制的理论，而不是用现成的理论去套实际生活中的复杂情况。”②

有的经济学家还提出社会主义所有制多样性概念，指出，在不发达的社会主义社会，公有制还不是“一刀切”和“清一色”，而是一个多样性的复合结构，是一个以全民所有制为主导，由集体所有制、联合所有制和其他公有制形式组成的，公有化程度由高到低的多层次、多阶梯的占有关系体系。这种公有制的复杂性是与生产力的不平衡与多层次相适应的。应从社会主义商品性再生产的运动中来考察各种占有关系的组合、交错和互相渗透，来进一步分析和揭示社会主义公有制的十分丰富的具体形态。③

① 参见《中华工商时报》2009年2月24日。

② 参见何伟《社会主义公有制应当有多种形式》，《人民日报》1984年12月31日。

③ 参见刘诗白《社会主义所有制结构》，载《中国社会主义经济理论的回顾与展望》，经济日报出版社1986年版。

20世纪80年代中期起，中国社会经济生活中开始发展股份制经济。这是一种混合所有制经济。其中，大量的公有成分控股的股份制经济，应看成是公有制的一种形式。经济学家对此争议不大。20世纪80年代末特别是90年代，各地还出现各种各样的股份合作制经济。一般认为，股份合作制经济具有不同程度的公有性，其中以劳动者的劳动和资本联合为主的股份合作制，是公有制的一种新形式。

1987年，国家体改委委托中国社会科学院、中共中央党校、北京大学等研究提出的中期（1988—1995年）改革规划报告中，几乎都提出了从当时的承包制向股份制过渡的建议，指出由于承包制并未从根本上改变传统国有企业产权制度中的先天性弱点，因而企业改革必须朝产权关系重组的方向即股份制的方向发展。[①]

党的十五大报告对寻找公有制实现形式方面有重大突破。报告提出，公有制实现形式可以而且应当多样化。一切反映社会化生产规律的经营方式和组织形式都可以大胆利用。要努力寻找能够极大促进生产力发展的公有制实现形式。股份制是一种现代企业的资本组织形式，有利于所有权和经营权的分离，有利于提高企业和资本的运作效率，资本主义可以用，社会主义也可以用。不能笼统地说股份制是公有还是私有，关键看控股权掌握在谁手中。国家和集体控股，具有明显的公有性，有利于扩大公有资本的支配范围，增强公有制的主体作用。党的十五大报告的这一论述，具有重要的指导意义。十五大后，有的文章列举改革开放以来除国有制和集体所有制外，提出和实践的公有制新的实现形式有：股份合作制、社团所有制、租赁、委托经营、地方社团所有制、公有制控股的股份有限公司、乡镇村组所有制等。[②]

2003年，党的十六届三中全会《决定》，又进一步提出股份制是公有制主要实现形式的论断，指出，“要适应经济市场化不断发展的趋势，进一步增强公有制经济的活力，大大发展国有资本、集体资本和非公有资本等参股的混合所有制经济，实现投资主体多元化，使股份制成为公有制的主要实现形式。”一些经济学家认为，公有制实现形式多样化，股份制是公有制

---

① 参见国家体改委综合规划司编《中国改革大思路》，沈阳出版社1988年版。

② 参见魏杰《公有制的多种实现形式：理论根据与观念创新》，载王珏主编《劳者有其股——所有制改革与中国经济论坛》，广西人民出版社1997年版。

主要实现形式，说明我们已找到了公有制同市场经济相结合的正确途径，社会主义市场经济论立论更为充分更为坚实了。

再次，国有大中型企业要走公司制股份制改革道路。

新中国成立后头30年，在社会主义改造基本完成后，除农村外，全国几乎是国有企业一统天下，城镇集体企业实际上是地方国有企业。这些国有企业并不是真正意义的具有独立经济利益的市场主体和法人实体，而是他们的上级行政主管部门的附属物和算盘珠，按照国家的指令性计划进行生产和经营，利润全部或几乎全部上交，职工工资由主管部门统一规定，企业吃“大锅饭”，职工捧铁饭碗，干多干少一个样，干好干坏一个样，严重束缚了企业和职工的积极性创造性，企业没有多少活力，经济效益不高。

1978年年底实行改革开放以后，国有企业改革是从扩大企业自主权开始的。党的十一届三中全会公报指出，“现在我国经济管理体制的一个严重缺点是权力过于集中，应该有领导地大胆下放，让地方和工农业企业在国家统一计划的指导下有更多的经营管理自主权”。在这前后，经济学界则从理论上论证国有企业在社会主义制度下也应是独立的商品生产者和经营者，是经济利益主体。蒋一苇提出了著名的“企业本位论”。[①] 有的经济学家提出“两权即所有权和经营权分离”理论、“承包制”理论等。随着市场取向改革的深化，人们发现，光是放权让利没有约束机制会导致短期行为和造成国有资产流失。一些经济学家撰文认为20世纪80年代后期到90年代初实行的承包制不能解决政企不分问题，不能使不同企业进行平等竞争，并导致企业短期行为，主张国有大中型企业应建立现代企业制度，取代承包制。[②] 有的则提出对国有大中型企业进行股份制改造。[③] 1992年，党的十四大确立社会主义市场经济体制为中国经济体制改革的目标模式。1993年11月，党的十四届三中全会做出了《关于建立社会主义市场经济体制若干问题的决定》，明确提出国有企业改革的方向是建立现代企业制度，并指出现代企业制度的特征是：产权清晰，权责明确，政企分开，管理科学。从此，中国国有企业改革进入了制度创新的阶段。到21世纪初，中国国有企业改革已取得重大进展，国有大中型企业已初步建立现代企业制度，已初步适

① 参见蒋一苇《企业本位论》，《中国社会科学》1980年第1期。

② 参见吴敬琏等著《大中型企业改革：建立现代企业制度》，天津人民出版社1993年版。

③ 参见厉以宁《所有制改革和股份制企业管理》，《中国经济体制改革》1986年第12期、1987年第1—2期。

应市场经济，竞争力逐步提高；大量国有中小企业，也已通过多种形式放开搞活。国有经济继续在国民经济中发挥主导作用，国有和国有控股企业已成为社会主义市场经济中有相当竞争力的市场主体。

围绕着国有企业公司制、股份制改革，经济学家深入研究了股份制理论、现代公司理论、公司治理理论、国有资产管理理论、委托—代理理论、现代产权理论、混合经济理论、垄断与竞争理论、市场主体平等竞争理论等。[①] 一系列企业理论创新成果，有力地推动了国有企业改革的深化和国有企业治理水平的提高。

二、分配理论研究

关于分配理论，分前30年和后30年两部分论述。

(一) 新中国成立头30年关于按劳分配问题的研究和讨论

按劳分配问题也是中国经济学界研讨的一个热点。1959年全国第一次经济理论讨论会，第一主题是社会主义制度下商品生产和价值规律问题，另一主题就是按劳分配和计件工资问题。当时主流的观点是肯定按劳分配和计件工资，肯定物质利益原则在社会主义社会的作用，纠正1958年张春桥发表文章[②]否定社会主义按劳分配原则的影响。从那以后至“文化大革命”前，经济学界在讨论中提出了一些有价值的观点。

1. 1962年，沈志远提出按劳分配具有相对稳定性，按劳分配、物质利益原则同“政治挂帅”不矛盾的观点，指出，在社会主义历史阶段内，“按劳分配制度势必经历一个不断完善、不断巩固和发展的过程。”“片面地强调政治挂帅而忽视群众的物质利益，也会影响群众的积极性……正确贯彻‘按劳分配’原则、坚持社会主义的分配制度，本身就是‘政治挂帅’的一个重要方面。反之，若不重视‘按劳分配’原则，不重视群众的物质利益，那个‘政治挂帅’就会落空。”[③]

2. 王学文提出劳动力部分私有决定了要实行按劳分配的观点。他说，

---

① 参见张卓元、郑海航主编《中国国有企业改革30年的回顾与展望》，人民出版社2008年版；刘小玄著《奠定中国市场经济的微观基础：企业革命30年》，上海人民出版社2008年版；吕政、金碚主编《中国国有企业改革30年研究》，经济管理出版社2008年版。

② 张春桥：《破除资产阶级法权思想》，《解放》1958年第6期。《人民日报》1958年10月13日转载。

③ 沈志远：《关于按劳分配的几个问题》，《文汇报》1962年8月30日。

“在社会主义的全民所有制之中，带有部分的劳动（对象在生产物中的劳动）个人所有制的因素。这种所有制的存在，是由劳动生产力的发展水平，由旧社会遗留下来的三大差别（工农差别、城乡差别及体力劳动与脑力劳动之间的差别）及资产阶级式的权利的残余的存在所决定的。既然有部分劳动个人所有制因素的存在，社会为了承认这种所有者的所有权，就要以全民所有的消费品与个人所有的劳动相交换。”①

3. 顾准等提出劳动报酬与企业的经营成果相联系的观点。顾准认为，“使劳动者的物质报酬与企业盈亏发生程度极为密切的联系”，“实行经济核算制，就有可能利用价格与工资率，调节劳动者的报酬。”② 1962 年，施修霖也提出应“按企业的综合经营效果提取奖金。”③

4. 李云提出计件工资是按劳分配的好形式。他说，计件工资“比起计时工资来，计件工资有把按劳分配的原则表现得直接、简单、明了，因而也为群众懂得的特点”，“计件工资最能体现同工同酬”，“按劳分配这个原则本身就意味着分配要根据劳动的结果，那就不能责怪计件工资太按劳分配了。”④

5. 乌家培提出实行按劳分配就要贯彻物质利益原则。他说，“工作人员从物质利益上关心社会生产的发展，是按劳分配规律的基本特点之一。按劳分配规律在社会主义经济中的作用直接决定了物质利益原则。”“对这个原则运用得越好越充分，社会主义社会的优越性也表现得越大越明显。为了创造条件在共产主义高级阶段消灭物质利益原则，必须在共产主义低级阶段即社会主义建设时期，充分利用和大力发展物质利益原则。”⑤

最后，在 1976 年粉碎“四人帮”后至 1978 年的两年间，中国经济学界在理论上拨乱反正是从按劳分配问题着手进行的。从 1977 年 4 月至 1978 年 11 月的一年多时间里，在于光远的主持和推动下，我国经济学界举行了四次按劳分配问题理论讨论会。其中第一、第二次会议的中心议题，就是揭发批判“四人帮”极“左”的反动谬论，肃清他们诋毁按劳分配的流毒和影响。其他两次除继续批判“四人帮”谬论外，还对按劳分配的性质、

① 王学文：《社会主义制度下的商品关系与价值规律》，《经济研究》1959 年第 5 期。
② 顾准：《试论社会主义制度下的商品生产和价值规律》，《经济研究》1957 年第 3 期。
③ 施修霖：《关于企业奖励制度的若干问题》，《大公报》1962 年 5 月 14 日。
④ 李云：《对计件工资的一些看法》，《经济研究》1959 年第 5 期。
⑤ 乌家培：《略论物质利益原则的性质》，《经济研究》1959 年第 8 期。

对象、形式等问题展开了学术讨论。[①]

（二）改革开放以后关于按劳分配和按生产要素分配等问题的讨论

1979年改革开放后，在分配理论方面最大突破是提出了在社会主义社会除了要实行按劳分配以外，还要按生产要素进行分配。最早提出按要素分配的是谷书堂和蔡继明教授。他们于1988年就提出按劳分配与按生产要素分配结合的观点。[②] 当时有一些经济学家不赞成他们的观点，展开过相当热烈的讨论。但不久，随着社会主义市场经济体制改革目标模式的确立，按生产要素分配逐步被党的文件确认。1997年，党的十五大报告提出："坚持按劳分配为主体、多种分配方式并存的制度。把按劳分配和按生产要素分配结合起来，坚持效率优先、兼顾公平"。2002年，党的十六大报告提出："确立劳动、资本、技术和管理等生产要素按贡献参与分配的原则，完善按劳分配为主体、多种分配方式并存的分配制度。"2007年，党的十七大报告进一步重申了上述方针，指出："要坚持和完善按劳分配为主体、多种分配方式并存的分配制度，健全劳动、资本、技术、管理等生产要素按贡献参与分配的制度，初次分配和再分配都要处理好效率和公平的关系，再分配更加注重公平。"

按生产要素贡献参与分配，会不会违背劳动价值论？这是经济学家们关注的问题。还在1998年，就有经济学家指出，按要素分配并不违背劳动价值论。劳动价值论是指商品价值由人的活劳动创造，它涉及的是生产领域，而按生产要素分配是指在生产过程中创造的价值如何分配，它涉及的是分配领域，根本不涉及价值是如何创造的。萨伊的要素参与分配的理论是要素创造价值，而我们所说的要素参与分配，并不涉及要素创造价值，而是指要素在形成财富中的作用。[③]

关于效率与公平关系问题，是有关分配问题讨论的第二个热点。

1993年，在党的十四届三中全会《决定》中，提出实行效率优先、兼顾公平的原则。此前1986年，年轻经济学家周为民、卢中原就提出了这一主张，[④] 但未引起讨论热潮。1993年，中央《决定》确认效率优先、兼顾

① 参见经济研究编辑部编《中国社会主义经济理论的回顾与展望》，经济日报出版社1986年版，第381—383页。

② 参见谷书堂、蔡继明《按贡献分配是社会主义初级阶段的分配原则》，载中共中央宣传部主编《理论纵横》上篇，河北人民出版社1988年版；又发表在《经济学家》1989年第2期。

③ 参见黄泰岩《论按生产要素分配》，《中国经济问题》1998年第9期。

④ 周为民、卢中原：《效率优先，兼顾公平——通向繁荣的权衡》，《经济研究》1986年第2期。

公平后，一直到2003年党的十六届三中全会《决定》，党的历次重要文件都重申效率优先、兼顾公平。在这12年期间，可以说，经济学界主流观点是认同效率优先、兼顾公平原则，先把蛋糕做大，然后再考虑如何把做大的蛋糕合理地分配。进入21世纪后，由于我国居民收入分配差距逐步扩大，基尼系数已突破0.4的警戒线，经济学界逐渐有人写文章主张放弃效率优先、兼顾公平，改为效率与公平并重。从党的文件看，2004年党的十六届四中全会《决定》开始，已不再提效率优先、兼顾公平，直到现在。但经济学家中则仍存在两种不同的观点：一种认为仍应坚持效率优先、兼顾公平；[①] 另一种则认为应放弃效率优先、兼顾公平，改为效率与公平并重。[②] 我个人认为，在改革初期，为了在分配方面打破平均主义，尽快把国民经济这块蛋糕做大，提出和实行效率优先、兼顾公平的原则是对的，必要的。进入21世纪以后，由于居民收入分配差距过大的问题越来越突出，居民收入分配政策需更加注重公平，遏制收入差距过分扩大的趋势，应择机放弃效率优先、兼顾公平，转而实行效率与公平兼顾、大体同等重视的原则，以利于实现全体人民的共同富裕。[③] 当然，这个问题有必要继续深入讨论。

除以上两个问题外，经济学家们还对我国改革开放后居民收入差距问题，特别是基尼系数问题、库兹涅兹倒U形曲线是否适用于中国以及社会保障理论等问题进行了研讨，出版了王春正主编《中国居民收入分配问题》（中国计划出版社1995年版）、赵人伟等《中国居民收入分配再研究——经济改革发展中的收入分配》（中国财政经济出版社1999年版）、陈宗胜等《再论改革与发展中的收入分配——中国发生两极分化了吗?》（经济科学出版社2002年版）等论著。

第四节　逐渐形成了顺应经济全球化的对外开放理论

理论经济学的第四大进展：探索国民经济从封闭半封闭走向开放，以开放促改革、促发展，“引进来”与“走出去”互相结合，逐步形成顺应经济全球化的对外开放理论。

---

① 晓亮：《“效率优先，兼顾公平”的提法不能改变》，《经济研究资料》2003年第12期。

② 于祖尧：《中国经济转型时期个人收入分配研究》，经济科学出版社1997年版，第42页。刘国光：《不能迷信“效率优先，兼顾公平”的口号》，《经济研究资料》2003年第10期。

③ 参见张卓元《社会主义市场经济论：靠深化改革立论》，《经济研究》2001年第7期。

1979年改革开放前，中国经济学界关于对外经济问题研究甚少，几乎是空白地带。那时，一般是重复斯大林1952年发表的《苏联社会主义经济问题》一书中提出的“两个平行的世界市场理论”，即一个是资本主义世界市场，一个是社会主义世界市场。斯大林认为在社会主义世界市场中，社会主义各国可以依靠相互间的互助合作，实现经济的发展，“不需要从资本主义国家输入商品”。尽管在具体做法上没有完全按照斯大林的教条，但对外贸易特别是与资本主义国家的贸易等对外经济关系很不发达，处于半封闭状态。

1979年改革开放后，在经济工作实践中，对外开放最先的两大举措是：1979年7月，中央批准广东、福建两省在对外经济活动中实行特殊政策和灵活措施；1979年7月15日，中共中央、国务院决定在深圳、珠海、汕头、厦门试办特区，1980年5月16日，又决定将特区命名为“经济特区”。1988年又建立海南经济特区。特区经济发展以吸引外资为主，产品主要外销，实行不同于内地的管理体制（如企业所得税为15%），有更大的管理自主权。特区是对外开放的窗口，发挥着示范、辐射和带动作用。此后，中国对外开放由东到西，由来料加工放开制造业到逐步放开服务业等，发展为实行全方位的对外开放。

中国在扩大对外开放中，有两件标志性事件要专门说一下。一个是2001年11月中国加入世界贸易组织，这是中国顺应经济全球化潮流的重大举动，具有里程碑式的意义。加入世界贸易组织，表明中国对外开放进入一个崭新的阶段，中国已大胆地走进国际市场竞争的舞台。在加入世界贸易组织谈判过程中，许多人忧心忡忡，怕加入世界贸易组织影响国家经济安全，许多产业会受到很大冲击，弊大于利。但入世8年多实践表明，加入世界贸易组织对中国利大于弊，原来的许多担心都没有出现。中国是经济全球化的受益者。加入世界贸易组织以后，中国的经济总量、对外贸易、利用外资、外汇储备等的增速都有所加快。而且，开放促进了改革，加入世界贸易组织使中国一大批同市场经济一般规则相抵触的法律法规和政策得以废止和修正。许多产业和企业着力提高自主创新能力，提高在国际市场的竞争力。另一个是从2005年以后，中国从着重“引进来”到重视“走出去”，以便更好地利用两个市场、两种资源，优化资源配置。2005年，我国主要矿产品的对外依存度，已由1990年的5%，提高到50%左右，资源“瓶颈”制约突出；同时，不少产品生产能力过剩，要到国际市场找出路。

从此更加重视“走出去”对外投资，寻找资源和市场。到2006年，中国对外直接投资（非金融类）已达750亿美元。其中2005年123亿美元，2006年176亿美元。在2006年对外投资中，投资于采矿业的占近一半。2007年对外直接投资（非金融类）249亿美元，2008年进一步提高到407亿美元。中国外汇储备已达2万亿美元，占世界第一位，完全有条件更好地“走出去”，扩大对外投资。

在对外开放初期，社会各界一直有争论。邓小平旗帜鲜明地阐明了对外开放的重要性和深远意义。1984年，邓小平说：“我们在制定对内经济搞活这个方针的同时，还提出对外经济开放。总结历史经验，中国长期处于停滞和落后状态的一个重要原因是闭关自守。经验证明，关起门来搞建设是不能成功的，中国的发展离不开世界。”① 又说：“我们是三个方面的开放。一个是对西方发达国家的开放，我们吸收外资、引进技术等等主要从那里来。一个是对苏联和东欧国家的开放，这也是一个方面。还有一个是对第三世界发展中国家的开放，这些国家都有自己的特点和长处，这里有很多文章可以做。”② 针对引进外资是否值得的争论，邓小平于1992年提出了著名的“三个有利于”原则（即有利于发展社会主义社会的生产力，有利于增强社会主义国家的综合国力，有利于提高人民的生活水平）。他说：“有的人认为，多一分外资，就多一分资本主义，‘三资’企业多了，就是资本主义的东西多了，就是发展了资本主义。这些人连基本常识都没有。我国现阶段的‘三资’企业，按照现行的法规政策，外商总是要赚一些钱。但是，国家还要拿回税收，工人还要拿回工资，我们还可以学习技术和管理，还可以得到信息，打开市场。因此，‘三资’企业受到我国整个政治、经济条件的制约，是社会主义经济的有益补充，归根到底是有利于社会主义的。”③

在我国对外开放的成功实践的鼓舞和邓小平一系列倡导对外开放的鼓励下，我国经济学界积极展开对外开放理论的研究，并取得了一系列丰硕

① 邓小平：《我们的宏伟目标和根本政策》，《邓小平文选》第三卷，人民出版社1993年版，第78页。

② 邓小平：《军队要服从整个国家建设大局》，《邓小平文选》第三卷，人民出版社1993年版，第99页。

③ 邓小平：《在武昌、深圳、珠海、上海等地的谈话要点》，《邓小平文选》第三卷，人民出版社1993年版，第373页。

的成果。

20世纪80年代初，经济学界首先对李嘉图的比较成本学说在对外贸易中的适用性进行探索。1980年，《中国社会科学》创刊号发表的打头文章，就是由袁文祺等撰写的《国际分工与我国对外经济关系》一文①，该文从理论上论证了发展对外贸易包括发展同资本主义国家对外贸易，可以取得比较利益，对国家的经济发展有积极作用。一些学者支持或持有类似上述观点。②

20世纪90年代后期，经济学界进一步从比较优势研究转向竞争优势研究。有的文章认为，单纯由资源禀赋决定的比较优势在国际贸易中不一定具有竞争优势，单纯依据资源禀赋来确定自己的国际贸易结构，企图以劳动密集型产品作为出口导向，就会跌入"比较利益陷阱"，长期下去将不利于发展中国家国民经济的健康发展和产业结构的调整与升级。比较优势只有最终转化为竞争优势，才能形成真正的出口竞争力。为适应知识经济和高新技术产业蓬勃发展的需要，中国外贸发展战略从以比较优势为导向转向以竞争优势为导向实为必然的选择。③ 在这期间，王建还提出了具有较大影响的"国际大循环"理论。他认为，我国经济是发达的重工业与落后的农业并存，对内优先发展农业、轻工业，对外引进外资和发展制造业出口的战略，都不能带动我国经济长期较快地发展。要解决这一结构性矛盾，必须走国际大循环的道路，即通过发展劳动密集型产品出口，换取外汇，为重工业发展取得所需的资金和技术，再用重工业发展后积累的资金返回来支持农业，通过国际市场的转换机制，沟通农业和重工业的循环关系，达到消除我国"二元结构"偏差的目标。④ 这一观点，对中国发展外向型经济起了重要推动作用。

关于外资理论。中国对外开放的一个突出成绩是大量引进外资，加速经济增长和吸收更多的劳动力就业。截至2007年年底，中国累计批准设立外商投资企业63.2万家，实际使用外商直接投资金额7754.2亿美元。2008

---

① 袁文祺、戴伦彰、王林生：《国际分工与我国对外经济关系》，《中国社会科学》1980年创刊号。

② 参见季崇威《应用比较成本论指导我国对外贸易》，《外贸教学与研究》1981年第3期；陈琦伟：《比较利益论的科学内核》，《世界经济》1981年第3期。

③ 参见洪银兴《从比较优势到竞争优势》，《经济研究》1997年第6期；王子先：《以竞争优势为导向——我国比较优势与外贸长期发展的思考》，《国际贸易》2000年第1期。

④ 参见王建《关于"国际大循环"经济发展战略的构想》，《经济日报》1988年1月5日。

年，实际使用外商直接投资 924 亿美元，新批外商投资企业 2.7 万家。至 2008 年，我国已连续 16 年在吸收外商直接投资中居发展中国家首位。大规模引进外资，吸引着经济学家研究的兴趣。

关于引进外资的积极作用，从大量文献中，可归纳为以下几点：一是认为外资对促进就业增加发挥了积极作用；二是认为跨国公司的技术外溢效应明显，大大加快了国内产业结构的升级；三是没有实证表明外商直接投资“挤出”了有效益的国内投资，外商直接投资与国内资本共同成为推动中国经济增长的引擎；四是带进了全新的商业模式与管理模式。“总体上，外商直接投资对中国经济发展作出了积极的贡献。”①

有的论著还把利用外资与经济全球化潮流相联系。认为进入 21 世纪，中国对外开放已进入新的阶段。中国要“综合考虑作为投资东道国和投资母国之间的利益均衡，考虑商品流动和要素流动之间的利益均衡，考虑保护国内市场和推动别国开放市场之间的利益均衡，以更积极和主动的姿态参与多边谈判，借助多边规则，平衡各方利益”。“更均衡合理地融入全球经济”。②

如何处理好引进外资与保护国家经济安全的关系，也是经济学家关注的一个问题，核心是保护民族工业。有的文章指出，国内市场保护，最终是靠企业家，不是靠行政力量。更重要的是，如何来保护民族工业，一定要靠符合国际惯例的办法而不靠行政办法来保护。要使民族工业成为社会主义市场经济中的有机组成部分，而不是特殊的被保护者。要从开放角度和积极态度支持适当保护，而不是从关门的消极的角度搞民族工业的保护。③

有的文章提出，利用外资，从理论范式看主要包括发展经济学的一整套贸易—资金理论，如双缺口理论、跨国公司理论、保护幼稚工业理论和产业转移理论等，这些理论为外资进入中国以及可能造成的影响提供了理论研究范式，也为政策制定提供了一定依据。④

---

① 参见世界银行《中国利用外资的前景和战略》，中信出版社 2007 年版，第 34 页。

② 参见江小涓《中国对外开放进入新阶段：更均衡合理地融入全球经济》，《经济研究》2006 年第 3 期。

③ 参见王林生、裴长洪等《在扩大开放中如何有效地保护民族工业讨论》，《光明日报》1996 年 6 月 27 日。

④ 参见张平《改革开放 30 年中国经济理论研究的进展与创新》，载张卓元主编《中国经济学 30 年（1978—2008）》，中国社会科学出版社 2008 年版。

关于人民币汇率问题，经济学界的共识是，采取逐步放开的方式，先放开经常账户项目，资本账户项目放开需慎重。2005年7月，中国人民银行发布公告，我国开始实行以市场供求为基础、参考一篮子货币进行调节、有管理的浮动汇率制度。从那时起，人民币开始逐步升值。以人民币对美元的汇率看，此前，1美元兑换8.27元人民币，到2008年年底，变为1美元兑换6.83元人民币，人民币升值21%。到2008年年底，我国外汇储备达19460亿美元，居世界第一位。近几年，经济学界对于如何使庞大的外汇储备保值增值，更好地发挥外汇储备作用，展开了热烈讨论，提出了许多有价值的见解。

对外开放是我国实现社会主义现代化的一项基本国策。有的文章对对外开放理论做出以下概括：摒弃封闭半封闭发展模式，经济发展由内向经济转向外向经济；探索开放过程中的“渐进式道路”，即通过发展经济特区开始进行空间推移的渐进式开放；建立开放型经济体制，以开放促进体制改革和完善，推动政府行为规范，构造经济行政管理新体制；充分利用国际国内两种资源、两个市场，积极引进外资，大力发展进出口贸易，“走出去”包括对外投资等。在对外开放理论推动下，中国在20世纪80年代开放推行了“进口替代”的内向型战略，到了1993年党的十四届三中全会，提出了要深化对外经济体制改革，包括外贸体制改革，外资、外企、外汇、涉外税收和法律法规等改革，推进了全面外向型经济发展。1994年扩大对外开放后，中国开始实施“出口导向”的外向型战略，并取得了巨大的效益。这一战略转型把中国经济和体制带入一个新阶段。从此，“中国的奇迹”越来越让世人瞩目。文章还指出，中国改革开放的经验已表明，打破旧体制和形成新体制需要开放的推动，没有开放的推动，旧体制的打破是困难的，因为开放给了新体制以“增量”的回报，成为打破旧体制的连续的力量。体制改革的目的是为了发展，是为了建立一个有效率的、能在竞争中立足于世界的新经济体制，因此也就需要一个开放的体制，而不是一个封闭的体制，它要吸收人类的先进文明，并与其他国家进行竞争，发展成为一个现代化的发达国家。这是中华民族伟大复兴的必由之路。对外开放也会在国际市场上（包括商品市场和金融市场上）出现一种不利于发展中国家的“不平等竞争”情况，出现外部冲击，产生风险，如1997年东南亚金融危机和2008年国际金融危机，因此在开放问题上以我为主是大国开放的重要战略，这种战略能够降低国际化带来的风险。[①]

第五节　经济增长与发展理论越来越受到重视

理论经济学的第五大进展：经济增长与发展理论越来越受重视，改革开放后在发展是硬道理和科学发展观指导下，着力研究实现什么样的发展、怎样发展问题，研究中国工业化、城市化、现代化的规律性。

社会主义首先要发展生产力，这是邓小平的名言。我们进行新民主主义革命和社会主义革命，实行改革开放，目的也是为了解放和发展社会生产力，摆脱贫困和落后，不断提高人民的生活水平。所以，新中国成立以后不久，党就提出了进行大规模社会主义建设，逐步实现农业、工业、科技和国防现代化的任务。我们不但要敢于破坏一个旧世界，还要善于建设一个美好的21世纪。因此，经济学界广泛研究经济增长和发展问题是理所当然的。

新中国成立60年来，头30年的社会主义建设总的来说取得了巨大成就。1953—1978年，年均GDP增速达6.1%，[②] 奠定了社会主义工业化的初步基础。但发展不够快，不尽如人意。原因主要有二：一是经常受阶级斗争为纲的干扰，偏离以经济建设为中心，丧失了一些发展机遇；二是脱离国情，超越阶段，盲目冒进，特别是1958年起的三年“大跃进”，给国民经济造成灾难性后果。

为了研究1958年起三年“大跃进”的教训，北京经济学界从20世纪60年代初起，在薛暮桥、于光远、孙冶方共同主持下，举行了多次关于速度与比例、社会主义再生产、农轻重关系、经济核算与经济效果座谈会，京外经济学家也发表了不少相关文章，《经济研究》、《人民日报》、《光明日报》等在这前后发表了大量研讨文章。

关于速度与比例关系问题，薛暮桥、杨坚白等说：“不是说在提高速度的时候，可以不考虑客观的可能性，可以不考虑国民经济各部门的比例关系。速度必须建立在客观可能性的基础上；而且必须保持国民经济各部门

---

① 参见张平《改革开放30年中国经济理论研究的进展与创新》，载张卓元主编《中国经济学30年（1978—2008）》，中国社会科学出版社2008年版。

② 参见《经济日报》2008年10月30日。

的基本的比例关系，这样才能保证国民经济的高速度发展。”[①] 高速度必须以按比例“为必要条件”、“为前提”，“唯有按比例，才能取得全面、持久的高速度。”[②] 刘国光说：经济发展速度和比例在一定时期中可以有种种不同的结合。“从速度和比例的种种不同的可能结合中，选择最恰当的方案，使国民经济不但能够在当前的计划时期高速度、按比例地发展，而且能够为后续时期的进一步发展，创造良好的条件。”“尤其重要的是正确认识、掌握速度和比例间的数量关系：怎样的比例，必然引起怎样的速度；怎样的速度，又必然要求怎样的比例。”[③]

针对“大跃进”期间要求脱离客观实际的积极平衡和“跃进的平衡”，有的论著指出，积极平衡应是“客观可能性和主观能动性高度统一所产生的平衡。在客观可能的限度内，通过人们的主观能动作用，来改善客观经济条件，使它们适应起来。”[④]“从实际出发去处理国民经济各部门的比例关系，是积极平衡而不是消极平衡。如果离开客观可能性而片面地强调需要，那就不可能组织新的平衡，反而会加剧不平衡。”[⑤]

计划工作要不要留有余地，防止比例失调，也是当时讨论的一个问题。有的文章提出，“留有余地是一个积极的方针”，“‘缺口’是留有余地的反面。我们要留有余地，就不应当留下这种‘缺口’。”“计划订的必须积极”，“但也必须切实可靠，决不可以无根据地把不可靠的‘潜力’放在计划之内”。“留有余地，并不是消极的，而是积极的；不是可有可无的，而是必不可少的。”[⑥]

鉴于20世纪50年代末“大跃进”的教训，有的论著还讨论了国民经济综合平衡的出发点问题。如有的论著明确主张综合平衡应按农轻重的次序进行。说：“按照农、轻、重的次序进行综合平衡，就是遵照农业是国民经济发展的基础，工业是国民经济发展的主导这个客观要求，以农业为出发点，以农业为中心，环绕着农业再生产，兼顾工业再生产，来安排重工

---

① 参见薛暮桥《社会主义经济的高速度和按比例发展》，《人民日报》1959年1月7日。

② 参见杨坚白《略论综合平衡》，《大公报》1962年3月26日；杨英杰《论国民经济中的比例、重点和速度问题》，《经济研究》1959年第5期。

③ 参见刘国光《关于社会主义再生产比例和速度的数量关系的初步探讨》，《经济研究》1962年第4期。

④ 参见郭子诚等《试论国民经济高速度和按比例发展》，《经济研究》1959年第6期。

⑤ 参见许涤新《论我国的社会主义经济》，人民出版社1964年版，第73页。

⑥ 参见李成瑞《留有余地是一个积极的方针》，《红旗》1964年第16期。

业再生产和国民经济的全部计划，并求得整个国民经济的综合平衡。”[①] 有的提出，“在社会主义制度下，生产的目的以及社会生产和社会需要矛盾的性质，规定了必须以满足社会需要作为出发点来进行综合平衡”，“综合平衡在调节社会生产和社会需要的矛盾时，既要看到长远的社会需要，又要脚踏实地地从当前实际水平出发，来规定最大限度地满足社会需要的合理的数量界限。”[②]

社会主义再生产问题，也是20世纪60年代讨论的一个热点。除了对两大部类关系等一般问题讨论外，现实性较强的问题是关于消费资料生产在社会再生产中的制约作用问题。有的经济学家在肯定第一部类在扩大再生产中的主导作用、决定作用的同时，认为还必须看到第二部类在扩大再生产中的制约作用。因为扩大再生产不但需要有更多的机器设备和原料，同时也相应地需要有更多的粮食和其他日用必需品。[③] 有的文章进一步认为，把消费资料的作用只归结为制约作用，不够确切。“因为它令人感到：似乎在社会主义扩大再生产过程中，消费资料生产只居于被动地位，甚至只起牵制作用。事实上，制约作用不仅存在于消费资料生产方面，同样地存在于生产资料生产方面；促进作用也不仅存在于生产资料生产方面，同样地存在于消费资料生产方面。”[④]

针对“大跃进”中提出的所谓算政治账不算经济账，不计工本，不讲经济效果带来的严重损失和惊人浪费，经济学界特地开展社会主义经济核算与经济效果问题的讨论，提出了不少有价值的见解。

关于经济核算内容，有的文章提出，企业实行经济核算，不只限于成本核算，还包括资金核算。认为社会主义企业的经济核算“应该包括成本核算和资金核算两个方面。”因为企业在生产过程中，“不仅要消耗一定数量的劳动，而且要占用一定数量的资金。”“从社会的角度看，降低某种产品所必须占用的资金，就意味着提高了资金运用的效果，用同量的资金可以生产出更多更好的产品，从而提高了整个社会劳动的经济效果。”[⑤] 有的

---

① 参见杨坚白《试论按农轻重方针进行综合平衡》，《光明日报》1962年11月5日。

② 参见闻潜、冯立天《略论综合平衡的客观对象》，《光明日报》1963年12月23日。

③ 参见实学《关于扩大再生产公式的初步探讨》，《光明日报》1961年12月4日。

④ 参见曾启贤《生产资料优先增长的两个问题》，《武汉大学学报》1963年第1期。

⑤ 参见何建章、桂世镛、赵效民《关于社会主义企业经济核算的内容问题》，《经济研究》1962年第4期。

文章则提出，社会主义经济核算包括生产中和建设中核算，认为，“社会主义社会的经济核算，包括生产中的经济核算（主要是劳动成果和生产成本的核算）和建设中的经济核算（主要是投资效果的核算）。前者保证现有生产能力的合理利用，发挥最大的经济效果；后者保证用尽可能少的活劳动和物化劳动的消耗，创造出尽可能多的新的生产能力。”①

经济核算中有没有一个最综合的或中心指标？如有，这个指标是什么？这也是当时讨论的一个热点，而且颇具超前性。早在1957年，孙冶方在《从“总产值”谈起》一文中，就提出，所谓中心指标应该是企业管理的一个中心环节，抓住了它便能带动其他指标，利润是企业经营好坏最集中的表现，它的最大好处，就在于它反映了生产的实际情况，能推动企业管理。完成这个指标非但不妨碍其他指标的完成，而且必然会带动其他指标的完成。② 沈经农也持相似观点，认为，中心的统帅指标只能是一个，而不是两个或更多，否则就无所谓中心了。经济核算体系的中心指标，就是利润指标。③

与此同时，也有人主张以成本和利润作为评价企业经济效果的主要指标，两者并重。产品成本是产品劳动消耗的最重要的组成部分。产品成本的高低，在相当程度上直接反映生产产品劳动消耗的高低，它是企业技术经济活动的综合指标。利润指标，它反映了成本高低的因素，又反映了成本所不能反映的其他指标对经济效果的影响。两者都是综合性指标，应该并重。④

改革开放以后，经济学界对经济增长问题的讨论进入了一个崭新的阶段。1992年，邓小平提出发展是硬道理的战略思想后，经济增长和发展问题的研讨逐步成为经济学界研讨的第一热点。2003年，党中央提出科学发展观以后，如何实现经济的科学发展，包括以人为本、全面协调可持续发展，转变经济增长和发展方式，建设资源节约型环境友好型社会，提高自主创新能力建设创新型国家等，更是成为学界和政界的焦点。而且由于20世纪末中国已初步建立起社会主义市场经济体制，市场已开始在资源配置中发挥基础性作用，改革问题不像此前那么突出、紧迫，因此有经济学家

① 参见薛暮桥《关于社会主义的经济核算》，《红旗》1961年第23期。

② 参见孙冶方《从“总产值”谈起》，《统计工作》1957年第13期。

③ 参见沈经农《关于社会主义企业经济核算的几个问题》，《光明日报》1962年5月28日。

④ 参见杨润瑞、李勋《试论工业企业的经济核算》，《人民日报》1962年7月19日。

认为，中国在进入21世纪后，“改革经济学”已逐步演变为“发展经济学”，研讨主题位置已经转换。[①] 这个论断是有一定根据的。

先看党的文件对经济增长和发展问题的论述。

1978年底党的十一届三中全会确定全党工作以经济建设为中心后，1982年，党的十二大报告提出：“从一九八一年到本世纪末的二十年，我国经济建设总的奋斗目标是，在不断提高经济效益的前提下，力争使全国工农业的年总产值翻两番，即由一九八零年的七千一百亿元增加到二零零零年的两万八千亿元左右。”

1987年，党的十三大报告进一步提出：“党的十一届三中全会以后，我国经济建设的战略部署大体分三步走。第一步，实现国民生产总值比一九八零年翻一番，解决人民的温饱问题。这个任务已经基本实现。第二步，到本世纪末，使国民生产总值再增长一倍，人民生活达到小康水平。第三步，到下个世纪中叶，人均国民生产总值达到中等发达国家水平，人民生活比较富裕，基本实现现代化。”

1995年，中共中央关于“九五”计划建议提出“实行两个具有全局意义的根本性转变，一是经济体制从传统的计划经济体制向社会主义市场经济体制转变，二是经济增长方式从粗放型向集约型转变，促进国民经济持续、快速、健康发展和社会全面进步。”

2000年，中共中央关于“十五”计划建议提出，“制定‘十五’计划，要把发展作为主题，把结构调整作为主线，把改革开放和科技进步作为动力，把提高人民生活水平作为根本出发点。”

2002年，党的十六大报告提出了21世纪头二十年全面建设小康社会和走新型工业化道路的任务。指出：“我们要在本世纪头二十年，集中力量，全面建设惠及十几亿人口的更高水平的小康社会，使经济更加发展、民主更加健全、科教更加进步、文化更加繁荣、社会更加和谐、人民生活更加殷实。”“在优化结构和提高效益的基础上，国内生产总值到二零二零年力争比二零零零年翻两番，综合国力和国际竞争力明显增强。基本实现工业化，建成完善的社会主义市场经济体制和更具活力、更加开放的经济体系。”“坚持以经济建设为中心，用发展的办法解决前进中的问题。”还指

---

① 参见黄泰岩《三十年中国经济学发展与变化》，《理论动态》第1799期（2008年12月10日出版）。

出："坚持以信息化带动工业化，以工业化促进信息化，走出一条科技含量高、经济效益好、资源消耗低、环境污染少、人力资源优势得到充分发挥的新型工业化路子。"

2003年，党的十六届三中全会提出科学发展观。决定提出："坚持以人为本，树立全面、协调、可持续的发展观，促进经济社会和人的全面发展。"

2005年，中共中央关于"十一五"规划建议提出，"要把节约资源作为基本国策，发展循环经济，保护生态环境，加快建设资源节约型、环境友好型社会，促进经济发展与人口、资源、环境相协调。"

2007年，党的十七大报告提出："科学发展观，第一要义是发展，核心是以人为本，基本要求是全面协调可持续，根本方法是统筹兼顾。"十七大报告还对全面建设小康社会提出新的更高的要求，主要是："转变发展方式取得重大进展，在优化结构、提高效益、降低消耗、保护环境的基础上，实现人均国内生产总值到二零二零年比二零零零年翻两番。"

与此同时，经济学界也广泛而积极研究经济增长和发展问题。

1. 关于经济发展战略问题。从1981年2月开始，北京部分理论工作者每两个月举行一次战略座谈会，直到1989年3月共举行了49次，对中国"三步走"、"翻两番"战略的制定产生了重要影响。1982年党的十二大报告提出"翻两番"任务后，我国著名经济学家孙冶方写了《二十年翻两番不仅有政治保证而且有技术保证——兼论"基数大、速度低"不是规律》一文，[①] 受到中央领导同志的充分肯定。1982年11月23日，当时的国务院总理到北京医院探望孙冶方时，说："前几天你在报上发表的文章，我看过了。你对翻两番的意见是很好的，对'基数大，速度低'的观点的批判是很有力的。中央开会讨论五年计划时，陈云同志特别提到你的观点，耀邦同志也很重视你的文章。"[②]

2. 关于如何走新型工业化道路问题。在经济学界争论最大的是中国工业化在进入21世纪以后是否已进入必经的重工业化阶段。国务院发展研究中心"新型工业化道路研究"课题组等持肯定意见。他们认为，"世界各国经济基本上是沿着农业→轻工业→重工业→高新技术产业→服务业的轨道

---

① 《人民日报》1982年11月19日。

② 《惦念》，《人民日报》1982年12月6日。

向前发展。”“对于一个国家来说，只有经过重工业化阶段，才能真正成为工业强国并进入经济发展的第一阵营。”“我国经济步入新一轮快速增长时期已成定论，其主要特征便是我国正式进入‘重工业化阶段’。”“如果抓住了重工业化这一机遇，中国经济就完全可以保持20年的高增长。”“当前经济既不是总体过热，又不是局部过热，也不是没有新特点的正常发展，而是中国工业化已进入以重工业重新大发展为主要特点的历史阶段。”[①] 与上述观点不同，吴敬琏多次撰文不赞同上述观点，指出上述观点是根据“霍夫曼原理”得出的结论，而德国的霍夫曼1931年根据20多个国家工业化过程中工业内部结构变化的经验数据概括出工业化过程中资本品生产的增长快于消费品生产的增长的结论，是在当时还没有把第三产业（服务业）看做一个基本的产业做出的。在先行工业化国家进入工业化后期阶段以后，霍夫曼定理关于资本品工业（或重工业）将在国民经济中占优势的预言没有实现，因为增长最快的是服务业。诺贝尔经济学奖获得者库兹涅兹把这个阶段的经济增长命名为现代经济增长，他的基本结论是，和早期经济增长主要依赖于资源，特别是资本投入不同，在作为现代经济增长的显著特征的产出高增长中，投入的贡献只占有限的一小部分，绝大部分应归于生产率的高增长率。据此，吴敬琏认为，中国必须彻底转变经济增长模式，走一条新型的工业化道路，将建设资源节约、环境友好型经济作为今后的指导方针，才有可能实现持续较快增长。在工业化的中后期，由于对住宅、汽车、家电等耐用消费品需求增加，对重工业产品的需求也迅速增加，但这并不意味着对重工业产品的需求会超过对服务业的需求。[②]

关于中国的工业化问题，中国社会科学院学者陈佳贵、黄群慧提出了有代表性的观点。他们认为，中国经过20多年的快速工业化进程后，中国已经从农业经济大国转变为工业经济大国，这意味着中国经济现代化进程进入了以实现由工业经济大国向工业经济强国转变、推进工业现代化进程为核心任务的新阶段。现代化进程的新阶段要求选择新的战略。在技术进

① 参见国务院发展研究中心“新型工业化道路研究”课题组《我国工业化进入新阶段》，《经济日报》2003年12月1日；《我省产业发展绕不过重化工业阶段》，《南方日报》2003年9月11日；《重工业化，中国经济高速增长的主动力》，新华社北京2003年11月29日电；《二次工业化——中国民营企业的工业化进程》，《商务月刊》2004年3月2日；《我国四大重点行业投资分析》，《经济日报》2004年6月16日。

② 参见吴敬琏《中国应当走一条什么样的工业化道路》，《洪范评论》第2卷第2辑（2005年9月出版）。

步战略方面，应重视战略技术的自主创新和加大基础科学研究领域的投入；在经济增长战略方面，要切实促进经济增长方式的转变，发展重化工业也要坚持走新型工业化道路；在产业发展战略方面，三次产业要有新的战略使命和发展定位；在经济体制改革战略方面，要坚定不移地继续深化市场化改革。①

3. 关于转变经济增长方式问题。中国经济从1979年实行改革开放后迅速起飞，1978—2008年年均GDP增速达9.8%，超过同期世界平均增速3%的两倍多，被世人称为“中国的奇迹”。与此同时，中国经济在飞速发展中也碰上一系列不可持续的问题，因而提出了转变经济增长和发展方式的任务。20世纪90年代，鉴于当时主要靠资本资源等要素投入推动而不注重效率提高的外延式扩张的缺陷，提出了要从粗放型增长方式向集约型增长方式转变的任务。21世纪初，鉴于经济高速增长付出的资源环境代价过大难以为继，提出要从高投入、高消耗、高排放、低效率的粗放的增长方式，向低投入、低消耗、低排放、高效率的资源节约型增长方式转变的任务，显然，要求转变的内容丰富多了。2007年，党的十七大报告在论述促进国民经济又好又快发展关键之一是要在加快转变经济发展方式时，进一步提出要实现三个转变，即促进经济增长由主要依靠投资、出口拉动向依靠消费、投资、出口拉动转变，由主要依靠第二产业带动向依靠第一、第二、第三产业协同带动转变，由主要依靠增加物质资源消耗向主要依靠科技进步、劳动者素质提高、管理创新转变。2008年国际金融危机对我国经济的冲击表明，我国转变经济增长和发展方式更显紧迫、重要。只有大力转变经济增长和发展方式并取得实效，中国经济才有可能持续实现较快增长。这点已得到经济学界广泛的认同。有的经济学家指出，转变经济增长和发展方式，实现产业结构优化升级，是一项硬功夫、慢工夫，需要有长远的打算和努力，需要有改革的深化与之配合，有时还会同短期的保增长有矛盾，所以做起来有难度。必须从实现科学发展和又快又好发展出发，不折不扣地落实十七大报告提出的三个转变的要求，才能促进中国经济可持续的均衡较快增长。②

---

① 陈佳贵、黄群慧：《工业发展、国情变化与经济现代化战略——中国成为工业大国的国情分析》，《中国社会科学》2005年第4期。

② 参见房维中《扩大固定资产投资应当慎之又慎》，《中国经济报告》2009年第1期；张卓元《积极的财政政策要同深化改革相结合》，《理论动态》第1807期（2009年2月28日出版）。

4. 研究现代经济增长问题。随着中国经济的不断发展，许多实证研究成果的出版，各种经济增长理论的引入，包括发展经济学的“结构模型”、“比较优势”、“干中学”等理论的引入，现代经济增长的研究范式开始流行。1994 年，林毅夫、蔡昉、李周发表了《中国的奇迹：发展战略与经济改革》专著，[①] 提出了比较优势的发展模式，以后陆续出现“低价竞争模式”和“低价工业化增长模式”等。新的研究范式强调了经济增长的内生性和持续性，有重要的理论价值和现实意义。[②] 特别值得提出来的是，中国社会科学院经济研究所“经济增长前沿”和“中国经济增长与宏观稳定”课题组从 2003 年起，连续在《经济研究》发表十篇文章，认为，一国从贫困走向富裕的路径存在着规律性东西。如以纵轴为人均 GDP，横轴为时间，中间的曲线为产出线，则大致呈 S 形。S 形增长曲线又可细分为“马尔萨斯均衡”（贫困陷阱）、“工业革命理论”（经济赶超）、“卡尔多典型事实下的经济增长理论”（新古典理论）、“新经济分叉”（新增长理论）等若干与相关理论对应的阶段；同时，针对有些国家经济赶超失败的事实，给出了一个中等收入陷阱阶段。[③]

5. 关于城市化问题的研究。中国要不要着力发展大城市，是不是主要靠发展中小城市和小城镇实现城市化，一直有争议。2007 年，党的十七大总结实践经验，明确提出走中国特色城镇化道路，指出，“走中国特色城镇化道路，按照统筹城乡、布局合理、节约土地、功能完善、以大带小的原则，促进大中小城市和小城镇协调发展。以增强综合承载能力为重点，以特大城市为依托，形成辐射作用大的城市群，培育新的增长极。”有的经济学家曾对如何坚持走中国特色的城镇化道路，有过系统解释，提出，要从片面追求数量扩大转向更加注重质量提高，逐步提升城镇化水平。一方面，要继续积极推进城镇化促进农村富余劳动力和人口向城镇转移，提高各种生产要素对城镇发展的支撑能力；另一方面，要合理把握城市规模，优化调整城镇结构，着力提高城市建设和发展的质量，持续稳定地发挥城镇化

① 上海三联书店 1994 年版。

② 参见刘霞辉、张平、张晓晶《改革年代的经济增长与结构变迁》，格致出版社、上海人民出版社 2008 年版，第 3 页。

③ 同上书，第 3—6 页。

对经济社会发展的促进作用。[①]

6. 关于经济增长和经济稳定的关系问题。改革开放前，中国经济除“大跃进”期间出现极其严重的比例失调、黑市价格飞涨外，一般是比较稳定的，其主要表现是物价基本稳定，通货膨胀被隐蔽起来了。1979年改革开放后，经济迅速起飞，经济增速加快。1978—2008年，年均GDP增速达9.8%，比1953—1978年年均增速6.1%加快3.7个百分点。在这期间，也出现过急于求成的问题。有的人主张经济增长应尽量快些，主张用通货膨胀的办法支撑经济的超高速增长。在急于求成影响下，1985年、1988年、1993—1994年、2007—2008年都出现不同程度的经济过热和通货膨胀，党和政府不得不实施紧缩的宏观经济政策、治理通货膨胀，以恢复宏观经济的协调和稳定。在这过程中，也不断有经济学家反对用通货膨胀的办法支撑经济的短期高速增长，认为这样做既不利于经济的稳定增长，也不利于改革的深化。1988年价格改革“闯关”时，薛暮桥等经济学家就认为，在通货膨胀条件下价格改革是不能“闯关”的，也是不能成功的。事实正是这样。1988年第四季度，被迫宣布停止“闯关”，改为实行治理通货膨胀的政策。1987年，中国社会科学院课题组也曾提出“稳中求进”的改革与发展思路，[②] 主张在稳定经济的基础上推进改革与发展。而要稳定经济，就必须治理通货膨胀。到后来，尽管经济学家对通货膨胀的认识还有分歧，但多数人认为，两位数的物价上涨率是应尽力避免的，年CPI上涨率控制在4%左右应认为是比较理想的，属于保持物价基本稳定的范畴。

实现经济稳定发展，要求寻找经济增长与物价上涨的均衡点。如果要使物价上涨率控制在两位数以内，争取在4%左右，经济增速就不能太高，根据中国国情，一般不宜超过两位数，特别是不能连年超过两位数，否则必然出现宏观经济失衡。2003—2007年，中国经济增速连续五年达到和超过两位数，不仅带来2007—2008年的通货膨胀，而且付出的资源环境代价过大，造成消费和投资、内需与外需、第二产业与第三产业的失衡。2008年第四季度起经济大幅度回调，虽然同国际金融危机冲击有密切关系，也

---

① 参见宁吉喆《促进城镇化健康发展》，《〈中共中央关于制定国民经济和社会发展第十一个五年规划的建议〉辅导读本》，人民出版社2005年版，第242—243页。

② 参见中国社会科学院课题组《中国经济体制中期（1988—1995）改革纲要》，《中国改革大思路》，沈阳出版社1988年版。

是经济失衡被迫进行调整的结果。[①]

第六节 经济学方法重大革新

理论经济学的第六大进展：经济学方法重大革新：注重创新，紧密联系实际，充分吸收现代经济学有用成果，重视实证研究和数量分析，勇于提出各种对策建议。

新中国成立60年来，伴随着经济学研究的逐步深入，经济学方法也有重大革新。举其要者有：

一、注重理论创新，不断涌现马克思主义经济学中国化创新成果

新中国成立后一段时间，直至改革开放前，不少经济学论著受教条主义束缚，比较热衷于对经典著作的注释，或者规律排队，或只做简单的政策宣传，缺乏独立思考，不愿标新立异，创新精神不强。由于政治与学术界限很难划清，新的观点一冒出来，常常被扣上可怕的政治帽子进行批判，实际上扼杀了人们的创新精神，把真理的声音压下去。这样，百家争鸣的方针根本无法很好贯彻。对马寅初人口理论和孙冶方价值论的大批判就是其中最突出的例子。

改革开放后，在党的解放思想、实事求是的思想路线指引下，经济学家们大开眼界，逐步从传统的社会主义经济理论的禁锢中解脱出来，深入现实生活，勇于探索，大胆创新，做出了一个又一个有价值的研究成果，推动马克思主义经济学的中国化不断深入发展。社会主义初级阶段理论、社会主义市场经济论、社会主义基本经济制度理论、按劳分配与按生产要素分配相结合理论、对外开放理论、中国式经济增长与发展理论等，就是马克思主义经济学中国化的最重要成果。它们是中国特色社会主义理论体系的重要组成部分。30年来，党和国家领导人鼓励理论创新并身体力行和高超的政治智慧，同经济学家的大胆探索并硕果累累相结合，使一系列马克思主义经济学中国化创新成果成为中国经济论坛的主流。

对马克思主义重要观点也要勇于创新。21世纪初关于劳动价值论的讨论体现了这一点。2000年10月，党的十五届五中全会关于“十五”计划的

---

① 参见张卓元《2008年中国经济理论前沿》，中国社会科学出版社2009年版。

《建议》提出，“随着生产力的发展，科学技术工作和经营管理作为劳动的重要形式，在社会生产中起着越来越重要的作用。在新的历史条件下，要深化对劳动和劳动价值理论的认识。”此后，经济学界开展了对劳动价值论的深入研讨。据我体会，主流的观点大体是，马克思关于只有活劳动创造价值的论断是正确的，至今没有过时。尽管有的经济学家认为物化劳动也创造价值，但未获多少人认同。与此同时，也要看到，随着社会生产力的发展，特别是第三产业的崛起和它在国民经济中的地位与作用逐渐增大，发达国家第三产业增加值占 GDP 比重已达 60%、70% 以上，所以，应肯定大量的服务劳动，包括商业劳动、客运、通信、咨询、金融服务等劳动，也应是创造价值的劳动。这也说明，马克思主义的经济理论，也是要随着社会经济实践的发展而发展的。

2004 年以来，由党中央直接领导的作为马克思主义理论研究和建设工程的组成部分《马克思主义政治经济学概论》，已于 2008 年 8 月写出第二稿。该书的任务就是系统阐述马克思主义经济学中国化的创新成果。

二、紧密联系社会主义建设实际

新中国成立 60 年来，中国经济理论研究的一个重大进展，是经济理论研究逐步走出科学的殿堂，广泛参与和紧密联系中国社会主义建设实际。在中国这样一个经济落后，农业人口占 80% 的发展中大国进行社会主义现代化建设，既要补工业化、城市化、市场化、社会化、国际化的课，又要使广大公众摆脱贫困走向共同富裕，实现中华民族的伟大复兴。这是前无古人的伟大创举。一方面，这一伟大的实践迫切需要经济理论研究的支持和提供各种选择方案，为国家的社会主义现代化建设探索符合客观经济规律的路子；另一方面，社会主义建设的丰富的实践，又为经济理论研究提供了前所未有的宝贵材料和经验。特别是从传统的计划经济体制，转向社会主义市场经济体制，这一过渡经济学或转型经济学，是全世界经济学家都很有兴趣研究的重大课题。中国经济学家责无旁贷，正在从多方面进行探索，对大量的实践经验进行理论概括，寻找其客观规律性，不断丰富经济科学宝库。

经济理论研究紧密联系实际的一个突出表现是，改革开放后，不少经济学家成为党政决策的智囊，一些经济学家参与党和政府重要文件起草工作，一些经济学家担任地方政府、部门和企业的顾问，经济学家被人们誉为“时代的宠儿”。在社会实践巨大需求的推动下，各种应用经济学迅速发展，一派繁荣景象。金融学，财政学，国民经济管理学，国际贸易学，区域经济学，劳动经济学，人口、资源、环境经济学，可持续发展经济学，统计学，数量和技术经济学，国防经济学，市场营销学等，都有很大发展，论著甚丰，学者日众。各种经济管理学科，包括工商管理［内含会计学、企业管理、旅游管理、技术经济及管理、农村经济管理、公共管理（内含教育经济与管理、社会保障、土地资源管理）］等，也成为研究和学习的热门，吸引着越来越多有志于经济学研究与学习者。

三、充分吸收现代经济学的有用成果

现代经济学一般指西方经济学，包括微观经济学、宏观经济学、发展经济学、计量经济学和其他一些应用经济学等。它们以成熟的资本主义市场经济为研究对象。西方经济学一方面把资本主义私有制认为是自然的永恒的，这同马克思主义是格格不入的；另一方面，它们对市场经济运行的规律进行了细致的研究，从中概括出的原理和概念，对我们认识和掌握市场经济活动的规律，是有用的，不可轻易否定。比如，凯恩斯关于用财政政策调节社会总供给和总需求的关系、降低失业率等理论，对我国实行宏观经济调控就有重要的参考价值。西方经济学关于用立法形式规范市场经济活动进行市场监管等也是适用于我国社会主义市场经济的。西方经济学中一系列金融创新理论也很值得我们借鉴。一些西方经济理论，也被人们用来分析中国经济问题，其中有产业组织理论、二元经济结构理论、非均衡发展理论、制度效率理论、成本—效益分析理论、现代公司理论、厂商理论、可持续发展理论等。西方经济学中稀缺性、机会成本、边际效用、均衡价格、GDP和GNP、生产函数、消费倾向、基尼系数等概念，也是我们分析经济活动不可缺少的工具。当然，我们不能从一个极端跳到另一个极端。改革开放前，几乎是全盘否定西方经济学，否定西方经济学中包含现代文明的成果；现在则存在另一种倾向，全盘肯定西方经济学，似乎用西方经济学能解释和解决我国经济发展中的所有问题。这是非常片面的认识。封闭僵化不行，改旗易帜也不行。正确的态度是：以马克思主义经济学中国化的创新成果为指导，充分吸收现代经济学的有用成果，认真研究中国社会主义市场经济运动的规律性，推动中国社会主义现代化建设顺利发展，推动中国经济学的繁荣和发展。

为了学习和借鉴，改革开放后国内出版了大量西方经济学代表作，除了过去翻译出版的斯密、李嘉图、凯恩斯、马歇尔等著作外，翻译出版了萨缪尔森的《经济学》（中国发展出版社出版）、《新帕尔格雷夫经济学大辞典》（经济科学出版社出版）。进入21世纪后，还翻译出版了多恩布什的《宏观经济学》（中国人民大学出版社2002年版）、克鲁格曼的《国际经济学——理论与政策》（中国人民大学出版社2002年版）、麦迪森的《世界经济千年史》（北京大学出版社2003年版）、斯蒂格利茨的《经济学》（中国人民大学出版社2005年版）、曼昆的《经济学原理》（北京大学出版社2006年版），等等。①

四、重视实证研究和数量分析

“文化大革命”前，经济学论著一般只有大体规范的分析，调研报告都不多。改革开放后实证研究开始流行起来。经济研究既要进行规范分析，也要进行实证分析。过去，我国经济学界论著不少是从概念到概念或政策注释，不利于我们探索社会主义建设的客观规律性，影响经济研究的创造性思维。实证分析主要对经济运动和经济过程进行客观的如实的描绘，分析其中的机理，而不对其做价值判断，也不必提出必须如何、要求怎样等说教。实证分析特别是其中的案例分析，类似于毛泽东倡导的“解剖麻雀”，有助于经济研究从具体的典型入手，掌握资料和信息，以便于寻找内在的本质的联系，并通过多个案例的比较，发现一些重复出现的共同的东西，使经济理论研究不脱离实际、违背认识的规律。一个时期以来，许多经济学博士论文，都进行实证分析，取得了可喜的成果。案例研究也不仅见之于实证分析的论著中，还出版了专门的案例研究论著，对推动经济理论研究产生了良好的影响。

经济理论研究离不开统计资料和数量分析。从概念到概念，没有数据的文章，很难成为经济科学论文、学术论文。“文化大革命”前，我国经济学界比较注重对生产关系及其变革研究，在以阶级斗争为纲影响下意识形态味道很浓，对数量分析不够重视。改革开放后，经济学界不仅重视生产关系和经济体制问题研究，而且越来越重视经济发展问题和具体政策等问

---

① 参见黄范章《改革开放30年西方经济学在中国经济理论发展中的影响和作用》，载张卓元主编《中国经济学30年（1978—2008）》，中国社会科学出版社2008年版。

题研究，这就要求有充分的数据来分析问题和论证自己的观点或对策建议。在这种情况下，对经济运行进行数量分析的文章越来越多，运用数学模型分析经济问题的文章也越来越多，像进出口依存度、能源消费系数、电力消费系数、恩格尔系数、投资率、储蓄率、消费率、投资消费出口贡献率、城市化率、CPI 和 PPI、人口老龄化率，等等，几乎是经济学文章不可或缺的。这是一个好现象，有助于打破人们对经济学是不是一门比较精密的科学的疑问。

五、勇于提出各种对策建议

经济学是经世济民之学。在社会主义建设时期，如何又好又快地进行社会主义现代化建设，是经济学家的主要关注点和着力研究的课题。为了更好地为国家的现代化建设服务，经济学家们都自觉地努力根据自己的研究成果提出可操作的对策建议或政策建议。党和政府也鼓励经济学家为政策制定和实施提供智力支持。社会主义市场经济是竞争经济，各地区、各企业都处于竞争环境中，地方政府和企业都经常要求经济学家为本地区、本企业如何提高竞争力、加快发展建言献策。因此，经常可以看到经济学家们进行各种各类咨询活动，官方半官方经济咨询机构像雨后春笋大量出现，也为经济学家大胆提出各种对策建议开辟了广阔的天地。

不仅地方和企业需要经济学家建言献策，中央政府同样需要经济学家建言献策。社会主义市场经济是有政府调节和宏观调控的经济，如何根据经济形势的变化实施适当的宏观经济政策包括财政政策和货币政策、保证宏观经济的稳定健康运行，如何制订切实可行的中长期发展规划，也需要经济学家提出好的建议和对策。各种各类经济形势分析报告和预测报告很受重视，各种经济改革方案也可供政府和决策部门选择。进入 21 世纪，经济咨询活动也不限于国内咨询机构和团体，一些国际组织如世界银行、国际货币基金组织、联合国有关机构、跨国公司驻华机构等，也不断参加到这项活动中来。比如，2005 年我国制订“十一五”规划时，世界银行就主动提交了《中国“十一五”规划的政策》（2004 年 12 月）的系统报告；与此同时，联合国驻华机构也提出《促进中国的社会发展——联合国系统驻华机构对中国“十一五”规划的箴言》（2005 年 7 月）等，其中提供了许多可供我国借鉴的外国经验和数据。现在看来，国际组织的参与，对于中国经济学家更好地用世界眼光研究中国经济问题是大有好处的。

参考文献

1.《中国共产党第十一届中央委员会第三次全体会议公报》，人民出版社1978年版。

2.《关于建国以来党的若干历史问题的决议》，人民出版社1981年版。

3.《经济研究》编辑部编：《建国以来社会主义经济理论问题争鸣（1949—1984）》，中国财政经济出版社1985年版。

4. 国家体改委综合司编：《中国改革大思路》，沈阳出版社1988年版。

5. 江泽民：《加快改革开放和现代化建设步伐，夺取有中国特色社会主义事业的更大胜利——在中国共产党第十四次全国代表大会上的报告》1992年10月12日。

6. 张卓元主编：《论争与发展：中国经济理论50年》，云南人民出版社1999年版。

7. 逄锦聚主编：《政治经济学热点难点争鸣》，高等教育出版社2004年版。

8. 胡锦涛：《高举中国特色社会主义伟大旗帜为夺取全面建设小康社会新胜利而奋斗——在中国共产党第十七次全国代表大会上的报告》（2007年10月15日）。

9. 张卓元主编：《中国经济学30年（1978—2008）》，中国社会科学出版社2008年版。

10. 刘霞辉、张平、张晓晶：《改革年代的经济增长与结构变迁》，格致出版社、上海人民出版社2008年版。

11. 柳欣、刘刚主编：《中国经济学三十年》，中国财政经济出版社2008年版。

（执笔人：张卓元，中国社会科学院经济研究所研究员）

第二章

社会主义本质和发展阶段理论的演进

自新中国成立以来，特别是改革开放以来，中国的社会主义建设取得了巨大的成就，生产力迅速发展，经济总量不断增加，人民生活水平日益提高，在世界经济体系中的重要性和在国际政治舞台上的影响力也在与日俱增。依据中国的基本国情进行经济建设，这是中国取得举世瞩目成就的最基本经验之一。我们党在总结我国社会主义建设的经验教训并借鉴其他国家社会主义兴衰成败历史经验的基础上，对社会主义的本质和发展阶段有了更加深刻的认识，并逐步形成和发展了社会主义初级阶段理论。这个理论是对中国国情的准确概括，是建设中国特色社会主义必须遵循的基本前提。

在社会主义本质和发展阶段问题的探讨中，特别是社会主义初级阶段理论的形成和发展过程中，经济理论界作出了重要的贡献。社会主义初级阶段理论明确了中国经济学研究的制度背景和初始条件。从社会主义初级阶段这个基本前提出发，中国经济学界对社会主义经济体制及其运行机制进行了比较深入的研究，取得了丰硕的理论成果，形成了若干重要的理论突破，不仅进一步丰富了社会主义初级阶段理论的内涵，而且有力地推动了中国特色社会主义经济学体系的建设。

第一节　社会主义本质和发展阶段的理论渊源

一、马克思主义经典作家对于资本主义以后社会的本质和发展阶段问题的探索和思考

马克思、恩格斯通过对资本主义内在矛盾的深入研究，认为资本主义社会必然灭亡，共产主义社会必然胜利。恩格斯认为，从资本主义向共产主义的过渡将在经济发达的资本主义国家同时发生，“共产主义革命将不是仅仅一个国家的革命，而是将在一切文明国家里，至少在英国、美国、法国、德国同时发生的革命”。[①] 马克思在《哥达纲领批判》中，对资本主义以后的未来社会进行了预见。他将资本主义以后的社会发展划分为三个阶段：（1）从资本主义社会变为共产主义社会的革命转变时期；（2）共产主义社会第一阶段；（3）共产主义社会高级阶段。按照马克思的设想，共产主义社会第一阶段“刚刚从资本主义社会中产生出来的，因此它在各方面，在经济、道德和精神方面都还带着它脱胎出来的那个旧社会的痕迹”。[②] 在经济制度上，这一阶段将实行以全体社会成员共同占有生产资料为基础的所有制，由于生产者之间并不交换自己的产品，用于生产产品的劳动量将不是以迂回曲折的方式，不是凭借价值及其各种形式来计算，因此商品货币关系和价值规律将不复存在，社会将按照劳动量对经济资源进行合理的配置，分配制度则实行体现资产阶级平等权利的按劳分配原则。在共产主义社会高级阶段，脑力劳动和体力劳动的对立将消失，劳动将从谋生的手段转变为生活的第一需要。随着个人的全面发展，生产力也增长起来，从而实现集体财富的充分涌流，“只有在那个时候，才能完全超出资产阶级权利的狭隘眼界，社会才能在自己的旗帜上写上：各尽所能，按需分配！”[③] 马克思、恩格斯对不同阶段共产主义社会的设想，是根据对英国、法国等

① 恩格斯：《共产主义原理》，《马克思恩格斯选集》第 1 卷，人民出版社 1995 年版，第 241 页。

② 马克思：《哥达纲领批判》，《马克思恩格斯选集》第 3 卷，人民出版社 1995 年版，第 304 页。

③ 同上书，第 305—306 页。

当时比较发达国家的研究而做出的，他们对共产主义社会的表述也是非常简单、抽象的。值得注意的是，尽管很多研究者认为马克思设想的共产主义第一阶段实际上就是社会主义，但从已发表的文献资料考察，马克思在设想未来社会时，从未用过“社会主义社会”这个概念，第一次使用这个概念的是恩格斯，但也仍然非常严格地把社会主义看做是共产主义社会发展的一个阶段。[①] 由于历史条件的局限，对于社会主义社会的本质、它又将会经历哪些发展阶段，他们没有也不可能有明确的论述。

对社会主义理论和实践的系统探索是从列宁开始的。列宁继承了马克思、恩格斯关于共产主义发展阶段的观点并做了发展，他将无产阶级取得政权以后的社会明确划分为社会主义和共产主义两个阶段，“如果我们问一下自己，共产主义和社会主义的区别是什么，那么我们应当说，社会主义是直接从资本主义生长出来的社会，是新社会的初级形式。共产主义则是更高的社会形式，只有在社会主义完全巩固的时候才能得到发展”。十月革命胜利后，列宁领导俄国人民开始了向社会主义的过渡，这是一个前无古人的社会改造。与马克思、恩格斯的设想不同，俄国的社会主义不是建立在生产力高度发达的资本主义社会的基础之上。在俄国这样一个贫穷落后的国度里建设什么样的社会主义，如何建设社会主义，就成为布尔什维克必须回答的一个基本问题。列宁最初将马克思关于共产主义第一阶段的设想作为社会主义的本质和基本模式，在早期推行的战时共产主义政策中，试图用国家直接分配产品来取代商品货币关系，但遇到了强烈的反对。后来实行的新经济政策，实际上是向商品经济的回归。列宁不断地总结实践经验并进行深入的理论思考，他曾经使用过“发达的社会主义”、“完备的社会主义”、“完整的社会主义”、“成熟的社会主义”、“初级形式的社会主义”等概念，从不同的侧面揭示了社会主义制度建立和发展过程的丰富内容。[②] 列宁的主要精力投入到了如何实现俄国向社会主义的过渡，他对于社会主义的理论思考主要是围绕这一问题展开的，至于社会主义制度建立以后的发展阶段问题，则没有展开更多的研究。

苏联社会主义制度的建立是在斯大林的领导下完成的。但斯大林对马

---

① 冒天启：《五十年巨变：由计划经济转向市场经济》，《兰州大学学报》（社会科学版）1999年第3期。

② 薛汉伟：《社会主义初级阶段与历史上的类似表述》，《理论前沿》1987年第4期。

克思、恩格斯设想的未来社会做了一种简单的、机械的理解，并将社会主义视为向共产主义过渡的短暂历史时期，试图迅速建成社会主义并快速过渡到共产主义。斯大林在工业领域推行国有化，在农村也掀起了建立集体农庄的运动，在很短的时间内就实现了公有制在国民经济中占绝对领导地位。在当时强敌环伺的严峻的国际环境下，斯大林通过行政力量强制性地推动重化工业化的发展，并建立了与此相适应的高度集权的计划经济体制。在这一切完成之后的 1936 年，斯大林宣布，苏联已经建立了社会主义制度，基本上实现了共产主义第一阶段，即社会主义。在此基础上，斯大林错误地判断苏联应当尽快实现从社会主义向共产主义的过渡。在他晚年撰写的《苏联社会主义经济问题》一书中，对于他领导下的苏联社会主义建设实践进行了总结，系统阐述了他对于社会主义经济制度和经济规律的一系列观点，认为尽管社会主义公有制的统治地位已经在苏联确立，但由于集体所有制的存在，商品生产、商品流通和价值规律还将在一定范围内存在并发挥作用。斯大林承认它们在最近的将来也还会是有益的，但“同时这些现象已在开始阻碍我国生产力的强大发展”，“所以，任务就在于，通过把集体农庄所有制逐渐变成全民所有制的办法，通过以产品交换制——也是逐渐地——代替商品流通的办法，来消除这些矛盾”。显然，斯大林设想的社会主义本质和理想模式是典型的建立在“一大二公”基础上的产品经济。在他的影响下，1952 年苏联共产党就宣布党的主要任务是从社会主义过渡到共产主义。然而历史却无情地证明，斯大林一系列错误观念导致的错误政策超越了历史发展阶段，严重阻碍了苏联经济的可持续发展，使苏联社会长期处在停滞状态，人民的生活水平提高很慢，最终导致了苏联解体的悲剧。不仅如此，斯大林及其后继者对于经典作家关于社会主义社会设想的僵化理解和对社会主义本质的错误认识，也对中国和其他社会主义国家造成了长时间的消极影响。

二、毛泽东对于中国社会主义本质和发展阶段问题的探索和思考

在取得全国政权以后，以毛泽东为领袖的中国共产党在中国社会主义建设的道路上进行了许多有益的探索，但也走了许多弯路，特别是毛泽东在晚年犯了“左”的错误，发动了“文化大革命”，给中国的社会主义建设带来了很大的损失。尽管他关于社会主义本质和发展阶段的理论前后发生过很大的变化，但他对于这一问题的思考，仍然给我们留下了不少有价值

的思想。

在党的七届二中全会上，毛泽东把人民民主革命胜利后的中国社会定性为新民主主义社会，并提出在新民主主义革命胜利后，党的工作任务就是："迅速地恢复和发展生产，对付国外的帝国主义，使中国稳步地由农业国转变为工业国，把中国建设成一个伟大的社会主义国家。"① 由于对中国的国情认识深刻，对所处的历史发展阶段判断正确，使得新中国成立初期我国国民经济的恢复工作进展十分顺利。

在新中国成立之初，包括毛泽东在内的中共领导人都认为从新民主主义社会向社会主义社会的过渡将经历一段时期。但经济的迅速恢复，极大地坚定了毛泽东尽快在中国建立社会主义制度的决心。他在1953年提出了过渡时期的总路线，开始推动中国从新民主主义社会向社会主义社会的过渡。毛泽东认为："从中华人民共和国成立，到社会主义改造基本完成，这是一个过渡时期。党在这个过渡时期的总路线和总任务，是要在一个相当长的时期内，逐步实现国家的社会主义工业化，并逐步实现国家对农业、对手工业和对资本主义工商业的社会主义改造。"② 对于当时的中国领导人毛泽东来说，关于社会主义的认识可能主要来源于马克思主义的经典著作和对苏联社会主义建设实践的观察，他们对于发展生产力和实现工业化的难度和长期性认识不足，认为只要完成了生产资料的社会主义改造，就实现了向社会主义社会的过渡。尽管过渡时期的总路线是一条工业化和所有制改造齐头并进的路线，但毛泽东关注的重点却在后者上，他认为："党在过渡时期总路线的实质，就是使生产资料的社会主义所有制成为我国国家和社会的唯一的经济基础。"③ 苏联从十月革命到宣布建成社会主义历时18年，而毛泽东认为中国只要10—15年时间或更多一点时间，就能完成国家工业化和生产资料的社会主义改造。④ 在这种思想指导下，中国掀起了社会主义改造的高潮，过渡速度比毛泽东设想的还要快。1956年，党的八大就在政治报告中宣布，社会主义的社会制度在我国已基本上建立起来了。

---

① 毛泽东：《在中国共产党第七届中央委员会第二次全体会议上的报告》，《毛泽东著作选读》下册，人民出版社1986年版，第665页。

② 毛泽东：《关于党在过渡时期的总路线》，《毛泽东著作选读》下册，人民出版社1986年版，第704页。

③ 同上书，第705页。

④ 薄一波：《若干重大决策与事件的回顾》上卷，中共中央党校出版社1991年版，第215页。

值得注意的是，在当时的毛泽东看来，生产资料所有制的社会主义改造的结束，只是意味着社会主义制度的确立，而并非表明社会主义的建成。① 毛泽东在 1957 年指出：“我国的社会主义制度还刚刚建立，还没有完全建成，还不完全巩固。在工商业的公私合营企业中，资本家还拿定息，也就是还有剥削；就所有制这点上说，这类企业还不是完全的社会主义性质的。农业生产合作社和手工业生产合作社有一部分也还是半社会主义性质的；完全社会主义化的合作社在所有制的某些个别问题上，还需要继续解决。在各经济部门中的生产和交换的相互关系，还在按照社会主义的原则逐步建立，逐步找寻比较适当的形式。”② 这里实际上已经蕴涵了毛泽东对社会主义发展阶段的思考。毛泽东认识到，从生产资料社会主义所有制的确立到社会主义社会的完全建成，还需要经历一个过程。中国社会主义社会的建立和发展，将经历一个过渡时期——社会主义制度建立——社会主义社会建成——准备向共产主义过渡的阶段。③ 但他很快就偏离了实事求是的思想路线。在 20 世纪 50 年代末期，在他的主持下，出台了一系列严重脱离中国国情、超越了历史发展阶段的方针、政策，发起了各种大干快上、赶英超美的群众运动，推动“人民公社化”、“大跃进”，甚至号召“跑步进入共产主义”，最终给中国的社会主义经济建设带来了惨痛的损失。

“大跃进”的失败和接踵而来的自然灾害促使毛泽东反思急于求成的错误。1959 年年底到 1960 年年初，毛泽东在读苏联《政治经济学教科书》时，对社会主义发展阶段问题进行了新的思考。他认为：社会主义这个阶段，又可能分为两个阶段，第一个阶段是不发达的社会主义，第二个阶段是比较发达的社会主义，后一个阶段可能比前一个阶段需要更长的时间。经过后一阶段，到了物质产品、精神财富都极为丰富和人们的共产主义觉悟极大提高的时候，就可以进入共产主义社会了。④ 尽管这里的“不发达的社会主义”与我们现在经常谈到的“社会主义初级阶段”在内涵上并不一致，而且联系毛泽东相关论述的前后文来看，他的这段话主要是批评苏联教科书中“长期巩固”集体农庄制度的思想而不是批评“超越阶段”的理

① 薛汉伟：《社会主义初级阶段与历史上的类似表述》，《理论前沿》1987 年第 4 期。

② 毛泽东：《关于正确处理人民内部矛盾的问题》，《毛泽东著作选读》下册，人民出版社 1986 年版，第 768 页。

③ 参见沈宝祥《毛泽东与中国社会主义》，江西人民出版社 1996 年版。

④ 参见龚育之等《毛泽东的读书生活》，生活·读书·新知三联书店 2005 年版，第 167 页。

论。[①] 但是不可否认，毛泽东在这里实际上提出了社会主义可能分为两个阶段的观点。这种社会主义社会发展的多阶段论，为社会主义初级阶段理论的形成提供了宝贵的思想来源。

三、改革开放前经济理论界对社会主义本质和发展阶段问题的探讨

新中国成立以后，经济理论界怀着极大的热情，对社会主义革命和建设中的重大经济理论问题进行过热烈的探讨。但20世纪五六十年代的学术研究经常受制于政治环境的变化，导致很多重要问题的研究受到非学术因素的干扰而无法深入进行。尽管如此，当时一些学者的真知灼见，即便在今天看来仍然闪耀着智慧之光。

20世纪50年代的中国百废待兴，虽然中国共产党领导的新民主主义革命当时已经取得了全国胜利，但是在如何顺利完成从新民主主义向社会主义的过渡、如何推动社会主义建设等问题上，党和政府都非常缺乏经验，迫切希望理论界对社会主义经济发展的规律性问题展开深入研究。在这种背景下，我国理论界在1955年前后，曾就过渡时期的社会主义基本经济规律展开一次大规模的讨论。

在20世纪50年代，国内的经济学研究受到苏联传统政治经济学体系的影响很深。1952年和1955年，斯大林的《苏联社会主义经济问题》和苏联科学院经济研究所的《政治经济学》相继被介绍到我国，对国内的经济学研究产生了重大的影响。在当时的社会主义基本经济规律问题大讨论中，国内经济理论界广泛运用苏联政治经济学的研究范式对我国的社会主义经济问题展开了研究。当时主流的观点认为，“我国目前还处在过渡时期，还是一个过渡社会，还不是一个‘独立的划时代的’社会，还不是一个已经形成的社会主义社会。它基本上包含着三种经济：国营经济——社会主义经济；资本主义经济；个体经济。这三种经济都有它们各自的基本经济法则。由于在这三种经济之中，国营经济是最强大的（不仅是指它在国民经济中所占的比重而言），它占着支配或主导的地位，因此社会主义基本经济法则就成为（不是将成为而是已经成为）我国过渡社会的基本经济法则。”[②]

① 龚育之：《中国社会主义初级阶段的理论、路线和纲领》，《中共中央党校学报》1998年第1期。

② 骆耕漠：《关于我国过渡时期基本经济法则问题》，《经济研究》1955年第1期。

但也有一些学者并不赞同上述观点，他们承认多种经济成分并存的现实，但认为它们之间不是和平共处，而是社会主义经济成分和非社会主义经济成分的并存和斗争。在过渡时期，既有社会主义的成分和因素，也有资本主义的成分和因素。所以，“现在还不能存在一个决定全部社会生产一切主要方面和一切主要过程的基本经济法则。但是，在过渡时期由于有了居于领导地位的社会主义经济，因此，社会主义基本经济法则已经成为在整个国民经济中起主导作用的法则，并且随着经济条件的变化，即社会主义经济比重的增长，会日益扩大其作用范围，成为决定整个社会生产一切主要过程和一切主要方面的法则。”① 因此，“过渡时期发展的过程，就是社会主义经济同资本主义经济不断斗争并取得最后胜利的过程。经过国家对于资本主义工商业的社会主义改造，经过复杂、尖锐和深刻的阶级斗争，社会主义基本经济规律和国民经济有计划发展规律，就越来越取得有利的条件，去扩大其作用；而价值规律、剩余价值规律和生产无政府状态的规律的作用范围，就不断地缩小。到了我们的社会主义改造事业完成的时候，社会主义基本经济规律和国民经济有计划发展的规律，就会在整个国民经济中占着支配的地位，我们的国民经济就会走上完全计划化的道路。”②

这场关于社会主义基本经济规律的大讨论，其实质是对新中国成立初期中国的社会性质和发展阶段的探讨。尽管国内许多经济学家大都参与到这场讨论中来，但由于中国的社会主义建设尚未充分展开，再加上当时“崇苏”氛围的影响，学者们的研究方法主要是应用斯大林的有关论述来分析中国的问题，因而突破传统理论体系的新观点并不多。但即便如此，也有一些学者针对中国的现实国情，发表了不同于主流观点的独立见解。曾经在20世纪30年代中国社会性质大讨论中论证了“中国社会是半殖民地半封建社会”的王学文先生，对当时中国社会的性质就有着独到的认识。他认为，过渡时期既然存在多种经济成分，每种经济成分就都应该有其本身的基本经济规律或“主要经济规律”。不能认为社会主义基本经济法则就是决定当时社会生产发展的一切主要方面与一切主要过程的基本经济法则。因为这将会抹杀当时中国社会的过渡性质，看不到当时现实存在的多种经

---

① 苏星：《目前争论的主要分歧在哪里》，《经济研究》1955年第1期。

② 许涤新：《论国民经济有计划发展规律在我国过渡时期的作用》，《经济研究》1955年第4期。

济成分。所以，“我们不能把过渡时期与社会主义建成时期——这两个不同的时期混为一谈，不能把过渡时期社会主义基本经济规律的作用与社会主义建成时期的作用混为一谈。我们对于社会主义基本经济规律，在过渡时期与社会主义建成时期的作用，应该正确地认识，予以足够的估计。我们应该从发展的观点来看问题。在过渡时期，社会主义基本经济规律随着社会主义经济的发展壮大，社会主义经济因素的成长而日益增强其力量，扩大其作用范围的。但因为有非社会主义的经济与非社会主义经济因素的存在，这些经济或因素和社会主义经济有着本质上的不同，它们生产并不能完全由社会主义基本经济规律所决定，所以，社会主义基本经济规律作用的力量与范围，是受到限制的。必须经过长期的斗争，非社会主义经济与非社会主义经济因素逐步被改造以至最后改造完成，社会主义经济获得最后的胜利，社会主义基本经济规律才能成为决定社会主义社会生产的一切主要方面与一切主要过程的规律，成为决定社会主义社会生产本质与实质的规律。只有这时，非社会主义经济的各种规律随着非社会主义经济的消灭，才退出经济舞台，失掉作用。”[①] 他的观点实际上是表明，基于中国的独特国情，在相当长的时期里，多种所有制应当是同时并存和共同发展的。

时任中共中央党校校长的杨献珍也持相似的见解。他在20世纪50年代中期提出的“综合经济基础论”中，认为中国社会的经济基础并非局限于单一的社会主义公有制，还应当包括个体经济和私人资本主义经济，这些经济成分共同形成了综合的经济基础。杨献珍的“综合经济基础论”与王学文的观点异曲同工，同样表达了现阶段中国应当实现多种经济成分相互兼容、共同发展的思想。[②]

20世纪50年代中国社会性质的变化，很大程度上体现为生产关系的急剧变革。随着1956年三大改造的完成，中国实现了从新民主主义社会向社会主义社会的过渡。此后，生产关系变革的步伐越来越快，1958年推行国民经济“大跃进”和人民公社化，开始跑步迈向共产主义。面对这种所有制不断升级、生产关系迅速变化的情况，20世纪50年代末和60年代初，国内经济学界对生产力和生产关系的关系也展开过热烈的讨论，并提出了

① 王学文：《关于我国过渡时期经济规律问题的几点意见》，《经济研究》1955年第4期。

② 参见杨献珍《关于中华人民共和国在过渡时期的基础与上层建筑的问题》，载杨献珍等《为坚持辩证唯物主义而战斗》，湖北人民出版社1980年版。

一些有价值的观点。范文澜认为，不同民族面临着不同的特殊条件，彼此之间存在着一定的差别，因此，即便生产关系一定要适合生产力是一个普遍规律，但其具体表现形式上也会是复杂而曲折的，因而不能将它作为一个简单公式来套用。[①] 对于一些人主张生产关系走到生产力前面才能推动生产力发展的观点，严北溟批评道，“有一种肤浅的看法，把主要矛盾简单地理解为‘生产关系跑到生产力前面’，这种看法就可能使我们对生产关系滋生一种‘万事大吉’”的情绪，“就会给我们在实践上带来危害”。即使生产关系的变革也不一定必然推动生产力发展，因为生产力和生产关系之间“矛盾的特点也表现在生产关系某些环节的缺陷，使它未能适合生产力发展的需要”。[②]

20 世纪 50 年代末国内在所有制问题上“一大二公”的大冒进，严重脱离了当时的生产力状况，违背了生产关系一定要适合生产力性质的规律，使国民经济陷入了三年困难时期。在 20 世纪 60 年代初，经济理论界对此进行了初步的反思。有的学者剖析了生产关系“大跃进”的后果，认为“人们不能超越生产力发展的性质和水平去改变生产关系。如果人为地过早地改变生产关系，超越了生产力的发展阶段，那么这种生产关系就会起来反对生产力的发展，破坏生产力”。[③] 而平心则另辟蹊径，对生产力问题进行了深入的研究，探讨了生产力自身的内在矛盾和运动规律，得出了一系列发人深省的深刻见解，特别是他认为当时在生产力和生产关系的关系上存在着“把生产关系绝对化，把生产力简单化，认为生产力始终要依赖生产关系才能增长，生产力不能有任何相对独立的运动”[④] 的错误。当时党的最高领导者曾经片面理解社会主义的本质，将公有制、计划经济和按劳分配作为社会主义的本质特征。受此影响，当时主流社会思潮是强调生产关系对生产力发展的适应和推动，而忽略了二者关系中生产力决定生产关系这个至关重要的方面。在这种认识下，生产力发展的重要性被忽视，而生产关系的社会主义性质被高度关注，使“又公又纯”的超越社会发展阶段的

---

① 参见范文澜《生产关系一定要适合生产力性质》，《光明日报》1957 年 2 月 28 日。

② 严北溟：《我国生产力和生产关系矛盾的特点》，《新闻日报》1957 年 4 月 27 日。

③ 张友仁：《关于生产关系一定要适合生产力性质的规律》，《北京大学学报》（社会科学版）1963 年第 2 期。

④ 平心：《论生产力与生产关系的相互推动和生产力的相对独立增长——七论生产力性质》，《学术月刊》1960 年第 7 期。

生产关系不但没有解放生产力，反而对生产力的发展起到了相反的作用。不难看出，平心的观点已经开始触及当时脱离国情、脱离发展阶段的“左”倾路线的实质了，但当时的政治环境已经容不得更进一步的研究。正如孙冶方后来所指出的，“平心同志所提出的问题，显然是和当时据主流地位的那股错误思潮不合拍的，所以受到了不应有的批判”。[①] 在20世纪五六十年代生产力与生产关系之关系讨论的背后，反映了部分经济学家对于当时中国生产力发展缓慢和生产关系过于超前的忧虑，虽然他们的观点只能通过抽象的理论分析委婉地表达出来，但在当时的政治氛围下，这种理论探索也是难能可贵的。

由于传统政治经济学思维方式的局限和各种政治运动的不断冲击，使经济理论界关于社会主义本质和发展阶段的研究很难得以深入进行，“文化大革命”的爆发更是使得相关的学术研究完全中断。尽管如此，“文化大革命”前的相关研究仍然形成了一些重要的学术成果，并为改革开放之后社会主义初级阶段理论的形成提供了深刻的思想启迪。

第二节　社会主义初级阶段理论的形成和发展

社会主义初级阶段理论是在改革开放新的历史条件下形成和发展的。十一届三中全会以来，我党恢复了解放思想、实事求是的思想路线，逐步摆脱了教条主义和“左”的思想的影响，通过对社会主义本质的再认识和对基本国情的正确分析，得出了我国还处于社会主义初级阶段的科学论断，在此基础上逐步形成了社会主义初级阶段理论。

一、邓小平对社会主义初级阶段理论的重大贡献

在社会主义初级阶段理论的形成过程中，邓小平起到了极为重要的作用。“文化大革命”结束以后，邓小平敏锐地把握时代发展的脉搏，对社会主义的本质和中国的国情进行了深入的思考。早在1980年，邓小平就指出：“不解放思想不行，甚至于包括什么叫社会主义这个问题也要解放思想。经

---

① 孙冶方：《平心〈论生产力问题〉序》，《论生产力问题》，生活·读书·新知三联书店1980年版，第14页。

济长期处于停滞状态总不能叫社会主义”。[①] 他在后来又指出：“什么叫社会主义，什么叫马克思主义？我们过去对这个问题的认识不是完全清醒的。”[②] 这些思考表现了他开辟社会主义建设新道路的巨大政治勇气和开拓马克思主义新境界的巨大理论勇气。

邓小平通过对新中国成立后中国社会主义建设历史经验的深刻反思，认识到中国的社会主义建设不能脱离国情，不能超越阶段。他指出：“要充分研究如何搞社会主义建设的问题。现在我们正在总结建国三十年的经验。总的来说，第一，不要离开现实和超越阶段采取一些‘左’的办法，这样是搞不成社会主义的。我们过去就是吃‘左’的亏。第二，不管你搞什么，一定要有利于发展生产力”。[③] 在这一思想的指导下，党的十一届六中全会第一次提出了中国处在社会主义初级阶段的基本论断，并在党的十二大和十二届六中全会上予以重申。为了更好地指导改革开放和现代化建设，十三大报告起草小组准备以“中国正处在社会主义初级阶段”这一科学论断作为立论的基础，报告的整体设计思路汇报给邓小平后，他批示“这个设计好”。在党的十三大前夕，他在接见外国客人时指出：“我们党的十三大要阐述中国社会主义是处在一个什么阶段，就是处在初级阶段，是初级阶段的社会主义。社会主义本身就是共产主义的初级阶段，而我们中国又处在社会主义的初级阶段，就是不发达的阶段。一切都要从这个实际出发，根据这个实际来制订规划。”[④] 他的这个思想在十三大报告中得到全面阐述，成为十三大报告立论的基础。十三大结束后，他在评价十三大报告的时候指出，十三大报告的一个重要特点，就是“阐述了社会主义初级阶段理论，在这个理论的指导下，坚定地贯彻党的十一届三中全会以来的路线方针政策”。[⑤] 在1992年的南方谈话中，他又一次谈到了社会主义初级阶段，“我

---

① 邓小平：《社会主义首先要发展生产力》，《邓小平文选》第二卷，人民出版社1994年版，第312页。

② 邓小平：《建设有中国特色的社会主义》，《邓小平文选》第三卷，人民出版社1993年版，第63页。

③ 邓小平：《社会主义首先要发展生产力》，《邓小平文选》第二卷，人民出版社1994年版，第312页。

④ 邓小平：《一切从社会主义初级阶段的实际出发》，《邓小平文选》第三卷，人民出版社1993年版，第252页。

⑤ 邓小平：《十三大的两个特点》，《邓小平文选》第三卷，人民出版社1993年版，第258页。

们搞社会主义才几十年，还处在初级阶段。巩固和发展社会主义制度，还需要一个很长的历史阶段，需要我们几代人、十几代人，甚至几十代人坚持不懈地努力奋斗，决不能掉以轻心。”① 他在这里强调了初级阶段的长期性，告诫全党在建设社会主义的道路上要继续艰苦奋斗。

在改革开放和社会主义建设新的历史时期，邓小平提出了一系列对社会主义本质及其发展阶段的新认识、新见解，既继承前人又突破陈规，为社会主义初级阶段理论的形成作出了重大贡献。

二、社会主义初级阶段理论的形成和发展

社会主义初级阶段理论的形成和发展，大体上经历了三个阶段：

（一）理论酝酿阶段（党的十一届三中全会到十二届六中全会）

1981 年党的十一届六中全会通过了《关于建国以来党的若干历史问题的决议》（以下简称《决议》），第一次明确提出我国处于“社会主义初级阶段”的论断。《决议》指出：“尽管我们的社会主义制度还是处于初级的阶段，但是毫无疑问，我国已经建立了社会主义制度，进入了社会主义社会，任何否认这个基本事实的观点都是错误的”。这里虽然已经提出了我国的社会主义制度处于初级阶段，但联系上下文来看，这段话是批判那些对中国的社会主义制度持怀疑论者，强调的重点是我国已经建立了社会主义制度，已经进入了社会主义社会。对于社会主义初级阶段则没有展开更详细的论述。在中共十二大上，胡耀邦同志在大会报告中指出：“我国的社会主义社会现在还处在初级发展阶段，物质文明还不发达”。这里实际上已经描述了社会主义初级阶段的一个重要特征，就是物质文明不发达，但没有对此展开充分论述。1986 年党的十二届六中全会通过的《中共中央关于社会主义精神文明建设指导方针的决议》，重申了我国正处于社会主义初级阶段，并简要概括了初级阶段的经济特征，阐述了初级阶段的精神文化状态，这表明我们党对于社会主义初级阶段的认识在进一步深化。但这份决议对于社会主义初级阶段的内涵仍然没有展开论述。

在这一时期，尽管我们党已经提出了我国正处于社会主义初级阶段的论断，并在党的若干重要文献中多次重申，对社会主义初级阶段的某些特

① 邓小平：《在武昌、深圳、珠海、上海等地的谈话要点》，《邓小平文选》第三卷，人民出版社 1993 年版，第 379—380 页。

征，特别是经济方面的特征也有了基本的认识，但这些判断和认识尚未上升到系统理论的高度。因此，这段时期只能说是社会主义初级阶段理论的酝酿时期。

（二）系统形成阶段（党的十二届六中全会到十三大）

尽管我们党通过对历史经验的反思和总结，已经形成了社会主义初级阶段理论的基本思想，但这个重要问题当时尚未引起理论界的充分重视，围绕它的深入研究和探讨并不多见。中共十三大报告的起草工作大大推进了对社会主义初级阶段理论的研究进程。此后，理论界围绕社会主义初级阶段问题展开了热烈的讨论，并取得了一些成果。

党的十三大报告集中了全党的智慧，吸收了理论界的研究成果，第一次完整阐述了社会主义初级阶段理论。十三大报告将我国还处在社会主义初级阶段作为立论的基础，比较系统地阐述了社会主义初级阶段的基本含义、基本特征、主要矛盾和历史任务。报告指出，社会主义初级阶段是我国在生产力落后、商品经济不发达的条件下建设社会主义必然要经历的特定阶段。在这个阶段，我们所面临的主要矛盾，是人民日益增长的物质文化需要同落后的社会生产之间的矛盾。为了解决这个矛盾，就必须大力发展商品经济，提高劳动生产率，逐步实现工业、农业、国防和科学技术的现代化，同时还需要改革生产关系和上层建筑中不适应生产力发展的部分。在此基础上，报告阐明了党在社会主义初级阶段的基本路线和奋斗目标："领导和团结全国各族人民，以经济建设为中心，坚持四项基本原则，坚持改革开放，自力更生，艰苦创业，为把我国建设成为富强、民主、文明的社会主义现代化国家而奋斗"。报告还提出了"三步走"的经济社会发展战略。社会主义初级阶段理论的提出，是中国共产党对马克思主义的创造性贡献。在党的纲领中明确提出社会主义初级阶段的科学概念，这在马克思主义历史上是第一次。

（三）发展完善阶段（党的十三大后到现在）

自从党的十三大确立社会主义初级阶段理论以来，我们党在建设中国特色社会主义的伟大实践中，不断地总结新的实践经验、吸收新的理论成果，用新的思想和观点丰富和发展着社会主义初级阶段理论。

党的十四大报告从社会主义初级阶段的实际出发，在计划与市场关系问题上的认识有了新的重大突破，明确提出我国经济体制改革的目标是建立社会主义市场经济体制。党的十五大报告再次集中论述了社会主义初级阶段理论，并首次提出了党在社会主义初级阶段的基本纲领。报告提出了“中国现在处于并将长时期处于社会主义初级阶段”的新论断，强调社会主义初级阶段是一个相当长的历史时期，要充分认识社会主义初级阶段的长期性和不可逾越性，从而树立起长期艰苦奋斗的思想。报告阐明了社会主义初级阶段的基本经济制度，提出了建设有中国特色社会主义的经济、政治、文化的基本目标和基本政策，这些基本目标和基本政策构成了党在社会主义初级阶段的基本纲领。基本纲领是党的基本路线在经济、政治、文化方面的进一步具体展开，是改革开放以来最主要经验的总结。党的十六大报告对改革开放以来取得的成就进行了客观的评价，指出我国正处于并将长期处于社会主义初级阶段，虽然现在已经进入小康社会，但达到的小康还是低水平的、不全面的、发展很不平衡的小康。在此基础上，报告系统地阐述了全面建设小康社会的构想。

党的十七大报告全面分析了当前我国发展的一系列阶段性特征，赋予了社会主义初级阶段理论以新的内涵。报告从经济发展、经济体制、人民生活、发展的协调性、民主政治建设、文化建设、社会建设、对外开放八个方面，论述了进入21世纪以来，我国经济社会发展呈现出的新的阶段性特征。报告指出，尽管发展的成就举世瞩目，但我国仍处于并将长期处于社会主义初级阶段的基本国情没有变，人民日益增长的物质文化需要同落后的社会生产之间的矛盾这一社会主要矛盾没有变。当前我国发展的阶段性特征，是社会主义初级阶段基本国情在新世纪新阶段的具体表现。报告专门论述了科学发展观，指出科学发展观“是立足社会主义初级阶段基本国情，总结我国发展实践，借鉴国外发展经验，适应新的发展要求提出来的”，是我国经济社会发展的重要指导思想，是发展中国特色社会主义必须坚持和贯彻的重大战略思想。报告还提出了全面建设小康社会奋斗目标的新要求，要将中国建设成为富强、民主、文明、和谐的社会主义现代化国家。党的十七大报告表明，我们党对中国基本国情的认识，已经从人口多、底子薄、生产力不发达等经济特征，扩展到经济、政治、文化、社会等各个方面；我们党对社会主义初级阶段奋斗目标的认识，已经从“富强、民主、文明”的“三位一体”扩展到“富强、民主、文明、和谐”的“四位一体”；我们党对社会主义初级阶段发展规律的认识，已经从推动经济发展上升到全面发展、科学发展，这些新的内容使社会主义初级阶段理论成为内涵更丰富、认识更深刻的科学理论。

30 年来，社会主义初级阶段理论的形成和发展过程，表明我们党对社会主义本质的认识越来越深刻，对中国国情的了解越来越全面，对中国特色社会主义发展道路的探索越来越深入。改革开放和社会主义建设的伟大实践，还将继续赋予社会主义初级阶段理论以新的内涵。

第三节　社会主义初级阶段论的理论创新和深刻内涵

一、社会主义初级阶段理论拓展了我们对社会主义本质的认识

在很长一段时间里，关于社会主义本质的传统、僵化的观念极大地束缚了人们的思想。继俄国十月革命之后，包括中国在内的一些国家相继取得了社会主义革命的胜利，并建立起社会主义国家。但与马克思主义经典作家的设想不同，这些国家并不是从生产力高度发达的资本主义社会过渡到社会主义社会，而是无一例外地从生产力并不发达的社会跨入了社会主义社会。由于这些社会主义国家的执政者们对于社会主义的本质属性和发展规律并没有清晰的认识，因此，世界上第一个社会主义国家苏联在特殊国际环境和历史条件下形成的高度集权的中央计划经济体制，就成了其他社会主义国家争相效仿的社会主义社会的标准模式，苏联体制无论在理论上还是在实践上都对其他社会主义国家产生了巨大的消极影响。对于这些社会主义国家来说，由于认识的局限性和急于求成的思想影响，许多并不具有社会主义本质属性的东西，或者只适合于某种特殊历史条件的东西，被当做“社会主义原则”加以固守；许多在社会主义条件下有利于生产力发展和生产商品化、社会化、现代化的东西，反而被当做“资本主义因素”加以反对。由此而形成的计划经济体制和高度集权的政治体制，严重束缚了社会主义经济的发展。尽管从 20 世纪 60 年代开始，苏联和东欧社会主义国家先后开展过改革，探索过社会主义经济体制的新模式。但由于固守传统的错误观念，这些国家的改革并没有取得突破性进展，经济社会发展长期处于停滞状态，最终导致了 20 世纪八九十年代相继发生的东欧剧变和苏联解体。

我们党通过总结国内外的经验教训深刻地认识到，在中国搞社会主义建设，首先要搞清楚“什么是社会主义、怎样建设社会主义”，为此，就必须搞清楚“什么是初级阶段的社会主义，在初级阶段怎样建设社会主义”。

从中国处在社会主义初级阶段这一基本前提出发，中国共产党率领全国人民开始了建设中国特色社会主义的伟大探索。在这一过程中，邓小平同志对社会主义的本质进行了深入的思考，指出社会主义的本质是解放生产力，发展生产力，消灭剥削，消除两极分化，最终达到共同富裕。在社会主义初级阶段，为了摆脱贫穷和落后，尤其要把发展生产力作为全部工作的中心。

当时中国的现实状况是，不仅生产力不发达，而且长期形成的僵化体制严重束缚着生产力的发展。在对社会主义的传统认识中，强调所有制的"一大二公"，主张分配制度上的平均主义，排斥商品经济，否认价值规律，认为计划经济是社会主义的本质属性，市场经济则充满了资本主义因素，与社会主义格格不入。这些错误的传统观念在一些人的头脑中根深蒂固，每当中国的改革面临转折关头，总会有人挑起一场姓"社"姓"资"的争论。我们党通过改革开放的实践，对社会主义与市场经济关系的认识发生了根本性的转变。邓小平在南方谈话中指出："计划经济不等于社会主义，资本主义也有计划；市场经济不等于资本主义，社会主义也有市场。计划和市场都是经济手段。""计划多一点还是市场多一点，不是社会主义与资本主义的本质区别。"① 这个精辟论断，从根本上解除了把计划经济和市场经济看做属于社会基本制度范畴的思想束缚。为了进一步解放和发展生产力，就必须改革传统的中央集权的计划经济体制，建立社会主义市场经济体制。党的十四大明确提出建立社会主义市场经济体制的伟大历史任务，这是对于社会主义认识的重大突破。

随着中国的经济体制向社会主义市场经济体制的转型，中国经济也发生了一系列深刻的变化：与苏联东欧国家以休克疗法和全面私有化为特征的快速经济转型不同，中国的经济转轨通过渐进式改革，逐步营造了一个竞争性的市场环境，市场在国家宏观调控下对资源配置起到了基础性作用；在所有制结构上，基本形成了以公有制为主体、多种所有制经济共同发展的社会主义初级阶段基本经济制度；在分配制度上，确立了劳动、资本、技术和管理等生产要素按贡献参与分配的原则，不断完善以按劳分配为主体、多种分配方式并存的分配制度，鼓励人民群众拥有更多的财产性收入。

① 邓小平：《在武昌、深圳、珠海、上海等地的谈话要点》，《邓小平文选》第三卷，人民出版社1993年版，第373页。

中国的市场化改革极大地改善了中国的要素配置状况，提高了企业的效率，从而造就了中国的产业成长和经济发展。自20世纪70年代末以来，中国创造了连续30年经济持续高速增长的奇迹，从一个国民经济濒临崩溃的国家一跃成为世界第三大经济体。

在建设有中国特色社会主义的伟大实践中，我们党对社会主义的认识还在不断深化。温家宝总理于2007年在《关于社会主义初级阶段的历史任务和我国对外政策的几个问题》一文中指出："巩固和发展社会主义，必须认识和把握好两大任务：一是解放和发展生产力，极大地增加全社会的物质财富；一是逐步实现社会公平与正义，极大地激发全社会的创造活力和促进社会和谐。上述两大任务相互联系、相互促进，是统一的整体，并且贯穿于整个社会主义历史时期一系列不同发展阶段的长久进程中。"[①] 党的十七大报告进一步指出："社会和谐是中国特色社会主义的本质属性"。"构建社会主义和谐社会是贯穿中国特色社会主义事业全过程的长期历史任务，是在发展的基础上正确处理各种社会矛盾的历史过程和社会结果。"在社会主义初级阶段，既要通过发展增加社会物质财富、不断改善人民生活，又要通过发展来保障社会公平正义、不断促进社会和谐。这些观点将我们对社会主义初级阶段历史任务的认识又向前大大推进了一步，丰富和发展了社会主义初级阶段理论。

二、社会主义初级阶段理论深化了对中国国情的认识

正确认识我国的基本国情和所处的历史阶段，是建设中国特色的社会主义的首要问题，是我们党制定和执行正确的路线和政策的根本依据。十三大报告明确指出："我国正处在社会主义的初级阶段。这个论断，包括两层含义。第一，我国社会已经是社会主义社会。我们必须坚持而不能离开社会主义。第二，我国的社会主义社会还处在初级阶段。"我国社会主义的初级阶段不是泛指任何国家进入社会主义都会经历的起始阶段，而是特指我国在生产力落后、商品经济不发达条件下建设社会主义必然要经历的特定阶段。这个论断是对中国国情所作出的总体性、根本性的判断，它构成了建设有中国特色社会主义的重要前提。

① 温家宝：《关于社会主义初级阶段的历史任务和我国对外政策的几个问题》，《人民日报》2007年2月27日。

我们党对于这个基本国情的认识经历了一个曲折的过程。在新民主主义革命时期，中国共产党正确认识到了中国处于半殖民地半封建社会的社会性质，并从这一国情出发，将马克思主义的普遍原理与中国革命的具体实际创造性地结合在一起，通过对中国社会主要矛盾的深刻分析，提出了正确的路线、方针和政策，终于赢得了新民主主义革命的胜利。但在新中国成立以后，特别是在完成生产资料私有制的社会主义改造之后，我们党在探索社会主义建设的道路上，曾经脱离了中国的实际情况，忽视了中国生产力落后、商品经济不发达、社会发展不平衡的基本国情，采取了一系列超越历史发展阶段的错误路线和政策，过分强调“一大二公三纯”，使生产关系和上层建筑与当时的生产力状况严重脱节，严重阻碍了经济的发展。不仅如此，由于对社会基本矛盾的错误判断，阶级斗争论甚嚣尘上，最终导致了“文化大革命”的发生。在改革开放以前，中国的生产力发展缓慢，人民的生活水平没有大的提高，社会主义的优越性没有得到充分的体现。十一届三中全会以来，我们党正确地分析国情，作出了我国正处于并将长期处于社会主义初级阶段的科学论断。这一论断既揭示了中国的社会性质，又阐明了中国目前所处的社会发展阶段，是对中国国情最简明、最准确的概括。

随着改革开放和社会主义建设实践的不断发展，我们党对于社会主义初级阶段的认识也越来越全面，越来越深刻，这集中体现在三个方面：

（一）对社会主义初级阶段基本特征的认识

在党的十三大报告中，将社会主义初级阶段的基本特征归结为五个方面，即社会主义初级阶段是逐步摆脱贫穷、摆脱落后的阶段；是农业国逐步转变为工业国的阶段；是由自然经济半自然经济占很大比重的社会，转变为商品经济高度发达社会的阶段；是建立和发展社会主义经济、政治、文化体制的阶段；是全民奋起，艰苦创业，实现中华民族伟大复兴的阶段。党的十五大报告将它扩展到九个方面：由不发达状态基本实现社会主义现代化；由农业国逐步转变为工业化国家；由自然经济半自然经济占很大比重，逐步转变为市场经济国家；由人口素质较低的国家，逐步转变为科技教育文化比较发达的国家；由低收入国家逐步转变为全体人民比较富裕的国家；地区经济文化差距将会逐步缩小；社会主义市场经济体制、社会主义民主政治体制和其他方面体制将比较成熟和完善；在建设物质文明的同时努力建设精神文明；逐步缩小同世界先进水平的差距。这表明，我们党对社会主义初级阶段基本特征的认识，已经从经济发展、体制完善、民族复兴，扩展到了促进科教文卫、协调区域发展、提高人民收入、建设精神文明，涉及了经济、政治、文化等各个方面，对初级阶段基本特征和发展进程的认识更加全面、更加具体。

（二）对社会主义初级阶段长期性的认识

社会主义初级阶段绝不是一个一蹴而就的短暂历史时期。十三大报告中曾经指出："我国从五十年代生产资料私有制的社会主义改造基本完成，到社会主义现代化的基本实现，至少需要上百年时间，都属于社会主义初级阶段。"但在十三大报告中，关于我国基本国情和社会发展阶段的基本论断是："我国正处在社会主义的初级阶段"。从中共十五大开始，这一论断修正为"我国正处于并将长期处于社会主义初级阶段"，十六大、十七大报告重申了这一论断，这表明我党对社会主义初级阶段的长期性和艰巨性有了更加清醒的认识。

当前我国已经实现了由解决温饱到总体达到小康的历史性跨越。但现在我们仍处在社会主义初级阶段，由于生产力仍然不够发达，必然导致社会主义市场经济体制还不够完善，建设高度社会主义民主政治和和谐社会所必需的一系列经济社会条件也还不够充分，社会不公、贪污腐败等问题仍然存在。只有通过长期的艰苦奋斗，中国才会逐步摆脱不发达状态，基本实现社会主义现代化。

（三）对新世纪新阶段基本国情具体表现的认识

社会主义初级阶段是一个较长的历史过程，但在发展进程中必然还要经历若干具体的发展阶段，不同时期会显现出不同的阶段性特征。党的十七大报告从总体实力、经济体制、人民生活、协调发展、民主政治、先进文化、社会建设和对外开放八个方面，对进入新世纪新阶段后，我国发展呈现的新的阶段性特征进行了概括。报告指出，当前我国发展的阶段性特征，是社会主义初级阶段基本国情在新世纪新阶段的具体表现，这就要求我们深刻把握我国发展面临的新课题、新矛盾，更加自觉地走科学发展道路。报告揭示了社会主义初级阶段基本国情与当前我国发展的阶段性特征之间的内在联系，在此基础上全面阐述了科学发展观的深刻内涵，进一步深化了我们对初级阶段社会主义发展规律的认识。

三、社会主义初级阶段理论深刻地揭示了现阶段社会的主要矛盾

社会主义初级阶段是一个相当长的历史时期，这一时期各类经济社会

矛盾异常复杂，只有透过纷繁复杂的各类矛盾的表象，深刻认识和正确处理主要矛盾，我们才能确定社会主义初级阶段的主要问题和中心任务，才能掌握社会主义初级阶段的发展规律，才能将中国特色的社会主义建设不断地推向前进。

我们党对于社会主义初级阶段主要矛盾的认识经历过多次反复。在20世纪50年代中期，随着对农业、手工业、资本主义工商业的社会主义改造完成，社会主义制度在我国已经基本上建立起来了。我们党认真分析了当时的实际状况，对国内的主要矛盾做过一个分析。党的八大在关于政治报告中指出："我们国内的主要矛盾，已经是人民对于建立先进的工业国的要求同落后的农业国的现实之间的矛盾，是人民对于经济文化迅速发展的需要同当前经济文化不能满足人民需要的状况之间的矛盾。这一矛盾的实质，在我国社会主义制度已经建立的情况下，也就是先进的社会主义制度同落后的社会生产力之间的矛盾。"即便从现在的眼光来看，八大关于社会主义制度建立后国内主要矛盾的分析仍然是比较客观的，是符合中国的实际情况的。如果八大后我们党能够一以贯之地坚持对国内基本矛盾的正确分析，并在经济、政治、文化等方面采取正确的政策，今天的中国将会是另一幅壮丽的图景。遗憾的是，随着1956年国内外发生的诸如苏共二十大秘密报告事件、波兹南事件、匈牙利事件和国内的"大鸣大放"等一系列事件，当时的党内高层对中国社会主要矛盾的判断发生了重大的变化。毛泽东在党的八届三中全会上提出，无产阶级和资产阶级的矛盾、社会主义道路和资本主义道路的矛盾，仍然是当前我国社会的主要矛盾。他继而提出了无产阶级专政下继续革命的理论，使我们党的工作重点发生了重大的失误，最终导致了"文化大革命"，给中国的经济发展和社会主义建设带来了灾难性的后果。

党的十一届三中全会以后，我们党对于国内主要矛盾的认识重新回到了正确的轨道上来。邓小平在党的十二届四中全会上，对过去的经验教训进行了初步的总结："多少年来我们吃了一个大亏，社会主义改造基本完成了，还是'以阶级斗争为纲'，忽视发展生产力。'文化大革命'更走到了极端。十一届三中全会以来，全党把工作重点转移到社会主义现代化建设上来，在坚持四项基本原则的基础上，集中力量发展社会生产力。这是最根本的拨乱反正。不彻底纠正'左'的错误，坚决转移工作重点，就不会有今天的好形势。”①

党的十三大报告第一次对社会主义初级阶段的主要矛盾做了明确的表述，报告指出，“我们在现阶段所面临的主要矛盾，是人民日益增长的物质文化需要同落后的社会生产之间的矛盾。阶级斗争在一定范围内还会长期存在，但已经不是主要矛盾。为了解决现阶段的主要矛盾，就必须大力发展商品经济，提高劳动生产率，逐步实现工业、农业、国防和科学技术的现代化，并且为此而改革生产关系和上层建筑中不适应生产力发展的部分”。但在十三大结束后不久，国内外出现了新的复杂形势，随着东欧剧变和苏联解体，国内也出现了一场政治风波。在这种错综复杂的情况下，是不是应当改变对主要矛盾的判断？在认真研究了新的形势和变化后，我们党认为没有必要改变对初级阶段主要矛盾分析的基本结论。十四大报告重申了党对初级阶段主要矛盾的基本判断。十五大报告的相关论述则更加透彻：“我国经济、政治、文化和社会生活各方面存在着种种矛盾，阶级矛盾由于国际国内因素还将在一定范围内长期存在，但社会的主要矛盾是人民日益增长的物质文化需要同落后的社会生产之间的矛盾，这个主要矛盾贯穿我国社会主义初级阶段的整个过程和社会生活的各个方面。这就决定了我们必须把经济建设作为全党全国工作的中心，各项工作都要服从和服务于这个中心”。如果说在20世纪八九十年代，我国改革开放尚处在起步阶段，国内的生产力水平总体上还比较落后，社会主义制度还不健全、不完善，那么经过改革开放30年来的不懈努力，我国已经取得了举世瞩目的发展成就，从生产力到生产关系、从经济基础到上层建筑都发生了意义深远的重大变化，国内的基本矛盾是否发生了改变呢？十七大报告将主要矛盾放在社会主义初级阶段的整个历史过程中加以考察，特别强调指出，我国仍处于并将长期处于社会主义初级阶段的基本国情没有变，人民日益增长的物质文化需要同落后的社会生产之间的矛盾——这一社会主要矛盾没有变。

初级阶段主要矛盾的问题是社会主义初级阶段理论的核心问题。我们党在总结进入社会主义初级阶段50年来经验教训的基础上，正确分析了初级阶段的主要矛盾，始终牢牢抓住了主要矛盾和工作中心，并在改革开放的实践中清醒地观察和把握社会矛盾的全局，在此基础上形成和完善了初

---

①　邓小平：《在中国共产党全国代表会议上的讲话》，《邓小平文选》第三卷，人民出版社1993年版，第141页。

级阶段的基本路线和基本纲领，使中国的改革开放不断深入，社会主义建设日新月异。

第四节　经济理论界对社会主义初级阶段理论形成与发展的贡献

党的十一届三中全会以来，蓬勃发展的改革开放实践不断地产生新现象、提出新问题，迫切需要理论界提出新的观点、新的理论来解释现实，指导改革。随着解放思想、实事求是的思想路线的贯彻，长期束缚理论界的“左”的思想的绳索被逐步解除，经济理论界对这场史无前例的制度变迁和经济发展进行了深入的探讨，产生了丰硕的理论成果。其中，围绕着社会主义初级阶段问题的研究，不仅极大地丰富了中国的经济学理论，不少重要的研究成果还被党中央和国务院所采纳，成为党和国家经济政策的组成部分。

早在20世纪70年代末，苏绍智和冯兰瑞就提出了无产阶级取得政权后的社会发展阶段问题。① 他们认为，从资本主义社会到共产主义高级阶段，可以分为三个阶段：第一个阶段是从资本主义到社会主义的过渡阶段。它又分为两个时期：第一个时期就是从无产阶级革命胜利后到生产资料所有制的社会主义改造基本完成。这个时期的特点是还存在着多种经济成分，相应地存在着多个阶级，因而是进行激烈的、尖锐的阶级斗争的时期；生产资料所有制的社会主义改造基本完成以后，就进入第二个时期，即不发达的社会主义。第二个阶段是发达的社会主义；最后一个阶段才进入到共产主义阶段。他们指出，如果不分阶段、混淆阶段，就会把某一阶段存在的现象、因素，扩大成为社会主义几个发展阶段上都有的现象或因素，在理论上和实践中都会产生严重的消极后果。例如，如果不分阶段，把从资本主义到不发达的社会主义，从不发达的社会主义到发达的社会主义看做同一个历史时期，就会把过渡阶段第一个时期的无产阶级同资产阶级的矛盾、社会主义同资本主义的矛盾贯穿到整个的历史时期，就容易把阶级斗争扩大化。再如，如果把发达的社会主义阶段才应该做的事，拿到不发达

---

①　苏绍智、冯兰瑞：《无产阶级取得政权后的社会发展阶段问题》，《经济研究》1979年第5期。

社会主义阶段来做，就会导致过早地消灭个体经济，取消自留地和家庭副业，取消按劳分配、商品生产和商品交换，甚至急于向共产主义过渡。这篇文章的结论是：中国还处在不发达的社会主义社会，还处在社会主义的过渡时期，不能认为我们的经济制度已经是发达的或者完全的社会主义。朱述先则认为无产阶级取得政权后的社会发展阶段应当做这样的划分：第一个阶段，从资本主义到社会主义的过渡时期；第二个阶段，共产主义第一阶段即社会主义，又分为两个时期：不发达的社会主义时期和发达的社会主义时期；第三个阶段，共产主义的高级阶段即共产主义。[①] 朱述先同意苏绍智和冯兰瑞关于中国还处在不发达社会主义时期的观点，但不赞成他们关于中国仍处在社会主义过渡阶段的论断，认为中国所处的阶段是社会主义阶段的不发达社会主义时期。经济理论界关于社会主义社会也应当分阶段以及我国社会主义还处在不发达阶段的观点，产生了非常重要的社会影响。在 1981 年，“我们的社会主义制度还是处于初级的阶段”的论断开始出现在党的中央文件中，最终在党的十三大上得到系统阐述并成为全党的共识。

经济学界对于社会主义初级阶段理论的探索过程，实际上也是从经济的角度对社会主义本质的再认识过程。改革开放以来，经济学界从中国当时的实际经济发展状况出发，围绕着初级阶段的经济问题开展了大量的研究，不断突破传统理论的藩篱，提出了很多新观点、新认识，不仅深化了我们对于初级阶段社会主义的认识，而且对于社会主义初级阶段理论的不断发展和完善也起到了积极的作用。经济学界对于社会主义初级阶段基本经济制度的认识深化和理论突破，就说明了这一点。

传统的观点认为，社会主义所有制结构只能是又公又纯、越纯越好，个体经济每天都在不断地产生着资本主义，而私营经济则是资本主义的根源，是必须被消灭掉的。改革开放以后，这种认识开始发生转变。一些经济学家开始提出社会主义所有制多样性的观点，主张在保持公有制占主导地位的条件下，发展包括多种个体、私营在内的非公有制经济。薛暮桥是最早主张发展多种经济成分的经济学家，他在 1979 年就提出，留一点个体

① 朱述先：《也谈无产阶级取得政权后的社会发展阶段问题——与苏绍智、冯兰瑞同志商榷》，《经济研究》1979 年第 8 期。

经济和资本主义的尾巴可能利多害少。[1] 随着我国非公有制经济的迅速发展，经济学界对于初级阶段所有制结构的认识进一步深化。陈宗胜较早地将我国所有制改革的目标模式概括为一种“混合经济”，即公有制居于相对主体地位，私人经济、个体经济、国家资本主义经济等共同存在、融合生长。所谓共同存在，是指公有制与非公有制及其各种具体形式在整个国民经济范围内同时并存；所谓融合生长，是指各种所有制形式相互渗透、彼此交叉，在一个企业内部融合发展。他还强调指出，这种模式不是私有制居相对主体的混合经济，而是公有制居相对主体的混合经济。[2] 在党的十五大上，公有制为主体、多种所有制经济共同发展，被正式确认为社会主义初级阶段的基本经济制度。

传统的观点认为，全民所有制必须而且只能采取国家所有制的形式，属于社会主义全民所有的生产资料，只能由社会主义国家代表全体劳动人民来占有，国家直接领导属于国家的企业，通过国家机关任命的企业领导人管理这些企业，国家机关直接计划这些企业的全部生产活动。改革开放之初，董辅礽就对这些观点进行了质疑，认为经济体制改革的实质是改革全民所有制的国家所有制形式。他提出了将国家行政组织和经济组织分开，经济活动由各种经济组织去进行，各种经济组织应该具有统一领导下的独立性，实行全面的独立的严格的经济核算，应该有自身的经济利益，负有法律规定的经济上的责任的主张。[3] 这篇文章拉开了关于国家所有制改革讨论的序幕。进入20世纪90年代以后，特别是邓小平南方谈话以后，经济理论界关于国有制改革问题的讨论空前活跃。周叔莲提出了“所有制是一种经济手段”的观点。[4] 他认为，所有制和计划一样，都是经济手段。建立国有制是为了促进生产力的发展，发展生产力才是目的，国有制只是一种经济手段。他批评一些人把国家所有制看成是社会主义的目的，对它产生了迷信，认为承认国有企业的产权就会改变国家所有制的性质，也就破坏了社会主义的经济基础。这种迷信实质上是传统的社会主义经济体制下的国家所有制，实质上是把所有制当成目的而不是当成手段。党的十六届三中全会肯定了明晰国有企业产权的重要性，强调建立“归属清晰、权责明确、

① 薛暮桥：《薛暮桥回忆录》，天津人民出版社1996年版。

② 陈宗胜：《论所有制改革的目标模式》，《南开经济研究》1987年第3期。

③ 董辅礽：《关于我国社会主义所有制形式问题》，《经济研究》1979年第1期。

④ 《所有制是一种经济手段——专访周叔莲教授》，《经济社会体制比较》1993年第5期。

保护严格、流转顺畅”的现代产权制度将有利于维护公有财产权，有利于巩固公有制经济的主体地位。

传统的观点认为，只有全民所有制和集体所有制才是社会主义公有制的实现形式，全民所有制是社会主义所有制的高级形式，集体所有制则是其低级形式，集体所有制最终也将过渡到全民所有制。在20世纪80年代初，何伟就注意到，现实生活中已经出现一些公有制的新形式，他提出了应该根据实际经济生活中的变化，来重新研究社会主义生产资料所有制理论的主张。[①] 刘诗白认为，在不发达的社会主义社会，公有制是一个以全民所有制为主导，由集体所有制、联合所有制和其他公有制形式组成的多样性的复合结构。[②] 于光远的《中国社会主义初级阶段的经济》是国内第一本系统研究社会主义初级阶段经济问题的著作，曾被誉为“影响新中国经济建设的10本经济学著作”。在这本书中，于光远注意到我国已经出现了各种属于非基本形式的社会主义所有制新形式，[③] 并预言，很可能在将来的某个时期，这种复合的社会主义所有制形式将会比非复合性的社会主义所有制形式占到更重要的地位。在具体的改革思路上，厉以宁等一些学者认为股份制是公有制实现的较好的方式，并从很多方面对此进行了论证。党的十五大报告中认可了“公有制实现形式可以多样化”。党的十六届三中全会《中共中央关于完善社会主义市场经济体制若干问题的决定》则进一步提出“使股份制成为公有制的主要实现形式”，并要求“大力发展国有资本、集体资本和非公有资本等参股的混合所有制经济，实现投资主体多元化”。

传统的观点认为，生产资料公有制决定了只有按劳分配才是社会主义的分配原则，土地、资本等要素参与分配则是资产阶级庸俗经济学的陈词滥调。谷书堂和蔡继明认为这种观点不适用于社会主义初级阶段。他们认为，由于社会主义初级阶段还存在着多种所有制，国家、企业和个人还具有相对独立的经济利益，企业和个人还都具有不同程度的收入分配和积累的自主权，所以还不能完全实行按劳分配。他们提出，社会主义初级阶段

① 何伟：《社会主义公有制应当有多种形式》，《人民日报》1984年12月31日。

② 刘诗白：《社会主义所有制结构》，载《中国社会主义经济理论的回顾与展望》，经济日报出版社1986年版。

③ 在书中，基本形式或者非复合性的社会主义所有制形式是指传统的公有制形式，非基本形式或者复合性的社会主义所有制形式是指公有制企业之间通过横向联合或者集资而形成的股权多元的公有制企业。参见于光远《中国社会主义初级阶段的经济》，中国财政经济出版社1988年版。

的分配原则是按贡献分配，也就是按各种生产要素在社会财富的创造中所作出的实际贡献进行分配。社会主义初级阶段的各种收入都是按贡献分配的形式，各种生产要素的贡献是由各生产要素的边际收益决定的。他们强调，在社会主义初级阶段，只有贯彻按贡献分配的原则，才能确保机会均等，提高效率，实现资源的最优配置，促进社会生产力的发展。[①] 他们的观点曾经引起了很大的争议，但改革实践的发展验证了这种观点的合理性。党的十六大明确提出："确立劳动、资本、技术和管理等生产要素按贡献参与分配的原则，完善按劳分配为主体、多种分配方式并存的分配制度"，最终认可了按生产要素的贡献进行收入分配的合法性。

不难看出，在社会主义初级阶段理论的形成和发展过程中，经济理论界作出了重要的贡献。"社会主义初级阶段论和社会主义市场经济论一起，成为中国改革开放以来经济理论研究最重要、最突出的成果，是当代中国社会主义政治经济学的两大支柱。现阶段中国一切经济问题的研究，各项经济政策的制定，都要以这两大理论为依据、为指导。"[②] 社会主义初级阶段理论的发现和论证，是改革开放以来中国经济学界对马克思主义经济学和科学社会主义理论的重大贡献和发展。随着改革开放和社会主义建设的不断发展，经济理论界对社会主义初级阶段经济问题的认识也将更加深入，必将进一步丰富和发展社会主义初级阶段理论。

参考文献

1. 骆耕漠：《关于我国过渡时期基本经济法则问题》，《经济研究》1955 年第 1 期。

2. 苏星：《目前争论的主要分歧在哪里》，《经济研究》1955 年第 1 期。

3. 许涤新：《论国民经济有计划发展规律在我国过渡时期的作用》，《经济研究》1955 年第 4 期。

4. 王学文：《关于我国过渡时期经济规律问题的几点意见》，《经济研究》1955 年第 4 期。

5. 范文澜：《生产关系一定要适合生产力性质》，《光明日报》1957 年 2 月 28 日。

6. 严北溟：《我国生产力和生产关系矛盾的特点》，《新闻日报》1957 年 4 月 27 日。

7. 平心：《论生产力与生产关系的相互推动和生产力的相对独立增长——七论生产

① 谷书堂、蔡继明：《按贡献分配是社会主义初级阶段的分配原则》，《经济学家》1989 年第 2 期。

② 张卓元：《改革开放以来我国经济理论研究的回顾与展望》，载《张卓元文集》，上海辞书出版社 2005 年版，第 53 页。

力性质》，《学术月刊》1960 年第 7 期。

8. 张友仁：《关于生产关系一定要适合生产力性质的规律》，《北京大学学报》（社会科学版）1963 年第 2 期。

9. 董辅礽：《关于我国社会主义所有制形式问题》，《经济研究》1979 年第 1 期。

10. 苏绍智、冯兰瑞：《无产阶级取得政权后的社会发展阶段问题》，《经济研究》1979 年第 5 期。

11. 朱述先：《也谈无产阶级取得政权后的社会发展阶段问题——与苏绍智、冯兰瑞同志商榷》，《经济研究》1979 年第 8 期。

12. 杨献珍：《关于中华人民共和国在过渡时期的基础与上层建筑的问题》，载杨献珍等《为坚持辩证唯物主义而战斗》，湖北人民出版社 1980 年版。

13. 孙冶方：《平心〈论生产力问题〉序》，《论生产力问题》，生活·读书·新知三联书店 1980 年版。

14. 何伟：《社会主义公有制应当有多种形式》，《人民日报》1984 年 12 月 31 日。

15. 刘诗白：《社会主义所有制结构》，《中国社会主义经济理论的回顾与展望》，经济日报出版社 1986 年版。

16. 杨长福：《生产力和生产关系的相互关系》，载经济研究编辑部编《中国社会主义经济理论的回顾与展望》，经济日报出版社 1986 年版。

17. 陈宗胜：《论所有制改革的目标模式》，《南开经济研究》1987 年第 3 期。

18. 薛汉伟：《社会主义初级阶段与历史上的类似表述》，《理论前沿》1987 年第 4 期。

19. 于光远：《中国社会主义初级阶段的经济》，中国财政经济出版社 1988 年版。

20. 谷书堂、蔡继明：《按贡献分配是社会主义初级阶段的分配原则》，《经济学家》1989 年第 2 期。

21. 薄一波：《若干重大决策与事件的回顾》，中共中央党校出版社 1991 年版。

22. 《所有制是一种经济手段——专访周叔莲教授》，《经济社会体制比较》1993 年第 5 期。

23. 沈宝祥：《毛泽东与中国社会主义》，江西人民出版社 1996 年版。

24. 薛暮桥：《薛暮桥回忆录》，天津人民出版社 1996 年版。

25. 龚育之：《中国社会主义初级阶段的理论、路线和纲领》，《中共中央党校学报》1998 年第 1 期

26. 冒天启：《社会主义初级阶段理论》，载张卓元主编《论争与发展：新中国经济理论 50 年》，云南人民出版社 1999 年版。

27. 冒天启：《五十年巨变：由计划经济转向市场经济》，《兰州大学学报》（社会科学版）1999 年第 3 期

28. 龚育之等：《毛泽东的读书生活》，生活·读书·新知三联书店 2005 年版。

29. 张卓元：《改革开放以来我国经济理论研究的回顾与展望》，载《张卓元文集》，上海辞书出版社2005年版。

30. 温家宝：《关于社会主义初级阶段的历史任务和我国对外政策的几个问题》，《人民日报》2007年2月27日。

（执笔人：张万军，中国社会科学院世界经济与政治研究所副研究员）

第三章

从计划与市场关系的争鸣到社会主义市场经济论的确立

社会主义经济中计划与市场关系问题，含社会主义制度下商品生产和价值规律问题，是新中国成立60年来我国经济学家讨论最多、争论最激烈、成果最突出的经济理论问题。从20世纪50年代我国有远见卓识的经济学家勇于突破传统的社会主义经济理论，提出标新立异的创新观点，到20世纪90年代以后逐步确立社会主义市场经济论，绵延了50多年的探索和研讨，是一个曲折的、逐步接近真理的过程。1978年年底实行改革开放后，在改革大潮和国民经济迅速起飞的推动下，社会主义市场经济论逐步成为我国经济学界和社会其他各界的共识。社会主义市场经济论是我国改革开放的主要理论支柱，是中国特色社会主义理论体系的重要组成部分，也是中国经济学界对经济科学宝库的重大贡献。

回顾计划与市场关系问题长达60年的研讨，经历了若干阶段。这些阶段都是同我国社会主义建设事业的发展，同实践经验的逐步积累而不断探索更好的经济体制和发展道路，同经济政策的完善相一致的。理论的本源来自实践，但理论对实践又有巨大的作用。从计划与市场关系问题讨论过程中所发表的各种理论观点对我国社会主义建设实践所产生的影响来看，积极作用是基本的，同时也有一些错误观点起了消极作用。

在讨论中，许多论著都能在马克思主义指导下，紧密结合我国社会主义建设的实际，对面临的现实问题进行调查研究，吸取外国的经验教训，对经济现象和过程的本质的剖析逐步全面、深化，从而做出了比较符合客观实际的结论，对社会主义经济实践产生了积极的作用，也对政治经济学社会主义部分的建设作出了贡献。

但在同时，也发表了一些有错误观点的论著。它们或者从本本出发而不顾生动的经济实践，或者跟着某些错误思潮而曲解经济实践，从而对实践起了消极的作用。在计划与市场、商品与价值问题上的错误观点，主要的和大量的是在不同程度上否定社会主义制度下商品生产的必要性、市场的作用和价值规律的作用这样一种“左”的观点。

斯大林的《苏联社会主义经济问题》一书，在很大程度上反映了苏联30多年社会主义经济建设的经验，在政治经济学思想史上具有一定的意义。斯大林肯定了社会主义经济中商品生产和商品交换的必要性，肯定了价值规律是一个“很好的实践的学校”，等等。但同时，该书也包含一些不正确或不符合实际的论断。例如，关于全民所有制内部交换的生产资料实质上不是商品，价值规律对社会主义生产只起影响作用、不起调节作用，排斥市场机制等，它们长期禁锢着人们的思想，束缚着经济管理体制的改革。我国经济学界关于社会主义经济中计划与市场关系问题的探索的步步前进，以至确立社会主义市场经济论，就是在突破以《苏联社会主义经济问题》为代表的传统社会主义经济理论的框框下取得的。

下面，拟就我国经济学界新中国成立60年来关于计划与市场关系问题的研讨，分以下几节进行简要的回顾。

第一节　1956—1957年首次掀起研讨热潮

我国经济学界关于社会主义制度下计划与市场、商品与价值问题讨论的第一次高潮，是在三大改造基本完成前后的1956—1957年。那时，整个社会经济关系正经历重大的变化，社会主义经济逐渐成为整个社会唯一的经济基础。20世纪50年代最初几年流行的、用多种经济成分同时并存来解释商品生产和商品交换存在的理论，受到现实经济生活的挑战。在经济学者面前出现了商品生产与商品交换同社会主义生产关系是否相容，商品生产同社会主义公有制和按劳分配的关系怎样，商品生产的基本规律——价值规律的作用有哪些变化和特点等需要研究和解决的重大理论课题。于是引起了对这些问题的热烈讨论。当时的讨论，是环绕社会主义商品生产存在的客观必然性，计划经济和价值规律的关系问题展开的。薛暮桥在1956

年10月28日《人民日报》发表《计划经济与价值规律》一文，揭开了这次讨论的序幕。

当时，占统治地位的是斯大林《苏联社会主义经济问题》一书的观点，即认为两种社会主义公有制的并存是社会主义商品生产存在的原因；随着社会主义公有制的确立，国民经济有计划按比例发展规律就取代价值规律而成为生产的调节者；随着计划管理范围的扩大，市场和价值规律的作用范围将进一步受到限制。这种观点的流行，是同我国经济体制沿袭苏联的一套做法相适应的。

与此同时，也有一些文章，突破了传统社会主义经济理论的框框，鲜明地提出了被后来实践证明是正确的见解。

第一个是：孙冶方1956年提出了把计划和统计放在价值规律的基础上的观点。认为，价值规律的基本内容和作用，即通过由社会平均必要劳动量决定价值来推动社会生产力的发展，以及调节社会生产或分配社会生产力等，在社会主义和共产主义社会都是存在的；只有在私有制度下的商品经济中，它是通过商品流通，通过市场竞争来起作用，来体现自己的，因而它是带着破坏性的；而在计划经济中，是应该由我们通过计算来主动地去琢磨它的。他强调，我们的社会主义经济发展计划必须以价值规律为基础。这样，他就把社会主义经济中价值规律的作用，提到了空前未有的高度，打开了人们认识这个问题的广阔视野。[①]

第二个是：顾准在1957年发表的一篇论文中提出社会主义经济是计划经济与经济核算的矛盾统一体，价值规律是通过经济核算调节社会生产的。这种调节的最高限度的做法是："使劳动者的物质报酬与企业盈亏发生程度极为紧密的联系，使价格成为调节生产的主要工具。因为企业会自发地追求价格有利的生产，价格也会发生自发的涨落，这种涨落就实际上在调节着生产。同时全社会还有一个统一的经济计划，不过这个计划是'某些预见，不是个别计划的综合'，因此它更富于弹性，更偏向于规定一些重要的经济指标，更减少它对于企业经济活动的具体规定。"[②] 这就是主张充分利用价值规律对社会主义经济的调节作用。

第三个是：有的文章从社会主义社会还存在物质利益原则或物质利益

① 参见孙冶方《把计划和统计放在价值规律的基础上》，《经济研究》1956年第6期。

② 参见顾准《试论社会主义制度下的商品生产和价值规律》，《经济研究》1957年第3期。

关系的见地出发，来论证社会主义社会特别是全民所有制内部存在商品关系的原因，并由此肯定全民所有制内部交换的生产资料也是商品。[①]

第二节 1959—1960年对人民公社化运动否定商品生产和“一平二调”的反思

1958年农村人民公社化运动中，出现了否定商品生产和价值规律，在农村大刮“一平二调”的“共产风”；在工业上鼓吹大炼钢铁不计工本，算政治账，不算经济账。在这种情况下，几个月的时间里，出现了一批宣扬“左”的奇谈怪论的文章。

1958年年底，党的八届六中全会及时地批判了否定商品生产和价值规律的观点，明确指出：“继续发展商品生产和继续保持按劳分配的原则，对于发展社会主义经济是两个重大的原则问题，必须在全党统一认识。有些人在企图过早地‘进入共产主义’的同时，企图过早地取消商品生产和商品交换，过早地否定商品、价值、货币、价格的积极作用，这种想法是对于发展社会主义建设不利的，因而是不正确的。”

1959年3月，针对“一平二调”的“共产风”，毛泽东指出，算账才能实行那个客观存在的价值法则。这个法则是一个伟大的学校，只有利用它，才有可能教会我们的几千万干部和几万万人民，才有可能建设我们的社会主义和共产主义。否则一切都不可能。毛泽东提出这个论断，是我国经济学界研究社会主义商品、价值问题一个重要的转折点。

这时，经济学界对于商品、价值问题的研究，很快地从批判“共产风”转入对社会主义商品生产的历史地位和作用，为什么说价值规律是一个伟大的学校等问题的讨论。1959年4月举行的以商品生产和价值规律为主题的新中国成立后第一次全国经济理论讨论会，使这个讨论达到高潮。

经过这次讨论，对以下几个问题获得了比较一致的认识。[②]

第一，中国是商品生产很不发达的国家。我们的商品经济不是多了，而是少了，不但比发达的资本主义国家少，甚至比印度还落后。占全国人

① 参见南冰、索真《论社会主义制度下生产资料的价值和价值规律的作用》，《经济研究》1957年第1期。

② 参见孙尚清、陈吉元、张卓元《试评我国经济学界三十年来关于商品、价值问题的讨论》，《经济研究》1979年第10期。

口 80% 以上的农村人口，过着半自给自足的生活。随着社会生产力的发展，分工越来越细，生产越来越专业化，社会化程度越来越高，必然表现为商品经济的发展。现阶段发展商品生产，首先是工人阶级团结五亿农民建设社会主义的大问题。就农村人民公社来说，除了要发展同国家或其他公社进行交换的商品生产之外，其内部各单位之间也要发展商品生产和商品交换。①

第二，从原始公社后期到社会主义社会，都存在商品生产，但是商品的社会性质，即商品体现的人和人的关系，商品生产在社会经济生活中的地位和作用是不相同的。于光远同志明确指出："商品交换一般"的概念应该理解为在交换中比较产品所包含的社会必要劳动，实行等量劳动与等量劳动交换原则的交换方式。进入这种交换的产品就是商品。因此，社会主义制度下两种公有制之间的交换、国营企业与国营企业之间的交换以及社会与个人之间的交换都是商品关系。②

第三，在社会主义各种交换关系中，都要承认和尊重价值规律的作用，坚持等价交换。特别是在处理同集体所有制的经济关系时，在国家和公社之间，在公社内部各级之间，必须反对"一平二调"，实行等价交换，计价算账。同时，要承认价值规律对集体所有制经济起调节作用。在指导集体经济的生产和安排交售任务时，都必须考虑这种调节作用。③

第四，价值规律的确是一个伟大的学校。因为：首先，从那里可以学会从经济关系上正确处理人民内部矛盾；其次，可以学会经济管理。在国家和公社、公社和公社、公社内部的交换关系中，等价交换是为了保持和鼓励集体所有制经济生产的积极性；在国家和职工的交换关系中，等价交换是为了正确贯彻按劳分配的原则；在国营企业之间的交换关系中，等价交换是为了保证生产中消耗的劳动能够得到补偿，进行再生产并严格经济核算制度。

第五，必须充分利用价值规律的作用，为社会主义计划经济服务。价值规律可以被国家利用来作为制订国民经济计划的依据之一；可以被利用来影响某些产品的生产和销售数量，作为计划调节和达到供需平衡的补充

① 参见许涤新《论农村人民公社化后的商品生产和价值规律》，《经济研究》1959 年第 1 期。

② 参见于光远《关于社会主义制度下商品生产问题的讨论》，《经济研究》1959 年第 7 期。

③ 参见郑经青《对于社会主义制度下价值规律问题的几点意见》，《经济研究》1959 年第 4 期。

手段；可以被利用来组织经济核算，提高经济活动效果；可以被利用来作为分配和再分配国民收入的工具，等等。[①] 有的经济学家进一步说，价值规律的真正作用，是在它提高劳动生产率，促进生产的积极作用方面表现出来。我们今天的主要问题，不是如何防止它的消极破坏作用，而是如何尽可能地发挥它的促进生产的积极作用。[②]

第六，价值规律和国民经济有计划按比例发展规律并不是互相排斥、此消彼长、一兴一灭的，国家在组织经济活动包括制订计划时，既要充分考虑有计划规律的作用，也要充分考虑价值规律的作用。因为在实际生活中，这两个规律是同时发生作用的。只要某种经济规律有它赖以存在的经济条件，它就要发生作用，决不会因为其他经济规律存在就不发生作用。

第七，既然价值规律是客观经济规律，因此，价值规律本身无所谓积极作用和消极作用，只能说，在什么条件下价值规律发生作用的后果对我们有利，在什么条件下对我们不利。同时，价值规律本身也无所谓自发起作用和自觉起作用的区别。规律是客观的，永远自发地发生作用。区别只在于我们是否认识它以及有没有条件利用它的作用来达到预定的目的。

应当说，上述观点都是从研究 1958 年经济建设工作的教训中得出来的，是付出了巨额学费换来的精神财富，因而是非常宝贵的。这些观点在以后的实践中也证明基本上是正确的。它们不仅进一步丰富了马克思主义经济理论，而且对社会主义建设也发挥了重要的指导作用。

第三节　20 世纪 60 年代初对如何运用价值规律作用改进经济管理的研讨

1961 年开始，为了克服严重的经济困难，党中央制定了对国民经济实行“调整、巩固、充实、提高”的方针，经济领导机关和经济学界对我国“一五”时期的经验和 1958 年以后的经验，进行了对比性、总结性的研究。由于吸取了经济政策和经济理论上正反两个方面的经验，在 60 年代初期的论坛上出现了不少论述如何运用价值规律的作用改进经济管理的好文章。

---

① 参见薛暮桥《社会主义制度下的商品生产和价值规律》，《红旗》1959 年第 10 期。

② 参见王亚南《充分发挥价值规律在我国社会主义经济中的积极作用》，《人民日报》1959 年 5 月 15 日。

20世纪60年代初期，经济学界开展的关于社会主义经济核算和经济效果问题的大讨论，应看做是对价值规律作用研究深化的必然结果和延伸。在经济核算方面，孙冶方提出“提高利润指标在计划管理体制中的地位”，认为“利润的多少是反映企业技术水平和经营管理好坏的最综合的指标”。[①]利润正是一个价值指标，它是人们自觉利用价值规律管理企业的表现。在经济效果方面，孙冶方重申了要用尽可能少的劳动消费，取得尽可能多的满足社会需要的使用价值。而这也正是价值规律的要求，即力求使产品的个别劳动消耗低于社会必要劳动消耗。为了正确评价企业和部门的经营情况，孙冶方和别的一些经济学家还提出了采用资金利润率和按生产价格定价的主张。

这期间，在一些论著中，鉴于20世纪50年代末期违反客观经济规律带来的严重危害，提出了用经济方法管理经济的主张，即要按经济规律，首先是价值规律办事。并据此而提出要学习资本主义管理方面对我们有用的经验，如组织托拉斯等，有关业务部门曾试办了十几个专业公司如汽车、铝、橡胶、烟草、黄金公司等，虽为时很短，也取得了宝贵的经验。

从社会主义商品经济理论出发，全民所有制经济内部的流通问题，也提出来了，有的同志还建议成立生产资料供应公司。社会主义商品、价值理论研究的深入，导致对“自然经济观”即把社会主义公有制经济视同否定市场的自然经济的观点的批判。长期以来，“自然经济观”的流行，否认全民所有制内部交换的生产资料是商品，不少人认为社会主义经济中不存在流通问题。我国经济管理体制和管理方法，对国营企业生产的产品的主要部分实行调拨和统购包销，这又助长了否认存在流通的自然经济观。实际上，没有流通，就没有社会化的大生产。否认流通过程的必要性，否认社会主义产品有实现问题，即否认需要经过市场和用户的检查和监督，使得产品品种少、质量差、消耗大、效率低、货不对路等问题，一直困扰着我们。所以，社会主义存在流通的见解是有重要科学意义和实践意义的。

调整时期经济情况的迅速好转鼓励了经济理论的活跃，反过来，经济理论的活跃又促进了经济的健康发展。[②]

---

① 参见孙冶方《社会主义计划管理体制中的利润指标》，《社会主义经济的若干理论问题》，人民出版社1979年版，第265—266页。

② 参见孙尚清、陈吉元、张卓元《试评我国经济学界三十年来关于商品、价值问题的讨论》，《经济研究》1979年第10期。

可惜，好景不长。经济学界依据马列主义毛泽东思想，从我国实际情况出发，研究新情况，提出新见解，还刚刚起步，文教部门的社教运动开始了，接着又进行“文化大革命”。前述的富有启发性的见解几乎都被当做资本主义或反革命修正主义的东西而遭到批判。主张利润是评价企业经营成果的综合指标被斥为修正主义的利润挂帅，资金利润率和生产价格论被指责为把资本主义原则搬到社会主义经济中来，用经济方法管理经济被批判为反对无产阶级政治挂帅，生产资料的供应纳入商业轨道的主张被说成是搞资本主义自由化，等等。学术界变得万马齐喑了。

第四节　改革开放初期在经济活动中引入市场机制，尊重价值规律的作用——走向社会主义市场经济论第一步

1976 年 10 月粉碎“四人帮”后，中国经济学界迎来了理论研究的春天。拨乱反正，澄清被“四人帮”搞乱的思想，批判“左”的一套理论和政策主张。1978 年后，随着党的工作转移到以经济建设为中心的轨道，随着改革开放的前进，经济学界思想活跃，不断突破传统经济理论的框框，大胆吸收当代经济学的科学成果，努力探索社会主义经济的本质，寻找改革开放和现代化建设的客观规律性，在计划与市场关系问题方面取得一系列重要的研究成果，对我国的经济改革和发展起了积极的推进作用。

社会主义市场经济论的创建不是一蹴而就的。中国市场化改革是渐进式的。从计划与市场关系的研究到社会主义市场经济论的确立，经历了一系列中间阶段，中间研究成果浩如烟海。大体说来，第一步是在经济活动中引入市场机制；第二步是确立社会主义商品经济论；第三步才是确立社会主义市场经济论。

1978 年 12 月，具有伟大历史意义的党的十一届三中全会开启了改革开放的新时期。全会否定“以阶级斗争为纲”的错误理论和实践，做出了把党和国家的工作中心转移到经济建设上来、实行改革开放的历史性决策。全会公报指出：“现在我国经济管理体制的一个严重缺点是权力过于集中，应该有领导地大胆下放，让地方和工农业企业在国家统一计划的指导下有更多的经营管理自主权”，“应该坚决实行按经济规律办事，重视价值规律的作用，注意把思想政治工作和经济手段结合起来，充分调动干部和劳动

者的生产积极性”。[①] 为了大力恢复和加快发展农业生产，全会建议国务院做出决定，粮食统购价格从1979年夏粮上市的时候起提高20%，超额部分在这个基础上再加价50%，棉花、油料、糖料、畜产品、水产品、林产品等农副产品的收购价格也要分别情况，逐步做相应的提高。

需要指出，在三中全会召开前夕，1978年10月6日，《人民日报》发表了胡乔木写的重要文章《按照经济规律办事，加快实现四个现代化》，文章说：“为了加快实现四个现代化，我们必须按经济规律办事，大大提高我们的经济管理水平。经济规律很多，现在只就有计划按比例规律，价值规律，国家、企业、个人利益的统一，三个问题讲一点意见”。文章在谈到经济工作要遵守价值规律时说：“在社会主义条件下，商品生产和商品流通将继续长期存在，在我国还需要大大发展，价值规律在经济生活中仍然起不可缺少的作用。我们在制订和执行计划的过程中，一定要利用价值规律，反映价值规律的要求，一定要求所有企业（包括国防工业）严格实行时间节约，不断争取劳动耗费、物资耗费（即所谓‘物化劳动’的耗费）和经济效果的最优比例，严格进行经济核算，努力降低单位产品的成本，努力提高劳动生产率和资金利润率，否则就会给社会主义事业造成很大的损失和混乱。”“当前，应当考虑适当扩大企业的权限，以促进企业的领导和群众主动地关心企业经济活动的成果。”胡乔木的这篇重要文章，实际上为三中全会的召开做了某些思想理论的准备，价值规律的作用重新引起人们的重视。

1979年4月在江苏省无锡市举行的全国第二次经济理论讨论会，主题是探讨社会主义制度下价值规律的作用。参加讨论会的有300多人，我国最负盛名的经济学家薛暮桥、孙冶方参加了这次会议并作大会发言，与会人员提供的论文上百篇，提出了许多具有深远影响的理论观点，包括：肯定社会主义经济是商品经济或市场经济，肯定社会主义经济中市场调节的作用。[②] 在社会主义经济中，价值规律起调节作用，竞争是其内在机制。[③] 企业是独立的或相对独立的商品生产者和经营者，主张逐步扩大企业的自主

① 《中国共产党第十一届中央委员会第三次全体全议公报》，人民出版社1978年版，第7页。

② 参见中国社会科学院经济研究所资料室等编《社会主义经济中计划与市场的关系（上、下）》，中国社会科学出版社1980年版。

③ 参见孙尚清、陈吉元、张耳《社会主义经济的计划性与市场性相结合的几个理论问题》，《经济研究》1979年第5期。

权。1980年1月，蒋一苇进一步提出著名的企业本位论。[①] 对现有不合理的价格体系和管理体制需进行改革，逐步缩小工农业产品价格“剪刀差”。[②]

总之，在经济活动中引入市场机制和竞争机制，扩大市场调节作用，按价值规律办事，是1979年全国第二次经济理论讨论会的主调，对中国启动市场化改革起着先导的作用。

在此期间，经济学界对计划与市场关系问题，展开了热烈的讨论，发表了大量很有见地的文章。

首先，提出如何认识和处理计划与市场关系，是经济体制改革的根本问题，是划分体制模式的主要标志。有文章说，“正确认识和处理计划经济和市场调节的关系，是我国经济体制改革的一个根本问题。”[③] “比较各种计划——市场模式的得失”，“选择或者设想建立哪一种模式，是关系到经济管理体制改革方向的一个极其重要的问题”。[④] 有的经济学家进一步认为，“计划与市场的关系问题，是体制改革的核心问题”，应该“以计划与市场的关系作为划分体制模式的主要标志。”[⑤]

计划与市场如何结合，经济学界提出了几种主要不同主张。

1. “板块结合说”。主张“对于有关国计民生的重要产品，必须实行计划调节，就是说，由国家统一计划生产，统一规定价格，统一进行产品的分配。”“对于其他产品，则可以实行市场调节的方式。”[⑥]

2. “渗透结合说”。认为“社会主义经济中的计划性和市场性是互相渗透的，你中有我，我中有你。”[⑦] 或者说，“计划调节与市场调节是实现社会主义经济按比例发展的两种形式，它们之间本来是紧密结合，互相渗透，

① 参见蒋一苇《企业本位论》，《中国社会科学》1980年第1期。

② 参见中国社会科学经济研究所资料室等编《价值规律作用问题资料》，中国社会科学出版社1979年版。

③ 参见方生《认清相互联系的三个层次——对“以计划经济为主，市场调节为辅”方针的一点理解》，《经济研究》1982年第7期。

④ 参见刘国光、赵人伟《计划与市场关系的几个问题》，《红旗》1979年第9期。

⑤ 参见《首都经济理论界座谈计划经济和市场调节问题》，《经济学动态》1982年第2期。

⑥ 北方十三所高校编：《政治经济学（社会主义部分）》，陕西人民出版社1979年版，第321页。

⑦ 参见孙尚清、陈吉元、张耳《社会主义经济的计划性与市场性相结合的几个理论问题》，《经济研究》1979年第5期。

你中有我，我中有你，把它们截然分开以至对立起来是不够妥当的。”①

3. “胶体结合说”。认为计划与市场之间的互相渗透有两种情况：“第一种是，国民经济总体分为两个部分（两块），一部分是计划调节，一部分是市场调节，同时每种调节部分都渗透有另一种调节的因素。第二种情况是，整个国民经济不再分为两块，计划机制与市场机制胶合成为一体，在统一的国家计划指导下发挥市场机制的作用。”从发展来看，“最终将形成在统一的国家计划指导下充分利用市场机制，把计划和市场紧密胶合在一起的统一体。”②

1979 年以后，改革首先从农村迅速展开。家庭联产承包制的推行，使农民开始得到生产什么、生产多少农副产品的自主权，是农村经济活动引入市场机制的重大举措。家庭联产承包制同调整和放开农产品价格一起，使中国的农业连年丰收，农业生产迅速恢复和发展起来，农民收入大幅度提高。在活生生的事实面前，终止了阳光道与独木桥之争，农村改革使农民走上了金光大道。许多经济学家在总结农村改革的成功经验时，都归因于在农村经济活动中尊重农民作为商品生产者的权利。在市场机制作用下，放开哪种农产品的价格，哪种农产品很快就会像泉水般地涌流出来，市场的“魔力”开始显现。

第五节　1984 年确立社会主义商品经济论——迈向社会主义市场经济论的决定性步骤

1984 年党的十二届三中全会做出的《关于经济体制改革的决定》，明确社会主义经济是有计划的商品经济，对 20 世纪 80 年代初开始关于社会主义经济是不是商品经济的讨论做了科学总结，从而为确立社会主义市场经济论迈出了决定性的步伐。

社会主义经济是公有制基础上有计划的商品经济，这一命题作为全党和全国人民统一的认识是在 1984 年 10 月以后确立的。而在我国经济学界，则在 20 世纪 70 年代至 80 年代初，一直有人写文章提出和论证了上述论断，

① 参见何建章、王积业、吴凯泰《关于计划调节与市场调节相结合的问题》，《经济研究》1980 年第 5 期。

② 参见刘国光《略论计划调节和市场调节的几个问题》，《经济研究》1980 年第 10 期。

例如有的文章明确提出社会主义经济是计划经济和商品经济的统一，有的文章认为社会主义经济兼有计划性和市场性，有的文章更直接地把社会主义经济规定为有计划的商品经济等。[①] 但是，这种认识有反复。1982 年，有的同志发表文章认为社会主义经济具有商品经济属性，[②] 遭到一些同志的反对。持反对意见的同志说："在我国，尽管还存在着商品生产和商品交换，但是绝不能把我们的经济概括为商品经济。如果做这样的概括，那就会把在社会主义条件下人们之间共同占有、联合劳动的关系，说成是商品等价物交换的关系；就会认定支配我们经济活动的，主要是价值规律，而不是社会主义的基本经济规律和有计划发展的规律。这样就势必模糊有计划发展的社会主义经济和无政府状态的资本主义经济之间的界限，模糊社会主义经济和资本主义经济的本质区别。"[③] 自那以后，大概有一年的时间，在论坛上主张社会主义经济也是一种商品经济的文章销声匿迹。但是，真理的声音是压不下去的。经济体制改革的实践，冲垮了上述人为制造的理论框框。1983 年以后，社会主义商品经济论，以其更强烈的现实背景、更充分的理论论证，重新登上中国的论坛，吸引着千百万人的注意。1984 年 10 月，党的十二届三中全会，对我国经济界和理论界多年的争论，做了总结，以党的决议的形式，肯定了我国社会主义经济是公有制基础上的有计划的商品经济。这就使我们的研究和讨论进入一个崭新的阶段。

需要指出，党的十二届三中全会的《决定》，也有经济学界的一份"功劳"。党的十二届三中全会文件，从 1984 年 6 月开始起草，用了一个多月时间提出了一个提纲，但这个提纲没有脱离原来的"计划经济为主，市场调节为辅"的调子，当时的中共中央总书记胡耀邦对此很不满意，因此，重新调整了文件起草班子。正在这个时候，中国社会科学院院长马洪，受命组织院内的几位专家撰写了《关于社会主义制度下我国商品经济的再探索》的文章，为商品经济翻案。该文提出，在肯定社会主义经济是计划经济时，不要"否定社会主义经济同时也具有商品经济的属性。商品经济的对立物

① 参见孙尚清、陈吉元、张耳《社会主义经济的计划性与市场性相结合的几个理论问题》，《经济研究》1979 年第 5 期；刘成瑞、胡乃武、余广华《计划与市场相结合是我国经济管理改革的基本途径》，《经济研究》1979 年第 7 期；谢佑权、胡培兆《从实际出发正确认识和有计划地利用价值规律》，《社会主义经济中价值规律问题讨论专辑》，《经济研究》1979 年第 6 期。

② 参见刘国光《坚持经济体制的改革方向》，《人民日报》1982 年 9 月 6 日。

③ 参见彭森、陈立等《中国经济体制改革重大事件（上）》，中国人民大学出版社 2008 年版，第 120 页。

不是计划经济，而是自然经济”，不能把计划经济同商品经济“对立起来”。文章重新肯定此前被否定的“社会主义经济是有计划商品经济”的提法。马洪院长把这篇文章送给了一些老一辈革命家征求意见，结果文章不但没有招来批评，还得到了王震等同志的称赞。这样，时任国务院领导人就在9月9日给中央政治局其他常委的题为《关于经济体制改革中三个问题的意见》的信中，论述了“社会主义经济是以公有制为基础的有计划的商品经济。计划要通过价值规律来实现，要运用价值规律为计划服务”。邓小平、陈云分别在9月11日和12日批示同意。从此，十二届三中全会文件起草工作，就在新的方针指导下进行了。[①] 党的十二届三中全会《关于经济体制改革的决定》虽然有不够完善的地方，但它毕竟实现了社会主义理论的重大突破。对此，邓小平评价说，它“是马克思主义的基本原理和中国社会主义实践相结合的政治经济学”。[②]

肯定社会主义经济是商品经济，就意味着：（1）社会经济关系的商品货币化，商品生产和商品流通在社会经济活动中占统治地位，各种产品全部或绝大部分转化为商品，卷入商品流通的旋涡。（2）具有独立经济利益的商品生产者和经营者是商品经济的基本要素，他们之间既有交换关系，又有竞争关系，生产与消费、供给与需求在生产发展和技术进步的基础上出现失衡是商品经济运动的必然现象，通过竞争达到暂时的均衡。（3）市场协调是商品经济运行机制的基础特征，价值规律通过市场价格及其变化自发地调节商品生产和商品流通，使有限的经济资源自动地从效率低的行业流向效率高的行业，使资源配置适应市场和社会的需要，实现资源的有效配置。（4）商品市场关系的扩展要求克服民族经济的孤立性和闭塞性，实行对外开放，走向世界市场，开拓世界市场，逐步融入经济全球化进程中。

社会主义商品经济论的确立，为社会主义市场经济论打开了大门。1984年，社会主义商品经济论确立后，经济体制改革无论是企业改革、价格改革、宏观经济管理改革、收入分配制度改革、涉外经济体制改革等均迅速开展起来。1985年，大部分农产品价格放开。1987年，国家体改委委托中

---

① 参见吴敬琏、张问敏《社会主义市场经济理论》，载张卓元主编《论争与发展：中国经济理论50年》，云南人民出版社1999年版。

② 参见中共中央文献研究室编《邓小平年谱（1975—1997）》，中央文献出版社2004年版，第1006页。

国社会科学院、国务院发展研究中心、北京大学、中共中央党校、中国人民大学、国家计委、上海市等单位组织课题组，研究和提出今后 8 年（1988—1995 年）我国经济体制改革的中期规划，并汇编成书出版。[①] 1988 年，试图价格改革“闯关”。1991 年，实行多年的工业生产资料价格双轨制并轨，并为市场单轨制。1984 年起，探索企业改革“两权分离”（即国家所有权和企业经营权分离）的路子。总之，传统的计划经济体制，被商品货币关系冲出一个又一个缺口，市场取向的改革呈不可阻挡之势向前推进。

第六节　1992 年社会主义市场经济论的确立和随着改革的深化而日臻成熟

社会主义商品经济论确立以后，经济学家没有就此停步，而是继续探索。20 世纪 80 年代后半期，经济学家进一步提出，中国的经济改革，应明确是市场取向的改革，是市场化改革。内容包括：企业应成为市场竞争主体，价格改革的目标是建立市场价格体制，建立和发展包括商品市场和要素市场在内的市场体系，宏观经济管理要从直接管理转变为以间接管理为主，实行全方位对外开放，参与国际市场竞争，等等。1986 年，有的文章认为，宏观经济管理的目标模式，主线是国家掌握市场（即国家主要通过经济手段和市场参数调节供需，实现对市场的“领导权”），市场引导企业，或者是“国家调控市场，市场引导企业”。[②] 20 世纪 90 年代初，吴敬琏等明确提出，改革的目标就是建立社会主义市场经济体制，并对新体制的框架做了比较详尽的论证。[③]

1992 年春，中国改革开放的总设计师邓小平在南方谈话中，进一步阐发了他对计划和市场问题的看法，他说：“计划多一点还是市场多一点，不是社会主义与资本主义的本质区别。计划经济不等于社会主义，资本主义也有计划；市场经济不等于资本主义，社会主义也有市场。计划和市场都是经济手段。”[④] 同年 9 月，中共十四大报告把中国经济体制改革的目标模式确定为建立社会主义市场经济体制，使市场在资源配置中发挥基础性作

① 参见《中国改革大思路》，沈阳出版社 1988 年版。
② 参见李成瑞《关于宏观经济管理的若干问题》，《财贸经济》1986 年第 11 期。
③ 参见吴敬琏、刘吉瑞《论竞争性市场体制》，中国财政经济出版社 1991 年版。
④ 《邓小平文选》第三卷，人民出版社 1993 年版，第 373 页。

用。这标志着对经济改革理论的认识达到一个崭新的阶段。此后，社会主义市场经济理论随着改革的推进，改革经验的丰富，而日益充实和发展。

需要指出，社会主义市场经济论的确立并不是一帆风顺的。1989 年春夏之交的那场政治风波后，有的经济学家对市场取向改革表示怀疑或否定，主张从“市场取向”转为“计划取向”，调子最高的是，“市场经济，就是取消公有制，这就是说，是否定共产党的领导，否定社会主义制度，搞资本主义”。“市场化”就是“自由化”，是“资本主义和平演变”。[①] 由于大部分经济学家坚持“市场取向”改革，也由于 1990—1991 年邓小平几次讲话，明确指出不要以为计划经济就是社会主义，市场经济就是资本主义，计划和市场都是手段，都可以为社会主义服务等，这场理论争论不久就平息下去了。

社会主义市场经济理论还随着中国经济改革的深化而深化。1993 年，党的十四届三中全会《关于建立社会主义市场经济体制若干问题的决定》确定了社会主义市场经济体制的基本框架，包括：坚持以公有制为主体、多种经济成分共同发展的方针，进一步转换国有企业经营机制，建立适应市场经济要求，产权清晰、权责明确、政企分开、管理科学的现代企业制度；建立全国统一开放的市场体系，实现城乡市场紧密结合，国内市场与国际市场相互衔接，促进资源的优化配置；转变政府管理经济的职能，建立以间接手段为主的完善的宏观调控体系，保证国民经济的健康运行；建立以按劳分配为主体，效率优先、兼顾公平的收入分配制度，鼓励一部分地区一部分人先富起来，走共同富裕的道路；建立多层次的社会保障制度，为城乡居民提供同我国国情相适应的社会保障，促进经济发展和社会稳定。必须围绕这些主要环节，建立相应的法律体系。以上就是著名的社会主义市场经济的五大支柱。党的十五大提出了从战略上调整国有经济布局的任务，企求从整体上搞好国有经济，明确个体私营等非公有制经济是社会主义市场经济的重要组成部分。党的十六大提出了建立中央政府和地方政府分别代表国家履行出资人职责，享有所有者权益，权利、义务和责任相统一，管资产和管人、管事相结合的国有资产管理体制的任务。党的十六届三中全会提出了完善社会主义市场经济体制的任务，提出股份制是公有制

---

① 参见吴敬琏、张问敏《社会主义市场经济理论》，载张卓元主编《论争与发展：中国经济理论 50 年》，云南人民出版社 1999 年版。

主要实现形式、建立现代产权制度等。党的十七大提出了加快建立国有资本经营预算制度，完善反映市场供求关系、资源稀缺程度和环境损害成本的生产要素和资源价格形成机制，建立全覆盖的社会保障制度，深化政府、财税、金融、农村改革等任务。

与此同时，经济学家对社会主义市场经济理论问题展开了热烈的讨论，发表了大量的论著，社会主义市场经济理论逐步深入人心。现代企业制度理论、公司治理理论、利用外资理论、资本市场理论、公共财政理论、金融创新理论、服务型政府理论、社会保障理论、效率与公平关系理论、法治市场经济理论、公有制与市场经济结合理论、收入分配理论、“三农”研究等，经济学界都有深入研究，其中有些成果具有超前性。

在社会主义市场经济理论创新和党的强力推动下，中国的市场化改革步步深入。举其要者有：1994 年分税制改革，20 世纪 90 年代以来国有企业的公司制股份制改革，1992 年以后个体私有经济的迅速发展，20 世纪末开展的以明晰产权为中心的集体企业改革，2001 年加入世界贸易组织，2002 年以来的国有资产管理体制改革，2003 年以来财政向公共财政转型并要求逐步做到基本公共服务均等化，2005 年以来上市公司股权分置改革，中国建设银行、中国银行、中国工商银行先后整体上市，20 世纪末开始的农村综合改革，进入 21 世纪后尤其是以全覆盖为目标的社会保障制度建设，等等。

应当清醒认识，到现在为止，中国社会主义市场经济体制仍然不够完善，还有不少改革攻坚任务有待完成。举其要者至少有：政企分开、政资分开尚未很好实现，各种所有制经济平等竞争环境尚未很好形成，国有资产管理体制有待健全，垄断行业改革刚刚开始，宏观调控过多地运用行政手段，收入分配关系远未理顺，社会保障体系相当薄弱，防范系统性金融风险亟待完善，对外开放有待提高水平和质量，市场经济法制体系远未完备，等等。今后要加大改革力度，力争到 2020 年建立起完善的社会主义市场经济体制。可以预期，随着改革攻坚的深入开展，随着社会主义市场经济体制的逐步完善，社会主义市场经济理论将不断丰富和发展，形成一套完整的理论体系，成为中国特色社会主义理论体系的一个最重要的组成部分，并使马克思主义经济学原理划时代发展。

回顾改革开放以来我国经济学界对计划与市场关系和经济体制改革的研究与探索，可以得出以下几点认识：

第一，计划与市场关系问题，是社会主义经济理论的核心问题。传统的社会主义经济理论的根本缺陷，在于把作为经济调节手段的计划或市场，说成是区分社会主义经济制度和资本主义经济制度的基本标志，把计划等同于社会主义，市场等同于资本主义。这种认识，完全不符合世界各国经济发展的实践。第二次世界大战以后，许多发达的资本主义国家，也在制订各种经济发展计划，调控宏观经济的运行。而实行传统社会主义计划经济体制的国家，则因贬低和排斥市场的作用，窒息了经济的生机和活力，以致在和平经济竞赛中败北。事实使越来越多的经济学家认识到，社会主义国家只有借助市场，才能重新活跃被指令性计划捆住了手脚的经济活动；只有发挥市场在资源配置中的基础性作用，才能提高经济效率。当然，市场也不是万能的，需要有“看得见的手”如政府的宏观调控等，来纠正市场的缺陷，以保证经济的健康运行。

第二，社会主义政治经济学的科学性，在很大程度上取决于是否能够科学地阐明社会主义同商品经济与市场经济的关系，使社会主义与市场经济相互适应相互结合。中国特色社会主义经济建设，就是发展社会主义市场经济。在世界科技进步加速、经济全球化趋势不可阻挡的今天，只有快速发展社会主义市场经济，才能振兴中华，实现工业化、城市化和现代化，有效地参与国际市场竞争，跻身于世界民族之林，以经济的辉煌业绩证明社会主义市场经济理论的确立与成熟，从而构建社会主义政治经济学大厦。

第三，作为社会主义政治经济学的重要组成部分的转轨经济学或过渡经济学，也是以论述从计划主导型经济体制向社会主义市场经济体制转轨的过程及其规律性为主要内容的。中国是一个拥有 13 亿人口的大国。迄今为止，只有中国的经济体制转轨的经验和规律性，最具有典型意义。揭示中国经济体制转轨的规律性，将为当代经济科学增添新的篇章，从而丰富和发展当代经济科学。

第四，社会主义市场经济论，是全新的理论体系，既需要社会主义市场经济的发展实践为这一理论提供素材和养料，也需要经济学家的艰辛探索和理论概括，需要经济学家的理论勇气和攀登科学高峰的精神。认识真理的过程是复杂而曲折的。真理有时在少数人手里。真理被多数人认识需要有一个过程。在学术研究上真正贯彻“双百”方针，是经济学家们由衷的期盼。这也是防止扼杀真理、打击坚持真理者悲剧重演的重要保证。

第七节 探索社会主义市场经济的特点与若干规律

进入21世纪，随着社会主义市场经济体制的初步建立和逐步完善，中国经济发展迅速，充满活力，日益开放。与此同时，经济学界开始关注与研究社会主义市场经济的特点和内在规律，为党和政府决策提供理论依据和智力支持。

有的文章认为，根据中国当前实际，看来我们需要很好掌握的社会主义市场经济的特点和内在规律主要有以下几个方面。

一、市场在资源配置中发挥基础性作用，价值规律调节社会生产和流通

社会主义市场经济与传统的计划经济最大的不同点，在于市场在资源配置中的作用有根本的区别，前者起基础性作用，即主要调节者作用；后者则不起作用或只起很小的作用。按照马克思主义经济学的语言，在社会主义市场经济中，价值规律是社会生产和流通的主要调节者，而在传统的计划经济中，价值规律不起调节作用，调节社会生产和流通的，是国家的指令性计划。迄今为止的中外实践表明，按照市场的信号主要是价格信号对有限的社会资源进行配置和重新配置，比按照国家的指令性计划配置资源，具有更高的效率。这是因为，在社会化大生产条件下，不但产品和服务的品种繁多，数以万计、十万计，而且社会和人的需求也复杂多变和不断发展，国家计划部门采用任何现代计算技术和严格的行政调节也无法将社会供给和社会需求有机联系和协调起来。由市场通过价格涨落提供的社会需求的信号，比任何发布指令的计划部门要准确得多、及时得多，从而使各个经济活动主体能够按照社会的需求进行生产、经营和提供服务，避免资源的严重浪费和损失。也就是说，在价值规律作用下，社会资源自动地从效益较低的产业流向效益较高的产业，而效益较高的产业正是社会需求比较旺盛的；在同一产业（部门）内部不同企业之间，则优胜劣汰，这就使社会资源得到比较有效的利用和配置。

二、企业是市场经济活动的主体，真正实现政企分开、政资分开

在社会主义市场经济条件下，企业不再像计划经济条件下那样是上级行政主管部门的附属物，而是独立的、自主经营自负盈亏的经济主体。市

场对资源配置发挥基础性作用，是通过一个个最主要的微观经济主体即企业的活动实现的。企业根据市场信号主要是价格变动，决定生产什么和多少商品，提供什么和多少服务，以实现利润的最大化。正是一个个企业追逐经济效益的活动，使社会资源比较有效地分配到社会需要的领域。也就是说，企业是市场经济活动的主角，政府已不再是市场经济活动的主角。因此，选择社会主义市场经济，使市场在资源配置中发挥基础性作用，就必须使企业成为独立的市场主体和利益主体，自主经营、自负盈亏、自担风险，也就是大家在改革初期提出的使企业成为独立的商品生产者和经营者。对于非国有企业来说做到这一点相对比较容易，尽管政府的行政干预至今还不少，需要下大力气逐步克服。而对于国有企业来说，就很不容易。改革开放 30 年的经验表明，国有企业从原来主管部门的附属物脱离出来，成为独立的市场主体，是一个脱胎换骨的改造。一方面，从企业来说，原来事事靠上级主管部门，照他们的指令办事，经济效益好坏不在乎，没有改善经营管理的积极性和主动性，没有活力。现在要转变为独立的市场主体，自主经营、自负盈亏，就必须努力适应市场，参与市场竞争，承担风险，搞得好，就能不断发展壮大，经营者和职工也能增加收益，否则就可能亏损甚至破产。市场机制像一条无情的鞭子，督促着企业不断改进技术和改善经营管理，向前再向前，永不停步，永不懈怠；另一方面，从政府和主管部门来说，原来是直接指挥各项微观经济活动，对企业的各种经济活动进行审批和下达指令。由于对企业往往多头管理，多龙治水，企业生产经营搞得好，各个部门争相把功劳记在自己名下，而一旦出了问题，则互相推诿，谁都不愿承担责任。推进市场化改革，最重要的就是要转变政府职能，实行政企分开、政资分开，政府不再干预企业的生产经营活动，一些原来主管企业的专业部门被撤销，政府公共管理职能和国有资产出资人职能分开。由于这样的改革触及不少行政管理部门及其官员的利益，因而改革往往受到这些部门的阻挠而困难重重。主管部门当惯了“婆婆”，一旦不能发号施令，很不适应。所以，国有企业要真正成为独立的市场主体，必须坚持政企分开、政资分开，必须有政府职能转换的配合，政府不再干预微观经济活动，政府职能转为从事经济调节、市场监管、社会管理和公共服务，即转变到主要为市场主体服务和创造良好发展环境上来。

三、国家的宏观调控主要是落实科学发展观，促进国民经济的平稳、较快发展

现代市场经济并不是完全放任由市场机制调节的，而是有国家宏观调控的。社会主义市场经济也是这样。党的十六大报告提出："要把促进经济增长，增加就业，稳定物价，保持国际收支平衡作为宏观调控的主要目标。"这是对改革开放以来我国宏观调控丰富经验的科学总结，是符合市场经济发展规律的。世界上许多市场经济国家，都是把上述四个方面作为国家宏观调控的主要目标。中外实践表明，在市场经济条件下，要处理好增长与稳定的关系，既要促进经济增长，又要保持经济稳定。从长远看，在经济稳定中实现经济增长，是最可取的也是最快速的。相反，如果片面追求经济快速增长，不重视经济稳定，不是在稳定中求增长，就很容易出现大起大落，而大起大落必然带来生产力的浪费和损失，从长远看因为走弯路而慢了。在前面四大目标中，前一个是促进经济增长，后面三个是保持经济稳定的内容，因此，可以把国家宏观调控概括为促进国民经济的平稳较快发展。中外经济发展实践表明，在经济稳定条件下，市场信号比较稳定、准确，市场有效配置资源的功能可以较好地发挥，从而有利于促进经济增长，实现较快发展。

在社会主义市场经济中，要搞好宏观调控，就要树立和认真落实科学发展观，实现全面、协调、可持续发展。这是我国发展社会主义市场经济经验的重要总结。科学发展观的基本内容是以人为本，促进全面协调可持续发展，做到五个统筹，即统筹城乡发展、统筹区域发展、统筹经济社会发展、统筹人与自然和谐发展、统筹国内发展和对外开放。统筹的实质是协调，五个统筹的实质是做到五个协调发展。做到五个统筹，就既能有效地保持经济稳定，又能不失时机地促进经济增长，从而实现国民经济的平稳较快发展。

四、科学评价市场经济活动效果，保证社会主义市场经济实现可持续发展

中国的社会主义市场经济，是政府主导型的市场经济，政府在市场经济中扮演着重要的角色。科学评价市场经济活动效果，难点不在企业，因为评价企业经济活动效果的主要指标或中心指标是利润和利润率，同时还要承担社会责任，这一点早已成为共识。真正困难的是在政府主要是地方

政府成为经济活动的重要角色时，如何评价地方政府及其官员的政绩。过去，人们一般用 GDP 即国内生产总值及其增长速度作为评价政府部门绩效的主要标准，年年评比排座次，GDP 增长率高的，政绩就优；GDP 增长率低的，政绩就差。结果各地互相攀比，各地全力以赴争取 GDP 的快速增长，而且都想争第一，你快了我要比你更快。因此人们形容这些地方政府是 GDP 政府。但是，多年的实践，特别是近几年的实践表明，这样做存在不少问题。把 GDP 增速作为评价政府政绩的唯一或最主要指标，必然忽视各项社会事业的发展，造成经济发展腿长社会发展腿短的不协调局面；其次，还会鼓励政府的短期行为，用粗放外延扩张的方式促进经济增长，影响经济的可持续发展；最后，还会促使有的政府官员造假。为了使我国社会主义市场经济的可持续发展，需要制定科学的评价体系。就全国或一个地区来说，首先是逐步改 GDP 增长单一指标为多方面指标，比如，联合国可持续发展委员会提出了四个方面的指标：（1）社会；（2）环境；（3）经济；（4）制度，对此我们可以借鉴。其次是将 GDP 指标逐步发展为绿色 GDP 指标或加上绿色 GDP 指标。还有就是加强对统计数字的核实，严肃查处作假者，增强统计信息的透明度和准确性。可见，寻找正确评价社会主义市场经济活动效果的指标体系，对于社会主义市场经济健康的可持续的发展，有非常重要的意义。2005 年，国家“十一五”发展规划纲要第一次把国民经济主要指标区分约束性指标和预期性指标，把 GDP 列为预期性指标，把节能减排、耕地保有量等列为约束性指标，是一次很有价值的探索与尝试。

五、依法规范市场经济活动，保障市场经济健康运行。现代市场经济是法治经济

中外经济实践证明，市场经济只有在法治轨道上运行，才能比较有效地发挥其积极作用，减轻因其自发调节带来的种种消极作用。社会主义市场经济也是法治经济。市场经济是竞争经济，实行公平竞争，以提高效率。这就必须对如何竞争进行规范，形成有效的竞争规则或游戏规则，如同体育比赛要遵循比赛的规则一样。可见，社会主义市场经济只有在法治轨道上运行，才能保证其健康发展。[①]

① 参见张卓元《试探社会主义市场经济的特点与若干规律》，《宏观经济研究》2004 年第 4 期。

有的经济学家则从企业的角度看市场经济的客观规律。指出，从改革开放以来的实践中，以及从国外企业兴衰成败的大量案例中，人们对市场经济客观规律的认识至少可包括下面所述的一些内容：（1）市场永远处于不断变化之中。（2）树立正确的风险意识。（3）贴近顾客是企业安身立命之本。（4）市场机遇时时处处都在。（5）把握好有形与无形价值、短期与长远利益的关系。（6）从“零和游戏”到“双赢”的竞争新格局。①

参考文献

1. 孙冶方：《社会主义经济的若干理论问题》，人民出版社1979年版。

2. 孙尚清、陈吉元、张卓元：《试评我国经济学界三十年来关于商品、价值问题的讨论》，《经济研究》1979年第10期。

3. 国家经济体制改革委员会综合规划司编：《中国改革大思路》，沈阳出版社1988年版。

4. 广东省“市场经济研究会”编辑组编：《社会主义初级阶段市场经济》，东北财经大学出版社1988年版。

5. 吴敬琏、刘吉瑞：《论竞争性市场体制》，中国财政经济出版社1991年版。

6. 江泽民：《加快改革开放和现代化建设步伐，夺取有中国特色社会主义事业的更大胜利——在中国共产党第十四次全国代表大会上的报告》（1992年10月12日）。

7. 《薛暮桥回忆录》，天津人民出版社1996年版。

8. 江泽民：《高举邓小平理论伟大旗帜，把建设有中国特色社会主义事业全面推向二十一世纪——在中国共产党第十五次全国代表大会上的报告》（1997年9月12日）。

9. 张卓元主编：《论争与发展：中国经济理论50年》，云南人民出版社1999年版。

10. 江泽民：《全面建设小康社会，开创中国特色社会主义事业新局面——在中国共产党第十六次全国代表大会上的报告》（2002年11月8日）。

11. 北京师范大学经济与资源管理研究所：《2003中国市场经济发展报告》，中国对外经济贸易出版社2003年版。

12. 逄锦聚主编：《政治经济学热点难点争鸣》，高等教育出版社2004年版。

13. 胡锦涛：《高举中国特色社会主义伟大旗帜　为夺取全面建设小康社会新胜利而奋斗——在中国共产党第十七次全国代表大会上的报告》（2007年10月15日）。

14. 吴敬琏：《呼唤法治的市场经济》，生活·读书·新知三联书店2007年版。

15. 张卓元主编：《中国经济学30年（1978—2008）》，中国社会科学出版社2008

① 参见潘承烈《市场经济客观规律初探》，《信息参考》1999年第60期（1999年7月15日）。

年版。

16. 彭森、陈立等：《中国经济体制改革重大事件（上、下）》，中国人民大学出版社 2008 年版。

（执笔人：张卓元，中国社会科学院经济研究所研究员）

第四章

所有制理论的突破和社会主义基本经济制度的确立

社会主义=公有制+计划经济+按劳分配，多少年来成为人们不变的信条。其中公有制是社会主义社会唯一的经济基础，而且公有制只限于全民所有制和集体所有制两种形式，也是不能有任何动摇的。20世纪50年代至“文化大革命”期间，上述信条还逐步发展到极端，公有制越大越公越好，搞“一大二公”和所有制升级，企图实现纯而又纯的公有制，赶尽杀绝一切私有制。但是，在实践中却被碰得头破血流，貌似先进的生产关系被落后的生产力拖住手脚，受到物资短缺、生活水平难以提高、经济缺少活力等的惩处。“文化大革命”结束后，特别是改革开放以后，经济学界和其他社会各界在反思中国经济不能很好起飞的原因中，找到了一个捆住中国生产力发展的大绳索，就是超越阶段的“一大二公”的所有制理论和政策，并逐步确立起公有制为主体、多种所有制经济共同发展的社会主义初级阶段的基本经济制度，在继续发展公有制经济的同时，允许和鼓励、引导个体、私营等非公有制经济的发展，从而大大解放了社会生产力，调动了各方面的积极因素加快推进社会主义现代化建设，经济迅速起飞并创造出让世人瞩目的“中国奇迹”。

以下是新中国成立60年来所有制理论的演变的简要回顾。

第一节 20世纪50年代对私有制的社会主义改造及此后至"文化大革命"中对私有制的鞭挞

中国1953—1956年对个体农业、手工业和私人资本主义工商业等生产资料私有制进行大规模的社会主义改造。1959年，人民出版社出版由薛暮桥、苏星、林子力等合著的《中国国民经济的社会主义改造》一书，是这方面研究的代表性成果。当时经济学界着重阐述中国的社会主义改造走的是从中国国情出发的独特道路，主要是引导个体农业、手工业走合作化道路，对私人资本主义工商业采取和平赎买的方针，因此在短短的几年取得了伟大的胜利。"文化大革命"后，有些经济学家以及其他各界人士认为20世纪50年代的社会主义改造也存在一些缺点和错误。对此，1981年6月党的十一届六中全会《关于建国以来党的若干历史问题的决议》说："这项工作中也有缺点和偏差。在一九五五年夏季以后，农业合作化以及对手工业和个体商业的改造要求过急，工作过粗，改变过快，形式也过于简单划一，以致在长期间遗留了一些问题。一九五六年资本主义工商业改造基本完成以后，对一部分原工商业者的使用和处理也不很适当。但整个来说，在一个几亿人口的大国中比较顺利地实现了如此复杂、困难和深刻的社会变革，促进了农业和整个国民经济的发展，这的确是伟大的历史性胜利。"

社会主义改造基本完成后至"文化大革命"结束前，经济论坛上的主流观点还是斯大林的教条，即认为社会主义公有制是社会主义社会的唯一的经济基础，社会主义公有制只包括全民所有制和集体所有制，全民所有制是高级形式，集体所有制是低级形式，随着社会生产力发展，集体所有制要向全民所有制过渡，形成全面的全民所有制。1958年农村人民公社化运动中，大刮"一平二调"的"共产风"，剥夺农民，否定等价交换原则，结果造成灾难性后果，严重破坏了社会生产力，农业生产大倒退。1959年起纠正上述错误做法，重新肯定发展商品生产、实行等价交换和按劳分配。但好景不长，1962年年底起，又提出"千万不要忘记阶级和阶级斗争"和以阶级斗争为纲，直至"文化大革命"，不断搞超越阶段的砍杀个体和私营经济，割资本主义尾巴。由于取消个体经济的做法在政策中占主流地位，到1977年，全国城镇个体工商业者仅剩下15万人。北京市1978年只剩下259户，上海也不过1.3万人。请看表4-1。

表 4－1　　**改革前我国城镇个体经济劳动者人数**　　单位：万人

年份	总计	其他个体工商业者					其他个体经营者
		工业	建筑业	运输业	商业饮食服务业	小计	
1952	883	360	83	56	318	817	66
1953	898	375	80	65	318	838	60
1954	742	342	86	50	209	687	55
1955	640	205	143	54	171	573	67
1962	216	49	4	8	71	132	84
1963	231	49	4	10	66	129	102
1964	227	48	5	10	58	121	106
1965	171	39	5	10	48	102	69
1971	81	21	3	6	24	54	27
1972	66	18	3	5	20	46	20
1973	51	15	3	4	16	38	13
1974	36	10	2	3	14	29	7
1975	24	6	2	2	12	22	2
1976	19	4	2	1	11	18	1
1977	15	3	1	1	9	14	1
1978	15	3	1	1	9	14	1

资料来源：张卓元、胡家勇、刘学敏：《论中国所有制改革》，江苏人民出版社 2001 年版，第 49—50 页。

至于私营经济，则到 1956 年社会主义改造基本完成后至改革开放前，不复存在。从统计数据看，1949 年，我国私营企业职工 296 万人，占职工总数的 36.5%；1952 年为 367 万人，占 22.8%；到 1957 年仅剩 2 万人，随后基本消失。1949 年，私营工业产值 68.3 亿元，占全国工业总产值的 48.8%；1952 年为 105.2 亿元，占 30.7%；1955 年为 72.7 亿元，占 13.2%；1957 年仅为 0.4 亿元。1957 年以后至 1978 年，私营企业的各项数据从统计资料中消失。

个体私营经济的逐步消灭不仅严重影响经济的发展，而且给居民生活带来一系列难题，坐车难、住房难、吃饭难、做衣难、购物难、修理难、洗澡难、理发难等一直困扰居民的日常生活。

第二节　改革开放前提出的一些有价值的观点

从20世纪50年代起，就有经济学家和政府领导人对社会主义社会所有制结构问题，进行客观的冷静的分析与研究，提出了一些与传统信条相左的论点与政策主张。

1956年三大改造基本完成后，陈云提出，在经济活动中，应允许一部分个体经营自由生产和自由市场作为补充。[①] 这在当时被认为是颇有新意的主张。

20世纪60年代初，当时主管农村工作的邓子恢，还有邓小平、陈云、田家英等，表示支持包产到户，以利于农业生产的发展。[②]

1958年农村人民公社化运动失败并带来三年经济严重困难后，在经济论坛上发表不少文章，从中国生产力仍很落后出发，论证了小集体经济存在的必然性，以及与此相联系的农民自由地、家庭副业和农村集市贸易存在的必然性，[③] 这就宣告"一大二公"和所谓向共产主义过渡的理论与政策的彻底破产。

孙冶方1961年提出社会主义制度下，生产资料的所有权同占有权、使用权和支配权是可以分离的，认为在全民所有制之下，"经营管理权问题应该代替所有制的地位而成为社会主义政治经济学所要研究的生产关系三个方面中的第一个方面"。"财经管理体制的中心问题是作为独立核算单位的企业的权力、责任和它们同国家的关系问题，也即是企业的经营管理权问题。"[④] 苏绍智等持有类似观点。苏绍智说，"生产资料所有权已经确定的限度内，所有权、占有权、支配权和使用权（企业的所有权和企业的经营管理权）又不是完全不可分的。在私有制的条件下，几个'权'可以分属于

① 参见陈云《社会主义改造基本完成以后的新问题》，《陈云文集》第3卷，人民出版社1995年版，第13页。

② 参见薄一波《若干重大决策与事件的回顾》下卷，中共中央党校出版社1993年版，第1078—1087页。

③ 参见亦农《三级所有、队为基础是我国农村人民公社现阶段的根本制度》，《经济研究》1961年第1期。

④ 参见孙冶方《关于全民所有制经济内部的财经体制问题》，《社会主义经济的若干理论问题》，人民出版社1979年版，第140页。

不同的阶级或个人；在公有制的条件下，可以分属于不同的单位或部门”。[①]朱剑农说，“在社会主义国家的国营企业中，凡由国家交给使用的生产资料，其所有权、占有权和支配权全属于国家。”“企业对国家交与使用的生产资料享有使用权。”[②]

骆耕漠于1959年提出“大全民”中有“小全民”的独特观点。他认为，“在社会主义阶段，全民所有制的生产资料和产品，在一定范围内和一定程度上，还包含局部全民所有的关系，即在‘大全民’所有之中还有‘小全民’所有的关系。”“这种大小全民的交叉关系，归根到底也是由于生产力发展水平还不够高和人们的共产主义觉悟还不够高。这两点使代表全民的国家，对于它的地方经济组织和各部门经济组织以及基层的企业单位，还必须适当利用物质利益去推动它们努力管好生产，好像国家必须适当利用‘按劳分配’原则（物质利益）去推动人们努力劳动一样。”[③]

骆耕漠1957年还提出集体所有制是“内公外私”的观点。他说：“集体所有制经济虽然是社会主义经济，但是毕竟是一伙人一伙人的公有，它们并不是全民所有——我认为甚至还可以这样说，那一伙一伙的集体公有制经济是‘内公外私’的，即它对内为公有，对国家就比全民所有制经济内部的企业和个人对国家还含有更多的‘私的残余’。”[④]

第三节 改革开放后从中国国情出发，确立社会主义初级阶段基本经济制度

新中国成立不久，我国在所有制关系上出现了超越阶段的冒进问题，在城市和农村都搞“一大二公”，非公有制经济一直被视为社会主义的异己力量，受到排斥，稍有露头，就会被当做“资本主义尾巴”割掉。在城市，更是几乎国有经济一统天下。1978年，全国城镇仅有15万个体工商业者，其经营范围被严格限制在修理、服务和手工业等少数几个行业中。

改革开放以来，人们逐渐认识到，中国的生产力发展水平远未达到可

① 参见苏绍智《试论生产资料的所有权、占有权、支配权和使用权》，《学术月刊》1962年第6期。

② 参见朱剑农《论社会主义时期生产资料的四权问题》，《学术月刊》1962年第12期。

③ 参见骆耕漠《关于从社会主义向共产主义过渡的问题》，《新建设》1959年第8期。

④ 参见骆耕漠《社会主义制度下的商品和价值问题》，科学出版社1957年版。

以实现全面公有化、消灭非公有制经济的程度。由于中国的经济还比较落后，需要多种所有制经济并存和发展，以便调动各方面力量，走出贫困、落后的状态。特别是20世纪70年代末80年代初，理论界提出了中国社会主义仍处于初级阶段即不发达阶段的论点，并且产生了重大社会影响。1981年，在邓小平主持起草的《关于建国以来党的若干历史问题的决议》中明确提出："我们的社会主义制度还是处于初级的阶段。"党的十三大系统地论述了社会主义初级阶段的理论，并逐渐成为人们的共识。这就使我们找到了一条在中国条件下建设社会主义现实可行的路子。

社会主义初级阶段理论的内涵是，中国从1956年社会主义改造基本完成到21世纪中叶基本实现现代化，仍然处于社会主义的初级阶段，这期间要经历一百年时间。中国原来是一个半殖民地半封建社会，人口多，底子薄，生产力水平低下，经济的商品化、市场化程度很低，人均国内生产总值居世界后列。根据世界银行经济考察团1980年对中国的考察报告，1952年中国的人均国民生产总值约合50美元，比印度还低，只相当于苏联1928年人均240美元的1/5多一点。[①] 即使经过60年的建设，这种生产力不够发达的状况还没有发生根本变化。2008年，我国人均国内生产总值仍然只有3000美元多一点，仍处于全世界的100位左右。至今13亿人口，仍然有7亿多人在农村。农业没有完全改变靠天吃饭的局面，劳动生产率低。一部分现代化工业，同大量落后于现代化水平的工业同时存在；一部分市场关系比较发达的城市，同落后的农村（在一定程度上是自给自足的自然经济）同时存在；少量具有先进水平的科学技术，同普遍的科技水平不高，文盲半文盲还占人口一定数量的状况，同时存在。这些都说明我国明显处于二元经济结构状态。2007年，农村贫困人口还有4320万人口（指人均年纯收入低于1067元者[②]），城市也有2000多万人处于贫困状态。我国人民虽已总体上达到小康生活水平，但仍不富裕。要基本上实现现代化，从现在起还需再努力奋斗40年。

社会主义初级阶段的主要矛盾，是人民群众日益增长的物质文化需要同落后的社会生产力之间的矛盾。初级阶段的基本任务，就是要以中国特

① 参见世界银行考察团《中国社会主义经济的发展》（1982年3月），中国财政经济出版社1983年版。

② 参见《领导决策信息》2008年第15期。

色社会主义理论为指导，坚持党的基本路线，以经济建设为中心，集中力量发展社会生产力，通过经济的社会化、商品化和市场化，逐步走向工业化、城市化和现代化。为了实现现代化这一宏伟目标，就要充分调动各方面积极性，大力发展生产力。一切符合“三个有利于”（指有利于发展社会主义社会的生产力，有利于增强社会主义国家的综合国力，有利于提高人民的生活水平）的非公有制经济都可以和应当利用来为实现现代化服务。因此，应当允许和鼓励非公有制包括个体、私营、外资经济在国家政策引导下发展，并依法监督、管理，以便动员更多的资金用于经济建设和社会建设，安排更多的劳动力就业，生产更多的产品，提供更多的服务，满足社会多方面的需要，推进现代化进程。

所以，从我国现阶段仍然处于社会主义初级阶段这一基本国情出发，必须在继续发展公有制经济的同时，允许和鼓励非公有制经济的发展，而原来追求公有制和国有制一统天下的想法和做法，必然破坏生产力，如像从 20 世纪 50 年代中期到 1976 年那样。

认识的提高和转变要求对原有政策做相应的调整。改革开放以后不久，党和政府就制定了以公有制为主体、多种经济成分共同发展的方针，允许和鼓励个体、私营、外资经济等非公有制经济的发展，并一再申明要长期坚持下去，确认非公有制经济是社会主义经济的必要的有益的补充。这样就逐步消除了前一段时间所有制结构不合理造成的对生产力的羁绊，调动了各方面的积极性，促进了生产的发展和人民生活水平的提高。

1997 年 9 月举行的党的十五大，将公有制为主体、多种所有制经济共同发展，进一步概括为我国社会主义初级阶段的一项基本经济制度。这意味着又一次较大的政策调整。因为既然是基本经济制度，就不只是一般的方针政策，更不是权宜之计，而是具有稳定性、长期性的制度安排。

从上述社会主义初级阶段基本经济制度规定出发，十五大报告对非公有制经济做出了一个新的具有重要指导意义的论断：“非公有制经济是我国社会主义市场经济的重要组成部分。”这个论断比过去一般提非公有制经济是社会主义经济的补充等提法更积极、更准确。为了实现现代化这一初级阶段的基本任务和宏伟目标，就要充分调动各方面积极性，大力发展生产力；就要把非公有制经济看成是社会主义市场经济的重要组成部分而不是一般的配角；就要使一切符合“三个有利于”的非公有制经济都很好地利用来为实现现代化服务。

以公有制为主体多种所有制经济共同发展，包括三方面的含义：（1）公有制为主体；（2）国有经济控制国民经济命脉的重要行业和关键领域，对国民经济发挥主导作用；（3）多种所有制经济长期共同发展。我国是社会主义国家，必须以公有制为主体，不能走私有化道路即全面恢复私有制，这是坚定不移的。

所谓以公有制为主体，最根本的就是公有资产在社会总资产中占优势或者说是公有资本在社会总资本中占优势，国有经济控制国民经济命脉，对经济发展起主导作用。

以公有制为主体，是社会主义市场经济的重要特征。为什么要以公有制为主体？这是因为，以公有制为主体有利于调动广大职工和劳动者的积极性，有利于广大群众的共同致富，从而有利于社会生产力的解放和发展。所以，坚持以公有制为主体，是符合生产力标准的。

在社会主义市场经济中，公有制不等于国有制，公有制经济不仅包括国有经济和集体经济、合作经济，还包括混合所有制经济中的国有成分和集体成分。30 年来，不仅国有经济和集体经济、合作经济有了明显的壮大和发展，混合所有制经济中的公有成分同样也有了明显的壮大和发展。这是改革开放取得的成果。

第四节　努力寻找能同市场经济相结合的公有制实现形式

中国的经济体制改革是以市场为取向的，改革的目标是建立社会主义市场经济体制。要发展和完善以公有制为主体的社会主义基本经济制度，就要解决公有制同市场经济相适应的问题，对传统的社会主义公有制进行改革。因为政企不分的国有制是不能适应社会主义市场经济的，任务就在于努力寻找能够促进生产力发展、适应社会主义市场经济的国有制和公有制的实现形式，并按照发展社会主义市场经济的要求，进一步调整和完善所有制结构。

改革开放初期，就有经济学家倡导发展股份制经济，并努力寻找能同市场经济相结合的公有制和国有制的实现形式。20 世纪 80 年代初，有经济学家提出，随着改革的推进，公有制将不只限于全民所有制和集体所有制两种形式，“社会主义公有制目前出现许多形式”，“我们应该根据实际经济生活中的变化来重新研究社会主义生产资料所有制的理论，而不能用现成的理论去套实际生活中的复杂情况”。[①]

有的经济学家还提出社会主义所有制多样性概念，指出，在不发达的社会主义社会，公有制还不是“一刀切”和“清一色”，而是一个多样性的复合结构，是一个以全民所有制为主导，由集体所有制、联合所有制和其他公有制形式组成的，公有化程度由高到低的多层次、多阶梯的占有关系体系。这种公有制的复杂性是同生产力的不平衡与多层次相适应的。它从社会主义商品性再生产的运动中来考察各种占有关系的组合、交错和互相渗透，来进一步分析和揭示社会主义公有制的十分丰富的具体形态。[②]

20世纪80年代中期起，中国社会经济生活中开始发展股份制经济。这是一种混合所有制经济。其中，大量的公有成分控股的股份制经济，应看成是公有制的一种形式，经济学家对此争议不大。20世纪80年代末特别是90年代，各地还出现各种各样的股份合作制经济。一般认为，股份合作制经济具有不同程度的公有性，其中以劳动者的劳动和资本联合为主的股份合作制，是公有制的一种新形式。

1987年，国家经济体制改革委员会委托中国社会科学院、中共中央党校、北京大学等单位研究提出的中期（1988—1995年）改革规划报告中，几乎都提出了从当时的承包制向股份制过渡的建议，指出由于承包制并未从根本上改变传统国有企业产权制度中的先天性弱点，因而企业改革必须朝产权关系重组的方向即股份制的方向发展。北京大学课题组还具体提出了过渡的办法：对已承包的企业采取“先包后股”的过渡方式，对尚未承包的企业采取一边股一边包的方式或“先股后包”，对新建企业一律采取股份制的企业组织形式。[③]

党的十五大报告对寻找公有制实现形式方面有重大突破。报告提出，公有制实现形式可以而且应当多样化。一切反映社会化生产规律的经营方式和组织形式都可以大胆利用。要努力寻找能够极大促进生产力发展的公有制实现形式。股份制是一种现代企业的资本组织形式，有利于所有权和经营权的分离，有利于提高企业和资本的运作效率，资本主义可以用，社

① 参见何伟《社会主义公有制应当有多种形式》，《人民日报》1984年12月31日。

② 参见刘诗白《社会主义所有制结构》，《中国社会主义经济理论的回顾与展望》，经济日报出版社1986年版。

③ 参见国家体改委综合规划司编《中国改革大思路》，沈阳出版社1988年版。

会主义也可以用。不能笼统地说股份制是公有还是私有，关键看控股权掌握在谁手中。国家和集体控股，具有明显的公有性，有利于扩大公有资本的支配范围，增强公有制的主体作用。十五大报告的这一论述，具有重要的指导意义。十五大之后，有的文章列举改革开放以来除国有制和集体所有制外，提出和实践的公有制的新的实现形式有：股份合作制、社团所有制、租赁、委托经营、地方社团所有制、公有制控股的股份有限公司、乡镇村组所有制等。①

2003 年，党的十六届三中全会《关于完善社会主义市场经济体制若干问题的决定》，又进一步提出股份制是公有制主要实现形式的论断。指出，“要适应经济市场化不断发展的趋势，进一步增强公有制经济的活力，大力发展国有资本、集体资本和非公有资本等参股的混合所有制经济，实现投资主体多元化，使股份制成为公有制的主要实现形式”。一些经济学家认为，公有制实现形式多样化，股份制是公有制主要实现形式，说明我们已找到了公有制同市场经济相结合的正确途径，社会主义市场经济论的立论更为充分更为坚实了。

股份制经济的发展，混合所有制经济的发展，既是社会主义市场经济发展的客观要求，也表明经济主体和市场主体的多元化是不可避免的，除国有等公有制市场主体外，还应包括非公有制经济主体和市场主体。这些市场主体在社会主义市场经济中各显神通，平等竞争，相互促进。正如党的十七大报告指出的那样，今后坚持和完善基本经济制度，应致力于形成各种所有制经济平等竞争、相互促进的新格局。

在推进农村改革发展家庭联产承包责任制过程中，一大批乡镇企业异军突起，就业人数目前已达 1 亿人以上。各种形式的合作经济组织也有相当的发展。无论是像原来乡镇企业那样的集体经济还是合作经济，都是公有制的有机组成部分。在社会主义市场经济条件下，必须发展多种形式的集体经济、合作经济。

我国集体经济（如乡镇企业）存在产权不够清晰的问题。经过多年来以明晰产权为重点的改革，已取得重大进展。苏南乡镇企业从 1997 年起进行两次改制，改制面高达 80%，使所有制结构出现了较大变化。以无锡市

① 参见魏杰《公有制的多种实现形式：理论根据与观念创新》，载王珏主编《劳者有其股——所有制改革与中国经济论坛》，广西人民出版社 1997 年版。

为例，2005 年无锡市工业总产值所有制结构为：国有企业占 5.4%，集体企业占 12.1%，股份合作制企业占 7.4%，股份制企业占 22.8%，“三资”企业占 29.2%，个体经营占 1.0%，私营企业和联营企业占 22.1%。这说明，改革后集体企业仍占一定比重，股份制企业、股份合作制企业、私营企业和联营企业则迅速发展起来了。改革促进了生产的发展和农民收入水平的提高。无锡市农村居民人均纯收入 2004 年为 7115 元，2005 年为 8004 元，高于全国平均水平。[①]

要不断提高农民收入水平，离不开农民专业合作组织。各种农民专业合作组织对提高农民组织化程度、降低交易费用、提高农民市场谈判地位、增强应对自然与市场风险能力、提高规模效益等方面，有着重要意义和作用。从 20 世纪 80 年代末以来逐步发展起来的各种农民专业合作组织的实践说明了这一点。据统计，截至 2008 年年底，我国有农民专业合作社 11.09 万户。其中，山西省的合作社户数最多，为 1.28 万户；江苏省的成员出资额和成员数最多。[②] 今后，要进一步发展各类农民专业合作组织，以推进社会主义新农村建设，促进农民收入的增长。

最后，还要讲一讲发展混合所有制经济的问题。1993 年，党的十四届三中全会《关于建立社会主义市场经济体制若干问题的决定》提出：随着产权的流动和重组，财产混合所有的经济单位越来越多，将会形成新的财产所有结构。1997 年，党的十五大报告提出：公有制实现形式可以而且应当多样化。股份制是现代企业的一种资本组织形式，有利于所有权和经营权的分离，有利于提高企业和资本的运作效率，资本主义可以用，社会主义也可以用。2002 年，党的十六大报告提出：除极少数必须由国家独资经营的企业外，积极推行股份制，发展混合所有制经济。党的十七大报告进一步提出，要以现代产权制度为基础，健全现代企业制度，发展混合所有制经济。改革开放以来，特别是进入 21 世纪以来，国有经济继续发展，总资产和净资产都在不断增加。与此同时，集体经济、合作经济和个体私营等非公有制经济也在迅速发展，利用外资数量不小。我国实施允许国内民间资本和外资参与国有企业改组改革的政策，使国有资本和各类非国有资

① 参见范从来、孙覃玥《新苏南模式所有制结构的共同富裕效应》，《南京大学学报》2007 年第 2 期。

② 参见《领导决策信息》第 663 期（2009 年 5 月 4 日）。

本相互渗透和融合，以股份制为主要形式的混合所有制经济迅速发展起来。有资料显示，近几年，除个体户外，大量新建企业都为股份制企业。有的经济学家估计，以股份制为主体的混合所有制经济将越来越在国民经济中起着举足轻重的作用，1999 年，以股份制为主体的混合所有制经济占我国总体经济的 33% 左右，将来这个比重将更高。① 混合所有制经济的发展，也表明我国公有制特别是国有制找到了一个同市场经济相结合的形式和途径。

第五节　改革开放后大力发展个体私营等非公有制经济的理论与实践

改革开放后，中国经济学界在所有制理论方面有一系列重大突破。首先在所有制结构方面，认为在中国生产力发展水平不高仍处于社会主义初级阶段的条件下，必须允许个体经营等非公有制经济的存在和发展。我国著名经济学家薛暮桥早在 1979 年就针对当时全国城镇待业人员已达 2000 多万人，影响社会安定的实际情况，勇敢地提出发展多种经济成分、广开就业门路的重要建议。明确提出："在目前，留一点资本主义的尾巴，可能利多害少。""我们现在还不可能使资本主义绝种，有一点也没有什么可怕。"② 他是在我国改革开放后最早倡导发展多种经济成分的经济学家。

有的经济学家也说，"由于我国现有生产力的不平衡性，就需要在所有制结构上保持多层次性或多元性和它相适应：不仅要有占领导地位的全民所有制和占优势的各种社会主义所有制成分，而且还要保留某些个体私有制和国家资本主义成分作为补充。"同时，"由于提倡不同所有制成分之间的各种形式的联合经营，我国的所有制结构将会出现十分错综复杂的局面。"③

与此同时，党和政府也一次又一次地颁布鼓励个体经济发展的文件。1980 年 8 月，中共中央《关于转发劳动就业工作会议文件的通知》中指出："允许个体劳动者从事法律许可范围内的不剥削他人的个体劳动。这种个体经济是社会主义公有制经济的不可缺少的补充，在今后一个相当长的历史

① 参见迟福林《中国改革进入新阶段》，中国经济出版社 2003 年版。

② 参见《薛暮桥回忆录》，天津人民出版社 1996 年版。

③ 参见王永江、杜一《试论我国现阶段生产资料所有制的结构》，《天津师范学报》1980 年第 5 期。

时期内都将发挥积极作用，应当适当发展。”1981 年 7 月，国务院发布了《关于城镇非农业个体经济若干政策性规定》，指出：“应当认真扶持城镇非农业个体经济的发展，在资金、货源、场地、税收和市场管理等问题上给予支持和方便”。1982 年 12 月，第五届全国人大第五次会议把发展和保护个体经济写入《中华人民共和国宪法》：“在法律规定范围内的城乡劳动者个体经济，是社会主义公有制经济的补充。国家保护个体经济的合法的权利和利益。”随着鼓励个体经济文件的不断出台，个体经济的地位得到确认和提高，个体经济迅速发展起来。

随着个体经济的迅速发展，怎样认识和对待私营经济的问题被提出来了。农村雇工经营在 1981 年前后兴起。据原国务院农村发展研究中心 1984 年组织的对全国农区 36667 户的调查，私人雇请 6 个月以上长工的共 203 户，平均每户雇长工 4.1 个，其中雇工 8 人以上的 25 户，这 25 户中，雇工年收入 541 元，雇主年收入 9920 元。对雇工问题，理论界出现了几种观点。第一种观点认为，它具有资本主义雇佣劳工的性质。第二种观点认为，这是属于商品经济的一种形式，属于社会主义经济体系。第三种观点认为，雇工经营在公有制下具有不确定性和可塑性，可鼓励发展。第四种观点认为，这是属于国家资本主义范围。第五种观点认为，雇工经营其本质是资本主义，但在我国，要具体分析，不宜“一刀切”。[①] 这期间，中央的方针是不争论，看一看。邓小平对全国闻名的“傻子瓜子”年广九的致富，他指出：“我说不能动，一动人们就会说政策变了，得不偿失。”[②]

1992 年年初，邓小平在南方谈话中，提出了著名的“三个有利于”原则，大大打开了人们的眼界，有力地促进了私营经济和外资经济的发展，私营经济在国民经济中的作用逐步增大。1997 年，党的十五大报告明确提出：“公有制为主体、多种所有制经济共同发展，是我国社会主义初级阶段的一项基本经济制度”。“非公有制经济是我国社会主义市场经济的重要组成部分。”1999 年 3 月，《中华人民共和国宪法修正案》规定：“国家在社会主义初级阶段，坚持公有制为主体、多种所有制经济共同发展的基本经济制度。”“在法律规定范围内的个体经济、私营经济等非公有制经济，是

① 参见彭森、陈立等《中国经济体制改革重大事件（上）》，中国人民大学出版社 2008 年版，第 182—184 页。

② 《邓小平文选》第三卷，人民出版社 1993 年版，第 371 页。

社会主义市场经济的重要组成部分。”

改革开放30年的实践证明，允许个体、私营等非公有制经济的发展，确认个体、私营等非公有制经济是社会主义市场经济的有机组成部分，社会主义基本经济制度的确立，大大解放了社会生产力，个体、私营等非公有制经济已经成为国民经济的新的生长点，成为吸收就业的主渠道。

表4－2是改革开放以后个体、私营经济大发展的生动写照。

表4－2　　　　1990年以来我国个体私营经济发展变化表

年份	数量（万家）		从业人数（万人）		注册资金（亿元）		营业额（亿元）	
	私营	个体	私营	个体	私营	个体	私营	个体
1990	9.8	1328.3	170	2092.8	95	397.4		
1991	10.7	1416.8	184	2258	123	488.2		
1992	13.9	1533.9	232	2467.7	221.2	600.9	113.6	2238.9
1995	65.5	2528.5	956	4613.6	2621.7	1813.1	1499.2	8972.5
2000	176.2	2571.4	2406.5	5070	13307.7	3315.3	9884.1	19855.5
2002	243	2377	3409	4743	24756	3782	14369	20834
2005	430	2464	4714	5506	61475	5809	30373.6	26239.6
2006	497.4	2576	6395.5	7500	75000	6517	34959	25489.5
2007	551.3	2741.5	7253	5496				
2008	657.4			13700	117400			

资料来源：《〈中共中央关于完善社会主义市场经济体制若干问题的决定〉辅导读本》，人民出版社2003年版，第40—44页；《十七大报告辅导读本》，人民出版社2007年版，第173页；《中华工商时报》2009年2月24日。

随着社会主义市场经济的发展，个体私营等非公有制经济将继续快速发展，其占GDP的比重将进一步提高。

个体、私营经济对我国社会主义市场经济的发展有积极作用。

第一，促进了国民经济的快速增长。改革开放以来，我国国民经济以年均9.8%的速度增长，而个体、私营经济的年均增速都达到了10%以上，成为支撑整个国民经济快速发展的重要因素。由于个体、私营经济的高速发展，它们对国内生产总值的贡献率已从1979年不到1%增长到2006年的30%以上。规模以上私营工业企业实现销售收入从2000年的4792亿元，增加到2005年的44107亿元，5年间增长了8.21倍，年均增长55.9%。私营工业实现销售收入占全部工业的比重从 2000 年的 5.7%，提高到 2005 年的 18%。规模以上私营工业企业完成增加值从 2000 年的 1319 亿元，增加到 2005 年的 11807 亿元，占全部工业增加值的比重，从 2000 年的 5.2% 提高到 2005 年的 17.8%。[①] 2006 年，私营企业户数和注册资本数在第一、第二、第三产业中的比重为 1.96∶33.34∶64.7 和 1.83∶37.48∶60.7。[②]这说明私营企业对第三和第二产业发展贡献较大。部分沿海地区，非公有制经济已成为经济增长的关键性因素。如浙江省 2002 年非公有制经济增加值、纳税额和出口总额分别占全省的 47%、40.6% 和 79%。

第二，扩大了社会就业，近期更发展为新增就业岗位的主渠道。到 2008 年，全国个体私营企业从业人员 1.37 亿人。国家统计局发布报告显示，城镇非公有制单位就业人员比例从 1978 年的 0.2% 增加到 2007 年的 75.7%。20 世纪 90 年代以来，中国个体、私营企业每年净增工作岗位 420 万个，占城镇每年新增就业岗位的 58.7%，[③] 成为新增就业岗位的主渠道。非公有制经济的发展还促进了农村富余劳动力的转移，加快了我国工业化和城市化进程。一般估计，未来工业化、城市化过程中从农村转移出来的上亿个劳动力，主要将通过发展个体、私营等非公有制经济来吸收他们就业。

第三，带动了一批新兴产业发展，其中突出地表现在第三产业特别是民营科技企业迅速发展上面。民营科技企业大多数由科技人员创办，实行“资金自筹，自愿组合，自主经营，自负盈亏”，不受行政管理体制束缚，以市场为导向，按市场原则运行，主要从事技术开发、技术转让、技术咨询、技术服务和科技成果产业化活动。改革开放特别是 1992 年以来，民营科技企业实现技工贸总收入和上缴税金平均以 30% 左右的速度增长。改革开放以来，我国技术创新的 70%、国内发明专利的 65% 和新产品的 80% 来自以私营企业为主的中小企业。我国有超过 15 万家民营科技企业。在 53 个国家级高新技术开发区企业中，民营科技企业占 70% 以上。个体私营经济已经成为我国国民经济中一个显著的亮点。

---

① 参见中华全国工商业联合会课题组《中国民营经济的三大历史性变化》，《经济理论与经济管理》2007 年第 3 期。

② 参见北京师范大学经济与资源管理研究所《2008 中国市场经济发展报告》，北京师范大学出版社 2008 年版，第 31 页。

③ 参见《北京日报》2008 年 11 月 4 日。

第四，推进了所有制结构的调整和优化。个体、私营等非公有制经济的发展，改变了公有制一统天下、整个国民经济缺少活力的局面，促进了各种所有制经济的共同发展，促进了混合所有制经济的发展。非公有制经济的发展，为社会主义市场经济创造了一个多元市场主体互相竞争、充满活力的体制环境，并且成为产业结构调整和提高竞争力的直接动力，也促进了国有和集体经济的资产重组和企业机制转换。私营企业在其发展过程中也向现代企业制度方向发展（见表4－3）。

表4－3　　**私营企业组织形式比例变化**　　单位:%

年份	独资企业	合伙企业	有限责任公司	其他	合计
1993	63.8	16	16.5	3.7	100
1995	55.8	15.7	28.5	0	100
2002	28.7	5.7	65.6	0	100
2004	22.5	7.4	62.9	7.2	100

资料来源：参见中华全国工商业联合会课题组《中国民营经济的三大历史性变化》，《经济理论与经济管理》2007年第3期。

非公有制经济的发展有力地促进了基本经济制度的完善。个体、私营经济活跃的地方，商品、劳动力、资本、技术等市场发育较快，促进了市场竞争的开展、市场规则的建立和市场体系的发展。与此同时，也推动了国有企业适应市场，参与市场竞争。

党的十七大报告提出，毫不动摇地鼓励、支持、引导非公有制经济发展，坚持平等保护物权，形成各种所有制经济平等竞争、相互促进新格局。《物权法》公布后，平等保护物权已无法律障碍，相对来说比较容易落实。比较困难的是形成各种所有制经济平等竞争的条件，消除对个体私营等非公有制经济的歧视、设置门槛限制市场准入等，需要进一步解决。

当前非公有制经济发展仍然存在一些体制性、政策性等制约因素。

首先，观念和认识还跟不上。由于长期传统观念的影响，有些同志总认为非公有制经济是同社会主义经济相矛盾、相排斥的，看不到在社会主义市场经济条件下，公有制经济同非公有制经济不但是互相渗透的，而且是可以互相促进、共同发展的，因而在行动上采取限制、压抑非公有制经济的措施，影响了非公有制经济的顺利发展。

其次，歧视性法规和政策尚未完全消除。个体、私营等非公有制经济同公有制经济一样，也是社会主义市场经济的重要组成部分。但是，在政策方面，如在市场准入、企业融资、土地使用等方面，常出现限制较多、审批手续繁杂、待遇不公平等问题。

最后，政府管理不适应非公有制经济发展的需要。不少政府部门仍习惯于以公有制经济为主要服务对象，尚未真正做到进行社会公共管理，即要面对全社会各类所有制企业而且一视同仁。还有一些政府部门，有时还沿用计划经济体制下的管理方式，直接干预企业的生产经营活动，甚至下达指标任务，以检查收费代替服务和监督，而对市场监管、为各类企业创造公平竞争的环境等做得很不到位。

针对以上情况，为大力发展和积极引导个体、私营等非公有制经济，必须着力做好以下几方面的工作：

第一，进一步解放思想，切实转变观念。发展非公有制经济，是坚持和完善基本经济制度的要求。因此，要改变过去所谓公有制是高级所有制，私有制是低级所有制的错误观念，摒弃所有制“唯成分论”，以生产力为标准，对于现阶段有利于社会生产力发展的非公有制经济，应毫不动摇地鼓励、支持和引导其快速、健康发展。这几年的实践充分证明，哪个地区非公有制经济发展较快，哪个地区的经济就比较活跃，发展迅速。我国中西部许多地区经济发展不够快，重要原因之一，是人们的思想观念不够解放，非公有制经济发展不够快，导致市场活力不足，发展速度存在差距。

第二，完善有关法律法规。有关促进非公有制经济发展的各种具体配套措施已基本制定完成，需尽快出台。国防科工委已发布《非公有经济参与国防科技工业建设指南》，规定非公有制企业可以参与的具体领域是：军工基础设施建设投资，国防基础科研项目、军工配套科研项目，军工企业的改组改制，采取多种方式与军工企业合作，参与军民两用高技术开发及其产业化发展。①

第三，改变歧视政策，实现公平竞争。首先要放宽市场准入，允许非公有资本进入基础设施、公用事业以及法律法规未禁止进入的行业和领域。凡是鼓励和允许外资进入的领域，均应鼓励和允许民间资本进入。2005 年 2 月，国务院下发了《关于鼓励支持和引导个体私营等非公有制经济发展的

① 参见《上海证券报》2007 年 8 月 7 日。

若干意见》（共36条），对非公有制经济进入许多重要领域和垄断行业做出了明确的规定，旨在为非公有制经济的发展创造公平竞争的环境。接着，2007年3月全国人大十届五次会议通过了《物权法》，《物权法》规定：国家实行社会主义市场经济，保障一切市场主体的平等法律地位和发展权利。国家、集体、私人的物权和其他权利人的物权受法律保护，任何单位和个人不得侵犯。平等保护物权，是由我国社会主义市场经济的特点决定的。市场经济要求市场主体享有相同的权利、遵循相同的规则、承担相同的责任。坚持平等保护物权，特别是像保护国家、集体的物权那样平等保护私人物权，有助于完善我国平等竞争、优胜劣汰的市场环境，有助于完善现代产权制度和现代企业制度。坚持平等保护物权，是各种所有制经济平等竞争、相互促进的基础。现在在市场准入方面仍然存在“玻璃门”，看起来墙是拆了，可以进去了，实际上进不去，还有一层玻璃门挡着。改革投资体制，改变对非公有制经济投资的歧视性政策，减少审批环节，降低行政性收费，个体私营经济不再靠一个个送红包过审批关口。对于国家支持和鼓励发展的产业，民间投资项目应实行登记备案制。鼓励和引导民间资本参与国有企业的改组、改革，参与西部大开发和东北地区等老工业基地振兴。非公有制企业在税收、投融资、土地使用、人才招聘和对外贸易等方面，应与其他企业享受同等待遇。当前比较突出的是融资困难。今后需大力发展多种所有制形式和多种经营形式的中小金融机构，更好地为非公有制中小企业服务。大银行也要多放小额贷款，做好零售服务。有关部门需采取更有力措施，妥善解决非公有制企业融资难问题。

第四，转变政府职能，改进政府对非公有制企业的服务和监督管理。政府对非公有制企业，首先要做好服务，然后才是依法进行监督管理。要进一步改善政策服务环境，真正做到把银行贴息如国债贴息改造、风险基金使用、改制上市等支持公有制企业发展的政策，同样运用于非公有制企业。鼓励和支持非公有制企业通过同国有企业、集体企业、外资企业的合资合作，以及兼并、收购等做强做大，形成若干个有自主知识产权和品牌、国际竞争力强的大公司、大企业集团。建立和完善服务体系。建立面向中小企业的服务体系，为个体私营企业及时提供资金、技术、信息和法律等方面的服务。扩大中小企业的直接融资渠道。通过宣传教育，引导个体私营企业爱国、敬业、诚信、守法。引导个体私营企业在产业结构调整、西部大开发、城市化以及开拓国际市场等方面积极发挥作用。引导、支持非公有制企业加大科技投入，加快技术改造，大力支持建立研发机构和博士后工作站等。

参考文献

1. 江泽民：《高举邓小平理论伟大旗帜，把建设有中国特色社会主义事业全面推向二十一世纪——在中国共产党第十五次全国代表大会上的报告》（1997 年 9 月 12 日）。

2. 胡锦涛：《高举中国特色社会主义伟大旗帜为夺取全面建设小康社会新胜利而奋斗——在中国共产党第十七次全国代表大会上的报告》（2007 年 10 月 15 日）。

3. 《薛暮桥回忆录》，天津人民出版社 1996 年版。

4. 迟福林：《中国改革进入新阶段》，中国经济出版社 2003 年版。

5. 《国务院关于鼓励支持和引导个体私营等非公有制经济发展的若干意见》（2005 年 2 月 24 日）。

6. 北京师范大学经济与资源管理研究所：《2005 中国市场经济发展报告》，中国商务出版社 2005 年版。

7. 中华全国工商业联合会课题组：《中国民营经济的三大历史性变化》，《经济理论与经济管理》2007 年第 3 期。

8. 《十七大报告辅导读本》，人民出版社 2007 年版。

9. 张卓元主编：《中国经济学 30 年（1978—2008）》，中国社会科学出版社 2008 年版。

10. 彭森、陈立等：《中国经济体制改革重大事件（上）》，中国人民大学出版社 2008 年版。

（执笔人：张卓元，中国社会科学院经济研究所研究员）

第五章

企业制度演进和国有企业改革理论研究

新中国成立以后，随着20世纪50年代中期社会主义改造基本完成，我国开始实行传统的计划经济体制。在这一体制下，除农村外，全国几乎是国有企业一统天下，城镇集体企业实际上是地方国有企业。这些国有企业并不是真正意义上的具有独立经济利益的市场主体和法人实体，而是它们的上级行政主管部门的附属物和算盘珠，按照国家的指令性计划进行生产和经营，利润全部或几乎全部上交，职工工资由主管部门统一规定，企业吃国家的"大锅饭"，职工捧国家的"铁饭碗"，干多干少一个样，干好干坏一个样，严重束缚了企业和职工的积极性和创造性。这种情况一直延续至1978年。这期间，经济学界对改进企业制度和管理也进行了不少的研讨，提出了不少有价值的见解，但因总的经济体制没有改变，这些有价值见解很难付诸实施，甚至受到批判。

1978年年底实行改革开放以后，国有企业改革是从扩大企业自主权开始的。党的十一届三中全会公报指出："现在我国经济管理体制的一个严重缺点是权力过于集中，应该有领导地大胆下放，让地方和工农业企业在国家统一计划的指导下有更多的经营管理自主权。"在这前后，经济学界则从理论上论证国有企业在社会主义制度下也应是独立的商品生产者和经营者，是经济利益主体。蒋一苇提出了著名的"企业本位论"[①]，有的经济学家提出"两权即所有权和经营权分离"理论、"承包制"理论等。随着市场取向改革的深化，人们发现，光是放权让利没有约束机制会导致短期行为和造

① 参见蒋一苇《企业本位论》，《中国社会科学》1980年第1期。

成国有资产流失。一些经济学家提出了股份制、现代公司制的改革道路。1993 年，党的十四届三中全会发布《中共中央关于建立社会主义市场经济体制若干问题的决定》，明确国有企业改革的方向是建立现代企业制度。围绕着建立现代企业制度改革，经济学家深入研究了股份制理论、垄断与竞争理论、市场主体平等竞争理论等。与此同时，个体、私营等非公有制企业大量发展，大量私营企业也像公有制企业一样面临向现代企业转型问题。从此，企业理论创新站到了一个新的高度。可以预期，随着企业改革的进一步深化和制度创新的不断完善，企业理论也不断向前推进。

下面，让我们考察一下新中国成立 60 年企业理论是怎样主要随着企业体制的改进、管理的加强，特别是 1978 年以后国有企业改革的深入开展、实践经验的积累而不断有所创新的，而创新的企业理论又是怎样有力地推动国有等各类企业改革的深化并将指导今后新体制如何逐步完善的。

第一节　改革开放前关于企业体制与管理的研讨

改革开放前这方面的研讨还是比较多的，现择其要者进行评述。

一、关于扩大企业的自主权问题

在传统的计划经济体制下，企业是没有多少经营管理权的。这种情况引起一些经济学家的怀疑。高尚全发表文章提出，经过他实地调查，认为企业自主权过小，主管机关集权过多、过细存在许多弊端：一是给国家造成很大的人力、财力浪费。不仅造成企业来京办事人员多、中央对企业的统计报表多，还层层扩大组织机构，增加人员编制。二是限制了企业的积极性和主动性，使潜力不能充分发挥。三是助长中央机关的官僚主义、文牍主义和事务主义。①

提出更有创新见解的是孙冶方。1961 年，他在一篇研究报告中鲜明地提出，在资金价值量简单再生产范围内的事，是属于企业的小权，国家不要去管。他说，“财经体制的核心问题是企业的经营管理权问题；大权小权的界限，管而不死、活而不乱的界限，首先是扩大再生产和简单再生产的界限”。“我认为财经体制中的‘大权’和‘小权’、‘死’和‘活’的界限

① 参见高尚全《企业要有一定的自主权》，《人民日报》1956 年 12 月 6 日。

就是扩大再生产的界限。属于扩大再生产范围以内的事是国家‘大权’，国家必须严格管理，不管或管而不严就会乱；属于简单再生产范围以内的事是企业应该自己管的‘小权’，国家多加干涉就会管死。”现行体制存在以下缺点：“第一，国家代替企业管理了企业自己应该负责通盘筹划的，简单再生产范围以内的事情。”“第二，由于企业对固定资产（特别是对设备）的更新没有责任，没有通盘打算，把属于固定资产更新范围的（即简单再生产范围以内的）基本建设和大修理机械地分开，妨碍了技术进步。”“第三，由于国家多管了原来应该由千万个独立核算企业自己操心的简单再生产范围以内的事情，结果是使自己陷于日常事务圈子里，反而放松了属于国家长远建设方面的重大规划，即扩大再生产范围以内的事情和国民经济的平衡工作”。①

可惜的是，孙冶方的上述颇有新意的观点，还没有很好研讨，不久就被当做修正主义观点大加批判。

二、企业强化管理是否就是“管、卡、压”

20世纪60年代初，国民经济实行“调整、巩固、充实、提高”的方针。为贯彻这一方针，整顿企业秩序，中共中央于1961年9月颁布了《国营工业企业工作条例（草案）》即著名的《工业七十条》。著名经济学家马洪是重要起草人。②《工业七十条》对国家与企业之间的关系概括为五定五保。五定是：由国家定产品方案和生产规模，定人员和机构，定主要原材料消耗定额和供应来源，定国家资产和流动资金，定协作关系。企业对国家五保是：保证产品的品种、质量、数量，保证不超过工资总额，保证完成成本计划，保证完成上缴利润，保证主要设备的使用年限。《工业七十条》还规定了以厂长为首的全厂统一的生产行政指挥系统的运行规则和职责等。③ 对此，“文化大革命”前夕和“文化大革命”期间都被斥为是对工人阶级的“管、卡、压”，“工业七十条”被当做修正主义的企业管理纲领进行批判。

---

① 参见孙冶方《关于全民所有制经济内部的财经体制问题》，《社会主义经济的若干理论问题》，人民出版社1979年版，第140—144页。

② 参见薄一波《若干重大决策与事件回顾》，书中说：“参加起草条例的主要执笔人有马洪、梅行、廖季立、董峰、张沛等同志。”中共中央党校出版社1993年版，第954页。

③ 参见戎文佐、吴冬梅《企业理论》，载张卓元主编《论争与发展：中国经济理论50年》，云南人民出版社1999年版，第189页。

与此相联系，在20世纪50年代末60年代初“大跃进”期间，掀起过一个大破规章制度的高潮，许多必要的规章制度都被废除了，带来了许多严重的后果。对此，有的经济学家提出，合理的规章制度是必要的，每个企业都必须建立规章制度，并根据发展了的客观情况来检验和改革各种不合理的规章制度。“合理的规章制度也就是科学的规章制度。它一般应该符合三条标准：（1）正确反映社会主义工业企业的性质，符合企业管理的基本原则；（2）正确反映生产的客观规律，合乎工作的实际需要；（3）通俗易懂、条理清楚、概念明确、手续简便。其中前两条是基本标准，后一条是具体标准。对于合理的规章制度，必须严格遵守。”①

1969年4月，在从事飞机生产的401厂出了由于废除检查制度而产生严重质量事故后，周恩来总理立即发表谈话，指出，“有些人要把一切制度砸烂，这是极‘左’思潮”；对质量检验制度“不是逐步恢复，而是应当马上恢复”；“改革不合理的规章制度，合理的还是要保留，一概取消是不符合毛泽东思想的，是不尊重科学的。”

三、关于改革设备管理制度问题

1963年，孙冶方写了《固定资产管理制度和社会主义再生产问题》研究报告，力主改革现行设备管理制度，指出，“我们现在在企业管理制度上的最大缺点恰恰就在于国家对于新的投资控制过松，而对于不需要国家新投资，只要通过技术改造、设备更新来实现的扩大再生产又控制过严，把同样属于原有固定资产更新范围以内的重建、大修理、技术革新措施等不同的更新办法，分裂为烦复的不同的制度，由企业和不同主管机关分类掌握。这就大大限制了技术进步和生产力的发展，限制了企业的积极性和首创精神。”他建议，承认无形损耗，提高折旧率，缩短折旧年限，以促进技术进步；把原有资金范围内的生产，包括固定资产（主要是技术设备）的更新工作交给企业去做，大修理并不一定比重置、重建合算，应交由企业自己决定。②“文化大革命”以后，1979年，孙冶方又写了一篇文章，题目叫《从必须改革“复制古董、冻结技术进步”的设备管理制度谈起》，刊登

① 参见戎文佐《企业管理的基本原则与基本制度》，轻工业出版社1960年版，第73—76页。

② 参见孙冶方《固定资产管理制度和社会主义再生产问题》，《社会主义经济的若干理论问题》，人民出版社1979年版。

在《红旗》1979 年第 6 期，重申了他的上述观点。

四、关于利润指标在企业经济核算中的地位问题

孙冶方是最早提出和主张以利润作为评价企业业绩好坏的中心指标的经济学家。1957 年，他发表文章说："在企业核算的各项指标中，应该有一个指标能作为中心指标，抓住这个指标，就能带动其他一切指标的核算。这个指标不能是总产值净产值指标，也不是产量、品种或其他任何指标，而只能是'利润'指标。利润是企业经营好坏的最集中的表现。"① 1963 年，他进一步指出，"社会平均资金利润率是每个企业必须达到的水平，超过平均资金利润率水平的就是先进企业，达不到这水平的就是落后企业。"② 沈经农持有相同观点。他说，中心的、统帅的指标只能是一个，而不是两个或更多，否则就无所谓中心了。经济核算体系的中心指标，就是利润指标。③

与上述观点相类似，有的文章认为成本、利润可作为评价企业经济效果的主要指标，两者并重。因为，产品成本是产品劳动消耗的最重要的组成部分。产品成本的高低在相当程度上直接反映生产产品劳动消耗的高低，它是企业技术经济活动的综合指标。利润指标，它反映了成本高低的因素，又反映了成本所不能反映的其他指标对经济效果的影响。两者都是综合性指标，应该并重。④

以上可见，在改革开放前，经济学界对企业的自主权、经济核算、经营管理等问题展开了很有意义的研讨，提出了不少有创新价值的观点，并对经济活动产生了一定的好的影响。

第二节　改革开放后国有企业改革的重大进展和现代企业理论创新

国有企业改革，是中国经济体制改革过程中最困难和争议最多最大的

① 参见孙冶方《从"总产值"谈起》，《统计工作》1957 年第 13 期。

② 参见孙冶方《社会主义计划经济管理体制中的利润指标》，《社会主义经济的若干理论问题》，人民出版社 1979 年版，第 265 页。

③ 参见沈经农《关于社会主义企业经济核算的几个问题》，《光明日报》1962 年 5 月 28 日。

④ 参见杨润瑞、李勋《试论工业企业的经济核算》，《人民日报》1962 年 7 月 19 日。

改革。中国国有企业改革从 1978 年开始，特别是在 20 世纪 90 年代初确立现代企业制度为改革方向后取得实质性重大进展，尽管还有一些攻坚任务，但国有企业改革最困难的时期已经过去。今后国有企业改革总的说是进一步深化和完善新体制，基本完成国有经济布局和结构的战略性调整任务，国有大中型企业基本实现公司制股份制改革，国有资本管理体制基本完善，使国有经济在国民经济中的主导作用更好地发挥出来，推动社会主义市场经济健康发展。

改革开放一开始，理论界就对国有企业的性质和地位展开讨论。1979 年年初，在首都经济学界对工业管理体制改革的讨论中，有三种不同意见。第一种认为当前的问题，并不是国家集中太多，而是国家集中不够。第二种认为当前的问题，的确是集中过多，但主要是中央集中过多，应当把权力下放到地方，让一个省或一个市有独立自主权管企业。第三种认为当前的根本问题是企业缺乏自主权，不能发挥主动积极性。在讨论中，蒋一苇提出了著名的企业本位论。他认为，过去的经济体制是按"国家本位"来建立的。它是把全国作为一个单一的经济组织，中央和地方政府作为这个单一而庞大经济组织内部的上层机构，对其直属的分支机构进行直接的指挥。他主张的"企业本位论"与"国家本位论"完全不同，主张以企业为基本经济单位，让企业在国家统一领导和监督下，实行"独立经营、独立核算"。企业是现代经济的基本单位，是一个能动的有机体，应当具有独立的经济利益，这种经济利益也就是促进企业发展的动力。国家对企业的管理要采取经济手段和实行经济立法等。蒋一苇的"企业本位论"是符合中国社会主义市场经济的改革方向的，得到许多经济学家和经济工作者的赞同，对此后企业改革产生了重大影响。

与"企业本位论"相呼应，有的经济学家提出了企业从算盘珠转变为能自动调节的经济组织的理论。认为必须改变企业依靠行政机关从外部推动，推一推，动一动，不推则不动的状况，使社会主义企业"自动化"。所谓企业自动化就是企业时时刻刻发挥主动性，努力发展社会主义生产、满足整个社会及其成员的需要。[①] 这一主张，同当时相当流行的认为企业应是

① 参见周叔莲、吴敬琏、汪海波《价值规律和社会主义企业自动调节》，《经济研究》1979 年第 9 期。

独立的商品生产者和经营者的观点是一致的。

在企业理论创新的推动下，中国国企改革逐步展开了。

从 1978 年年底开始的国有企业改革，可以分为两大阶段，第一阶段是从1978—1992 年，主要是放权让利，探索两权分离。第二阶段是 1993 年起到现在，明确以建立现代企业制度为方向，不断深化改革、完善新体制。

1978 年 10 月，四川省宁江机床厂等 6 个企业进行了扩大企业自主权的试点，确定企业在增收基础上，可以提取一些利润留成，职工可以得到一定的奖金。允许国有企业从事国家指令性计划之外的生产，允许出口企业保留部分外汇收入自主支配。1983 年开始，向政府上缴利润由利润所得税替代。1984 年 10 月，党的十二届三中全会作出了关于经济体制改革的决定，确认社会主义经济是有计划的商品经济。按照发展社会主义有计划的商品经济的要求，决定提出今后应全面推进以增强企业活力，特别是增强国有大中型企业活力为中心、以城市为重点的经济体制改革。国有企业改革的目标是：要使企业真正成为相对独立的经济实体，成为自主经营、自负盈亏的社会主义商品生产者和经营者，具有自我改造和自我发展能力，成为具有一定权利和义务的法人。按照这一目标，国有企业改革转向实行“两权分离”，即国家的所有权与企业的经营权分离。1986 年 12 月，国务院提出，要推行多种形式的经营承包责任制，给经营者以充分的经营自主权。1987 年，大中型企业普遍推行企业承包经营责任制。到 1987 年年底，全国预算内企业的承包面达 78%，大中型企业达 80%。1990 年，第一轮承包到期的预算内工业企业有 3.3 万多户，占承包企业总数的 90%。接着又开始第二轮承包。

从扩大经营自主权到承包制的放权让利改革，使企业开始有了一定的活力。但是，承包制也有重大缺陷，承包制“一对一”谈判强化了政企不分，承包制只有激励没有约束，所有权和经营权分离了，但所有权不能约束经营权。经营者滥用经营自主权谋取私利或小集体利益，造成“内部人控制”和短期行为，以致普遍出现企业承包一轮，国有资产流失一轮，富了和尚穷了庙，后果严重。实践告诉我们，国有企业改革不能以承包制为方向，必须以建立现代企业制度为方向，实行制度创新。有许多经济学家对承包制进行质疑，认为承包制不能解决政企不分问题，不能使不同企业进行平等竞争，并导致企业短期行为，主张国有大中型企业应建立现代企业制度，取代承包制。① 有的则提出对国有大中型企业进行股份制改造。②

1992 年，党的十四大确立社会主义市场经济体制为中国经济体制改革的目标模式。1993 年 11 月，党的十四届三中全会作出了《中共中央关于建立社会主义市场经济体制若干问题的决定》，第一次明确提出国有企业改革的方向是建立现代企业制度，并指出现代企业制度的特征是：产权清晰、权责明确、政企分开、管理科学。从此，中国国企改革进入制度创新阶段。

由于承包制不能促进国有企业适应市场经济的发展，还带来国有资产的流失，使许多国有企业包括大中型企业陷于困境。1997 年，党和政府提出帮助国有企业脱困的任务，其目标是，从 1998 年起，用三年左右的时间，使大多数国有大中型亏损企业摆脱困境，力争到 20 世纪末大多数国有大中型骨干企业初步建立现代企业制度。到 2000 年年底，这一目标已基本实现。1997 年年底，国有及国有控股大中型工业企业为 16874 户，其中亏损的为 6599 户，占 39.1%。到 2000 年，亏损户减为 1800 户，减少近 3/4。1997—2000 年国有大中型工业企业脱困，用去银行呆坏账准备金 1500 亿元以上，技改贴息 200 亿元左右，债转股金额 4050 亿元。③ 在帮助国有大中型企业脱困的同时，进行了现代企业制度试点，逐步推行公司制股份制改革，努力使国有或国有控股企业成为适应社会主义市场经济发展的市场主体和法人实体。

经过多年的努力，我国国有企业股份制公司制改革已取得巨大进展。首先，到 2005 年年底，国家统计局统计的国家重点企业中的 2524 家国有及国有控股企业，已有 1331 家改制为多元股东的股份制企业，改制面为 52.7%。国有中小企业改制面已达 80% 以上，其中县属企业改制面最大，一些已达 90% 以上。2008 年，全国仍有 4651 户国有企业改制为公司（另有 2724 户集体企业改制为公司）。④ 其次，作为国有企业主干的中央企业，到 2007 年，已有宝钢集团有限责任公司等 19 家企业按照《公司法》转制，开展董事会试点，共选派了 66 名外部董事，有 14 家试点企业的外部董事达到或超过了董事会成员的半数，实现了企业决策层与执行层分开，改善了公

① 参见吴敬琏等《大中型企业改革：建立现代企业制度》，天津人民出版社 1993 年版。

② 参见厉以宁《所有制改革和股份企业管理》，《中国经济体制改革》1986 年第 12 期、1987 年第 1—2 期。

③ 参见张卓元《新世纪新阶段中国经济改革》，经济管理出版社 2004 年版，第 169 页。

④ 参见《中华工商时报》2009 年 2 月 25 日。

司法人治理结构。再次，中央企业所属子企业的股份制公司制企业户数比重，已由2002年年底的30.4%提高到2006年的64.2%。中央企业通过市场化方式选用的各级经营管理人才约占总数的30%。最后，上市公司股权分置改革基本完成，这是近几年改革取得的重大进展。截至2006年年底，全国除国有金融机构控股的上市公司外，801家国有控股上市公司已有785家完成或启动股改程序，占98%。在改革过程中，大量企业实行资产重组，有不少企业关闭破产。截至2008年年中，全国国有工商企业共实施政策性关闭破产项目5000户，安置人员1000万人。截至2007年年底，全国共有1299家国有大中型企业实施主辅分离辅业改制，分流安置富余人员233.8万人。[①]

公司治理在现代企业制度中处于核心地位。公司治理理论早在20世纪90年代初期就在我国经济学界中展开讨论。1999年，党的十四届五中全会决定指出，公司法人治理结构是公司制的核心。要明确股东会、董事会、监事会和经理层的职责，形成各负其责、协调运转、有效制衡的公司法人治理结构。改革实践表明，国有大中型企业公司制改革最重要的环节是建立和完善公司法人治理结构。经济学家们指出，公司治理的本质是解决由所有权和控制权相分离而产生的委托代理关系问题，即股东会、董事会和经理层的关系问题；在中国还有一个“新三会”（即股东会、董事会和监事会）和“老三会”（即党委会、工会和职工代表大会）的关系问题。董事会在公司治理中处于特别重要的地位。鉴于我国国有企业很容易出现“内部人控制”，特别需要重视和健全董事会制度。董事会是由股东会或股东大会选举产生的。董事会受股东会委托，向股东会负责，对公司的发展目标和重大经营活动做出决策，并聘任经营者实施。有关股东会、董事会、监事会和经理层的关系，已由《公司法》[②] 明确界定，成为健全公司治理的准则。有的经济学家，还研究和比较了国外的理论和做法，以便进一步完善我国公司治理。[③]

今后，我国还要继续推进国有大中型企业的公司制股份制改革。在这

① 参见《经济日报》2008年8月28日。

② 《中华人民共和国公司法》已于1993年12月29日第八届全国人大常务委员会第五次会议通过。2005年10月27日，第十届全国人大常务委员会第十八次会议对其修订，修订后的《公司法》自2006年1月10日起施行。

③ 参见何家成《公司治理结构、机制与效率》，经济科学出版社2004年版。

方面，中央企业的任务特别紧迫。中央企业是中国国有企业的主干，到2007年，只有19家进行了公司制改革，成立了国有独资公司，成立了董事会，总共只有6家企业进行了股份制改革，实现了股权多元化，绝大部分企业还有待进行公司制股份制改革。中外资料表明，股权多元化公司比国有独资企业绩效好得多，有人计算过，2004年，中国国有独资公司销售利润率为6.12%，而其他有限责任公司销售利润率为6.67%，股份有限公司销售利润率为9.38%。所以，今后应重点推进中央企业公司制股份制改革，积极引入战略投资者或者整体上市，实现投资主体多元化，重要的企业由国家控股，在此基础上改善法人治理结构，提高竞争力。

第三节　国有经济的定位和国有经济布局与结构的战略性调整

在社会主义市场经济条件下，国有经济的地位和作用应如何确定？这在经济学家中有不同的认识和讨论。比较一致的认识是：现阶段国有经济在国民经济中应发挥主导作用；国有经济应控制关系国民经济命脉的重要行业和关键领域，并逐步从一般竞争性行业中退出；国有经济应更多关注社会效益突出的领域；国有经济应同非国有经济优势互补，平等竞争，相互促进，共同发展，等等。根据以上认识，在国有企业改革过程中，要着力从整体上搞好国有经济，而不是企求把每一个国有企业都搞好。

多年的国有企业改革实践告诉我们，要想把数以十万计的国有企业每个都搞好是不可能的。大量的在一般竞争性行业从事生产经营的国有中小企业没有优势，竞争力低下。针对这一情况，1997年党的十五大报告，1999年党的十五届四中全会《关于国有企业改革和发展若干重大问题的决定》，提出了从战略上调整国有经济的布局和结构的任务和抓大放中小的方针，要求从整体上搞好国有经济，发挥国有经济的主导作用。国有经济主要控制关系国民经济命脉的重要行业和关键领域，包括涉及国家安全的行业、自然垄断的行业、提供重要公共产品和服务的行业，以及支柱产业和高新技术产业中的重要骨干企业。抓好大型企业，放开搞活大量中小企业。

自那以后，经过十年的努力，调整国有经济布局和结构的任务已取得实质性进展。国有经济和国有资本逐步向关系国民经济命脉的重要行业和关键领域集中，向大企业集中，而从一般竞争性行业中逐步退出，开始改变国有企业量多面广和过于分散的状况。1998 年，全国国有工商企业共有 23.8 万户，而到 2007 年，国有企业户数减少至 11.5 万户，减少了一半多。1997 年，全国国有工商企业实现利润 800 亿元，而到 2007 年，全国国有企业实现利润达 1.62 万亿元，增长了近 20 倍。其中，中央企业实现利润 9968.5 亿元，上缴税金 8308.2 亿元。2008 年，由于受国际金融危机和国内经济回调的影响，国有企业利润总额有所减少，为 9419 亿元，其中中央企业利润为 6652.9 亿元。[①] 2008 年，《财富》全球 500 强中中国有 35 家，其中内地企业 26 家，这些企业绝大部分为国有控股企业。2008 年，有 19 家中央企业进入世界 500 强。[②] 经过多年的国有经济布局的调整，到 2008 年，中央企业 82.8% 的资产集中在石油石化、电力、国防、通信、运输、矿业、冶金、机械八大行业。据统计，中央企业承担着我国几乎全部的石油、天然气和乙烯生产，提供了全部的基础电信服务和大部分增值服务，发电量约占全国的 55%，民航运输总周转量占全国的 82%，水运货物周转量占全国的 89%，汽车产量占全国的 48%，生产的高附加值钢材约占全国的 60%，生产的水电设备占全国的 70%，火电设备占 75%。[③]

表 5－1 是 1998 年以来中国国有工商企业改革发展的情况简表。

表 5－1　　1998—2008 年中国国有工商企业改革发展若干经济指标

指标 \ 年份	1998	2003	2004	2005	2006	2007	2008
国有企业户数（万户）	23.8	14.6	13.6	12.6	11.9	11.5	
销售收入（亿元）	64685	100161	120722	140727	162000	180000	
利润总额（亿元）	800（1997）	4852	7364	9190	12000	16200	9419
销售利润率（%）	0.3	3.0	6.1	6.8	7.4	9.0	

① 参见《经济参考报》2009 年 5 月 7 日。

② 参见《广州日报》2008 年 7 月 11 日。

③ 参见《经济参考报》2008 年 8 月 26 日。

续表

年份 指标	1998	2003	2004	2005	2006	2007	2008
上缴税金（亿元）		8140		10075	14000	15700	
职工人数（万人）	6394	3067	3660	3209			
中央企业数（户）		196			157	150	143
中央企业利润总额（亿元）		3006	4877. 2	6377	7681. 5	9968. 5	6652. 9
中央企业上缴税金（亿元）		3563	4655. 2	5779. 9	6822. 5	8308. 2	9914

资料来源：张卓元、郑海航主编：《中国国有企业改革30年回顾与展望》，人民出版社2008年版，第5页；《经济参考报》2009年5月7日；《人民日报》2009年6月30日。

中国国有企业经过多年改革和制度创新，不但走出了困境，而且成为具有较高劳动生产率、较强盈利能力和竞争力的市场主体，国有经济也不断向能发挥自己优势的重要行业和领域集中，向大企业集中，并且站稳了脚跟，成为我国社会主义市场经济的一支骨干力量，主导着国民经济的发展。这说明党关于推进国有企业改革的方针是正确的。下面几组数字充分证明，国有企业的效益和竞争力已有明显提高。2005年，全国国有及国有控股工业企业在全国工业企业中的比重，户数仅占11%，但销售收入占35%，实现利润占45%，上缴税金占57%。2007年1—11月，全国规模以上工业企业中，国有及国有控股企业实现利润9662亿元，比上年同期增长29. 6%，超过同期集体企业利润的增幅（25. 2%），接近股份制企业利润的增幅（35. 1%）。[①] 2008中国企业500强排行榜名单中，国有及国有控股企业共331户，占66. 2%；实现年营业收入18. 2万亿元，占500强企业收入的83. 1%。2008年中国制造业企业500强中，国有及国有控股企业共229家，占45. 8%，实现营业收入8. 38万亿元，占62. 9%。2008年中国服务业

① 参见《证券时报》2007年12月28日。

企业500强中，国有及国有控股企业278家，占55.6%，实现营业收入7.95万亿元，占86.6%。[①] 但是，我们也要冷静地看到，国有企业改革、国有经济布局和结构调整，仍然面临一些改革攻坚任务，有待在2010年或2020年前完成。

当前我国国有企业数量仍然太多，达10万个左右，主要是地方中小企业太多，它们仍然大量活动在一般竞争性领域，很难发挥国有企业的优势，需要继续进行资产重组等推进国有经济布局和结构的战略性调整。中央企业资产重组任务也未完成。2003年，国务院国资委成立以来，已有许多中央企业进行了重组，企业数已从196家减少到2007年年初的157家，2008年年底进一步减为143家。一般认为，国有企业在投资大、建设周期长、规模效益显著、社会效益突出的领域有优势。因此，今后调整国有经济的布局和结构，就要进一步推动国有资本向关系国家安全和国民经济命脉的重要行业和关键领域集中，向大企业集中，加快形成一批拥有自主知识产权和国际知名品牌、国际竞争力较强的优势企业，而从一般竞争性行业逐步退出；把大多数国有中小企业放开搞活；到2008年，长期积累的一批资不抵债、扭亏无望的国有企业政策性关闭破产任务基本完成；到2010年，国务院国资委履行出资人职责的企业调整和重组至80—100户。

有人认为，国有中央企业将来要减少至100家，太少了，甚至认为会影响公有制的主体地位。这是不必要的担忧。2006年，中央企业虽然只有157户，但拥有下属企业共达16373户，销售收入达82939.7亿元，利润总额7681.5亿元，上缴税金6822.5亿元，增加值24637.7亿元，占全国GDP的近12%。特别是，中央企业控制着关系国民经济命脉的重要行业和关键领域，在国民经济中起举足轻重的作用。这里说的一是指中央企业，不包括地方企业；二是指工商企业，没有包括金融企业。如果加上国有地方企业和国有金融企业，国有经济在全国GDP的比重将占30%多，国有经济继续发挥着主导作用。如果再加上其他公有制经济，加上国有自然资源资产、非经营性资产等，公有资产占优势是没有问题的，公有制的主体地位并没有因为深化国企改革、调整国有经济的布局和结构而受到影响。

① 参见中国企业联合会、中国企业家协会课题组《中国企业500强分析》，《经济要参》2009年第22期。

第四节 引入竞争机制和加强政府监管——国有特大型垄断企业改革的必然选择

垄断行业是中国国有经济最集中和控制力最强的领域。垄断行业中的主要大型骨干企业，几乎都是国有企业，都是中央企业。随着改革的深化，垄断行业改革已成为今后国有企业改革的重点，并引起经济学界的广泛关注与讨论。①

根据2007年党的十七大报告的精神，深化垄断行业改革，重点是实行政企分开、政资分开，引入竞争机制，包括引入战略投资者或新的厂商（市场主体），同时加强政府监管和社会监督，以提高资源配置效率，并有效保护消费者利益。

进入21世纪以后，我国垄断行业改革逐步开展，但发展不平衡，总的说攻坚任务尚未完成。根据深化改革的部署，今后，需要根据各个垄断行业改革进程，分类推进或深化改革。一类是已经实行政企分开、政资分开和进行初步分拆、引入竞争机制的电力、电信、民航、石油等行业，要完善改革措施，深化改革。比如，放开市场准入，引进新的厂商参与市场竞争。特别是大量非自然垄断性业务，应开放市场，允许国内民间资本和外资进入竞争，以提高效率。如电力部门应实行厂网分开、发电厂竞价上网，电信运营商开展竞争，允许民营资本投资经营航空公司（2008年已有7家民营航空公司领取运营牌照），放开成品油市场等。即使是自然垄断性业务，有的也可以通过特许经营权公开拍卖（如自来水生产和供应、污水处理等），使其具有一定的竞争性并增进效率。2006年，酝酿了八年之久的邮政改革开始启动，已初步实现政企分开和政资分开，这项改革仍需不断完善。另一类是尚未进行实质性体制改革的铁道、某些城市的公用事业等，则要积极推进政企分开、政资分开、政事分开改革。铁路投融资体制改革已开始进行，铁路建设、运输、运输设备制造和多元经营等领域已向国内非公有资本开放。但整个铁路行业的政企、政资分开尚待进行。党的十七

① 参见王俊豪等《中国自然垄断经营产品管制价格形成机制研究》，中国经济出版社2002年版；王俊豪、周小梅《中国自然垄断产业民营化改革与政府管制政策》，经济管理出版社2004年版；仇保兴、王俊豪《中国市政公用事业监管体制研究》，中国社会科学出版社2006年版。

大报告在谈到加快行政管理体制改革时，提出要探索实行职能有机统一的大部门制。如果铁道部门政企、政资不分开，统一的交通运输部就很难建立起来。

国内外的经验表明，垄断行业引入竞争机制必须同政府加强监管与社会监督相结合，既要加强对安全、环保、普遍服务等监管，也要加强对价格的监管，包括实行价格听证制度等，以维护公众的正当权益。一些国家在20世纪私有化浪潮中，把大量原来国有的垄断企业私有化。但实践表明，私有化有很大的局限性，垄断行业私有化带来许多负面效应，如破坏环境、损害公众利益、引发大的事故（如大面积停电）等。因此，垄断行业引入市场机制，必须逐步进行，并同加强政府监管和社会监督相结合。

有的经济学家建议，下一步垄断行业改革要推进“四化”即运营环境商业化、市场竞争公平化、投资主体多元化、政府监管科学化。[①]

目前公众对不少垄断行业职工收入畸高、为维护自身既得利益构筑较高的进入壁垒、收费高服务差效率低等问题意见颇大，说明垄断行业改革是一场真正的攻坚战。近几年垄断行业改革进展得不够顺利的实践表明，垄断行业改革必须有党和政府的强力推动，既要大胆引进市场机制，打破既得利益者人为设置的种种壁垒和“玻璃门”，又要逐步完善监管体系，以便稳步推进和深化我国垄断行业改革。

有的经济学家对深化垄断行业改革不那么赞成和支持，他们怕这一改革的深化，会影响国有经济的地位和主导作用，这种看法不利于国有企业改革的深化，也不利于优化资源配置，并将损害公众的利益。经济学家们在研究中指出，垄断有三大类，第一类叫自然垄断，它是以输送网络系统的存在为基础以及与此相适应的规模经济性和范围经济性所决定的。与自由竞争能促进效率提高不同，网络性自然垄断业务由一家经营比多家厂商竞争更有效率。这就要加强政府监管和社会监督，以保护消费者。第二类叫行政垄断，指滥用行政权力限制竞争，这是要明确反对和禁止的。第三类叫经济垄断，包括企业之间搞价格同盟、企业从事企图垄断市场的并购等，这也应予限制和禁止。[②] 可喜的是，在各方推动下，《中华人民共和国

① 参见常修泽《中国经济体制改革三十年：进展、经验及未来趋势》，《港澳经济年鉴》(2008)，港澳经济年鉴社2008年版，第355页。

② 参见《十六大报告辅导读本》，人民出版社2002年版，第178—179页。

反垄断法》于2007年8月30日由全国人大常务委员会通过并已颁布，从2008年8月1日起施行。反垄断法规定了三种垄断行为，即经营者达成垄断协议；经营者滥用市场支配地位；具有或者可能具有排除、限制竞争效果的经营者集中。反垄断法规定，对于关系国民经济命脉的行业，国家对其经营者合法经营活动予以保护，同时，禁止经营者借控制地位损害消费者利益。可以认为，反垄断的创新研究取得的共识，已开始纳入反垄断法中。而在反垄断法规范下，我国垄断行业和企业的改革，将在健康的轨道上快速推进。

第五节　国有资产管理体制改革和理论创新

在中国国有企业改革过程中，特别是在实行“两权分离”和承包制过程中，普遍出现所有者缺位或不到位的“内部人控制”现象，从而引发经济界和经济学界关于国有资产或国有资本管理体制问题的研究与讨论。

国有企业所有者缺位，原因是多个部门分割行使出资人职能，“五龙治水”（计委管立项、经委管运行、财政部管财产登记、组织人事部门管干部任免、劳动部门管工资），但无人对国有资产保值增值负责。1994年实行分税制后，地方财政投入形成的国有资产笼统地归中央所有也不合理。进入21世纪后，不少学者撰文建议，改变原来统一所有、分级管理的制度，实行分级所有、分级管理，管资产和管人、管事相结合，并主张从庞大的国有工商企业经营性资产管理体制改革入手。

大家知道，我国有庞大的国有资产。据会计决算统计，截至2000年年底，我国国有资产总量共计98859.2亿元，其中经营性国有资产总量为68612.6亿元，占69.4%；非经营性国有资产总量为30246.6亿元，占30.6%。情况如表5-2所示。

表5-2　　2000年全国国有资产总量和结构　　单位：亿元、%

项　目	全国合计	中央小计	比重	地方小计	比重
合计	98859.2	47938.2	48.5	50921	51.5
一、经营性国有资产	68612.6	40768.5	59.4	27844.1	40.6
（一）一般工商企业	57554.4	30690.4	53.3	26864	46.7
（二）金融保险企业	8303.9	7467.6	89.9	836.3	10.1

续表

项　目	全国合计	中央小计	比重	地方小计	比重
（三）境外企业	1195.7	1051.9	88.0	143.8	12.0
（四）各类建设基金	1558.6	1558.6	100	—	—
二、非经营性国有资产	30246.6	7169.7	23.7	23076.9	76.3
（一）行政事业单位	21653.7	4349.4	20.1	17304.3	79.9
（二）基本建设单位	8592.9	2820.3	32.8	5772.6	67.2

资料来源：《经济日报》2001 年 7 月 26 日。

在国有资产总量中，需要特别关注国有工商企业的经营性资产。这部分资产从 1998 年以来增长很快，情况如表 5－3 所示。

表 5－3　国有及国有控股的非金融类企业总资产和净资产　单位：亿元

年份	资产总额	净资产	中央企业总资产	中央企业净资产
1998	134780	50371		
2000	160068	57976		
2003	199971	70991	83280	36000
2004	215602	76763		
2005	242560	87387		
2006	290000	122000	122000	53900
2007	355000		148000	
2008			177000	

资料来源：《中国经济时报》2007 年 12 月 24 日；《经济日报》2008 年 12 月 11 日；《人民日报》2009 年 6 月 30 日。

2002 年党的十六大明确了改革国有资产管理体制的方针。这就是：在坚持国家所有的前提下，充分发挥中央和地方的积极性。国家要制定法律法规，建立中央政府和地方政府分别代表国家履行出资人职责，享有所有者权益，权利、义务和责任相统一，管资产和管人、管事相结合的国有资产管理体制。关系国民经济命脉和国家安全的大型国有企业、基础设施和重要自然资源等，由中央政府代表国家履行出资人职责。其他国有资产由地方政府代表国家履行出资人职责。从那以后，我国国有资产管理体制改革已取得显著成效。首先，组建机构，继国务院国资委于 2003 年成立后，到 2004 年 6 月，全国 31 个省（自治区、直辖市）和新疆生产建设兵团国资委全部成立，目前地（市）级国有资产监管机构组建工作基本完成。与此同时，制定了《企业国有资产监督管理暂行条例》和与此相配套的规章。经过 14 年艰难起草的《中华人民共和国企业国有资产法》已于 2007 年 12 月列入全国人大常委会议程，并于 2008 年 10 月 28 日第十一届全国人民代表大会常务委员会第五次会议通过，自 2009 年 5 月 1 日起施行。其次，强化出资人监管，抓财务监督和风险控制，开展了国有独资公司建立董事会试点工作，公开招聘中央企业高级经营管理者［到 2008 年已先后在 100 家（次）中央企业的 103 个高级管理职位面向全社会公开招聘[①]］，核定中央企业主业以提高企业核心竞争力等。再次，推进国有大中型企业公司制股份制改革，完善公司法人治理结构，2003 年以来，在香港特区、纽约、新加坡等境外资本市场上市的中央企业控股的上市公司达 78 户。[②] 与此同时，规范国有企业改制和产权转让，国有产权交易普遍进入产权交易市场公开操作，避免了国有资产的大量流失。实践表明，十六大以来国有资产管理体制改革，有效地推进了国有企业改革的深化和国有经济的迅速发展与主导作用的发挥。

一些经济学家提出，根据这几年国有资产管理体制改革的经验，今后要坚持政企分开、政资分开，进一步完善国有资产管理体制。国资委主要履行出资人职责，尽可能减少不属于出资人该做的工作，维护企业作为市场主体依法享有的各项权利，坚持所有权与经营权分离，充分尊重企业的经营自主权和法人财产权。要促进企业体制创新和管理创新，完善公司法人治理结构，鼓励和支持发展一批有国际竞争力的大企业集团。要探索国有资本有效的经营形式，提高资本的营运效率。要尽快制定和明确对国有自然资源资产、金融资产、非经营性资产的监管制度。从 2002 年十六大以来，已过去六年多，这件事情不能久拖不决。

经国务院批准，财政部于 2007 年年底会同国资委发布了《中央企业国有资本收益收取管理办法》，规定中央企业应上缴利润的比例，区别不同行业，分三类执行。第一类为烟草、石油石化、电力、电信、煤炭等具有资

① 参见《经济日报》2008 年 12 月 11 日。

② 参见《上海证券报》2008 年 8 月 26 日。

源性特征的企业，上缴比例为10%；第二类为钢铁、运输、电子、贸易、施工等一般竞争性企业，上缴比例为5%；第三类为军工企业，转制科研院所企业，上缴比例三年后再定。[①] 这表明，国有资本经营预算制度建设已开始启动。有的经济学家提出，大力推进国有企业的股份制改革，国有股就能比较规范地获得同非国有股一样的股息或红利，从而有利于建立和健全国有资本盈利上缴制度。

完善国有资产管理体制还有大量工作要做，还需加把劲，即使这样，估计也要到2020年才能基本完成。为此，对国有资产管理理论研究有待进一步深化，以使这项改革能够比较顺利地推进。

第六节　国有企业改革的基本经验研究

2008年，是中国国有企业改革三十周年。这一年，有一些论著对国企改革30年基本经验进行论述。从此也可以看到中国国有企业改革进程中一些规律性东西。

有的文章对中国三十年国有企业改革的基本经验概括为以下八个方面：(1) 坚持社会主义市场经济改革方向，使国有企业成为与市场经济相适应的市场主体，实现微观经济基础再造。(2) 坚持循序渐进，从放权让利到明确以建立现代企业制度为方向，从明晰产权到国有出资人到位，注重制度建设和创新，步步深入。(3) 坚持从整体上搞好国有经济，使国有经济在国民经济中发挥主导作用，而不企求把每一个国有企业都搞好。(4) 坚持“抓大放中小”，着力搞好中央企业。(5) 坚持推进垄断行业改革，引入竞争机制，同时加强政府监管和社会监督。(6) 坚持建立中央政府和地方政府分别代表国家履行出资人职责，享有所有者权益，权利、义务和责任相统一，管资产和管人、管事相结合的国有资产管理体制，加快建立国有资本经营预算制度。(7) 坚持为国有企业改革创造良好的外部环境，加快建立健全社会保障体系，推进债务重组，剥离企业的社会负担。(8) 坚持把改革的成功经验及时地上升为理论和提升为法律，指导改革规范进行。[②]

① 参见《证券时报》2007年12月12日。

② 参见张卓元《中国国有企业改革三十年：重大进展、基本经验和攻坚展望》，《经济与管理研究》2008年第10期。

有的文章则把国有企业改革的基本经验归结为以下几条：（1）采取“试错法”——尊重事实、允许试错的国有企业改革基本方法论。（2）选择“渐进式”的国有企业改革基本路径。（3）采用“自适应”的国有企业改革基本机制。①

有的文章概括中国企业改革的经验有：把国有企业改革和发展非国有企业紧密结合起来，使之齐头并进；将改革的目标确定为使企业成为独立的商品生产者和经营者，成为市场经济的主体；实行渐进式改革模式，统筹规划，逐步推进；处理好企业改革和其他改革的关系，以企业改革和增强企业活力为中心环节；把企业改革与加强和改善企业管理紧密结合起来；既依靠中央政府的权威，又尊重地方政府和企业的首创精神；不断完善法律法规，巩固和发展企业改革的成果。②

我们相信，随着中国企业改革的深化和经验的进一步积累，企业理论将进一步创新，企业改革的规律性将更全面地揭示出来。

参考文献

1.《中共中央关于建立社会主义市场经济体制若干问题的决定》（1993 年 11 月 14 日）。

2.《中共中央关于国有企业改革和发展若干重大问题的决定》（1999 年 9 月 22 日）。

3. 江泽民：《全面建设小康社会开创中国特色社会主义事业新局面——在中国共产党第十六次全国代表大会上的报告》（2002 年 11 月 8 日）。

4. 胡锦涛：《高举中国特色社会主义伟大旗帜为夺取全面建设小康社会新胜利而奋斗——在中国共产党第十七次全国代表大会上的报告》（2007 年 10 月 15 日）。

5. 吴敬琏等：《大中型企业改革：建立现代企业制度》，天津人民出版社 1993 年版。

6. 陈清泰、吴敬琏、谢伏瞻主编《国企改革攻坚 15 题》，中国经济出版社 1999 年版。

7. 戎文佐、吴冬梅：《企业理论》，载张卓元主编《论争与发展：中国经济学 50 年》，云南人民出版社 1999 年版。

8. 周叔莲：《中国国有企业改革经验的经济学思考》，载张卓元主编《中国改革开放经验的经济学思考》，经济管理出版社 2000 年版。

① 参见黄速建《国有企业改革的实践演进与经验分析》，《经济管理研究》2008 年第 10 期。

② 参见陈佳贵《30 年企业改革的理论与实践》，载王伟光主编《改革开放与中国特色社会主义》，社会科学文献出版社 2009 年版。

9. 张卓元：《国有资产管理体制改革的目标、难点和途径》，《宏观经济研究》2003年第6期。

10. 国资委研究室编《探索与研究——国有资产监管和国有企业改革研究报告(2006)》上、下册，中国经济出版社2007年版。

11. 张卓元主编：《中国经济学30年（1978—2008)》，中国社会科学出版社2008年版。

（执笔人：张卓元，中国社会科学院经济研究所研究员）

第六章

农业经济理论问题的论争与发展

我国自古以来就是一个以农立国的国家，是一个人口众多而农村居民又占总人口大多数的大国，这是我国最基本的国情。因此，农业、农村和农民问题，始终是制约我国国民经济发展的最主要的问题，农业经济在国民经济总体中始终占有举足轻重的地位。然而，在1949年新中国成立前夕，我国的农业经济由于深受帝国主义、封建主义和官僚资本主义三座大山的压榨、摧残，再加上连年战乱，天灾人祸交加，生产力遭到极大破坏，广大农民背井离乡，生灵涂炭，挣扎在饥饿线上。所以，新中国成立后，首先就面临着如何恢复和发展农业生产，如何使农民尽快摆脱贫困，以及如何引导农村经济走上一条正确发展道路的问题。这既是需要国家决策者正确决策的方针政策问题，更是需要经济理论工作者反复探讨的理论问题。新中国成立60年来，我国经济理论界以马克思主义理论为指导，在总结我国正反两个方面的实践经验、并吸取其他一些国家经验的基础上，对此进行了反复的研讨，这些讨论的中心议题就是探索一条适合我国国情的有中国特色的农村经济发展和农业现代化的道路。

第一节　关于农业合作化道路之争

新中国成立初期，我国在农村立即实行了土地改革，彻底摧毁了延续达几千年的封建土地制度，实现了世代农民和革命者前仆后继为之奋斗的“耕者有其田”的理想，这是我国农业生产力的一次巨大的解放，农民生产积极性空前高涨，经过短短的两三年时间，农业生产就得到了恢复。在这种情况下，我国农村经济朝什么方向发展，社会主义农业制度如何建立，成为必须解决的一个迫切的实践问题和理论问题。围绕这一问题，党内决策层和学术理论界都出现了一场争论。这场争论主要涉及以下几个方面的问题：

一、对农业进行社会主义改造的路子怎么走

土改完成后，对我国农村如“汪洋大海”般的小农经济必须实行社会主义改造，引导其走向社会主义集体化方向，当时无论是在党内决策层还是在经济理论界都是没有异议的。理论界曾就此发表了一系列文章，试图从小农经济的分散性、脆弱性、不稳定性、盲目自发性等特点，从生产关系一定要适应生产力发展等多种角度，阐述对农业实行社会主义改造的必要性。但问题是：（1）当时是否要立即起步向社会主义过渡？（2）如何向社会主义过渡？

对于第一个问题，当时存在着两种截然相反的意见。一种意见，针对当时农村已经出现“两极分化”的苗头，出现雇工、出租甚至出卖土地等现象，以及对于分散落后的个体小农经济劳动生产率低下，不可能满足日益增长着的社会的需要、与国家工业化的要求极其不相适应的估计，认为必须立即对农业进行社会主义改造，把农民组织到农业生产合作社里来。由于小农经济具有私有性一面，如果任凭农民自发倾向的盲目发展，必然趋向于向资本主义发展。[①] 另一种意见则认为，土改后，我国农民个体经济生产的积极性尚未充分发挥，不宜急于立即否定农民个体私有制、向社会主义集体化过渡。“单是给小生产者以土地，只是建立了领导权，还须进一步使他们成为小康之家”；“私有权在今天中国的条件下，一般地还不能废除，并对提高社会生产力还有其一定的积极性”；“不要怕农民冒富”，“应当允许新富农发展”，“允许农民拴车、买马、雇工，是生产力发展的客观要求”；“新式富农的产生，对于农业生产的发展是有一定的积极作用的”，“富农经济在生产力上比小农经济提高了一步”，“如果我们粗暴地去打击富农，反而会助长农业社会主义思想”。当时的主要任务应是如何满足农民进

---

① 参见沙英《学习列宁斯大林关于对农业实行社会主义改造的理论》，《新建设》1954 年 3 月号；孙晓邨等《我国农业社会主义改造的若干政策的客观依据问题》，《经济研究》1955 年第 1 期；王学文《关于我国过渡时期经济法则问题的讨论》，《学习》杂志《关于我国过渡时期的经济法则问题讨论专辑》1955 年第 2 辑。

一步发展生产的要求，而不是逐渐动摇私有制的问题，企图在当时就逐步动摇、削弱、直至否定私有基础，把农业生产互助组织提高到农业生产合作社，以此作为新因素，去战胜农民的自发因素，来达到农业集体化，这是一种错误的、危险的、空想的农业社会主义思想，这样的农业集体化，也是一种完全的空想，是实现不了的。即使一个省搞几个生产合作社，也只是试办，作为研究、展览和教育农民之用，而且，试办也要出于群众自愿，而不能强行试办，更不宜用行政命令手段强制推行。[①]

对于第二个问题，当时也出现两种不同的意见。一种意见认为，农村的社会主义改造要从小农经济的现状出发，既适应它，又改造它，否则弄不好就会两头落空，互助合作的积极性没调动起来，个体经济的积极性也搞掉了。因此，搞农业社会主义改造必须步骤要稳，循序渐进，由少到多、由低到高、由点到面，规模要小，稳步前进，首先从季节互助组到常年互助组，再到土地入股分红的半社会主义的初级社，最后再到完全社会主义的高级社，使农民不感到突然。要坚持自愿与互利的原则，不能采取急躁冒进态度，贪多、贪大、图块、盲目追求高级形式。完成这一过程起码要三个五年计划时间。[②] 另一种意见则把持有上述观点的人视为如同“小脚女人走路”，是用“小农经济做文章”，是用“数不尽的清规戒律”限制合作化的发展。认为不能低估农民群众搞合作化的积极性，农民不是要小发展，而是要大发展，农村中不久就将出现一个全国性的社会主义改造的高潮，三年即可实现全面合作化。[③]

二、是先机械化，还是先合作化

在党内决策层和经济理论界也有两种针锋相对的见解。一种意见认为，农业集体化，必须以国家工业化和使用机器耕种以及土地国有为条件。没

---

① 参见薄一波《若干重大决策与事件的回顾》上卷，第3、9章，中共中央党校出版社1991年版；许涤新《广义政治经济学》第3卷，生活·读书·新知三联书店1954年版，第45页。

② 参见强远淦、林邦光《我国农业集体化的卓越组织者邓子恢》；邓子恢《农业工作的基本任务和方针政策》、《在青年团中央农村工作会议上的报告》、《邓子恢农业问题论文选》，中国社会科学院农业经济研究所1984年编印，第2、19、56—58、72页；薄一波《若干重大决策与事件的回顾》上卷，第15章，中共中央党校出版社1991年版；史松《对我国农业社会主义改造的步骤的体会》，《学习》1955年第12期。

③ 参见薄一波《若干重大决策与事件的回顾》上卷，第9、15章，中共中央党校出版社1991年版。

有这些条件，便无法改变小农的分散性、落后性，而达到农业集体化。可以说，“国家工业化是农业改造的主要基础，它的速度将决定我们互助合作运动本身以及集体化运动的速度”。没有强大的国营工业，就不能有全体规模的集体化，“农业社会化要依靠工业”。这是因为，“由个体生产到集体农庄，这是生产方式上的革命，没有机器工具的集体农庄是巩固不了的”。因此，农业集体化必须以国家工业化为条件，只有实现了工业化，才有可能以农业机器重新装备我国的农业，才有可能在农民自愿的基础上来实现农业的完全的集体化，即农业的社会主义化，否则是不可能的。[①] 但另一种意见则认为，在我国的条件下，必须先有合作化，然后才能使用大机器；不首先实行合作化，就不可能实行机械化。因为，一方面，拖拉机及其他农业机器，只有在大规模农业的基础上，即在合作化农业的基础上，才有使用的可能，并且也才可能大量地使用；另一方面，由于中国的工业基础十分薄弱，生产的大型拖拉机和其他农业机械还不多，还不能保证农业技术改造的需要；而且要大规模地发展农业技术改造所需的生产资料的生产，就需要大量资金，这些资金的主要部分也要从农业方面积累起来，这在小农经济基础上是无法实现的，它也有待于大规模的农业、在我国就是社会主义化的农业。[②] 还有的人认为，不能把生产力的性质水平简单化地看做只有两种区别，即一种是小农具手工操作的生产力，另一种是机械动力的生产力，从而认为社会主义生产关系只能同机器生产的生产力相结合。农民一旦在生产上联合起来，便会产生一种“协作劳动的生产力”，这是与原来个体劳动有着本质区别的另一种生产力。这种手工协作劳动的生产力，既可以同半社会主义性质的生产关系相结合，也可以同完全社会主义性质的生产关系相结合。既然西方资本主义在其发展过程中有一个工场手工业阶段，即尚未采用蒸汽动力机械、而依靠工场手工以形成新生产力的阶段，则中国的合作社，依靠统一经营形成新生产力，去动摇私有基础，也是可行的。因此，在我国的条件下，没有大型机械农具，农业照样可以完全集

---

① 参见薄一波《若干重大决策与事件的回顾》上卷，第 3、9 章，中共中央党校出版社 1991 年版；廖盖隆《学习中共中央关于农业生产互助合作的决议》，《学习》1953 年第 5 期；孙晓邨、萧鸿麟《关于推进农业生产互助合作运动的几个问题》，《新建设》1953 年 5 月号。

② 参见王思华《关于我国过渡时期国家工业化与农业合作化的相互适应问题》，《经济研究》1956 年第 1 期。

体化，照样可以组成完全社会主义性质的高级农业合作社。[①]

三、是先搞供销合作，还是先搞生产合作

当时有人提出，我国农业集体化道路，必须遵循“从供销到生产”的规律，先是供销合作，然后才是生产合作，而供销合作应是农业集体化的中心环节。只有优先发展农村供销合作社，才能改造农民小商品经济，限制和改造私人资本主义经济的发展。农村供销合作社是农民自己的合作商业组织，既适合农民个体经济的特点，又容易被农民所理解和接受。只有当供销合作社有了不断的、日益增加的资金积累，将来才有力量为社员购买农具，采用农业新技术，最后结合国家的帮助，为社员采办购买农业机具，这样才可使农村合作社由初级形式发展到高级形式，把农村供销合作社发展为农村生产合作社。有人也认为，我国合作经济发展的路线，最初应该是从减除中间商人对于工厂、机关、学校消费者的剥削（举办消费合作社），并对于小商品生产者供给他们所需要的一切生活资料和生产资料，帮助他们推销产品、周转资金（举办供销合作社），以及鼓励和扶助农民组织劳动互助之类的合作事业开始。[②] 这本来是一条符合中国国情的正确的农业合作化道路，但并未被当时的决策层所重视和接受，使中国的农业合作化一开始就是从生产合作起步，违背了合作化的自愿原则和循序渐进规律，造成了先天的缺陷。

四、在合作社内是搞包工包产的责任制，还是搞“大呼隆”、“一窝蜂”的全盘集体化

有人主张应该在坚持集体所有制的条件下，搞包工包产的责任制，给农民在生产经营上多一点自由，即“大集体，小自由”，甚至可以包产到户。只有因地制宜采取多种形式的责任制，才能充分发挥全体社员的积极性和创造性，提高劳动效能，合理使用土地和劳力。但是，当时在党内决策层却把这种正确意见作为“单干风”加以批判，认为搞包工包产责任制、

① 参见庄鸿湘《农业合作化与生产关系一定要适合生产力性质的规律》，《经济研究》1956年第3期；薄一波《若干重大决策与事件的回顾》上卷，第9章，中共中央党校出版社1991年版。

② 参见《张闻天选集》，人民出版社1985年版，第401、427、438页；孙强《试论张闻天供销合作思想》，《张闻天研究文集》，中共中央党史资料出版社1990年版；朱剑农《过渡时期的合作经济》，《新中华》第14卷第6期。

包产到户，就是“分田单干”，就是“瓦解集体经济”，就是修正主义，是倒退到资本主义，从而把这种正确的意见扼杀了。[①]

五、合作化是搞形式多样化，还是只搞一个模式

有人认为生产关系究竟以什么形式为最好，要看哪种形式在哪个地方能够比较容易、比较快地发展农业生产，就采取哪种形式；群众愿意采取哪种形式，就采取哪种形式。“黄猫、黑猫，只要捉住老鼠就是好猫。”[②] 但是，我国合作化运动当时的实际做法却是全国不分地区、条件，统统一个模式。一讲联合，就只能是合并全部生产资料，不允许保留一定范围的家庭经营；一讲合作，就只限于搞平均主义的“一拉平”，而不承认股金分红等不同的分配方式；一讲合作，就只限于生产合作，而把产前产后某些环节的合作排斥在外；一讲联合，就只限于按地区来组织，搞所有制的逐级过渡，不允许有跨地区的多层次的联合。[③]

上述几方面问题，都是事关我国农业合作化道路的一些根本性的问题，如果能在正常的氛围下开展党内外的讨论，真正做到“百花齐放，百家争鸣”，并允许各地农民群众因地制宜，广泛探索，反复试验、比较、选择，优胜劣汰，必定能在我国农村探索出一条适合国情、形式多样、生命力更加旺盛的农业合作化道路来。然而，实际情况并非人们所企望的那样，在“公有化程度越高，就越能促进生产力发展”的错误思想指导下，在不断批“右倾”、批“反冒进”，从而不断升温的“左”的思潮推动下；不考虑全国各地千差万别的条件，不听取党内外的一些正确意见，按着统一的模式，仅用三年多一点的时间，就完成了完全社会主义性质的高级社的合作化，接着又用两年多一点的时间，就在全国实现了“向共产主义过渡”的人民公社化。一时间，在全国农村，“共产风”、“浮夸风”劲吹，农业生产受到严重摧残。

人民公社实际上是利用行政权力在我国农村自然经济或半自然经济基础上建立起来的、带有浓厚平均主义色彩、军事共产主义色彩和超社会发

---

① 参见邓子恢《关于巩固农业生产合作社的几个问题》，《邓子恢农业问题文选》，中国社会科学院农业经济研究所1984年编印，第226、227页；薄一波《若干重大决策与事件的回顾》上卷，第9章，中共中央党校出版社1991年版。

② 《邓小平文选》第一卷，人民出版社1994年版，第323页。

③ 参见薄一波《若干重大决策与事件的回顾》上卷，第15章，中共中央党校出版社1991年版。

展阶段空想色彩的联合体。“共产风”是人民公社诸多弊端最集中的表现，而“共产风”之所以连绵不断、越刮越凶，则是与人民公社制度所具有的“一大二公”、“政社合一”、凭行政命令办事（即所谓“组织军事化、行动战斗化、生活集体化”）、让农民都吃“公共食堂”、搞“供给制”的平均主义分配、不讲经济效益、不按经济规律办事等特点所造成的，而其产生的最终根源则是与一些最高决策者在“大跃进”、“浮夸风”的“左”的迷雾下，越来越陷入超越社会发展阶段、急于向共产主义过渡的空想直接相关。[①]

我国经济理论界对人民公社制度也有过一些探讨。在讨论中虽然也曾有人对当时就普遍建立高级农业生产合作社，并向人民公社过渡是否走在了我国农村生产力发展水平的前面；在没有极大丰富的物质产品做基础，能否过早否定按劳付酬，实行按需分配；人民公社能否消除商品生产和商品交换，等等问题提出过质疑，[②] 但从整个讨论看，基本上也是在“左”倾错误思潮的影响下进行的，是为人民公社这种畸形儿的诞生寻找理论根据的。[③]

人民公社运动的直接结果是农业生产力遭到极大破坏，农民生产的积极性受到严重挫伤，再加上发动违背客观经济发展规律的“大跃进”运动，搞什么“人有多大胆，地有多大产”，“放高产卫星”，等等，无视科学的主观唯心论，结果造成整个农村生产的大滑坡，主要农牧业产品大幅度减产，出现全国性的粮食和副食品危机，从而直接导致了20世纪50年代末60年代初的三年严重灾难，全国饿死和营养不良的人口达上千万之巨。当时党内决策层中一些有识之士挺身而出，为民请命，慷慨陈词，指斥人民公社、“大跃进”运动违背了客观规律，“共产风”、“浮夸风”是“小资产阶级狂热性”的表现，但被批判为“右倾机会主义分子”、“反党集团”，从而错过了纠正错误的一次大好时机。[④]

① 参见薄一波《若干重大决策与事件的回顾》下卷，第27章，中共中央党校出版社1993年版。

② 参见关梦觉《关于高级农业合作社的生产力与生产关系问题》，《新建设》1956年7月号；张磊《我国现阶段生产关系是否走到了生产力前面》，《光明日报》1956年10月17日；王松霈《我国社会主义农业发展道路》，《中国社会主义经济理论的回顾与展望》，《经济研究》编辑部、中共浙江省委党校理论研究所编印（1985）。

③ 参见王松霈《我国社会主义农业发展道路》，《中国社会主义经济理论的回顾与展望》，《经济研究》编辑部、中共浙江省委党校理论研究所编印（1985）。

④ 参见薄一波《若干重大决策与事件的回顾》下卷，第30、35章，中共中央党校出版社1993年版。

第二节　关于农业是国民经济基础的讨论

农业是国民经济发展的基础，这是马克思主义经典作家们早已阐述过的一条基本原理，也是一条不以人们主观意志为转移的、带有普遍意义的客观经济规律。尤其是在我国这样一个农业大国中，发展国民经济必须牢牢地遵循以农业为基础的方针。我国党和国家的决策层在建国初期虽然也提出了正确安排农（业）、轻（工业）、重（工业）之间的比例关系，发展工业必须与发展农业同时并举等思想和方针，但并未明确农业在整个国民经济发展中的基础地位，并且在实际掌握国民经济发展全局中，又往往用“以钢为纲”的优先发展重工业的方针，压倒了工农业并举的方针，甚至在“大跃进”、“全民炼钢”中动员几千万青壮年农民放弃农业去大炼钢铁，把“农、轻、重”为序，变成了“重、轻、农”，从而造成违背客观经济规律、国民经济严重比例失衡的恶果。吸取这一沉痛的教训，在1962年下半年召开的党的八届十中全会上，决定对国民经济进行调整，并明确提出了“以农业为基础，以工业为主导”的国民经济发展总方针。也正是在这种情势下，我国经济理论界就农业在国民经济发展中究竟应该处于什么位置这一问题，从理论上进行了探讨。这次讨论应该说是我国经济理论界就农业经济问题展开的一次真正意义上的大讨论，主要讨论了以下三个方面的问题：

一、如何理解农业是国民经济的基础

在讨论中，大多数学者是从农业的自然属性、特点，以及其在整个国民经济中的地位和作用的角度，来阐述农业是国民经济基础这一原理的。有人指出：“农业是人类衣食之源、生存之本。我国古语说：‘民以食为天’。马克思也曾说：‘人们首先必须吃、喝、住、穿，然后才能从事政治、科学、艺术、宗教等等’（《马克思恩格斯选集》第三卷，人民出版社1972年版，第574页）”。[①] 不仅如此，有人从农业与工业的关系角度指出：“从事工业及其他国民经济部门的劳动者，取决于完全脱离农业劳动者的人数；农业是工业、特别是轻工业的原料供应者；农业是吸收工业品的重要市场；农业还是国家积累的重要来源。所有这些，不可辩驳地证明，农业是国民

① 贺作文：《农业是国民经济的基础》，《红与专》1960年第9期。

经济的基础”。[①]

一部分学者则认为，仅仅这样认识还是不够的，应从本质含义上理解农业是国民经济的基础。有学者指出：农业是国民经济的基础，其“最本质含义，在于确定农业劳动在社会分工的产生及其发展中的地位和作用，或者说，在于确定农业劳动在社会总劳动分配中的地位和作用。而社会分工问题则是一个与生产力密切联系的生产关系问题，它规定着从事不同活动的人们之间的交换其活动的关系。马克思正是从社会分工的产生及其发展的角度来说明，农业在人类社会发展中的地位和作用的。例如，马克思说：‘农业劳动……是其他一切劳动部门所以能够独立化的自然基础’（《剩余价值学说史》第一卷，生活·读书·新知三联书店 1957 年版，第 42 页），马克思更直截了当地说：‘超越于劳动者个人需要的农业劳动生产率，是一切社会的基础’，把这句话换成另外的说法就是：剩余农产品是一切社会的基础；或者说，超越于农业劳动者对农产品的个人需要的农业劳动生产率，是社会分工的产生及其发展的基础，从而是国民经济发展的基础。”因此，“对于农业是国民经济发展的基础这个命题，必须而且只能从这种本质联系上去论证，而不能停留于就一些外表现象和非本质的联系来说明。”[②] 所以，有学者就指出：“从农业在人类社会历史发展中的作用来看，根据马克思经典作家们的说明，农业是基础指的是：（1）农业生产是人类生存之本，衣食之源，是一切生产的起点；（2）农业是其他一切劳动部门独立化的基础；（3）农业是其他一切劳动部门进一步发展的基础”。[③]

在讨论中，对于农业是国民经济的基础是不是一切社会发展的普遍规律，出现了意见分歧。有人认为“农业是国民经济发展的基础，这是一个不以人们的意志为转移的适用于一切社会形态再生产的一般经济规律”，[④]“是个普遍规律，而不是特有规律。农业在不同的社会形态中所起的作用，

① 许涤新：《农业在国民经济中的地位和作用》，《人民日报》1962 年 8 月 28 日。

② 董辅礽：《怎样从本质联系上理解农业是国民经济发展的基础》，《经济研究》1963 年第 7 期。

③ 周叔莲：《不能把农业提供劳动力、市场、资金的作用说成是“非基础”作用》，《光明日报》1962 年 10 月 22 日。

④ 朱培兴：《关于农业是基础的规律的几点认识》，《大公报》1962 年 9 月 24 日。

当然有所不同，不会完全一样，但都是国民经济的基础”。[①] “不论哪个国家，如果本国的农业不能为其提供必要的粮食、副食品、原料、劳动力、市场和资金；如果也不能以平等互惠的办法，在国际市场上买回其所需要的粮食和工业原料；如果其又不能像帝国主义那样，依靠掠夺殖民地、半殖民地国家来解决这些问题，那么，这个国家的工业发展，是会遇到极大困难的，这个国家是不可能很好地发展起来的”。[②] 但是，有人则认为农业为基础并不是社会发展的一条永久性的普遍的经济规律，有人指出：“在资本主义制度下……随着农业的日益落后于工业及农业的不断衰落，农业所起的积极作用是越加削弱、越来越不稳定与成为偶然的。资本主义国民经济在农业不断衰落的基础上发展日趋缓慢与畸形，乃是资本主义经济发展的客观规律。正因为如此，在资本主义经济中，便谈不上农业是国民经济发展的基础。”[③] 有人认为，“人类社会经济越来越发展，开采各种自然资源的工业和有关的加工业会越来越扩大，人类的生活需要（如住、行、用、医等方面）将以它们为主要来源，那时农业部门所占有的劳动人数和所提供的财富比重转为次要，社会经济再进一步发展的依靠，就可能大不同于今日……以农业为基础，就会不同于我们现在”。[④] 有人还认为，“我国现阶段农村还是落后的，国家建设和人民生活之间不相适应，才强调农业的重要，才提出以农业为基础。而当农业有了较大的发展，解决了它同社会主义高速度不相适应的矛盾以后，以农业为基础，就没有什么必要了”。[⑤]

在如何理解农业是国民经济基础的讨论中，还涉及马克思主义关于农业是国民经济基础的论述是否与西欧重农学派观点雷同的问题。对此，有人着重指出：“马克思列宁主义重视农业和重农主义经济学家重视农业有着本质的不同。西欧的重农经济学家，虽然也曾企图从整个国民经济着眼来考察农业，但是他们把农业劳动看成是唯一的生产劳动，认为农业以外的劳动都是非生产劳动，只有农业才能生产出‘纯产物’，也就是把地租看成是唯一的剩余价值形态；而且他们还认为农业中的‘纯产物’是‘自然的

---

① 韩效义、王日刚、薛志强：《农业是国民经济发展的基础是个普遍规律》，《山西日报》1960年9月6日。

② 中黄：《以农业为基础发展工业》，《经济研究》1963年第2期。

③ 刘诗白：《在资本主义制度下，农业也是国民经济发展的基础吗?》，《理论战线》1960年第6期。

④ 骆耕漠：《关于发展国民经济总方针问题》，《天津日报》1963年5月15日。

⑤ 陈道源：《学习毛主席以农业为基础思想》，《中国青年报》1960年第7期。

恩赐物'，是土地本身的产物，从而得出一个错误的'农业至上'的狭隘观点。曾经有人认为'重农主义者把农业看作是国民经济的基础'，这种说法是不能令人同意的，马克思列宁主义关于农业是国民经济发展的基础的理论，不但是从整个国民经济的发展着眼来考虑农业的地位和作用的结果，而且真正揭示出农业在国民经济中的地位和作用，是从本质联系上概括出来农业是国民经济基础这个科学的结论"。①"重农学派的错误在于他们把农业看做唯一的生产部门，否认工业在生产中的主导作用，把农业劳动看作是剩余价值的唯一源泉，而看不到资本主义工业才是创造剩余价值的主要部门"。②

二、如何理解"以农业为基础，以工业为主导"的方针

在讨论中一般都认为，"以农业为基础，以工业为主导"，反映了工业与农业在社会再生产中相互依存、相互促进、密不可分的辩证统一关系。有学者指出："农业和工业的结合是一个带有普遍性的规律。这种互相结合的关系，在人类社会的发展过程中就存在。不过它们的结合形态随着经济条件的不同而变化。"③ 还有学者指出："工业和农业的关系是互为条件、互相支援的关系，农业的发展为国家的工业化提供人力、物力、财力和市场，使工业化有可靠的基础；另一方面，重工业发展起来以后，就可为农业的逐渐机械化、水利化、电气化、化学化服务，使农业更快地发展。如此不断地互相支援、互相促进，整个国民经济就可以迅速地全面发展。"④ 所以，"以农业为基础，以工业为主导"的方针，"体现了党和国家对农业和工业这两个最基本物质生产部门在国民经济中的地位和作用的客观规律的自觉利用"。⑤

"以农业为基础"，指的是工业以及国民经济其他部门都是在农业劳动生产率提高的基础上发生和发展起来的，在它与工业的关系上有两个基本点："一是工业的发展要受农业发展水平的制约，也就是说，农业的发展水平，决定了工业的发展速度与规模。"发展工业，搞工业化，一时一刻都不

① 张友仁：《农业是国民经济发展的基础》，《北京大学学报》1963 年第 3 期。

② 章恒忠：《怎样理解农业是国民经济的基础》，《文汇报》1962 年 4 月 6 日。

③ 汪旭庄：《论社会主义制度下工业和农业相互结合的规律》，《经济研究》1963 年第 6 期。

④ 骆耕漠：《关于发展国民经济总方针问题》，《天津日报》1963 年 5 月 15 日。

⑤ 潘治富：《农业为基础、工业为主导试探》，《江海学刊》1963 年第 4 期。

能离开农业发展水平这个基础；“二是工业的发展，必须为农业服务，必须充分地供应农业以技术装备，推动农业实现技术改造”，从而促进农业的基础地位更加巩固，同时，工业“也才能使自己在这一过程中得到发展”。[①]

“以工业为主导”，“这主要是由于工业，特别是重工业是国民经济各部门生产所需的技术装备、燃料、动力等生产资料的提供者，是决定社会劳动生产率高低、决定社会生产发展快慢、制约着国民经济发展水平的最重要物质条件的提供者”，对于农业来说，“从物质条件来看，也主要需要依靠重工业加强对农业的支援，促进农业的技术改造的迅速实现。……这正是突出地表现了工业的主导作用”。[②]

所以，“以农业为基础，以工业为主导”，既反映了国民经济中这两大主要部门之间不同质的两个方面，又反映了它们不可分割的密切联系的整体，正如有的学者在讨论中指出的：“工业离不开农业，农业也离不开工业，两者互相支援，互为依存。没有现代工业的发展，我国的农业生产力，便不可能进一步提高，我国的农民生活水平，也不可能进一步提高，工业的主导作用就表现在这里。但另一方面，没有农业做工业的基础，工业的主导作用，也就发挥不出来。农业和工业这两者在国民经济中的作用，如车之两轮、鸟之两翼，缺一都不能前进。”[③]

三、如何理解以农、轻、重为序发展国民经济

如果说，“农业是国民经济的基础”是一条不以人们意志为转移的客观经济规律；“以农业为基础、以工业为主导”则是人们根据这一客观经济规律制定的发展国民经济的总方针；“以农、轻、重为序”就是在具体政策层面上贯彻执行这一总方针的根本措施。

如何体现“以农、轻、重为序”发展国民经济，在讨论中学者们主要提出了两条基本思路：一是认为发展国民经济必须以农业为起点和参照系数，“无论是工业、交通运输业、商业，或文化教育、科学、卫生事业的发展，都要同农业生产的发展水平相适应，就是说不能落后于但也决不能超

---

① 许涤新：《论农业在国民经济中的地位和发展农业生产的关键》，《经济研究》1962 年第 12 期。

② 王向明：《怎样理解农业的基础作用和工业的主导作用》，《北京日报》1962 年 12 月 26 日。

③ 千家驹：《怎样正确理解以农业为基础、以工业为主导的问题》，《贵州日报》1962 年 11 月 24 日。

越于农业劳动生产力水平所能允许的程度”,[①] 也就是说，农业和国民经济其他部门之间必须要保持必要的比例关系；二是国民经济各个部门的发展，都必须面向农业，把支援农业生产、为农业服务放在第一位。……在人力、物力、财力的安排上，要优先考虑和安排发展农业生产的需要，集中力量支援农业。[②] 只有这样，切实把发展农业放在首位，加快农业的发展速度，千方百计地把农业生产搞上去，才能充分发挥农业为基础的作用，并把整个国民经济的发展切实转到以农业为基础的轨道上。

在对“以农、轻、重为序”发展国民经济的讨论中，还涉及它是长期需要坚持的，还是短期的、在一定条件下不得不采取的。如有人在讨论中提出这样一种观点，即“以农、轻、重为序”本身就不是科学的，因为它不符合社会再生产的客观规律要求，根据马克思再生产理论，生产资料生产的优先增长是扩大再生产得以进行的必备条件。所以，提出“以农、轻、重为序”，是目前（指 1960—1962 年）在农业遭灾、农村生产力遭到破坏的情况下，不得已而采取的，因而只能是一时的权宜之计，而不是长期方针。[③] 若干年后，农业发展了，或者说农业过关后，就可以不按农、轻、重的次序，而可以按重、轻、农为序了。[④] 对此，在讨论中不少人指出，“以农、轻、重为序”发展国民经济是根据马克思扩大再生产原理而制订的，“它反映了农业是国民经济的基础，工业是国民经济的主导，反映了农、轻、重三者的本质的内在联系，它是‘以农业为基础、以工业为主导’的发展国民经济总方针在国民经济工作中的具体贯彻和体现。只有按照这一次序来安排生产，才能保证国民经济按比例地发展，才能从根本上避免比例失调，从而促使国民经济高速度地健康地发展”，因而，它是必须长期坚持的，绝不是什么权宜之计。[⑤]

① 《关于农业是国民经济发展的基础问题的讨论》，《学术月刊》1960 年第 9 期。

② 宋毅、李文全、郭福修：《国民经济必须以发展农业为出发点》，《经济学动态》1963 年第 1 期。

③ 王世贤：《对“以农轻重为序”安排国民经济的一些认识》，《学术通讯》（山西）1962 年 12 月第 3 期。

④ 转引自白永春、阮方确《怎样理解安排国民经济计划以农、轻、重为序》，《争鸣》1963 年第 8 期。

⑤ 关梦觉：《关于我国发展国民经济的总方针和社会主义农业集体经济产生与发展的若干理论问题》，《吉林大学社会科学学报》1963 年第 2 期。

第三节　关于农民三大改革创新的理论探讨

从1966年开始的十年"文化大革命"，使我国经济理论界对农村经济发展道路和农业现代化的理论探讨陷入停顿。"四人帮"及其追随者们在农村大搞"以阶级斗争为纲"，宣扬什么"宁要社会主义的草，也不要资本主义的苗"、"要割掉资本主义的尾巴"，把按劳分配看做是"赤裸裸的物质刺激"，把商品生产说成是"产生资本主义的温床"，可以产生"价值追逐狂"，鼓吹人民公社在所有制上要"穷过渡"，等等。这些极"左"谬论及其影响下的错误观点的泛滥，把我国农村经济发展道路中的许多基本理论问题弄得混乱不堪。同时，由于受到"四人帮"散布的极"左"思潮的影响，这一时期我国农村经济的发展也受到极大干扰，农村经济乃至整个国民经济再一次濒临崩溃的边缘。

1976年"四人帮"反党集团被粉碎，在理论上开始拨乱反正：1978年进行了"实践是检验真理唯一标准"的大讨论，特别是1978年年底党的十一届三中全会提出实事求是、解放思想的方针以后，我国国民经济进入了改革开放的新时期，对农村经济发展的理论讨论也进入了一个空前繁荣的新阶段。在这一阶段的讨论中涉及问题很多、范围很广。首先，是讨论了农村经济体制改革过程中农民三大实践创新提出的理论问题。

20世纪70年代末开始的中国经济体制改革，首先是在农村经济体制改革方面取得突破的。这是中国经济体制改革的一个最主要的特点，也是中国经济体制改革能够在不长时期内就取得明显成功的重要原因。

在20世纪70年代末80年代初期，中国亿万农民群众一举打破了人民公社高度集中经营的僵化体制的牢笼，实行了土地集体所有基础上的以"包产到户"为主要经营形式的家庭联产承包责任制。这是中国农村经济体制具有划时代意义的一次根本性变革。这种由农民自主创新、自发进行的农村经济体制改革，迅速遍及全国农村，成为农村经济运行的主体。接着，从20世纪80年代以来，乡镇企业首先在我国东南沿海各省农村"异军突起"，并逐步向中西部地区农村梯级推进。乡镇企业是我国农民继家庭承包制后的又一伟大创造，是我国农民冲破二元壁垒、谋求剩余劳动力出路和农村致富的一个创举。此后，进入20世纪90年代，世代与黄土地打交道的中国农民，自发地从农村向大中城市流动，从落后的内陆地区向经济发达的沿海地区流动，从低收入的农村种植业向高收入的第二、第三产业流动。涓涓劳务输出细流，汇集发展成为拥有几千万流动大军、震动整个社会的“民工潮”。这是中国农民自20世纪70年代末80年代初以来创造家庭承包制和乡镇企业之后的又一惊世之举，并以其强大的发展趋势猛烈地冲击着城乡二元社会经济结构壁垒。如果把农民用家庭承包制冲击“一大二公”的人民公社体制称为第一次冲击，把农民用发展以“离土不离乡”为特点的乡镇企业冲击工农业分割的二元经济结构称为第二次冲击，那么，这次农民用自发性大规模跨区冲击旧的城乡分割、区域封闭的二元社会结构，则是第三次冲击了。中国农民通过三大实践创新，冲破了一切束缚农民发展的旧体制的桎梏，冲破了城乡二元经济的旧结构，冲破了一切束缚农民致富的旧规章制度、旧思想观念，在解放自己的路上迅速奔跑。

面对农民群众自主创造、自发进行的三大实践创新，我国经济学界进行了广泛的讨论，力图从经济理论上给予阐释。

一、家庭承包制与农村经济的发展

20世纪80年代初期，我国农村经济体制发生了具有划时代意义的重大变革，那就是在短短的两三年内席卷全国的家庭承包制的建立，从而宣告人民公社制度在我国农村的彻底瓦解。这种家庭承包制（或称包产到户、包干到户、大包干、联产计酬责任制），本来早在1956年就曾出现在我国的农村，后来一直被作为“刮单干风”、“走资本主义道路”、“修正主义路线”而遭到批判和禁止。然而即使这样，这种经营形式经过几起几落，也未能全部消灭，在一些地方或明或暗地一直存在。党的十一届三中全会后，在党中央的支持下，这种由农民自主创造、自发进行的农业经营体制的变革，迅速遍及全国农村，成为农村经济运行的主体。家庭承包制的实质是怎样的、它的发展趋势如何、它对我国农村经济发展和农业现代化的推进又有哪些影响，成为经济理论界探讨的问题。

（一）家庭承包制的实质及其发展趋势

关于家庭承包制的实质大体有三种不同看法：（1）主流的看法认为，家庭承包制是农业合作组织为克服过去集体生产中的“大呼隆”、“大锅饭”以及平均主义弊病而采取的一种生产责任制，也是一种能真正体现农民在集体经济中的主人翁地位，并能把直接生产者与农业生产中最重要的生产资料——土地最佳结合起来的生产组织形式和经营形式，这种形式既能很好地保证生产者的切身利益，又能理顺他们同国家、集体及相互之间的经济关系。家庭承包制是在保持原有的农业生产资料（主要指土地）集体所有制的基础上实行的，它所改变的不是公有制，也不是合作组织本身，而仅仅是生产的组织形式与经营形式。据此，有人将家庭承包制称之为“新型的家庭经济”。[①]（2）有人认为家庭承包制实质上是一种土地租赁的特殊形式，承包者农民与集体的关系不是什么生产责任制的关系，而是租佃关系；作为承包者的农民按承包合同向集体缴纳的提留，实际上包含着地租成分在内，而农民依据承包地的份额多少向国家尽的义务就是赋税。[②]（3）有人则认为，家庭承包制既没有坚持公有制，也没有坚持按劳分配，生产队一级的集体经济实际上已成为“空壳”、“名存实亡”，“队为基础”的公有制已被瓦解动摇，因此，它实质上是退到单干，是保留着集体经济外貌的小农经济的特殊形式。这种观点在家庭承包制最初推行时，在我国曾颇为流行，后来虽然逐渐减少，但并没有绝迹，私下持这种观点的仍大有人在，其中也包括一些农民和农村基层干部。许多农民把分配承包地称为“第二次土改”，是“土地回家”；一些农村干部则称之为“辛辛苦苦三十年，一夜回到解放前”，就是这种观点的写照。[③]

关于家庭承包制的发展趋势也有不同的三种观点：（1）有人认为，家庭承包制主要是我国农业仍处于传统农业阶段，而原农业合作组织又遭受了严重挫折的产物，也就是说是在传统农业基础上进行的合作化失败的产物。它既是对以往合作化错误的纠正，又是为保持合作化方向与成果而实施的挽救。家庭承包制产生的这种特殊的社会历史背景，便决定了它不会永远存在下去，而且由于它更适宜于我国现在还处在传统阶段的农业而不易适宜现代农业，所以随着我国农业越来越向现代化方向发展，它的历史使命也就会宣告完成。虽然它不一定会被彻底否定，但其根本性的改变，则是不可避免的。[④]（2）有人认为，在我国，家庭承包制在生产专业化、社会化发展的基础上，会逐步出现各种新的经济联合体（有人称之为农工商

---

① 参见陈扬《对当前农村家庭经济的几点探讨》，《人文杂志》1983 年第 3 期；唐明曦《中国农村新型家庭经济的崛起》，《经济研究》1983 年第 12 期；袁亚愚《中国农业现代化的历史回顾与展望》，四川大学出版社 1996 年版，第 89 页。

② 参见刘福垣《农村改革的新方略》，中国财政经济出版社 1992 年版，第 21—22 页。

③ 参见刘必坚《包产到户是否坚持了公有制和按劳分配?》，《农村工作通讯》1980 年第 3 期；印存栋《分田单干必须纠正》，《农村工作通讯》1980 年第 2 期。

④ 参见袁亚愚《中国农业现代化的历史回顾与展望》，四川大学出版社 1996 年版，第 94 页。

联合企业）。这种新的经济联合体是用经济办法形成的联合，而不是用行政办法搞成的联合，这种联合是我国社会主义合作经济发展的具体道路，有人将这条道路称为是从“小而全”到“小而专”，再到“专而联”，简称为“小、专、联”的道路。[①] 有人对这种观点持有异议，认为“小而全”必须要向“小而专”发展，但是“小而专”到“专而联”不是必然趋势，而极可能是在社会化不断发展的条件下，长期以“小而专”的形式独立存在，专而不联。[②]（3）有人认为在我国，家庭承包制将存在一个相当长的历史时期，在社会分工和生产力有了较大发展以后，也不能取消农业生产中的家庭经营。因此，那种认为家庭承包制必将消亡的观点，那种主张承包户重新联合的观点，那种把大型的农工商联合体作为家庭承包制基本发展趋势的观点，都是错误的。[③]

（二）家庭承包制与有中国特色的农业发展道路

在讨论中，人们得到了以下几点认识：（1）我国农业合作化运动把几亿农民引上了社会主义道路，但是并未真正找到中国农业社会主义发展道路的具体形式。实行家庭承包制，就使我国农业经济发展找到了适合当时当地的生产力水平、适合中华民族传统心理习惯和适合中国国情的生产、交换、分配环节的具体形式，特别是家庭承包制把握住了“联合劳动的两重特性所导致的两个方面的客观要求，即一方面是分散独立的劳动；另一方面是国家和集体对于生产过程的控制和协调。分田单干、个体经济的路子在中国走不通；而那种排斥分散独立的劳动，只要集中统一的模式，也不适合我国国情”。（2）家庭承包制以两个层次的经营为主要特征，以主要生产资料的所有权和使用权的适当分离及发挥社会主义集体经济的优越性与发挥农民个人的生产积极性相结合为理论依据。这种所有制形式，关键在于确认了农民家庭作为社会主义农业基础经营层次的存在，核心是调动了亿万农民的生产积极性，从而发挥了社会主义农业经济制度的优越性，促进了农业生产力的迅速发展。（3）家庭承包制是对我国原有的那种超越生产力发展水平的生产关系，进行的一次必不可少的重大调整，它实现了

① 参见王松霈《专业户与我国农业现代化》，浙江人民出版社 1984 年版，第 216—217 页；陆学艺《包干到户的动向和应明确的一个问题》，《农业经济丛刊》1981 年第 5 期。

② 参见王文勇、方惠明《试论“小而专”的发展趋势》，《经济问题探索》1984 年第 4 期。

③ 参见刘吉瑞、蔡昉《论我国承包农户的性质、特点及发展趋势》，《江海学刊》1983 年第 5 期。

生产资料与劳动者的新的组合，即从原来的社会范围的间接结合，改变为生产单位（家庭）内部的直接结合，从而使农民获得了生产自主权和产品支配权，农民在经济、社会、政治诸方面都获得了自主、自立权利，从而是具有划时代意义的重大变革。（4）“交足国家的，留够集体的，剩下全是自己的”这一直来直去的分配形式，使农民的生产成果，扣除交给国家、集体用于扩大再生产和社会公共需要的部分以外，全部归农民自己，使农民从发展生产中直接获得利益，从而彻底克服了过去“一大二公”下的“大锅饭”的平均主义弊病，极大地刺激了农民的生产积极性，解决了推动我国社会主义农业发展的“动力”问题。①

（三）家庭承包制与农村新型合作经济

随着以家庭经营为基础的联产承包责任制的普遍建立和逐步完善，在我国农村，一个适应商品经济发展需要的新型合作经济体系（有人称为“新一代合作经济”）正在形成和发展。有人说，过去的合作经济是建立在自然经济的基础上，今天新形式下的合作制是建立在商品经济的基础上，这是新阶段的一个重要特征。② 这种新型的合作制在农村深刻转折中产生，适应商品经济发展的要求。③ 有人总结这种新型合作经济的特点是：多层次的经营结构、多成分的所有制形式、多领域的经营规模、多行业的经营内容、多方面的合作渠道。④ 有人认为，这种新型合作经济面向市场，渠道广泛，是开放的社会化的商品经济形式，是社会主义独立的经济成分，是一种“定型化”的经济关系，将在相当长的阶段里存在下去。他们认为“集体经济”概念不能准确地代表这种合作经济，而新型合作经济却可以包含通常所说的集体经济。⑤ 也有人认为，应该把新合作制看做是与全民所有制、集体所有制并列的社会主义公有制的一种基本形式。⑥

关于农村新型合作经济的主体形式，有人认为，在合作经济形式多样化的状况下，以经营土地为基础的地区性合作组织，仍在合作经济体系中

---

① 参见唐明曦《中国农村新型家庭经济的崛起》，《经济研究》1983 年第 12 期；河南省社会科学院经济研究所《农业联产计酬责任制的理论意义》，《中州学刊》1982 年第 1 期；林子力：《论联产承包制》，上海人民出版社 1983 年版。

② 《农村合作经济问题座谈会简介》，《农业经济问题》1985 年第 5 期。

③ 周其仁：《从农村深刻的转折中评价新一代合作经济》，《农业经济问题》1985 年第 1 期。

④ 史玉臻：《当前合作经济的特点》，《山西农经》1985 年第 1 期。

⑤ 刘玉勇、高建华：《新型合作经济的形式、性质和地位》，《经济研究》1985 年第 5 期。

⑥ 汪伊举、阮士修：《发展中的新合作制》，《经济日报》1985 年 6 月 27 日。

居于主导地位，是其他合作经济形式的基础或母体，是管理、经营、服务三种作用一体化的合作经济组织，而且可能成为综合经营农业、工业、商业等多种经营的某种经济实体。[①] 也有人认为，不论土地经营合作组织今后采取何种方式，它在农村经济中的统筹作用、枢纽作用、协调控制作用等，都将处于不可代替的地位。[②] 有人认为，地区性合作经济组织具有以下三个方面的职能：一是经济管理职能；二是社会化服务职能；三是协调指导职能。地区性合作经济，同农村中的各种经济联合体、正在改革的供销社、信用社、乡镇企业以及社员家庭经济并存，各自担负着不同的经济职能，形成农村社会主义新型的合作经济网，也即新型的合作经济体制，为发展农村商品生产和商品交换开辟了广阔的前景。[③] 有人认为，新的地区性合作经济组织，与旧的“三级所有、队为基础”的集体经济，在经营方式、经营内容、管理方式、分配方式和经济职能上都有了原则的区别，不能把二者混为一谈。这种新的地区性合作组织是把公有制因素和发展商品生产的实际要求有机地结合在一起，是社会主义有计划商品经济的产物。[④]

有人不同意上述观点，认为合作经济的主体形式，是由各地经济发展水平决定的，不能一概而论。经济较为不发达地区，似乎走发展专业户、联合体的路子更符合实际。还有人认为，地域性合作组织是一种过渡形式。1958 年人民公社搞工农商学兵，想把公社变为无所不包的体系，这个实践是失败的。随着农村跨区域经济的发展，横向经济联系日益广泛，地域性合作经济将会消失，代之而起的是专业化合作经济。[⑤] 有人主张取消地域性合作经济组织，建立按行业划分的专业公司，通过各专业公司解决各生产单位的产前、产中、产后服务问题，这样可以变小生产为大生产，加快生产发展。[⑥]

关于新型合作制的双重经营结构，有人认为，我国家庭联产承包制的最大成功，就在于在坚持生产资料公有制的前提下，实行了所有权与使用权的分离，建立了集体经济与家庭经营统分结合的双层经营结构，使得农

---

① 《农村合作经济的改革、现状和发展、完善》，《农村问题论坛》1985 年第 70 期。

② 韩元钦：《关于土地经营合作组织的职能和趋向问题》，《农业经济问题》1985 年第 7 期。

③ 詹武、刘文璞、秦其明、魏道南：《农村经济体制改革的新发展》，《中国农村经济》1985 年第 1 期。

④ 陈伯平：《试论我国农村合作经济组织的模式》，《农民日报》1985 年 12 月 10 日。

⑤ 参见《1985 年 6 月江苏省农村合作经济座谈会》，《农业经济问题》1985 年第 11 期。

⑥ 参见《京郊地区性合作经济理论讨论会综述》，《农业经济问题》1985 年第 7 期。

村合作经济从高度集中统一及平均主义的束缚中解放出来，集体经济的优越性与家庭经营的积极性同时得到充分的发挥。这种模式使生产经营成果与农民物质利益相结合，调动了农民的积极性，深得8亿农民的拥护，促进了农村经济的蓬勃发展。这种模式的进一步完善，很可能走出一条中国式的社会主义道路。① 还有人认为，双层结构的形式，正是适合商品经济和社会化的要求而产生的。家庭经济和社会服务体系相互依存、统分结合的双层结构，是所有国家中依存于商品经济的合作社的一般特点。商品经济的迅猛发展，要求加强为家庭经济提供各种社会服务的合作组织，加强“统”的方面。② 对于当前我国农村双层经营结构发展的现状，有人认为，经济发达地区“统”的层次是整个农业生产过程赖以正常进行的条件，农业直接生产过程中的大部分环节都是由地区性合作经济组织实行统一经营的。一般地区“统”的层次仅限于农业生产过程中的少数几个环节。贫困落后地区基本上没有什么统一经营，但这并不表明双层经营结构在这些地区已经完成了它的历史使命，而是由于这些地区经济发展水平低和干部素质较差、放松管理等原因，还没有条件实行统一经营，今后随着经济的发展，“统”的层次会日渐加强。③ 有人认为，几乎所有发达地区的事实都证明，农村商品经济的发展，必须使统一经营层次的经济职能大大增强。至于边远、落后地区的农村，双层经营制不是已经完成了历史使命，而是由于经济发展水平的限制，还没有来得及承担它应当承担的历史使命。④

持相反观点的人认为，在农村商品经济发展过程中，双层结构正在实现自身的否定。因为作为一方的家庭经营不断扩大，迅猛发展，而作为另一方的“统”的机能不断衰竭退化，甚至丧失。其结果必然是整个统一体的瓦解。在不断扩大再生产情况下，集体经济最初提供给承包者的生产条件已经成为或正在转化为农民家庭经营的劳动积累的物化形式，因而终究要变成一个日趋缩小的量，即数学意义上逐渐接近于零的量。而且，如果说前一个时期，双层经营结构的确立促进了农村商品经济的发展，那么，今天农村商品经济发展的现实又在证明，它正在阻碍着这个过程，妨碍着

① 张柏齐：《浅谈地区性合作经济双层经营结构的几个问题》，《农业经济问题》1985年第9期。

② 杨承训：《合作制向商品经济体系的复归》，《中国农村经济》1985年第8—9期。

③ 参见《对农村合作经济的动向和趋势的认识》，《农业经济问题》1985年第8期。

④ 韩元钦：《关于土地经营合作组织的职能和趋向问题》，《农业经济问题》1985年第7期。

广大农户最大限度地满足通过市场需求反映的城市消费和农村本身发展的需要，妨碍着更合理地配置农村经济中的诸项生产要素，妨碍着农户在家庭经济基础上形成最适度规模。因此，集体经济及双层经营结构之被否定，必然成为一个不可逆转的历史趋势。① 有人认为，任何一种经营方式的生命力，从根本上说都是由生产力发展要求所决定的。正是从这一点出发，双层经营体制基本上已经完成了历史使命。②

还有一种观点认为，双层经营方式的提出及其实践，无疑是对我国社会主义农业经济理论的重大突破。但是，不能把双层经营看做我国农业经营的唯一模式，更不能说是我国农村合作经济的唯一模式。把双层经营方式当做农业经营和农村合作经济的唯一模式，硬套在一切地区、一切单位头上，在理论和实践上都是不可取的。也不能据此引申出这样的结论：农村商品经济越发展，就越要加强集体统一经营这个侧面。当然，那种认为双层经营方式现在已经完成了它的历史使命，该“寿终正寝”了，似乎也不一定与事实相符。既然我国农村的情况千差万别，那么在经营方式上也就需要多样化。③

关于股份式合作，近年来，随着经济体制改革的进一步深入，我国农村涌现了一批实行“合股经营、股金分红”的合作经济单位，它已成为继家庭联产承包责任制出现以后，发展和完善我国农村合作制的一种新形式，从而引起人们的关注。

有人论证说，股份式合作是劳动者根据自愿互利的原则，在不根本改变生产资料所有权的前提下，实行经济联合，有民主管理制度，有公共积累，按劳分配为主，并有一定股金分红的经济组织。股份式合作是合作经济的一种形式，具有合作经济一般质的规定性。④

对于股息及分红的性质，有人认为，股份形式的存在当然是私有制因素在合作经济关系上的反映，它体现了劳动者在生产资料所有权上的差别。在我国多种所有制形式并存的条件下，社会不但承认不同的劳动能力所带来的劳动者收入上的不平等，而且承认由于生产资料所有权上的不平等所带来的劳动者收入上的不平等。生产资料的经营性使用是劳动者谋得收入

---

① 高鸿宾：《对农村集体经济中双层结构的历史认识》，《农业经济问题》1985 年第 3 期。

② 曹国英：《对双层经营制的几点异议》，《农业经济问题》1985 年第 11 期。

③ 王贵辰、秦其明：《对双层经营方式的再思考》，《中国农村经济》1985 年第 9 期。

④ 刘荣勤：《论股份式合作》，《农业经济问题》1985 年第 11 期。

的手段，其所有者对使用权的出让，有取得经济补偿的权利。因此，在合作经济的条件下，股息作为生产资料所有权在分配关系上的实现，其支付形式的性质，是企业对社会资金的一种有偿使用，它所体现的是劳动者之间互助合作的经济关系。①

在合作经济发展的方向、趋势和前景问题上，有几种不同的观点。有人认为在 20 世纪最后 15 年和 21 世纪初期，我国农业合作制的主要发展方向和发展重点应是流通领域的合作，在发展家庭经营和商品经济的基础上，基本实现流通环节的合作化。② 有人认为，今后我国应该提倡发展流通领域的合作社，其中主要包括农业供销合作社、农产品加工合作社、农业信贷合作社以及各种服务合作社，其理由是：（1）这些合作社适应农业现代化发展的需要，从事各种产前、产后服务，从而可以促进农业综合体各环节之间的有机联系，更好地组织农业各部门之间的协作关系。（2）这些合作社通常是把家庭经营的农户垂直地联合在一起，不需要改变农户的所有制和经营方式，因此它们可以保留农户中家庭经营的一切优越性，同时把农户的家庭生产与合作社加工企业的生产计划结合起来，有助于国家对农业生产实行某种程度的计划管理。（3）这类合作社的发展，有可能从根本上改变传统的农村经济的发展模式，创造出一种中国式全新的模式，加速农村现代化的步伐。③

有人认为应把工作重点放在发展和完善地区性合作经济组织上来，因为地区性合作经济组织是国家与广大农户实行经济联系的重要环节，在目前和今后都是一种重要的合作经济组织。④ 持此种观点的同志认为，将来农村合作经济的发展，会出现以地区性合作经济组织为主体、以家庭经营为基础层次、多种合作生产和合作服务组织同时并存、同步发展、互相联系和互相渗透的合作经济网络。随着农村经济的发展，地区性合作经济组织的调节、综合职能将进一步加强，各种形式的合作组织将围绕它形成一个开放的体系。⑤

① 曹国英：《论股份在合作经济中存在的意义》，《农业经济问题》1985 年第 1 期。

② 吴硕：《论供销合作社的体制改革》，《农业经济问题》1985 年第 11 期。

③ 徐更生：《我国应该提倡发展流通领域合作社》，《农业经济学术交流会发言稿汇编》第 12 期。

④ 参见《1985 年 7 月山西运城地区农村合作经济座谈会》，《农业经济问题》1985 年第 11 期。

⑤ 参见《对农村合作经济的动向和趋势的认识》，《农业经济问题》1985 年第 8 期。

有人认为股份制合作经济和城乡联营经济将是今后农村合作经济的主要形式。因为就当前农村的实际来看，不仅各种新经济联合体采取了股份式合作方式，而且一些地区性合作经济组织和乡、村办企业，也在通过清资折股向股份式合作经济发展。股份式合作还是引导雇工经营的最现实、最易为各方接受的合作经济形式。随着商品经济的发展，城乡地域会逐渐打破，城乡经济联合体将日益发展。①

有人认为农村商品经济的发展和农民家庭经营地位的历史性变化，要求农户从自主走向自立，两权合一，从而从集体经济以及双层经营结构的分属层次中摆脱出来，转而成为直接跻身市场，直接与社会经济发生联系的独立商品生产者。这种以专业生产和家庭经营为主要特征的独立的生产者，构成了农村经济新的联合的基础。新的联合表现为两个不同的层次：一个是在农村经济中独立的商品生产者之间，根据各自不同的经济利益和生产经营的不同需求而建立的局部的小范围的联合；另一个是在城乡一体化基础上实现的以城市工业为主导的更为广泛的全社会范围的联合，随着纵横交错的市场网络的形成和社会主义商品经济统一市场的崛起，这种联合将会充分调动各项生产要素，利用各种资源，推动农村经济的发展。②

二、乡镇企业的制度创新

（一）乡镇企业的制度创新与二次创业

20 世纪 80 年代中期以来，乡镇企业在激烈竞争的考验中，不断发展壮大，成为我国国民经济发展的一支重要力量和新的增长点，显示出强大的生命力。对这样一个在广大农村出现的新生事物，我国经济理论界给予了极大关注，力求从经济理论上研究概括乡镇企业发展的实践。分析的角度虽各有差异，但绝大多数学者对乡镇企业的发展均持积极肯定的态度，认为它在实现我国农村工业化、城市化、现代化，振兴整个农村经济、实现我国广大农村的富裕繁荣、转换二元经济结构，以及在探索一条有中国特色的农村经济发展道路等方面，都具有相当重要的战略地位和战略作用。他们认为，乡镇企业之所以能起到如此重要的作用，主要是由于客观存在

---

① 参见《对农村合作经济的动向和趋势的认识》，《农业经济问题》1985 年第 8 期。

② 高鸿宾：《试论农村经济中联合的存在与发展》，《农业经济问题》1985 年第 5 期。

实现了一系列的制度创新，表现在：（1）它打破了持续几十年的农村公有制一统天下的所有制格局，开始形成多元化的所有制新格局，进一步解放了生产力。家庭承包制的实行，由于仍坚持主要生产资料——土地的集体所有制，并未能出现多元所有制并存的局面，而乡镇企业除了乡办、村办仍是集体所有外，出现了一大批个人办、家庭办、联户合伙办的企业，在这些地方称之为“多轮驱动”，实际是多元所有制共同发展。这一方面巩固壮大了集体经济实力；另一方面又发挥了家庭、个体的积极性，使农村经济发展跃上了新台阶。（2）它打破了持续几十年的“以粮为纲”的单一失衡的农村产业结构，打破了城乡传统的产业分工，开始形成了第一、第二、第三产业协调发展，多种经营全面振兴的新的产业结构。尤其是乡镇企业通过“以工补农”、“以工建农”等方式扶持农业和其他各业，成为支持农业和农村经济全面发展的重要物质基础。（3）它打破了持续几十年的农民被捆在土地上仅靠“土里刨食”，从而造成农民长期无法摆脱贫困的单一收入结构，扩大了农村就业门路的容量，转移安置了一大批农业的剩余劳动力，使农民收入分配来源多元化，农民人均收入有了较大增长，一大批乡镇企业发达的农村，农民已经摆脱了贫困，走上了小康之路，大大缩小了城乡的差距。（4）它打破了持续几千年的农村自给半自给的封闭的自然经济格局，把商品经济的活力带入了农村，促进了农村经济和社会由传统型向现代型的转变，也促进了农业经营由粗放型向集约型的转变，大大促进了农业劳动生产率的提高，为真正实现农业现代化提供了可能。（5）它极大地冲击了城乡分割的二元结构，开始出现工农一体化、城乡一体化的新的经济社会结构萌芽。乡镇工业发展带动起来的农村集镇，日益成为联结大中城市的广大农村的经济网络中的链条，逐步形成城乡之间合理化的社会分工协作体系，构成复合式、多层次的经济网络。城市现代大工业与农村乡镇工业、大中城市和农村小城镇互为补充、共同发展，构成有中国特色的工业化、城市化道路。①

---

①　黄守宏：《乡镇企业是国民经济发展的推动力量》，《经济研究》1990 年第 5 期；郭书田：《论中国农村工业化问题》，《农业经济问题》1993 年第 12 期；张藩成：《乡镇企业发展与城乡二元结构的转换》，载《迈向 21 世纪的中国农业》，中国农业出版社 1995 年版，第 305—306 页；陈吉元：《90 年代我国农村经济的改革与发展》，载《90 年代中国经济发展与改革探索》，经济科学出版社 1992 年版，第 142—143、151—152 页；刘济民：《农村的创举——关于促进我国乡镇企业发展和壮大的几个问题》，《人民日报》1995 年 9 月 7 日。

当然，乡镇企业的发展不是一帆风顺的，伴随着乡镇企业的发展，也出现了一系列问题，而由此也产生了一些对乡镇企业的非议，例如，在与农业的关系上有人指责发展乡镇企业挤占了耕地、使年轻的有文化的青壮年主要劳动力纷纷离开农业，农业反倒成了“副业”，真正长年留下从事农业的多为老弱妇孺，以及“三废”的排放把工业的污染扩散到了农村，从而影响了农业的发展。在与城市国营工业的关系上，有人指责乡镇企业的发展是“以小挤大”、“以落后挤先进”，是与国营大工业“争原料、争资金、争市场”等。有人还认为，乡镇企业——小城镇这一道路引发了“农村病”，集中表现为农村工业乡土化、农业副业化、农村生态环境恶化、小城镇发展无序化以及离农人口“两栖化”，而所有这一切都是由于乡镇企业——小城镇这种道路，在国家尚未彻底放弃城乡分割的二元社会经济结构赖以存在的种种政策和制度的条件下，不可能彻底突破二元经济体制。因此，乡镇企业——小城镇只能作为农村工业化、城市化的起步模式，绝不能把它说成是最佳目标模式。有人指出，我国的乡镇企业是在许多非理性运行的政治、经济环境中降生的，因此，不可避免地从它的母体中带来了许多先天性障碍。随着商品经济的发展，特别是随着社会主义市场经济体制的建立、发展与逐步完善，这些先天性障碍给乡镇企业的后天发展带来了一系列困难和问题：资源配置分散化；产品、产业结构同构化；经营主体单一化、混浊化；经营运行的社区化；微观管理行政化、经验化；经济效益低效化，等等。①

特别是进入20世纪90年代中期以来，随着我国社会主义市场经济体制建立和完善的进程加快，国内买方市场的形成和国家宏观经济政策的调整，以及东南亚金融危机的影响与经济全球化的进程加快等因素的作用下，乡镇企业原有的优势逐步减弱，而长期以来形成的体制性、结构性固有矛盾和问题逐渐显露出来，乡镇企业继续实行量的扩张已十分困难，相当一批乡镇企业纷纷陷入困境。有人对乡镇企业面临的困难和问题，从六个方面做了分析：（1）乡镇集体企业承受着国有企业、私营企业的双重竞争压力，

① 顾益康、黄祖辉、徐加：《对乡镇企业——小城镇道路的历史评判》，《农业经济问题》1989年第3期；贺军伟：《走向协调：谈乡镇企业的产业政策》，《中国农村经济》1990年第2期；乡镇企业研究课题组：《中国乡镇企业发展及其与国民经济的宏观协调》，《中国农村经济》1990年第5—6期；罗伟雄、崔国忠：《乡镇企业进一步发展的障碍》，《工人日报》1994年9月5日。

竞争优势明显减弱。乡镇集体企业在产生之初，就具有自主决策、自主经营、自负盈亏、自我发展的机制优势，适合了市场的特点和要求。同时，国家实行鼓励保护其发展的特殊政策，相对于受计划经济体制束缚的国有企业和尚未成气候的私营经济，则具有十分明显和强大的竞争优势。但是，这种优势随着市场经济体制的逐步建立，以及党的十五大以后私营经济的迅猛发展而逐渐丧失。可以说，乡镇集体企业、国有企业回到了同一起跑线，且国有企业在技术、管理、人才等方面具有更大的优势，私营企业则在产权组织形式、内部经营机制、利益机制诸方面更优于乡镇集体企业，因而其竞争力不断提高，对乡镇集体企业构成了新的有力的竞争。（2）国家抓大放小，乡镇企业的政策优势弱化。过去乡镇企业作为新的经济增长点，政府在投资、税收等方面给予了国有企业享受不到的优惠政策。而这些优惠政策随着国家把主要精力放在国有企业的解困盘活上而逐步消失或减少。尤其是随着金融体制改革和投融资体制改革措施的到位，乡镇企业依靠银行筹资实际已十分困难。税收优惠政策也因财政支出的刚性需求和财政收入增加的压力而逐步取消或名存实亡，且各地均加大了征管力度，过去凭借减税让利实行资本积累滚动发展的优势已不复存在。（3）乡镇企业结构性矛盾十分突出，市场竞争能力弱化。1997 年以来，我国经济成功实现“软着陆”后，由卖方市场向买方市场转变，使依靠小规模、低价格、原材料加工、资源性开发为主的乡镇企业经营十分困难，低水平重复建设形成的产业结构、产品结构以及企业组织结构趋同的结构性矛盾十分突出，在市场竞争中显得软弱无力。（4）乡镇集体企业作为农村社区性经济组织，集体资产管理主体缺位形成的政企不分、“二国营”体制，严重地阻碍了企业的发展与创新。效益较好的企业成为乡镇政府的“小金库”、“自留地”，经营不善的亏损企业成为乡镇政府的沉重包袱，扔不掉又丢不得。（5）管理不规范和缺乏开发创新能力，乡镇企业发展后劲不足。乡镇企业是由农民创办的“乡土企业”，由于他们受小农意识的束缚，以及缺乏管理现代企业的知识和经验，也由于利益上的利害关系，在组织管理上出现了以家长制、家族制为主的管理方式，导致决策的主观性、管理的随意性和用人的排他性，因而缺乏必要的、规范的企业管理制度，从而导致企业机制不活，开发创新能力不足，以致企业发展后劲不足。（6）企业负担名目繁多，自我积累压力加大。不但举债经营的企业举步维艰，而且乡镇企业缴付各种费用的比例大大超过税负的比例，而且很多职能部门以服务为名，行收费之实。企业穷于应付，严重阻碍和扰乱了企业正常的生产经营。[①]

对此，有人认为造成上述一些困难和问题，“乡镇企业的结构不合理是重要原因之一”，“乡镇企业应该进入结构调整的关键阶段”，并提出应从产品结构、产业结构、区域结构、组织结构、所有制结构、技术与智力结构等方面进行调整的具体对策思路。[②] 有人则认为，大力推进制度创新，才是“增强乡镇企业活力的着力点”，“重点是解决好乡镇企业政企不分、‘二国营’的问题。对大中型企业以建立现代企业制度为目标，以股份有限公司和有限责任公司为主要实现形式，实行规范化的公司改造，以增强企业的发展和竞争能力。对小型企业则采取股份合作改造一批、拍卖租赁放活一批、破产重组重建一批等措施，使企业内部组织结构得到改善和优化。在明晰产权的基础上，建立三权制衡的法人治理结构，改变现存的家长制、家族制的管理方式。”[③] 有人特别强调“以产权制度创新推动乡镇企业二次创业”的对策思路。[④] 有人指出：“为适应市场经济全面发展的要求，乡镇企业必须尽快扭转产权关系中的种种模糊化状态，按照现代企业产权制度要求，明确各种财产的归属关系，包括划清国家与集体之间、企业与当地政府之间、虚拟所有者与实际占有者之间、企业与个人之间等在财产所有、占有和使用关系上的各种界限”，只有这样，乡镇企业才能“构建现代企业制度并走向成熟化。”[⑤]

（二）乡镇企业发展的地区模式

由于我国各个地区农村生产力发展水平、原有集体经济状况、商品经济发展程度、城乡关系状况以及人文、自然、地理、传统等方面各不相同，因此，在乡镇企业发展中出现了一些各具特色的地区发展模式，讨论中涉及的几种主要的不同模式为：

1. “苏南模式”。这是以江苏省南部长江三角洲的苏州、无锡、常州等发达地区农村经济发展为代表的一种模式。有人概括这种模式是“以集体经济为主体，乡镇工业为核心，中心城市为依托，市场调节为主要手段，县乡政府直接领导的一种农村经济模式”。其特点是：（1）乡、村两级集体

① 刘芳震：《浅谈乡镇企业二次创业的困难、问题及对策》，《中国农村经济》1999 年第 5 期。

② 丁仕达：《福建省乡镇企业结构现状与调整对策》，《中国农村经济》1999 年第 8 期。

③ 刘芳震：《浅谈乡镇企业二次创业的困难、问题及对策》，《中国农村经济》1999 年第 5 期。

④ 杨继瑞：《乡镇企业、扶持、改革、调整的思考》，《中国农村经济》1999 年第 5 期。

⑤ 江林、高小斯：《乡镇企业发展的战略转移》，《经济研究》1994 年第 4 期。

经济占据了主导地位；（2）乡镇工业成为整个农村经济发展的核心产业部门；（3）充分利用接近大中城市的优越地理位置和有利条件，同城市大工业发生不可分割的联系；（4）资金、原材料、能源的来源和产品的销路，除依靠城市国营工业、商业供应和推销外，主要靠市场的自行开拓和竞争；（5）县乡两级党政领导者是发展农村经济的实际决策人。有人认为，这些特点就使“苏南模式”“发展虽快然而稳妥，困难虽多然而风险不大”。[①]

有人认为“苏南模式”的主要优点在于：它采取在乡村公有制（也可以说是一种社区所有制，有人则认为是社会主义集团所有制）的基础上发展乡镇集体企业，转移了农业劳动力；与城市经济体制比较衔接，运行相对平稳；工业经济基础比较扎实，农民收入差距也较小，依靠乡镇企业的积累，实行“以工补农”，兴办了基础设施和公益事业，建设了乡村城镇，使当地农村经济发展出现了崭新的面貌。但是，其弊病则在于乡镇集体企业一般都办成了乡村内的“小全民”，人员由乡村政府安排，利润也多由乡村政府支配，往往平调很多，少数完全成了“官办”企业，因而不可避免地也表现出“官办”的种种通病。而且由于乡镇集体企业的兴办方式与城市企业基本类同，筹资规模彼此接近，因此进入非农产业的方式和门类较为单一和集中，容易形成一些行业同一水平层次的过度竞争，与城市工业发生摩擦较多。[②] 另外，有人认为这种模式多分布在大中城市辐射带范围内的发达地区，从而受其制约度很大，也是它的局限性。[③]

2. “温州模式”。这是浙江省南部温州地区沿海一些县的农村出现的一种发展农村商品经济的模式。有人认为，所谓“温州模式”，就是以发展家庭工业为主体，以小商品为生产经营的主要内容，以充分依靠市场为主要调节机制的发展农村商品经济道路，这是一条对远离大中城市、原来集体经济不发达、人多地少、贫困落后的农村，发展商品经济，迅速致富行之有效的可供选择的道路。[④] 有人把这种模式概括为五个方面的特征：（1）经济形式家庭化，农村工业中以家庭工业为“主角”；（2）经济方式专业化，

① 朱道华：《农村繁荣和农民致富的道路》，《经济参考》1986年5月16日。

② 中国社会科学院经济研究所温州农村考察组：《温州农村商品经济考察与中国农村现代化道路探索》，《经济研究》1986年第6期。

③ 涂一岷：《乡镇工业企业的概念、模式分类》，《乡镇经济研究》1986年第3期。

④ 章琳：《建立开放型的市场网络是发展农村商品经济的前提》，《经济研究资料》1986年第8期。

家庭经济在供、产、销以及生产过程诸环节中都实行专业分工；（3）专业生产系列化、群体化，形成以一区为单位的专业生产和专业市场相结合的产销基地；（4）生产要靠市场化，原材料、各种生产资料、资金、劳动力都是通过市场交换，自由流动组合；（5）服务环节上的协作化，家庭经营与社会化服务相互依存。①

有人则认为"温州模式"的本质是"市场型经济"，"具备市场型经济的一切特征"，其优势也正在于"通过家庭经营与市场机制的有效结合，一举解决了三个问题：（1）为农业剩余劳动力和家庭内劳动力的剩余劳动时间找到了出路；（2）为城乡居民对某些小商品的需求提供了廉价的供应，为全社会增加了财富；（3）为社会主义有计划商品经济开辟了一个新的窗口，提供了一种从自然经济向商品经济过渡时期利用市场机制推动家庭经济的新格局"。②

与"苏南模式"相比，有人认为"温州模式"的优点是：（1）更易于筹集发展工业和其他非农产业的资金；（2）更迅速地使农业中的剩余劳动力转移到非农业部门；（3）更迅速地使工业技术普及到农村；（4）更迅速更普遍地使农民收入提高；（5）更易于在我国更多的农村地区实行。③"而其缺点则主要在于经济运行的稳定性差，调控的难度大，如何把握它的运行机制，并与我们的整个经济体制协调起来，仍是一个需要探索的问题"。④

3. "耿车模式"。这是苏北欠发达地区的江苏省宿迁县耿车乡的农民，借鉴苏南和温州的经验，从当地实际情况出发创造的。其主要特点是以户办、联户办企业为主体，以乡办、村办企业为骨干，形成"四轮"齐转、"双轨"（集体、个体）并进，大小企业结合。"大的抓住上水平"，学习苏南经验，集中办好集体企业，建立一批技术水平较高、经济效益较好的骨干企业；"小的分散进家庭"，学习温州经验，充分利用本地资源，吸收农村中的闲散资金，鼓励农民发展户办、联户办企业，采取"亲帮亲、邻帮邻、能人带众人"的形式，发展"一种、二养、三加工、四服务"；"大轮带着小轮飞，小轮推着大轮转"，乡、村集体企业和户、联户的家庭企业合

---

① 李仁续：《乡镇企业经营格局探索》，《农业经济问题》1986 年第 4 期。

② 罗涵先：《温州模式与市场经济》，《农业经济问题》1986 年第 9 期。

③ 董辅礽：《温州农村商品经济发展道路问题》，《经济研究资料》1986 年第 8 期。

④ 中国社会科学院经济研究所温州农村考察组：《温州农村商品经济考察与中国农村现代化道路探索》，《经济研究》1986 年第 6 期。

理分工、互为补充、互相服务、协调发展。在产业结构则以农业为基础的种植、养殖、加工为主，非农产业为次。[①]“耿车模式”的优点在于：（1）有利于开发本地资源；（2）既有利于发挥集体经济的优越性，也便于调动农民家庭经营的积极性；（3）有利于控制基建规模和信贷；（4）有利于兴办公共事业。[②] 但有人认为这种模式是以农业的发展为基础发展起来的，层次比较低，户办和联户办的企业基本上是以手工业作坊为主，属于工业发展的早期阶段。[③]

4．“晋江模式”。这是福建省泉州市晋江地区发展起来的一种模式。晋江是一个沿海地带的侨乡，晋江农民发挥自己的优势，根据国内外市场的需要，选准带头产业和重点产品，引进技术、设备和人才，采购原材料，组织加工生产，迅速发展商品经济，形成“贸工农”型的经济结构。在所有制结构上，既不是以乡办、村办的集体经济为主，也不是以家庭工业为主，而是以民办集资型的合营企业为主要形式，除了户与户之间的合营外，还有村与个人、村与联户、户与集体企业、集体企业与国营企业、集体企业与外商港商等多种多样的合营形式。这种“模式”的优点是可以充分发挥农村中能人的作用；集资渠道多、数量大；生产发展速度快；市场竞争力较强。[④]

此外，一些文章还提到了“阜阳模式”、“大邱庄模式”，等等。

许多同志认为：“模式”尽管各式各样，但其共同点是展现了一条适合中国国情的、变“二元经济结构”为“一元经济结构”的农村经济发展道路。有人概括这条道路就是：“在土地由家庭承包经营的基础上，鼓励各种生产要素的流动和重新组合，并主要通过兴办乡、镇、村集体企业和由农民家庭或联户经营的民办企业（统称乡镇企业）实现农业人口向非农产业转移，逐步实现乡村城镇化”，从而完成农村经济现代化这一历史过程。这条道路的优越性就在于“依靠广大农民群众的主动精神、积极性和长期被

---

① 蔡泽华：《从耿车、沈庄的实践，探索苏北乡镇企业发展之路》，《农业经济问题》1986 年第 9 期；王淮冰等：《为乡镇企业进一步健康发展开拓道路——江苏省乡镇企业经济理论讨论会观点综述》，《中国农村经济》1986 年第 7 期。

② 李阳：《乡镇企业的耿车模式》，《农村工作通讯》1986 年第 7 期。

③ 王淮冰等：《为乡镇企业进一步健康发展开拓道路——江苏省乡镇企业经济理论讨论会观点综述》，《中国农村经济》1986 年第 7 期。

④ 陈道源：《发展农村商品经济的一种类型——晋江乡镇企业调查》，《经济学动态》1986 年第 7 期；曹勇：《两种不同的农村二元经济结构发展格局》，《经济研究》1986 年第 12 期。

压抑而不得施展的才能，充分利用经济资源中可以利用的潜力，使各种生产要素奇迹般地实现了结合，从而形成相当可观的生产力”。[①]

这是一条不同于西方发达资本主义国家历史上曾经走过，不少发展中国家现在仍在继续采用的，以致一些社会主义国家，包括新中国成立后30年中也都一直沿袭的传统道路。这种传统道路要求有大量的资金投入城市工业和其他产业的发展，投入城市住房建设和市政建设，农村转移来的劳动力也需要进行系统的教育和训练，因而使这一转移过程必然是极其缓慢而又漫长的。西方发达国家经历一二百年才走完这一过程，而且是给广大农民带来深重灾难的极其痛苦的过程。一些发展中国家也由于大量农村剩余劳动力涌向城市，造成城市中大片贫民窟、大量无业游民和乞丐、娼妓、疾病流行、社会治安恶化等社会恶果。社会主义国家限制农民迁入城市，则使大量过剩的农业劳动力依然束缚在有限的土地上，农业劳动生产率难以提高，农民生活水平提高缓慢。而通过这条新的道路，就可避免传统道路所遇到的各种困难问题，并较易于大量吸收农业中的剩余劳动力。我国的实践已经证明，这是一条不需要国家大量投资条件下，能够更快地推进农村商品经济发展，有助于城乡差距缩小、工农业协调发展，和实现农村现代化的道路。[②]

对于农村经济发展不同模式存在的依据有人提出了四种不同的见解：(1) 认为不同发展模式是生产力和生产关系共同作用的结果，它必须在一定的生产关系中实现。因此，选择发展模式既要考虑生产关系，又要考虑生产力发展的水平。(2) 认为不同发展模式是由生产力决定的。生产力的不同发展水平决定了不同地区的产业结构和所有制结构的不同形式。(3) 认为不同发展模式是由所有制决定的。由于所有制的多层次性，决定了乡镇企业发展规模的大小和经营方式的不同。(4) 认为不同发展模式是由产品和产业结构决定的。由此出发选择模式，要发挥地方资源优势，走种、养、加工结合的路子。[③] 有人则认为，影响不同模式形成的条件是多种多样的，既要看生产力的不同发展水平，也要看集体经济发展的不同情况和历史传统，以及城乡关系的不同状况。不同模式的出现，都是适应各个地区

---

① 中国社会科学院经济研究所温州农村考察组：《温州农村商品经济考察与中国农村现代化道路探索》，《经济研究》1986 年第 6 期。

② 董辅礽：《温州农村商品经济发展道路问题》，《经济研究资料》1986 年第 8 期。

③ 参见《江苏省乡镇企业理论讨论会观点综述》，《中国农村经济》1986 年第 7 期。

的具体情况和特点，是其历史发展的必然。因此，各种模式都有其具体条件的适应性，决不能照搬推广。

对于农村经济多样化发展，有人提出：农村经济发展模式多样化好。因为，任何地区只有根据自己的客观条件来选择自己发展的路子和方法；只有选择生产力诸要素的最佳组合，使劳动力、劳动对象、劳动工具等组合成最佳结构，才能提高劳动生产率。也只有创造众多的经济模式并让它们在实践中发展和完善，才有利于探索适合我国国情的最佳经济结构。所以经济发展模式还是多些好。[①] 有些人认为，模式的区分也不是绝对的。苏南乡镇企业虽是以乡、村两级集体经济为主，但不能排斥村以下几个层次的发展。适应户办、联户办的，也应让户办、联户办。苏北可以从低层次的户办、联户办开始，积累资金，总结经验，但同时不要排斥在经济、技术、产供销等条件允许的情况下，适当发展一些骨干企业，去带动户办、联户办企业。[②] 有人则指出：各种模式的存在都有其客观必然性，也即合理性。各种模式并无高低优劣之分，各种模式都将沿着自己的轨迹发展，尚无一种模式向另一种模式过渡、转化的必然性。我们评价一种模式，其标准只能是是否有利于生产力的发展，是否有利于农民生活水平的提高，是否对国家、社会经济建设作出更多贡献，是否有利于四个现代化的发展，而不能以其他什么为标准。

有学者指出，模式研究在理论上的终极目的不在于获得对各个具体模式的认识，而在于通过对各个具体模式的研究，去最终把握社会主义农村经济发展的一般规律性。因此，各地相继提出的一大批模式虽然确实“使人有目不暇接之感”，但只要这些模式的提出是建立在对现实经济关系和运行机制深入考察的基础上，并做出了相应的理论概括，而不是臆想和杜撰的，那么就不是“一种时髦货”，而是对客观经济现象复杂性的如实反映，是我们逐步达到对于社会主义农村经济发展规律性认识的必然阶段。[③] 我国农村经济乃至整个社会经济，都将会以斑斓多彩的姿态走向社会主义现代化的未来。无论就全国范围来说，或是就一个地区来说，在发展乡镇企业和农村商品经济，从而实现农村经济现代化方面，具体的形式和做法都将

---

① 沈吉庆：《“模式”还是多些好——对沿海农村经济考察的思索》，《文汇报》1986 年 9 月 18 日。

② 王淮冰等：《为乡镇企业进一步健康发展开拓道路》，《中国农村经济》1986 年第 7 期。

③ 参见林坚《试论中国农村经济发展模式研究》，《经济研究》1987 年第 8 期。

多样化，不同模式可以在同一条道路上相互竞赛、相互补充，而不会像我们曾经极其愚蠢地做过的那样，让全国学习推广一种模式。[①]

（三）乡镇企业以工补农问题

随着乡镇企业的发展和效益的增加，客观上提出了是否需要用乡镇企业的收益补贴农业的问题，对此，经济理论界在讨论中出现了两种截然相反的意见：

一种意见认为，以工补农是完全必要的，其主要论据是：（1）有人认为，这首先是由乡镇企业的经济属性决定的。乡镇企业的主要组成部分是乡镇工业，乡镇工业又是整个工业的重要组成部分。乡镇工业作为工业的重要组成部分，承担一部分工业补助农业的任务，是责无旁贷、顺理成章的。其次是乡镇企业所有权在经济上的实现。从事农业生产的农民没有直接参加乡镇企业的生产，他们从乡镇企业获得的收入不是劳动收入，这种收入是凭借对乡镇企业的所有权获得的，是乡镇企业所有权在经济上的实现。再次是一种资源付费。农业为乡镇企业提供原料，此外还有土地，乡镇企业应当给予一定的补偿。这是一种资源付费。[②]

有人认为，“以工补农是当代农业的一个特点，这是社会经济发展到一定阶段的产物，是一种历史性的必然现象。因为农业生产和工业生产相比，具有受自然条件影响大，生产周期长，生产工具（包括机械）利用率低，投资大，效益低，劳动强度又较高等特点，因此，工业生产发展到一定程度，对农业进行适当补贴，这是社会经济发展的客观要求。”[③]

有人认为，“工农‘剪刀差’的存在是以工补农的理论依据，而且是唯一的理论依据。工农‘剪刀差’的存在，意味着农民两方面的损失：一方面，由于农产品价格低于实际价值，农民在出售自己产品的时候，就减少掉一部分收入；另一方面，由于工业品价格高于实际价值，因而，农民在购买工业品的时候，多付出了货币，使自己的收入又减少一部分。一般来说，由于农产品价格大大低于它的实际价值，所以，农民出售农产品的损失比购买工业品的损失要大。在实行‘以工补农’的时候，把农民损失的大部分弥补起来是必要的。如果不保证这部分补贴，势必严重挫伤农民的

① 中国社会科学院经济研究所温州农村考察组：《温州农村商品经济考察与中国农村现代化道路探索》，《经济研究》1986 年第 6 期。

② 陈可文：《关于以工补农的几个问题》，《红旗》1986 年第 18 期。

③ 陈锡根：《以工补农，以农促工》，《当代农业》1986 年第 7 期。

务农积极性。”①

有人则认为，“以工补农的实质是合作经济内部的经济再分配（利益再分配），是按劳分配原则在经济综合发展情况下的具体化。这是由乡村工业属集体所有制性质所决定的。在合作经济内部分工分业的情况下，各业之间是相互依存、相互促进的，是彼此不可分割的整体。诚然，各业之间要单独核算，但这只是利益的初次分配。各业劳力的报酬不但在同行业中要贯彻按劳分配原则，而且在各业之间也要符合按劳分配精神。等量劳动要得到等量报酬。由于各业劳动所付出劳动量是差不多的，所以所得报酬也应当平衡、大致相差不多。这就要求各业生产之间、各业劳力之间在专业内部初次分配的基础上搞好经济再分配，以体现合作经济性质、体现按劳分配原则。‘以工补农’这个政策，实质上就是坚持这一性质、原则的具体形式。”②

还有人认为，“以工补农不仅仅是同一核算单位内部的调节功能，也不只是同一所有制组织内部按劳分配问题。以工补农的实质是农村国民收入的再分配。农村国民收入首先在农业和乡镇工业内部进行初次分配，分别形成上交国家税收、企业基金、个人消费基金。由于农业与其他各业之间盈利的差别较大，为了稳定农业的发展，农村国民收入经过初次分配后还要进行再分配。以工补农就是农村国民收入再分配的一种重要形式。”③

另一种则持不同意见，有人认为，“利用这种办法所能解决的只是合作社内部从事不同部门劳动力的收入差别，还不能解决合作社作为一个独立商品生产者可能出现的轻农倾向。以工补农实际上是把国家和农民的矛盾、工业和农业的矛盾转嫁给合作社本身。重要的还在于，在商品经济条件下，农业应当成为一个自立的依靠自身力量能顺利实现扩大再生产的部门，而以工补农只能缓解长期存在的工农业矛盾，而不能彻底解决这个矛盾，更不能避免因农业收益率低可能带来的停滞和萎缩。”④

有人认为，“以工补农对于集体经济实力较强的单位来说是内部调节分配，以应付宏观环境不利的权宜之计，从微调来说是可行的。但作为管理宏观经济的国家来说，把以工补农作为长期方针提出来，则是不妥当的。

① 张让：《“以工建农”质疑》，《农民日报》1986年8月27日。

② 邹江风、赵法宝：《以工补农应当坚持和发展》，《农业现代化研究》1986年第3期。

③ 陈可文：《关于以工补农的几个问题》，《红旗》1986年第18期。

④ 刘文璞：《试论“七五”时期农业进一步改革的目标》，《中国农村经济》1986年第7期。

从国家和农民的关系来说，国家以农产品价格低为原因让农民自己来补自己，对经济上已经彼此独立的农村各产业的生产者来说，就等于一平二调。从产业政策来说，'以工补农'对工业是一种抑制，并把农业置于不独立的产业地位。虽然农村工业在历史上是为补农而生的，一直肩负着补农的任务，但那是由于过去'左'的政策逼上梁山的。现在的改革不但要理顺国家和农民、集体与个人之间的关系，而且要理顺农村各产业之间的经济关系。因而不能用过去一套老办法来调整工农业关系。工农业之间正常的关系是农业为工业提供粮食、原料与劳动力，工业为农业提供生产和消费资料、吸收应农转非的劳动力，在经济上则是商品交换关系，等价交换是基本原则。"①

有人认为，"以工补农"是保护了效益低的部门，阻止了高效益产业的正常发挥，并不能达到扶持农业、整顿乡镇企业的目的。其主要表现为：（1）使农业失去产业独立性。社会分工、专业化和产业分离要求财产关系逐渐清理和分离。当分工已经达到一定程度时，若硬把财产关系扭到一起，会使两个产业都处于庄园式的依附地位而失去独立性。农业靠乡镇企业补贴，其发展依赖并受制于一个次生的产业，便使自身失去了独立产业（特别还是一个基础产业）的地位。就意味着这个产业天然地不能在交换中得到社会平均利润，天然地就是社会剩余劳动力的蓄水池。（2）扩大了社会总需求水平。"以工补农"不仅没有解决农业自身积累动力问题，而且弱化甚至退化了农业自身积累能力。乡镇企业利润补贴到农业中，必然会使农业自身实现利润的积累率下降消费基金比例上升，从而成为社会总需求膨胀的一个因素。同时，造成乡镇企业自身积累的资金比例减少，扩大了对信贷资金的需求。（3）造成农业和乡镇企业财务约束的进一步软化。对农业来说，国家实行间接控制的一系列经济杠杆灵敏度得不到提高，农业生产结构也难以合理化，流通中的买难卖难问题将更加尖锐化；对乡镇企业来说，除了对国家间接控制手段的反应迟钝之外，还使目前乡镇企业的种种不合理的行为合法化。（4）限制了乡镇企业的发展速度，加重了乡镇企业的负担。农村工业既然要不断地贴补农业，那么这个工业永远不能发展为一个独立的产业，其经济功能也就不能得到完全的发育。这种超负荷运转的状况是不能持久的。总之，要保证农业持久发展，必须健全其内部的

① 刘福垣：《农村经济发展与改革的突破口》，《农业经济丛刊》1986 年第 6 期。

积累机制，而不是使其成为其他产业的附属品；乡镇企业的全面发展，也必须卸掉直接补贴农业这个沉重负担。①

三、农业剩余劳动力的转移与“民工潮”

任何一个国家在实现农业现代化的过程中，都必然伴随着农业剩余劳动力大量离开土地从事他业的现象，这种现象也是各国实现农业现代化的必要条件和内在要求。一个国家的农业现代化，只有在其绝大部分可以从农业中转移出去的剩余劳动力都转移完了，才会最终实现。这对于我国来说，也不例外。然而，在我国，这一过程却有其独自的特点：

一是我国农业剩余劳动力的转移，并不是伴随着农业现代化的实现过程自然地实现的。从20世纪50年代提出农业现代化到20世纪70年代末，虽然农业机械化、水利化、化学化的水平有了一定程度的发展，农业剩余劳动力却由于带有封闭性的二元经济社会结构的桎梏以及多种政治因素的束缚，而未能向其他产业和城市转移。相反，却从城市向农村转移了几千万“上山下乡”、“落户插队”的知青和城市中的“地、富、反、坏、右”五类分子，使农村剩余劳动力队伍更加膨胀，农业劳动生产率长期得不到提高。只是当党的十一届三中全会后，实现改革开放的方针，才由于严重束缚我国农民向其他产业转移的人民公社体制和计划经济体制瓦解和逐步消除，国家对限制农民自由流动和择业的政策有了较大松动时，长期束缚在土地上的农业剩余劳动力才得以实现转移。

二是我国需要转移的农业剩余劳动力数以亿计，这样一个十分庞大的农村人口的转移，不可能采取发达国家那样全部向大中城市流动，尤其是在我国城市同样存在着一支剩余劳动大军的条件下，只能另辟蹊径。

三是由于我国农民传统的对土地依恋心理根深蒂固，农业剩余劳动力的转移在多数情况下不是如同西方发达国家那样的完全脱离土地的转移，因此，伴随着农民向非农产业转移的不是土地的集中和规模经营的扩大，而是大量出现了兼业农户。

四是由于我国是一个二元结构十分明显的国家，现代工业城市和传统农业农村分割十分严格，形成两个具有根本区别的区域。在此种情况下，

① 李庆曾、刘福垣、蔡昉：《我们对“以工补农”的一些看法和建议》，《农业经济丛刊》1986年第5期。

农民只能通过发展农村工业和第三产业、发展农村小集镇，来转移庞大的剩余劳动力。因此，我国农业剩余劳动力的转移是与农村工业化、城市化过程相一致，应运而生的乡镇企业和小城镇成为农业剩余劳动力转移的主要渠道。

在我国经济理论界和实际工作者中，对农业剩余劳动力的转移途径基本上有就地转移和异地转移两大派的主张。就地转移论的主张是出现得最早、又是较多人持有的主张。这种主张认为，由于我国农业剩余劳动力数量十分庞大，而城市中就业压力也很大，为避免农村剩余劳动力的盲目流动和防止因此而引起的不稳定因素，所以各地农业剩余劳动力应主要采取“就地消化”、“就地转移”、“就地吸纳”的途径。持此种主张者认为，根据我国国情，在我国特有的制度环境中，城市对农村劳动力的吸收能量不大，而以农村工业为主体的农村非农产业却对吸收农业剩余劳动力具有决定性的作用，因此，我国农业剩余劳动力转移的基点主要应放在农村工业的发展上。也就是说，农业剩余劳动力的绝大部分只能实行“离土不离乡”、“进厂不进城”，即在本乡本土通过大办乡镇企业和各种个体、私营工商业，实现转移。这种转移大体上也就是“亦工亦农”或“亦商亦农”的兼业式转移。农村小城镇作为农村剩余劳动力转移的主要集散地和乡镇企业规模经营的基地，也可吸收一部分农村劳动力，因此，应该给予支持重点发展。有人甚至认为，在目前农民进城、乡镇企业吸纳和流向小城镇这样三条农业剩余劳动力转移途径中，由于城市改革深化，就业难度加大，农民进城受阻，乡镇企业处于升级换代阶段，吸纳能力减弱，唯有一条可行途径，即是向小城镇转移，只有小城镇的发展才给农业剩余劳动力带来巨大的发展空间。①

持异地转移主张的人认为，由于我国国土辽阔，各地情况差异极大，就地转移作为一个普遍原则是无法实行的，经济落后的中西部地区便无实现的可能性。他们认为，要真正使我国庞大的农业剩余劳动力从农业中彻底转移出来，便应按照发达国家已走过的道路，把农民的大量转移同城市化直接联系起来，只有这样，才能既完成农业中富余劳动力向其他产业转

① 参见陈俊生《关于农村劳动力剩余和基本对策问题》，《人民日报》1995年1月28日；孙安思、潘勇辉《小城镇持续发展战略初探》，《中国农村经济》1998年第7期；袁亚愚《中国农业现代化的历史回顾与展望》，四川大学出版社1996年版，第170页；陈吉元、胡必亮《中国的三元经济结构与农业剩余劳动力转移》，《经济研究》1994年第4期。

移的历史任务，又实现全国的工业化、城市化、现代化。持此种主张者认为，“离土不离乡”、“进厂不进城”已明显成为生产力发展的束缚；而发展小城镇之路也不可取，小城镇的发展，使我们本来短缺的耕地资源更加短缺，农业发展面临更加严峻的挑战，加之小城镇本身固有的边际产出低、聚集效应差等问题，其结果并未带来高速的人口城市化，反而使农村生态环境迅速恶化。限制农民进城似乎避免了“城市病”，却引起了一定程度上说更为严重的“农村病”，这就是乡镇工业“乡乡布局，村村开花，户户冒烟”，造成耕地浪费、环境污染、效益低下。而且，这种做法在“大二元”结构没有打破的情况下，又在农村内部形成一个“小二元”（农业和农村工业）结构，这样，农村工业化、城市化的发展不仅不能带动农业的发展，相反还会使农业处于更加不利的地位。还有人认为，当今世界任何国家的富余农业劳动力向非农产业转移，由于现代社会变迁固有的经济和社会规律的强制作用，其基本道路都是沿着将“乡下人”转变为“城里人”的城市化方向发展的，其中包含着三个任何人都无法改变和抗拒的规律：富余农业劳动力由农业向非农产业转移；富余农业劳动力由农村向城市转移；富余农业劳动力由贫困落后地区向经济发达地区流动。人们的相反行为，只能一时阻挡这些规律充分地表现自己或使之以变形的方式显示其作用，但这些规律，最终还是会迫使人们在因违背客观规律而遭遇许多挫折后，不得不依它们行事。①

有人针对上述两种主张认为，它们都有局限性，都没有从全面的角度把握问题的实质。我国所面临的是世界上有史以来农业剩余劳动力转移规模最宏大的系统工程，单靠“就地转移”抑或“异地转移”都不能全面加以消纳。就地转移论的局限性表现在过高估计了农村非农产业容纳剩余劳动力的能力，看不到农村非农产业容量正在日益缩小的趋势；异地转移论则过高估计了不同经济地区以及城市对农村剩余劳动力的容纳能力，忽视了农业通过广度开发和深度利用还可以增容大量的剩余劳动力。因此，他们主张农业剩余劳动力转移途径应实行全方位开放、多层次容纳，广开一切就业门路，消除一切障碍，到一切可以转移的场所去就业。只有这样，

---

① 参见郭书田《对农村工业化、城市化与农业现代化的几点思考》，《中国农村经济》1989年第2期；李勇《发展小城镇之路不可取》，《中国改革》1996年第4期；袁亚愚《中国农业现代化的历史回顾与展望》，四川大学出版社1996年版。

才能最终解决我国农业剩余劳动力的转移，也才能最终实现我国农业的现代化。有人则主张农业剩余劳动力转移分两步走：第一步消除农业隐形失业，加快农村剩余劳动力向农村非农产业转移；第二步改变城乡人口分布畸形状态，逐步增加城镇人口比重。这两个过程虽不能截然分开，但绝不能两步并一步走。现阶段，我们的基点应放在扩大农村剩余劳动力就地转业门路上。① 有人主张就地转移与农民离乡进城就业应当并重，实行多层次转移。因为，“就地转移与农民进城就业这两种流向并非非此即彼、截然对立，而是可以相融的。明智的选择不是以一种流向否认另一种流向，而是两种流向并重，相辅相成”。有人提出，农村剩余劳动力的去向可以分为三个层次：离土离乡，到大城市和工业中心就业；离土不离乡，到小集镇就业；既不离土又不离乡，实行自我就业，即在家庭内部自行转移。走多层次、多渠道、立体化创造劳动力就业机会的路子。把劳动力的内部转业和外部转移紧密结合起来，既可以促进城市的繁荣，又可以避免农村的凋敝；既可以使农村在较短时间内摆脱贫困落后的面貌，又可以保持农村的持续、稳定、协调发展。对城乡经济的有序化必将是一个巨大的推动，有利于早日形成一个有效的劳动力流动自组织机制。②

面对汹涌澎湃的“民工潮”，经济学界也出现了两种截然不同的看法：一种看法认为，“民工潮”作为中国农民在新形势下的杰作，既是市场经济条件下劳动力资源优化组合的必然反映，也是我国长期实行城乡分割隔离政策隐含矛盾的反馈和体现，更是中国农民市场经济意识增强推动社会进步的重要标志。首先，对于输入地区来说，农民工为其提供了大量的源源不断的廉价劳动力，填补并解决了大中城市及经济发达地区劳动力结构性短缺的矛盾，给第二、第三产业的发展提供了大量必要的劳动积累，促进了大中城市的建设和改造，方便了城市居民生活，也解决了输入地区工业发展所带来的农业萎缩问题，为输入地区的经济建设和持续稳定发展增加了后劲。其次，对于输出地区来说，它是变剩余劳动力资源优势为商

① 参见邓一鸣《中国农业剩余劳动力利用与转移》，中国农村读物出版社 1991 年版；中国劳动力市场和工资改革课题组《我国体制转型时期“农村病”及其治理》，《经济研究》1995 年第 4 期。

② 参见信长星《就地转移与农民进城就业应当并重》，《农民日报》1986 年 10 月 22 日；刘文璞《鼓励农民自找出路》，《人民日报》1986 年 9 月 28 日；江化开《新历史条件下的农村就业问题》，《福建论坛》1986 年第 11 期。

品优势和市场经济优势的好路子，它不仅创造了农民的就业机会，缓解了农村中人多地少的矛盾，而且增加了农民收入，加快了脱贫致富的步伐，所谓“出去一个，脱贫一家”的说法就是据此而来。外出农民将打工收入带回家中，既增加了农村消费，又可用于发展生产，推动农村经济建设和文明建设。再次，外出农民直接受到现代工业文明和城市文明的熏陶，开阔了视野，学到了本领，提高了素质，其中一些人返乡后成为当地发展第二、三产业的骨干，不少成为农民企业家。最后，农业剩余劳动力的大输出、大流动，为社会主义市场经济条件下劳动力商品理论做了实践性探索，推进了我国社会主义市场体系建设和完善中最为重要的劳动力市场的培育、建立和发展。它还为我国资源要素的合理配置、农业走向规模经营、农村生产力进一步提高、农业的现代化发展创造了前提条件。因此，对“民工潮”绝不应限制堵拦，而应因势利导地建立起全国城乡统一的劳动力市场，促进劳动力合理有序的流动和有利于人口迁移以及能够促进和保证城乡结构大变革顺利开展的新秩序，为农村、农业增收和农民就业开辟更为广阔的发展通道，从而促进我国农村工业化、城市化和经济现代化的进程。

另一种看法则认为，农民这种无序的、带有盲目性的流动，既不利于农村经济的发展，也不利于城市的发展和稳定。首先，具有一定文化基础、智力较高的青年农民大量流出，使农村劳动力结构发生了变化，真正长年留下从事农业的劳动力素质明显下降，严重影响了农业更广泛地使用新科技，不利于农业现代化的实现；其次，由于流动出来的农民并未放弃承包的耕地，从而耕地撂荒现象大量出现，不利于有限耕地资源的充分利用；再次，“民工潮”也给城市的治安、工业、交通、物资供应、生活秩序等带来一系列问题和压力，城市人民安全感普遍降低；最后，国家的许多政策，如计划生育、卫生防疫、工商税收、义务教育等政策，在流动的农民中根本无法落实，等等。①

① 参见徐友军《关于“民工潮”的理性思考》，《光明日报》1994 年 3 月 23 日；何清涟《现代化的陷阱》，今日中国出版社 1998 年版；许明《关键时刻——当代中国亟待解决的 27 个问题》，今日中国出版社 1997 年版；袁亚愚《民工潮——中国现代工业社会的“生育阵痛”》，《社会科学研究》1995 年第 2 期。

第四节 关于农村第二步经济改革与农业发展战略的讨论

我国农业在经历了1979—1984年的持续高速发展以后，1985年以来连续5年出现新的徘徊。因此，农业的发展与改革问题又成为全国经济学界关注和讨论的热点，并出现了一系列的分歧意见。

一、对农村经济形势的不同评价

（一）常规增长论

认为1985年以来我国农村经济增长速度减缓不是短期的波动，而是一个阶段性变化的先兆。这种变化表明，我国农村经济已从超常规增长转向常规增长。所谓"常规增长"，就是它的增长速度不如"超常规增长"阶段那样高，但它不是迟滞，不是衰退，继续增长仍将是这一阶段的基本特征。①

（二）停滞萎缩论

认为由种植业产值负增长引起的农业总产值的下滑性波动，包含着农业的相当程度的停滞和萎缩，是当前农村经济发展迟滞的结果。农村经济的转折性变化，农业发展的遽然减速，并未形成常规增长的格局。与其说农村经济是由"超常规增长转入常规增长"，莫如将其视为由"常规增长转入非常规增长"。②

（三）波动调整论

认为既不能把1985年以来我国农村经济各项增长率指标大幅度下降看做是由"超常规增长转入常规增长"，也不能用粮食生产的迟滞，进而断言整个农村经济进入"发展迟滞"。他们认为，我国农村发展的内部构造和外部环境都正处于一个关键的波动调整时期。③ 有人认为农业的这种波动是整个国民经济周期性波动的一个重要组成部分，新中国成立以来完整的经济

① 国务院农村发展研究中心发展研究所：《认清形势，迎接挑战》，《经济参考》1986年11月12日；陈锡文：《中国农村经济：从超常规增长转向常规增长》，《经济研究》1987年第12期。

② 农牧渔业部经济政策研究中心经济增长问题课题组：《常规增长，抑或发展迟滞》，《经济研究》1987年第9期。

③ 陈健：《理解和把握目前中国农村形势的钥匙是什么》，《农业经济问题》1987年第8期。

周期已出现7次，每个周期长度大致平均为5年。制约农业周期性波动的基本因素为：（1）自然气候的周期性灾害；（2）市场价格的波动；（3）向工业化倾斜的经济政策。①

（四）发展不足论

认为用“常规增长”、“超常规增长”来概括农村经济发展的阶段性特征，没有区分经济增长与经济发展两个含义不同的概念。经济增长只是经济指标纯数量的增长，而经济发展则在数量增长的同时伴随着结构的变化，以及经济体制的改变等。1979年以来我国农村经济的增长和繁荣，生产力条件并未得到进一步改善，生产力的新质并未得到积累，因此，增长迅速，却发展不足，结果增长也必然不可能持久。②

（五）区分判断论

认为判断农村形势应该区分农村经济和农业经济两个不同的概念。当前我国农村产业结构已经有了很大改观，农村经济的客观内容有了改变，农村形势好，并不等于农业形势好，更不等于粮食形势好，现在应该说农村形势好、农业面临徘徊、粮食生产出现萎缩。③

二、对农业困境产生症结的不同分析

（一）认为我国农业困境产生的根本原因在于主观的失误

1. 1979—1984年农业连续6年高速增长，尤其是1984年大丰收之后，人们头脑开始发热，对一度出现的农民“卖粮难”的局部性、暂时性和结构性的实质认识不清，夸大了粮食虚假剩余的压力，过高地估计了农民的富裕程度，过高地估计了农业自身的发展能力。于是从1984年秋冬和1985年起，出台了一系列抑制农业发展的政策和措施，主要为：农产品合同定购价格选择失误，农用生产资料大幅度涨价，导致农业生产成本上升，经济效益下降；国家对农业的投资大幅度减少，等等。④ 所以，有人认为，我国农业经济政策的不合理性、不连续性、不协调性、不严肃性就是近三四年来农业出现新的停滞和徘徊的主要原因。⑤

---

① 张沁文、白益进：《农业波动与国民经济周期震荡》，《农村发展探索》1989年第1期。

② 蔡昉：《农村经济发展特征与下一步改革》，《经济研究》1987年第8期。

③ 陆学艺：《当前的农业形势和粮食问题》，《中国农村经济》1987年第12期。

④ 万宝瑞、殷乐信等：《农业形势与战略调整》，《中国农村经济》1988年第5期。

⑤ 李志强：《关于我国粮棉生产徘徊不前的政策因素分析》，《中国农村经济》1988年第4期。

2. 我国新中国成立以来长期实行的是重工业倾斜战略，以牺牲农业为代价来强化发展重工业，农业始终被放在服从于、服务于国家工业化的从属地位，对农业采取“歧视”、“剥夺”的政策，只有当农业受挫时，被迫做局部性调整，给予有限的补救。这样，多次反复，形成恶性循环。①

3. 改革过热。生产关系进行重大调整以后，应当有一个相对稳定的发展时期，改革并不能代替发展，当前我国农业面临的突出矛盾就是改革过热，发展不足，因而农村改革的推动力也只能成为强弩之末。②

4. 农业生产条件的全面恶化，是我国农业生产徘徊不前的根本原因，而这种生产条件全面恶化的主要原因又在于人为破坏。例如，耕地面积急剧减少，对土地资源的掠夺性经营等。这种人为的恶化，不仅大大削弱了抵御自然灾害的能力，而且破坏了农业劳动生产率持续增长的物质基础。③

5. 造成我国近几年农业徘徊局面的根本原因，是常规增长手段未能在超常规增长手段的功力基本耗尽之后迅速补位所致。所谓常规增长手段系指世界范围内普遍采用的：（1）提高人力资本的质量；（2）增加资源用量；（3）技术进步。而超常规增长手段则是指释放被极不合理的旧体制严重压抑的潜在生产力和人为的价格调整等。1984 年以前我国农业的增长基本是超常规增长手段的作用结果，1984 年以后没有及时转换增长手段，从而不可避免地加大了农业增长下降的幅度。而且，只要常规的农业增长手段未成为农业增长最基本的推进动因，导致农业徘徊的根源就没有消除。所以会出现这种增长手段转换的不协调，主要是由于人们对农业生产责任制的神化，以为只要有了生产责任制，一切有关农业增长的问题都可以迎刃而解。④

（二）认为我国农业困境的产生是有其客观必然性的

1. 中国农业发展面临着天赋资源严重稀缺的约束。从根本上看，当前农业危机的产生实质上是资源利用已趋近于极限的必然反映，不是靠增强改革意识或发展意识所能解决的。中国将始终摆脱不了农产品供给不足的矛盾，中国的农产品供给尤其是粮食供给问题，只能着眼于积极参与国际

---

① 牛若峰：《我国农业阶段性波动与经济发展战略的关系》，《农业经济问题》1988 年第 10 期。

② 郭晓鸣等：《中国农业：改革中的危机与危机中的突破》，《改革》1989 年第 6 期。

③ 王海东：《试论我国农业问题的症结及其对策》，《经济日报》1989 年 1 月 13 日。

④ 李周：《农业比较利益、农业补贴与农业本质问题》，《中国农村经济》1988 年第 11 期。

分工，通过对外贸易的国际转换来谋求克服解决。[①]

2. 比较利益悬殊是农业问题的症结所在。农业内部比较利益的明显差距，造成了许多农作物生产的大起大落和种植业的徘徊；农业与非农产业比较利益的明显差距，使农民务农积极性减退，过多地向非农产业转移；农产品调出与调入地区之间比较利益的显著差距，使地区之间的经济摩擦增多；农业投入缺乏内在经济利益动力机制，使农业发展后劲不足。因此，要保证农业稳定增长，必须解决现实存在的比较利益差距悬殊问题。[②] 有人更认为，农业比较利益低是一种客观规律，不承认这一规律，就不可能真正把握住目前农业徘徊局面的根本原因，也就不可能科学地把握住我国农业的未来发展趋势。[③]

3. 我国当前的农业问题是又一次的土地问题。在现有土地结构下，把极有限的土地资源又平均分配，使农民除了自给性生产外，能拿到市场上去的产品极为有限，因此失去了种好地的经济动力。而在商品经济日益发展的社会中，任何一项生产一旦失去了经济动力，就非萎缩不可。因此可以说，在现有土地结构下，农业的徘徊是早晚要到来的，带有必然性。[④]

4. 全面剖析我国目前农业出现新徘徊局面的直接因子，虽然也有主观认识偏颇和工作不力所造成的原因，但基本的、主要的原因是属于客观价值规律作用的结果，是必然要出现的。例如，由于农民机会成本与比较利益观念的发育与强化，必然驱动引导其重工轻农，重流通轻生产；在土地产权不明条件下，也必然出现了宁花钱买化肥而不愿种绿肥和积施有机肥，使土壤肥力下降，造成掠夺经营的短期行为；由于农用生产资料价格上涨，成本上升，经济效益下降，影响生产积极性，等等。应该说这些都是农民对价格信号反应灵敏的表现。[⑤]

5. 发展中国家走向工业化和现代化过程中，农业处于低效益的产业位置是带普遍性的现象。我国当前的农业危机实质上正是孕育现代化阵痛中的必然产物，是加速经济增长与发展所必须支付的代价。在确切的意义上，

---

① 郭晓鸣等：《中国农业：改革中的危机与危机中的突破》，《改革》1989 年第 6 期。

② 周富祥、钟诚：《调节比较利益，稳定农业发展》，《改革》1988 年第 6 期。

③ 叶兴庆：《论我国农业问题的本质及其相关的几个问题》，《中国农村经济》1988 年第 10 期。

④ 冯东书：《农业问题是又一次土地问题》，《农村发展探索》1988 年第 2 期。

⑤ 夏振坤：《论我国农村的改革与发展》，《中国农村经济》1988 年第 7 期。

农业危机不过是社会生产力发展在一定历史阶段必然存在的现象。因此，消除农业危机并不能主要寄希望于改革方面的不断突破，只有在工业化发展到相当水平，已经具备反哺农业的能力时，才有可能逐步加以解决。[①]

（三）认为对农业问题必须从整个国民经济的宏观角度进行分析

1. 要认识我国农业问题的症结，就得跳出从农业到农业，从农村到农村的框框，把农业和农村这个子系统放到整个经济和社会系统中去考察。没有非农产业和城市的迅速发展，农业和农村就不可能得到长期稳定的发展，农业现代化就会遇到严重的、不可克服的结构性矛盾。[②] 有人认为，粮食生产波动徘徊，归根到底是由于城市工业劳动生产率低下造成的。低下的工业生产率使得中央财政和城市企业、居民都无力负担粮食提价。由于工业的无效增长，低下的劳动生产率，使得国家财政日益空虚，因此到1984年，中央财政对农业的支持到了极限，原来掩盖着的许多矛盾突然爆发，直接导致了1985年的粮食大减产及1986—1988年的波动徘徊。而同时由于工业生产率的低下，居民没有能力拿出部分工资来和农民们等价交换，企业也消化不了由于粮食涨价而增加的工资成本，从而只能使粮食价格维持在不合理的低水平上。[③]

2. 我国农业的危机不是“马尔萨斯现象”（即人口增长超过农业产品增长），也不是工业化进程中的危机（即为发展工业、积累资源，压迫农村产生的危机），更不是发达国家的食品过剩危机，而是社会主义国家普遍存在的制度性短缺危机。社会主义国家的统购统销和社会福利制度，造成城市的刚性利益。当农副产品出售采取市场机制时，城市粮食供给仍靠国家补贴。这样，农副产品需求增加，国家财政压力增大，到不能支持时，就要压缩供给，于是形成危机。[④] 有人则把这种现象概念化为“向新成长阶段转折时期结构性矛盾日益加剧条件下的供给的制度性短缺”。[⑤]

（四）认为我国农业上出现的问题是多因素综合作用的结果

1. 认为造成我国农产品供求失衡的原因有：（1）在市场和价格机制发

① 郭晓鸣等：《中国农业：改革中的危机与危机中的突破》，《改革》1989年第6期。

② 吴道文：《我国农业的根本出路在哪里?》，《中国农村经济》1988年第1期。

③ 陈锡文：《农业大发展的契机是城市改革的成功》，《理论信息报》1988年12月26日。

④ 君涛：《论粮食危机》，《经济学周报》1988年4月3日。

⑤ 发展研究所综合课题组：《中国的发展：财富增长与制度适应》，《经济研究》1988年第5期。

育不全的情况下，国家从刺激增产转换为限购限产来维持均衡，从而严重地挫伤农民增收的积极性；（2）对农业形势脱离实际的判断决策和再发展政策措施的运用并未形成动力；（3）国民经济向工业化转轨过程中对农业发展的非合理性制约等。[①]

2. 认为从更完整和更全面的意义上讲，正是由于农村改革客观上存在的局限性同城市经济体制改革严重滞后两种影响因素的共同作用，导致了我国农业持续徘徊不前的局面，主要表现在：（1）土地产权制度模糊；（2）农产品市场发育扭曲；（3）农业投资机制出现断裂；（4）农业发展的动力机制未能形成；（5）宏观调控机制尚未健全。[②]

三、对解决农业困境的不同思路

（一）价格改革先行论

有人认为，随着我国农业生产商品化的发展，价值规律对农业生产的调节作用必然日益增强。在这种情况下，农业经济效益问题，即如何以较少的生产耗费和生产占用，取得较多的收益，必然日益成为农民家庭生产经营行为的主要驱动力。从一定意义上说，经济效益如何，日益成为推动或者制约我国农业生产发展的一个最重要的因素。因此，要使我国农业再上一个新的台阶，就必须以价值规律为指导，以农产品价格改革为核心，解决现实存在的比较利益差距悬殊问题，逐步缩小种植业内部以及农业与其他行业之间存在的比较利益差距，使投入农业的社会必要劳动能够同投入其他行业的等量劳动获得大体相当的报酬，使农业的投资者和经营者能够同其他行业的投资者、经营者获得大体相当的社会平均利润率。只有这样，才能调动农民种粮务农的积极性，才能使农业对生产者、投资者具有吸引力，才能真正建立起农业自我良性循环的机制，保证农业的持续稳定增长。持这种观点的人认为，价格是调节比较利益的基本手段，逐步形成符合价值规律的价格体系，是农村经济体制改革的核心。但是，单纯依靠价格完全放开，完全由市场供求来调节经济，并不一定能形成合理的比较利益关系，完全自动的价格调节也并不一定是适度的调节，必须采取一系列包括价格和其他如财政、税收、金融、物资等经济手段相互配套的比较

① 刘述民：《农业困境的由来》，《经济学周报》1988年3月20日。

② 郭晓鸣等：《中国农业：改革中的危机与危机中的突破》，《改革》1989年第6期。

利益调节体系，这才是解决农业问题的根本之策。①

（二）土地规模经营论

有人主张，推进土地制度的进一步改革，实行土地资源的优化配置，扩大农业经营的适度规模。持此种主张的人认为，我国农村当前存在的土地制度只能适应传统农业的发展，而不能适应现代农业的发展。传统农业是劳动密集型农业，要求保持较小的土地经营规模，而现代农业是资金密集型农业，只有在较大的土地面积上，才能提高资金投入的密集度。目前我国农村面临的任务是怎样在现代农业的基础上加快农业生产的发展，完成这一历史任务的方法，只能实行制度性转变，而土地制度的转变又是关键。有人还认为，要解决农业比较利益低的问题，也只能通过土地制度的转变，使农业经营规模扩大，只有这样，种地者才能获得与从事其他行业劳动者相等的收入，种地者才能把种地作为一种取得收入的手段，才有投入的积极性，经济效益才会提高，农机、水利才能发展，产量才能上去；也只有这样，才能从根本上减轻对粮食价格的压力，因为，成本与规模成反比，只有规模适度才能降低生产成本，才能缓解农业生产资料上涨的压力。总之，要使农民种粮有经济动力，必须使农民有足够的土地进行企业性经营，不是追逐温饱，而是追逐商品。要使农民种粮更经济、更科学，也必须使农民有足够的土地进行适度规模经营。为了不浪费我国十分珍贵的土地的潜力，也必须让最佳经营者去经营土地。为此，必须打破现在这种不管会不会种、会不会经营、愿不愿下工夫去经营，人人等量分配一小片土地的平均主义土地制度，一句话，必须打破小农经济格局。不这样，我国农业对整个社会的支撑力就提不高，甚至会下降。现在要放开的不是粮价，倒是土地。土地问题不解决，农民无足够的地可种，价值规律的作用也受到制约。② 至于如何转变我国现有的土地制度，实行适度规模经营，则又出现如下一些不同意见：（1）实行土地国有，由国家土地管理公司经营，按适度规模经营的要求租赁或永佃给农民，土地处置权可以进入受国

① 章琳：《关于提高我国农业经济效益的几个问题》，《农业经济问题》1989 年第 7 期；周富祥、钟诚：《调节比较利益，稳定农业发展》，《改革》1988 年第 6 期。

② 王海东：《试论我国农业问题的症结及其对策》，《经济日报》1989 年 1 月 13 日；查振祥：《城乡分割是我国粮食产量上台阶的最大障碍》，《中国农村经济》1988 年第 4 期；冯东书：《农业问题是又一次土地问题》，《农村发展探索》1988 年第 2 期；章琳、郭明：《农业的规模经济和农业的规模经营》，《经济研究》1989 年第 8 期。

家调控的土地流转市场。[①]（2）实行土地私有，土地产权进入市场，由市场配置土地资源，达到适度规模经营。[②]（3）实行土地国家、集体（社区）、个人三元所有，即除了把口粮田（有人称为福利田）划归农民所有外，其他国有、集体所有土地均实行适度规模经营。[③]（4）在稳定和完善现行的家庭承包制基础上，采取延长承包期；或把承包期改为永佃制；或实行两田制，口粮田包给个人，责任田（有人称为租赁田、商品田等）招标包给种田能手规模经营，[④] 等等。

（三）加大科技投入论

有人认为，大力增加科技投入，提高土地产出率和劳动生产率，才能推动我国农业加速发展。持这种观点的人认为，扩大生产面积，不可能从根本上解决农业长期稳定发展问题，而家庭承包制的推动作用已日益减弱，新中国成立以来30年形成的农村物质技术基础的作用也已耗尽，现在只有依靠运用先进的科学技术，解决我国农业问题最终还是要靠科学，增加科技投入已成为我国农业发展的主动力。而且，只有大力加强农业的科技投入，才能不断提高农业劳动生产率，大量向外转移剩余劳动力，降低农产品的劳动消耗，从而大幅度降低成本，逐步使农副产品的价格与其内在价值接近，大量增加务农收入，基本实现农民与工人之间的等量劳动获得等量报酬。这样，随着农业科技投入的增多，我国的农业状况将发生本质变化，从事农业生产也可以获得与从事其他行业生产相当、甚至更高的收益。[⑤] 与此种观点相联系，有人认为，实现农业增长方式的转变，即由粗放型向集约型转变，既是解决我国传统农业深层次矛盾的必由之路，也是在

---

① 蔡昉：《土地国有化战略初探》，《经济研究参考资料》1986年第14期；杨勋：《国有私营：中国农村土地制度改革的现实选择》，《农业经济问题》1989年第5期。

② 罗海平：《农村产权制度改革日标——私有化》，《农业经济问题》1988年第11期；王以杰：《国家监督下的土地私有制度》，《农业经济问题》1988年第12期。

③ 李庆曾：《谈我国土地所有制结构改革》，《农业经济问题》1986年第4期；罗继瑜：《土地所有制改革初探》，《农业经济问题》1987年第7期；鄂玉江：《农村土地制度深化改革模式选择》，《农业经济问题》1993年第4期。

④ 白志全：《永佃制：改革农村土地关系的政策思考》，《中青年经济论坛》1988年第3期；周大富：《实行两田制完善土地承包经营》，《中国农村经济》1987年第12期；李学良：《市场经济条件下土地产权制度改革的实践与思考》，《农业经济问题》1996年第6期。

⑤ 杜志雄、李周、李福荣：《重视科技进步是我国农业发展的根本战略方针》，《中国农村经济》1990年第3期；许经勇：《对增强农业发展后劲的几点思考》，《中国农村经济》1989年第9期。

新形势下促进农业持续、快速、稳定发展的必然选择。而农业的集约增长是一个质的飞跃，其内核就是技术和知识的集约，实现全面的技术进步，实现由全部生产要素的生产率提高为之带来的农业增长。[①]

（四）农村组织创新论

有人认为，农村经济进一步大发展，有赖于农村组织创新。1979 年以来，就是由于打破了人民公社体制，确立了农民家庭为最小、最基本的经济组织，实现了农村经济组织更新，才促使我国农村经济大发展的。现在不能用规模经营否定家庭经营，农民的家庭经营是当前乃至今后相当长的一段时期经济组织创新的基点和主体形式。当然，作为微观经济细胞的农户，由于没有获得明确的地权，没有明确的财产界定，没有合理的分配制度，没有成熟的竞争规则和秩序，没有相应独立的法人地位，等等，使得农户至今仍不是独立的商品生产者，而是半公半私的小农。而在其上面的村、乡、县重重组织，大多也不是企业型的经济组织，而是行政性组织。这样一种组织制度，很难使农村经济持久、稳定、健康地发展下去。而长期以来作为农村组织建设和合作经济基本模式的“统分结合，双层经营”，既非农村现实的真实写照，也非合作经济的本质属性。以这种模式推进的合作运动，实际上是“政社合一”的传统复归，是农村组织创新中的一种逆向运动，农民的反感和“恐合”就是对这种模式在实践上的否定。农村新的商品经济体制要求有新的经济组织和新的组织方法，重新考虑农村经济组织的路子。在具体构想农村经济组织创新时，却提出了一些不同的思路：（1）大量发展农村企业组织，培育一大批新型农业企业，将农户更多地导向企业化轨道。[②]（2）重新发展农业合作社，其中农业供销合作社应处于最突出地位，它就像一个大公司一样，各社员户实际就是公司下属的一个企业或车间，并且，合作社将趋于专业化，如养猪合作社、蔬菜合作社等。[③]（3）股份合作制是新型的农民合作经济，其特点是方向明确、自愿结合、产权明晰、责权相当、利益直接、风险共担、经营自主、机制灵活。

---

① 刘茂松：《论农业增长方式转变与农村劳动力就业深化战略》，《求索》1996 年第 5 期。

② 《农村组织创新与经济发展研讨会纪要》，《中国农村经济》1988 年第 10 期；刘允洲、陈健：《农村组织制度的创新》，《经济学周报》1988 年 12 月 25 日。

③ 谭向勇：《“农户合作社”是我国农业经营组织的基本形式》，《迈向 21 世纪的中国农业》，中国农业出版社 1995 年版；王文勇：《我国农业合作社经济组织创新的思路》，《中南财经大学学报》1988 年第 3 期。

它既吸收了股份制的优点，又保留了合作制的长处，并避免了二者的不足，合理地体现了投资者、经营者和劳动者的利益，是我国农民在生产组织方式上的一大创新。[①]（4）农场制，可分为家庭农场（包括联户农场）、集体农场两大类。集体农场又可分为村办农场、厂（乡镇企业）办农场、站（农业服务站、农技推广站）办农场。由于农场实行规模经营，都可以取得显著的综合规模经济效益和社会效益，为农业发展注入活力。[②]

（五）走出二元结构论

有人认为，要解决农业进一步发展问题，光依靠农业内部的调整改革是无法办到的，农业的根本出路在农业之外，它有赖于工业化和城市化的推进，走出二元经济结构。持有这种观点的人认为，脱离国民经济整体和社会整体来求农业和农村的发展，是自然经济的思维方式。农业和农村的发展过程同时也是非农产业化和城市化的过程。没有非农产业和城市化的迅速发展，农村的剩余劳动力的出路问题就不能获得根本解决，农村土地—劳动力的比率就不可能提高，农业经营规模就不可能扩大，先进科学技术就不可能被广泛采用，农业劳动生产率和土地生产率的提高就会遇到根本性的限制，农业的商品生产和农业内部的积累能力就不可能迅速发展和提高，农村的自给性和封闭性就不可能减弱和消除，农业与国民经济其他部门之间、农村与城市之间的有机联系就不可能广泛发展，农民和农村就不可能富裕和繁荣。所以，要从根本上解决我国农业面临的各种老大难问题，尽快实现农业现代化，光在农业和农村内部做文章是断然不够的，而且可以说是没有抓住农业和农村发展的实质和规律，搞错了大方向。就农业谈农业势必遇到许多无法克服的困难，如继续提高农副产品价格与照顾各方面利益的矛盾，增加对农业投入与国家财力有限的矛盾，提高农业劳动生产率与农业剩余劳动力滞留土地之间的矛盾，等等。这主要是由于迄今为止，我们并没有打破工农、城乡之间利益分割的二元经济结构所致。所以，要使农业再上一个新台阶，唯一的选择，就是走出二元经济结构。

---

① 李开河：《论温州农村的股份合作制》，《农业经济问题》1991 年第 11 期；周锦廷、唐慧斌：《经济发展与制度变迁——我国农村股份合作制发育与成长的探讨》，《农业经济问题》1993 年第 3 期；孔泾源：《农村股份合作经济及其制度创新》，《经济研究》1995 年第 3 期。

② 张杭：《农场化：苏南农业制度变革的跨世纪选择》，《走向 21 世纪的中国农业》，中国农业出版社 1995 年版；胡书东：《家庭农场：经济发展成熟地区农业的出路》，《经济研究》1996 年第 5 期。

农业发展迟滞、后劲不足的根本解决，有赖于二元经济转化的成功和国民经济宏观环境的改善，这将是一个复杂的艰巨的长期过程。不能期望农业发展问题通过某项或某几项改革就会一蹴而就。因此，关于农业发展问题的思考，重要的不是改革方案和改革措施的具体设计，而是对我国双重二元结构（城乡二元与农村二元）发展转化长期过程的把握。①

（六）工农协调发展论

有人认为，农业走出困境的根本出路在于执行工农业协调发展的新战略。持这种观点的人认为，我国农业问题的实质，是我国现实的农业生产水平能够在多大程度上承担工业发展速度、国家建设规模和人民消费水平，归根到底是农业这个基础有多大承载能力的问题。农业问题集中反映在相对集中的工业与绝对分散的农业的矛盾，迅速发展的工业与缓慢发展的农业的矛盾，现代化生产的工业与手工劳动的农业的矛盾。也就是说，在加速工业化和城市化的过程中，工业及国民经济其他部门与农业商品生产落后之间的矛盾。因此，要使农业持续稳定发展，修修补补不能奏效，必须从根本上调整工农业利益关系，改变重工业倾斜战略，执行工农业协调发展的新战略，把工业农业放在同等地位，矫正长期以来国民收入分配的扭曲，矫正工农业发展的失衡，从而使工农业协调发展，互相促进，共同增长。②

（七）综合配套治理论

有人认为，我国农业的问题绝不是单纯的生产关系调整或资源的合理配置问题，也不仅仅是增加投入或改革管理体制的问题，靠单味药方治不好中国农业的痼疾。只有在认清国情的基础上，采取配套改革和综合治理措施，从微观经济机制和宏观经济环境上进行改革，同时在国民经济发展战略方针指引下，用产业政策来指导产业结构的合理调整，实现资源的合理配置和优化组合，这样才能使农业保持持续、稳定、协调的发展。有人强调，要使农村改革摆脱困境，农村经济关系走入正轨，就必须从理论与实践的结合上摆正改革与发展的关系，从根本上解决改革与发展“两张皮”

---

① 唐仁健：《走出“二元”，我国农业摆脱困境的惟一选择》，《经济学周报》1988 年 3 月 20 日；李亨章：《论双重二元结构与农业发展》，《中国农村经济》1989 年第 2 期；陈锡文：《农业大发展的契机是城市改革的成功》，《理论信息报》1988 年 12 月 26 日。

② 梁秀峰：《对我国农业问题的再认识》，《中国农村经济》1989 年第 4 期；牛若峰：《我国农业阶段性波动与经济发展战略的关系》，《农业经济问题》1988 年第 10 期。

的问题，既要摒弃那种仅靠逻辑推理抽象演绎来设计改革方案的改革推进论、脱离经济发展内在要求的体制改革决定论、脱离实际照抄照搬完全排斥国家干预的市场机制引入论，也要摒弃那种脱离改革的单纯经济发展论。①

四、农村经济的第二步改革

（一）目标、内容和任务

1. 认为农村经济第二步改革最主要的任务是建立一个适应社会主义商品经济发展要求的比较完善的市场调节机制，使生产与需求能够相互适应，不产生大的矛盾。② 持有类似观点的人认为，如果说农村第一步改革是把农村的生产经营单位变成了独立的商品生产者，使生产组织适应商品经济发展的需要，那么第二步改革则是为商品生产经营者创造适宜于商品经济发展的运行机制和市场体系。③

2. 认为农村经济第二步改革的主要内容是要使资金、技术、资源、劳动力等各种生产要素都流动起来，用最佳的方式组合起来，也就是要调整农村的产业结构，发展商品生产。④ 有人认为，现在农村社会生产力发展的阻力已经不在所有制形式方面，而是来自历史遗留下来的不合理的产业结构。所以调整农村产业结构，使之趋向合理，是紧接第一步改革成功之后，形势发展对我们提出的重大课题，是生产要素进一步在宏观的重新组合方面获得更大经济效益的必然要求。⑤

3. 认为农村经济第二步改革的核心问题是建立起适应商品经济发展的新的经济体制。⑥ 认为在农村商品经济日益向纵深发展，农村经济社会系统内部构成日趋复杂化的条件下，单纯用产业结构的调整导向，已经很难达到控制全局的目的，必须调整包括农村生产结构、流通结构、分配结构、

---

① 吴凌：《中国农业问题的症结与出路》，《农村经济与社会》1989 年第 5 期；闵耀良：《试论农村经济改革与发展的关系》，《中国农村经济》1989 年第 12 期。

② 杜润生：《农村第二步改革建立市场调节要配套》，《农民日报》1986 年 7 月 21 日。

③ 王贵宸：《农村第二步改革将是超出农民自身范围的外部环境的改革》，《理论信息报》1987 年 8 月 17 日。

④ 吴象：《农村形势两议》，《瞭望》1986 年第 35 期。

⑤ 李欣广：《农业产业结构与产业分布的合理化是第二步改革的目标》，《农业经济问题》1987 年第 1 期。

⑥ 评论员：《对农村改革要有清醒的认识》，《农民日报》1986 年 11 月 1 日。

消费结构在内的整个经济结构。因此，作为第二阶段农村经济改革的中心，要解决农村经济体制问题，特别是要解决城乡经济体制改革的成龙配套问题。①

4. 认为农村经济改革的重点必须从组织创新向制度创新，特别是要建立包含有现代内容的财产权利体系和完备的商业法规，从而为大规模节约交易费用、扩大运用市场机制铺平道路。②

5. 认为所有制改革仍然是农村经济第二步改革的主要内容，因为，第一，当前农村经济中的主要矛盾是小农经济与商品经济的矛盾，小农经济仍然是矛盾的主要方面。③ 第二，农村改革多层次配套的中心是所有制改革，其他改革是随着中心改革的进展而逐步配套，不能喧宾夺主。④

6. 认为农村经济第二步改革是一个整体，是一个巨大的系统工程，将是由若干个子系统组成的。⑤ 认为当前农村商品经济的发展既有“流通性障碍”，也有“体制性障碍”；既有“组织性障碍”，又有“制度性障碍”。⑥

7. 认为农村第二步改革的内容为两个方面，从生产力发展角度看，一是完善市场机制（即促进商品市场和生产要素市场的发育和健全）；二是优化产业结构（即通过产业结构的合理组合配置，让生产力效能在不同产业层次上获得充分释放）。从生产关系发展角度看，一是完善生产和交换的组织形式（即按照商品经济发展的客观需要，选择适应生产要素最佳组合的经济组织形式）；二是优化所有制结构（即从促进生产力发展的目的出发，合理配置多种经济成分）。⑦

（二）关键和“突破口”

有人认为，由于现在面临的是比以前深刻复杂得多的问题，所以没有哪一个问题可成为第二步改革的“突破口”，企图像第一步改革那样通过一

① 郭正模：《经济结构调整是第二阶段农村经济发展的主要任务》，《中国农村经济》1987 年第 4 期。

② 发展研究所综合课题组：《农民、市场和制度创新》，《经济研究》1987 年第 1 期。

③ 刘福垣：《当前农村经济的主要矛盾与改革的突破口》，《中国农村经济》1987 年第 4 期。

④ 蔡昉：《改革土地所有制是农村第二步改革的突破口》，《中国农村经济》1987 年第 1 期。

⑤ 陆学艺：《发展乡镇企业是农村第二步改革的关键》，《经济日报》1986 年 10 月 18 日。

⑥ 郭裕怀：《关于农村改革的思考》，《农村发展探索》1987 年第 3 期。

⑦ 编辑部：《当前农村形势判断及深化农村改革问题探讨》，《农业经济问题》1987 年第 10 期。

个“突破口”而使我国农村经济在短时期内再来一个质的飞跃已是不现实了。[①] 但是，大多数人认为农村经济第二步改革同样存在着“突破口”，但有各种不同提法：

1. 认为改革农村流通体制，是农村第二步改革的突破口，因为顺畅的流通是市场得以正常发挥调节作用的基本条件，是建立农村生产要素的合理流动与配置的机制，是使农村新的生产力得以再生和创造的根本环节。[②]

2. 认为大力发展乡镇企业，是农村第二步改革的突破口，是推动其他一系列改革的关键。[③] 抓住了这一突破口，就能总揽全局，促进改革的顺利进行，推动农村整个形势的健康发展，促进国民经济的协调发展。[④]

3. 认为以县为单位进行县级经济体制综合改革，才是农村第二步改革的中心。因为县是城乡经济体制矛盾的交接处，以县为单位进行县级经济体制综合改革与我国农村经济第二步改革的主要任务——经济结构调整是配套关系，县级经济体制改革涉及的许多问题，如财政、金融、税收、市场，等等，只有通过全面的经济结构调整，才能得到根本解决。[⑤]

4. 认为改革当前农业经济的小块平分、垄断经营的土地制度是最佳突破口。因为只有改革这种土地制度，才能解放出农业剩余劳动力，建立土地的流动和集中机制，以充分利用现有物质技术，建立适度规模的家庭和合作农场，在维持和不断提高土地生产率的前提下，不断提高农业劳动生产率，加速农业的商品化和现代化。[⑥] 也才能使农民经营行为合理化，诱发出正常积累和投资机制。[⑦]

5. 认为农村第二步改革必须抓住农村劳动力过剩这个关键性问题。只有使剩余劳动力找到了出路，土地才能逐步集中起来。因此农村经济第二步改革应当从劳动力转移问题上突破。[⑧]

---

① 张进选：《从农村当前形势谈深化改革的问题》，《农业经济问题》1987 年第 7 期。

② 沈明高：《改革流通体制是农村第二步改革的突破口》，《中国农村经济》1987 年第 1 期。

③ 陆学艺：《我国农村发展的新阶段、新任务和新对策》，《中国农村经济》1986 年第 12 期。

④ 徐逢贤：《乡镇企业是农村第二步改革的突破口》，《中国农村经济》1987 年第 1 期。

⑤ 郭正模：《经济结构调整是第二阶段农村经济发展的主要任务》，《中国农村经济》1987 年第 4 期。

⑥ 刘福垣：《当前农村的主要矛盾与改革的突破口》，《中国农村经济》1987 年第 4 期。

⑦ 蔡昉：《农村经济发展特征与下一步改革》，《经济研究》1987 年第 8 期。

⑧ 李庆曾：《农村经济第二步改革的特点和所要解决的基本问题》，《中国农村经济》1987 年第 1 期。

6. 认为智力开发是农村第二步改革的重点。因为人的素质不提高，搞流通，不会做生意；办企业，不懂技术，不会管理；要转移劳动力，无人接收。人的素质提高了，许多事情就好办了。①

7. 认为提高商品经济的发达程度是农村第二步改革的突破口。因为，不解决这个问题，农业劳动者文化、技术和经营管理素质的提高及大批剩余劳动力的转移，农业经营规模的扩大及现代物质装备的购置使用，农产品流通状况的根本改善都将难以解决。②

8. 认为农村第二步改革应着重于家庭这样一层经营主体，促进它的分化和发育，扩大社会分工，诱导农村经济结构的跃迁。因为改革已经把农户推到了前台，在农村经济的进一步发展变革中，农户的行为倾向、农户的选择便成为至关重要的因素。所以，实现半自给、小规模家庭经营向商品化的家庭农场式经营转化，是今后农村发展中一个根本性问题，也是走出二元经济的必要环节。③

9. 认为农村第二步改革既要坚持对家庭经营形式的深层次开发，即促进以自然经济为基础的传统式家庭经营向以商品经济为基础的现代家庭经营转变；也要在切实创造一个适应农村商品经济发展的系统经营环境上下工夫，两个方面缺一不可。④

（三）矛盾和难点

有人认为农村第二步改革比第一步改革的难度更大，因为第二步改革有以下几个特点：（1）多样性。同时存在几个重大问题，不像第一步改革那样问题集中。（2）相关性。这些问题互相牵制，要解决一个必然牵涉其他问题。（3）地区差异性。不同地区面临不同的问题，具有不同的潜力和发展方向，不像第一步改革那样全国存在统一的问题。（4）长期性。所有问题的解决都要经过一个相当长的时期，不像第一步改革那样通过“大包干”，一下子就爆发出巨大的生产力。（5）透明度差。不像第一步改革那样问题清晰可见。他认为，如果说第一步改革是“无为而治”即放权于农民，让农民自主放手干，那样进一步的改革就需要“有为”才能“有治”。⑤

① 何临昌：《智力开发——第二阶段改革的重点》，《中国农村经济》1987 年第 1 期。

② 张留征：《关于“突破口”的一点看法》，《中国农村经济》1987 年第 1 期。

③ 卢迈、戴小京：《现阶段农户经济行为浅析》，《经济研究》1987 年第 7 期。

④ 李毅：《农村第二步改革的关键》，《农业经济问题》1987 年第 7 期。

⑤ 张进宪：《正视困难，战胜困难》，《中国合作经济报》1987 年 10 月 3 日。

有人认为农村进入第二步改革后，出现了许多新的矛盾、新的摩擦，可谓步履维艰，当前面临的突出矛盾有三个，一是土地分户经营与国家计划要求的矛盾。农民有了经营自主权，生产计划品种主要受市场的导向，国家计划失去作用；二是农民同国家经营农产品的有关部门在利益分配上存在着矛盾，其核心是价格问题；三是政治体制改革与经济体制改革不同步，出现条条与块块改革措施与现行政策发生矛盾。上述三个矛盾说明，第二步改革涉及各个领域各个部门的利益、国家和地方的利益、生产者和消费者的利益如何分配的问题。①

有人认为农村改革的深入进行和农村商品经济的发展，正在日益尖锐地触发如何协调城乡关系这样一个现实的重要问题。因为新旧体制的矛盾基本上是城乡矛盾的反映。农村改革要前进，就要协调城乡改革的步骤，调节城乡和工农利益；农业生产和乡镇企业要发展，也必须加强城乡交流和互助，调整城乡和工农业的战略布局。②

有人把农村第二步改革中出现的错综复杂的矛盾，归纳为以下六个方面：（1）家庭经营发展和新型经济结构模式与传统理论、传统观念之间的矛盾；（2）共同富裕的追求目标与现阶段农业成本高、效益低及多数农民缺乏承受风险能力之间的矛盾；（3）现代化农业对专业化、商品社会化的需要与土地小块分散垄断经营、农业劳动力难以迅速向非农领域转移之间的矛盾；（4）农民家庭生产经营的选择和决策机制与有计划的市场机制之间的矛盾；（5）开发农村生产力要求由劳动密集向知识密集技术密集进军与现阶段农民素质差和资金、技术匮乏之间的矛盾；（6）农村经济管理分权化、经济组织多样化、经济成分多元化、经济运行多向化与传统的管理体制统一化、调节手段单一化之间的矛盾。③

五、农业发展战略

（一）“大农业”、“大粮食”战略观点的争论

在关于我国农业发展战略的讨论中，对于“大农业”、“大粮食”这一战略观点，引起了人们广泛的关注，分歧意见较大，涉及以下几个方面的

① 林开峰：《当前农村形势判断及深化农村改革问题探讨》，《农业经济问题》1987年第10期。

② 卢文：《农村经济发展中的新动态》，《农业经济问题》1987年第12期。

③ 张益新：《正视困难，战胜困难》，《中国合作经济报》1987年10月3日。

问题：

1. 对于“大农业”、“大粮食”概念的不同看法。什么是“大农业”、“大粮食”呢？侯学煜等认为，所谓“大农业”，就是把种植业（包括粮食作物和经济作物）、林业、牧业、禽业、渔业、虫业、微生物业和副业，都包括在“大农业”的范围里。所谓“大粮食”，即凡是能吃的东西，都应看做是粮食。除了水稻、小麦、玉米、高粱等禾本科作物外，还有花生、豆类、水果、蔬菜以及木本粮油——茶油、板栗、核桃，还有大枣、柿子等，特别是产生热量较多的肉、蛋、奶、鱼、虾等，都应看做是粮食的主要组成部分。[①] 有人认为，“‘大农业’的经济体系不只局限于农林牧副渔领域的生产，还包括这些产品的储运、加工、销售等农村工业、商业”，[②]“还包括农业服务业”。[③] 他们指出，那种把农业就看做为种植业，种植业就是粮食，粮食只限于水稻、小麦、玉米等几种以淀粉为主的禾本科粮食，这就是“小农业”、“小粮食”观点。

对上述关于“大农业”、“大粮食”的看法，有些人表示异议，认为“大农业”和“小农业”这一对范畴，一般是指农业生产的规模和社会化程度，而不是指的农业这一物质生产部门的范围，照字义理解很容易使人误解为是农业中的大生产和小生产。而表示农业生产范围不同的概念是“广义农业”和“狭义农业”这一对人们习惯用的较明确的范畴，而且这对范畴也没有褒贬的含义。如果以形容狭义的农业、即以形容粮食种植业为所谓“小农业”，那就很难表明其实际含义，而且这种说法，将会显得对粮食种植业有一些轻蔑之感。[④] 至于所谓“大粮食”这一概念，有些人认为，把所有食物都置于粮食一类，那就没有粮食与其他食物的区分了。而且，这种观点混淆了农业生态系统中第一性生产（植物性生产）与第二性生产（动物性生产）的关系，混淆了农业与林牧副渔业的关系，以及粮食生产与多种经营的关系，把粮食生产当做多种经营中的一个项目，把作为人们主食的粮食和作为副食的其他农副产品视同一般，这样，粮食倒真正成了包

---

① 侯学煜：《什么叫“大粮食”“大农业”观点》，《人民日报》1981 年 6 月 10 日；谭训鸣：《浅谈“大农业”“大粮食”观点》，《江西财经学院学报》1982 年第 2 期。

② 何桂庭、许辛、凌岩、张石林：《关于我国农业现代化的几个战略决策》，《经济研究》1982 年第 3 期。

③ 于光远：《“十字形大农业”小议》，《经济学周报》1982 年第 17 期。

④ 朱剑农：《“大农业”的提法值得商榷》，《农业经济问题》1982 年第 2 期；秦其明、魏道南、王贵宸：《“大农业”“大粮食”辨》，《农业经济问题》1982 年第 4 期。

罗万象的“唯一”，这不仅与提出“大粮食”概念的人企图纠正“以粮唯一”的本意相反，而且更加不利于处理粮食生产与其他多种经营之间的相关关系，促进粮食和其他食物生产的全面发展。因此，有人认为。“大粮食”不能作为解决现实问题的手段和措施，付诸实践。[①]

2. 我国发展农业的战略重点应放在哪里？持“大农业”观点的人认为，“现代化的社会主义大农业必须从以粮为主的小商品生产中解放出来”，“改变传统的农业观念，走以畜牧业为主的发展道路”。“不以畜牧业为主，我国农业就无法前进，就谈不上农业现代化”。“世界上发达国家都已经或正在进入以畜牧业为主的时代，这是现代农业发展的客观要求，是现代农业的必由之路”。“我国也必须走以牧为主的道路，争取本世纪末畜牧业在农业中的比重达到40%—50%”。[②] 有的人把畜牧业作为农业现代化的突破口，并认为如果畜牧业的产值占不到农业总产值的一半以上，我们的农业现代化就是不可能的、虚假的。[③] 有人提出要通过大力发展畜牧业，改变食物构成，来解决我国人民的吃饭问题，由以吃粮为主改变为以吃肉、蛋、奶为主，使我国人民需要的营养得到根本改善。为此必须打破那种吃饭就是吃粮食，搞农业生产就是搞粮食生产的狭隘观念。[④]

持不同意见的人认为，“目前，以牧为主的道路在中国无法走通；在将来，以牧为主的道路也不可取”。“中国农业的正确发展道路，仍然应该是‘以粮为纲，全面发展’。”[⑤] “粮食不仅是人类生存和人民生活水平提高的物质基础，是工业和整个国民经济发展的先决条件，而且在发展农业上，它还是发展畜牧业、林业和多种经营的支柱，是发展农业专业化、社会化生产的前提，因此，粮食在整个国民经济中、在农业发展战略中仍然具有

---

① 丁声俊：《试论粮食在我国农业发展战略中的地位》，《经济研究》1982年第3期；梅兴保：《论生态平衡与我国农业的发展战略》，《经济理论与经济管理》1983年第4期。

② 刘振邦：《改变传统的农业观念，走以畜牧业为主的发展道路》，《人民日报》1979年7月31日；《以畜牧业为主是现代农业发展的客观要求》，《农业经济问题》1980年第2期。

③ 任继周：《畜牧业是农业现代化的突破口》，《甘肃日报》1982年4月12日；石山：《我国农业高速度发展的突破口在哪里?》，《农业经济问题》1980年第2期。

④ 李必训：《大力发展畜牧业——谈解决我国人民吃饭问题的重要途径》，《学术论坛》1980年第1期；石山：《生态问题与农业发展战略》，《农业现代化探讨》1983年第2期。

⑤ 丁声俊：《以牧为主的道路在中国走不通》，《农业经济问题》1980年第2期；《十亿人口的吃饭问题仍然是第一件大事》，《光明日报》1981年1月17日。

举足轻重的地位。"[①]"我国的农业，在没有出现革命性的突破以前，还得用极大的努力去搞粮食生产"。[②]他们的具体论点是：（1）"所谓'大粮食'，究其含义，就是食品。食品是由不同部分组成的，在一定范围内可以互相代替，但各种食品的重要性实际上是不相等的。对于人类免除饥饿讲，粮食的效率是最高的。"[③]"在我国，粮食仍是人们的主食。我国人民的食物结构，在今后一个长时期内，还只能以粮食为主，辅之以肉、蛋、奶、菜等副食。因此，根据我国国情，要优先考虑十亿人口的吃饭问题，粮食生产还是第一位的事情。"[④]（2）"在农林牧副渔中，粮食居五业之首，是多种经营的基础，只有抓好了粮食，在不与粮食争种植面积的前提下，发展其他经济作物和多种经营才有可能。否则会两败俱伤，一无所得。"[⑤]可以说，粮食生产的发展水平和增长速度直接制约着多种经营发展的规模和速度。因为在农业各个生产部门的相互关系上，存在着两个客观规律：第一，农业生产的专业化与多部门经济的全面发展同时并存；第二，多部门经济的发展规模和速度，在很大程度上取决于粮食生产部门的发展水平。一个国家或地区能否实现多部门经营，各生产部门发展到多大规模，以及以什么部门为主，采取什么样的生产结构，不是取决于人们的主观愿望，而是在很大程度上由粮食生产的发展水平，即其发展的规模和速度所决定的。我国合理的农业生产结构应该是，种植业占2/3，畜牧业占1/3，林业应占土地总面积的30%，乡镇工业产值占农村工农业总产值的50%以上。实现这一农业生产结构的前提条件是全国人均粮食拥有量达到800市斤；[⑥]③没有雄厚的粮食基础，也无法改变食物构成，因为发展畜牧业，要消耗大量的粮食。所谓动物性食物，都是由粮食和其他植物性原料转化而来的。发达国家的情况表明，在以动物性食物为主、植物性食物为辅的食物构成中，粮食的耗用量不是减少，而是大大增加了。目前在我国，大力发展畜牧业不具备任何条件，大幅度提高畜牧业产值在农业总产值中的比重，也是不

---

① 刘志澄、李远铸、孙启佑、张月蓉、周礼：《关于粮食在我国的战略地位和发展前景》，《农业技术经济》1983年第1期。

② 骆子程：《关于我国农业发展战略的几个问题》，《学习与探索》1982年第3期。

③ 朱道华：《我国农业发展战略探讨》，《经济研究》1983年第4期。

④ 秦边：《对"大粮食""大农业"观点的不同看法》，《文汇报》1981年11月28日。

⑤ 同上。

⑥ 严瑞珍：《试论粮食生产与多种经营间的相关关系》，《经济研究》1981年第7期。

可能的。[①]

除上述意见外，还有一种意见认为，"'以粮为纲'和'以牧为主'都是片面的农业思想，都没有正确反映农业内部多种经营是一个互相依存、互相促进的统一有机整体，更没有从再生产角度考虑其相互关系，而把一种经营和其他经营割裂、对立起来；都没有全面反映广大人民群众对农产品多种多样的消费需要；也都不利于充分调动农民各方面的积极性，因而与全面发展现代化大农业是不相容的。应该采取因地制宜、五业并举，全面发展、不可偏废的方针"。[②] 也有人得出，"我们不能从一个极端走到另一个极端，应该农林牧并重，把畜牧业和林业放到与粮食同等地位，不然会出现新的比例失调"。[③] 还有人认为，"'大农业'与'小农业'是相辅相成的。从广大农区讲，'小农业'是'大农业'中的主体与基础，而'小农业'以外的国土和各业，既是'大农业'的重要组成部分，反过来又可促使'小农业'的发展。在广阔的山区和草原，显然应以林业或牧业为主体。任何把'大农业'和'小农业'相对立的观点都是片面的"。[④]

3. 我国农业发展的战略布局。持"大农业"、"大粮食"观点的人认为，"不能把农业生产局限在15亿亩耕地的小范围内，而要在144亿亩国土上做文章"。[⑤] "特别是我国是个多山国家，山区面积（包括丘陵、高原）占国土的2/3，山区不仅可以生产极多的产品，满足人民的需要，改善食物结构，使山区农民富裕起来；而且只有经营好山区，才能使生态系统走向良性循环，使农业稳产和高产。"因此，他们认为"把山区经营好，是解决我国农业问题的关键所在"。[⑥]

有人持不同的观点，认为现有15亿亩耕地，是中华民族衣食之源，生存之本，也是农业全面发展的基础。发掘现有耕地的潜力，促使中低产田

---

① 方原：《我国农业现代化的基本任务是提高单位面积产量》，《经济研究》1980年第3期；《从农业的发展史中学到的》，《农村问题论坛》1983年第9期；席桂生、赵铁城：《我国发展农业的战略重点应放在哪里?》，《红旗》1981年第21期。

② 施大峰：《"以粮为纲"和"以牧为主"都是片面的农业思想》，《光明日报》1980年1月8日。

③ 袁善腊：《要根据我国实际走农林牧并重的道路》，《人民日报》1979年9月2日。

④ 刘巽浩：《从生态平衡论农业发展战略中的若干问题》，《农村问题论坛》1983年第9期。

⑤ 何桂庭、许辛、凌岩、张石林：《关于我国农业现代化的几个战略决策》，《经济研究》1982年第3期。

⑥ 石山：《大农业大粮食思想与我国农业发展战略问题》，《云南社会科学》1981年第2期。

变成高产田，使15亿亩耕地平衡增产，是农业发展战略的重要问题，应是主攻方向。①

还有一些人具体提出发展“中间地带”应是我国发展农业的战略重点，他们认为“如果把我国的东北平原、华北平原和长江中下游平原看做是我国东部（包括山东烟台地区、长江三角洲和珠江三角洲）与西部（包括青藏高原、黄土高原、内蒙高原和若干大盆地）的结合部，亦即‘中间地带’，那么这个地区就是我国农业生产潜力最大的中产地区。它拥有的耕地、人口和主要农产品产量均占全国的40%以上。这里的农业基础、自然气候条件、生产技术水平和社会经济条件较好，但产量仅居全国中等或中上等水平。今后20年，国家把有限的财力、物力重点投放在这里，易于收到较好的经济效果。这条‘中间地带’建设好了，则全国农业一半以上的经济实力在握，从而为下个世纪大规模综合整治开发西部地区，奠定一个较为坚实的物质基础”。因此，他们提出“巩固东部、稳住西部、开发南部（包括热带、亚热带丘陵和少量平原）、发展中部”的战略布局设想。②

（二）新时期的粮食问题和粮食发展战略

1. 对新时期粮食供求形势的不同判断及不同对策思路。1984年，在经过连续6年高速增长后，我国粮食生产已由1978年的年产3亿吨增加到4亿吨以上，人均粮食产量396公斤，已接近400公斤的目标，标志着我国粮食供求状况发生了历史性的变化，粮食供求长期短缺的局面已得到根本改观。粮食的大丰收既带来了长期困扰我国的粮食供需紧张矛盾的缓解，又带来了“卖粮难”、“储粮难”，财政不堪重负的新的矛盾。当时，一些人认为，粮食已处于“相对过剩”状态，一时“过剩”说甚嚣尘上，③ 有人甚至说出现了“收不起、存不下、调不走、销不掉”的“全国性农产品市场

① 李士慧：《在中国农经学会北京地区学术讨论会上的发言》，《农业经济问题》1982年第6期；梁秀峰：《试论我国农业发展战略》，《经济研究》1982年第7期。

② 翁永曦、王岐山、黄江南、朱嘉明：《对我国农业发展战略问题的若干看法》，《经济研究》1981年第11期。

③ 宋国青：《关于农村经济形势和对策的报告》，《中国农村发展问题研究组集刊：农村·经济·社会》第4卷，农村读物出版社1986年版；高小蒙：《历史性的转折——对我国粮食供求形势的几点看法》，《中国农村发展问题研究组集刊：农村·经济·社会》第4卷，农村读物出版社1986年版。

危机"。[①] 他们认为，"在粮食生产上，应该有一个观念的转变",[②] 他们提出的对策思路就是：（1）以有效需求调节代替"需要调节"，还农民以真实的市场信号；[③]（2）将不宜耕作的边际土地退出生产，退耕还林、还牧、还湖；（3）还应将缺乏比较优势的土地退出粮食生产，使之转向更具比较优势的高价值农产品生产；[④]（4）实行部分粮田休耕制度，从而改大量储粮为适当储备粮食生产能力；[⑤]（5）调整粮食品种结构，增加优质粮食品种的生产，压缩淘汰低质粮食品种的生产；（6）扩大对粮食的加工转化能力；（7）扩大粮食出口、外援,[⑥] 等等。

当时，也有人对此种判断和思路持有不同看法。他们认为，虽然全国粮食供求形势发生转折性变化，供求平衡并有较多结余，但粮食不是多得超过限度，消费不完，因此，谈不上"过剩"，也不是什么"相对过剩"。必须保持清醒头脑，不要把粮食剩余当"过剩"。[⑦] 有人还认为，"虽然目前有些地区出现了卖粮难，但这主要是由于流通不畅、交通堵塞、仓储不足、资金短缺等原因造成的，就全局看，我国粮食的紧缺状况并未根本改观"，"不可因农业丰收，就滋生了对农业盲目乐观的情绪，认为我国农业过关了，粮食多得没地方放了。"[⑧] 有人认为，"目前农产品包括粮食的供大于求只是一种周期性现象，供大于求与供不应求会交替出现"，所谓"总量基本平衡"的判断，未免"过于乐观"，"对目前的粮食供大于求应有清醒的认识，真实的过剩矛盾并没有表面的矛盾那么突出"，"我国粮食虽然已经摆脱过去那种长期短缺的局面，但也没有进入长期供大于求的阶段"。[⑨] 也有人认为，"农产品'买难'、'卖难'是经济周期性波动的结果"，"这种周期性波动是不以人们意志为转移的经济规律，今后还会发生，合理的体制

---

① 农业部农村经济研究中心课题组：《我国农产品"买难"、"卖难"交替出现的深层原因及对策研究》，《农村经济文稿》1999 年第 6 期。

② 李成贵：《中国农业结构的形成、演变与调整》，《中国农村经济》1999 年第 5 期。

③ 郑凤田、陈武：《关于我国粮食供给的分析》，《经济研究》1994 年第 1 期。

④ 叶兴庆：《论粮食供求关系及其调节》，《经济研究》1999 年第 8 期。

⑤ 严涛：《大量储存粮食，不如适当储备粮食生产能力》，《中国粮食经济》1999 年第 8 期。

⑥ 杜鹰、黄延信：《解决目前我国粮食过剩问题的政策建议》，《农村经济文稿》1998 年第 9 期。

⑦ 卢锋：《应当实事求是地认识粮食过剩问题》，《管理世界》1999 年第 3 期。

⑧ 陈吉元：《90 年代我国农村经济的改革与发展》，《90 年代中国经济发展与改革探索》，经济科学出版社 1992 年版。

⑨ 叶兴庆：《论粮食供求关系及其调节》，《经济研究》1999 年第 8 期。

也只能是减少波动幅度。”[①] 我国自 20 世纪 80 年代中期以来数次出现粮食等农产品卖难，也出现了几次买难，都是由于“粮食供给结构的变动受粮食流通体制和粮食流通的物质技术条件的制约，跟不上需求结构的变化”，因此，“粮食供需失衡主要是结构性问题”。然而，如果从长远来看，我国粮食供需仍然“面临总量不足的问题”，“总供给少于总需求的压力将趋于强化”。[②] 持此种观点的人提出的对策主张是认为，调整和优化农业生产结构“要坚持不放松粮食生产”，因为，“影响农业生产结构的因素很多，但是，其中最基本、最重要的因素就是必须稳定粮食生产”。“从近年来我国农业生产发展的过程来看，什么时候粮食生产供应得到充分保证，调整农业生产结构的环境就宽松，调整的自主权和余地就大一些；反之就要受到制约。因为粮食是一种特殊的商品，在人民生活和国民经济中具有特殊战略地位。对于这一点必须要有清醒的认识”。[③] 有人还特别强调地指出，“粮食供给不足将是今后较长时期内我国的基本态势”，如果粮食生产出现波动，就会“导致更为严重的经济和社会问题”，因此，在市场经济条件下，也“绝不能以牺牲农业和粮食生产为代价来换取经济效益的提高”。[④] 基于这样一种基本观点，他们提出的主要对策思路为：（1）必须牢固树立粮食生产是“国民经济最重要的基础产业”，“应优先发展的思想”；[⑤]（2）“必须把保护耕地和稳定粮食种植面积，放在农业政策的首位”；[⑥]（3）“在稳定现有耕地的同时，加强对荒山、荒坡、荒沟、沙漠、海滩、荒岛等农地后备资源的开发”；[⑦]（4）要加大对农业，特别是粮食生产的投入力度，努力提高单产水平；[⑧]（5）适当提高粮食的收购价格，控制农用生产资料价格

---

① 农业部农村经济研究中心课题组：《我国农产品“买难”、“卖难”交替出现的深层原因及对策研究》，《农村经济文稿》1999 年第 6 期。

② 中国农业科学院农业经济研究所：《我国粮食问题的宏观剖析》，《农业经济问题》1995 年第 2 期。

③ 聂振邦：《论调整和优化农业生产结构的几个问题》，《中国农村经济》1999 年第 8 期。

④ 李平社、张峰：《对全国粮食市场波动的评析和思考》，《农业经济问题》1994 年第 5 期。

⑤ 曹宝明、李全根：《促进我国粮食产量持续平稳增长的对策措施》，《经济纵横》1994 年第 9 期。

⑥ 中国科学院农业问题专家组：《我国农业生产的问题、潜力与对策》，《中国科学报》1995 年 3 月 6 日；冯久先：《粮食产业化经营的基本构想》，《农业经济问题》1995 年第 11 期。

⑦ 刘立新：《我国粮食生产面临的困难和对策》，《当代经济科学》1996 年第 1 期。

⑧ 中国农业科学院农业经济研究所：《论我国的粮食增产潜力及战略对策》，《管理世界》1995 年第 4 期。

的上涨，消除粮食生产中的工农业产品交换的“剪刀差”,[①] 等等。

2. “谁来养活中国”的争论与粮食发展战略的选择。1984 年以后，我国政府决策部门相继出台了调降粮食收购价格，调减一些粮食品种的产量，适当减少国家财政对农业的投入和对农用生产资料的价格补贴，加速农村产业布局的调整，推行退耕还林、还草、还湖措施，以及让农民逐步按市场供求规律和比较利益原则来安排粮食生产的粮食购销体制改革等政策措施，这实际上是对粮食等主要农作物的生产给出了下调的刺激信号，把市场风险更多地转嫁给了农民。这一系列政策导致的结果是 1985—1994 年这 10 年中全国粮食生产出现长期徘徊（只有 1990 年总产超过 1984 年），并出现 4 次下降。到 1994 年，人均粮食产量为 368 公斤，比 1984 年还下降了 7.3%。在此期间农民收入增长大幅减缓，农村市场出现疲软，对农民生产积极性和整个国民经济发展都产生了较大影响。为了调剂国内粮食生产的不足，不得不从国际市场上大量购买粮食。这又引起了国际粮食市场的恐慌，刺激了国际粮价的上涨。

就在此时，美国世界观察研究所所长布朗先后发表文章和著作，论述“谁来养活中国”问题。在文章和书中，布朗认为，中国人口的继续增长伴随着人均收入水平的迅速增长，必然引起对粮食需求的急剧增长，越来越富裕的消费者需要更多的肉类食品，而这些肉类食品是通过粮食转化而来的。在粮食需求急剧增长的同时，中国的粮食生产却不能增加，原因是工业化和城市化使原来稀缺的耕地越来越迅速地向城市、工业及其他非农使用方面转移。尽管可以通过增加农业投入、农业技术进步和管理水平的提高来提高粮食单产，但由于水资源的不足及肥料报酬递减的作用，单产提高的潜力十分有限，从而使因耕地消失而减少的产量大于因单产提高而增加的产量。得出的结论是：到 2030 年，中国的人口将增加到 16 亿，人均粮食增加到 400 公斤，粮食总需求将达 6.4 亿吨，增长 85%；与此同时，到 2030 年，中国的耕地面积则要下降到只有 0.48 亿公顷，即下降 47%，虽然单产水平有所上升，但粮食总产量则要下降 20%。一方面粮食需求增长 85%；另一方面是粮食总产减少 20%，于是必然造成中国巨大的粮食产需缺口——3.66 亿吨。也就是说，到 2030 年，中国国内粮食生产只能满足自

① 国务院发展研究中心农村部粮食课题组：《价格趋势性上涨：中国近中期粮食问题的核心》,《中国农村经济》1995 年第 5 期。

己需求的42.5%，其余的57.5%都要靠从国外进口来满足，从而出现“谁来养活中国”这一难题。因为，到那时整个世界的粮食总量都无法弥补中国这一巨大的粮食产需缺口，世界粮食形势必将处于危险的境地，世界各国的安全也将得不到保证。于是，布朗警告世界：“食品的短缺伴随着经济的不稳定，其对安全的威胁远比军事入侵大得多。”[①] 从而给甚嚣尘上的“中国威胁论”又增添了新的含义。布朗危言耸听的“饥饿世界”论犹如巨石投水，一石千浪，不仅引起了中国学者和有关人士理所当然的反响，而且引起了世界各国知名学者和人士对中国粮食问题的重视和关注。国内学者在讨论中，虽然也有人认为布朗在对目前中国粮食生产的弊端及今后严峻态势的分析方面，切中要害，值得深思，从而有其“敲警钟”的作用；[②] 但大多数人认为布朗的预测是危言耸听，数据和方法都是错误的。他们认为，新中国几十年来，以占世界7%的耕地养活了占世界22%的中国人民，未来无论是从粮食需求前景来看，还是从粮食供给潜力来看，中国人口增长与粮食供求前景都不会像布朗所预测的那样可怕，因而中国也有能力自己养活自己。[③] 但是，在中国未来如何养活自己、选择一种什么样的粮食战略问题上，却出现了明显的两种不同的主张：

一种是自给自足战略。这是新中国成立几十年来一直坚持的粮食战略，也是当前我国政府所选择的战略。这一战略的基本点正如1996年国务院新闻办公室公开发表的粮食白皮书中所表述的：“立足国内资源，实现粮食基本自给，是中国解决粮食供需问题的基本方针。中国将努力促进国内粮食增产，在正常情况下，粮食自给率不低于95%，净进口量不超过国内消费量的5%”。[④] 国内不少学者是支持政府采取这一战略选择的，并从不同角度给予了阐释。

有人说：“我国人民的吃饭穿衣问题，只能依靠自力更生，不可能依靠任何别的国家来帮助我们解决。一是谁也解决不了我国这么大的问题；二是假定别国来帮助解决，我们也就会受制于人。从这个意义上说，在我国主要农产品特别是粮食，始终是一种战略性的特殊商品，直接关系着人民

① 李岳云：《“谁来养活中国”的争论及其启示》，《农业经济问题》1996年第10期。

② 刘志仁：《关于“布朗旋风”及我国粮食战略的选择》，《改革》1996年第2期。

③ 楚军红、贺至：《中国人口增长与粮食供求前景论坛综述》，《人口与经济》1996年第6期。

④ 中华人民共和国国务院新闻办公室：《中国的粮食问题》，《人民日报》1996年10月25日。

和国家的安危。”[①]

有人说：“中国依靠国际贸易进口粮食是根本不可能的”，“首要的限制因素是有限的世界粮食贸易量”，“世界市场上没有足够的粮食可供应”；其次，“即使有，中国也买不起”；再者，“即使买得起也运不起”。[②] 有人说：“我国存在着较大的粮食增产潜力，经过努力完全可以养活自己”，而要达到这一战略目标，必须实现“两个相等”，即“总人口 = 粮食播种总面积”、“人均粮食需求量 = 粮食亩产量”，保证“人均 1 亩地，每亩产粮 400—450 公斤”。[③]

另一种是比较优势战略。这是国内一些经济学者提出的全新的粮食战略选择思路，他们认为“利用本国的比较资源优势选择主导产业，是资源配置的最佳方法”，“自给自足的粮食政策对推动我国农业发展的确起到很大作用，但却难以掩盖由此而来的诸多问题：不考虑比较优势和国际分工、农业特别是粮食部门畸形发展、农业结构失调以及土壤植被被破坏，等等”。“经济学理论证明，一个经济迅速增长的国家，将会失去农业的比较优势，食品和天然纤维的自给率将会随着经济的增长而下降。故此，在没有政府干预的前提下，经济迅速增长的国家，农产品的自给率将会很快下降。亚太一些迅速崛起的国家和地区的发展经验证实了这种比较优势理论”，“作为农业资源贫乏、耕地稀少、劳动力资源极为丰富的我国，在经济迅猛增长的今天，再一味强调农产品自给而忽视比较优势原则，必将错过经济发展和结构升级的良机”。[④]

有人进一步分析指出：制定中国的粮食发展战略，应该考虑“经济上的合理性问题”，“由于自然资源禀赋不同，有些国家种粮划算”，“另一些国家种粮就不划算”，“我国粮食生产的亩产水平已经比较高，已经从投资报酬递增到投资报酬递减的拐点了，所以中国还要不要下那么大力气、花那么大劲儿、投很多的资金资源……来增加那么一点点粮食”，“如果要这样做，整个国内生产总值的增长要放慢一个百分点。为了要实现中国百分之百自己解决自己的吃饭问题，资源就要偏向粮食生产，而不能投向高附加值的农业部门，这里有一个机会成本问题。相反，要是开放国际市场，用国外相对廉价的粮食来补充，使我们的资源配置到劳动密集型产品，并将此产品出

① 詹武：《要始终高度重视农业》，《真理的追求》1993 年第 5 期。

② 楚军红、贺至：《中国人口增长与粮食供求前景论坛综述》，《人口与经济》1996 年第 6 期。

③ 许明主编：《关键时刻——当代中国亟待解决的 27 个问题》，今日中国出版社 1997 年版。

④ 郑风田、陈武：《关于我国粮食供给的分析》，《经济研究》1994 年第 1 期。

口换回土地密集型的粮食，对于中国整体经济的增长是划算的”。[①]

有人还指出：“我们不能片面地强调粮食的‘自给自足’。在国际市场上粮食价格较低的条件下不去加以利用而是非要自己进行大量的投入，以换取一点点昂贵的产出，是不明智的”，“如果我们中国以昂贵的代价维持粮食等农产品的自给自足，同时又因大量资源被用于农业，放慢了非农产业的发展速度，恰恰符合了一些西方人的心愿”，“我们不能陷入别人为我们设置的‘粮食自给自足’的圈套。从国际市场上多买些粮食并不就会因此受制于人”，“中国人当然能够‘自己养活自己’，但不一定非要用自己种出的粮食养活自己；而是可以靠用自己的钱买来的粮食养活自己；也不一定非要在自己这块狭小的土地上种出粮食养活自己，而是可以到世界各地去种粮食养活自己”。[②]

有人提出：“粮食政策应当兼顾两个基本原则：既要保障国民粮食安全，又要提高资源利用效率。从某种意义上说，这是公平与效率、稳定和发展的关系，两方面都不宜偏废。实际上，粮食安全和提高资源利用效率之间也存在联系。一方面，保障食物安全根本上有助于实现社会发展的广义效率目标；另一方面，资源利用越有效率，社会经济发展水平越高，越有可能在更高层次上实现食物安全目标。需要强调的是，粮食已有生产水平越是提高，现有食物消费在温饱水平以上形成的‘缓冲层’越是增大和稳定，现实粮食问题的政治含义就越是弱化，而其经济性质就越是突出，因而也就越是有必要和有可能主要通过市场机制来实现粮食安全目标。”[③]

第五节　关于农业现代化问题的三次讨论

一、20 世纪 50 年代末 60 年代对中国特色农业现代化道路的初步认识

由传统农业向现代农业过渡，是世界农业发展的总的趋势，各国概莫能外。但是，农业现代化并没有统一的、固定不变的模式。由于各国国情

① 陈锡文、杜鹰等：《中国粮食的预测和对策》，《改革》1996 年第 3 期。

② 樊纲：《论解决我国粮食供给问题的长期战略与短期对策》，《中国农村观察》1995 年第 5 期。

③ 卢锋：《应当实事求是地认识粮食过剩问题——对“粮食过剩”观点的质疑》，《管理世界》1999 年第 3 期。

不同，农业现代化的道路和模式也不尽相同。从世界已实现农业现代化的发达国家来看，概括说来可分为两大类：一类是人少地多的国家，主要走的是农业机械化的路子，以提高劳动生产率为主；另一类是人多地少的国家，主要走的是农业生物化的路子，以提高土地产出率为主。我国从20世纪50年代中期实现农业合作化和人民公社化之后，曾经试图通过以农业集体化来推进农业现代化，把农业机械化放在首位，曾提出“农业的根本出路在于机械化”的口号。对此我国经济理论界在20世纪50年代和60年代初期就曾展开过一次讨论，在这次讨论中，大家都把农业现代化概括为4个“化”，即机械化、电气化、水利化、化学化，并一致认为农业现代化就是用这4个“化”来武装农业。后来，又有人提出7个“化”，即操作机械化、农田水利化、品种优良化、栽培科学化、饲养标准化、大地园林化和公社工业化，其中包含了对生物技术、生态环境和农村工业问题的考虑。另外。还有人提出10个“化”甚至20个“化”的，但除掉一些“左”的口号外，基本上都是4个“化”或7个“化”的扩展和延伸。这种对于农业现代化的概括和认识，大体上反映了那个时期农业技术的发展状况和我国农业集体化后对提高农业生产力水平的客观要求。当时也曾就农业现代化的中心任务和重点展开了不同观点的讨论，基本分为两大派，一派认为农业现代化的中心任务就是提高农业劳动生产率，因此，农业现代化的重点应是实现农业机械化和电气化，把农业的手工操作都转变为机器操作。所以，我国在实现农业现代化的过程中，必须自始至终地把机械化、电气化当做一个根本课题加以解决。另一派则认为，根据我国的国情，农业现代化的中心任务应是提高单位面积的产量，因此，农业现代化的重点应是实现农业水利化和化学化。应该说，这一时期的讨论，为探索有中国特色的农业现代化道路，开了一个好头。①

二、20世纪70年代末80年代对中国特色的农业现代化道路的重新认识

20世纪70年代末80年代以来，随着农村经济体制改革的进行和农业生产的发展，我国经济理论界又一次对农业现代化问题展开了讨论。由于

---

① 陶鼎来：《我国农业机械化道路的几个问题》，《天津日报》1963年1月23日；刘日新：《关于我国农业现代化的几个问题的探讨》，《人民日报》1963年6月20日；朱道华等：《论农业机械化与精耕细作、提高单位面积产量的关系》，《光明日报》1963年9月16日。

农村改革和发展的实践，特别是农民的三大创新提出了许多新情况、新问题，创造了许多新经验，再加上世界农业科学技术的新的发展，大大拓宽了人们对农业现代化的认识和理解，进而对于中国特色的农业现代化道路也有了进一步的探讨。人们开始认为，原来对于农业现代化是4个“化”或7个“化”的概括，根本不足以反映现代农业科学技术的重大成就及其在农业生产上的广泛运用，于是，一系列对于农业现代化的概念的新概括应运而生。有人用“新四化”概念，即机械化、科学化、社会化、商品化，代替过去的“老四化”，指出，所谓农业现代化，就是用现代科学技术和现代工业来装备农业，用现代经济科学来经营管理农业，用社会化、市场化的科学理论来改造农业。①

在这一时期的讨论中，论者对农业现代化概念的表述多强调其科学化和综合性的内涵，如有人提出农业现代化的本质就是科学化，即把农业各部门的生产和管理逐步建立在生态科学、系统科学、生物科学、经济科学和社会科学的基础上。因为，全部的农业发展史就是一部由经验到科学的历史，科学技术是推动现代农业前进的动力。有人认为，实现农业现代化即涉及自然资源、经济发展、人口和社会制度等广泛领域的综合过程。农业现代化就是运用现代科学理论，不断地实现自然力、技术、经济三者有效地科学地结合的过程。它要建设的是一个具有高效率的农业生态结构和经济有效的管理和控制的技术体系，并与自然环境保持最适状态，同整个国民经济相互融合地向前发展的食物、纤维和能量的生产体系。② 有人则强调现代农业本质上是商品化的农业。所谓商品化农业就是农业部门向社会提供更多的超过农业劳动者自身需要的、以商品形式出现的剩余产品。这种商品化农业一定程度的发展，才会对现代科学技术的投入提出客观要求，并为其投入提供资金等必备条件；而且，也只有随着农业商品化的发展，农业成为专业化分工程度很高的、具有一定规模的自我发展机制的、以市场需求为导向的社会化大农业时，才能为现代农业技术的投入、为现代农

① 高尚全：《关于农业现代化问题的探讨》，《红旗》1979年第3期；朱道华：《借鉴国外经验，加速实现我国农业现代化》，《光明日报》1979年7月26日；童大林、鲍彤：《关于农业现代化的几点看法》，《人民日报》1978年12月8日。

② 石山、杨继秀：《把农业生产和管理逐步建立在科学的基础上》，《农业经济问题》1981年第9期；《论农业现代化》，《农业发展探索》1984年第2期；石山：《中国式农业现代化及其起步》，《经济研究》1983年第1期；侯中田：《对实现我国农业现代化的几点看法》，《红旗》1979年第11期。

业生产力充分发挥其作用和效益。因此，农业现代化只能适应农业商品化的客观需求，随着农业商品化的发展而逐步实现，离开了农业商品化，农业现代化只能是空谈。[①] 基于上述对农业现代化的认识，在这一时期的讨论中对于如何选择一条适合我国国情的农业现代化道路，也提出了一些新的见解。有人认为关于我国农业现代化的主要任务和根本标志不能认为就是提高劳动生产率，或者就是提高单位面积产量，这都有片面性，在实践上都是不可取的，应把二者有机地统一起来，因为，提高土地产出率本身也是提高劳动生产率的一个方面。有人则主张用提高劳动效率作为农业现代化的根本标志，因为，直接决定农业生产发展水平的不是某一个单项生产要素的生产率，而应是生产效率这样一个全面表现生产发展成就的综合指标，这一指标既表明人们运用科技成就来发展生产的成果，也表明人们把各项生产要素按科学规律和经济规律组织配合起来取得最大经济效益的经营管理成果，因此，它最能全面地综合地表明所有投入的利用情况以及所取得的效果。还有人主张采用综合经济指标体系作为农业现代化的标志，因为农业生产本身就是一个有机的综合体，是自然再生产与经济再生产的统一，农业现代化更是一个综合发展过程，与此相适应，反映农业现代化的指标也应是综合的、多项的，他们认为，用土地生产率、劳动生产率和资金利润率三项指标来综合反映农业现代化比较合适。

关于我国实现农业现代化的途径，多数人则认为应是机械技术现代化和生物技术现代化相结合的道路。[②] 关于实行家庭承包制对我国农业现代化进程的影响，也是这一时期讨论的重要课题，在讨论的初期，曾有人认为二者存在较大的矛盾，在家庭承包制下难以实现机械化和现代化；也有人则全面肯定，认为二者并不矛盾，实行家庭承包制还有利于农业的现代化。后来，经过讨论，大家认为这两种看法都不全面，应该说实行家庭承包制既有有利于农业现代化发展的一面，也有不利于农业现代化的一面，二者相比较，利多弊少。在讨论中，大家提到的有利因素大致有如下几条：（1）家庭承包制打破了计划经济对我国农业的强制性行政控制，使被计划经济

① 章琳、徐柏园：《农业的商品化与农业的机械化》，《经济研究》1987 年第 5 期；袁亚愚：《中国农业现代化的历史回顾与展望》，四川大学出版社 1996 年版。

② 寒星：《从经济发展看农业现代化》，《光明日报》1979 年 9 月 1 日；郑林庄：《农业现代化的目标是提高农业生产效率》，《经济研究》1980 年第 6 期；章宗礼、顾振鸣：《中国式农业现代化的道路和指标》，《经济研究》1980 年第 12 期。

体制所阻断了的农业与市场的联系，逐渐恢复起来，这有利于农业商品化的发展。(2) 家庭承包制解除了对农民自由流动的束缚，使农民可以从过分对土地的依赖中解脱出来，促进农民离土离乡的过程，这样的过程是任何一个国家实现农业现代化的必备条件，只有完成了这样的过程，现代农业才能在实现专业化、企业化和适度规模经营的基础上建立起来。(3) 家庭承包制解放了人民公社体制对农业生产力的束缚，农业劳动生产率迅速提高，广大农民逐步摆脱贫困，农村经济实力有所增强，从而为农业现代化积累了资金。(4) 家庭承包制的实行加快了农业生产向专业化、社会化的过渡，农业内部分工不断增加，从而为实现农业机械化产生了经济动力。(5) 家庭承包制在一定程度上保留了过去农业合作化的积极成果，为今后在土地集体所有制基础上创立新的符合农业现代化要求的土地使用与经营制度奠定了基础。①

在讨论中大家也指出，家庭承包制的实行，也给我国农业现代化带来了一些新的矛盾和问题，或者说我国农业现代化过程中原有的一些矛盾和问题，由于实行家庭承包制而加剧了，从而不利于农业现代化的发展，特别是由于家庭经营规模细小，土地分割零碎，妨碍了土地的适度规模经营，不利于农业机械化的全面推行，在汪洋大海般的小农经济基础上很难建成新农村和发展现代农业。当然，也有人认为，农业现代化与生产规模并不存在必然联系。农业现代化就是在农业中全面运用现代科学技术，在同样的土地上投入更多的资金和劳动，因此问题不在于规模的大小，而在于社会化的程度和集约化的程度。而且，并不是以家庭为单位就只能和畜力耕作、手工劳动相适应，大型机械的使用只有和集体劳动相适应，许多农业现代化的国家仍大量存在家庭农场，大生产优于小生产是有条件的，而我国现阶段并不具备这些条件，片面追求大生产是脱离实际的。另外，也有人提出：家庭承包制增强了农民对土地的依恋心理，一些农民将承包地视为私有，有些兼业农户把农业当成副业，使土地荒芜也不愿转包或放弃承包，这不仅使我国离土离乡的现代化过程放慢，而且也使土地集中向适度规模经营发展变得相当困难。家庭承包制的实行使过去集体经济的多年积

① 许涤新：《论农业的生产责任制》，《农业经济问题》1981年第11期；翟祥松：《家庭承包制是否符合现代农业现代化方向》，《浙江日报》1982年12月29日；王松霈：《依靠农业内在动力办机械化》，《经济研究》1983年第2期；袁亚愚：《中国农业现代化的历史回顾与展望》，四川大学出版社1996年版。

累在许多地方被分光，集体经济广泛被削弱，使农业现代化所需要由集体承担与支持的资金筹措变得极为困难。当旧的人民公社组织取消后，没有及时地以新的合作组织或经济组织去代替，从而使我国农民的组织化程度大大降低，农户成为分散化了的经济实体，这在那些乡、村行政组织力量十分脆弱甚至瘫痪的地方，尤其明显。这种极度分散的农户很难适应市场经济的发展与变化，更难于根据市场的需要把自己提到新的适应现代化的高度，反而使传统农业的一些特征，如自给自足、小而全等，更加增强了。①

在对中国农业现代化发展道路讨论的基础上，人们纷纷提出自己对中国现代化农业发展模式的构想：

1. “飞鸟型”的农业经济。最早是1982年李昌作为对农业现代化的概括而提出来的，后来被中国科学院农业现代化研究委员会的一些人加以充实和发挥，最后形成的。他们认为，这种模式把我国的农业现代化，看做是一个具有时空观念的动态发展过程，看做是由四个部分构成的有机整体，形象化地喻为一只飞鸟，故通俗生动地称做“飞鸟型”农村经济发展模式。“飞鸟”的四个有机组成部分是：（1）“主体”，即以种植业为主体，是整个农村经济发展的基础；（2）“两翼”，一个翅膀是农林牧副渔全面发展，另一个翅膀是农工商综合经营，即实现农村工业化，发展商品生产；（3）“立足点”，一是生态环境的改善，包括种树种草、农田基本建设，提高土壤肥力，等等；二是基础设施建设，包括能源、交通等；三是发展小城镇；（4）“鸟头”，即社会主义精神文明，是中枢神经，主管方向。包括两个内容，一是思想建设，二是文化建设。其中“眼睛”要明确社会主义发展方向，洞察农业发展战略；“耳鼻”要嗅觉敏感，信息灵通，反馈迅速，应变敏捷；“嘴巴”进行能量流、物质流、信息流的输入。这四部分之间，相互联系，相互制约，是个有机的整体，主体健壮，两翼展开，又有鸟头导航，我国农村经济才能沿着社会主义方向真正起飞。②

① 林子力：《联产承包制讲话》，经济科学出版社、农村读物出版社1983年版；赵天福：《关于联产承包责任制的几个理论问题》，《农业经济》1983年增刊第1期；袁亚愚：《中国农业现代化的历史回顾与展望》，四川大学出版社1996年版；李成贵：《调整城乡结构，让农民工成为市民，留守农民当富农民》，《中国社会科学院院报》2009年6月18日。

② 李昌：《关于农业现代化综合科学实验研究工作的回顾与展望》，《农业现代化研究》1983年第2期；石山、杨挺秀：《论农业现代化》，《农村发展探索》1984年第2期。

2. “十字形大农业”。这是于光远1982年4月正式提出来的一个概念。他认为，最狭义的农业是一年生植物栽培业。较为广义的农业，是通过生物的生长繁殖以取得产品，这种农业就不仅包括一年生植物栽培业，还包括多年生植物栽培业（即人工林业），而且也包括农、林、牧、渔在内的农业称之为“一字形大农业”。“十字形大农业”则是在“一字形大农业”这种横向联系的基础上，再加上纵向的一笔，这就是在“一字形大农业”之上，加上农业服务业，在“一字形大农业”之下，加上农产品加工业。这样就把为农业服务的土壤分析和适合土壤成分的复合肥料的制造、优良品种的培植和推广、人工饲料、牧场围栏的制造等，以及农产品的收获、林木的采伐、水产品的捕捞、肉乳蛋等畜产品的加工、各种植物的籽实、茎秆、花叶等各部分的加工等，都列入农业的概念之中。他还指出，“十字形大农业”是最广泛的最完整的农业的概念，也是最适合于作为我国经济发展战略重点的农业的概念，它可以通过最大限度地发展农业来发展我国整个农村经济。①

3. “开放型的系统农业”。这是朱道华针对“十字形大农业”的概念提出来的。他认为，于光远在“大农业”观点的基础上提出了“十字形农业”的战略观点，这对于人们理解现代农业的模式是有好处的。但现代农业结构的模式，不是一个大十字形，而是由许多十字形纵横交错地构成了网状，而且这个“网”与工业和其他部门的“网”相联结。所以实际是开放型的系统农业（或简称农业系统）。他认为，由于现代农业越来越多地依靠工业，由于各种农产品越来越多地要经过加工之后才能进入市场，也由于农业必然日益商品化，所以农工商一体化是农业生产日益社会化的必然产物，是世界各国现代化农业发展的共同趋势。我国农业也必须结合本国特点走这条道路，不仅要农林牧副渔全面发展，还必须农工商综合经营，实现农工商一体化。②

4. “立体型农业”。持这种构想的人认为，我国既要大力发展地面上的农林牧副渔各业，又要发展地面下的微生物和蚯蚓等养虫业；既要在有限的水面大力发展水产养殖业，又要在无限的空间发展养鸟、饲养动物等业，

① 于光远：《“十字形大农业”小议》，《经济学周报》1982年第17期；《对于我国农业的一些新认识》，《农业经济问题》1983年第4期。

② 朱道华：《我国农业发展战略探讨》，《经济研究》1983年第4期。

使整个农业形成一个以种植业为生存的基础、以林业为生存的条件、以牧业为发展的动力，其他各业相互联系、协调发展的网络结构，即“立体型农业”。[①] 有人说，只有这种立体生产结构，才能缓解生产条件的恶化，才能充分利用人力和自然资源，也才能保证国民经济发展所必需的多种农副产品的持续供给。认为除了生产结构的立体化，还必须实现农村经济关系立体化和农村管理体制立体化，这样才能使整个农村得到立体化开发。[②]

5. “科学型农业”。有人提出我国的农业现代化，不仅在生产关系上要区别于西方，而且在生产力的发展上也不能走资本主义国家工业型农业的老路，而必须建立同社会主义联系在一起的科学型农业。持这种构想的人认为，坚持和发展社会主义经济制度，把农业建立在现代科学技术的基础之上，走综合发展的道路，就是这种科学型农业的本质特征。并认为，这是一种比西方工业型农业更高级、更合理的新型现代化农业。建设这样一种农业，是我国农业现代化所应选择的新战略、新路子。[③] 从中国国情出发和走在时代前面，中国特色的农业现代化必须成为以发展生物科学和生物技术为主线的科技密集型的农业，以科技为支撑、高度集约化与适度规模化相结合的多元生态循环农业，实现工农、城乡协调互动的现代化。要发挥后发优势，依靠高科技进行农业产业革命。如果说当年的工业产业革命发生在西方，那么21世纪的农业产业革命有可能发生在东方社会主义中国。（1）发展以生物科学为主导的综合技术密集型农业。（2）大力推广生态循环农业，下力气消除农村农业污染。（3）推广多途径探研低成本节约型农业。（4）利用科学技术改造中低产田和劣质土地。（5）以科技创新为依托拉长农产品加工链，以龙头企业带动农业基地化、标准化。[④]

6. “生态农业”。有人认为，我国人多地少，土地资源紧张，而劳力资源丰富，又有精耕细作的传统。机械化、电气化虽然能使农民摆脱繁重的体力劳动，提高劳动生产率，却不可能增加土地资源，也不可能显著地提高

---

① 梅兴保：《论生态平衡与我国农业的发展战略》，《经济理论与经济管理》1983年第4期。

② 中国农村发展问题研究组：《以农村为突破口，实行分区立体开发的改革战略》，《农村问题论坛》1983年第9期。

③ 赖译源：《论科学型农业现代化的道路》，《争鸣》1983年增刊。

④ 杨承训：《农业改革发展30年凝练三大理念》，载《纵论改革开放30年》，河南人民出版社2008年版。

农产品的产量和品质。因此，农业机械化、电气化，再加上化学化、灌溉化等，只能说是农业现代化的内容之一，实现了这几个“化”并不等于实现了农业现代化。而生态农业，才使我们看到了中国未来农业的端倪。[①] 生态农业是一种先进的农业生产方式，它集中了无机肥和有机肥的各种优点，并加以提高。其特点是充分发挥农业生态系统自身固定和转化太阳能的作用，充分合理利用自然资源，加上现代农业科学技术的促进和强化，使经济系统和生态系统的运作协调，从而获得最大的生态经济效益。我国有精耕细作的优良传统和实行有机农业的丰富经验，发展生态农业具有有利的条件。人们希望就此走出一条适合我国特点的农业现代化的路子来。[②] 也有人提出，按照现代科学原理，自觉地办“生态农场”，在我国农业中推行生态农业的原则，是一件具有方向性、现实性和普遍意义的事情，是发展我国农村经济的新路子。[③]

7. “侧重—结合型农业”。有人认为，世界发达国家实现农业现代化的道路有三种类型：即（1）先进型，就是在实现农业现代化过程中，将机械化和科学化分先后进行；（2）侧重型，就是侧重抓一个方面；（3）并进型，即机械化和科学化齐头并进地发展。我国实现农业现代化必须把生产技术科学化和生产工具机械化二者结合起来，并以科学化为主、机械化为辅，即走“侧重—结合型”的道路。现阶段侧重抓农业生产技术科学化，并与生产工具机械化、生产组织社会化结合起来，同时由松散结合向紧密结合发展。这样做，不仅符合现代农业发展的普遍规律，而且适应我国国情。这是一条不同于其他国家的中国式的农业现代化道路。[④]

三、20 世纪 90 年代以来对中国特色农业现代化道路的新的概括

20 世纪 90 年代以来，我国经济理论界对农业现代化的讨论进一步深化，并对农业现代化的概念逐步形成了比较统一的看法，一致认为，农业现代化就是从传统农业向现代农业转变的过程；就是改造传统农业、不断发

① 未为：《现代农业的新概念》，《人民日报》1984 年 8 月 2 日。

② 王松霈：《农业生态经济研究的开展，使农业经济学步入新阶段》，载《中国经济科学年鉴（1987）》，经济科学出版社 1987 年版。

③ 于光远：《访问一个生态农场》，《经济研究》1984 年第 3 期。

④ 梅德根：《我国农业现代化应走“侧重—结合型”的道路》，《江海学刊》1983 年第 4 期。

展农业综合生产力的过程；就是转变农业增长方式、促进农业又好又快发展的过程；也是与资源、生态、环境相协调，建设富裕文明新农村的过程。在这个过程中，要用现代工业提供的技术装备农业，用现代生物科学技术改造农业，用现代市场经济观念和组织方式管理农业，用现代产业体系提升农业，用现代经济形式推进农业，用现代发展理念引领农业，用培养新型农民发展农业的过程。农业现代化是一个相对的、动态的历史概念，农业现代化程度也是不断发展和变化的。这一概念是总结了发达国家农业现代化的经验和我国农业现代化发展的正反经验所得出的一般结论。①

根据我国的国情，我国农业现代化应具有如下基本特征：

1. 商品化。商品化是农业现代化的经济效益和社会效益的体现，我国农业商品化的程度很低，因而更应该强调这一点。农业现代化是农村经济由传统自然经济向现代商品经济发展的过程，只有走向发达的商品经济，出现对农产品广泛的市场需求，现代化才能成为农业发展追求的目标。

2. 专业化。专业化与现代科学技术及商品化紧密相关，它的主导因素是科学技术的发展和商品需求水平的提高，因此，专业化是现代化的必然要求，两者不可分割。

3. 集约化。集约化的主要途径是发展精细农业，即高密度的技术投入和相对较多的活劳动投入。在资源利用上，体现充分合理而无废弃，广泛采取综合利用和深度加工的开发途径。

4. 多功能化。除了继续稳定和发展商品粮基地建设，保证我国的粮食安全外，要积极培育和扶持各具特色的畜牧业、水产业、林业及棉花、油料、蔬菜、花卉、水果、药材等经济作物商品基地建设，还要大力发展都市设施农业、循环农业、绿色农业、创汇农业、观光休闲农业、生态农业、旅游农业等各种新型现代化农业模式，使其成为我国建设现代农业的新的动力。

5. 社会化。现代农业要求把农产品的生产加工和流通等环节有机连接起来，形成完整高效、相互促进的农业产业体系。因此，农业的产业化经

① 查振祥：《论农业现代化的本质特征》，《农业现代化的研究》1992 年第 5 期；吴凌：《浅论有中国特色的农业现代化》，《农业现代化研究》1992 年第 6 期；赵玉红：《发展现代农业要把握的几个关系》，《理论探索》2007 年第 3 期；周琳琅：《关于现代农业发展的几个问题》，《经济问题探索》2007 年第 5 期。

营应当成为我国发展现代化农业的基本经营形式。[①]

四、农业产业化——中国农业现代化的必由之路

农业产业化经营，是在我国深化农村改革中出现的一种新型的扶持、保护和促进农业发展的新机制，是继家庭承包制、乡镇企业之后的又一次农村经济体制的制度创新，而且是包括在农村产业组织方式、资源配置方式、产业经营方式、运行机制和管理体制等诸多方面进行的整体性创新。

自 20 世纪 90 年代农业产业化这个概念被使用以来，对其内涵的表述日趋一致，即所谓农业产业化就是实行种养加、农工商或贸工农一体化经营，使农村由单纯生产初级产品向深度加工综合利用转变，使农村由单纯务农向农工商或贸工农综合经营转变，通过一体化经营形式，把农业的产前、产中、产后融为一体，把农业的生产经营纳入农产品的加工与销售之中，使农业与现代工业、商业、金融、运输等产业紧密结合与合作，构建一种从生产初级产品到最终产品、利益共享和风险共担的经济实体。这种农业产业化是同农业和农村经济商品化、市场化、社会化和现代化紧密联系的，它突破了所有制界限，将国有、集体、个体经济联系起来；突破了行政区域界限，将地区、省以及国内外企业衔接起来；突破了行业隶属关系的界限，将农、工、贸诸行业结合起来，从而促进了生产要素的优化组合和产业结构合理调整，促进了城乡之间的优势互补和利益互补。农业产业化是以经济学、生态学原理、市场经济规律和系统工程为指导的多功能、多目标、多层次的农业经营系统，达到农业经济总体效益最高，实现资源持续稳定，满足社会生产生活多种需要和最大限度地发挥良好环境效益、经济效益和社会效益的复合系统。[②]

农业产业化经营及其组织与制度创新，是在坚持以家庭联产承包为主的责任制、统分结合的双层经营体制长期稳定不变这一基本前提下，在市

① 秦力生：《从我国实际情况出发走自己农业现代化的道路》，《红旗》1980 年第 9 期；吴善麒：《略论我国农业现代化的道路》，《南京大学学报》（哲学社会科学版）1980 年第 3 期；廖少云：《我国农业现代化必须走技术集约的道路》，《农业经济问题》1981 年第 7 期；王家櫟：《建设农业商品生产基地是实现农业现代化的重要途径》，《农业现代化研究》1992 年第 4 期。

② 夏英、牛若峰：《农业产业一体化理论及国际经验》，《农业经济问题》1996 年第 12 期；刘志澄：《小康建设与农业产业化问题》，《农业经济问题》1997 年第 9 期；王化信：《论农业产业化内涵的界定》，《农业经济问题》1997 年第 1 期；谭静：《农业产业化研究综述》，《农业经济问题》1996 年第 11 期。

场取向改革和发展商品经济的实践中探索出的加速我国农业现代化的最佳路径。首先，它提高了农业生产的组织化程度，使家庭承包、双层经营的体制功能得到充分发挥，特别是把分散的小生产与集中的大市场连接起来，解决了家庭经营与市场风险的矛盾，从而在更大规模、更大程度上促进了农业生产商品化的顺利发展；它有利于解决农业高消耗、低产出，高投入、低回报，高产量、低效益的矛盾。农业产业化由于实行产前、产中、产后一条龙经营，使农业生产由产量农业向效益农业转变，达到高产、高值、高效，极大地提高了劳动的比较利益，加快改善了农业的弱质产业地位，增强了对农业深度和广度开发的后劲；它有利于解决农户小规模经营与集中采用现代科技、应用大规模机械设备的矛盾。农业产业化实行区域化布局、专业化生产、社会化服务和科学化管理，龙头企业和服务组织把一家一户难以办到的事统一办理、统一服务，因而有效地把农户分散经营连接起来，解决了“小个体”与“大群体”以及“低水平”与“高科技”之间的矛盾，通过对农副产品的精加工和深度开发，大大提高了其科技含量，加快了农业从粗放经营向集约经营的转变。[①] 其次，农业产业化还带动了农村第二、第三产业的发展，改变了农村传统生产结构，并扩大了城乡生产要素的流动与组合，促进了农村城镇化的发展，加快了城镇一体化的融合速度。并且，农业产业化经营还是城市经济与农村经济接轨的新的经济增长点，它把农村生产和城市市场作为一个整体来统筹运作，既可收到城乡优势互补之功，又可收到改善城乡二元经济结构之效，从而加快城乡经济一体化的步伐。[②] 最后，农业产业化还为从根本上解决农村剩余劳动力的转移、实现农民尽快地共同富裕，找到了突破口。农业产业化促使农业向广度、深度开发发展，并带动城镇第二、第三产业发展，为农业剩余劳动力的近距离转移开辟了广阔门路。而且由于实行产销一体化经营，农民既可以得到从事种养业的收益，又可以分享工商业所得的利润，为大幅度提高农民收入带来了机遇。因此可以说，以专业化、社会化和一体化为内容的农业产业化，正在逐步改变着农业的经济属性，使农业不再是一个传统的

---

① 中国传统农业向现代农业转变的研究课题组：《从传统到现代：中国农业转型的研究》第五部分，《农业经济问题》1997 年第 7 期；冯及时：《转变农业增长方式的有效途径》，《农业经济问题》1997 年第 2 期；国风：《农业产业化的思考》，《经济日报》1996 年 1 月 30 日；熊学刚：《产业化：关于中国农业发展的思考》，《光明日报》1996 年 4 月 6 日。

② 谭静：《农业产业化研究综述》，《农业经济问题》1996 年第 11 期。

生产部门，而是取得了与其他产业平起平坐，参加社会产业大循环的资格，成为现代社会众多产业中平等的一员。农业产业化的实质就是从传统农业走向现代化农业产业的过程，因此，一定意义上说，农业产业化是我国农业经济现代化的必由之路。[①]

第六节　21世纪初期对解决“三农”问题和建设社会主义新农村的理论思考与探索

一、对解决“三农”问题的理论思考

2000年2月，湖北省监利县棋盘乡党委书记李昌平上书国务院领导，信中一句“农民真苦、农村真穷、农业真危险”道出了我国“三农”问题的严重性，引起了举国上下的强烈反响，也引起了经济学界对“三农”问题的关注，纷纷就“三农”问题出现的原因、实质、关键及解决之路进行了理论探讨。

本来，从1978年年底到1984年的短短6年间，由于家庭联产承包责任制全面推广，解放了生产力，使农村经济获得巨大发展。在那段时间，政府高兴，因为解决了粮食问题；城里人高兴，因为农产品市场丰富了起来；农民也高兴，因为自己的钱包鼓了起来。此后，20世纪80年代中后期，乡镇企业的兴起，吸纳了1.2亿离土不离乡的劳动力，推动了农村工业化，也推动了我国对外贸易和开放型经济的发展，成为农民增加收入的又一重要来源。从20世纪90年代开始，随着一些限制政策的解禁，大量农民进城，为工业化提供了源源不断的劳动力，使我国成为世界上最具活力的制造业中心之一，农民通过进城务工，又进一步增加了收入。因此可以说，如果没有农村改革的成功以及大量农村劳动力的供给，我国的改革开放就不会取得这么大的成绩，农村贫穷落后的面貌也不会得到较大变化。那么，为什么到了90年代末，“农民苦、农村穷、农业危险”的问题又凸显出来呢？经济学家分析认为，最根本的原因就是随着以市场为取向的改革在城市和

① 《农业经济问题》编辑部：《农业产业化实践进展探析》，《农业经济问题》1997年第10期；李元平：《农村剩余劳动力有序流动与农业产业化》，《农业经济问题》1996年第9期；严瑞珍：《农业产业化是我国农村经济现代化的必由之路》，《经济研究》1997年第10期。

农村全面铺开，一系列矛盾凸显出来。（1）农民的收入虽然有所增加，但增收的基础并不牢固，总体上讲，我国农业持续发展的基础依然薄弱，农业靠天吃饭的问题并没有得到根本解决，遇到天灾人祸，农民迅速返贫现象屡屡出现。因此可以说，制约农民收入增长的长期的、深层次的矛盾仍然存在，持续增收的机制并未建立起来。1998 年以后，农民从农业获得的收入连续 3 年下降，对农民收入增长的贡献连续 3 年为负数，就是明证。而且，根据第二次全国农业普查资料，2006 年我国农户家庭经营耕地只有 8.26 亩（比 1996 年下降了 0.5 亩多），人均 2.48 亩。这样的经营格局，势必难以提高农业劳动生产率，即使农产品价格涨一些，农民的增收空间也十分有限，只可满足温饱，难以富裕。（2）农村市场经济体制尚未完全建立起来，更不用说完善，“小生产”与“大市场”的矛盾依然存在，农业产前、产中、产后服务体系也未完善，农产品“卖难”问题与农业生产资料“买难”问题交替出现，农业生产率的提高经常会带来“谷贱伤农”的效应，农民多产并不见得就能多得。（3）面对城市工业化的兴起，乡镇企业往往在市场竞争中处于劣势，随着国民经济中产能过剩问题的出现，导致部分乡镇企业停产倒闭，降低了非农产业吸纳农村劳动力的能力，致使农村劳动力向非农产业转移的良好态势出现逆转。再加上随着工业化、城市化的发展，大量低价征用农村的土地，致使一些农民失去了作为生存保障的土地，这些失地农民就业无门，必然迅速贫困化。（4）城乡居民收入差距持续扩大。长期以来，农民收入在低水平基础上低速增长，城镇居民收入则是在高基数基础上快速增长，城乡居民收入差距不断扩大，从 1984 年的 1.8:1，扩大到 2006 年的 3.2:1，按照这一速度推算，预计今后城乡收入差距将继续扩大。这将会严重影响全面建设小康社会和构建社会主义和谐社会的进程。另外，在计划经济体制下形成的城乡劳动力市场分割的状况仍未发生根本性变化，农民进城务工不仅工资低、待遇差，而且受到很多歧视、不公正的对待，难以融入城市。这都表明，迄今为止，原来的二元结构体制尚未从根本上发生改变，城乡经济仍未步入良性循环的轨道，城乡结构失衡问题仍很突出。所谓“三农”问题，只不过是城乡之间利益差距不断扩大的产物，我国经济的高速增长，主要靠广大劳动者报酬低来维持，这是我国经济高投资、高积累的根本原因。这种对劳动者的亏空长期积累，必然导致劳动阶层的贫困化（从社会总体上说就是贫富差距拉大，两极分化）。其中，亏空最严重的是农民。这是“三农”问题的根本症结。

(5) 农民负担反弹的压力依然存在，农民减负增收缺乏机制保障。在目前的行政管理体制下，涉及农民生产生活的收费项目仍有不少，一些地方依然存在乱收费和各种集资摊派、侵占挪用政府补贴补偿款以及各种侵犯农民权益的现象，更给并不富裕的农民生活雪上加霜。

根据上述“三农”问题产生原因的分析，有学者认为，“三农”问题归根到底是农民收入问题，只有千方百计地提高农民收入，“三农”问题才能从根本上得到解决。因为，就“农民苦”而言，现在农业劳动大部分已经机械化，劳动强度大大减低，农民感觉苦，不是苦在生产的强度、难度上，而是苦在收入增长相对缓慢，看不起病，子女上不起学，付不起各种摊派上。同样，就“农业危险”而言，农产品需求的弹性低，收入增加而需求不会增加多少，改革开放以来，农业年均增长6.2%，这个速度并不慢。所以要说“农业危险”，只能是农民收入增长慢，城乡差距继续扩大，将来农民不安于农，农业才会危险。基于这样一种分析，这些学者认为，要解决“三农”问题，必须采取“多予、少取、放活”的方针，“多予”就是要增加全社会对农业和农村的投入，加快农业和农村基础设施建设，从而直接增加农民收入；“少取”就是要切实减轻农民负担，推进农村税费改革，让农民休养生息；“放活”就是要进一步深化农村改革，放活农村经营，把农民群众的积极性和创造性充分发挥出来。因此，有学者认为，实行“多予、少取、放活”的方针是新阶段巩固农业基础地位，促进农业和农村持续、健康发展的必然要求，是解决新阶段农业和农村经济发展中出现的新情况、新问题的必然选择，也是坚持“以人为本”理念，保护农民权益、维护农民根本利益的必然决策。①

但是，也有学者认为，“三农”问题是在发展中产生的，是我国经济社会快速发展和转型过程中各种矛盾和问题的集结。我国现阶段产生“三农”问题主要是经济发展的一般规律和我国特殊的制度安排所造成的。在工业化初期，工业的高增长率使生产要素迅速向工业聚集，加剧了农业的弱质化程度，加上我国长期以来实行重工轻农、重城轻乡、城乡二元结构的发展模式，从而必然加剧了“三农”问题。我国“三农”问题的突出表现就

① 林毅夫：《建设新农村是解决“三农”问题的现实选择》，《人民日报》2006年10月25日；叶兴庆：《对我国农业政策调整的几点思考》，《农业经济问题》2005年第1期；乐章：《他们在担心什么：风险与保障视角中的农业问题》，《农业经济问题》2006年第2期；李娜：《农民收入：增长与政策（1978—2004）》，《农业经济问题》2006年第5期。

在于日趋扩大的城乡居民收入差距，而且在制度背景没有大的改变的情况下，这种经济差距必将呈现“马太效应”，进一步降低农民的经济地位和政治地位。从这一点来说，不能就“三农”问题谈“三农”问题，也就是说，要跳出“三农”的圈子寻找解决“三农”问题的出路，即只有实现从二元结构向现代经济结构的转变，把大量农村剩余劳动力从农村转移出去，才能从根本上解决“三农”问题。这些学者认为，只有从这个角度来看待“三农”问题，才能对“三农”问题的认识有足够的高度，即这不是一个部门或一个产业的问题，而是全局性的问题，从而寻找解决“三农”问题的对策，也不能局限性于农业部门本身，如增加对农业的投入（这当然是重要的，但远远不是全部），而应动员全社会力量，从实现社会发展的根本任务即工业化、市场化、社会化、城市化出发，做出全局性战略安排，走出二元经济结构状态，形成现代经济结构，实现现代化。必须转变发展模式，走城乡一体化的发展道路，使工业和农业互补，城镇和农村互惠，市民和农民互助，两者共同发展，共同进步。据此，有学者认为，解决中国的“三农”问题，是一项复杂而艰巨的系统工程，这其中必然有体制改革和利益格局调整的“阵痛”，也会有新制度的构建过程中的摸索和失误，因此，只能以“全局统筹”作为解决“三农”问题的根本指导思想，以求解决长期以来制约中国经济社会发展的城乡二元结构问题，建立起社会主义市场经济条件下城乡经济社会协调发展的机制。有学者更进一步指出，纵观一些工业化国家的发展历程，在工业化初始阶段，农业支持工业，为工业提供积累，是带有普遍性的趋向，但在工业化达到相当程度后，工业反哺农业、城市支持农村，实现工业与农业、城市与农村协调发展，也是带有普遍性的趋向。目前我国总体上已经到了以工促农、以城带乡的发展阶段，我们应当顺应这一趋势，更加自觉地调整国民收入分配格局，更加积极地支持“三农”发展。只有这样，我国的“三农”问题才能得到根本解决。①

针对有学者提出在农村之外寻求解决“三农”问题的办法，即开放户籍制度、发展非农产业、发展大中城市和小城镇、吸引更多农村劳动力进城，从而最终实现“减少农民”，有学者提出异议，认为这一思路是不现实

① 张卓元：《解决“三农”问题要走出二元经济结构，转移农村剩余劳动力》，《经济参考报》2002年1月30日；陆学艺：《“三农论”——当代中国农业、农村、农民研究》，社会科学文献出版社2002年版；宫希魁：《对中国农民问题的十大反思》，《中国经济时报》2003年6月17日；黄顺江：《破译“三农”问题》，《中国社会科学院院报》2009年5月26日。

的，因为中国农村人口基数庞大，城市就业机会有限，9亿农民在相当长的一段时期内并不可能顺利地从农村中转移出去，而“多予、少取”的农村税费改革也是对“三农”问题的被动应付。他们认为，唯一正确的应是把“消灭农村”转向“建设农村”，走城市建设与乡村建设并行道路，在城市化的过程中建设乡村而不是破坏乡村，力避“贫民窟式”的城市化，这才标志着我国农村政策的根本转变，也才能从根本上彻底解决我国的“三农”问题。

与上述思路相联系，有学者认为，我国的“三农”问题，既需要通盘考虑、统筹兼顾，又需要重点突出、切中要害，总的思路应该是，实现农村城市化、农业产业化、农民市民化，而实现这“三化”的根本出路还是在于推进市场化改革，改革和创新农村的各项基本经济制度，完善农村社会主义市场经济体制。市场化改革是农村改革的主题、发展的根本，市场化改革应当是推行各项政策措施的一个总体目标。现在，人们讲得比较多的是走“农民进城”的路子，或者叫“非农化”的路子，也就是说，农村向城市靠、农业向工业靠、农民向市民靠，无疑不能说这一思路不对，从世界上实现工业化国家的经验来看，都经历了农业比重大幅度下降、农民比重大幅度减少、城市大幅度扩张的过程。但就我国而言，从相当长一个时期看，城市的承受能力和农村的转移能力都是有限的，仅仅强调城市化和农民进城恐怕是不利于整个经济发展的，还应强调农村就地发展的思路，通过“农民进城”和“就地发展”两条腿走路，因地制宜，才能使城乡统筹发展、互动发展、协调发展，才能形成城乡一体化的市场体系，使社会主义市场经济体制完善起来，最终实现工业化和现代化。①

还有学者认为，中国“三农”问题产生的基础是生产力低水平上分散的一家一户半自给自足的小生产方式，即半自然经济。建立在这种半自然经济基础之上的由传统计划经济体制向市场经济体制转轨的过程中，市场制度的需求同计划制度安排之间的矛盾和冲突，是“三农”问题产生的根本原因。要想从根本上解决“三农”问题，不能靠别的什么制度安排，只有靠市场化的制度安排，让农民获得他们理应获得的完整的土地产权，成

---

① 王珏：《推进农村市场化改革和制度创新——解决“三农”问题的治本之举》，《农业经济问题》2004年第7期；深化农村税费改革走向研究课题组：《建设新农村背景下的农村改革：一个整体性政策框架》，《改革》2006年第10期；申端锋：《新农村建设若干问题研究》，《农业经济问题》2006年第2期。

为真正的市场主体，大力发展农村民营企业，发展农村要素市场体系，这些才是农村经济增长的关键，也才是解决“三农”问题的重要切入点。[①]

二、对建设社会主义新农村的理论探索

“建设社会主义新农村”本身并不是一个新的概念，但在我国经济社会发展总体上开始进入“以工促农，以城带乡”的新阶段后，再次提出这个概念，显然就使它具有新的时代特征、新的内涵和新的意义。

有学者认为，从提出“城乡统筹发展”，到实行“工业反哺农业，城市支持农村”，再到“建设社会主义新农村”，实际上是一脉相承、不断深化、从务虚到务实的过程。鉴于当前城乡发展严重失调的状况及其对经济社会可持续发展和全面建设小康社会的负面影响，“城乡统筹发展”是调整城乡关系的重大战略理念，实行“工业反哺农业，城市支持农村”是调整城乡关系的重大战略取向，而建设社会主义新农村则是调整城乡关系的重大战略举措，坚持“城乡统筹发展”，实行“工业反哺农业，城市支持农村”，应该是建设社会主义新农村的基本要求。消除当前过大且不合理的城乡差距、促进城乡协调发展及和谐社会建设应该是建设社会主义新农村的基本方向。也有学者认为，当前“建设社会主义新农村”的重新提出，标志着在科学发展观的倡导下，解决“三农”问题的政策导向开始从主要促进农民增收，逐步转向同时加强农村公共品供给和农村社会发展等薄弱环节；从重视农民、农村、农业的即期发展转向促进其可持续发展；也标志着解决“三农”问题宏观政策的转型，即从以促进农民增收为中心转向以人为本的农村综合发展和城乡协调发展，转向促进农民福利的持续增加。有学者特别提出，从中央提出的“生产发展、生活宽裕、乡风文明、村容整洁、管理民主”五个方面、二十个字的目标来看，“建设社会主义新农村”是一个全面、综合、科学的范畴，既包括农村生产力的发展，也包括农村生产关系的调整；既包括农村的经济基础，也包括农村的上层建筑领域；既包括物质文明、精神文明，也包括农村政治发展；既包括路、电、水、气等生活设施和教、卫、文等社会事业建设，也包括农田、水利、科技等农业产业能力建设；既包括村容村貌环境整治，也包括以村民自治为主要内容

① 周脉伏等：《解决“三农”问题的根本出路：农村市场化改革》，《农业经济问题》2004 年第 5 期。

的制度建设，从而是一个涵盖整个农村深化改革、促进发展的宏伟目标。①

毫无疑问，建设社会主义新农村必将是一个庞大的、繁杂的系统性工程，也是一个在较长时期内才可以完成的目标，必须统筹安排，因地制宜，循序渐进，不可能一蹴而就。但在把哪一方面放在优先位置，作为建设社会主义新农村的切入点，不同学者分别提出了不同的思路。

有学者认为，近期内新农村建设的重点应当放在农村的基础设施建设和公共服务的发展上，要通过加快农村基础设施建设和公共服务的发展，改变目前这方面城乡差距过大的状况。过去几十年，国家发行了几千亿元国债，重点用于城市基础设施的建设，使我国城市的面貌大为改观，但是，国家财政对农村基础设施建设和公共服务投入很少，农村的面貌特别是中西部农村的面貌变化不大，大多数农民还过着落后的生活方式。所以，要把基础设施建设的重点由城市转向农村，这是一个战略性的转变。还有人指出，把农村公共基础设施建设作为建设新农村的切入点，不仅能够改变农村落后面貌，而且能够增加农民收入。因为这些建设本身就是巨大的投资需求，而且建设用的是当地材料，雇用的是当地劳动力，能够增加农民的非农就业机会。同时，农村基础设施改善，还能启动 9 亿农民的消费需求。只有农村市场启动起来，产能过剩的问题得到解决，农村劳动力才能以较快速度向非农产业转移，农民收入才能不断提高，“三农”问题也才能最终得到解决。②

但有学者则认为，农村的进步、农业的发展归根结底取决于农民的进步和发展，而农民的进步和发展又取决于农民的教育，因此，推进新农村建设，要把培养新型农民放在优先位置。特别是，农民收入水平提高、城乡差距缩小的前提，就是农村劳动力不断转移到非农产业就业，而只有具有现代意识和职业技能的劳动力，才能适应城市生活和工作的要求。同时，随着农村劳动力向非农产业转移，务农的劳动力将越来越少，只有高素质的农民才能适应总人口增加和收入水平提高对农产品量和质不断提高的需求。所以，切实抓好培养新型农民的工作，是建设新农村的极其重要的课题，应放在建设新农村的优先领域。只有不断提高农业劳动力的素质，把

---

① 郑新立：《关于建设社会主义新农村的几个问题》，《农业经济问题》2006 年第 1 期；姜长云：《对建设社会主义新农村的几点认识》，《农业经济问题》2006 年第 6 期。

② 韩长赋：《关于社会主义新农村建设的几点思考》，《农业经济问题》2006 年第 10 期；贺聪志、李玉勤：《社会主义新农村建设研究综述》，《农业经济问题》2006 年第 10 期。

我国丰富的农村劳动力资源转化为人力资源优势，才能更好地发挥亿万农民在新农村建设中的主体作用，从这个意义上讲，全面提高农民的综合素质，培养和造就一大批全面发展的新型农民，是社会主义新农村建设的基础工程，也是终极目标。培养新型农民，不仅可以为全面实现新农村建设目标提供持久的动力，而且有利于推进城乡的协调、和谐和可持续发展。①

也有学者认为，建设新农村从根本上说是解决“三农”问题比较突出、城乡发展严重不协调的问题，而这些问题的存在，从根本上反映了在现代和传统两种生产方式主导下城乡之间、城乡居民之间发展能力差距的扩大化。实行“工业反哺农业，城市支持农村”的过程，不仅是一个工业对农业、城市对农村提供资金支持的过程，更应该是一个用新型工业化的生产方式和健康城市化的生活方式，对传统农业、农村、农民的生产方式、生活方式进行根本性改造，以增强“三农”自我发展能力的过程。根据从“城乡统筹发展”到“工业反哺农业，城市支持农村”，再到“建设社会主义新农村”的逻辑一贯性，社会主义新农村建设应该把促进农村生产方式和生活方式的根本性改造作为一条贯串始终的主线，将提高农业、农村、农民的自我发展能力，特别是农民参与经济发展的能力，让更多的农民获得参与经济社会发展的机会、分享经济社会发展的成果，放在更为重要的位置。这应是建设新农村的根本所在，也是新农村建设坚持以人为本的基本要求。②

还有学者认为，推进社会主义新农村建设必须始终把发展农村生产力放在第一位。生产发展是基础、是前提，不把生产搞上去，其他一切都是无源之水、无本之木。自从推进新农村建设以来，有些地方已经出现了一个突出问题，就是急于求成，想在两三年内就把五个方面、二十个字的目标完成。因为急于求成，一些地方往往偏重村容村貌，偏重面子和形象，有的地方叫“钱多盖房子，钱少刷房子，没钱立牌子”，忽视了生产发展是建设新农村的基础这一问题。这说明，如果现在不研究在新农村建设中生产怎么发展，那么，建设新农村很容易成为一个口号，成为一个“形象工程”或“政绩工程”。当然，在新农村建设条件下，生产发展和以前应该是

① 喻晓社：《把培育新农民作为新农村建设的关键》，《农村·农业·农民》2006年第5期。

② 贺聪志、李玉勤：《社会主义新农村建设研究综述》，《农业经济问题》2006年第10期；陈锡文：《新农村建设开局良好，任重道远》，《中国社会科学院院报》2007年2月27日。

有区别的，应该按照发展现代农业的要求，来推进新农村建设中的生产发展，明确现代农业这个主题，有利于把各地的注意力进一步引导到生产发展上来，引导到用现代农业的思路和要求来推进新农村建设条件下的生产发展上来。建设现代农业的过程，就是改造传统农业、不断发展农业生产力的过程，就是转变生产方式、促进农业又好又快发展的过程。总之，发展现代农业，才是社会主义新农村建设的首要任务，发展农村生产力，建设现代农业，是新农村建设的核心内容。①

也有学者认为，社会主义新农村建设必须以农民为主体，这首先要求在新农村建设中充分尊重农民的意愿，不能搞成官员的“形象工程”；其次要求新农村建设的目的是增进农民的福祉，不能搞成劳民伤财的“害民工程”；最后要求要体现出农民才是新农村建设事业的真正的主力军，不能把新农村建设搞成专家学者的“明星工程”。依靠农民的智慧和辛勤劳动，确保农民在新农村建设中的主力军地位，充分调动农民建设自己家园的积极性，是新农村建设能否成功的关键。这也是 20 世纪 30 年代中国许多知识分子开展乡村建设运动的经验教训。为此，就要在培养推进社会主义新农村建设的新型农民的前提下，进行农村组织体系创新，让农民真正组织起来，即在继续增强农村集体经济实力和服务功能、发挥国家基层经济技术服务部门作用的同时，鼓励、引导和支持农村发展各种新型的社会化服务组织，以引导农民自主开展农村公益性建设和推动农村基层志愿服务活动。当然，农民是新农村建设的主体，是需要有具体的形式来实现的，因为如果没有适当的组织形式，农民的意志很难得到表达并成为社会目标，也没有力量保证这些目标得以实现，也就不能保证新农村建设确保农民的福祉。有学者认为，我国各地农村情况千差万别，应有不同的农民组织方式，建立农有、农治、农享的农会组织应是其中的一种。②

总之，回顾新中国成立以来的 60 年中，随着我国广大农民群众在农村经济体制改革和农业发展实践中的不断创新，我国经济理论工作者在总结农民实践经验的基础上，不断地从理论上加以概括、提高，把感性认识一步步升华到理性认识，逐步深化了对适合我国国情的、有中国特色的社会

① 唐仁健：《深刻领会一号文件精神，积极推进现代农业建设》，《农村工作通讯》2007 年第 3 期；张晓山：《发展现代农业：社会主义新农村建设的首要任务》，《前线》2007 年第 4 期。

② 于建嵘：《社会主义新农村建设需要建立新型农民组织》，《河南社会科学》2006 年第 5 期。

主义农业发展和现代化道路的科学认识，取得了丰硕的成果。当然，我国农村经济体制的变革仍在继续深化，目前仍处于体制转轨的过程之中，因此。我国经济理论界对农村经济体制改革和农村经济发展的认识，也必然带有历史的局限性，对农村各项改革和农业现代化道路的一些理论设想，也还需要经过实践的检验。所以，可以说，我们还未达到对农村经济体制改革和适合我国国情的农业现代化道路的符合客观规律性的真理性认识。目前需要进一步探讨的理论性问题还很多，如何把农产品的生产和流通真正转移到按市场机制运行的轨道上；如何理顺国家、集体和农民三者的利益关系，尽快提高农民的收入、缩小城乡收入差距；如何使城乡进一步协调发展，使农村中数量庞大的剩余劳动力有序地转移出来；如何完善农村土地制度；如何把农民进一步组织起来，成为新农村建设的真正的主体；如何使农业生产切实走上持续、稳定发展之路，更好地迎接世界农业的竞争和挑战，以及如何实现邓小平提出的农业的“第二次飞跃”，等等，都有许多亟待解决的理论问题，需要我国经济理论工作者进一步探索。

参考文献

1.《经济研究》编辑部、《经济学动态》编辑部编：《建国以来政治经济学重要问题争论（1949—1980）》，中国财政经济出版社1981年版。

2.《经济研究》编辑部编：《建国以来社会主义经济理论问题争鸣（1949—1984）》上、下册，中国财政经济出版社1985年版。

3.《经济研究》编辑部、中共浙江省委党校理论研究所编：《中国社会主义经济理论的回顾与展望》（研究班讲授提纲），1985年。

4.《经济研究》编辑部编：《中国社会主义经济理论的回顾与展望》，经济日报出版社1986年版。

5. 中国农村发展问题研究组：《国民经济的成长阶段与农村发展》，浙江人民出版社1987年版。

6. 项启源等：《社会主义经济理论的回顾与反思——中国社会主义政治经济学学说史概要》，江苏人民出版社1988年版。

7. 张新京主编：《改革十年社会科学重要理论观点综述（1978—1988）》，学苑出版社1990年版。

8.《经济研究》编辑部编：《中国社会主义经济理论问题争鸣（1985—1989）》，中国财政经济出版社1991年版。

9. 薛暮桥、刘国光等：《90年代中国经济发展与改革探索》，经济科学出版社1992

年版。

10.《农村经济与社会》编辑部编：《中国农村经济改革与发展的讨论（1978—1990）》，社会科学文献出版社1993年版。

11. 蒋和平、张忠根、钱彦敏主编：《迈向21世纪的中国农业》，中国农业出版社1995年版。

12. 中国社会科学院经济研究所温州农村考察组：《温州农村商品经济考察与中国农村现代化道路探索》，《经济研究》1996年第6期。

13. 袁亚愚：《中国农业现代化的历史回顾与展望》，四川大学出版社1996年版。

14. 张卓元主编：《论争与发展：中国经济理论50年》，云南人民出版社1999年版。

15. 陆学艺：《“三农论”——当代中国农业、农村、农民研究》，社会科学文献出版社2002年版。

16. 张卓元主编：《中国经济学30年（1978—2008）》，中国社会科学出版社2008年版。

17.《中国经济科学年鉴》历年各卷。

（执笔人：章琳，中国社会科学院经济研究所编审）

第七章

市场体系理论的研讨与创新

1949年新中国成立以后，随着1956年社会主义改造的基本完成，市场的范围和作用逐步缩小，市场在理论上常常被看做是计划的对立物，是社会主义的异己力量。传统的社会主义计划经济体制建立后，直至改革开放前，我国仅有一个残缺不全的消费品市场和经常受到打压的集贸市场，没有生产资料市场，没有资本、劳动力等要素市场，资源配置由单一的计划调节。改革开放后，开始在经济活动中引入市场机制，最重要的就是逐步放开市场、放开价格，培育市场，先是扩大和发展农副产品市场和工业消费品市场，继而发展生产资料市场，然后逐步建立和发展资本市场、劳动力市场、土地市场等生产要素市场。经过30年的努力，我国已初步建立起统一开放竞争有序的包括商品市场和生产要素市场的现代市场体系，并且正在逐步完善过程中，从而使市场在资源配置中开始发挥基础性作用。

市场的兴衰是一个社会经济活力强弱的标志。改革开放后，我国经济活力不断增强，经济增长加快，重要原因，在于打破了传统的社会主义经济理论的束缚，逐步认识市场的功能和作用，形成了比较完整的社会主义市场理论，建立了比较健全的社会主义市场体系从而带来社会经济生活的日益繁荣和昌盛。

第一节　改革开放前只存在一个残缺不全的消费品市场

我国社会主义改造基本完成后，逐步实行传统的计划经济体制，强调经济工作的计划性和统一性，排斥市场和市场机制；强调有计划发展规律的作用，排斥价值规律的作用。在理论上，则受斯大林《苏联社会主义经济问题》一书的深刻影响，认为社会主义制度下价值规律对生产不起调节作用，生产资料不是商品，“并且脱出了价值规律发生作用的范围，仅仅保持着商品的外壳（计价等）”。因此，在经济理论研究中存在着轻视流通、轻视商业的思想，甚至“无流通论”思想。上述体制和理论决定着我国改革开放前商品流通被严格限制在一定范围内，只存在一个残缺不全的消费品市场和经常受到限制的农村集贸市场。

与此同时，经济学界也对市场和流通问题进行研讨，提出了一些有价值的见解。

首先，孙冶方在20世纪60年代初在中国人民大学经济系授课时专门讲了“流通概论”，批判了“无流通论”和“自然经济论”。他认为，“无流通论”和“自然经济论”的产生有两个原因：第一，私有制的消灭，以及由此而引起的盲目自发的市场交换的消灭，使人产生一种错觉，认为至少从全民所有制内部生产关系来说，作为社会分工的各个单位之间的联系纽带或起媒介作用的流通已不存在了。第二，社会主义国家现在普遍采用的物质技术装备的供应方式，是在物资缺乏、供不应求的情况下采取的一种不得已的措施，而绝不是社会分工基础上产生的产品交换或产品流通的正常形式。孙冶方认为，无流通论给社会主义经济造成了很大的危害，严重地妨碍着人们在理论上正确认识社会主义经济。他主张，社会主义政治经济学应从客观经济过程入手来编写，这个经济过程既包括生产过程，也包括独立的流通过程，还要把流通概念和分配概念严格区分开来。① 必须指出，在当时条件下，孙冶方批判“无流通论”是具有远见卓识的。

其次，有的经济学家研究了一些流通经济和流通规律问题。许涤新提出，社会主义商品流通有三条渠道。第一，国营商业是全民所有制商业，它是以生产资料全民所有制为基础的。第二，供销合作社是以生产资料集体所有制为基础的，它是集体所有制商业。第三，集市贸易是以农村人民公社社员的自留地和家庭副业生产和极少量的独立经营的手工业者生产作

① 参见孙冶方《流通概论》，《社会主义经济的若干理论问题》，人民出版社1979年版，第204—207页。

为条件的，各个集体经济组织之间的经济联系，也是集市贸易存在的条件。[1]

有的经济学家还研究了流通规律，如有论文认为，社会主义商品流通存在10个规律：（1）社会主义商业总的过渡的规律；（2）社会主义商品流通不断增长规律；（3）社会生产和社会需要之间的矛盾迅速反映到市场，并通过商业不断地有计划联系与不断解决的规律；（4）商品购进的对象方面的规律；（5）商品销售不断完善的规律；（6）商品调拨与流向日趋合理的规律；（7）商品储存力量不断加强的规律；（8）国营贸易与对外贸易相互联系与相互制约的规律；（9）商品流通费用不断下降的规律；（10）商业利润不断增长的规律。[2] 看来，这样的探索是有意义的。

再次，主张全民所有制内部调拨的生产资料也应是商品和进入流通过程。1957年，南冰等发表文章，开始批评斯大林关于国营企业间进行分配的生产资料不是商品的论断。他们认为，在实行经济核算制度条件下，各个国营企业还要彼此当做不同的相对独立的经济单位来相互对待，还要“亲兄弟，明算账”。因此，生产资料在国营企业内部进行分配时，各个企业之间还是要把它当做商品来相互对待，这种买卖的经济关系，绝不是“观念的”、“象征的”意义，而是具有真实的、与企业利害相关的经济内容。他们还在文中详细论证了生产生产资料的劳动转化为价值的必然性。[3] 樊弘教授持有相同的看法。他认为，物质鼓励在社会主义现阶段，仍不失为推动社会生产力发展的一个比较重要的因素，对于生产生产资料的国营企业，好者应该给以物质上的奖励，不好的则应该遭受物质上的惩罚。为了贯彻物质鼓励原则，国营企业内部的物资调拨也要继续保存商品关系，任何其他的方式在社会主义的现阶段，都不是主要的和长期的促进生产力的方法。[4] 上述观点，颇具超前性，而且被后来经济生活实践证明是正确的。

最后，党和国家领导人也提出了具有深远影响的重要观点。1956年，陈云在中共八大上提出了关于计划与市场关系颇有新意的观点。他说：“至

---

① 参见许涤新《论我国的社会主义经济》，人民出版社1964年版，第246—247页。

② 参见陈绍之《上海财经学院贸易经济系讨论社会主义商品流通的规律问题》，《大公报》1963年2月27日。

③ 参见南冰、索真《论社会主义制度下生产资料的价值和价值规律的作用问题》，《经济研究》1957年第1期。

④ 参见樊弘《关于在社会主义制度下商品生产的问题》，《关于社会主义制度下商品生产和价值规律问题》，科学出版社1959年版，第418—419页。

于生产计划方面，全国工农业产品的主要部分是按照计划生产的，但是同时有一部分产品是按照市场变化而在国家计划许可范围内自由生产的。计划生产是工农业生产的主体，按照市场变化而在国家计划许可范围内的自由生产是计划生产的补充。因此，我国的市场，绝不会是资本主义的自由市场，而是社会主义的统一市场。在社会主义的统一市场里，国家市场是它的主体，但是附有一定范围内国家领导的自由市场。这种自由市场，是在国家领导之下，作为国家市场的补充，因此它是社会主义统一市场的组成部分。”①

1959年3月，毛泽东批评“一平二调”的“共产风”，在一份报告上作了如下批示：“旧帐一般不算这句话，是写到了郑州讲话里面去了的，不对，应改为旧帐一般要算。算帐才能实行那个客观存在的价值法则。这个法则是一个伟大的学校，只有利用它，才有可能教会我们的几千万干部和几万万人民，才有可能建设我们的社会主义和共产主义。否则一切都不可能。对群众不能解怨气。对干部，他们将被我们毁坏掉。有百害而无一利。”

第二节　社会主义经济中仍然存在实现问题

1978年年底，党的十一届三中全会确定实行改革开放的重大决策后，传统的社会主义计划经济体制和经济理论不断受到猛烈的冲击，并逐步向社会主义市场经济体制转轨，社会主义市场经济理论也日益深入人心。

从传统的社会主义计划经济体制转向社会主义市场经济体制，最主要的标志是市场在资源配置中起基础性作用，也就是价值规律调节社会生产和流通。而要发挥市场调节资源配置的功能和作用，这个市场必须是统一开放、竞争有序的，并且是各种各类市场包括商品市场、资本市场、货币市场、土地市场、劳动力市场、技术市场等都比较发达和形成统一体系的，即必须是现代市场体系。改革开放以来，我国市场体系迅速发展，正在逐步完善过程中。我国各种类市场的发展逐步走向规范，是同市场体系理论探索和创新分不开的，这一探索和创新是我国经济学界关于计划与市场关

① 参见陈云《社会主义改造基本完成以后的新问题》，《陈云文选》（一九五六——一九八五），人民出版社1986年版，第13页。

系研究和讨论的深化与发展。

社会主义经济中是不是存在实现问题，即资金形态变化问题，长期以来经济学界对此持否定态度。传统的社会主义经济理论认为，商品货币关系是外在于社会主义经济的，社会主义计划经济中各种劳动消耗，从一开始就是社会劳动消耗，即劳动具有直接的社会性质。这样，自然不存在实现问题，市场问题被逐出社会主义政治经济学大门之外。所以，要发展社会主义市场体系，必须首先肯定社会主义存在实现问题。孙冶方批判“无流通论”，强调研究流通过程，同时也就强调社会主义存在实现问题。①

随着人们对社会主义经济的商品属性的确认，已经有越来越多的经济学家承认在社会主义经济中仍然存在实现问题，即资金从产品形态转变为货币形态的问题。当然，在社会主义条件下，与资本主义的资本循环的形态变化有些不同之处。但是，在价值补偿和物质替换即商品两重性意义上的资金循环还是存在的。这就意味着社会主义制度下仍然存在局部劳动和社会劳动的矛盾，仍然存在企业的局部劳动转化为社会必要劳动的问题，而且其转化情况对企业和职工有一定的经济利害关系。企业经营管理得好，产品适销对路，经济效益高，企业和职工就能得到较多的物质利益；否则情况就相反。而不是经营好坏一个样，经营管理得好，企业的个别劳动消耗低于社会必要劳动消耗，企业和职工也不能多得；相反，经营管理得不好，企业的个别劳动消耗高于社会必要劳动消耗，企业和职工也不会少得。更不是一切损失和浪费（如企业生产出废品卖不出去，劳动支出不被社会承认，企业的局部劳动不能转化为社会劳动）都由社会或国家包下来了事。商品生产是为他人为社会需要而进行的生产。马克思说：“商品在能够作为价值实现以前，必须证明自己是使用价值，因为耗费在商品上的人类劳动，只有耗费在对别人有用的形式上，才能算数。但是，这种劳动对别人是否有用，它的产品是否能够满足别人的需要，只有在商品交换中才能得到证明。”② 产品转化为商品，实现价值，需要经过社会（消费者）对生产这种产品的劳动进行质和量的检查。列宁在谈到商品交换时也说过：商品生产，也就是通过市场而彼此联系起来的单独生产者的生产。个体生产者供他人

① 参见张卓元《卓越的理论贡献深邃的思想启迪——孙冶方社会主义流通理论评介》，《财贸经济》1983 年第 7 期。

② 马克思：《资本论》第一卷，人民出版社 1975 年版，第 103—104 页。

消费的产品只有采取货币形式，就是说，只有预先经过质量和数量两方面的社会计算，才能到达消费者手里，才能使生产者有权获得其他社会产品。而这种计算是在生产者的背后通过市场波动进行的。[①]

在社会主义条件下，社会对生产商品的劳动预先经过质和量两个方面的社会计算，并不完全是在生产者的背后进行的。但是，既然社会主义企业生产的产品还是商品，这种社会计算或检查就是必要的。它除了首先要确定产品的平均劳动消耗量以外，一方面是指某一个产品是否具有与其他同类产品相同的品质、相同的社会使用价值，进行有用效果的比较；另一方面是指某一种产品的生产量和供应量，是否同社会的需要量相适应，进行有用效果和社会需要的比较。这样，产品是否具有使用价值，满足社会需要的程度如何，对于个别劳动消耗转化为社会必要劳动消耗，即对商品价值的形成和实现有重要作用。

过去，由于没有真正承认社会主义企业是相对独立的商品生产者和经营者，是独立的市场主体，不尊重价值规律的作用，搞统购包销，结果一再出现企业不顾社会需要，为仓库而生产，造成积压浪费，损失惊人。这种情况，越是片面追求高速度、高指标时，就越厉害。

社会主义建设的实践表明：原来那种产品统购包销、财政上统收统支的吃“大锅饭”的经济体制并不可取，弊端丛生。这也是造成一些社会主义国家（包括我国在内）在传统的计划经济体制下产品货不对路、大量积压从而浪费社会劳动的原因。这种情况，更加启发人们重视社会主义社会要按需生产，实现产需衔接。而要做到这一点，除了要加强社会中心或国家对国民经济进行宏观调控，提高宏观调控的科学性，并运用经济杠杆引导企业经济活动符合社会需要外，主要通过市场调节使企业的经济活动和经营决策同企业和职工的经济利益挂钩，使企业有一种努力按需生产的动力和压力，关心自己的局部劳动转化为社会劳动的问题。这里所说的压力，就是指企业如果生产的产品不适销对路，卖不出去，它的劳动支出就不能得到社会的承认，其经济损失要由企业的出资人和职工承担。这样，实现问题也就成为社会主义经济中客观上存在的问题了。同时，这也使流通部门更加成为国家经济最敏感的部门，许多经济问题（首先是生产问题）都

① 参见列宁《民粹主义的经济内容》，《列宁全集》第1卷，人民出版社1955年版，第385页。

会在流通过程中暴露出来。因为盲目生产和建设，国民经济比例失调，都会在流通过程中表现为东西卖不出去或者商品脱销，或者资金周转困难、堵塞，等等，即整个产供销系统出现混乱现象。这里所说的流通过程出现问题，实际上就是产品的实现有问题，就是市场销售有问题。显然，上述理论上的进展和突破，对于大家承认和重视社会主义实现问题，加强对社会主义市场和流通问题的研究，具有重大推进作用。

社会主义流通，作为一个独立的经济过程，在社会主义再生产和整个国民经济循环中，具有重要的意义，绝不是无足轻重的。也就是说，市场信号是最重要的信号，是社会供求现状的真实反映。市场是联结宏观经济和微观经济的枢纽，是社会主义市场经济顺畅运行的关键环节；市场观念是社会主义商品经济和市场经济观念的核心。探索社会主义市场发展的规律性，按社会主义市场规律办事，不仅对于整个国民经济的发展，而且对于各个部门、地区和企业讲求经济效益，都是至关重要的。这些都会大大提高社会主义市场问题研究的重要性和迫切性。

第三节　社会主义商品经济论确立后市场理论的进展与突破

社会主义有计划的商品经济理论的确立，把市场问题提到了突出的地位。党的十三大提出“国家调节市场，市场引导企业”，明确了在经济运行机制的新构想中将市场处于中心地位，从此，我国市场理论研究出现了引人注目的进展与突破。这方面的进展是伴随着经济体制改革的实践和社会主义商品经济理论的发展而出现的，但比商品经济理论更为深刻。概括20世纪80年代的理论研究和讨论，结合市场取向改革实际来看，这些进展和突破，至少有如下几个方面。

一、市场关系是社会主义基本经济关系，市场问题不能回避

传统的经济理论视市场为社会主义的异物，否认社会主义经济存在实现问题（即市场问题），否认劳动两重性，否认局部劳动转化为社会劳动的必要性，从而为“大锅饭”体制奠定理论基础。

理论研究和改革实践证明，社会主义经济仍然存在实现问题，即市场问题。社会主义之所以存在实现问题，是因为商品关系和市场关系仍然是

社会主义的基本经济关系，劳动虽有一定直接的社会方向性，但仍要经过交换和市场，才能真正转化为社会劳动。市场检验是证明劳动有效性的最好形式。市场压力是打破“大锅饭”体制，促进企业改善经营管理，提高效益的强大力量，使企业真正实现按需生产，增加有效供给。企业只有见市场之世面，经竞争之风雨，才有活力和希望。

二、市场机制的作用范围是覆盖全社会的

改革以来，我国理论界逐步突破了把市场机制理解得很狭窄的观点，即突破了只限于商品市场、消费品（还不包括住宅）市场的作用，认为要建立和健全社会主义市场体系，首先要扩大到建立生产资料市场（第一步），其次要扩大到建立资金、劳动力、技术、信息、房地产市场（第二步），最后扩大到外汇市场（第三步）。市场机制作用范围的扩大，是同商品范围的扩大、商品化范围的扩大同时进行的，也是同消费品、生产资料以及生产要素价格的放开同一程度发展的。价格不放开，谈不上市场机制的作用。目前以下几种认识已趋于一致：（1）商品经济问题从本质上说就是市场问题；（2）商品—市场关系是社会主义基本经济关系；（3）市场的作用范围是覆盖全社会的；（4）市场关系的扩大是有序的。[①]

三、社会主义经济运行主要靠市场协调

在传统的经济体制下，通行着一种产品经济的直接计划机制，国家管理权力过度膨胀，成为经济的唯一调节者。与此相呼应，传统理论认为，计划机制是社会主义唯一的调节机制，没有市场协调的余地。市场协调只能带来无政府状态和经济危机，是同计划机制完全对立、互相排斥的。几十年的社会主义建设实践证明：这种理论既陷入官僚主义空想，窒息了经济活动的生机和活力，又不可能保证社会经济生活实现正常的良性循环，反而把经济搞死了，为仓库而生产大量存在，致使资源配置劣化，损失浪费惊人。许多经济学家提出，既然社会主义经济还是一种商品经济、市场经济，既然商品关系、市场关系是其基本经济关系，以体现经济横向联系为特征的市场机制就成为主要调节机制。我们经济体制改革的目标，就是

① 参见吴世经、段云程《论我国市场发育》，载《中国市场发育探索》，中国物资出版社 1992 年版。

使社会主义经济的运行主要依赖市场协调，逐步加强市场对企业各项经济活动以及对社会生产和消费的导向作用，而国家则更多地通过有计划地调节市场，来引导千千万万个企业的经济活动，把商品经济纳入互相协调发展的轨道。市场协调的整体功能是：一方面，促使资源配置优化，实现帕累托状态；另一方面，提高微观营运效益——产需衔接和竞争，少投入多产出。

有的文章提出，计划与市场有机结合的体制基础是商品经济；计划与市场有机结合的微观基础是企业真正成为独立、自主、自负盈亏的商品生产者；计划与市场结合的客观基础是价值规律，市场调节不能只局限于微观经济；计划与市场结合的主观条件是树立现代商品经济观念和市场经销观念。①

四、供不应求不是社会主义经济固有的规律

传统理论认为，供不应求是社会主义经济固有的规律。从 20 世纪 30 年代起，斯大林的一个观点曾广泛流行，即社会主义国家有购买力需求的增长总是超过生产的增长，还说这是社会主义制度的优越性。在这种理论观点的影响下，我国和其他一些社会主义国家一样，长期以来物资供应短缺，生产单位的产品是“皇帝的女儿不愁嫁”，感受不到市场的压力。现在，越来越多的经济学者认为，供不应求、经济短缺是传统体制的产物，不是社会主义经济的本质属性。我们改革经济体制就是要改变这种供不应求、经济短缺现象。因为经济体制改革的主题就是发展社会主义商品经济，而这就要求供求是平衡的，最好形成供略大于求的买方市场。因为供求平衡或供略大于求的买方市场有利于市场协调，有利于商品经济的发展。

五、市场与计划不是排斥的，而是互补的

传统经济理论认为，计划与市场是互相排斥的，它们之间是太极图式的关系，计划范围的扩大就是市场范围的缩小。各种经济活动都是按照自上而下的，主要是由实物指标构成的指令性计划，通过各级计划和财政机构层层落实，从而窒息了企业的生机和活力。

① 参见何克《论计划与市场有机结合的运行机制》，载《中国市场发育探索》，中国物资出版社 1992 年版。

随着商品经济理论的确立，计划与市场结合就不可避免。改革开放以来，我国理论界对计划与市场的认识经历了三个阶段：互相排斥—板块结合—互相渗透的内在结合。它们之间的互补关系表现在：（1）计划——保证宏观经济大体协调，管总量平衡和长期的产业结构调整；市场——促使微观经济活跃，使之富有生气，管个量平衡和短期产业结构调整。（2）一方面，计划要以市场为依据，尊重价值规律，计划的对象为市场；另一方面，市场要受计划的调控，但以间接调控为主。

六、建立社会主义市场体系是经济体制改革的一个基本内容

随着经济体制改革的推进，理论界对建立社会主义市场体系在经济体制改革中的重要地位和作用，有了许多新的认识。（1）经济体制改革的实质，就是引入市场机制，把市场搞活。充分利用市场机制是经济体制改革的总方向。（2）市场是商品经济活动的舞台，不同的商品生产者和经营者就是在这个舞台上分胜负、见高低的，竞争性市场为不同的企业提供了同等机会，能够在同一起跑线上赛跑。（3）市场是连接宏观经济和微观经济的枢纽。国家调控市场，市场引导企业是新的商品经济体制的运行模式。（4）实行国家对企业间接控制为主的宏观经济管理，是有计划的商品经济的内在要求，必须有企业自主经营、自负盈亏和市场体系大体完善这两个基本条件。（5）市场体系的建立和健全，使企业成为真正的商品生产者和经营者，使国家对企业的管理能够逐步由直接控制为主转向间接控制为主，主要运用经济手段和法律手段，从而建立新的社会主义宏观经济管理制度。（6）市场是一个体系，不是一个一个孤立的市场，只有建立和健全社会主义市场体系，才能发挥市场的整体功能。①

有的论著，对社会主义市场体系的建立和发展作了专门论述。有的文章主张改革应分为两大阶段："第一阶段的主要目的是建立一个较为完善的商品市场，第二阶段的主要目的是在完善商品市场的基础上建立起完整的市场体系。这是因为，无论是在历史上还是在逻辑上，商品市场都是劳动市场、土地市场和资本市场的前提或基础。当然，这些市场并不能绝对独立地存在，商品市场形成和完善的过程，事实上和其他市场形成和完善的

---

① 参见陈晓伟《十年来市场学理论研究和学科建设情况简介》，《财贸经济资料》1988 年第 4 期。

进程是相互制约、相互促进的。因此，第一阶段在以建立和完善商品市场为重心的改革的同时，应当使其他市场的形成开始起步。”[①] 美国耶鲁大学教授费景汉、B. 雷诺兹在他们设计的中国经济体制总体改革规划（1986—2006）中，把我国经济体制改革分为初期（1978—1985）、中期（1986—1997）和后期（1998—2006）3 个时期，并按建立各类市场的顺序作为划分这 3 个时期的重要标志。初期为货币经济的来临，中期为建立商品市场，后期为建立资本市场和劳动市场。[②] 亚洲一些发展中国家的经济学者也认为，发展中国家市场关系的发展是有序的，大致是：先建立商品市场，其次是金融市场，最后是劳动力市场。[③]

中国经济体制改革的实践、中国市场经济发展的实践，证明上述设想总的说是正确的。从 1978 年年底开始，中国主要放开农副产品市场和价格，接着放开工业消费品市场和价格，然后放开生产资料市场和价格。到 20 世纪 90 年代初，中国已形成一个比较发达的商品和服务市场体系。与此同时，生产要素市场如资本市场、劳动力市场、土地市场等，也开始逐步建立并有一定程度的发展。市场理论的发展同市场体系的扩展相互促进相当明显。正如有的文章指出的，改革开放以来，我国的市场体系从无到有、从简到繁、从单一到配套逐步建立和发展起来，逐步取代了计划经济体制下长期形成的各种资源通过分配、调拨进行配置的做法，市场体系建设已初具规模。一是市场基础建设已经具备一定规模。二是市场体系基本形成并不断完善。遍布城乡商业网点形成了巨大的商品网络，相继出现了丰富多样的商业形态，如连锁超市、仓储超市、拍卖市场、旧货市场、电视购物、网上交易等。三是多元主体参与的市场主体结构的合理化格局基本形成，除国有和集体外，还包括私营、联营、外商经营的商业企业。四是市场机制在资源配置中的基础性作用明显增强，以市场为主导的价格机制建立。五是市场法规不断健全，市场管理逐步加强。加入世界贸易组织推动了我国与国际惯例接轨的步伐。[④]

① 参见郭树清、楼继伟、刘吉瑞《经济体制改革总体规划构思》，《经济研究参考资料》1986 年第 35 期。

② 参见《中国经济体制总体改革合理顺序的探讨》，《经济工作者学习资料》1987 年第 11 期。

③ 参见张卓元、吴敬琏《亚洲三国发展的经验》，《经济社会体制比较》1987 年第 4 期。

④ 参见张俊飚、王宏杰《我国市场体系建设探析》，《财金贸易》2000 年第 1 期。

第四节　社会主义市场经济论确立后重点转为发展生产要素市场

1992 年党的十四大确立社会主义市场经济体制的目标模式后，建立和发展市场体系，无论是理论研究还是改革实践，其重点已转移到发展生产要素市场上，因为只有着力发展生产要素市场，才能使市场在资源配置中发挥基础性作用。

从 20 世纪 80 年代末 90 年代初开始，不少经济学家已提出，要形成统一、完整的市场体系。如有的文章提出："社会主义市场体系包括各种类型的市场，如消费品市场、金融市场、劳动力市场、房地产市场、生产资料市场、技术市场、企业产权市场等。只有市场类型齐全，市场体系中的各种手段才能齐全，才能使市场参数之间形成有机的联系，这是社会主义市场体系的一个要点。其次，市场体系要按一定的规则来组成，这个规则对各类市场要统一。例如，在各类市场上要基本上以供求关系来形成价格，这样，各类价格参数的联系才是真正反映整个市场体系的。市场组织要健全，各类为市场服务的机构要配套。市场的活动归根到底要靠人的活动，而人的活动要有组织进行才能有效率。现代化的市场体系一定要使经营组织健全有力，才能使市场充满活力。"①

1993 年 11 月，党的十四届三中全会作出的《关于建立社会主义市场经济体制若干问题的决定》，有专门一部分论述"培育和发展市场体系"，明确提出，"发挥市场机制在资源配置中的基础性作用，必须培育和发展市场体系"，"形成统一、开放、竞争、有序的大市场"。特别提出："当前培育市场体系的重点是，发展金融市场、劳动力市场、房地产市场、技术市场和信息市场等。"值得注意的是，过去党的文件中，一直是用劳务市场，这次是第一次明确使用劳动力市场。在这个问题上，经济学家也是起了作用的，因为有的经济学家竭力主张用劳动力市场而不要用模糊不清的劳务市场概念，得到了一些同志的支持，从而使劳动力市场概念，得以开始写入

① 参见李晓西《论中国社会主义市场模式》，《中国市场发育探索》，中国物资出版社 1992 年版，第 23 页。

党的正式文件。[①]

经济学界对劳动力市场的研究是比较早的。很多人认识到，社会主义条件下劳动力仍然具有商品的性质，这是劳动力市场存在的根本的经济原因。如有的经济学家指出，在社会主义条件下，劳动者和生产资料的结合，实际上还是一种交换关系，不承认劳动力是商品，就必然否认劳动力具有价值，就不能科学地说明社会主义商品经济的运行规律。而劳动力作为商品，就离不开市场，就要进入市场。我国长期以来所实行的统包统配的劳动力管理制度，实际上就是人为地关闭了客观存在的劳动力市场。[②] 也有学者从劳动力市场的角度论证劳动力的商品属性。比如说，因为我们已经确认社会主义初级阶段是市场经济，市场经济要求主要由市场配置包括劳动力资源在内的一切资源，要求建立包括劳动力市场在内的统一完整的市场体系，要求包括劳动力在内的生产要素能够自由流动，要求劳动就业的市场化和工资数量的市场调节，这一切决定劳动力必须成为商品。仅从劳动力市场的必要性，完全可以得出劳动力必须是商品的结论。市场经济中所有生产要素都是商品，劳动力也不例外。[③]

对于劳动力商品和劳动力市场的重新认识具有非常重要的意义，它是经济学研究中思想解放的一次重要体现，是重要的经济理论创新。因为否认劳动力市场和劳动力的商品属性，就会否认劳动力这一重要生产要素的流动的必要性和经济合理性，劳动者就不能自主选择自己的职业，社会主义商品经济或社会主义市场经济就无法正常运行。

我国拥有13亿人口，有世界上最大的劳动力市场。我国正处于工业化和城市化进程中，尽管到2006年，农村外出务工人员已达13212万人，[④] 但农村剩余劳动力大约还有1亿左右，需要在工业化过程中向城市、向第二、第三产业转移。这也是建设社会主义新农村使农民增加收入的重要途径。2006年，农村外出务工人员人均月工资收入946元，外出务工已成为农民转移就业、增加收入的重要途径。可见，大力发展劳动力市场，至今对中国社会主义市场经济的发展，扩大就业，解决“三农”问题，具有重要意义。党的十七大报告指出：“健全面向全体劳动者的职业教育培训制度，加

① 参见高尚全《民本经济论》，社会科学文献出版社2005年版，第2页。

② 参见何伟等《试论我国社会主义市场的全方位开放》，《中国社会科学》1986年第2期。

③ 参见简新华《社会主义劳动力商品理论在改革时期的发展》，《中国经济问题》1999年第6期。

④ 参见陈锡文《走中国特色农业现代化道路》，《十七大报告辅导读本》，人民出版社2007年版。

强农村富余劳动力转移就业培训。建立统一规范的人力资源市场，形成城乡劳动者平等就业的制度。”还有，发展各类人才市场，对于鼓励、引导大学生面向农村、面向基层就业，也很重要。近几年，每年有四五百万大学毕业生要就业，就业压力可谓不小。此外，还要完善面向所有困难群众的就业援助制度，及时帮助零就业家庭解决就业困难等。就业是民生之本。扩大就业，最重要的是完善市场就业机制。所以，发展各种各类人才市场，推进劳动力市场的科学化、规范化、现代化建设，有利于更好地解决民生问题。

同时，要规范发展土地市场。我国地少人多，人均耕地只及世界平均水平的40%，必须十分珍惜和合理利用土地资源，加强土地管理，切实保护耕地，严格控制农业用地转为非农业用地。1996 年，我国耕地总面积为19.51 亿亩，到2006 年年底，已降为 18.27 亿亩，10 年净减少 1.24 亿亩。而我国工业化、城市化并未实现，尽管中央一再强调要实施最严格的土地管理制度，但耕地继续减少的趋势仍难以扭转，每年仅建设用地就需新增占用400 万亩左右土地。所以，土地市场的规范特别重要。国家早就明确规定，对商业性用地使用权转让，要改变协议批租方式，实行“招拍挂”（即实行拍卖、挂牌、招标协议）出让，用市场手段节约用地，杜绝浪费宝贵的土地资源。但至最近，抽样调查表明，我国从农业用地转为非农业用地中，只有占 15%的部分是通过“招拍挂”出让的，绝大部分还是采取行政划拨或协议批租出让的，已经和将继续产生严重的腐败现象。所以，今后商业用地一律要实行规范的“招拍挂”，通过规范的土地市场进行，提高土地资源的配置效率。

这几年土地市场存在的另一个问题是不少地方政府在征用农民土地时，补偿费太低。不少地方失地农民只拿到少量补偿金，难以继续生活，而又不容易找到工作或其他谋生手段，以至于形成数量可观的失地又失业的人群，有的经济学家估计有两三千万人之多，成为一个严重的社会问题。农民由于失地造成的损失有人估计数以万亿元计。而一些地方政府靠低价从农民手里征用土地，经过进行基础设施建设后转手卖给房地产商或举办开发区等赚大钱，一般估计地方政府近几年土地收入每年有五六千亿元。这种情况，必须引起高度重视和尽快纠正。

技术市场、信息市场发展很快，特别是这几年提出着力提高自主创新能力和加快发展现代服务业以后，更是如此。2007 年，光是技术合同成交金额就达2200亿元，比上年增长21%。2008年，全国共签订技术合同22.6万项，技术合同成交金额2665亿元，比上年又增长19.7%。

资本市场是现代市场体系的中心。根据中国实际情况，今后要着力发展多层次资本市场，发展公司债券市场，改变企业间接融资比重过高的状况，提高直接融资比重。这是一个大问题，另有文章论述。

建立和发展现代市场体系，提高国民经济的市场化程度，必须发展各种市场中介组织。党的十四届三中全会《关于建立社会主义市场经济体制若干问题的决定》指出："发展市场中介组织，发挥其服务、沟通、公证、监督作用。当前要着重发展会计师、审计师和律师事务所，公证和仲裁机构，计量和质量检验认证机构，信息咨询机构，资产和资信评估机构等。发挥行业协会、商会等组织的作用。中介组织要依法通过资格认定，依据市场规则，建立自律性运行机制，承担相应的法律和经济责任，并接受政府有关部门的管理和监督。"从此，各种市场中介组织如雨后春笋般迅速发展起来，越来越成为现代市场体系的有机组成部分，经济学界也对市场中介组织展开了系统研究，出版了不少论著。

有的论著指出，在转向社会主义市场经济以后，政府对经济的管理，从直接管理转变为以间接管理为主，一般不再与单个企业发生直接的关系之后，客观上需要在政府和企业之间有一个中间媒介，如行业协会、同业公会、商会等市场中介组织，用于协调政府与企业之间的关系，对下向企业传达政府的意图，对上向政府反映企业的呼声、要求，并承担一些原属于政府部门的社会职能和经济事务。同时，企业转换经营机制，走向市场之后，无论是原料购买、产品销售、员工招聘，还是信息咨询、财务审计、公正仲裁、资信评估、质量验证等，都需要市场中介组织及时提供服务。市场中介组织在市场经济体制下，起润滑剂、协调阀、保险钮的作用。没有中介组织的发展，市场经济的正常运行就会受到限制和障碍。① 有的论著进一步明确需要积极发展的市场中介组织大体分为两类。一类是要大力发展专业化市场中介服务机构。主要包括：（1）法律、财务服务机构。（2）信息咨询服务机构。（3）市场交易中介组织。（4）市场监督鉴证机构。这些机构要独立公正、规范运作。另一类是要按照市场化原则规范和发展行

① 参见宋光华主编《市场中介组织研究》，经济管理出版社1997年版。

业性自律组织，要注意保持这些机构的民间性质，避免变成“二政府”。[①]

第五节　打破部门垄断和地区封锁，规范市场秩序

我国从1979年起，一直坚持市场取向的改革，不断突破传统计划经济体制的框框，一批又一批的物质产品和服务从指令性计划分配转入市场，各项生产要素也逐步进入市场，使国民经济的市场化程度逐步提高。经过20多年的努力，至20世纪末，我国国民经济的市场化程度已达到50%以上。有的文章提出，据初步测算，到20世纪末我国产品市场化程度达到71.16%，要素市场化程度达到41.58%，企业市场化程度达到51%，政府对市场适应程度达到40%，市场对外开放程度达到23.3%。[②] 有的研究报告指出，2001—2003年，中国经济的市场化程度分别达到69%、72.8%和73.8%。[③] 也就是说，市场机制已在我国社会经济生活中起主导作用，社会主义市场经济体制已经初步建立。这是就国民经济总体说的，而在不同领域、部门和地区，市场化的程度并不相同，有的高些，有的低些。比如，商品和服务领域的市场化程度较高，生产要素领域则低一些；非国有部门的市场化程度较高，国有部门的市场化程度则低一些；竞争行业的市场化程度较高，一些自然垄断行业则低一些；东南部地区市场化程度较高，中西部地区则低一些，等等。我国是一个大国，幅员辽阔，人口众多，各地经济发展不平衡，经济改革的发展也不平衡。我国的经济改革采取渐进的方式，从传统计划经济体制相对薄弱的领域和环节突破，逐步扩大和深入，因此出现不同领域和部门市场化程度不尽相同的状况是很自然的。

我国的市场化改革并未完成，国民经济的市场化程度还有待提高。一些论著指出，今后，我国在提高国民经济市场化程度方面还要迈出较大的步伐，特别是在进一步打破部门、行业垄断和地区封闭，规范市场秩序，建立开放的市场体系方面，要迈出新的实质性步伐。

---

① 参见《党的十六届三中全会〈决定〉学习辅导百问》，党建读物出版社2003年版，第97—98页。

② 参见常修泽、高明华《中国国民经济市场化的推进程度及发展思路》，《经济研究》1998年第11期。

③ 参见北京师范大学经济与资源管理研究所《2005中国市场经济发展报告》，中国商务出版社2005年版，第3页。

第一，要打破部门和行业垄断，鼓励市场竞争。目前中国存在几种类型的垄断：第一种是行政垄断。政府职能部门运用手中的权力搞强制交易，要消费者按照它审定的价格购买它指定的产品和服务，这也包括政府不准某些商品进入它所管辖的地区销售，或授予本地企业一些业务垄断权等。第二种是行业垄断。公用企业或其他依法具有独立地位的经营者实施的强制交易或限制竞争的行为，有些自然垄断行业如电力行业对某些能够引进市场竞争的领域（如发电厂可以竞价上网）限制其竞争。第三种是经济垄断。如企业之间搞限价、价格同盟，企业间反竞争的并购，企图垄断市场（这就是为什么许多国家反垄断法都规定对企业并购要进行审查，防止并购对市场竞争产生实质性损害的原因），等等。以上几种类型的垄断，除属自然垄断外，都要防止和反对。经过几年的努力，《中华人民共和国反垄断法》已于2007年8月30日由全国人大常委会通过，从2008年8月1日起施行。这就使今后反对垄断、保护竞争有法可依。

第二，要打破地方封锁，建立全国统一的商品和要素能够自由流动的市场。改革初期，在卖方市场条件下，地方封锁表现为设卡放哨，不许紧缺物资如粮食、生猪、棉花、煤炭等销往外地。20世纪90年代中期形成买方市场格局后，地方封锁则表现为不许外地产品（从啤酒、药品到汽车）进入本地市场，或者对销售本地产品给予种种优惠，保护本地落后生产。在地方封锁的条件下，一些商品不能很好地参与公平的市场竞争。市场的扭曲也使市场价格扭曲，不能真正形成市场调节价格。我国加入世界贸易组织后，对外贸易要取消配额、许可证等非关税壁垒，允许外国商品在缴纳关税后在国内自由流通。因此，用行政手段搞地方封锁是违反世界贸易组织规则的。可见，加入世界贸易组织，参加国际市场竞争，也要求建立和完善全国统一的市场，拆除各种地方壁垒，使商品和要素在全国统一的市场内自由流动。这几年，在市场竞争大潮的冲击下，形形色色的地方封锁受到抑制和反对，但一直没有绝迹，有的地方甚至制定地方性法规搞市场封锁。今后要采取更有力和有效的措施，反对各种各样的地方封锁，使全国统一的市场真正建立起来。

建立开放的市场体系，还要适应加入世界贸易组织的要求，有步骤地推进银行、保险、证券、电信、外贸、内贸、旅游等服务领域的开放，逐步对外商投资实行国民待遇。

规范市场秩序也很重要。改革开放初期，市场刚放开不久，曾出现假冒伪劣产品泛滥、诚信严重缺失状态。整顿市场秩序、加强市场监管，成为各级政府重要职责。市场秩序不规范的一个突出表现就是，公开地或变相地搞各种形式的价格同盟。1998—1999 年，一些行业在有关主管部门支持下，搞行业自律价格，不让一些有竞争力的企业按低于社会平均成本（但高于本企业生产成本）的价格销售产品，保护落后的生产和企业，抑制市场竞争。他们打着反不正当竞争的招牌，实际上是搞行业价格卡特尔，妨碍价格竞争，反对优胜劣汰。由于这种做法违背发展社会主义市场经济的客观要求，因此，遭到各方面的批评和反对，过不了多久，就名存实亡、销声匿迹了；行业内部价格竞争此起彼伏，一浪高过一浪地向前发展。前几年，出现较多的是行业内部一些大企业串通起来搞价格同盟。对此，有关物价主管部门明确表态，任何价格行为都必须依法进行，凡是搞价格自律、价格同盟而妨碍市场竞争的，都将依据《价格法》进行处罚。如一度出现的彩电价格同盟明显违反了《价格法》所规定的“经营者不得相互串通，操纵市场价格，损害其他经营者或消费者的合法权益”、“不得捏造、散布涨价信息，哄抬价格”等条款。汽车、药品、空调等部门生产企业，也有类似行为。药品价格长期虚高，生产药品厂家以高折扣卖给医院，致使药费畸高，老百姓意见很大，也影响医疗改革的推进。由于药品生产超额利润很高，在价值规律作用下，许多厂商进入药品生产行业，致使许多药品供过于求，药品价格大战在所难免。这就触及药品生产厂家和医院的利益。前几年，居然出现成都市一家医院召集由药商、医院药房及有关物价部门参加的联席会议，要求药商和药厂不得再向低价药店供药，否则医院就停止进该药商或药厂的药品这样的咄咄怪事。①

对于如何规范市场秩序，经济学界也进行了广泛的研究。纪宝成教授主编的《转轨经济条件下的市场秩序研究》一书，② 有一定的代表性。该书认为，我国市场秩序的治理之所以陷入了“屡禁不止，屡治屡乱”的困顿状态，其关键原因在于我国以往治理市场秩序紊乱的理论基础和措施存在着很大的缺陷。要摆脱这种状态，从根本上解决我国市场秩序紊乱问题，最为首要的是，要重新认识市场秩序的本质，重新确定治理市场秩序的核心原则。该书指出，市场秩序在本质上是一种利益和谐、竞争适度、收益

① 参见《经济日报》2000 年 7 月 27 日。

② 该书由中国人民大学出版社 2003 年 12 月出版。

共享的资源配置状态和利益关系体系。一个国家需要构建一种和谐的市场秩序，不仅需要进行必要的法制建设、行政管理以及道德规范，而且更为重要的是，必须充分协调各种利益冲突，重构和引导各种利益关系，从根本上使各种社会经济主体无法从扰乱市场秩序、损害其他经济主体的利益中获得额外的收益。市场秩序是在正常合法利益的诱导下，各种社会经济主体遵守各种维护市场秩序的法律、法规以及行为规范的产物。因此，治理市场秩序的核心原则应当是在必要的法制建设、行政管理以及制度完善的基础上，进行利益关系的重构和协调，消除各经济主体之间、政府之间以及政府与各社会经济主体之间的利益冲突，从而实现利益和谐以及利益和谐下的市场有序。

建立和健全社会信用体系也很重要。党的十六届三中全会决定把这列为完善社会主义市场经济体制的单独一条。指出："形成以道德为支撑、产权为基础、法律为保障的社会信用制度，是建设现代市场体系的必要条件，也是规范市场经济秩序的治本之策。增强全社会的信用意识，政府、企事业单位和个人都要把诚实守信作为基本行为准则。按照完善法规、特许经营、商业运作、专业服务的方向，加快建设企业和个人信用服务体系。建立信用监督和失信惩戒制度。逐步开放信用市场。"① 目前，中国人民银行等已初步建立了企业和个人征信系统，这对建立有效的信用激励和失信惩戒制度，强化全社会信用意识和诚信行为，将起有力的推动作用。

我国维护商品市场秩序的法律法规也已初步建立。有保护和鼓励竞争的法律、法规，如《反不正当竞争法》、《价格法》、《反倾销和反补贴条例》、《价格违法行为行政处罚规定》、《关于制止低价倾销行为的规定》、《反垄断法》等。还有市场准入、市场管理方面的法律法规，如《期货市场管理暂行条例》、《商品市场登记管理办法》、《批发市场管理办法》、《拍卖市场管理办法》、《连锁店经营管理规范意见》等。目前这方面存在的问题，一是有些重要法律法规尚未出台，如比较全面的《国有资产法》；二是有些法律法规有待完善，如《价格法》；三是执法不力，存在不少有法不依，出现一些市场主体抗法现象，执法中经常受到地方保护主义的干扰，等等。随着社会主义市场经济向法治化发展，规范市场秩序经验的积累，我国维护市场秩序的法律将会逐步得到完善。

① 参见《中共中央关于完善社会主义市场经济体制若干问题的决定》（2003 年 10 月 14 日）。

参考文献

1.《财贸经济》编辑部编:《中国市场发育探索》，中国物资出版社 1992 年版。

2.《中共中央关于建立社会主义市场经济体制若干问题的决定》（1993 年 11 月 14 日）。

3. 宋光华主编:《市场中介组织研究》，经济管理出版社 1997 年版。

4. 张卓元主编:《论争与发展：中国经济理论 50 年》，云南人民出版社 1999 年版。

5.《中共中央关于完善社会主义市场经济体制若干问题的决定》（2003 年 10 月 14 日）。

6. 纪宝成主编：《转轨经济条件下的市场秩序研究》，中国人民大学出版社 2003 年版。

7. 逄锦聚主编:《政治经济学热点难点争鸣》，高等教育出版社 2004 年版。

8. 北京师范大学经济与资源管理研究所:《2005 中国市场经济发展报告》，中国商务出版社 2005 年版。

9. 张卓元主编：《中国经济学 30 年（1978—2008)》，中国社会科学出版社 2008 年版。

（执笔人：张卓元，中国社会科学院经济研究所研究员）

第八章

产业结构和产业组织理论的研讨与进展[①]

新中国成立60年来，我国的产业结构和产业组织理论的研究，以改革开放为界形成鲜明的对比。改革开放之前的30年，关于产业结构理论的探讨是在马克思的再生产理论范畴内展开的；当时，没有专门“产业结构”的提法，多数称“再生产理论”和“经济结构”。改革开放以来的30年，产业结构理论的研究发生了范式的变化，主要以发展经济学中关于产业结构变迁的相关论述作为理论依据。改革开放之前，我国没有专门的学科研究产业组织问题，仅有部分的讨论涉及目前产业组织学科涵盖的内容。从严格意义上讲，产业组织理论的研究从改革开放之后才逐渐发展起来。

新中国成立以来，我国的产业结构和产业组织理论的研究在研究方法和对象上发生重大的变化。改革开放之前，产业结构理论的研究在马克思的两大部类范式内展开，研究的问题主要集中于农、轻、重的关系上；改革开放以来，产业结构理论的研究在三次产业的范式内展开，研究内容包括三次产业的变迁与经济发展阶段、经济周期、政府行为等变量之间的关系。改革开放之前，有限的关于产业组织问题的讨论集中在分工与协作、企业效率等方面；改革开放以来，产业组织理论的研究与国外相关学科并无二致，讨论市场的运行及政府与市场的关系。

随着时代赋予的历史使命，我国学界关于产业结构与产业组织理论的研究，不断结合当时的现实情况进行探索。新中国成立60年来的研究，根

① 本章是以作者的《产业结构和产业组织理论的研讨与进展》为基础拓展而成，该文载于张卓元主编《中国经济学30年（1978—2008）》，中国社会科学出版社2008年版。

据其时代背景及研究特点可以大致分为四个时期。

第一时期从新中国成立后到改革开放前的30年，这个时期我国逐步建立并完善了计划经济体制。由于新中国成立后我国的经济发展是在薄弱的基础和不利的环境中艰难起步的，另外，集中的经济体制下中央政府担负了完全的经济职责。因此，如何计划、引导经济发展是政府的重要职责，也成为学界热烈讨论的课题。这个时期，如何快速实现国家的工业化是产业结构理论讨论的核心问题，关于农业、轻工业、重工业之间关系的认识也不断加深。但是，由于该时期频繁而且大规模的政治运动（尤其是“文化大革命”），学术研究受到严重的影响。

第二个时期从改革开放到20世纪90年代初，这个时期是我国经济体制改革的探索时期，也是计划经济成分不断下降、商品经济因素不断上升的时期。当商品经济日益取代新中国成立后建立的计划体系，短缺从隐性转向显性。结构失衡日益凸显，这种情况下的经济情况，原有计划经济下的理论框架不再适应新的形势。学界产生了对新的经济理论的需求，引进新的经济思想并用来分析中国现实成为这个时期产业结构理论研究的最重要特色。在这个时期，我国政府也开始广泛实施产业政策，1989年颁布的《国家产业政策》囊括了农业和工业中的所有大类行业。

第三个时期从党的十四大到21世纪初，我国正式确立了改革的目标，即建立社会主义市场经济体制。在这个时期里，我国价格改革基本完成，短缺经济结束，买方市场开始形成。在这样的经济大背景下，对市场的研究成为学界需要直面的课题，因此，现代产业组织理论的大量引进和运用成为合乎情理的现象。在政策运用方面，《反不正当竞争法》的通过和电信业的改革，是政府维护市场有效运作、促进竞争的开始。这个时期我国经济融入世界经济日趋加深，开放条件下的产业结构理论研究也是重点研究内容。

第四个时期从2001年加入世界贸易组织到现在，我国经济已基本达到小康水平。如何应对全球化浪潮，如何提高经济运行的质量成为学界研究的重点问题。从产业结构理论研究看，开放条件与工业化道路是两个关键词；产业组织理论的研究也围绕着开放经济下的企业竞争力、市场绩效等问题展开。在政策运用方面，比较重大的事件有《汽车产业发展政策》、《钢铁产业发展政策》等国家级产业发展政策的制定和《反垄断法》的设立。

总的来说，新中国成立60年来我国经济发生了翻天覆地的变化，产业结构与产业组织理论的研究也不断地随时代的演变而不断调整和发展。新中国成立60年来学术界在该领域的研究进展，主要有五方面内容：对国外相关经济思想的译介、现实产业结构的研究、关于产业结构政策的研究、现实产业组织的研究和产业组织政策的研究。下面对我国产业结构和产业组织理论在这四个时期五个方面的研究进展进行阐述。

第一节　新中国成立后到改革开放前的研究进展

新中国成立之后，如何快速地发展经济、实现工业化是我国政府的最重大课题。苏联在20世纪二三十年代通过发展重工业，快速实现工业化，并在第二次世界大战后成为世界上唯一可以与美国抗衡的超级大国，其指导思想是列宁的生产资料生产优先增长的规律和斯大林的社会主义工业化道路从重工业开始的论述。我国政府和学术界非常重视苏联的成功经验，很多重要的政策和理论研讨都以列宁和斯大林的论述作为出发点。

一、再生产框架下的产业结构理论探讨

（一）再生产理论

马克思通过对社会总产品的两重划分，即社会总产品在价值形态上分解为不变资本、可变资本和剩余价值，在使用价值形态上分为生产资料和消费资料，讨论了资本主义社会的再生产及其结构比例。我国学者认为，在任何社会形态中，社会生产的两大部类之间、各部门之间，都必然存在一定的对比关系；马克思的再生产理论具有一般性，因而可以利用马克思的再生产理论分析我国的社会主义经济。社会主义社会与资本主义社会的区别是，在资本主义社会，社会生产对比关系的形成是无政府的，而社会主义社会则是有计划的；这种差别是由于两种社会形态的生产资料占有方式的不同决定的。[①] 在不同的社会形态中，比例关系是以不同的形式来实现的。分析我国国民经济结构的比例关系时，应当着重考察两个比例：一是

① 吴海若：《再生产原理的一般性和特殊性》，《经济研究》1957年第1期。

生产资料生产与消费资料生产的比例；二是工业同农业的比例。[①]

一些学者尝试对马克思再生产模型进行扩展。董辅礽在对马克思再生产公式的具体化中，对两大部类产品按其最终使用方向作了细分，将扩大生产的不同途径的因素引入了再生产公式，并考察了再生产公式中不同参数的变化（劳动生产率与劳动者生产基金装备率、各部类劳动生产率与劳动者平均实际收入，等等），对再生产公式的深化作了有益的探索。[②] 他的这些尝试，扩大了社会再生产公式反映的各种比例关系的可能性，能够更为具体地分析社会再生产主要比例的变化。

（二）生产资料生产优先增长规律

列宁根据马克思的再生产理论，指出，技术进步、劳动生产率提高、资本有机构成上升，是机器生产代替手工劳动和在机器生产基础上技术不断进步所带来的不可避免的现象。由此总结出生产资料生产优先增长的规律。该规律在新中国成立后到改革开放前一直成为我国经济发展的重要指导思想。

我国学者对生产资料生产优先增长的规律进行广泛的讨论。丁肖逵用数学方法，证明了扩大再生产下生产资料优先增长的原理，并考察了再生产各种因素、关系在两个部类生产增长中的作用。[③] 张华夏指出，可以用一个更简单的公式代替丁肖逵复杂的公式，并认为，丁肖逵用了不必要的假设来证明该规律。张华夏认为，在扩大再生产下，生产资料优先增长是一条普遍的规律。[④] 当时学术界的普遍观点是，生产资料生产优先增长的规律适用于我国的社会主义扩大再生产。该规律对于我们研究社会主义再生产、制订经济发展计划、研究国民经济平衡表等问题都有着重要的理论意义和现实意义。

---

① 《经济研究》编辑部：《北京部分经济工作者和经济理论工作者座谈国民经济高速度和按比例发展问题》，《经济研究》1959 年第 2 期。

② 董辅礽：《从社会产品生产和使用统一的角度探索马克思再生产公式具体化问题》，《经济研究》1963 年第 3 期；《关于不同扩大再生产途径下的社会主义再生产比例关系问题——马克思再生产公式具体化问题的再探索》，《经济研究》1963 年第 11 期；《产品的分配和使用与两大部类比例的关系——马克思再生产公式具体化问题的探索之三》，《经济研究》1964 年第 8 期。

③ 丁肖逵：《从马克思扩大再生产公式来研究生产资料优先增长的原理》，《经济研究》1956 年第 4 期。

④ 张华夏：《对“从马克思扩大再生产公式来研究生产资料优先增长的原理”一文的意见》，《经济研究》1957 年第 1 期。

生产资料生产优先增长意味着在现实经济中，生产资料生产部门的发展速度要更快一些。杨坚白认为，社会主义经济总的趋势是按比例发展的，但在经济发展过程中，存在着某种不平衡和某种不按比例的情况。面对部门之间发展不平衡的情况，我们要坚持积极平衡，反对消极平衡，要抓住关键的比例关系。[①] 另外，生产资料优先增长的规律受到生活资料的制约。季崇威较早就提出，消费资料也应保持一定的增长比例，这样才能保证满足整个社会经常增长的物质和文化生活的需要。[②]

（三）部门间投入产出问题

20 世纪四五十年代，在资本主义世界对投入产出的研究不断深化时，社会主义阵营基于马克思再生产理论，也展开了对部门之间的联系平衡关系的研究。社会主义阵营的部门联系平衡表与资本主义世界的投入产出表在很多方面是一致的。我国学界在 20 世纪 60 年代初开始引进部门联系平衡表。部门联系平衡表包括以货币表现的和以实物表现的。通过对部门联系平衡表的经济内容、统计组织和数学加工的研究，可以解决国民经济平衡表和个别产品物资平衡表的衔接问题；也可以为计划工作引进新的指标——完全消耗指数，并利用数学规划方法，在一系列可能的平衡方案中确定最优计划。我国学者认为，部门联系平衡表能够提高计划工作的质量，把计划工作置于更精确的计算和分析的基础上。[③] 在 20 世纪 70 年代，我国编制了第一个实物型部门联系平衡表。该表包括 1973 年 61 种主要产品，覆盖了约 85% 的农产品、30% 的轻工业产品、60% 的重工业产品、43% 的建筑业和 66% 的货运周转量。[④]

二、关于产业结构政策的研究

（一）社会主义工业化道路的选择

新中国成立后，我国面临的最基本的任务是建立完整的工业体系，尽快实现工业化。在新中国成立初期，我国重工业基础非常薄弱，资本主义世界又对我国实施禁运封锁。另外，当时流行斯大林提出的观点：资本主

---

① 杨坚白：《论社会主义经济发展的平衡和不平衡问题》，《经济研究》1960 年第 5 期。

② 季崇威：《我国工业应当积极支援和促进农业的发展》，《经济研究》1958 年第 2 期。

③ 乌家培、张守一：《关于部门间产品生产和分配平衡表》，《经济研究》1962 年第 8 期。

④ 江小涓：《产业结构与产业组织理论》，载张卓元主编《论争与发展：中国经济理论 50 年》，云南人民出版社 1999 年版，第 471 页。

义工业化是从轻工业开始，社会主义工业化是从重工业开始；优先发展轻工业是资本主义工业化的道路，优先发展重工业是社会主义工业化的道路。[①] 我国学者也认为，优先发展重工业符合马克思社会扩大再生产过程中两大部类对比关系的原理。重工业主要是生产资料的生产，农业和轻工业主要是消费资料的生产；农业、轻工业和重工业的相互关系，反映着社会生产两大部类的关系；通过重工业、轻工业和农业的比例，可以把生产资料生产和消费资料生产的比例关系加以具体化。[②] 这样，我国的工业化事业就成为以发展重工业的生产即生产资料工业的生产为基础。

对于社会主义工业化的基本内容，大家普遍认为是使现代工业的产值在工农业总产值中的比重占相当优势，并成为国民经济的领导力量。王思华指出，要实现国家工业化，必须有高度发展的重工业，必须从建立重工业来着手建设社会主义经济。但在发展重工业的同时，也要采取各种措施来保证轻工业、农业、交通运输和文化教育事业的相应发展，尤其是要保证农业生产的相应发展。因为农业不仅是决定工业发展速度和实现社会主义工业化的重要条件，而且是决定整个国民经济发展速度的重要条件。[③]

在重工业优先发展的工业化道路中，杨坚白提出了该原则适用的条件：一是重工业生产力的实际水平；二是农业、轻工业和其他部门对重工业需求的适应程度，以及它们对重工业产品的需求程度；三是全社会劳动资源和物质资源的规模，特别是积累的规模。这三个条件是互相联系不可分割的，集中到一点取决于积累的规模和它的使用方向。[④]

在现实政策实践上，我国在“一五”计划中，把工业基本建设作为五年计划的中心，明确规定，集中主要力量发展重工业。从1952—1956年，我国重工业生产年平均增长23.9%，轻工业生产年平均增长14.8%，手工业生产年平均增长12.6%，农业生产年平均增长4.4%。[⑤] 从“一五”的实

---

① 《经济研究》编辑部：《中国社会主义经济理论的回顾与展望》，经济日报出版社1986年版，第337页。

② 杨坚白：《论国民经济根本性的比例关系》，《经济研究》1959年第10期；俞明仁：《论农业、轻工业和重工业的相互关系》，《经济研究》1960年第2期。

③ 王思华：《关于我国过渡时期国家工业化与农业合作化的相互适应问题》，《经济研究》1956年第1期；《论我国社会主义工业化的迅速发展》，《经济研究》1956年第4期。

④ 杨坚白：《试论农业、轻工业、重工业比例和消费、积累比例之间的内在联系》，《经济研究》1961年第12期、1962年第1期。

⑤ 吴海若：《再生产原理的一般性和特殊性》，《经济研究》1957年第1期。

施效果看，它完全符合重工业优先增长的政策设计。

（二）从生产资料生产优先增长到片面追求“以钢为纲”的“大跃进”

随着“一五”计划的顺利完成，中央错误地估计了形势，以为能够进一步加速经济发展和工业化进程。在指导思想上，把生产资料优先增长的原理归结为优先发展重工业，并进一步归结为优先发展钢铁、煤炭和机床，认为工业的生产和建设必须首先保证重点。工业的中心问题是钢铁的生产和机械的生产，而机械生产的发展又决定于钢铁生产的发展。因此，提出以钢铁、机械为元帅，以电力、燃料和运输为先行，以及以钢为纲、全面跃进的方针。“大跃进”时期，要求在1958年一年内完成钢铁生产翻一番的任务，并提出“在十五年或者更短的时间内，在钢铁和其他主要工业产品的产量方面赶上和超过英国并争取在十年左右的时间内基本实现”的口号。大跃进期间的主流思想是追求不切实际的钢铁和其他重工业的高指标，并以此作为区分社会主义工业化和资本主义工业化的标志。①

（三）承认农业的基础作用

马克思的再生产理论虽然强调了第一部类优先发展对第二部类生产增长的决定作用，但也指出，第二部类的必要增长对第一部类优先发展的制约作用。我国学者在“一五”建设后期就曾指出该问题，在大跃进造成惨痛教训后，中央也意识到第二部类尤其是农业发展的重要性。

很多学者指出，由于我国人口多，经济基础薄弱，要把农业的发展放在重要的位置。“一五”期间，我国人口平均递增速度为2.2%，远超过耕地的增长速度。我国农业的发展，跟不上整个国民经济的发展和工业发展的要求。农业剩余劳动是国民经济其他一切部门存在和发展的物质基础；具体表现为农业为国民经济其他部门提供粮食、工业原料、劳动力、资金和市场。因此，我国必须进一步地大力发展农业，才能保证人口有计划地增长和人民的生活水平的提高；工业同农业是一种相互依存、相互支援、相互促进、相互发展的关系；要保证农业在国民经济中的基础地位。②

---

① 《经济研究》编辑部：《中国社会主义经济理论的回顾与展望》，经济日报出版社1986年版，第40、338页。

② 季崇威：《我国工业应当积极支援和促进农业的发展》，《经济研究》1958年第2期；何畏：《关于发展农业的问题》，《经济研究》1958年第3期；王向明：《论重工业对农业的依存与支援》，《经济研究》1962年第10期；许涤新：《论农业在国民经济中的地位和发展农业生产的关键》，《经济研究》1962年第12期。

在政策层面，早在1956年，中央提出的“1956年到1967年全国农业发展纲要（草案）”将发展农业生产提到极为重要的地位。1957年春季，中央又进一步提出了在优先发展重工业的基础上发展工业和发展农业同时并举的方针。但这些政策都被“大跃进”中“左”的思想打断。经过大跃进和三年困难时期的惨痛经历后，各方面都深刻反省了片面发展重工业的局限。20世纪60年代初，中央提出了国民经济计划的安排要以农、轻、重为序，这也体现着工农业中两大部类的比例安排。

三、与产业组织内容相关的研究

（一）分工与协作问题

专业化分工和协作问题比较靠近产业组织的研究。关于专业化分工和协作的研究，理论框架的提出和基本研究思路，主要引用当时苏联经济学家的理论。这个领域我国最早译介的专著，是苏联学者别里的《苏联工业的专业化和协作》；国内学者较早的专著，是季明著的《社会主义工业生产的专业化与协作》。①

费悟文等人提出要建立和健全企业的责任制。他们认为，企业责任制是社会主义社会化生产的客观要求，它反映着人们在生产和劳动中的相互关系，并且以一定的规章制度表现出来。由于全民所有制的各个企业之间有着精细、严密的分工与协作关系；同时，每个企业本身又是一个复杂的分工体系。严格的企业责任制是保证整个社会和每个企业生产正常进行所必需的；其实质是要在企业里正确地处理生产力和生产关系之间的矛盾、经济基础和上层建筑之间的矛盾，调动一切积极因素，保证生产有条不紊地进行，保证企业不断提高劳动生产率，全面完成与超额完成国家计划。②

（二）关于如何看待大型企业与中小型企业的问题

不同规模的企业在经济生活中起着不同的作用。很早就有学者提出，我国不仅需要相当一批的大型企业，也需要发展中小型企业。大型企业具有现代化的技术条件，生产效率高，而且是推动整个国民经济向前大发展的“火车头”；但中、小型企业在产、供、销方面容易得到较好的结合，

① 江小涓：《产业结构与产业组织理论》，载于张卓元主编《论争与发展：中国经济理论50年》，云南人民出版社1999年版，第472页。

② 费悟文、桂世镛、刘复荣：《论社会主义国营工业企业的责任制》，《经济研究》1962年第7期。

中、小企业可以促进各地区经济的平衡，加速缩小城市与乡村、工人与农民的差别。采取大、中、小型企业相结合的方针，实际是相互取长补短。①

由于企业没有计划决策权，失去了搞好微观平衡的内在机制和动力，不能及时解决本身生产经营中的一系列问题，时时事事依赖中央和主管部门。不管是大型企业还是中小型企业，都面临效率低下的问题。②

第二节　改革开放到20世纪90年代初的研究进展

改革开放之初，产业结构或经济结构失衡是我国现实经济中最重大的问题之一，学术界以开放的精神引进、借鉴西方的产业结构理论。其中最基本的是引进新的分析范式，即三次产业分析经济结构的方法。与原有的范式相比，该范式最突出的特点是承认非物质生产部门在经济活动中的重要地位与作用。在具体理论方面，包括三次产业的划分，产业结构变化与人口就业结构、人均收入、经济发展的关系，划分产业结构变化的依据等。我国学者利用这些理论分析我国产业结构的现状、特点、问题所在及调整方向等。另外，由于日本产业政策在实践中的成功，产业政策思想的引进与在我国的实践也成为重要的议题。这个时期，我国学者也开始介绍现代产业组织理论，以及讨论当时环境下的竞争与垄断、企业经营水平低下的激励等问题。

一、引进国外经济思想

（一）关于产业结构理论的译介

1985年，杨治在国内第一次以“产业经济学”为名，出版了《产业经济学导论》，在国内影响较大；同时，国外关于产业结构理论的经典著作也在20世纪80年代末被大量地翻译到我国学术界，影响比较深远的有库兹涅茨的《各国的经济增长》和《现代经济增长》、钱纳里的《工业化和经济增长的比较研究》、佐贯利雄的《日本经济的结构分析》等。

对产业结构理论的译介主要包括以下几个重要思想：

---

① 陈大伦：《关于中央工业和地方工业、大型企业和中小型企业同时并举》，《经济研究》1958年第6期。

② 《经济研究》编辑部：《中国社会主义经济理论的回顾与展望》，经济日报出版社1986年版，第323页。

1. 关于三次产业分类的介绍。杨治在《产业经济学导论》中，系统地介绍了三次产业的概念、分类及它们在不同经济增长阶段中的表现。20世纪80年代初期，三次产业的范式引进在学术界曾有过较为激烈的争论，但到20世纪80年代中期以后，学术界基本认同了该分类的科学性和强大的现实解释力。三次产业思想的引进，突破了原先“两大部类”范式中只重视物质资料生产的框架，承认服务业等第三产业的重要性；这为我国的学者打开了新的视野，学者们利用该范式对我国的实际情况进行了大量的研究。值得一提的是，在《中国统计年鉴》（1988）中，我国官方开始出现三次产业的相关数据，这也为学术界利用统计数据进一步研究我国三次产业问题提供数据支持。

2. 关于产业结构变迁与经济发展、就业、收入等指标之间的内在联系。17世纪，英国经济学家威廉·配第通过对当时英国的实际情况指出，随着经济的不断发展，产业中心将逐渐由有形财物的生产转向无形的服务性生产。20世纪，经济学家克拉克拓展了配第的研究。配第—克拉克定理指出，随着经济发展，劳动力逐渐从第一产业向第二产业转移，继而向第三产业转移。[①] 库兹涅茨归纳出产业结构演进的模式：当人均产值较低时，农业部门与非农业部门的份额呈此消彼长的变化；非农业部门份额大幅度上升，但其内部（工业与服务业）的结构变动不大。当人均产值较高时，农业与非农业部门的份额变动不大，但非农业部门中服务业的比重上升较为明显。[②] 钱纳里的理论认为，经济发展可以分为三个阶段，其间伴随着三次产业的结构变迁。第一阶段为初级产品生产阶段，农业等初级产品的生产占统治地位，但初级产品的生产增长慢于制造业；第二阶段为工业化阶段，生产结构由初级产品向制造业迅速转移；第三阶段为经济发达阶段，制造业在经济和就业中的比重下降，服务业逐步成为推动经济增长的主要部门。[③] 霍夫曼认为，研究产业结构必须重视消费品工业的净产值与资本品工业净产值之比（霍夫曼系数）。在工业化进程中，该系数的值是不断下降的；该系数也可以判定工业化的具体进程情况。[④]

---

① 杨治：《产业经济学导论》，中国人民大学出版社1985年版。

② 西蒙·库兹涅茨：《各国的经济增长》，商务印书馆1985年版；西蒙·库兹涅茨：《现代经济增长》，北京经济学院出版社1989年版。

③ 钱纳里：《工业化和经济增长的比较研究》，上海三联书店1989年版。

④ 杨治：《产业经济学导论》，中国人民大学出版社1985年版。

3. 关于产业政策思想的介绍。产业政策主导的思想认为，在发现产业结构变动规律的基础上，通过产业政策，政府能够在经济发展进程中扮演积极的角色。因此，产业政策理论是产业结构理论的应用层面。佐贯利雄在对战后日本工业发展情况的分析发现，战后日本工业的发展先后经历了三个阶段，分别是以电力工业的发展为主导产业阶段，以石油、石化、钢铁、造船等行业为主导产业阶段和以汽车和家电等高收入弹性行业为主导产业阶段。佐贯利雄认为，在工业发展过程中，主导产业的替代如下：轻工业—原材料工业—加工组装工业，各个阶段的主导产业分别为纺织业—石油、石化、钢铁业—汽车、家电业。[①]

（二）介绍产业组织理论

虽然在一些早期翻译到国内的微观经济学教材中会出现产业组织的基本理论，但从专著看，谢佩德的《市场势力与经济福利导论》可能是我国大陆较早的一本译著。1985 年，世界银行经济发展学院和清华大学经济管理学院联合举办经济管理讲习班，曾开设产业组织理论课程，这可能是我国系统讲授该课的最早记录。[②] 同年出版的杨治的《产业经济学导论》也有专章介绍产业组织。这些著作和讲学都对产业组织理论在我国的普及起了积极的推动作用。20 世纪 80 年代后期，施蒂格勒和克拉克森的著作被翻译进来。施蒂格勒的《产业组织和政府管制》是一本论文集，包括《规模经济》、《管制者能管制什么》等产业组织理论发展过程中的经典文献。克拉克森等人的《产业组织：理论、证据和公共政策》则是一本标准的教科书，涵盖了当时产业组织领域内所有比较重要的内容，该书的主要特色是讨论与竞争、垄断有关的法律问题。[③] 这些重要的著作和译著深远地影响了那个年代的学者。

二、产业结构的探讨

（一）对我国产业结构存在问题的研究

20 世纪 70 年代末到 80 年代初，由国务院财政经济委员会组织，我国

---

① 佐贯利雄：《日本经济的结构分析》，辽宁人民出版社 1987 年版。

② 江小涓：《产业结构与产业组织理论》，载于张卓元主编《论争与发展：中国经济理论 50 年》，云南人民出版社 1999 年版，第 483 页。

③ 谢佩德：《市场势力与经济福利导论》，商务印书馆 1980 年版；施蒂格勒：《产业组织和政府管制》，上海三联书店 1989 年版；肯尼迪·W. 克拉克森、罗杰·勒鲁瓦·米勒：《产业组织：理论、证据和公共政策》，上海三联书店 1989 年版。

经济学界曾进行过一项规模和影响都很大的经济结构（产业结构）研究，并出版了大量的研究报告。当时，对产业结构问题的研究主要是总结新中国成立30年的经验教训。研究者指出，我国产业结构不合理主要表现在农、轻、重比例失调、基础工业与加工工业比例失调等；造成产业结构不合理的原因包括片面追求重工业优先发展、片面强调生产资料优先增长规律，等等。[①] 也有学者认为，我国轻重工业结构不够合理，没有做到协调发展，主要问题有三：一是重工业增长过快，轻工业相对落后；二是轻重工业大起大落，很不稳定；三是轻重工业内部结构不够合理，主要表现为重工业中自我服务的比重过大，轻工业中为生产服务的比重过大。[②]

杨坚白等也对新中国成立30年产业结构的情况和问题进行了深入探讨。在他们的《论我国农轻重关系的历史经验》这篇影响较大的文章里，他们对1980年前后我国国民经济结构做出基本判断，认为我国由20世纪50年代农业占优势的农业—工业国，变成了工业占优势的工业—农业国。他们把新中国成立以来农轻重三者的历史发展过程进行分时段研究，认为新中国成立初期的1949—1957年是基本协调的，1958—1962年和1966—1976年均处于失调阶段，1963—1965年和1977年至20世纪80年代初是处于调整阶段。农轻重比例关系失调的主要原因，杨坚白等认为是我国的积累率过高、国家投资的畸形分配、工农价格“剪刀差”以及农业生产遭到人为的直接破坏。[③] 在对新中国成立初期到1984年农业生产的分析中，有学者指出，我国保留着低收入国家最显著的特点，即农业份额过大。[④]

（二）关于产业结构调整或产业结构合理化

对于如何正确处理农轻重的关系，坚持走中国的工业化道路，杨坚白等人认为，以农业为基础，坚持中国的工业化道路，改变重工业的生产结构，使之与发展农业和轻工业的需要相适应，坚持以农轻重为序。[⑤] 有的学者对轻重工业结构合理化的对策是：实现轻工业生产的战略转变，确保轻工业的稳定增长；既要保证重工业的优先增长，又要适当控制重工业的规

---

① 马洪、孙尚清主编：《中国经济结构问题研究》，人民出版社1981年版。

② 孙尚清主编：《论经济结构对策》，中国社会科学出版社1984年版。

③ 杨坚白、李学曾：《论我国农轻重关系的历史经验》，《中国社会科学》1980年第3期。

④ 中国农村发展问题研究组：《论国民经济结构变革——新成长阶段农村发展的宏观环境》，《经济研究》1986年第5期。

⑤ 杨坚白、李学曾：《论我国农轻重关系的历史经验》，《中国社会科学》1980年第3期。

模和速度。[①] 宋则行以辽宁省为例，认为经济结构的调整要注意到积累和消费的比例、经济结构中的薄弱环节、部门间的协调发展、地方和全国的经济结构的协调配合。[②] 李京文等提出，必须依靠技术进步，促进产业结构合理化，才能实现产业高度化；调整产业结构的基本原则包括协调发展、效益最佳、消费导向、技术进步、就业需求，其中前两项原则是最基本的。[③]

（三）关于第三产业的研究

随着三次产业分类法在我国学界的译介和讨论，越来越多的学者认识到使用三次产业分类法的科学性。研究较早并有较大影响的是李江帆，他提出，不仅要考虑农轻重的比例，还要考虑物质生产部门与服务消费品部门之间的比例。在《第三产业经济学》一书中，李江帆运用马克思的劳动价值理论分析第三产业，揭示第三产业的经济规律。该书还分析了第三产业形成的标志、条件、时间、途径以及第三产业的分配、消费等问题。在该书中，他提出非自动化的服务产业的相对价值量上升较快、服务的供给和需求上升将使第三产业比重日益增大。[④]

三、产业政策

20 世纪 80 年代，我国学者对产业政策的观点比较一致，认为推行产业政策是战后日本等国家产业结构升级和经济加速发展的重要原因，因而我国政府也应积极利用产业政策。[⑤] 学界的观点迅速受到政府的重视和采纳，1986 年制订“七五”计划中出现了产业政策的概念并给以重要地位。1989 年我国颁布了《国家产业政策》，涉及农业和工业中的所有大类行业，将每一类产业中的子行业和产品分为支持发展、限制发展和禁止发展三类。

对于产业发展模式，李京文等总结了产业发展的三种模式：倾斜式发

---

① 孙尚清主编：《论经济结构对策》，中国社会科学出版社 1984 年版。

② 宋则行：《实现经济发展战略目标，合理调整经济结构》，《社会科学辑刊》（经济增刊）1983 年第 3 期。

③ 李京文、郑友敬等：《技术进步与产业结构问题研究》，《数量经济技术经济研究》1988 年第 1 期。

④ 李江帆：《服务消费品的生产规模与发展趋势》，《经济理论与经济管理》1985 年第 2 期；李江帆：《第三产业经济学》，广东人民出版社 1990 年版。

⑤ 周叔莲等主编：《产业政策问题探索》，经济管理出版社 1987 年版；杨沐：《产业政策研究》，上海三联书店 1989 年版；王慧炯等主编：《中国产业部门政策研究》，中国财政经济出版社 1989 年版。

展模式、平推式发展模式和协调—倾斜式发展模式，并认为第三种模式是我国2000年前应采取的较为理想和符合我国实际的发展模式，即要兼顾国民经济总体的协调发展和不同区域的倾斜发展。[①] 对于产业优先发展顺序，学界提出我国也要利用产业政策来优先发展某些主导产业或支柱产业。有的学者从我国的资源禀赋出发，认为我国应优先发展劳动密集型的出口产业。[②] 也有学者认为“瓶颈”产业是我国经济发展的主要约束，因此要优先发展能源等基础产业。[③] 随着讨论的深入，越来越多的因素被考虑，学界关于主导产业的观点也越来越多，但没有形成比较一致的看法。

四、对我国产业组织问题的初步研究

企业组织结构问题是产业组织中的重要问题之一，虽然西方的产业组织理论尚未系统引入，但早在20世纪80年代初期，我国学者就总结出当时我国企业组织结构中存在的问题。我国企业组织结构的主要特点是“大而全”、“小而全”，并成为我国规模经济水平低的直接原因。企业的绝对规模大，但有效规模小。另外，经济体制不合理也是企业组织结构不合理的重要原因。我国企业规模结构反映了它的欠发达性质，还表现在中小企业数量的不稳定性和经济效率的低下。造成上述情况的原因是商品经济不发达、经济发展战略失误和现行的经济体制（吃“大锅饭”及不合理的价格体系）。[④] 20世纪80年代中期，在城市经济体制改革中的企业改革“放权”、“搞活”又带来了另一个严重的问题：一管就死，一放就乱。卫兴华等人认为，增强企业活力应包括通过建立和完善各种约束机制，纠正企业在增强自己活力过程中可能出现的偏差，将企业活力引入国民经济计划轨道。[⑤]

胡汝银的专著《竞争与垄断：社会主义微观经济分析》是20世纪80年代影响较大的研究产业组织的专著。该书系统地考察了西方经济学流派、东欧经济学流派和党的十一届三中全会以来有关竞争和垄断的各家学说，系统地研究社会主义竞争问题。作者以马克思的微观经济分析框架为基础，

---

① 李京文、郑友敬等：《技术进步与产业结构问题研究》，《数量经济技术经济研究》1988年第1期。

② 黄一义：《论本世纪我国产业优先顺序的选择》，《管理世界》1988年第3期。

③ 李伯溪、谢伏瞻、李培育：《对瓶颈产业发展的分析与对策》，《经济研究》1988年第12期。

④ 孙尚清主编：《论经济结构对策》，中国社会科学出版社1984年版。

⑤ 卫兴华、洪银兴、魏杰：《企业活力与企业行为约束机制》，《学术月刊》1986年第4期。

在产业组织层面上，从多种角度考察社会主义微观经济运行。该书揭示了 20 世纪 80 年代我国微观经济运行过程中的多重分割状态的特征，考察了部门内竞争、部门间竞争、空间竞争、国际竞争所受到的各种限制，以及引发的资源配置失当和低效率。该书的重要结论包括：社会主义经济中的垄断以国家垄断和行政垄断为特征，社会主义竞争有部门内不均齐竞争等特点；各种鞭打快牛、抽肥补瘦的措施虽然会抑制部门内竞争的不均齐程度，但也会起阻碍先进企业成长、保护落后企业的作用，从而降低了资源配置的效率。①

第三节　20 世纪 90 年代的研究进展

经过 20 世纪 80 年代的探索，我国摸索出改革的方向，即建设社会主义市场经济体制，并在 1992 年党的十四大得到正式确立。经过 20 世纪 80 年代产业结构理论引进的高潮后，20 世纪 90 年代产业组织理论成为经济思想译介的重点。这个阶段，我国产业结构理论的研究包括现实产业结构的演变、产业结构合理化、与新经济相关产业的发展、经济开放对产业结构的影响等；在产业政策方面，探讨了当时产业结构中急需解决的问题如“瓶颈”产业、衰退产业、过度竞争产业、产业保护等问题，并有学者对产业政策的有效性进行了反思。产业组织方面的研究主要围绕结构—行为—绩效的框架下进行，或者针对某一方面作专门的研究。产业组织的政策应用主要集中于产业组织合理化问题上，即对分散的行业实现适度集中，同时对垄断行业加强竞争或实施有效管制。

一、进一步引进产业组织理论

20 世纪 80 年代是引进产业结构理论的高峰期，进入 90 年代后，西方重要的产业组织思想也被全面翻译、介绍进来，并迅速地被我国学者所接受。其中影响比较大的产业组织教科书有泰勒尔的《产业组织理论》，丹尼斯·卡尔顿、杰弗里·佩罗夫合著的《现代产业组织》，多纳德·海、德里克·莫里斯合著的《产业经济学与组织》等。② 泰勒尔的教科书把产业组织

---

① 胡汝银：《竞争与垄断：社会主义微观经济分析》，上海三联书店 1988 年版。

② 泰勒尔：《产业组织理论》，中国人民大学出版社 1997 年版；丹尼斯·卡尔顿、杰弗里·佩罗夫著：《现代产业组织》上海人民出版社 1998 年版；多纳德·海、德里克·莫里斯：《产业经济学与组织》，经济科学出版社 2001 年版。

的讨论放在博弈论和信息经济学的分析框架内，理论性较强；丹尼斯·卡尔顿、杰弗里·佩罗夫的教科书最大的特色是大量的现实案例与理论相结合，注重公共政策。这三本都是西方产业组织学界影响力较大的教科书。这三本教科书的内容囊括了产业组织的重要流派和思想，如哈佛学派的“结构—行为—绩效”框架、芝加哥学派的价格理论研究传统和新产业组织中利用交易费用研究的视角。

迈克尔·波特的竞争三部曲也相继被翻译引进。他在《竞争战略》中提出产业竞争的五力模型和三个基本战略，在《竞争优势》中提出价值链分析，在《国家竞争优势》中提出钻石理论，这些分析框架迅速被我国学者所认同并得到广泛应用。[①]

进入20世纪90年代后，我国学者开始关注产业组织政策，这包括国外的反垄断、经济管制和社会管制。植草益的《微观规制经济学》是国内翻译的第一本以“规制经济学”为名的专著，管制的放松或重新管制思想也被介绍进来，如艾伦·加特的《管制、放松与重新管制：银行业、保险业与证券业的未来》；一些学者如余晖、王俊豪等也有专文来介绍管制理论。[②]

二、关于产业结构的研究

（一）我国产业结构的现状及其调整方向

关于我国的工业化的现状。刘伟利用钱纳里、库兹涅茨等人的多国模型为参照，综合全面地对整个国民经济结构进行了分析，计算和分析了中国工业化所处阶段，影响较大。[③] 郭克莎认为，产业结构偏差和工业结构升级缓慢，影响了工业化中经济的持续增长和增长质量的上升。[④]

关于产业结构调整的方向。郭克莎通过对照国际上不同国家产业结构变动的一般特征，得出的结论是我国产业结构存在着较大的偏差。他认为，推进工业化的模式应该是加快第三产业发展带动农业剩余劳动力转移和农

① 迈克尔·波特：《竞争战略》，华夏出版社1999年版；《竞争优势》、《国家竞争优势》，华夏出版社2002年版。

② 植草益：《微观规制经济学》，中国发展出版社1992年版；艾伦·加特：《管制、放松与重新管制：银行业、保险业与证券业的未来》，经济科学出版社1999年版；余晖：《管制的经济理论与过程分析》，《经济研究》1995年第5期；王俊豪等：《西方国家的政府管制俘获理论及其评价》，《世界经济》1998年第4期。

③ 刘伟主笔：《工业化进程中的产业结构研究》，中国人民大学出版社1995年版。

④ 郭克莎：《中国工业化的进程、问题与出路》，《中国社会科学》2000年第3期。

民收入水平提高，消除人均收入水平与工业产出比重不协调而产生的需求制约，以支持工业化阶段的演进和经济较高速稳定增长；同时，通过加快体制改革促进市场化、城市化与工业化的协调发展，加快装备工业发展以带动工业结构升级，推动经济增长质量的提高。[①] 张世贤对此表示不同的看法，他认为要从中国国情和中国经济发展的特殊性来考察是否存在产业结构的偏差；我国产业结构的变动没有遵循世界一般模式，应该把产业投资的资本边际效率相等作为产业结构合理化的标准。[②]

（二）新经济相关产业的发展

美国在20世纪90年代持续的高速经济增长以及在增长中出现的一些新特点引发了经济学界的广泛关注，被称为新经济。新经济基于信息技术革命，不仅催生新兴产业的迅猛发展，并深刻影响到传统产业。我国学术界在20世纪末对新经济及其相关产业展开广泛讨论。

国家信息中心中国新经济发展战略课题组认为，虽然我国在新经济产业的发展中面临一系列的挑战，但有非常大的机遇，表现在我国已形成一定的产业基础、市场潜力巨大、国际分工中的比较优势以及后发优势，等等，对我国新经济的发展表现出较为乐观的态度。[③] 许小年则认为，我国发展高科技产业的路还很长。应该把注意力投入到高科技产业发展的条件上来，先着手为高科技产业的发展提供一个良好的环境，不要梦想通过发展高科技来形成“赶英超美”的格局。[④]

（三）开放条件下的产业结构研究

由于我国经济中外资的影响越来越大，外商投资对产业结构的作用引发很多学者的考虑。他们的结论有的是乐观的，有的是比较悲观的。王洛林等人认为，由于技术先进的大型跨国公司纷纷前来我国投资，对我国制造业的产业结构升级起到了举足轻重的带动作用。宋泓、柴瑜的观点则相反。他们从产业间和产业内贸易的角度，实证分析了“三资”企业在我国对外贸易中的地位和作用，认为在我国对外贸易及产业结构调整中，“三资”企业已经占据了主导地位。而我国国内企业则在向劳动密集型和资源

① 郭克莎：《我国产业结构变动趋势及政策研究》，《管理世界》1999年第5期。

② 张世贤：《工业投资效率与产业结构变动的实证研究》，《管理世界》2000年第5期。

③ 国家信息中心中国新经济发展战略课题组：《新经济：中国面临的机遇和挑战》，《求是》2001年第5期。

④ 许小年：《新经济在大炼钢铁吗?》，《浙江金融》2000年第7期。

密集型的产业退化。郭克莎也认为，由于外商投资的结构性倾斜，加大了我国三次产业的结构偏差，并扩大了我国三次产业发展水平和国际竞争力的差别。①

三、产业政策

（一）“瓶颈”产业、衰退产业

中国的基础设施产业长期以来处于紧运行状态。对于如何发展“瓶颈”产业，学者们从不同的角度提出他们的政策主张。有学者认为，造成基础产业相对滞后的原因中最根本性的困难是资金筹集机制不健全。他们提出基础设施和基础工业筹资的途径：集中财政支出；通过国有资产存量结构的调整为基础设施和基础工业的发展筹集资金；利用外资；通过金融机构有效融资（包括建立政策性银行）；利用土地资源划拨或有偿转让，等等。②也有学者从政府管制的角度分析，认为解决“瓶颈”问题的一个有效途径，是改革中国基础设施产业现行政府管制体制，提高基础设施产业的经济效率。通过借鉴英国基础设施产业政府管制体制改革的经验教训，该学者认为我国基础设施产业必须政企分离、提倡竞争。政府进行管制时要以有效竞争为目标，以经济原理制定管制价格。③

进入20世纪90年代，我国经济总体上从供给约束转向需求约束。随着经济的发展，产业结构的调整也在所难免。这两方面的原因导致一些行业经营出现困难甚至出现全行业的亏损。江小涓认为，一些产业的衰退是必然的，这是由于收入水平的提高和消费结构的变化。江小涓认为，我国国有企业的困境不仅有制度问题，也有结构问题。即我国在某些行业的分布密度较大。对于国有企业的退出援助，江小涓建议设立调整援助基金，通过受益者提供的补偿援助退出企业，对企业员工失业和再就业制定特别政策，对区域性调整的成套援助措施；传统产业的调整和新兴产业的发展要

① 王洛林、江小涓、卢圣亮：《大型跨国公司“投资”对中国产业结构、技术进步和经济国际化的影响》，《中国工业经济》2000年第4期；宋泓、柴瑜：《“三资”企业与我国产业结构调整——对外贸易视角的实证分析》，《管理世界》1999年第6期；郭克莎：《外商直接投资对我国产业结构的影响研究》，《管理世界》2000年第2期。

② 国家计委经研中心基础产业资金筹集课题组：《我国基础工业和基础设施的资金筹措》，《中国工业经济》1994年第6期。

③ 王俊豪：《中国基础设施产业政府管制体制改革的若干思考》，《经济研究》1997年第10期。

相结合，援助退出企业应成为今后一段时期我国产业政策的重点。①

（二）开放经济中的产业保护

随着我国经济对外开放的不断深化，学者们注意到我国的产业安全和保护问题。罗元铮认为，20 世纪 90 年代以来，外资进入对国内经济的竞争效应大过互补效应，"以市场换技术"的结果是丢了市场，而技术也没有得到。因此，要注意扩大外资与保护民族经济的关系，对引进外资要强化政策引导和管理监督。② 王振中认为，无国籍的全球公司并不存在，民族工业问题依然是我们所要面对的；要有限度地松动市场准入，不能对外资全面放开；有限实施"国民待遇"，积极推行"对等待遇"；加强对外国公司的监控等措施。③ 程恩富认为，要大力扶植几十家具有同来华跨国公司相抗衡的国有控股（集团）公司，以保证民族产业安全。④

也有一些学者认为，应以开放的态度面对国际竞争。厉以宁认为，外资并非过多，合资、外资企业产品主导市场，是市场竞争中的正常现象；保护落后，只能阻碍中国经济的发展与技术进步，保护落后是垄断。⑤ 夏友富、马宇建议进一步完善利用外商投资产业目录和暂行规定；对外商充分开放成熟产业和一般产业，大力鼓励向基础设施和基础产业投资；即使出现产业保护，也必须要符合国际惯例、适度保护，尽量运用经济手段扶持国内企业。⑥

（三）产业政策的评价

我国是推行较多产业政策的国家，产业政策以各种理由广泛地存在于许多领域中；但长期以来产业政策的实际效果远远不如预期效果，表明在这两者之间有某些尚未被充分考虑的因素在发挥作用。江小涓利用公共选择理论研究产业政策中的政府行为。她认为进入 20 世纪 90 年代后政府制定产业政策时将面临两个重大的变化：随着普遍短缺行业的明显减少和市场调节作用的增强，制定产业政策的客观标准显著缩减，影响政策制定的因素增多，政策制定的难度增加；随着时间的推移，与政府自身利益有关的

---

① 江小涓：《国有企业的能力过剩、退出及退出援助政策》，《经济研究》1995 年第 2 期。

② 罗元铮：《积极利用外资与保护民族工业并行不悖》，《民主》1997 年第 11 期

③ 王振中：《开放条件下保护和发展民族工业之探讨》，《改革》1996 年第 6 期

④ 程恩富：《外商直接投资与民族产业安全》，《财经研究》1998 年第 8 期。

⑤ 《华商时报》1997 年 3 月 7 日；《南风窗》1997 年第 1 期。

⑥ 夏友富、马宇：《外商投资与我国主导产业、幼稚产业的适度保护》，《改革》1997 年第 3 期。

因素在产业政策制定中的影响有显著增加的趋势。她认为，制定的产业政策应该符合这样的标准：在同样有助于产业政策目标实现的前提下，尽量选择与行政系统和产业政策对象自身利益一致或至少较少冲突的政策手段，产业政策才能被有效地执行。她的最终结论中有三点耐人深思：存在产业结构失衡问题不一定是实行相应产业政策的充分理由；产业政策既可以解决产业结构问题，也可以引起产业结构问题；产业政策手段的设计、选择和配合需要深入研究。①

四、扩大对产业组织的研究

（一）关于市场结构与企业行为的研究

关于市场结构。王慧炯主编的《产业组织及其有效竞争——中国产业组织的初步研究》对产业集中度、最小规模经济等方面做出颇多具有开创性的研究。马建堂主笔的《结构与行为——中国产业组织研究》，全面考察了当时我国的市场运行情况，计算出我国3个主要工业行业的市场集中度，对我国工业企业规模经济状况进行估计；对我国40个工业行业的进入壁垒进行了排序。他指出，我国最不利于资源优化配置的进入壁垒是一些政策性壁垒，特别是因实行条块管理体制而对行业进入的限制。杨慧馨运用数学模型和计量经济学的方法，以汽车制造业和耐用品制造业为例，对中国企业的进入、退出进行审视和剖析，并对转型过程中企业的过度进入、退出障碍及其资产存量刚性等作了较为深入和系统的分析。②

我国存在比较严重的市场分割现象，统一的国内市场尚未形成，呈现出一种区域性差别较大的独特的市场结构。这与不同区域社会经济发展的不平衡有关，有学者认为区域市场结构的独特性与政府行为特别是地方政府的行为有着极为密切的关系。地方政府的行为又源于长期以来我国政府的行政管理职能与经济管理职能合二为一，以及中央与地方的分权改革不到位。银温泉、才婉茹以路径依赖理论为分析工具，指出地方市场分割是经济转型过程中出现的特有现象，以财政大包干、大量国有企业事实上的地方所有制为基本特征的行政性分权是其深层体制原因，传统体制遗留的

① 江小涓：《中国推进产业政策中的公共选择问题》，《经济研究》1993年第6期。

② 王慧炯主编：《产业组织及其有效竞争——中国产业组织的初步研究》，中国经济出版社1991年版；马建堂主笔：《结构与行为——中国产业组织研究》，中国人民大学出版社1993年版；杨慧馨：《企业的进入退出与产业组织政策》，上海人民出版社2000年版。

工业布局、地方领导的业绩评价等现实因素，也强化了地方市场分割倾向。[①]

在企业行为方面，大多数学者沿着产权结构—企业行为—产权改革的框架展开，马建堂的研究同时考虑了企业内部结构和外部市场结构的影响，拓展了企业行为研究领域。他指出，在我国行业集中度与行业利润率不存在确定的相关关系，主要原因是国家对高集中度的行业实行了较为严格的价格控制。[②] 我国学者在20世纪90年代初就注意到横向和纵向一体化等企业行为的问题。[③] 沈志渔分析了我国电力、铁路、民航、电信等自然垄断产业的价格政策与价格形成，认为这是典型的行业行政性垄断，其行为方式也是一种行政性的行为方式。[④]

（二）我国现实产业运行绩效问题的研究

江小涓等人考察了转型时期竞争导致的截然不同的产业绩效。部分制造行业效率水平不断提高，产品与技术迅速升级，生产向少数优势企业集中，国际竞争力明显增强。但在另外一些制造行业中，竞争的作用表现迥异，会出现生产分散、重复建设、效益下降、企业大范围亏损甚至全行业亏损等现象长期存在。棉纺织业就是竞争未能改善产业组织结构的典型行业。她认为制度环境的扭曲和所处行业的特征是造成该种现象的原因。这里，她认为不能仅仅将行业集中度作为度量产业组织结构是否恶化的指标，而要同时注意到市场规模扩大所带来的影响。[⑤]

对于产业集中度与经济绩效之间的关系，殷醒民考察了20世纪80年代以来的经济效益与工业集中度的关系，得出以下结论：工业的经济效益与企业规模是积极相连的；小企业的迅速建立恶化了中国的资源配置，制约了工业经济效益的提高；中国工业经济的资源配置模式说明中国经济仍未

---

① 杨灿明：《地方政府行为与区域市场结构》，《经济研究》2000年第11期；银温泉、才婉茹：《我国地方市场分割的成因和治理》，《经济研究》2001年第6期。

② 马建堂主笔：《结构与行为——中国产业组织研究》，中国人民大学出版社1993年版。

③ 王慧炯主编：《产业组织及其有效竞争——中国产业组织的初步研究》，中国经济出版社1991年版。

④ 沈志渔：《我国自然垄断产业组织的市场行为分析》，《中国工业经济》1997年第12期。

⑤ 江小涓、刘世锦：《竞争性行业如何实现生产集中——对中国电冰箱行业发展的实证分析》，《管理世界》1996年第1期；江小涓：《市场化进程中的低效率竞争实践——以棉纺织行业为例》，《经济研究》1998年第3期。

摆脱高速低效的粗放型发展方式。[①] 戚聿东也认为产业集中度与产业经济绩效在一定范围内是正相关关系的。但是他对这种正相关关系的解释是单位成本费用降低的结果，而与价格因素关系不大，其深层决定因素是技术进步和创新。[②]

刘小玄延续了产权—绩效的路径，以 1995 年全国工业普查的数据为基础，利用生产函数模型和计量方法，大规模地对 17 万家具有竞争性特点的企业进行了效率测定和比较。她的结论是，私营个体企业的效率最高，“三资”企业其次，股份和集体企业再次，国有企业效率最低；旧体制中的隶属等级地位对于企业的发展是消极的，较低隶属等级的非国有企业效率高于等级地位高的国有企业，结果使得后者的规模优势丧失。[③]

也有学者从产业竞争角度来观察经济绩效。金碚借鉴了波特等的研究成果，从工业品国际竞争力角度对中国工业国际竞争力的理论、方法进行探讨，提出了工业品国际竞争力的实现指标、因素指标等。裴长洪通过对电子、汽车、服装、洗涤用品、轮胎、商业零售等行业的产业竞争力进行实证分析，分析出不同性质的行业中外商投资对中国产业竞争力的影响。吕政、曹建海认为，存在竞争强度过大并造成经济效率和经济福利损失的过度竞争，我国在转型的过程中多数产业发生的过度竞争问题，主要是制度性原因造成的。江小涓认为，我国国有工业部门存在能力过剩、过度竞争的原因包括国有企业的规模与其所需的供给及市场条件不相适应，并与国有企业的行业、地域分布及退出障碍有关。[④]

五、政府对产业组织方面的政策

（一）市场结构的适度集中问题

20 世纪 90 年代中后期，我国经济从卖方市场转向买方市场，大部分行业的产业组织很不理想，具体表现在全行业产能过剩，行业内的企业数量

---

① 殷醒民：《论中国制造业的产业集中和资源配置效益》，《经济研究》1996 年第 1 期。

② 戚聿东：《中国产业集中度与经济绩效关系的实证分析》，《管理世界》1998 年第 4 期。

③ 刘小玄：《中国工业企业的所有制结构对效率差异的影响》，《经济研究》2000 年第 2 期。

④ 金碚：《产业国际竞争力研究》，《经济研究》1996 年第 11 期；裴长洪：《利用外资与产业竞争力》，社会科学文献出版社 1998 年版；吕政、曹建海：《竞争总是有效率的吗？——兼论过度竞争的理论基础》，《中国社会科学》2000 年第 6 期；曹建海：《对我国工业中过度竞争的实证分析》，《改革》1999 年第 4 期；江小涓：《国有企业的能力过剩、退出及退出援助政策》，《经济研究》1995 年第 2 期。

过多，各企业的产量绝对水平非常低，与国际领先企业的规模相比，有非常大的差距。对于这种不理想的市场结构，我国学者的观点比较一致，认为必须要做大优势企业，淘汰落后企业，实现规模经济，推动产业集中。沈霖认为，市场结构的极度分散是因为我国政企不分、行政权力对企业经营的干涉而导致的；因此，必须要政企分开，消除行政性壁垒，通过竞争来提高集中度。谢地、乔梁的观点是，要为垄断正名，推动主要产业的适度集中是实现经济增长方式从粗放型向集约型根本转变的客观要求。①

（二）反垄断与管制政策

我国学者对反垄断的意见比较一致，对于反垄断案例的具体分析，张维迎、盛洪的论文《从电信业看中国的反垄断问题》影响深远。他们通过对我国电信业发展过程的详尽分析，提出了改革中国电信业的基本思路，如组建新的"国家电信管理委员会"、将中国电信分解为几个公司、起草《电信法》等。他们指出，中国当前反垄断的首要任务是反政府部门的垄断和限制公平竞争的行为。这不仅适用于电信业，也适用于邮政通信、电力、铁路等行业。陈小洪、张昕竹、王俊豪也对中国电信业的垄断问题发表重要的文章。②

关于管制制度及管制理论的应用。余晖详细考察了中国政府管制制度。他认为，我国现有的政府管制制度对维护市场秩序、保障消费者和社会利益、促进产业的发展都产生了一定的推动作用；但由于政企不分、政事不分依然存在，某些政府机构运用其所掌握的行政权力维护本部门、本行业的利益的现象时有发生。③ 杨慧馨认为，我国的管制体系要在总体上形成一种企业进入、退出自由的氛围；政府应根据不同产业的特点设置不同的进入、退出壁垒，引导产业组织的合理化；政府的产业组织政策引导的方向必须与市场信号引导的企业利益相一致，才会得到认同和执行。④ 王俊豪在他的专著《政府管制经济学导论》中，系统地论述了各种管制理论，并对

① 沈霖：《我国产业组织合理化问题》，《中国工业经济研究》1993年第10期；谢地、乔梁：《为垄断正名与反垄断》，《经济研究》1997年第9期。

② 张维迎、盛洪：《从电信业看中国的反垄断问题》，《改革》1997年第9期；陈小洪：《中国电信业：政策、产业组织的变化及若干建议》，《管理世界》1999年第1期；张昕竹、让·拉丰、安·易斯塔什：《网络产业——规制与竞争理论》，社会科学文献出版社2000年版；王俊豪：《中英电信产业政府管制体制改革比较》，《中国工业经济》1998年第8期。

③ 余晖：《中国的政府管制制度》，《改革》1998年第3期。

④ 杨慧馨：《企业的进入退出与产业组织政策》，上海人民出版社2000年版。

我国的电信、电力、自来水这三种自然垄断经营产品的管制价格形成机制作了系统的研究，同时构建模型指出我国自然垄断产品价格管制的政策目标，影响较大。①

第四节 21世纪以来的研究进展

进入新世纪以来，我国的产业结构与产业组织研究延续了前两个时期的研究内容并进一步深化、扩展。党的十六大提出的新型工业化道路以及现实中我国重化工业比重不断扩大的现象引起众多的讨论。我国加入世界贸易组织后，开放经济对产业结构、产业政策、企业竞争的影响都成为现实中的问题，因此开放条件下的产业结构与产业组织理论研究也是这一时期的研究重点。

一、对产业结构的研究

（一）关于产业结构的历史经验总结

关于我国新中国成立以来对待轻、重工业的政策回顾。武力、温锐把我国工业化进程概括为三个阶段：1949—1978 年的求强阶段，工业化的“轻、重”关系表现为“重重轻轻”；1979—1997 年的求富阶段，工业化的“轻、重”关系表现为“农、轻、重”同步发展；1998—2005 年的探索新型工业化道路阶段，工业化的“轻、重”关系表现为政府和企业都在通过结构调整寻找新的经济增长点，以实现快速发展。②

关于工业化过程的现实动力。林毅夫、刘明兴认为，发展中国家工业化的过程中，应当采取遵循本国比较优势的发展战略。他们通过实证分析表明，中国政府在发展战略上的转变是近 20 多年来工业化成功的关键。无论是国有工业，还是非国有工业，无论是农村工业，还是城市工业，其发展均要遵循比较优势的原则。③ 王德文等人也认为，中国工业结构越来越符合中国的资源和要素禀赋，劳动力成本低廉的比较优势得到不断发挥。同时，他们分析了中国工业结构调整对其生产效率和就业吸纳的影响。他们

---

① 王俊豪：《政府管制经济学导论》，商务印书馆 2001 年版。

② 武力、温锐：《1949 年以来中国工业化的“轻、重”之辨》，《经济研究》2006 年第 9 期。

③ 林毅夫、刘明兴：《经济发展战略与中国的工业化》，《经济研究》2004 年第 7 期。

认为，轻工业部门和劳动密集型产业的较快增长，不仅提高了中国工业的总体效率，而且为缓解目前日益严峻的失业问题发挥了重要作用。[①]

（二）关于产业运行与结构调整

关于我国产业的运行情况。陈佳贵、黄群慧提出以工业增长效率、工业结构和工业环境三个方面作为工业现代化的标志，他们认为，20 世纪末，我国工业现代化进程处于起步阶段，相当于工业现代化国家 20% 左右的水平。李江帆、曾国军分析了第三产业内部的四个层次，利用计量回归对我国第三产业内部演变进行了纵向和横向分析。他们认为，我国第三产业第一层次比重的下降和第二层次比重的上升，体现了第三产业结构升级的方向。江小涓和李辉也对中国服务业的发展与内部结构变化进行了考察，并分析出对服务业发展的影响因素。[②]

关于落后地区的产业结构调整。王德文等人认为，在振兴和改造传统的老工业基地过程中，应将大力发展轻工业部门和劳动密集型产业放在突出地位。[③] 卢中原根据大量数据分析指出，20 世纪 90 年代以来，西部产业结构变动过程明显加速，专业化水平有所上升，变动方向基本正确，但产业竞争优势较弱，产业结构的综合素质普遍较低，与东部的差距继续拉大。[④]

关于我国产业结构调整方向的研究，我国学者的基本观点是向新型工业化方向发展。江小涓认为，我国新型工业化道路的“新”要体现以下几个特点：一是在信息技术大发展时代推进工业化；二是在全球化程度不断深化的基础上推进工业化；三是经济发展和环境保护并重；四是有利于农业劳动力的持续转移和城镇化程度的提高。郭克莎认为，要加快以技术密集型产业比重上升为特征的工业结构升级。[⑤]

（三）重化工业阶段的道路选择

刘世锦认为，进入 21 世纪以来，我国新的主导产业表现为消费性质的

---

① 王德文、王美艳、陈兰：《中国工业的结构调整、效率与劳动配置》，《经济研究》2004 年第 4 期。

② 陈佳贵、黄群慧：《工业现代化的标志、衡量指标及对中国工业的初步评价》，《中国社会科学》2003 年第 3 期；李江帆、曾国军：《中国第三产业内部结构升级趋势分析》，《中国工业经济》2003 年第 3 期；江小涓、李辉：《服务业与中国经济：相关性和加速增长的潜力》，《经济研究》2004 年第 1 期。

③ 王德文、王美艳、陈兰:《中国工业的结构调整、效率与劳动配置》，《经济研究》2004 年第 4 期。

④ 卢中原：《西部地区产业结构变动趋势、环境变化和调整思路》，《经济研究》2002 年第 3 期。

⑤ 江小涓：《新型工业化实现小康生活的必由之路》，《人民论坛》2002 年第 12 期；郭克莎：《中国工业发展战略及政策的选择》，《中国社会科学》2004 年第 1 期。

产业如住宅、汽车、电子通信和投资性质的产业如钢铁、有色金属、机械、化工等。行业增长的出发点和归宿点都是以居民消费作为基础的，这是我国过去所没有的。由于以居民消费作为支撑，我国经济出现大范围、长时间的泡沫的可能性已经没有。他认为，我国经济进入以市场为基础、技术含量和附加价值逐步提高、可持续性比较强的重化工业发展阶段。国家统计局也认为我国进入了重化工业快速发展的时期。①

吴敬琏则认为，中国经济片面重型化有危险。以重化工业为主导的粗放型增长方式创造就业的能力有限，而且我国的自然资源和资本资源都无法支撑重化工业发展。他强调，中国的经济发展不应依靠高投入，而应主要依靠效率的提高。林毅夫也认为，重工业化不符合中国经济与社会发展的需要。中国劳动力过剩，应当更关注劳动密集型而不是资本密集型产业的发展。赵丽芬、董军认为，不应按西方国家的工业化阶段划分标准来判断我国的工业化进程。近年来，我国重化工业的快速增长只是经济上升期的周期性现象，并不能据此认为我国进入重化工业阶段。②

（四）开放条件下的产业结构

加入世界贸易组织后，我国国民经济面临全新的环境；开放条件下的产业结构问题引起我国学者的重视。朱钟棣、鲍晓华以化工行业为例，利用中国投入产出表定量分析反倾销税价格效应对国民经济各产业部门的关联影响。由于我国对外反倾销涉案产品大多是中间产品，作者指出，我国在反倾销措施执行中，应当全面考虑包括下游产业利益在内的公共利益问题。③ 另外，我国学者也对开放经济下的服务业变化进行一些探讨。李江帆认为，我国加入世界贸易组织后第三产业将受到不同程度的冲击。认为加快人才政策和产业政策的改革，以扶持资本密集和技术密集型服务业和新兴服务业。④ 程大中基于中国服务业发展的实际，较为系统地检验了鲍莫

① 刘世锦：《中国正进入新的重化工业阶段》，《上海证券报》2003年10月24日；刘世锦：《我国进入新的重化工业阶段及其对宏观经济的影响》，《经济学动态》2004年第11期；国务院新闻办2004年1月20日的记者招待会上国家统计局李德水、姚景源的发言。

② 吴敬琏：《注重经济增长方式转变，谨防结构调整中出现片面追求重型化的倾向》，国研网，2004年11月16日；林毅夫：《目前的重工业热不符合中国国情》，《经济参考报》2004年12月23日；赵丽芬、董军：《论现阶段我国“重化工业化”论断的反思》，《改革》2005年第4期。

③ 朱钟棣、鲍晓华：《反倾销措施对产业的关联影响——反倾销税价格效应的投入产出分析》，《经济研究》2004年第1期。

④ 李江帆：《WTO：对我国第三产业的影响与发展对策》，《当代经济研究》2001年第2期。

尔—富克斯假说，并得出一系列的结论：中国整体服务业的劳动生产率增长滞后；其就业份额增长相对较快的主因是服务业劳动生产率增长相对滞后；服务需求与服务部门发展处于一种极不均衡的状态；各类服务需求几乎都缺乏价格弹性且近年来服务价格不断上涨，因此很容易引发成本病；中国服务业及其各部门占 GDP 的比重将随着收入水平的提高而呈现不同变化。①

二、产业政策

中国资源枯竭型国有企业数目众多，较多企业同时面临资源枯竭和体制转换双重困难，因此，关于资源枯竭产业的政策既是理论问题，又是我国现实的急迫需求。于立等人考察阜新市的实践，系统分析了资源枯竭型国有企业退出障碍的种类和退出途径的选择。②

在加入世界贸易组织后的开放环境下的产业政策。郭克莎认为，工业发展政策的调整要形成以产业结构政策为中心，以对外贸易政策和利用外资政策的调整为搭配的新格局，处理好政府适度和有效干预的问题是新时期工业发展政策的关键。王平、钱学锋考察了技术进步的类型与偏向性选择对贸易条件的影响。他们认为，我国长期采取出口偏向型技术进步已成为我国贸易条件恶化的根本原因；因此，我国鼓励技术进步的政策应该倾向于进口偏向型的中高级技术。马捷、周纪冬认为，最优政策干预以及它能否消除非对称信息可能带来的效率损失依赖于竞争类型，而不依赖于信息结构。另外，马捷通过对国际多市场寡头条件下的模型推导，认为现实中出口退税政策会加剧国内市场的扭曲，而且还不一定能够提高本国福利。③

三、产业组织的研究

（一）市场运行

刘小玄把对中国国有企业行为的研究放在不同市场框架下进行，发现在垄断竞争市场上，国有企业的目标是以销售收入最大化为主要形式；在

① 程大中：《中国服务业增长的特点、原因及影响》，《中国社会科学》2004 年第 2 期。

② 于立、孟韬、姜春海：《资源枯竭型国有企业退出障碍与退出途径分析》，《中国工业经济》2003 年第 10 期。

③ 郭克莎：《中国工业发展战略及政策的选择》，《中国社会科学》2004 年第 1 期；王平、钱学锋：《从贸易条件改善看技术进步的产业政策导向》，《中国工业经济》2007 年第 3 期；马捷、周纪冬：《不完全竞争、非对称信息下的最优进口贸易政策和产业政策》，《经济研究》2001 年第 7 期；马捷：《国际多市场寡头条件下的贸易政策和产业政策》，《经济研究》2002 年第 5 期。

一般竞争性市场上，则是以费用支出最大化为主要形式。[①] 价格竞争已是我国企业惯常采用的策略行为，安同良等以彩电行业为例，从产品特征、产业所处生命周期阶段、产业生产规模特征、市场集中度、行业退出壁垒、下游企业市场势力6个方面揭示了易发生价格竞争的产业特征。[②]

（二）企业竞争力研究

孙洛平利用边际分析方法，分析出竞争力的提高与企业规模无关的逻辑过程。他指出，我国若干中小城镇的产业集群现象，就是利用市场组织分工发挥其竞争优势的典型例子。[③] 有的学者利用外部环境竞争力、短期生存实力、中期成长能力、长期发展潜力四个分层目标，对我国不同行业中小企业的竞争力作出评价。他们认为，我国不同行业中小企业的竞争力强弱排序依次是：电子电器业；化工、轻工、商业服务业；食品、机械、冶金、建筑、建材业；最后是纺织业。[④]

四、政府对产业组织方面的政策

（一）反垄断

我国的垄断很大一部分的原因是行政性垄断。这种垄断造就国有企业高利润，形成庞大的既得利益集团，并成为我国经济最大的制度性“瓶颈”，既表现为经济腐败，又表现为政治腐败。刘小玄对中国转型过程中的企业行为进行分析，她认为，在竞争市场上解决产权问题是首要的，而在垄断竞争市场上，解决行政性的市场垄断最为关键。反垄断应当成为中国转型时期迫切和长期的任务。[⑤] 郑杰等人根据我国电信行业的特点构架了一个双产品主垄断模型，他们认为主垄断企业的各种行为会引起各种不同的效果，其中前向纵向控制会引起行业内利润下降的反竞争效应。[⑥]

也有学者认为，特定的行业保持集中的市场结构是必需的。刘伟、黄桂田认为，各国金融资产配置方式不同，银行业的产业组织结构存在差异

① 刘小玄：《中国转轨过程中的企业行为和市场均衡》，《中国社会科学》2003年第2期。

② 安同良、杨羽云：《易发生价格竞争的产业特征及企业策略》，《经济研究》2002年第6期。

③ 孙洛平：《竞争力与企业规模无关的形成机制》，《经济研究》2004年第3期。

④ 林汉川、管鸿禧：《中国不同行业中小企业竞争力评价比较研究》，《中国社会科学》2005年第3期。

⑤ 胡鞍钢：《在社会主义市场经济体制下反行政垄断也是反腐败》，《经济参考报》2001年7月7日；刘小玄：《中国转轨过程中的企业行为和市场均衡》，《中国社会科学》2003年第2期。

⑥ 郑杰、易卫平、郁义鸿：《我国电信行业的主垄断效应研究》，《经济研究》2001年第6期。

性，由大规模银行组成的相对集中的产业组织结构并不一定导致竞争程度的下降。中国银行业偏高的集中率并不是影响行业竞争程度的原因。即使中国银行业大幅度提高了商业化程度，银行业的产业组织结构也不宜过度分散，保持相对集中的行业结构，可能更有利于提高金融资产的配置效率。①

（二）政府管制研究

政府对垄断行业的管制研究形成一系列的成果。于良春的《自然垄断与政府规制》以电信和电力部门的案例，研究了自然垄断产业的特征和对其进行管制的基本理论与政策，以及在我国自然垄断性行业中如何有效地引进竞争机制，如何管制引入竞争机制后的竞争性业务和自然垄断性业务等。另外，关于政府管制影响较大的还有张昕竹、王学庆等人的专著。②

也有学者对管制政策进行反思。白让让、郁义鸿对管制放松的初始诱因提出了一个新的解释，即管制放松是技术进步、需求结构变化和原有管制下的产品特征、产业组织结构及权力结构安排的内生现象。由边缘性进入引发的放松是一个渐进性的“多赢”结局，不会导致由强制性管制放松所引起的管制无序甚至缺失现象。江飞涛等人对1994年以来旨在防治“产能过剩”的中国钢铁工业投资管制政策进行反思。他们指出，钢铁工业投资管制政策存在三个缺陷：一是不能从根本上治理产能过剩；二是相关部门不可能进行准确预测和制定合意的投资规划；三是这一政策会干扰市场过程，并导致不良后果。管制政策阻碍了市场对固定资产投资的自发调整，造成一些不良政策后果，采取此类政策应审慎。③

五、若干评论

新中国成立60年来，我国的产业结构与产业组织理论研究，呈现出最大的特点就是理论研究与现实经济的紧密结合性。这首先表现为现实需求是理论研究的基本动力。例如，对国外经济思想的译介。20世纪80年代是

① 刘伟、黄桂田：《银行业的集中、竞争与绩效》，《经济研究》2003年第11期。

② 于良春：《自然垄断与政府规制——基本理论与政策分析》，经济科学出版社2003年版；张昕竹：《中国铁路规制与竞争理论和政策》，国家行政学院出版社2004年版；王学庆：《管制垄断——垄断性行业的政府管制》，中国水利水电出版社2004年版。

③ 白让让、郁义鸿：《价格与进入管制下的边缘性进入》，《经济研究》2004年第9期；江飞涛、陈伟刚、黄健柏、焦国华：《投资规制政策的缺陷与不良效应——基于中国钢铁工业的考察》，《中国工业经济》2007年第6期。

介绍产业结构理论的集中时期，而大部分产业组织理论的介绍则出现在20世纪90年代，这不能仅认为是由于学者的研究兴趣发生转移，更应当从社会经济条件发生变化的大背景下进行考虑；是新的经济现象产生理论需求。理论与实际的结合还表现在理论对实际政策的影响。不论是产业结构理论或产业组织理论的研究，基本上是以现实作为出发点、以政策建议作为归宿，实用主义色彩浓厚。《反不正当竞争法》、《反垄断法》等维护市场运行的法规和《汽车产业发展政策》、《钢铁产业发展政策》等产业发展政策都有学界的影响。

新中国成立60年来，产业结构与产业组织理论的研究进展，主要表现在：(1) 研究范式的转变。产业结构理论的研究从改革开放前期的“两大部类”和“农轻重”发展到“三次产业”；产业组织理论的研究从零散的、针对个别问题的研究转向利用“结构—行为—绩效”或以价格理论作为研究范式。(2) 研究方法的丰富。早期的研究以定性分析为主，随着研究的不断深化，定量研究越来越多；另外，比较静态、动态的研究方法不断出现，有的还出现纯模型推导的研究。(3) 研究的深度和广度不断拓展。越往后的研究，就越注重变量的多样性和复杂性，考虑到更多的条件，在更宽广的背景中展开。(4) 研究的自省精神。例如，在政策运用方面，改革开放初期一般都认为政府能在产业结构或产业组织合理化方面发挥积极的作用；但逐渐地有学者发出不同的声音。不管哪个方面更有道理，至少这说明了学者独立思考的精神，这也使得研究更具有科学精神。

应当看到，我国的产业结构与产业组织理论的研究也存在着需要改进的地方，主要是研究领域的专业化分工程度不够。研究人员很少能够长期只关注、跟踪某个很窄的领域，这就使得他们的研究成果难以形成体系，也难以非常深入。由于没有专业的分工，研究人员的选题往往有很多的雷同；这导致某段时期的某个热点问题会有大量观点相似的文章，但基础性的领域却很少有高水平的论述。提高学术研究的专业化程度，这是将来的发展趋势。

参考文献

1. 马洪、孙尚清主编：《中国经济结构问题研究》，人民出版社1981年版。
2. 孙尚清主编：《论经济结构对策》，中国社会科学出版社1984年版。
3. 《经济研究》编辑部编：《中国社会主义经济理论的回顾与展望》，经济日报出版社 1986 年版。

4. 周叔莲等主编：《产业政策问题探索》，经济管理出版社 1987 年版。

5. 胡汝银：《竞争与垄断：社会主义微观经济分析》，上海三联书店 1988 年版。

6. 李江帆：《第三产业经济学》，广东人民出版社 1990 年版。

7. 王慧炯主编：《产业组织及其有效竞争——中国产业组织的初步研究》，中国经济出版社 1991 年版。

8. 马建堂主笔：《结构与行为——中国产业组织研究》，中国人民大学出版社 1993 年版。

9. 刘伟主笔：《工业化进程中的产业结构研究》，中国人民大学出版社 1995 年版。

10. 张卓元主编：《论争与发展：中国经济理论 50 年》，云南人民出版社 1999 年版。

11. 杨慧馨：《企业的进入退出与产业组织政策》，上海人民出版社 2000 年版。

12. 王俊豪：《政府管制经济学导论》，商务印书馆 2001 年版。

13. 张卓元主编：《中国经济学 30 年（1978—2008）》，中国社会科学出版社 2008 年版。

（执笔人：程锦锥，中国社会科学院经济研究所助理研究员、经济学博士）

第九章

价格理论研究与价格改革规律性探索

价格是国民经济中最灵敏的杠杆。在市场经济条件下，价格是最重要、最有效的信号，是调节生产、流通、消费的指示器，价值规律这只“看不见的手”是通过价格的涨落来调节社会经济活动的。即使是在计划经济体制条件下，只要还保留商品生产和交换，价格的作用也是无法忽视的。行政定价造成的价格扭曲，往往给国民经济带来消极的影响，甚至造成国民经济的严重失衡。工农业产品价格“剪刀差”及其扩大，严重抑制了农业生产的发展，造成工农业的严重失衡。价格杠杆的灵敏性、有效性和重要性，使它成为新中国成立以来经济学界关注的一个重点，掀起了一次又一次讨论的热潮，提出了不少有价值的创新成果。

以下分改革开放前、后两个时期展开论述。

第一节　改革开放前的研究与探索

改革开放前，我国主要是实行传统的计划经济体制，价格的形成以行政定价为主，价格问题的研讨与探索也是在这一背景下展开的。主要研讨的内容大体有以下几个方面。

一、计划价格是否要和如何体现价值规律的要求

在计划经济体制确立后，价格的形成以计划价格为主，计划价格是不是要体现价值规律的要求，多数经济学家持肯定意见；至于如何体现价值规律的要求，经济学界则有不同意见。

薛暮桥认为，在社会主义制度下，商品的价格是由国家计划决定的，但是，国家在决定价格的时候，必须正确地利用价值规律，慎重考虑价值规律的作用。他指出，根据价值规律的要求决定价格的客观因素主要有三项：（1）商品的价格主要决定于它本身的价值。（2）货币是衡量价值的尺度，货币所代表的价值如果发生变化，商品价格也将跟着发生变化。（3）商品的供求关系也在一定程度上影响商品价格。[①]

于光远持有类似观点，他认为，价值规律对计划价格的制约作用体现在以下三个方面：（1）尽管价格是国家规定的，但价格不能完全脱离价值。（2）当价格和价值发生背离时，价值规律就会根据背离的情形，发生作用，产生这样或那样的后果。（3）在社会主义制度下，价格变化长期的总的趋势是向着价格接近价值的方向前进。[②]

孙冶方则进一步认为，等价交换的原则必须贯彻执行，价格应该以不背离价值为原则，党的价格政策必须以等价交换的原则为依据。他指出，以下三种说法是错误的：（1）价格同价值相符是经济原则，而价格背离价值则是政治挂帅；没有价格同价值的背离，便没有价格政策。（2）在实践中，执行等价交换的原则还要照顾政策。（3）价格是国民收入再分配的杠杆，是社会主义积累的手段，农产品的采购价格应该永远低于其价值，工业品的销售价格应该永远高于其价值。[③] 孙冶方的上述观点，是同他主张千规律万规律价值规律第一条相一致的。

二、在社会主义制度下，计划价格形成的基础是不是生产价格

这个问题是讨论的热点，异常激烈，并且在1964年以后至“文化大革命”期间，把这一学术争论变成政治问题，主张生产价格论者被说成是宣扬反革命修正主义，孙冶方是最大的受害者。

以孙冶方为代表的一些经济学家从1959—1964年断断续续地发表论文提出，在社会主义制度下，价值转化为生产价格具有客观必然性，生产价格是商品计划价格形成的基础，即以部门平均成本加上平均资金利润率确定的利润为基础。承认生产价格是承认资金利润率的必然的逻辑的结论，

---

① 参见薛暮桥《价值规律和我们的价格政策》，《红旗》1963年第7—8期。

② 参见仲津（于光远）《社会主义制度下价值规律的作用问题》，《学习》1957年第10期。

③ 参见孙冶方《关于等价交换原则和价格政策》（1961），《社会主义经济的若干理论问题》，人民出版社1979年版，第152—156页。

同时也只有承认生产价格才能贯彻投资效果的计算。社会主义经济中生产价格的形成是受物质技术条件（主要是对劳动者的物质技术装备）在社会主义生产过程中起着日益重要的作用和社会主义社会化大生产的经济条件制约的。为了在经济上承认物质技术条件在社会主义经济中的作用，要求价值转化为生产价格，以便使国民经济各部门创造的剩余产品，按照各部门资金占用量的多少进行分配。这样做的积极作用有：（1）有利于扩大再生产的顺利进行。（2）能够把生产单位的经济效果同社会的经济效果结合起来，从而有助于人们合理地选择生产和投资方案。（3）有利于促进企业、部门和整个国民经济采用新技术，从而有利于技术进步，提高劳动生产率。（4）有利于正确处理不同部门和不同企业之间的关系。（5）有利于各部门、各企业努力节约占用资金。①

社会主义经济中存在生产价格命题的提出，立即在经济学界引起了争论。一些人不同意这个观点，他们认为，社会主义价格形成的基础只能是价值，而不需要任何其他转化形态。有的文章认为，生产价格存在，不决定于大机器生产的物质条件，而决定于生产资料资本主义私有制，社会主义经济的本质不可能产生生产价格。在大机器生产的物质条件下，表现社会劳动的范畴，依然是社会价值而不是生产价格。利用生产价格、平均资金利润率范畴，对于社会主义经济实践并不能起到积极作用，相反会发生一些不良影响。② 有的文章也认为，在社会主义经济中，资金和利润并无必然联系，资金利润率不是评价企业先进落后的标志。否则，必然排斥社会主义原则及国家对企业的计划管理。个别企业的盈利和整个社会的需要不能等同，如果使平均资金利润率成为自动调节器，是和有计划发展的国民经济的要求不相容的。③

三、关于农产品价格形成问题

农产品价格形成是取决于中等还是劣等土地生产条件的耗费决定？有的人主张中等生产条件决定，认为社会主义计划经济条件下，不允许虚假

① 参见孙冶方《论价值》，《经济研究》1959 年第 9 期；杨坚白《国民经济平衡和生产价格问题》，《经济研究》1963 年第 12 期；何建章、张玲《试论社会主义经济中的生产价格》，《经济研究》1964 年第 5 期。

② 参见何桂林等《生产价格不能成为社会主义价格形成的基础》，《经济研究》1964 年第 4 期。

③ 参见戴园晨《评生产价格和资金利润率论》，《经济研究》1964 年第 9 期。

的社会价值存在，因而不应由劣等地生产条件的耗费来决定。[1] 有的人则主张农产品价格取决于劣等地的生产条件。认为这是由于还存在着产生级差地租的自然条件和经济条件，因此，要考虑级差地租因素，按照在劣等地生产条件下生产农产品的劳动耗费（部门成本）和合理利润，来规定农产品的收购价格，是一种客观的必然性。[2]

关于工农业产品价格“剪刀差”问题，孙冶方提出了新的观点。他主张改变通过级差利润形式积累资金的办法，应该实行税收的形式。因为，直接税同间接税相比较，前者是比较合理和进步的一种负担形式。工农业产品价格的“剪刀差”是一种隐蔽的间接的负担形式，其缺点在于它的隐蔽性，使国家和农民双方都不能清楚地知道国家到底从农民手中取得多少积累。[3]

四、顾准提出和倡导在市场价格基础上对社会主义经济运动进行研究。这是改革开放前价格理论研讨的最大亮点

1957年，顾准撰文指出，社会主义既然受制约于价值规律，那么，使价值规律支配价格的运动，价格就会平衡供需，刺激生产。使价值和价格差离达到违反价值规律的程度，不免加深供销脱节，阻碍生产发展。因此，不管计划规定价格也好，任令经济核算制度自动调节价格也好，使价值规律支配价格的运动都是必要的。对于企业生产而言，独立成本核算是必需的，在追求优势和利润过程中，企业自然而然地对价格做出反应，计划不能代替市场，计划应当是预测，而不是“个别计划的综合”。他还推论说，企业将自发地根据利润选择，调节生产，价格将自发地上下浮动，这样一来价格的运动将实际上发出要求增加或减少生产的信号。[4] 由上可见，20世纪50年代，顾准的经济理论思维是大大超前的，已接近社会主义市场经济论的水平。其对经济理论的贡献是非常突出的。

---

① 参见刘光杰《我国社会主义制度下农产品社会价格决定问题》，《江汉论坛》1962年第6期。

② 参见汪涛、粟联《关于社会主义级差地租产生原因的探讨》，《经济研究》1962年第2期。

③ 参见孙冶方《把计划和统计放在价值规律基础上》，《经济研究》1956年第6期。

④ 参见顾准《试论社会主义制度下的商品生产和价值规律》，《经济研究》1957年第3期。

第二节　改革开放后价格理论争论与创新

改革开放以来，中国经济学界在价格理论创新方面成果突出，创新的价格理论对价格改革实践的推动作用成效明显。在20世纪80年代和90年代，中国价格改革一枝独秀，走在其他改革特别是企业改革和宏观管理改革的前面，大大促进了我国经济运行机制的转型，使市场迅速活跃起来。价格改革的成功实践，在相当大的程度上得益于经济界和经济学界对于在社会主义制度下价格要回到交换中形成和对于用市场价格论取代行政定价论的广泛共识。当然，也更是得益于党和政府对价格改革的重视。早在1984年党的十二届三中全会做出的《关于经济体制改革的决定》中就明确指出，“价格是最有效的调节手段，合理的价格是保证国民经济活而不乱的重要条件，价格体系的改革是整个经济体制改革成败的关键”，这就大大激发了社会各界对价格改革的重视和热情。反过来，价格改革的一系列成功实践，又为价格理论创新提供了丰富的材料和经验，使经济学家有条件研究中国价格改革的客观规律性。同时，规范价格行为的《价格法》也于1998年5月开始实施，使价格改革纳入法治的轨道。

中国价格改革虽已取得实质性进展，但并未完全过关，价格体制和价格体系仍需完善。因此，价格理论有待继续创新，价格改革规律有待进一步探索。进入21世纪后，中国经济增速加快。从2003年起，已连续5年GDP的增长速度达到两位数。与此同时，人们发现，经济增长付出的资源环境代价过大，资源和环境容量成为经济增长的主要“瓶颈”。这就要求认真落实科学发展观，加快转变经济发展方式，从主要追求数量增长转移到主要追求质量提高上来，好字当头，好中求快。在这方面，要理顺价格关系，特别是理顺生产要素和资源产品价格关系。正如党的十七大报告指出的，要使它们的价格能反映市场供求关系、资源的稀缺程度和环境损害成本，成为最突出、最现实的问题。生产要素和资源产品价格的市场化改革，已成为能否转变经济发展方式、实现经济又好又快发展的焦点。这就迫切要求价格理论的进一步创新，以推动价格改革的进一步深化，为使经济社会转入科学发展轨道贡献力量。

让我们首先回顾在改革大潮下价格理论争论和创新。

从1978年党的十一届三中全会作出改革开放的重大决策，并决定首先大幅度提高农产品收购价格（1979 年 18 种主要农产品收购价格平均提高 24.8%）以刺激农业生产的恢复和发展到现在，已 30 年。30 年来，中国在 960 万平方公里的土地上掀起了改革开放大潮。中国经济在改革开放的强力推动下，实现了持续高速发展，成为世界上经济增长速度最快的大国。在整个经济体制转型过程中，价格改革对经济运行机制的根本转变，即从命令经济转为市场经济，起到了关键的作用。改革开放大潮促进和带动了价格理论的探索、争论和创新，而价格理论的创新又反过来推动着价格改革的不断深化。从一个侧面来说，思想理论先行，思想的解放、理论的创新，对改革实践的顺利推进起决定性作用。

中国价格改革正是在不断解放思想、突破传统价格理论禁锢过程中向前推进的。改革开放以来，价格研究领域大体有以下几方面的理论争论。

一、是否应以市场价格体制作为价格改革的目标

改革初期，党和政府采取一系列调价措施如大幅度提高粮食等农产品收购价格，鼓励农民增产农产品并取得成效。有的同志据此认为，靠政府调整价格也能理顺价格关系。20 世纪 80 年代中期，理论界还推荐测算影子价格，有的经济学家夸大影子价格的作用，试图通过采用决策价格体系来理顺价格关系。[①]

与此不同，许多经济学家主张让价格回到市场交换中形成，并以市场价格体制作为价格改革的目标模式。调整价格以及影子价格、浮动价格等只能作为过渡形式加以利用。他们认为，由于改革之初价格结构严重扭曲。这集中表现在不同行业的资金利润率高低悬殊上面。1979 年，县及县以上国营工业企业的平均资金利润率为 12.3%，但不同行业差距很大：手表为 61.1%，工业橡胶为 49.4%，针织品为 41.1%，自行车为 39.8%，染料油漆为 38.4%，石油为 37.7%，油田为 34.1%，缝纫机为 33.1%，化学药品为 33.1%；而煤炭只有 2.1%，化肥为 1.4%，铁矿为 1.6%，化学矿为 3.2%，船舶为 2.8%，水泥为 4.4%，半机械化农具为 3.1%，木材采选为 4.8%，农机为 5.1%。[②] 因此，在改革初期，为避免一下子全面放开价格带

---

① 参见国务院经济技术社会发展研究中心产业政策研究组《资源最优配置与决策价格体系》，《成本与价格资料》1987 年第 20 期。

② 参见何建章等《经济体制改革要求以生产价格作为工业品定价的基础》，《中国社会科学》1981 年第 1 期。

来利益关系的剧烈变动和增强价格改革的可控性，需要采取调整价格的办法，参考影子价格以及利用浮动价格等，这是无可非议的。但是我们要看到，调整价格有其固有的缺陷，调整价格可能使一时价格关系顺一些，但因为没有改变价格形成机制，过不了多久，由于供求关系等变化，原来比较顺的价格关系又不顺了，出现新的扭曲。所以，单靠调整价格是永远理不顺价格关系的。只有实现价格形成机制的转换，即放开价格，由市场调节，建立市场价格体制，才能从机制上保证理顺价格关系，保证形成比较合理的价格结构。①

二、价格改革是一步到位，还是逐步推进

怎样推进价格改革？也有不同的思路。一种看法主张快速推进，最好一步到位；② 另一种看法主张逐步推进，不能操之过急。在实践中，采取的是后一种主张。

前面两种不同的主张，背后是要不要在保持物价大体稳定的条件下推进价格改革之争。持前一种意见的学者认为，在价格改革过程中要抛弃稳定物价口号，说“稳定物价”是一种“非商品观念的物价意识”，稳定物价会束缚我们自己的手脚，“可能使我们越搞越被动”。③ 而持后一种意见的学者则认为，由于长期实行政府定价，各种商品的价格被人为地压低了。进行价格改革，无论是调整价格还是放开价格，都会使物价水平有所上涨。要达到理顺价格关系的目的，一般认为要上涨一倍左右或者更多。这样，如果企求快速推进价格改革，甚至一步到位，使物价总水平大幅度上涨，则会带来社会的震荡，使市场出现混乱，包括抢购物资等。这是不可取的。而采取逐步推进价格改革的办法，虽然在改革过程中会带来物价上涨，但可以在一个比较长时期比如十年十几年消化，分摊下来，每年物价上涨幅度不会超过两位数，这样风险会比较小，从而比较稳妥。事实上，从1978—2008年，我国居民消费价格指数年均增速为5.67%，物价处于大体平稳状态，这就使我国价格改革能够比较顺利地推进。

① 参见张卓元主编《中国价格模式转换的理论与实践》，中国社会科学出版社1990年版。

② 参见吴稼祥等《蓄住货币一次放开价格的思路》，《世界经济导报》1988年8月8日。

③ 同上。

三、工业生产资料价格“双轨制”是并为市场单轨制还是计划单轨制

这个问题，在 20 世纪 90 年代初期发生过较大的争论。工业生产资料价格实行“双轨制”（即计划价和市场价）是中国渐进式改革的产物，从 1985 年起持续了五六年时间。20 世纪 90 年代初，双轨价差大幅度缩小，具备并轨条件。有的经济学家以工业生产资料有许多是关系国计民生的产品，在社会经济活动中有重要作用和供求不平衡（供不应求）为由，主张工业生产资料“双轨价”主要并为计划单轨价。有的同志更明确主张，生产资料价格双轨制并轨时，80% 以上要并为计划价。持这种意见的同志还认为应着力研究和计算这些产品的合理利润水平，作为定价的依据。①

与此不同，许多经济学家认为，在工业生产资料“双轨制”价格改革中，应坚持以市场为取向，着力解决价格的形成机制问题，扩大市场机制的作用。当时，消费品价格绝大部分已经放开并且成效显著，不能让工业生产资料价格转为计划价格而同消费品价格形式相对峙。同时，20 世纪 90 年代初双轨价差已大大缩小，转为市场单轨价不会带来物价总水平的大幅度上涨。在转轨过程中，不应把主要精力用在计算各种产品的价格水平和利润水平，而应是放开由市场调节。② 后来的实践表明，工业生产资料价格“双轨制”并为市场单轨制是成功的，画上了一个圆满的句号。对于中国工业生产资料价格实行“双轨制”，国外一些著名经济学家给予高度评价。1985 年 9 月，在著名的“巴山轮”会议上，波兰经济学家布鲁斯就说：“生产资料实行双重价格，是中国的发明。它可以作为一个桥梁，通过它从一种价格体系过渡到另一种价格体系，也就是说由行政、官定价格过渡到市场价格。有了这个桥梁，过渡起来就比较平稳。”③ 而美国经济学家斯蒂格利茨则认为实行生产资料价格“双轨制”，“采用的是一个天才的解决办法”。④

四、价格改革要不要排除通货膨胀的干扰

改革开放以来，伴随着经济的高速发展，曾几次出现短时期的中度通

① 参见温桂芳《在治理整顿中适度推进价格改革——中国价格学会座谈会纪要》，《价格理论与实践》1989 年第 12 期。

② 参见张卓元等《生产资料价格双轨制向何处去》，《中国物价》1990 年第 11—12 期。

③ 参见中国经济体制改革研究会编《宏观经济的管理和改革》，经济日报出版社 1986 年版，第 51 页。

④ ［美］斯蒂格利茨：《中国第二步改革战略》，《人民日报》（海外版）1998 年 11 月 13 日。

货膨胀。这就提出了价格改革能不能在通货膨胀条件下顺利推进的问题，或者价格改革要不要排除通货膨胀的干扰问题。有的经济学家主张，用通货膨胀来支撑经济的快速增长，尽快把蛋糕做大，价格改革只能在通货膨胀中推进。有的经济学家则不赞成这种主张，认为用通货膨胀来刺激经济的快速增长，只能在短时间内见效，但后患很大，从长远看不利于经济的持续快速增长。[①] 在通货膨胀条件下，比如1988年、1993—1995年，价格改革很难迈出实质性步伐，更不能"闯关"，而且为了控制物价涨幅过大，需要把一些已经放开的价格重新管制起来，造成不合理比价复归，出现新的价格扭曲。为了顺利推进价格改革，包括实现工业生产资料价格"双轨制"并为市场单轨制，必须首先治理通货膨胀，稳定经济，稳定物价总水平。正如著名经济学家薛暮桥指出的，1985—1988年，由于鼓励通货膨胀，使价格体系越来越扭曲，使当时价格"双轨制"的两条轨道不是逐渐靠拢，而是越离越远，发生多层次的中间倒卖，从"双轨制"发展到杂乱无章的多轨制。在通货膨胀日益严重的情况下，又企图绕过制止通货膨胀来加速价格改革，引起1988年夏提存抢购风潮，被迫实行治理整顿，受到商品经济客观规律的惩罚。[②] 中国价格改革的实践证明，后一种主张是现实可行的，排除通货膨胀的干扰有利于顺利推进价格改革。

第三节　对价格改革规律性和基本经验的探索

随着价格改革的展开和深化以及经验的积累，经济学界开始探索中国价格改革的一些规律性，提出了自己的看法。如有的文章提出，迄今为止，我们初步认识到的价格改革的规律性，主要有：（1）价格改革包括价格体系改革和价格管理体制改革两大方面，这两方面改革要配套进行，并且要善于通过价格管理体制的改革推动价格体系的合理化。价格管理体制改革最根本的是实现从行政定价为主到市场定价为主的过渡。（2）新价格模式要求有计划控制宏观价格（包括控制物价总水平、主要比价关系和战略性价格）和放活微观价格（以市场价格为主），价格改革在总体上要符合这一

---

① 参见成致平《有关物价与通货膨胀的若干认识问题》，《价格改革30年（1977—2006）》，中国市场出版社2006年版。

② 参见《薛暮桥回忆录》，天津人民出版社1996年版。

要求。(3) 价格体制改革，要逐步进行，一般包括如下三个阶段：一是调整价格，使各行业能够得到大致相同的利润水平；二是放开价格，使价格能够充分反映市场供求关系；三是同国际市场价格挂钩。(4) 理顺价格关系，要分步骤和配套进行，首先要理顺基础产品价格，基础产品价格理顺了，就能促进整个价格体系的合理化。(5) 价格改革的难度和主要矛盾在于要处理好理顺价格和稳定价格的关系，价格改革能迈多大的步子，其进程和成效取决于改革会带来多高的物价上涨率，能否使国家、企业和人民群众承受得了。(6) 要为价格改革创造比较良好的经济环境，其中最主要的是经济协调发展，总供给和总需求及其主要结构的平衡，货币供应量的增长同经济发展和经济市场化需要相适应，即使出现超前增长时也要控制在5%以内。①

有的论著还提出中国价格改革的基本经验，即：(1) 价格改革必须处理好改革、发展和稳定的关系。(2) 遵循价值规律，转换价格机制，建立以市场形成为主的价格机制。(3) 渐进式推进、逐步深化。(4) 各项改革协调配合，有序推进。(5) 加强党和政府对价格改革的领导，使价格改革沿着正确的轨道前进。②

有的文章认为，中国价格改革30年的经验有：(1) 以具有中国特色的社会主义理论为指导，从中国的实际出发，坚持改革的市场取向，是改革取得成功的根本保证。(2) 解放思想，敢闯敢干，善于创新是价格改革顺利推进的强大动力。(3) 积极稳妥，认真探索，实行渐进式改革，是中国特色的价格改革成功之路。(4) 坚持以人为本，关注民生，妥善地协调和解决改革中的种种利益关系和矛盾，取得广大人民群众的理解和支持，是改革取得成功的动力所在。(5) 既坚持价格改革的关键地位，又做好同其他改革的协调配套工作，争取各方面的支持，使改革获得可靠的物质保障。(6) 加强价格管理和研究机构的建设，为价格改革顺利进行提供理论指导和组织保证。③

理论是实践的先导。中国价格改革过程中一些重要问题的讨论或争论，体现着人们不断地解放思想，深化认识，推进价格理论创新，并对改革实

① 参见张卓元《价格改革规律性探索》，《财贸经济》(增刊) 1987年6月。

② 参见李盛霖主编《价格知识问题》，中国市场出版社2005年版。

③ 参见温桂芳《价格改革30年：回顾与思考》，《财贸经济》2008年第11期。

践起重要推动作用。比如，关于必须尊重价值规律的作用，让价格回到市场交换中形成的讨论，关于工业生产资料价格“双轨制”如何并轨的讨论，对于价格改革坚持市场化取向，至关重要。另一方面，价格改革实践经验日益丰富，又使改革理论不断深化和发展，比如，对于价格改革规律性的探索，在很大程度上是改革实践提供的经验初步概括出来的。而价格改革理论的创新，对深化价格改革，又起着新的带动作用。

第四节　价格理论创新有力地推动价格改革一枝独秀

在价格理论不断创新推动下，中国价格改革在20世纪80年代和90年代可以说是一枝独秀，走在国有企业改革和其他改革前面。价格的逐步放开带来市场的活跃，国民经济充满活力，出现了“中国的奇迹”。回顾这一段改革历程，认真总结其成功经验，有着重要意义。

第一，中国经济体制改革从一开始就明确以市场为取向，逐步引入市场机制，改革传统的排斥商品生产和市场关系的计划经济管理体制。1992年，进一步确定以社会主义市场经济体制作为改革的目标模式。同时，中国是一个拥有10多亿人口的大国，社会生产力和人民生活水平比较低（1978年全国有2.5亿人尚未解决温饱问题），各地发展也很不平衡，因此，改革经济体制既要坚定不移，又要十分慎重，分地区分步推进，“摸着石头过河”，恰当地选择改革顺序和着力点，不能一步到位。中国价格改革30年的成功实践，充分说明中国经济体制渐进式市场化改革的必要性和巨大成效。

中国价格改革之所以取得巨大成功，最重要的是，既坚持改革的市场取向，又采取逐步推进的方针。具体来说，就是先调后放，调放结合，逐步放开，逐步同国际市场价格相衔接。1984年以前，以调整不合理的比价差价为主，使各行各业都能得到大体相近的利润水平，兼顾放开价格。1984年以后，以放开价格为主，兼顾调整价格。这样做，价格改革可以在保持物价总水平大体稳定（年平均上涨率不超过6%，至多不超过10%）的条件下推进。同时要抓住机遇，一旦条件允许，就在有的地区大胆地放开价格。广州市是在20世纪70年代末80年代初最早放开蔬菜、水果、水产品、猪肉等价格的，结果是“放到哪里活到哪里”。放开价格之初，价格有点上涨。但不久由于商品供应充足，价格很快就平抑下来、稳定下来，老百姓拍手称快。放开价格带来的最大变化的是取消凭票供应。广州市20世纪六七十年代票证最多时达118种，随着商品价格一样一样地放开，市场供应增加，票证一个一个被取消。1982年还有48种票证，1988年只剩粮票和糖票两种。不久连这两种票证也取消了。[①]

全国各地差不多都在几年的时间走了广州市走的放开价格的路子。1985年开始，国家放开了除国家定购的粮、棉、油、糖等少数品种外的绝大部分农副产品的购销价格。工业消费品价格也逐步放开。1985年放开了缝纫机、收音机、手表等价格，1986年放开了自行车、电冰箱、洗衣机等7种耐用消费品价格，1988年放开了13种名烟名酒价格。在这之前，1982年9月和1983年8月先后放开了160种和350种小商品价格。1992年，随着宏观经济环境的改善，政府放开大批商品价格，中央政府管理的商品价格目录大大减少。其中，重工业生产资料和交通运输价格由原来的737种减少为89种，农产品价格由原来的40种减少为10种，轻工商品由41种减少为9种。从此，中国的市场价格体制初步形成了。[②]

中国在放开价格的过程中，充分显示了市场的“魔力”，即一些产品放开价格后，尽管一时价格出现了上涨，但是很快这部分产品就会像泉水般地涌流出来，增加供给，活跃市场，价格也逐渐稳定下来，使越来越多的商品从一向短缺、排队抢购、黑市猖獗到供应充裕、琳琅满目，让老百姓亲身感受到改革给大家带来的实惠，使改革得到了广大群众的有力支持。2006年，在社会商品零售总额、农副产品收购总额和生产资料销售总额中，市场调节价比重分别达到95.6%、97.7%和91.9%。[③] 价格的放开带来了市场的全面活跃，整个国民经济充满生机和活力。

第二，中国价格改革过程中，20世纪80年代中后期实行工业生产资料价格“双轨制”并于90年代初实现市场单轨制，是渐进式市场取向改革的生动范例。

中国同种工业生产资料在同一时间、地点上存在计划内价格和计划外价格，是1984年开始出现的，1985年后遍及所有产品。据1988年统计，在重工业品出厂价格中，按国家定价销售的比重，采掘工业产品为95.1%，

① 《广州放开农产品价格——中国价格改革由此开端》，《粤港信息日报》1988年7月5日。

② 马凯：《中国价格改革20年的历史进程和基本经验》，《价格理论与实践》1999年第1期。

③ 参见《人民日报》2007年8月25日。

原材料产品为74.6%，加工工业产品为41.4%，其余为计划外价格即市场价销售部分。工业生产资料价格“双轨制”，是在短缺经济环境下，双重经济体制特别是双重经济运行体制并存的集中表现，是双重生产体制和物资流通体制的集中表现。“双轨制”价格能刺激紧缺物资的增产，鼓励超计划的生产，满足计划照顾不到的非国有经济包括乡镇工业企业的原材料等的需要，有助于调剂余缺、调节流通，还有助于了解正常的比价关系等。这是实行“双轨制”价格的有利的一面。与此同时，“双轨制”价格又常常在利益驱动下影响供货合同的履行，助长投机倒把、营私舞弊等，这是它的弊端的一面。经验表明，如果“双轨制”价格差不那么大，市场价格高出计划价格一倍以内，“双轨制”价格的积极作用可以发挥得好一些；而如果价差很大，超出一倍，其消极作用就很突出。20世纪80年代中期，实行“双轨制”价格初期，价差不很大，如1985年年底、1986年年初估计，价差在一倍左右，属正常范围。但此后在需求过旺推动下，市场价格往往比计划价格高出一倍多，甚至两三倍，造成市场秩序混乱，倒卖生产资料活动猖獗，要求取消“双轨制”价格呼声很高。1990—1991年，由于宏观经济环境改善，供求关系趋于缓和，“双轨制”价格差缩小至一倍以内甚至50%以内。党和政府抓住有利时机，对“双轨制”价格进行并轨，主要并为市场单轨价。这也说明，工业生产资料价格“双轨制”及其向市场单轨制过渡，是中国渐进式市场取向改革的又一成功实践。

第三，中国经济体制改革使中国经济出现了“奇迹”，突出的标志是，经过10多年的改革，从1996、1997年起，就告别了困扰全国人民几十年的短缺经济，市场一片繁荣，人民生活水平大幅度提高，开始形成大家梦寐以求的供大于求的买方市场格局。而促成这个重大转变的直接动力，正是市场化的价格改革。

价格改革使各种产品和服务的价格，不再由政府制定和调整，而是回到市场交换中形成，从而使价值规律有对商品的生产和交换充分发挥调节作用的广阔空间。商品供应不足，价格上涨，从而刺激商品生产者开足马力增加生产，增加供应；相反，如果商品供应过多，价格下跌，从而刺激消费者多消费，生产者减少生产和供应，然后又可能出现商品供应不足、价格上涨的情况。如此循环往复，使社会生产和社会需求内在联系起来。改革开放前，我国长期实行计划经济体制，逐渐走向短缺经济，市场供应紧张，凭票配给、排队抢购现象很普遍，人民生活很不方便。实行改革开放，特别是推进价格改革，逐步放开商品价格，在商品价格有所上涨后，旋即有力地刺激了商品生产者多生产多供应，以便在市场竞争中加快发展，提高效益。在市场机制作用下，每个市场主体都力求扩大市场占有份额，促使一批又一批商品大量增加，新产品层出不穷，品种增加，质量提高。长期短缺的商品如食品、服装、家电、建材等很快就丰富起来，市场格局出现根本性变化，从卖方市场转为买方市场，即市场上大部分商品供求平衡或供给略大于需求，消费者主权开始形成并能实现。

买方市场的形成使维护公平竞争的市场环境也发生变化。过去，地方封锁市场主要是不让本地生产的农产品原材料外运，甚至派民兵在县市边界把守；而在买方市场格局形成后，地方封锁则主要表现为市场封锁，即要求市场销售本地产品，阻挠外地产品进入本地市场竞争。总之，价格放开，市场竞争，带来的是繁荣与发展。市场经济体制能解放生产力，提高资源利用和配置效率，正在于此。

价格改革不仅直接导致中国从短缺经济转向买方市场，而且还促进了我国经济的快速增长。价格是市场配置资源的核心。放开价格和转向实行市场价格体制，使价格能较好地反映价值和市场供求关系，反映资源的稀缺程度，形成比较合理的价格结构。这就给生产者和经营者发出比较准确的市场信号，使生产者和经营者知道应当生产和经营哪些商品，从而促进资源配置优化，提高经济效率，推动经济持续快速发展。世界银行曾对30多个价格偏差高低不同的发展中国家的经济增长率进行比较，发现价格偏差（扭曲）较高的国家经济增长率比平均数低两个百分点，而价格偏差（扭曲）较低的国家经济增长率则比平均数高两个百分点。① 中国改革开放以来，从1978—2008年，经济增长加速，平均增长速度（9.8%）比同期全球经济平均增长速度和发达国家平均增长速度3%高两倍，其中一个重要原因是，价格放开后，价格结构趋于合理，从而促进了资源配置优化。

第五节　广义价格改革论的提出和21世纪深化生产要素与资源产品价格改革任务

20世纪90年代，我国绝大部分物质产品和服务的价格已逐步放开，由

① 世界银行：《1983年世界发展报告》，中国财政经济出版社1984年版，第63页。

市场调节。经济学界开始探讨价格改革的内涵问题，是只限于物质产品和服务价格的改革即狭义价格改革，还是应既包括物质产品和服务价格的改革又包括生产要素和资源价格的改革即广义价格改革？

有的经济学家倾向于把价格改革限制在物质产品和服务价格的改革，这同当时价格主管部门只管物质产品和服务价格的范围相一致。从这个认识出发，到20世纪90年代初期，由于那时绝大部分商品和服务价格已经放开由市场调节，市场价格体制已初步建立，因此认为中国价格改革已“过万重山”，基本完成了。与此不同，许多经济学家认为，价格改革不能只限于商品和服务价格的改革，还应包括生产要素（资金、土地、劳动力、技术等）和资源价格的改革，从狭义的商品和服务价格改革发展为广义的包括生产要素和资源价格的改革，正是价格改革深化发展的内在逻辑。因为随着社会主义商品和市场经济理论研究的进展，生产要素和资源被确认要逐渐商品化并进入市场，显露其价格，广义价格及其改革的重要性被提出来并得到广泛的重视。事实上，从20世纪90年代起，我国价格改革实践就已经进入一个新的阶段，其特征是物价、工资、利率、汇率（后来又包括资源例如自然资源价格）联动的广义价格的调整与改革，从实物产品和服务价格的市场化扩大到生产要素和资源价格的市场化。只有跨越这一阶段，市场机制才能全面形成，市场对资源配置的基础性作用才能真正发挥，市场取向改革才能取得全面的进展。可见，广义价格改革过程同市场机制整体功能的发挥的统一，是新世纪价格改革的显著特点，这正好标志着人们对价格改革认识的深化，而这个认识又有力地推动着价格改革的深入。有的论著提出，商品价格体系包括反映物质资料再生产的价格体系和反映生产要素与物质资料相关性的价格体系，具体指物价、利率、股息、工资、汇率以及信息、科技转让的价格体系。价格改革正是要理顺上述价格体系。①

党的十七大报告进一步提出，“加快形成统一开放竞争有序的现代市场体系，发展各类生产要素市场，完善反映市场供求关系、资源稀缺程度、环境损害成本的生产要素和资源价格形成机制”。这具有十分重要的指导意义。报告不仅明确价格要反映资源的稀缺程度，而且第一次把环境损害成本列为价格形成因素，并着重提出要完善生产要素和资源价格形成机制。

① 参见许崇正主编《中国社会主义市场价格学》，浙江大学出版社1991年版。

在全面建设小康社会中，深化价格改革，就是要认真贯彻和落实上述十七大报告的精神。

中国价格改革到现在已取得实质性进展。大量商品和服务的价格已经放开，由市场调节，市场价格体制已初步建立。但是，仍需进一步完善。进入21世纪以后，在经济高速增长的同时，生产要素（特别是土地）和能源资源的“瓶颈”制约越来越突出，价格改革重点已逐步转移到继续推进生产要素和资源产品价格的市场化改革上来。[①]

深化生产要素和资源价格改革，实现生产要素和资源价格市场化，是完善社会主义市场经济体制的内在要求。社会主义市场经济体制的标志，是市场在资源配置中发挥着基础性作用，而所谓资源，是指各种生产要素，包括资金、劳动力、土地、技术以及一些自然资源如矿产资源、水资源和环境资源等。要发挥市场在资源配置中的基础性作用，关键是发展要素市场和要素与资源价格市场化。生产要素和资源如果不能进入市场自由流通，生产要素和资源如果不能自由地由效益较低的行业进入效益较高的行业，资源配置就无法优化和更加有效。而生产要素和资源进入市场自由流通就意味着生产要素和资源价格由市场形成。只有放开要素和资源价格，生产要素市场才能很好地发展起来。

改革开放以来，从20世纪90年代起生产要素价格开始逐步放开。但是到现在，这方面的进展仍然不是很快。除技术价格市场化程度较高外，其他要素价格仍受政府管制或政府干预较多。最重要的生产要素资金的价格利率，主要部分如居民活期和定期存贷款利率仍受政府管制，没有放开由市场调节。近几年，利率偏低或呈负利率状态，这是造成投资增长速度过快的一个重要原因。重要生产要素土地的价格也是扭曲的。我国人均耕地不足1.4亩，只及世界平均水平的40%，在工业化、城市化进程中，要严格限制、有效使用从农用地转为非农用的土地，杜绝浪费宝贵的土地资源。但抽样调查表明，我国转为非农用的地中，只有占15%的部分是通过“招拍挂”（即实行拍卖挂牌招标协议）出让的，绝大部分是采取行政划拨或协议批租出让的，不仅造成土地资源的浪费，而且极容易产生腐败。推进土地价格的市场化改革，第一步就是要做到凡是商业用地，一律用市场化的

① 参见张卓元《深化资源产品价格改革，促进经济增长方式转变》，载《张卓元改革论集》，中国发展出版社2008年版。

办法规范地公开拍卖，用市场机制促进土地的优化利用。进入新世纪以后，随着农民工大量进城（有关部门统计已有1.2亿农民工进城打工），各种劳动力市场以及人才市场等迅速发展起来。劳动力资源丰富，是我国的一大优势，要建立和健全统一规范的劳动力市场，形成城乡劳动者平等就业制度，劳动力价格逐步实现市场化，可以使数以亿计的农村剩余劳动力平稳有序地向城市、向第二、第三产业转移，以提高我国的社会劳动生产率。据统计，农村劳动力转移到第二、第三产业，劳动生产率平均提高4—5倍。可见，劳动力价格市场化，劳动力市场的发展，对中国经济的快速增长多么重要。

进入21世纪以后，随着我国经济的快速增长，资源短缺问题日益突出，资源价格改革、资源产品价格市场化问题突出起来，成为今后中国深化价格改革的一个重点。有些生产要素如土地也是一种重要资源，资源的价格改革也包括了一部分生产要素价格的改革。

进入21世纪以后，特别是2003年以来年经济两位数增长，粗放型经济增长方式带来的资源“瓶颈”制约越来越突出。

首先，这几年能源消费量大幅度增加，能源消费弹性系数从改革开放以来直至2000年的0.5以下跃升为“十五”期间的2002—2004年在1以上，2006年和2007年仍达0.83和0.60，电力消费弹性系数则从2000年起至2007年，年年超过1。

其次，我国能源和其他重要资源并不富裕，而利用效率低下，这样消耗下去难以为继。我国人均占有的石油、天然气和煤炭资源储量分别为世界平均水平的11%、4.5%和79%，45种矿产资源人均占有量不到世界平均水平的一半，铁、铜、铝等主要矿产资源储量分别为世界平均水平的1/6、1/6和1/9。人均耕地占有量为世界平均水平的40%，人均淡水资源占有量为世界平均水平的1/4。

另一方面，我国能源资源利用效率低。2005年，我国万元国内生产总值能耗为1.22吨标准煤，相当于美国的3.2倍，日本的8.7倍。2005年，我国GDP占世界GDP的5%，但一次能源消耗量占世界的14.7%（煤炭则占36.9%），钢材消耗量占世界的27%，水泥消耗量占世界的50%。2006年，我国GDP占世界GDP的5.5%，但能源消耗量占世界的15%，钢材消耗量占世界的30%，水泥消耗量占世界的54%。[①] 多年来能源资源的过度

---

① 参见《中国经济时报》2007年3月19日。

消耗使我国能源资源日益短缺，越来越依靠进口，致使主要矿产品对外依存度，从1990年的5%提高到现在的50%左右。原油、铁矿石、氧化铝、精铜矿等40%甚至50%以上都要依靠进口。中国在国际市场上对资源产品的旺盛需求，带动了国际市场资源性产品价格的大幅度上涨。1998年年底，国际市场原油价格每桶才10美元多一点，2008年一度涨到147美元一桶，2009年6月初仍维持在60美元左右一桶。中国进口的铁矿石价格，2003年上涨30%，2004年上涨80%，2005年上涨71.5%，2006年上涨19%，2007年又上涨9.5%。

最后，伴随着能源消耗的迅猛增长，主要污染物排放量不断增加，生态和环境也在恶化。中国能源结构以煤炭为主，能耗高往往带来环境污染的加重，从而带来经济损失。根据国家环保总局和国家统计局发布的《中国绿色国民经济核算研究报告（2004）》，2004年，全国因环境污染造成的经济损失为5118亿元，占当年GDP的3.05%。[①] 报告还指出，这个数字还是不完全的，实际损失还要大一些。前两年，瑞士达沃斯世界经济论坛公布的"环境可持续指数"评价，在全球144个国家和地区的排序中，中国位居第133位。

为使中国经济持续快速协调健康发展，转变经济增长方式和发展方式，建立资源节约型和环境友好型的生产方式和消费模式，已成为刻不容缓的问题。

我国"高投入、高消耗、高污染、低效益"的粗放型经济增长方式之难以根本转变，一个重要原因在于，长期以来，我国资源产品价格受政府管制，明显偏低，鼓励人们滥用浪费，这已成为经济学界的共识。[②] 主要表现在以下几个方面：

1. 地价低。一些地方政府用行政权力向农民低价征地，然后办开发区等，用低价出让土地招商引资。

2. 水价低。我国城市的水价不仅没有包括水资源价格，有的还不包括污水处理费或者污水处理费很低，低于成本。农用水几乎是免费的。各个城市水价普遍偏低，有人算过，仅为国际水价的1/3。水价低导致我国水行

① 参见《光明日报》2006年9月9日。

② 参见朱明龙、周志高《资源要素价格改革与"三过"问题解决途径》，《价格理论与实践》2008年第7期。

业有些年全行业亏损。

3. 能源价包括煤价、油价、天然气价、电价低。大量高能耗产品之所以争着出口，是因为中国能源价格长时期处于低水平。

4. 矿产品价格低。长期以来我国10多万个矿山企业中仅有2万个矿山企业是要付费取得矿山开采权的，绝大部分是通过行政授予无偿占用的。前两年，我国矿产资源补偿费平均率为1.18%，而外国一般为2%—8%。这几年提高了资源税费，但仍然偏低。

要建立资源节约型社会，形成节能、节地、节水、节材的生产方式和消费模式，必须深化资源产品价格改革，使它们的价格能很好地反映资源的稀缺程度。有许多资源产品，它的开采和使用，往往会损害环境和破坏生态，所以它们的价格还要反映环境损害和生态破坏成本。总的来说，是逐步提高价格，用价格杠杆迫使生产企业和消费者节约使用资源，提高资源利用效率，使整个经济运行走上资源节约型轨道。

世界银行的研究报告指出，有的经济学家2004年曾对2500家公司做的研究发现，能源使用量的降低，55%归于价格调整的结果，17%是研究与开发的结果，还有是工业所占份额的变化等的结果。①

我国有的城市严重缺水，有限的水资源如何分配给企业，是政府计划分配，还是用公开拍卖谁出的价高卖给谁的办法。事实证明，用后一种办法能有效利用水资源。《中国物价》一篇文章②介绍，美国的研究结果是，水价从每立方米7.9美分提高到13.2美分，用水量减少42%；从15.9美分提高到21.1美分，用水量减少26%。可见，价格杠杆的作用是非常明显的。

总之，要转变经济增长方式和发展方式，提高资源利用效率，必须推进价格改革，纠正资源产品价格长期偏低的扭曲现象。

在理顺各项资源产品价格中，重点是调高能源价格，提高天然气和汽油价格，还要逐步调整煤炭和电力的价格。提高能源价格，是降低能源消耗系数的有效途径。

此外，要提高矿山资源补偿费；水价应计算水资源价格，污水处理费要能补偿成本并略有利润；经营性土地价格一律公开拍卖，严防暗箱操作，

① 世界银行：《中国“十一五”规划的政策》（2004年12月），第70页。

② 参见段治平《我国水价改革历程及改革趋向分析》，《中国物价》2003年第4期。

等等。

总之，要根据经济发展需要和社会的承受能力，按照价值规律的要求，逐步提高资源产品价格，并择机放开资源产品价格。有的经济学家指出，2005 年和 2006 年，CPI 上涨率只为 1.8% 和 1.5%，是调整能源资源产品价格的大好时机，可惜当时由于对资源产品价格改革重要性认识不够到位，以致丧失了时机，没有及时地对资源产品价格做较大幅度调整。今后应特别注意抓住有利时机，加快推进资源产品价格改革。经济学家普遍认为，2009 年是资源产品价格改革的好时机，希望不要再次错过。① 同时，提高水、电、油、气等价格后，要考虑对农民和低收入群体的某种补助，包括适当提高最低生活保障标准或发放临时补贴等。

参考文献

1. 胡锦涛：《高举中国特色社会主义伟大旗帜　为夺取全面建设小康社会新胜利而奋斗——在中国共产党第十七次全国代表大会上的报告》（2007 年 10 月 15 日）。

2. 中国经济体制改革研究会编：《宏观经济的管理和改革》，经济日报出版社 1986 年版。

3. 张卓元：《社会主义价格理论与价格改革》，中国社会科学出版社 1987 年版。

4. 王梦奎主编：《中国经济转轨二十年》，外文出版社 1999 年版。

5. 马凯：《中国价格改革 20 年的历史进程和基本经验》，《价格理论与实践》1999 年第 1 期。

6. 世界银行：《中国“十一五”规划的政策》（2004 年 12 月）。

7. 成致平：《价格改革 30 年（1977—2006）》，中国市场出版社 2006 年版。

8. 张卓元主编：《中国经济学 30 年（1978—2008）》，中国社会科学出版社 2008 年版。

9. 温桂芳：《价格改革 30 年：回顾与思考》，《财贸经济》2008 年第 11 期。

（执笔人：陈晓伟，中国社会科学院财政与贸易经济研究所副编审）

① 参见董小君《理顺资源价格切不可再失良机》，《中国经济时报》2009 年 6 月 3 日。

第十章

从社会再生产理论研究到宏观经济管理改革的探索

新中国成立60年来，我国经济学界对我们今天称之为宏观经济管理的研究有很大变化。在计划经济时期，没有宏观经济的概念，国民经济实行计划管理，广泛运用指令性计划，不是运用财政政策和货币政策调控宏观经济的运行。学术界研究的主要是社会再生产原理及其在中国的运用，研究国民经济综合平衡等问题。改革开放后，很快引进了宏观经济概念、总供给总需求概念，并尝试运用财政政策和货币政策促进宏观经济的稳定和健康运行。所以，这一章的主题有二：一是改革开放前关于社会再生产理论的研究；二是改革开放后对宏观经济管理改革的探索。

第一节　改革开放前关于社会再生产理论的研究

新中国成立初期直至“文化大革命”结束，我国一直实行传统的社会主义计划经济体制，对国民经济进行计划管理，主要采取指令性计划对物资和资金进行分配，对企业的生产经营活动直接控制。这种以行政手段直接管理国民经济的方法虽然也能控制经济的运行，但由于急于求成，带来一次又一次国民经济比例的严重失调，同时束缚了企业和职工的积极性和主动性，致使效率低下，物资供应普遍短缺，经济增长速度和效益提高放慢。

中国经济学界对国民经济管理的研究和讨论是从学习斯大林1952年写

的《苏联社会主义经济问题》开始的。斯大林在该书中讲了六条马克思的再生产原理：马克思的再生产理论的这些基本原理，比如关于社会再生产之分为生产资料的生产与消费资料的生产的原理；关于在扩大再生产下生产资料生产的增长占优先地位的原理；关于第一部类和第二部类之间的比例关系的原理；关于剩余产品是积累的唯一源泉的原理；关于社会基金的形成和用途的原理；关于积累是扩大再生产的唯一源泉的原理——马克思的再生产理论的这一切基本原理，不仅对于资本主义社会形态是有效的，而且任何一个社会主义社会在计划国民经济时，不运用这些原理也是不行的。斯大林的《苏联社会主义经济问题》翻译成中文在中国出版，正值中国开展第一个五年计划建设时，党政领导人和学术界都在寻找中国自己的社会主义建设道路。所以，在学习斯大林论述的再生产原理时，也结合中国实际，进行探索。1956 年，毛泽东发表《论十大关系》一文，是一次很好的重要探索。他以苏联的经验为鉴戒，总结了我国的经验特别是优先发展重工业的经验，提出了调动一切积极因素为社会主义事业服务的方针。其中前五个关系讲的都是经济建设中的重大关系，即（1）重工业和轻工业、农业的关系；（2）沿海工业和内地工业的关系；（3）经济建设和国防建设的关系；（4）国家、生产单位和生产者个人的关系；（5）中央和地方的关系。①

1958 年，毛泽东发动了“大跃进”，要求用 15 年时间在钢铁和其他重要工业产品产量上赶上或者超过美国，要求 1958 年当年钢产量翻番，达到 1070 万吨，为此发动群众大炼钢铁。但是，这种急于求成、盲目冒进的做法受到了客观经济规律的惩罚，三年“大跃进”变成三年经济大困难，最突出的是粮食产量从 1957 年的 3900. 9 亿斤降至 1960 年的 2870 亿斤，减少了 26. 4%。与此同时，棉花产量下降 35. 2%，油料作物产量下降 54. 8%，猪的存栏数下降 43. 6%。加上轻重工业比例失调，轻工业比重下降，造成市场供应严重困难，以致出现大量非正常死亡，专家们计算，人数共达 1700 万人。②

为了从理论上研究 1958 年以来“大跃进”的经验教训，北京经济学界于 20 世纪 60 年代初开始，在薛暮桥、于光远、孙冶方共同主持下，举行了

① 《毛泽东著作选读》下册，人民出版社 1986 年版，第 721—729 页。

② 参见苏星《新中国经济史》，中共中央党校出版社 2007 年版，第 367—368 页。

多次关于速度与比例、社会主义再生产、农轻重关系座谈会，京外经济学家也发表了不少相关文章，《经济研究》、《人民日报》、《光明日报》等在这前后发表了大量研讨文章。

关于速度与比例关系问题，薛暮桥、杨坚白等说："不是说在提高速度的时候，可以不考虑客观的可能性，可以不考虑国民经济各部门的比例关系。速度必须建立在客观可能性的基础上；而且必须保持国民经济各部门的基本的比例关系，这样才能保证国民经济的高速度发展。"① 高速度必须以按比例"为必要条件"、"为前提"，"唯有按比例，才能取得全面、持久的高速度"。② 刘国光说：经济发展速度和比例在一定时期中可以有种种不同的结合。"从速度和比例的种种不同的可能结合中，选择最恰当的方案，使国民经济不但能够在当前的计划时期高速度、按比例地发展，而且能够为后续时期的进一步发展，创造良好的条件。""尤其重要的是正确认识、掌握速度和比例间的数量关系：怎样的比例，必然引起怎样的速度；怎样的速度，又必然要求怎样的比例。"③

针对"大跃进"期间要求脱离客观实际的积极平衡和"跃进的平衡"，有的论著指出，积极平衡应是"客观可能性和主观能动性高度统一所产生的平衡。在客观可能的限度内，通过人们的主观能动作用，来改善客观经济条件，使它们适应起来。"④"从实际出发去处理国民经济各部门的比例关系，是积极平衡而不是消极平衡。如果离开客观可能性而片面地强调需要，那就不可能组织新的平衡，反而会加剧不平衡。"⑤

计划工作要不要留有余地，防止比例失调，也是当时讨论的一个问题。有的文章提出，"留有余地是一个积极的方针"，"'缺口'是留有余地的反面。我们要留有余地，就不应当留下这种'缺口'。""计划订的必须积极"，"但也必须切实可靠，决不可以无根据地把不可靠的'潜力'放在计划之内"。"留有余地，并不是消极的，而是积极的；不是可有可无的，而是必

① 参见薛暮桥《社会主义经济的高速度和按比例发展》，《人民日报》1959年1月7日。

② 参见杨坚白《略读综合平衡》，《大公报》1962年3月26日；杨英杰《论国民经济中的比例、重点和速度问题》，《经济研究》1959年第5期。

③ 参见刘国光《关于社会主义再生产比例和速度的数量关系的初步探讨》，《经济研究》1962年第4期。

④ 参见郭子诚等《试论国民经济高速度和按比例发展》，《经济研究》1959年第6期。

⑤ 参见许涤新《论我国的社会主义经济》，人民出版社1964年版，第73页。

不可少的。”[①]

国民经济综合平衡，一般是指物资供求平衡、财政收支平衡、信贷收支平衡、外汇收支平衡以及四者之间的综合平衡。有经济学家认为，综合平衡是计划工作的基本方针或基本方法，是国民经济的全局的整体的平衡。[②] 但在具体论述上有不同的表述，如有的认为综合平衡是以马克思扩大再生产理论和国民经济有计划按比例规律为基础建立起来的，它通过国民经济计划指标体系，把社会主义扩大再生产过程中多种基本因素的内在联系，具体地反映为平衡表上的各种比例关系；有的认为综合平衡归根到底是商品价值的平衡，不是使用价值的平衡，主张在综合平衡中要充分考虑价值规律的作用，通过有计划地运用价值规律来调节社会劳动的分配。[③] 现在看来，国民经济综合平衡理论、方针或方法在计划经济时期实现按比例发展，是有积极作用的，尽管综合平衡很难实现，也常被人为破坏，但不失为有益的探索。

鉴于20世纪50年代末“大跃进”的教训，有的论著还讨论了国民经济综合平衡的出发点问题。如有的论著明确主张综合平衡应按农、轻、重的次序进行。认为：“按照农、轻、重的次序进行综合平衡，就是遵照农业是国民经济发展的基础，工业是国民经济发展的主导这个客观要求，以农业为出发点，以农业为中心，环绕着农业再生产，兼顾工业再生产，来安排重工业再生产和国民经济的全部计划，并求得整个国民经济的综合平衡。”[④] 有的提出，“在社会主义制度下，生产的目的以及社会生产和社会需要矛盾的性质，规定了必须以满足社会需要作为出发点来进行综合平衡”，“综合平衡在调节社会生产和社会需要的矛盾时，既要看到长远的社会需要，又要脚踏实地地从当前实际水平出发，来规定最大限度满足社会需要的合理的数量界限”。[⑤]

社会主义再生产问题，也是20世纪60年代讨论的一个热点。除了对两

---

① 参见李成瑞《留有余地是一个积极的方针》，《红旗》1964年第16期。

② 参见杨坚白《关于国民经济综合平衡的几个争论问题》，《江汉学报》1964年第6期。

③ 参见张曙光《从社会再生产理论研究到宏观经济理论探索》，于光远主编《中国理论经济学史1949—1989》，河南人民出版社1996年版，第197—198页。

④ 参见杨坚白《试论按农轻重方针进行综合平衡》，《光明日报》1962年11月5日。

⑤ 参见闻潜、冯立天《略论综合平衡的客观对象》，《光明日报》1963年12月23日。

大部类关系等一般问题讨论外，现实性较强的问题是关于消费资料生产在社会再生产中的制约作用问题。有的经济学家在肯定第一部类在扩大再生产中的主导作用、决定作用的同时，认为还必须看到第二部类在扩大再生产中的制约作用。因为扩大再生产不但需要有更多的机器设备和原料，同时也相应的需要有更多的粮食和其他日用必需品。[①] 有的文章进一步认为，把消费资料的作用只归结为制约作用，不够确切。“因为它令人感到：似乎在社会主义扩大再生产过程中，消费资料生产只居于被动地位，甚至只起牵制作用。事实上，制约作用不仅存在于消费资料生产方面，同样地存在于生产资料生产方面；促进作用也不仅存在于生产资料生产方面，同样地存在于消费资料生产方面。”[②]

农轻重关系能否具体体现两大部类的关系？

一种观点认为，两大部类的关系在现实经济生活中主要表现为农业、轻工业和重工业的关系。农业和轻工业基本上是消费资料生产部门，重工业则是生产资料生产部门。[③] 也有人认为，虽然两大部类和农、轻、重的分类标准不同，前者以社会产品最终用途为标准，后者以生产对象和生产方法特点为标准，但农业、轻工业内部所包含的生产资料生产和重工业内部所包含的消费资料生产，在理论分析上可以存而不论。[④]

另一种意见认为，两者不能完全等同。农轻重关系比两大部类关系更复杂，笼统地把农业、轻工业当做消费资料生产部门，把重工业看做生产资料生产部门，不能达到正确安排国民经济比例关系的目的。[⑤] 在实际研讨中，较多的学者还是按前一种观点展开分析的，并常常以生产资料优先增长的原理来论述重工业优先发展的方针。“大跃进”的错误就在于重工业的发展孤立地一马当先，大大超越了农业和轻工业的发展。

---

① 参见实学《关于扩大再生产公式的初步探讨》，《光明日报》1961 年 12 月 4 日。

② 参见曾启贤《生产资料优先增长的两个问题》，《武汉大学学报》1963 年第 1 期。

③ 参见金学《关于社会主义再生产问题的讨论及值得探讨的若干问题》，《学术月刊》1962 年第 6 期。

④ 参见杨坚白《试论农业、轻工业、重工业比例和消费比例之间的内在联系》，《经济研究》1961 年第 12 期、1962 年第 1 期。

⑤ 参见吴树青《马克思主义关于社会再生产两大部类的学说及其在社会主义再生产中运用的几个问题》，《光明日报》1962 年 1 月 8 日。

第二节　1985年“巴山轮”会议，开启了研究宏观经济管理新起点

1979年改革开放后，实行市场取向改革，微观经济主体活力增强，竞争压力加大，呈现你追我赶的喜人景象。但市场有其自身的弱点和消极方面，需要加强和改善国家对经济的宏观调控，只不过国家对宏观经济的管理，应由直接管理为主转为以间接管理为主，即主要运用经济和法律手段，辅之以必要的行政手段，对经济总量和重大经济结构进行调控，使国民经济稳定健康运行。在这一领域，经济理论研究随着市场化改革的推进和实践经验的积累，而取得了重大进展。理论研究的进展和创新，又反过来对完善国家宏观经济调控提供了智力支持。

1985年9月2—7日，在从重庆到武汉的长江“巴山号”轮船上，中国社会科学院、中国经济体制改革研究会和世界银行联合举办了“宏观经济管理国际讨论会”,[①] 来自西方和东欧的一些著名专家、学者（包括诺贝尔经济学奖获得者詹姆斯·托宾、英国皇家经济学会前会长阿莱克·凯恩克劳斯、匈牙利经济学家科尔奈·亚诺什、波兰经济学家弗拉基米尔·布鲁斯等），同中国的专家学者（薛暮桥、马洪、安志文、刘国光、吴敬琏等）一起，就宏观经济管理问题，进行了广泛的研究和讨论，并特别就中国经济体制改革中碰到的宏观经济管理等许多重要问题，进行了深入的探讨。由于在这次会议上国外著名专家学者比较系统地介绍了市场经济国家宏观经济管理的理论、政策和经验，并对中国市场化改革过程中如何改进宏观经济管理问题，同中方的权威学者专家交流看法，形成了一些共识。因此可以说，“巴山轮”会议开启了我国宏观经济管理研究的新阶段。

从直接管理为主到间接管理为主，是宏观经济管理体制改革的核心，这是“巴山轮”会议与与会专家对中国宏观经济管理改革的一致认识。这标志着中国经济学界对宏观经济管理理论认识的一次飞跃。

根据“巴山轮”会后的一些评介文章，这次会议具体研讨了如下一些问题。

第一，关于直接控制与间接控制。与会专家认为，我国经济改革的方

---

① 参见中国经济体制改革研究会编《宏观经济的管理和改革》，经济日报出版社1986年版。

向是逐步减少行政手段，由直接控制为主转向间接控制为主，主要运用经济手段控制和调节经济的运行。但必要的行政手段始终是不可缺少的，特别是在新旧体制更替过程中还需加强必要的行政手段，以保证经济生活正常运转、改革有序地进行。需要采用行政控制的原因在于：（1）货币控制依赖高度发达的财政金融机构。如果银行很少，又缺乏完善的金融市场，那么，货币政策就没有支配力，预算控制的影响也很有限，因此必须借助行政控制。（2）市场力量控制主要依赖价格对供求的影响。如果供求对价格变化的反映过于缺乏弹性，那么，行政办法可以起到价格刺激所不能起的作用。（3）间接控制依赖于完全竞争的市场。如果在市场上竞争不充分甚至缺乏竞争，就必须采用行政控制。

第二，关于计划的两种含义。有的与会专家提出，不能把计划等同于行政控制。计划有两种含义：一种是直接的行政控制，如指令性计划；另一种是对经济发展的可能性进行探索，为决策做出准备，并协调社会各方面利益。后一种意义的计划工作与市场协调是不矛盾的，它可以保证市场协调的顺利实现。

第三，关于财政政策和财政手段的运用。与会专家提出，宏观经济管理转入间接控制后，首先要维护社会总供给与总需求的平衡。由于对总供给难以实行集中控制，因而宏观经济管理的重点是对总需求的调节。运用间接手段控制总需求主要是通过财政政策和货币政策进行的。财政政策的主要手段是政府支出、税收和补贴，而短期内强有力的调节手段是为了增加或削减政府支出，通过平衡的、有盈余的或有赤字的财政政策来调节总需求。政府不宜采用“创造货币（如向中央银行透支和借款）”的办法来筹措财源，而应着力于健全税收制度，必要时用发行公债的办法来调剂，但不能发行派购性公债。

第四，关于货币政策。与会专家提出，从直接的宏观控制转向间接的宏观控制，货币金融手段起着重要的作用。运用货币政策进行间接的宏观调控，其核心是控制货币的供应总量。货币供应量的货币有 M_0、M_1 和 M_2 等，有的与会专家认为，在中国，把 M_0 和 M_1 作为货币的主要指标有较大困难，所以当前以信贷投放总量代替货币供应量作为宏观经济管理的一项主要指标是有一定道理的。中央银行控制货币总量的办法为：（1）规定商业银行存入中央银行的存款准备金率。（2）调整再贴现率。（3）“公开市场”买卖有价证券的操作。在中国，由于缺乏金融市场的条件，“公开市场”操作一时还行不通。

第五，财政政策和货币政策的配套及其选择。市场经济国家经验表明，单纯运用财政政策或货币政策是难以达到调控的预期目的的。必须使这两者很好地配套，以获得两者的结合效应。与会外国学者介绍，市场经济国家财政政策和货币政策结合，有四种形态：第一种是松的财政政策和松的货币政策的结合，这是刺激经济增长和扩大就业的手段，但由此往往带来通货膨胀的后果。第二种是紧的财政政策和紧的货币政策的结合，是实行紧缩性政策、制止需求膨胀的手段。第三种是紧的财政政策和松的货币政策的结合。第四种是松的财政政策和紧的货币政策的结合。这几种组合对中国财政信贷平衡的研究是有启发的。1985 年，中国“投资饥渴”和“消费饥渴”同时存在，形成了需求膨胀的强大压力，所以与会的外国专家比较一致地建议中国实施紧的财政政策和紧的货币政策的结合。

此外，与会专家还认为，在中国，要建立一个有效的宏观经济间接调控体系，还要使微观经济单位能对宏观间接控制措施做出及时和灵活的反应。为此建议：（1）硬化企业的预算约束；（2）建立和完善市场体系；（3）积极果断地改革价格体系和价格形成机制；（4）建立健全经济信息与经济监督系统。①

由此可见，“巴山轮”会议对中国如何从直接的宏观经济管理向间接的宏观经济管理过渡，已经给出了一个基本的框架。

第三节　确立社会主义市场经济体制改革目标后宏观经济管理问题的研究与进展

1992 年党的十四大报告明确提出，要使市场在社会主义国家宏观调控下对资源配置起基础性作用。同时指出，要看到市场有其自身的弱点和消极方面，必须加强和改善国家对经济的宏观调控。我们要大力发展全国的统一市场，进一步扩大市场的作用，并依据客观规律的要求，运用好经济政策、经济法规、计划指导和必要的行政管理，引导市场健康发展。

在这前后，理论界和经济界对宏观经济管理问题进行了广泛的研究，

① 参见刘国光等《经济体制改革与宏观经济管理——“宏观经济管理国际讨论会”评述》，《经济研究》1985 年第 12 期。

取得了一系列的研究成果。

第一，出版了大量研究宏观经济学的论著，如戴园晨著《社会主义宏观经济学》（中国财政经济出版社 1986 年版），符钢战、史正富、金重仁著《社会主义宏观经济分析》（学林出版社 1986 年版），樊纲（主笔）、张曙光（副主笔）等著《公有制宏观经济理论大纲》（上海三联书店 1990 年版）等。这些论著研究了社会总供给和总需求概念、总量平衡和结构平衡、均衡分析和非均衡分析、经济周期与波动分析等问题。这些实际上是宏观经济管理的理论基础问题，对研究如何完善中国的宏观经济管理有开拓性意义。

第二，关于社会主义市场经济下宏观调控的任务。1993 年，党的十四届三中全会做出的《关于建立社会主义市场经济体制若干问题的决定》（以下简称《决定》）提出，宏观调控的主要任务是：保持经济总量的基本平衡，促进经济结构的优化，引导国民经济持续、快速、健康发展，推动社会全面进步。宏观调控主要采取经济办法，近期要在财税、金融、投资和计划体制的改革方面迈出重大步伐，建立计划、金融、财政之间相互配合和制约的机制，加强对经济运行的综合协调。党的十四届三中全会的《决定》实际上对前一段广泛讨论的宏观调控的任务包不包括结构优化问题、宏观调控除了运用财政政策和货币政策外还要不要运用计划手段问题，做出了肯定的回答。看来，这是从中国具体国情出发做出的正确选择。党的十六大报告进一步把促进经济增长、增加就业、稳定物价、保持国际收支平衡作为宏观调控的主要目标。这表明中国特色的宏观经济管理理论和政策已逐步建立。

第三，宏观经济调控权必须集中在中央政府。党的十四届三中全会《决定》明确指出，宏观经济调控权，包括货币的发行、基准利率的确定、汇率的调节和重要税种税率的调整等，必须集中在中央。这是保证经济总量平衡、经济结构优化和全国市场统一的需要。当然，由于我国国家大，人口多，必须赋予省、自治区和直辖市必要的权力，使其能够按照国家法律、法规和宏观政策，制定地区性的法规、政策和规划；通过地方税收和预算，调节本地区的经济活动；充分运用地方资源，促进本地区的经济和社会发展。

第四，中国宏观经济失衡的两种情况：总需求膨胀和总需求不足。有学者还根据我国国民经济总供给和总需求的状况，将我国宏观经济运行分为三个阶段：（1）从新中国成立到改革开放前的计划经济时期的总需求膨胀；（2）从1978年开始改革开放到1996年的总需求膨胀；（3）从1997年至21世纪初的总需求不足。[①] 至于对1997—2002年中国是否出现过通货紧缩和通货紧缩的严重程度，则有不同的认识。对于通货紧缩的定义，学术界有三种不同的看法：（1）单要素说，即认为通货紧缩是指物价总水平的持续下降。（2）两要素说，即认为通货紧缩是指物价总水平与货币供给量的持续下降。（3）三要素说，即认为通货紧缩是物价总水平、货币供应量的持续下降，并伴随经济衰退和萧条。[②] 由于对通货紧缩有不同定义，各人对中国20世纪90年代末的通货紧缩的严重状况有不同的认识，有的认为只是出现了轻度通货紧缩。[③] 与此不同，有的则认为，我国出现了全面性的通货紧缩。[④]

第五，2004年以来中国是否出现经济过热。我国2004—2007年，国内生产总值每年都以10%以上的速度增长，年固定资产投资增速也在20%以上，所以从2004年以来，经济学界对中国是否出现经济过热一直有不同看法。一些经济学家认为，连年GDP增速超过两位数，已超过了潜在的经济增长率，到2007年下半年，CPI上涨率也已开始超过5%，说明中国经济已陷入过热状态并且未能有效克服。

另一些经济学家则认为，经过政府这几年的宏观调控，虽然存在“三过”即固定资产投资增速过快、信贷投放过多和外贸顺差过大问题，但总体上经济并未过热。2007年12月中央经济工作会议提出了“双防”任务，即要把防止经济增长由偏快转向过热和防止价格由结构性上涨演变为明显通货膨胀作为当前宏观调控的首要任务，说明决策层并不认为中国经济已经过热，而只存在走向过热的危险。

第六，不能把宏观调控泛化。有的文章提出，宏观调控是现代市场经济中一个具有特定内涵的经济范畴，是从价值量上调节总需求和总供给之间的均衡，因此，它所采用的是调节价值额的财政政策和货币政策，是两者按照一定的力度和强度，交叉互用或搭配使用，而不是泛指政府对涉及全局经济问题的干预。也不能把“进行结构调整”作为宏观调控的构成部

---

① 参见樊纲《体制改革与宏观稳定》，浙江人民出版社1997年版。

② 参见胡淑珍《中国经济热点研究报告》，社会科学文献出版社2000年版。

③ 参见李忠《目前理论界对我国通货紧缩的若干判断》，《宏观经济研究》1999年第8期。

④ 参见胡鞍钢《我国通货紧缩的特点成因及对策》，《管理世界》1999年第3期。

分，否则就会把计划经济遗留下的政府经济职能长期化、合法化。“有保有压”所体现的是政府对微观经济的干预，而不是政府对宏观经济的干预，不是宏观调控。[①]

第七，宏观调控与政府职能转换。在社会主义市场经济条件下，实行宏观调控必须和转变政府职能相结合。至于怎样转变政府职能，则有不同的表述。有的学者认为，转变政府职能应从五个方面着手：一是国家的经济职能与国家作为资产所有者的职能，由过去的合二为一逐步明确分开，资产所有者职能不再由政府来执行。二是国家宏观控制形态，由过去个量控制转变为以总量控制为主。三是国家宏观调控的对象，由实物平衡为主转向以价值平衡为主。四是国家宏观调控手段，从以行政手段为主转向以经济手段为主。五是宏观调控过程，由静态性为主转向动态性、灵活性为主。[②] 也有的学者认为，要转变行政机关管理职能，由直接管理转向间接调控。其主要是指：实行政经分开，即把政府行政管理和经济管理的职能分离开，逐步取消指令性计划指标。计划机关只管规划、预测和指导性计划，不管分钱、分投资和分物资；财政部门的主要职能是搞好国民收入的再分配；中央银行的主要职能是稳定币值，抑制通货膨胀。[③]

第八，中国改革和发展比较好的宏观经济环境是怎样的？有三种不同的主张。第一种是“稳健派”，认为在调控目标上要形成总供给略大于总需求的“有限买方市场”宽松环境，为改革和提高增长质量创造条件，在政策取向上，主张“稳中求进”，反对用通货膨胀手段促进经济增长。[④] 第二种为“协调派”，认为市场取向改革必须协调配套。为此政府需要掌握足够的宏观调节手段和权力，在政策取向上，主张采取偏紧的宏观经济政策以营造一个宏观经济关系比较协调的良好环境。[⑤] 第三种为“非均衡派”，在经济运行上由市场机制进行基础性的第一次调节，政府进行事后的第二次调节。在政策取向上，认为一定的通货膨胀是不可避免的，并有助于经济增长，主张通过需求管理政策优先解决就业问题。[⑥]

---

① 参见汤在新《为宏观调控正名》，《经济学家》2006 年第 1 期。

② 参见王珏《建立社会主义市场经济体制的基本思路》，《著名学者论社会主义市场经济》，人民出版社 1993 年版。

③ 参见廖季立《国家调控市场、市场引导企业》，《经济研究》1989 年第 3 期。

④ 参见刘国光《中国经济体制改革的模式研究》，中国社会科学出版社 1988 年版。

⑤ 参见吴敬琏《当代中国经济改革：战略与实施》，上海远东出版社 1999 年版。

⑥ 参见厉以宁《非均衡的中国经济》，经济日报出版社 1992 年版。

以上这些研究和讨论，对于加强和改善我国宏观经济调控，促进社会主义市场经济的稳定运行，有重要的实用价值。

第四节　关于通货膨胀问题的研究和讨论

通货膨胀问题是宏观经济调控的一个重要问题。改革开放以来，我国经历过两次比较严重的通货膨胀：一次是 1988 年，当年 CPI 上涨率为 18.8%；另一次是 1992—1994 年，1994 年 CPI 上涨率达 24.1%。这期间，我国经济学界曾热烈讨论通货膨胀问题，并对如何治理通货膨胀提出了许多很好的建议，被政府采纳。2007 年下半年以来，中国又出现温和的通货膨胀问题，当年下半年起 CPI 上涨率都在 5% 以上，2008 年上半年 CPI 同比上涨 7.9%，引起各方面的关注。物价上涨问题，成为 2008 年“两会”的首要热点，又一次引起经济学家的关注。

改革开放以来，经济学家研究和讨论有关通货膨胀的问题主要有以下几个方面：

第一，关于通货膨胀的类型。一般认为，物价的持续上涨可以认为是出现了通货膨胀。至于通货膨胀的类型，有的文章认为，通货膨胀率在 7% 以下为温和的通货膨胀，在 7%—10% 区间为温和向严重的过渡阶段，10%—20% 为严重的通货膨胀，20%—100% 为剧烈即恶性通货膨胀，100% 以上为极度的通货膨胀。[①] 也有文章认为，通货膨胀可以分为平衡期（通货膨胀率小于 1%）、缓胀期（通货膨胀率 1.1%—4%）和快胀期（通货膨胀率 4% 以上）三种状态。[②]

第二，对 20 世纪 80 年代下半期通货膨胀的不同认识。1985 年以后至 1988 年，中国出现了通货膨胀，1988 年 CPI 上涨速度跃升到 18.8%。对当时出现的通货膨胀，大家认识并不一致。直至 1988 年 4 月，仍有文章认为，“如果以保持经济增长为放在首位的宏观控制目标，则一定程度的通货膨胀也不一定是坏事”。“今后三年，国家的宏观政策应以稳定物价为目标的需求政策，向以保持经济增长和结构调整为目标的供给政策转移。财政、金

① 参见吴晓求《中国隐蔽型通货膨胀的计量与分析》，《经济研究》1991 年第 1 期。

② 参见张曙光《我国通货膨胀问题浅析》，《中国：发展与改革》1988 年第 3 期。

融非但不宜双双紧缩，而且应当保持适度的扩张。”① 在这一认识的背景下，1988 年秋政府还试图价格改革“闯关”，但很快就出现了市场抢购和提取存款浪潮，以至于不久后党和政府采取以治理通货膨胀为主的政策。对于上述认识和主张，不少经济学家曾写批评文章，发表反对意见，认为实行通货膨胀政策，既不利于经济的持续健康的增长，也不利于经济改革的顺利推进，更不可能达到价格改革“闯关”的目的。②

第三，通货膨胀与经济增长的关系。一般认为，温和的通货膨胀对经济的短期增长有促进作用，但不利于经济的持续快速增长。如有的文章根据 1978—1989 年中国总需求变动的供给效应曲线，认为可以引出四点推论：（1）当通货膨胀率低于 6% 时，供给效应曲线的斜率较大，意味着真实总供给增长的机会成本较低，获得高增长的代价较小。（2）通货膨胀率高于 6% 以后，供给效应曲线的斜率开始变小，这时真实总供给增长的机会成本开始上升，获得高增长的代价也趋于上升。（3）通货膨胀率低于 3% 时，供给效应曲线的斜率趋向于无穷大，真实总供给增长的机会成本则逐渐趋向于无穷小。（4）通货膨胀率达到或超过 10.5%—12.3% 时，供给效应曲线的斜率接近于 0，这时真实总供给增长的机会成本会迅速放大，较低的经济增长必须以更高的通货膨胀为代价。③ 有的学者进一步分析不同经济增长模式对通货膨胀有不同的影响，其中粗放型增长模式即主要靠增加要素投入量来推动的经济增长，容易导致通货膨胀。比如，该模式以经济的水平扩张为主要方式，会加重供给结构和需求结构的失衡，并造成重要产品特别是农产品的相对短缺，导致一般物价水平的上涨和通货膨胀成本推进因素的加强。④

通货膨胀对经济增长是否只有负效应，也有不同看法。有人认为通货膨胀与经济增长负相关，短期看总供应曲线的上移也会产生“滞胀”，从长期看则有多方面的负效用，从长期的观点看，通货膨胀不能刺激经济增长，也不能增加就业，在恶性通货膨胀的情况下，高通货膨胀还引起高失业。⑤

① 参见《人民日报》1988 年 4 月 8 日第 4 版。

② 参见《薛暮桥回忆录》，天津人民出版社 1996 年版；刘国光《正视通货膨胀问题》，《经济日报》1988 年 4 月 5 日。

③ 参见刘迎秋《高增长、低通胀：宏观调控的目标与归宿》，《经济研究》1998 年第 1 期。

④ 参见史晋川《中国的经济增长模式与通货膨胀》，《中国经济问题》1995 年第 3 期。

⑤ 参见张欣《从通胀增长到无通胀增长——国外经济学界的认识转变》，《上海经济》1996 年第 1 期。

有人则认为通货膨胀既有负面效应，又有正面效应。其正面效应是：（1）由投资需求拉动的一定的通货膨胀对产业结构的调整不无好处。（2）在客观上起到了校正国有企业与职工之间的不合理分配格局的作用。（3）在一定意义上校正了政府与微观经济体之间的不合理的分配格局，起着维系政府财政收支平衡的作用。（4）客观上起到维系银行业信贷平衡、稳定金融系统的作用。[①] 需要指出的是，在这一讨论中，较多的经济学家不赞成通货膨胀无害论，强调其会带来不好的社会后果，包括使产业结构失衡加剧、破坏市场稳定、浪费社会资源、造成收入分配不公等。[②] 有的文章更明确地指出，通货膨胀对经济改革和经济发展的危害是十分明显的：通货膨胀会严重扭曲市场信号，影响市场发挥配置资源的基础性作用，加大改革的成本和风险，影响经济体制改单的深化。通货膨胀不会对经济发展带来实质性的推动作用。以高通货膨胀为代价的经济高增长实质上是经济过热，必然造成资源配置的扭曲和浪费，迟早要引起经济的大起大落，给经济的健康成长造成损害。要防止经济过热，就要控制通货膨胀。通货膨胀是一种货币收入的再分配过程，会加剧社会分配不公，损害中国老百姓的利益，引发一些人的投机行为。泡沫吹大了，是一定要破的，这不利于政治、经济和社会的稳定。[③]

第四，通货膨胀的成因。改革开放以后，中国处于由计划经济体制向社会主义市场经济体制转轨过程中。不少经济学家分析，在计划经济体制下，中国存在隐蔽性通货膨胀，价格体系严重扭曲。随着市场化价格改革的推进，隐蔽的通货膨胀会逐渐释放出来，形成物价总水平的上涨。但由于改革是逐步推进而非一步到位的，只要物价上涨约束在改善价格结构，即隐蔽的通货膨胀公开释放的范围内，这种物价上涨应看成是价格改革付出的成本，而且上涨幅度不会太高，不会到两位数。但中国改革的实践表明，在改革过程中出现的物价总水平的上涨，不限于隐蔽的通货膨胀的释放，而同时兼有信贷投放过多、货币超经济发行过量带来的总需求膨胀的

---

① 参见杨成长《通货膨胀正负面效应分析》，《财金贸易》1996 年第 2 期。

② 参见赵海宽《评"通货膨胀无害论"》，《人民日报》1989 年 9 月 1 日。

③ 参见李铁映《治理通货膨胀》（1994 年 7 月 8 日），《改革开放探索》，中国人民大学出版社 2008 年版。

结果。[①] 包括1988年、1992—1994年的通货膨胀都是这样的。2007年下半年以来出现的通货膨胀也是这样的。也有从另一角度分析通胀成因，并区分为“需求拉动型”、“成本推动型”、“结构性通胀”、“混合型通胀”等。

第五，如何治理通货膨胀？一种看法是强调控制需求，认为增加供给受多种因素的制约，有些产品的生产有不可逾越的周期，因此应着重压缩总需求特别是固定资产投资规模。[②] 有的学者认为工业和农业比较平衡的发展是治理通货膨胀的根本。[③] 有的学者主张主要从增加有效供给、促进经济增长的角度，抑制通货膨胀，并建议：转变经济增长方式，将粗放型经济增长模式转变为集约型经济增长模式；实施稳定的货币政策，使货币投入与经济增长相适应；实行重点补短和充实提高相结合的投资增量对策，以消除“瓶颈”对经济增长的制约，建立和开放劳动力市场，以缓解通货膨胀的压力；减轻企业的税收负担，增加有效供给。[④] 有的学者主张总量上采取偏紧的财政政策和货币政策，努力控制投资规模和消费基金的膨胀，控制基础货币的供应量以及信贷规模。[⑤] 有的学者主张运用利率政策，提高存贷款利率，纠正实际利率为负数的不正常情况，为了抑制通货膨胀的加速发展，应着重提高短期利率，或通过放松利率管制实行利率自由化来抑制通货膨胀。[⑥] 从多年的研究和讨论看来，对通货膨胀需采取综合治理，但主要是恢复总供给和总需求的平衡，而要恢复总供需平衡，则需要实施适度从紧的财政政策和货币政策。但中国目前处于经济体制改革阶段，还要同深化改革相结合，以便使政府的宏观调控政策更加有效。

---

① 参见刘国光主编《体制变革中的经济稳定增长》，中国计划出版社1990年版；张卓元主编《中国价格模式转换的理论与实践》，中国社会科学出版社1990年版。

② 参见项镜泉等《通货膨胀的危害、原因及对策》，《财政研究》1988年第10期。

③ 参见严鸿和、杨皖苏《不平衡增长导致通货膨胀的实证研究》，《改革战略》1997年第4期。

④ 参见张宗斌《西方滞胀理论对我们的启示》，《世界经济与政治》1996年第9期。

⑤ 参见黄桂田等《经济理论界有关通货膨胀问题的观点综述》，《价格理论与实践》1996年第1期。

⑥ 参见张卓元《通胀势头较猛调控难度加大》，《经济学动态》1994年第6期；金利《利率改革与通货膨胀》，《中国金融》1988年第10期。

第五节　研究国际金融危机对我国的影响和如何相应调整宏观经济政策

2008 年，全球爆发了从 1929 年以来最严重的金融危机。这是 2007 年 7 月就已显露的美国次贷危机的持续升级和扩展形成的全球金融海啸。2008 年 9 月 15 日，美国五大投资银行之一的雷曼兄弟银行申请破产以后，很快就波及全世界，严重冲击信贷活动，一时信贷关系几乎冻结，信贷紧缩在全球蔓延，银行系统不能正常运转。为应对信贷紧缩，人人都信奉现金为王，囤积现金。对冲基金担心投资者的赎回，所以都希望用现金形式持有资产，尽量减少对股市和商品市场的投资。企业担心资金周转不灵，也囤积现金，不敢轻易投资。普通百姓也怕失业和房价、股价下跌，怕银行倒闭，囤积现金。银行也不敢放贷，怕收不回来。这种状况严重影响着经济的正常运转，商品和住房等销售下降，从而迅速影响到实体经济，发达经济体一个又一个陷入衰退。2008 年冬，美国三大汽车生产商紧急要求政府救助，否则因现金流即将断裂而陷入破产。面对汹涌澎湃的金融海啸，各国政府联手大救市，各国央行向市场注入大量资金，企求增加流动性，并对信贷活动进行担保等。尽管如此，这次金融危机已令美、欧、日世界三大经济体从第三季度或第四季度起陷入经济衰退。2008 年，全球股市缩水 14 万亿美元或 17 万亿美元（标准普尔估计），金融机构损失 1.4 万亿美元（国际货币基金组织估计）。2009 年，全球经济收缩，国际货币基金组织估计降 1.3%，世界银行估计降近 2%，国际贸易世行估计也下降 9%。此次国际金融危机也对中国经济产生了重大影响，从 2008 年第四季度开始，直至 2009 年 5 月影响进一步明显化，使中国经济增长速度下滑，发电量、出口、利用外资、税收等甚至出现负增长，2008 年第四季度 GDP 增长速度下滑至 6.8%，2009 年第一季度进一步下滑至 6.1%。

怎样看待这次百年一遇的国际金融危机，我国应如何应对，宏观经济政策需如何调整？这些问题引起经济学界的广泛关注。

一、为什么会出现国际金融危机和如何应对

为什么会出现如此严重的金融危机，经济学家们一般认为，首先，20 世纪 70 年代布雷顿森林货币体系崩溃后，美元与黄金脱钩，美元主导的世

界金融体系成为一个不受约束的系统。美国储蓄率过低，美国利用美元的霸主地位滥发美元换取自己长期的高消费。金融监管不到位，导致不受监管的金融衍生产品不断膨胀，形成巨大泡沫，许多国家金融机构等均持有大量短期很赚钱，一旦泡沫破裂血本无归的金融衍生品。美联储在世纪之交实行宽松的货币政策，次级贷款飞速增加。2000 年美国网络泡沫破灭以后，美联储连续 13 次降息，导致房地产等过热，通货膨胀压力加大。一旦提高利率，从 2006 年起，美国房地产价格降低，次贷出现很多亏损，次贷危机随之爆发。决口破裂后，越冲越大，不久即酿成全球性金融危机。

有的文章用“软预算约束”概念来分析金融危机，认为这次金融危机之所以如此严重，波及范围如此之广、之深，是因为没有监管的证券放松了债务人和金融机构的预算约束，导致他们的道德风险空前之高。格林斯潘在美国国会作证时提到，最出乎他预料的，或者说他的判断最严重失误的是金融机构的高管人员不负责任。实际上，从最底层的次贷借贷者、层层债务人、所有的债务人和债权人都显示了特别强的道德风险问题，大家都不顾一切地举债，而且债务杠杆程度都很高，甚至超过 30 倍（传统情况下三四倍的杠杆率就被认为很高）。而没有监管的债务证券化变成了一种软预算约束的革新工具。抵押贷款证券化把许多抵押贷款包装在一起，变成了很吸引人的、风险很小的贷款，从而把预算约束放松了。许多投资者如银行购买了很多抵押贷款——按揭证券，进一步再证券化，使之发行到全世界，造成巨大影响。这中间，金融机构高级管理人员大获其利。据纽约市政府报告，2006 年华尔街的高级管理人员一共拿了 239 亿美元奖金。在经济往上走的时候，给他们带来的好处是分红；但在经济下行要冒风险时，他们并不对风险负责任，这就是软预算约束的后果。①

有的文章则从金融创新实践的角度分析了金融机构创造和销售次贷的过程，揭示了这次国际金融危机发生的微观机制。美国的房地产拥有者平均借贷比例太高，一旦房地产市场下行，就出风险。评级公司为了赚钱，用落后的评级模式给风险很大的金融衍生品打三个 A 的评级，使许多投资者上当受骗。投资银行高级管理人员大做高杠杆的自营业务，以谋求暴利。这些都使金融机构创造有毒的衍生产品，并卖给全世界的投资者，最终让

① 参见许成钢《解释金融危机的新框架和中国的应对建议》，《比较》第 39 期，中信出版社 2008 年版。

股东和投资者遭受损失，[①] 使危机蔓延至全世界。

面对如此严重的金融危机，各国政府纷纷出手挽救危局。2008 年 10 月 8 日，美国、欧元区和英国等六大央行宣布了有史以来第一次联手同步降息。此后，各国央行又多次采取协同降息举措，中国人民银行也在 2008 年 10 月以后逐步降息。到年底，美国和日本的利率已降至接近于零。与此同时，财政扩张政策频频亮相，各国政府差不多都宣布了巨额的金融援助和经济刺激计划。美国到年底所承诺的资金总额已达 7 万亿美元左右，约为美国国内生产总值的一半，用途包括解冻消费信贷市场以及救助“两房”、AIG、花旗、三大汽车厂等大型企业。同时，中国也推出了空前的 4 万亿元经济刺激计划。2008 年 11 月 15 日，在华盛顿举行了 20 国首脑金融峰会，商讨应对金融危机政策和协调各国行动，为改革国际金融体系拉开了大幕。[②] 对于以上各方面应对措施，国内外经济学家一般都给予支持和肯定，认为不同国家应从本国国情出发，采取具体的政策措施，应对国际金融风暴。比如，认为中国继续保持经济的平稳快速增长，就是对化解国际金融危机的最大贡献。

二、从这次国际金融危机中可以吸取哪些教训

从这次国际金融危机中，经济学家们认为可吸取一系列教训。一是要处理好实体经济与虚拟经济的关系，虚拟经济的发展不能脱离实体经济而自我膨胀，虚拟经济的发展应服务于实体经济的发展。二是要处理好金融创新与金融监管的关系。要坚持金融创新。同时，金融衍生产品出来后，相应的监管要跟上，守门人应尽责，否则贻害无穷。这次美国五大投行全军覆灭，以及麦道夫导演的惊天骗局长达 20 年，资金达 500 亿美元，跟前些年对它们的监管缺失很有关系。三是要改革现有的国际金融体系，美元的霸主地位、国际金融组织由美国主导、美国的利益凌驾在各国之上，必然造成越来越严重的失衡。四是要处理好储蓄与消费的关系，储蓄率过高不行；像美国那样储蓄率太低进行高消费也是不可持续的。五是一个国家特别是大国，必须以内需为主，不能过多地依赖对外出口促进经济增长，否则受外部不确定性影响过大，不利于经济稳定增长。与此同时，小国冰

① 参见黄明《全球金融危机启示与应对》，《比较》第 39 期，中信出版社 2008 年版。

② 参见《2008 年十大国际财经新闻》，《上海证券报》2008 年 12 月 31 日。

岛一度面临“国家破产”的教训表明，小国参与金融全球化需小心谨慎。六是各国金融开放要逐步进行，在经济实力和抗金融风险能力不够强大，金融监管不够严密的条件下，不能贸然放开资本项目和本币自由兑换，否则在国际金融危机冲击下缺少一个必要的“防火墙”。七是一定要把金融系统的安全和稳定放在第一位，当金融系统出现危机时，政府必须及时出手挽救，没有别的选择。

三、这次国际金融危机对中国的影响和应对之策

2008 年国际金融危机对中国的影响应做怎样估计，中国需如何应对，也是经济学家关注和讨论的热点。总的来说，不能低估这次国际金融危机的影响。虽然这次对中国金融业直接影响不是很严重，几大银行虽然也买了一些次级债等金融衍生品，但数量不太多，不会伤筋动骨，并且很快就拨付了备用金。比较大和最明显的问题是，美国等发达国家经济衰退，导致中国出口需求收缩。由于订单减少，2008 年上半年即带来 6.7 万家中小企业停产关闭，到 11、12 月份出口变成负增长（-2.2% 和 -2.8%），2009 年第一季度为 -19.7%，4 月份为 -22.6%，5 月份为 -25.9%，进一步使中国大量出口企业停产或半停产，使得经济增速下滑。由于这几年中国内需不足，大量过剩产能靠出口填补，2007 年，出口占国内生产总值比重高达 36%（1998 年东亚金融危机时只占 18%），2008 年仍维持高位，一旦出口需求收缩，出口下滑，对中国经济的消极影响就显得特别突出。所以，当前中国经济存在的问题，不只是受国际金融危机的冲击，还在于中国经济连年内外需失衡，出口依存度过高。而其根源则在于长期粗放型的经济增长方式没有改变，高投入、高能耗、高排放推动的经济增长，水多了加面、面多了加水的不可持续的增长，一旦碰上这次国际金融危机，其矛盾自然就集中爆发出来。①

2008 年，随着国际金融危机对中国影响逐步明显，也随着中国经济增长中一些失衡问题的突出，国家的宏观经济政策做了两次较大的调整，即从年初的“双防”（防止经济增长由偏快转为过热和防止价格从结构性上涨演变为明显通货膨胀）转向 7 月的“一保一控”（保持经济平稳较快发展，

---

① 参见吴敬琏《中国应该怎样应对国际金融危机》，中国（海南）改革发展研究院《简报》第 209 期（2008 年 11 月 4 日出版）。

控制物价过快上涨)，再转向11月的“保增长、扩内需”，实行积极的财政政策和适度宽松的货币政策。11月5日，国务院出台扩大内需促进增长十项措施，提出到2010年年底投资4万亿元，2008年第四季度先增加安排中央投资1000亿元，2009年灾后重建基金提前安排200亿元，带动地方和社会投资总规模达到4000亿元。各地迅速跟进，纷纷提出本地促进增长的投资计划，如云南3万亿元，四川3万亿元，广东2.37万亿元，陕西1.7万亿元，内蒙1.5万亿元，辽宁1.3万亿元，河南1.2万亿元，湖北0.9万亿元，山东、重庆各0.8万亿元，山西、江苏各0.65万亿元，上海0.5万亿元，吉林0.4万亿元，安徽0.389万亿元，浙江0.35万亿元，福建0.34万亿元，湖南0.27万亿元，海南0.207万亿元，黑龙江0.16万亿元，北京0.12万亿—0.15万亿元。[①] 加总起来，已超过20万亿元。这些投资，主要用于铁路、公路、港口、机场、能源等基础设施建设以及大量民生工程。2009年继续实施刺激内需的一揽子计划，截至5月，中央财政已分三批共3000亿元投进中央项目，在政府投资带动下，到2009年5月，全国固定资产投资53520亿元，同比增长32.9%，比去年全年实际增长速度（15.1%）快一倍多。信贷也大规模扩张，1—5月新增贷款5.84万亿元，超过3月份两会设想的全年5万亿元的目标。在上述措施带动下，2009年工业生产逐步回升。2009年第一季度为增长5.1%，4月份为7.3%，5月份为8.9%；消费增长速度平稳，1—5月社会商业零售总额实际增长16%左右，财政收入5月份开始正增长为4.8%。

对以上举措，经济学家们总的来说是大为支持、拥护，与此同时，有的经济学家认为希望能有更多扩大消费的举措，着力启动消费需求，避免出现新一轮的产能过剩。并认为应着力提高低收入群体的收入和消费需求，尽快扩大农村消费。因此应将更多的资金用于廉租房和保障性住房建设，农村教育、医疗卫生、水利、文化等建设，社会保障支出和就业培训等。同时，扩内需保增长一定要同调整结构、转变经济发展方式、深化改革紧密结合起来[②]。一些经济学家认为，应当主要扩大消费需求。这也产生了一定影响。比如4万亿元的投资结构在3月份“两会”期间做了不小的调整，

① 参见《领导决策信息》2008年12月第46期。

② 参见刘尚希《实施积极消费政策推动发展方式转换》；魏加宁《对当前中国经济的三点基本认识》，见《上海证券报》2008年12月27日。

如廉租房、棚户区改造等从2800亿元改为4000亿元，增加了1200亿元；医疗教育文化等从400亿元改为1500亿元，增加了1100亿元；而铁路等建设则从1.8万亿元改为1.5万亿元，减少了3000亿元。有人说，中国这几年消费增长已经不慢了，很难大步加快。的确，按常规的办法，消费增长难以大幅度提高，居民的收入水平也难以大幅度提高。所以，如果要较大幅度提高消费特别是居民的消费比重，就要另有大的动作，要靠财政拿钱，但这会影响投资。现在主要靠扩大投资来保增长也有风险，就是投资如习惯性地主要投向“铁公基”（铁路、公路、基础设施）和一些重化工业，可能会造成新一轮的产能过剩。现在看来，中央投资项目比较合理，有不少改善民生的项目，这类投资有助于提高消费水平，但是地方投资项目就难说了，有报道披露，一些原来被认为不能上的“两高一资”（高能耗、高污染、资源型）项目，又在重新上马。这就有可能形成恶性循环，企求用新一轮的产能过剩来克服原来的产能过剩，出现过去计划经济时期常见的“水多了加面，面多了加水”的窘况。

保增长、扩内需、调结构，最难的是调结构。调结构就是要转变经济增长方式或发展方式。这是很艰巨的任务，且要用慢工夫，急不得，甚至在本届政府任期内不一定能明显见效。所以，一些政府部门很难选择调结构作为工作着力点。他们优先选择的是保这两年经济增长速度不要掉到8%以下，哪怕要上一些“两高一资”项目也在所不惜，尽可能把矛盾往后推移。这也是造成社会资本没有很好地跟进的重要原因。调结构和转变经济发展方式，一方面要着力提高自主创新能力，节能降耗减排，这是一个硬功夫，没有四五年以上努力难有大的成效。另一方面要深化改革，使经济社会转入科学发展轨道。这包括：不再用GDP增长速度作为考核政府官员政绩的主要标准，理顺要素和资源的价格，提高市场开放度，开征环保税、物业税，加快向公共财政转型等。这些措施，有的同短期保增长会有一定的矛盾，因而不容易出台。这次燃油税出台也说明改革之难。如果不是国际市场油价下跌一半多，叫喊了多年的燃油税是无法出台的。[①]

现在研究和讨论中国经济形势和宏观经济政策，比较多的是从短期能否走出下滑局面而率先复苏。一般认为，在政府一揽子刺激政策和措施带动下，中国经济有望较快地走出困境，较早复苏。问题在于，这些刺激措

① 参见张卓元《积极的财政政策要同深化改革相结合》，《经济参考报》2009年5月20日。

施能否使中国持续较快增长，真正走V形轨道（当然，V形的峰值也不可能像前几年那样达到两位数，而可能是8%或9%），但如果这些刺激措施只是短期有效，就可能在经济向上走一阵后再次探底或多次上下，呈W形，这比走U形轨道还糟。所以，2009年保8%的增长可能问题不大，重要的是能否持续保8%—9%的增长，这就要着力解决目前外需与内需失衡、投资与消费失衡的问题，不要让目前采取的措施为以后的发展制造障碍。现在加大投资，如果投资不是主要投向民生工程，而是主要投向铁路、公路、机场等和重化工业，就可能使投资消费更加失衡，使原本消费比重已严重偏低（2008年居民消费支出只占GDP的35%多一点）进一步下降。这是令人担忧的问题。所以，当前扩大内需，应着力扩大消费需求，使中国经济增长真正转移到依靠消费、投资、出口协调拉动的轨道。提高居民收入和消费的比重，也有利于协调发展第二和第三产业，因为要提高第三产业比重，必须加快发展各种服务业，包括商业、旅游、文化、教育、医疗、餐饮、娱乐等产业。

参考文献

1. 刘国光等：《经济体制改革与宏观经济管理——“宏观经济管理国际讨论会”评述》，《经济研究》1985年第12期。

2. 中国经济体制改革研究会编：《宏观经济的管理和改革》，经济日报出版社1986年版。

3. 《中共中央关于建立社会主义市场经济体制若干问题的决定》(1993年11月14日)。

4. 于光远主编：《中国理论经济学史》，河南人民出版社1996年版。

5. 张曙光：《宏观经济理论》，载张卓元主编《论争与发展：中国经济理论50年》，云南人民出版社1999年版。

6. 《经济研究》编辑部编：《中国经济理论问题争鸣：1990—1999》，中国财政经济出版社2002年版。

7. 江泽民：《全面建设小康社会，开创中国特色社会主义事业新局面——在中国共产党第十六次全国代表大会上的报告》(2002年11月8日)。

8. 陈东琪主编：《1900—2000中国经济学史纲》，中国青年出版社2004年版。

9. 苏星：《新中国经济史》，中共中央党校出版社2007年版。

10. 张卓元主编：《中国经济学30年(1979—2008)》，中国社会科学出版社2008年版。

（执笔人：张卓元，中国社会科学院经济研究所研究员）

第十一章

财政理论体系演进脉络与现实格局

伴随着新中国60年的历史变迁，中国财政理论体系的演进历程，大致可以划分为如下三个既彼此独立又互为关联的阶段：一是从1949年新中国成立至1978年实行改革开放，为第一阶段；二是从1979—1992年确立社会主义市场经济体制改革目标为第二阶段；三是从1992年至今为第三阶段。围绕上述三个阶段财政理论体系的演进过程以及由此而形成的现实格局，构成了本章的主题。

第一节 演进起点：1949年以前的财政理论

尽管中国历史上有着非常丰富的财政思想，但从总体上讲，作为一门科学的财政学，则属于“舶来品”，是“西风东渐”的产物。确切地说，中国财政理论体系是建立在引进西方财政学的基础之上的，最初并没有根植于中国土壤、具有中国特色的财政学而存在。若从20世纪20年代中国学者开始编写自己的财政学教科书算起，直至1949年，中国财政学界基本上都是处于编译西方财政学的阶段。早期的财政学教科书，如1924年陈启修的《财政学总论》、1934年何廉和李锐的《财政学》、1935年尹文敬的《财政学》，等等，莫不如此。

之所以出现这样的状况，一方面是当时中国的社会制度使然，实行资本主义制度的现实当然不会让人们对源于资本主义市场经济的财政学体系产生排斥效应。另一方面，作为一个完整的财政学体系，在中国从来就没有成形过，它自然要经历一个消化与吸收的过程。在那一时期，中国财政学还只是处于消化阶段。

在引进西方财政学的过程中，特别是在20世纪30年代中国社会科学界兴起调查研究和本土化工作的背景之下，中国财政学界也曾结合中国现实，对当时中国的财政问题进行了广泛的研究。其内容涉及财政制度、财政史、战时财政、公债等诸多方面，收获了一些带有较多中国特色的标志性成果。例如，马寅初1948年出版的《财政学与中国财政：理论与现实》，便是一部吸纳中国国情因素、着眼于财政学本土化的初步尝试。

第二节　建构马克思主义财政学：与西方财政理论的决裂

1949年以后，与整个社会意识形态的倾向相一致，在整体上，中国财政学表现出与西方财政学决裂的特征。这种决裂所瞄准的直接目标，便是如何在马克思主义的指导下，建构不同于西方财政学的马克思主义财政学。

这突出表现在运用马克思主义的阶级国家观来分析财政问题上。千家驹的《新财政学大纲》（1949）、伍丹戈的《论国家财政》（1951）、丁方和罗毅的《新财政学教程》（1951）以及尹文敬的《国家财政学》（1953），都是这方面的代表之作（张馨，1999）。

当然，用阶级分析的方法研究经济社会问题，并非随新中国的成立而突然来临。事实上，在1949年前，一些接受了马克思主义的学者和受到马克思主义影响的学者，已经开始尝试用阶级分析的方法来研究中国财政问题。千家驹的《新财政学大纲》虽然出版于1949年10月，但定稿则在1948年年底。至于其理论沉淀的时间，那就更早了。只不过，受到当时社会意识形态的影响，马克思主义研究方法并没有成为1949年前财政理论研究的主流。

新中国成立之后，不仅来自意识形态方面的障碍消除了，而且，还从苏联那里直接引入了称之为社会主义财政理论的完整体系。[①] 作为如此背景

---

① 新中国成立之初，大批苏联专家来到中国，帮助新中国的建设，也加快了苏联理论的引进步伐。苏联专家还为中国培训了大量的高校教师，承担了培养研究生的任务。1950—1957年，中国人民大学先后共聘请苏联专家98人，为全国聘请专家最多的高校。1956年之后，中国人民大学的研究生培养任务才由该校教师直接承担。苏联专家对中国人民大学全面接受苏联经验起了重要作用（沈志华，2009）。

之下的一个重要体现，在当时的中国财政学界，所谓财政本质理论被视为财政理论的中心内容。财政本质理论旨在研究财政本质问题，由财政本质推演出“财政”的定义。例如，20 世纪 50 年代，苏联的“货币资财论”和“货币关系论”被引入中国。“货币资财论”对财政的定义是：与国家取得资金有关的社会关系总和，或者是国家资源的总和，或者是国家在满足机体需要的资源收支方面的经济活动（吉雅琴科，1958）。国家财政是属于货币关系以内的，在货币关系外是不存在财政的（亚历山大洛夫，1953）。在那时，源于苏联的“货币关系论”，可以说是中国财政学的主流理论，甚至有了“中国货币关系论”的说法。在中国货币关系者的眼中，财政的本质是客观存在的货币关系的体系（张馨、杨志勇、郝联峰、袁东，2000）。

显然，直接表现在同西方财政学决裂上的这种分化，其直接原因是政治制度的变迁。建立社会主义制度的要求在意识形态上的反映，是要用全新的社会主义经济理论取代原先的资本主义经济理论。要做到这一点，一方面可以从马克思、列宁的原著中寻找支撑点，即在马克思主义政治经济学的基础之上，确立适应社会主义建设需要的财政学。另一方面，还可以向已有 30 多年社会主义建设历史的苏联学习，直接引入财政学。无论选择哪一种方式，首要的前提，便是新建构的理论与旧社会的理论决裂。20 世纪 50 年代，中国财政理论所出现的纷争现象恰好满足了这一要求。

倘若用所谓理论流派来归结，那么，在 20 世纪 50 年代，中国曾经存在的财政学理论流派主要有货币关系论、货币资财论和国家分配论。其中，处于主流地位的是货币关系论。这与当时的政治气候有一定的关系。货币关系论来自苏联，与同样源于苏联的货币资财论相比，它更能反映财政的本质。有所谓主流理论，自然会有与之相对应的所谓支流理论，如国家分配论。许廷星的《关于财政学的对象问题》（1957），便是第一本比较系统、全面论证国家分配论观点的著作，可说是国家分配论的雏形。

到了 20 世纪 60 年代，中国财政学进一步分化，出现了所谓“价值分配论”、“国家资金运动论”、“剩余产品价值决定论”等观点。“价值分配论”强调财政是价值分配关系，在社会主义社会中，在商品货币经济存在的条件下，财政是社会产品和国民收入的价值分配。① “国家资金运动论”则认

① 天津财经大学王亘坚教授（1923— ）是价值分配论的代表人物。

为，社会主义财政的实质是社会主义国家资金运动所形成的经济关系。[①] 在“剩余产品价值决定论”看来，社会主义财政是剩余产品价值（社会纯收入）的生产、分配和使用，是剩余产品价值的运动过程。[②] “价值分配论”和“国家资金运动论”分别指出了商品货币经济条件下财政与价值分配的关系和国家在财政活动中的地位。至于“剩余产品价值决定论”，则是从经济意义上论证了财政活动的界限。

可以看出，各种财政理论流派的视角各异。观点有所不同，甚至呈现分化，并不意味着其间没有任何共通之处。这些共通之处，为理论的综合提供了条件。从某种意义上说，国家分配论[③]在20世纪60年代主流地位的确定过程，就是它对当时已有理论加以综合的结果。邓子基的《关于社会主义国家财政的本质与范围问题》一文，从财政产生、发展的过程的历史分析、马克思主义经典作家的有关指示、被分配的社会产品的两重性考察以及从财政与经济的关系四个方面，比较系统地阐述了国家分配论的观点（张馨，1999）。

作为这种分化与综合最重要的结果，是国家分配论占据了主流地位。但总体来说，此时的国家分配论对于其他各财政理论流派的综合，还只是初步的。到了20世纪80年代，国家分配论在财政学进一步分化的基础之上所实现的综合，才算是较为系统和全面的。

第三节　改革开放初期的中国财政学：各财政理论流派的纷争

抛开10年“文化大革命”期间中国财政学在整体上陷入停顿状态不论，在1979年之后，伴随着改革开放的进程，中国财政学界呈现了空前活跃的势头。这突出表现在国家分配论与其他财政理论流派的纷争上。

同20世纪60年代的争论相比，这种纷争的一个重要背景，是所谓社会

① 国家统计局原局长李成瑞（1921—　）是国家资金运动论的代表人物。

② 中国社会科学院财贸经济研究所王绍飞研究员（1929—1992）是剩余产品价值决定论的代表人物。

③ 西南财经大学许廷星教授（1913—1997）、财政部财政科学研究所许毅研究员（1917—　）、厦门大学邓子基教授（1923—　）等是“国家分配论”的代表人物。

共同需要论、剩余产品决定论[①]和再生产决定论[②]对国家分配论提出了挑战。在其中，由于再生产论只是强调了从再生产的角度研究财政问题，而这在国家分配论中也占相当分量，因而并未构成强有力的挑战。挑战的主要方面，来自剩余产品决定论和社会共同需要论。这两种理论流派都强调了剩余产品与财政产生之间的关系。有所不同的是，社会共同需要论更强调财政活动是为了满足社会共同需要。这与国家分配论强调国家与财政的本质联系以及财政是为了实现国家的职能而存在的观点截然不同。

剩余产品决定论和社会共同需要论的系统观点，集中表现在其各自的代表作中。前者为王绍飞的《财政学新论》（1984）和《改革财政学》（1989），后者为何振一的《理论财政学》（1987）。在这次纷争过程中，社会共同需要论得到了很大的发展，赞同者甚众。特别是许多中青年学者，对这一理论观点情有独钟。

一个颇具戏剧性的景象是，在其他各流派的纷争中，国家分配论吸收了各个方面的理论观点，再次实现了财政理论的大综合。这一综合成果，集中体现在邓子基的《财政学原理》（1989）中。关于社会再生产理论，邓子基指出，财政与社会再生产的联系，只表明财政与所有其他经济范畴一样，本质都只是“经济关系”，财政与社会再生产的联系，无法使财政成为一个能显示自身特性、独立的经济范畴来。因此，社会再生产与财政之间，不存在本质联系。对于价值分配论，邓子基认为：“财政与价值的这种必然联系，只是在商品货币关系下才存在。在自然经济条件下，不存在价值，分配以实物形式进行……所以，价值与财政的联系，无法将财政与其他采用价值形式开展活动的经济范畴区分开来，因而它们之间也不存在我们所寻找的本质联系。”关于剩余产品决定论，邓子基认为：“剩余产品与财政之间有着一种必然的、稳定的内在联系。但是，参与剩余产品分配的不仅仅是财政，还有其他一些分配形式如利润分配、利息、地租等，也都参与剩余产品的分配。与剩余产品的联系仍然无法使财政作为一个独立的范畴而存在。所以，剩余产品与财政的联系也不是本质联系。”对于社会共同需要论，邓子基也指出：“如果离开国家而抽象地空谈‘社会共同需要’，则

① 剩余产品决定论是在20世纪60年代剩余产品价值决定论的基础之上形成的。1984年，王绍飞出版了《财政学新论》。该书系统地阐述了该流派的主要观点。1989年，王绍飞又在该书的基础之上出版了《改革财政学》。

② 中国人民大学侯梦蟾教授（1927—2002）是再生产决定论的代表人物。

必然离开了‘社会共同需要’的社会性，也就无法把握‘社会共同需要’，更无法以‘社会共同需要’为标准来把握财政的本质了。所以，国家与财政的联系，是比‘实现国家职能的需要’或社会共同需要‘与财政的联系更深一层次的’。这就表明，在‘实现国家职能的需要’或‘社会共同需要’与财政之间，仍然不存在我们所寻找的本质联系。”由此邓子基认为，财政是以国家为主体的分配，而财政的本质是“以国家为主体的分配关系”（邓子基，1989）。

然而，需要指出的是，各财政理论流派虽然在财政本质问题的认识上存有差异，但对许多具体问题的分析和判断则没有多少分歧。其中有些差别，只不过是表达方式的不同所致。例如，对于财政的起源，有财政是在国家出现后才有的说法；也有财政在原始社会末期就已存在的判断。在对于财政的发展问题上，各流派间的认识几乎没有分歧。这也表明各财政流派的综合有着坚实的基础。

这种纷争主要是在马克思主义经济学内部进行的。虽然国家分配论的发展在一定程度上受到了德国历史流派的影响，社会共同需要论在某种程度上也受到西方财政理论的影响，但是，从总体上看，它们之间的纷争是以马克思主义经济学作为理论基础的。其突出的表现是，为了论证其观点，纷争中各流派都大量引用了马克思、列宁的原著。

与国家分配论与其他财政流派的纷争相伴，许多重要的财政理论观点也得到了进一步深化，收获了一些标志性成果。

比如，财政职能理论，从最初的“二职能论”到20世纪80年代的“三职能论”（“旧三职能论”）和“四职能论”以及20世纪90年代的“三职能论”（“新三职能论”）。显然，“新三职能论”更多的是借鉴西方财政理论的结果。

再如，社会再生产理论对财政与经济关系理论的影响。国家分配论分析了财政与生产、交换、分配和消费等的关系，阐明了财政在社会再生产中的地位。

又如，财政学各分支学科如税收经济学、公债经济学、财政支出经济学等相继出现。这些分支学科的出现，使得对财政理论中的某一具体问题的研究更加深入。

在这一时期，有关西方财政学的系统介绍和译著不断增多，出版了一批具有代表性的成果。

比如，香港中文大学的薛天栋先生编著的《现代西方财政学》1983 年由上海人民出版社出版。该书篇幅不大，但系统地介绍了当代西方财政学的基本理论。薛先生曾在上海财经学院（现上海财经大学）、厦门大学等高校讲授相关内容。迥然不同的财政学体系和以数量为主的分析方法，对内地的学者带来了很大的冲击。

安徽财贸学院张愚山翻译的美国经济学家埃克斯坦的一本小册子《公共财政学》，1983 年由中国财政经济出版社出版。该译著将书名“public finance”直译为“公共财政学”。

厦门大学邓子基和邓力平编译的美国著名财政学家理查德·A. 马斯格雷夫（Richard A. Musgrave）和佩吉·B. 马斯格雷夫（Peggy B. Musgrave）的财政学教科书《美国财政理论与实践》,[①] 1987 年由中国财政经济出版社出版。该书本来就是当时美国流行的财政学教科书，不仅有大量的财政理论介绍，还涉及美国的具体财政制度，对中国财政学界产生了较大的影响。

中国人民大学王传纶教授编著的《资本主义财政》和上海财经学院编写组编著的《资本主义国家财政》，先后由中国人民大学出版社和中国财政经济出版社出版，它们对西方财政理论与实践的评介为普及西方财政学知识发挥了重要的作用。

第四节 构建社会主义市场经济财政理论体系：中西财政理论的融合

1992 年，社会主义市场经济体制改革目标明确之后，中国财政学面临着走向何方的历史选择。

20 世纪 90 年代，中国继续引进西方财政理论。比如，有影响的西方财政学（公共经济学）研究生教科书，如阿特金森和斯蒂格利茨的《公共经济学讲义》也被引进。[②] 在这个阶段，中国财政学者翻译了多种具有不同地域的有代表性的西方财政学教科书。在西方有影响的财政学（公共经济学）教科书基本上都被引入，如英国的布朗和杰克逊的《公共部门经济学》（第

① 当时的译本将“Musgrave”翻译作“穆斯格雷夫”。

② 该书中文版的书名是《公共经济学》，省略掉“讲义”一词。该书由上海三联书店于 1990 年出版。

四版)、美国罗森的《财政学》（第四、六、七版)、美国斯蒂格利茨的《公共部门经济学》(第三版)、加拿大的鲍德威和威迪逊的《公共部门经济学》(第二版)、美国迈尔斯的《公共经济学》,[①] 等等。

在市场化改革浪潮和西方财政理论的冲击下，中国是否需要建立具有中国特色的财政学？还是直接引入西方财政学？可谓众说纷纭，莫衷一是。传统的财政理论在新时期是否仍然适用？也成为传统财政学界特别是主流派所关心的问题。社会共同需要论与西方公共财政理论有着许多的共同点，尤其是在“公共性”的理解上有许多共同点。共同需要论者比较容易接受公共财政理论的基本观点。国家分配论者则不同，因为国家分配论与西方财政理论有着较大的差异。而且，国家分配论形成于计划经济时期，其相关论者发表了大量关于该理论仍然适用于市场经济的论著。有的论著指出了西方财政理论的局限性，特别是缺少阶级性分析；有的论著则试图将西方公共财政理论包容进来，这主要是想通过国家职能内含的扩大，将纠正市场失效作为财政职能之一，实现中西理论的综合。

在20世纪80年代末90年代初，全面接受西方财政理论的教科书开始出现。最早在这方面做出努力并有较大影响的著作，当推平新乔的《财政原理与比较财政制度》(1992)。[②] 其后，蒋洪等编写的《财政学教程》(1996) 也出版发行。与以往众多的财政学教材相比，这两本书在结构安排、理论方法、论述范围等方面有了重大的改变，其内容与其他冠名“西方财政学”的教科书内容极为相似。这实际上代表了作者对财政学发展取向的一种看法，即不必再区分中国和西方财政学。

与此同时，一些国内学者编写的西方财政学教科书也出版发行。影响较大的有陶继侃主编的《当代西方财政》(人民出版社1992年版)、邓子基主编的《现代西方财政学》(中国财政经济出版社1994年版)、王传纶和高培勇著的《当代西方财政经济理论》(上、下册)(商务印书馆1995年版)。这些西方财政学教科书与传统的“资本主义财政”或“资本主义国家财政”教科书的不同之处在于，后者以批判为主要目标，前者则旨在客观而全面地介绍西方财政理论体系。

---

① 上述几本教科书的中文版均由中国人民大学出版社出版。

② 从框架和内容上看，该书财政原理部分在很大程度上受到了英国财政学家布朗和杰克逊的《公共部门经济学》的影响。

在梳理西方财政理论的同时，中国财政学者也发表了自己关于财政理论发展趋势的看法。王传纶和高培勇（1995）在他们所著的《当代西方财政经济理论》一书的“前言”中指出，财政理论框架的构建存在两种可能性。他们认为：“一是以中国从 90 年代跨越下世纪的社会主义市场经济的建立和发展为背景，建立中国社会主义财政理论的框架，吸收西方有用的观点，形成体系；这样做的好处是与中国财政工作实践的结合较为密切。二是以社会主义市场经济为目标模式，写一本规范性的财政理论著作，不必冠以中国两个字，也无须加上社会主义的定语；这样做的理由是：我们深信，社会主义市场经济的体制，将是目前不同社会制度下，处于不同发展阶段的国家终究要走向的目标。”由此他们得出判断，财政理论框架的建立最终取决于实践的结论。

一些学者在传统财政理论与西方财政理论的对接上进行了探索。叶振鹏和张馨的《公共财政论》（1999 年，第 48—51 页）对社会再生产理论在财政学中的深化做了进一步分析。他们认为，由于社会再生产已不仅仅是物质产品的生产，非物质产品的生产所占比重大幅上升甚至在国内生产中已占绝对优势的实践要求讨论社会再生产时必须超越马克思传统上的物质生产范围。在分析社会再生产中非物质生产活动与公共财政的问题时，他们还结合市场失效等理论进行研究。这也体现出一种试图将马克思主义经济理论与现代西方经济理论综合的愿望。

第五节　回归公共轨道：中国公共财政理论体系的重构

除了构建社会主义市场经济财政理论体系问题之外，市场化的改革进程带给中国财政实践的另一个重要变化，就是催生并推动了财政的公共化进程。与之相适应，建构在传统中国财税体制机制基础上的传统中国财政学，同样有一个回归“公共性”轨道的问题。事实上，在构建社会主义市场经济财政理论体系的进程中，中国财政学界一再遭遇到与财政公共化相伴而生的一系列新概念、新情况、新变化、新问题。若不能从理论上系统地回答并说明经济市场化与财政公共化之间的关系，并以此为基础，清晰地揭示财政的本质属性以及财政活动的规律性，具有中国特色的社会主义市场经济财政理论体系便难以真正构建起来。注意到这一点，可以说，中国公共财政理论体系的重构，不仅是改革开放 30 年以来中国财政理论体系演进的一条主线，而且往前看，它也将主导未来中国财政理论体系的发展进程。

一、"公共财政"一词的使用

在中国，"公共财政"一词的使用，尽管是在确立社会主义市场经济体制改革目标之后的事情，但严格说来，对于我们，公共财政并非完全意义上的"新生"概念。早在1949年之前，中国已有"公共财政"的提法。20世纪20年代，曾经留学日本东京帝国大学的陈启修所著《财政学总论》和哥伦比亚大学经济学博士寿景伟（寿毅成）所著《财政学》都曾使用了"公共财政"概念（陈启修，1924；寿景伟，1926）。不过，在当时的背景下，公共财政的用法与政府财政没有太多差异。从1949年到实行改革开放前的30年中，无论在财政理论界，还是财政实践层，都很少见到"公共财政"的字眼。只是在20世纪80年代之后，"公共财政"一词才在不同场合得到越来越多的使用。

按照杨志勇（2008）的考察，从1949年新中国成立到1992年社会主义市场经济体制改革目标提出之前，"公共财政"的使用场合大致包括：用于国外财政理论和实践的翻译和介绍；用于指称资本主义财政；用于中国经济体制改革问题的讨论；用于概括财政改革方向；与"财政"等同意义的使用。

二、市场化改革实践推动"公共财政"理论的发展

以中国改革开放后的30年为考察区间，在公共财政概念的演变历程中，值得提及的标志性事件，至少有如下几个：

1983年，由美国经济学家阿图·埃克斯坦所著的"Public Finance"中译本出版发行。与以往有所不同，译者对于这一本书书名的处理有点标新立异——将"Public Finance"直译为《公共财政学》（张愚山，1983）。而在此之前，中国财政学界一直是将"Public Finance"等同于"财政学"或"财政"的。在财政学或财政的前面加上"公共"二字，应当说是一个不小的变化。然而，或许是人们当时并未意识到公共财政概念所具有的深刻内涵以及它将对中国经济社会生活带来的深刻变化，这一译法的调整，并未引起财政学术界的足够关注。此后的一段时间，尽管各种经济文献上也曾不时地出现过公共财政以及类似的提法，但从总体说来，人们只是将它视

为一种有别于以往的译名调整，而未做多少特别的探究，也未赋予它什么特殊的意义。此为其一。

进入20世纪90年代以后，迫于经济体制转型以来的财政收支困难的压力，在财政收入占GDP比重持续下降且短期内难有较大改观的背景下，财政学术界和实践层越来越倾向于从财政支出规模的压缩上寻求出路（如叶振鹏，1993；安体富、高培勇，1993）。于是，便有了基于压缩支出规模目的而调整支出结构的动作，并有了消除“越位”、补足“缺位”以及纠正“错位”的说法。支出结构的调整牵涉沿袭多年的财政支出模式的变动，总得要提出一个不同于以往的带有方向性的目标。恰好，典型市场经济国家财政职能范围相对狭窄的特点与我们旨在通过调整支出结构压缩支出规模的初衷，是相吻合的。而且，在那一时期，人们已经习惯于将公共财政同典型市场经济国家的财政支出格局相提并论，甚至将公共财政作为典型市场经济国家财政的同义语加以使用。因此，以典型市场经济国家的财政体制机制为参照系，公共财政便被人们“借用”于压缩财政支出规模、缓解财政收支困难的实践。此为其二。

单纯的调整支出结构而不对收入一翼做同步的变动，至多只能缓解部分的财政困难。为了跳出“跛脚”式调整的局限，从根本上走出财政收支的困难境地，便有了1994年的税制改革。作为新中国成立以来规模最大、影响最为深远的那一轮税制改革，其基本原则被界定为“统一税法、公平税负、简化税制、合理分权”。这“十六字”原则，在当时的背景下，具有相当的冲击力。因为，它们毕竟是植根于社会主义市场经济体制的土壤，并基于构建适应社会主义市场经济的税制体系的目标而形成的。对于它们，只能按照市场经济的理念加以解释（项怀诚，2002）。故而，在归结其理论基础或思想来源的时候，公共财政的字眼，也不时出现在阐述税制改革问题的有关文献之中。此为其三。

无论是支出一翼的调整，还是以税制为代表的收入一翼的变动，所涉及的终归只是财政体制机制的局部而非全局。零敲碎打型的局部调整固然重要，但若没有作为一个整体的财政体制机制的重新构造，并将局部的调整纳入整体财政体制机制的框架之中，并不能解决财政困难问题的全部。甚至不可能真正构建起适应社会主义市场经济的财政体制机制。在当时，人们也发现，能够统领所有的财政改革线索、覆盖所有的财政改革项目的概念，除了公共财政之外，还找不到任何其他别的什么词汇担当此任。于是，以 1998 年 12 月 15 日举行的全国财政工作会议为契机，决策层做出了一个具有划时代意义的重要决定：构建中国的公共财政基本框架（李岚清，1998）。[①] 并且，从那个时候起，作为中国财政改革与发展目标的明确定位，公共财政建设正式进入了政府部门的工作议程。此为其四。

时隔 5 年之后，在 2003 年 10 月，党的十六届三中全会召开并通过了《中共中央关于完善社会主义市场经济体制若干问题的决定》。在那次会议上以及那份重要文献中，根据公共财政体制框架已经初步建立的判断（李岚清，2003），提出了进一步健全和完善公共财政体制的战略目标。认识到完善的公共财政体制是完善的社会主义市场经济体制的一个重要组成部分，将完善公共财政体制放入完善社会主义市场经济体制的棋盘，从而在两者的密切联系中谋划进一步推进公共财政建设的方案，也就成了题中应有之义。因而可以肯定地说，那次会议给中国的公共财政建设带来了新的契机。此为其五。

2007 年年末召开的中共十七大，在全面总结改革开放的历史进程和宝贵经验的基础上，对我国新时期的经济建设、政治建设、文化建设、社会建设等方面做出了全面部署。在其中，无论是涉及经济建设、政治建设问题的阐释，还是有关文化建设、社会建设图景的描绘，都融入了公共财政的理念，渗透着公共财政的精神，甚至直接使用了公共财政的字眼。特别是关于“围绕推进基本公共服务均等化和主体功能区建设，完善公共财政体系”的表述（胡锦涛，2007），在更广阔的范围内、更深入的层面上标志着，中国公共财政理论与实践又推进到了一个新的阶段。此为其六。

进一步的考察，还可发现，在当前的中国，无论是来自于党和政府部门的一系列重要文件，还是学术界围绕有关科学发展观、政府职能格局、公共服务体系与社会事业建设等重大经济社会问题的讨论，甚至是普通百姓茶余饭后闲聊中的改善民生话题，都可以从中找到公共财政的字眼，都已离不开以公共财政为主要线索的相关内容阐释。在某种意义上可以说，中国已经步入全面和全力建设公共财政的时代，可能并非夸张之语。

三、“双元财政”与中国财政改革目标模式

在围绕公共财政概念阐释而推动的公共财政理论体系建设中，曾有过

① 在那次会议上，时任中共中央政治局常委、国务院副总理李岚清代表中共中央明确提出“积极创造条件，逐步建立公共财政基本框架”。

以所谓“双元财政”命名的中国财政改革目标模式的提法。

1993 年，叶振鹏和张馨提出中国财政改革的目标模式应该是包括公共财政与国有资产财政（国有资本财政）在内的双元财政（双元结构财政）模式。叶振鹏在《财政研究》1993 年第 3 期发表了《适应市场经济的要求重构财政职能》一文。之后，他和张馨为 1993 年 6 月下旬在厦门大学召开的“全国第七届财政基础理论讨论会”上共同提交了《论双元财政》的论文，对双元财政论的基本观点做了较为全面的介绍。1995 年，叶振鹏和张馨合著的《双元结构财政——中国财政模式研究》（该书 1999 年又出第二版）对双元财政论进行了较为系统全面的阐述和论证。

双元财政理论①认为，社会主义市场经济条件下的财政是“双元财政”（双元结构财政的简称）是由相对独立的公共财政和国有资本财政组成的有机统一体。在市场经济下，政企分离、政资分开和资企分开的状况下，财政行为客观上表现为以社会管理者的身份，为满足社会公共需要进行分配而形成公共财政；以生产资料全民所有制代表的身份，对国有资本进行价值管理和收益分配而形成国有资本财政。

双元财政模式是否可以成为中国财政改革的目标模式，在很大程度上取决于如何看待社会主义市场经济这个问题。对于社会主义市场经济，一般有两种理解：第一种是“公有制（国有制）+市场经济”；第二种是“社会公正+市场经济”。如果是前者的话，那么国有资本财政似乎可以与公共财政相互共存。如果是后者的话，由于不再专门强调国有制的作用，国有资本财政便在很大程度上失去了现实的依托。

中国现实中存在大量的经营性国有资产，转型期的财政模式可以是“双元财政模式”，但这只能是阶段性的。1988 年成立的国家国有资产管理局和 2003 年成立的国务院国有资产监督管理委员会在很大程度上就是行使国有资本财政职责的机构。② 当然，双元财政区分不同的财政组成部分，并不一定在现实中就要由相应的机构对应。只要财政运作按照双元财政的理念去做，那么就可以说双元财政模式已经确立。

---

① 双元财政理论是叶振鹏教授和张馨教授共同发展的理论。本节对该理论的介绍主要以张馨（1999）为依据。

② 在现实中，国有资本管理的职能分散在政府多个部门，而不仅限于国有资产管理部门。

“双元财政论”是借鉴西方财政，同时结合中国特定国情后提出的一种概括财政改革目标模式的理论。公共财政致力于解决与西方财政一样所面临的市场失效问题，而国有资本财政则专注于中国特有的国有资本（营利性或经营性国有资产）的保值增值问题。

但是，从根本上说，对财政的这种看法只能适应转型经济的需要，而无法与建成之后的社会主义市场经济相适应。将财政区分为公共财政和国有资本财政，能够适应转轨中加强国有资产管理，促进国有资本保值增值的要求，因为它在一定程度上实现了国有资产的人格化，解决了委托人虚位的问题。但由此而产生的公共财政与国有资本财政的关系处理，则是一个很难解决或基本上无法解决的问题。

四、如何理解和认识“公共财政”

从逻辑上说，将“公共”与“财政”连接在一起，从而形成“公共财政”，肯定有不同于以往“财政”概念的特殊意义。因而，在围绕公共财政展开的讨论中，对于中国财政学界来说，一个始终绕不开、躲不过的命题是，“公共财政”与以往“财政”究竟有何不同？

基于同样的逻辑推论，“公共财政”当然是将以往“财政”作为改造对象的。也可以说，“公共财政”就是针对以往“财政”而形成的新概念（刘尚希，2000）。问题是，如果说“公共财政”有别于以往“财政”的地方，就在于“公共性”的彰显，那么，以往“财政”肯定带有某种“非公共性”特征，或者至少在某些方面缺乏“公共性”特征。

事实上，不论主观上的认知程度如何，从提出公共财政概念并以此作为改革目标的那一天起，牵涉了中国财政学界颇多精力的一项重要工作，就是在“公共财政”与以往“财政”之间找寻区别点。而且，在归结以往“财政”的“非公共性”特征上，曾有过一段颇具戏剧性的经历。

最初的时候，不少人（如安体富，1999；高培勇，2000）曾把“非公共性”的“非”字当做生产建设支出，从而用财政支出退出生产建设领域来解释公共财政建设。然而，随着时间的推移和实践的进展，人们很快就注意到，财政以公共服务领域为主要投向并相应减少生产建设支出，固然符合市场化的改革方向，但减少不等于退出。需要减少的，也只能限于投向竞争性领域的支出那一块。政府履行的公共职能，在任何社会形态和任何经济体制下，都不能不包括生产或提供公共设施和基础设施。公共设施和基础设施的生产或提供，肯定属于生产建设支出系列，又肯定不排斥公共性。[①] 故而，在改革过程中，减少财政对生产建设领域的投入固然必要，但让财政支出由此退出生产建设领域，甚至以此作为财政支出结构调整的方向，绝不是公共财政建设的实质内容。

也有许多人（如张馨，1999、2004）把计划经济年代的财政视为“非公共性”的典型，并试图从计划经济财政与市场经济财政的体制差异来揭示公共财政建设的意义，从而认定公共财政是市场经济的产物或适应市场经济的财政类型和模式，直至把公共财政等同于西方财政。[②] 然而，由此出发而放眼整个财政的发展史，且不说前市场经济几千年的人类社会历史长河中，并不乏诸如水利支出、修桥修路支出、赈济支出、祭祀支出甚至军事支出这样的带有公共性质的政府支出项目，即使是在我国计划经济年代以生产建设支出为主导的财政支出格局中，包括城市基础设施、社会福利设施建设在内的许多可归入生产建设系列的支出项目，本身就是典型的“公共性”支出。因而，把市场经济财政等同于公共财政，而将非市场经济财政一概归之于“非”公共财政，不仅不能说明前市场经济下的财政制度及其运行格局，不能说明计划经济体制下的公共性支出项目。而且，也难以厘清作为整个社会管理者的政府部门同其他行为主体的行为动机和行为模式。

还有人对公共财政做了主观臆断式的简化处理。其突出的表现有两极，或是把“公共财政”视为有别于以往“财政”的一个新范畴、新学科，或是将其视为同以往“财政”内涵无异的一个时髦概念。前者将公共财政同以往的财政范畴、财政学学科对立起来，试图将其解释为不同于以往的新范畴、新学科，进而有了所谓“公共财政学”、“公共财政专业”或“公共财政方向”等新的称谓。后者则在未赋予任何实质意义的条件下，把以往使用“财政”二字的地方统统置换为“公共财政”，进而有了所谓“公共财政预算”、“公共财政收入”、“公共财政支出”和“公共财政政策”等新的说法。甚至有人主张将财政部更名为“公共财政部”，将财政厅（局）改名

① 不少人对于公共财政的批评，也正是基于或抓住了这一点。

② 其代表性的解释是，公共财政是指在市场经济条件下国家提供公共产品或服务的分配活动或分配关系，是满足社会公共需要的政府收支模式或财政运行机制模式，是与市场经济相适应的一种财政类型，是市场经济国家通行的财政体制和财政制度。

为“公共财政厅（局）”。[①] 但是，循着如此的线索略加思考便知，无论是把“公共财政”当做新事物，还是把它当做旧概念的翻版，都难以自圆其说。比如，按照前者的逻辑，作为一门新范畴或新学科的起码条件，公共财政要有不同于以往“财政”的新的内涵与外延，新的研究对象或新的研究方法。而这些并未发生在公共财政身上。“公共财政”的内涵与外延、“公共财政”的研究对象和研究方法，与以往“财政”并无不同。再比如，按照后者的逻辑，“公共财政”与以往“财政”概念的替换，便成了没有实质意义的赶时髦或“画蛇添足”之举（陈共，1999）。只要开启电脑的文字处理替换功能，有关公共财政的全部工作，转瞬之间，便可通过“更名”而万事大吉。这当然更不符合事实。所以，上述的两种表现虽位于两个极端，但它们均未触及公共财政的实质内容。在某种程度上，实属对公共财政的误读。

在一片关注民生、改善民生的大潮中，也出现了一种关于公共财政的新说法——有人把公共财政等同于民生财政，甚至用财政是否专注于民生事项作为区分“公共性”与“非公共性”的标尺。然而，只要稍加观察，便会发现，在计划经济年代，我们曾把大量的财政资金投向生产建设，而相对忽略了民生的改善。在由计划经济转入市场经济的过程中，也曾犯过所谓“倒洗澡水连同孩子一同倒掉”的错误，把为数不少的民生事项推给了市场。故而，一路走下来，在民生领域积累下了大量的财政欠账。在当前，加大财政对民生事项的投入，强调改善民生的紧迫性，当然是必要的。但是，无论如何，改善民生并非财政唯一的职能事项。除此之外，诸如国防、外交、环境保护、社会管理等典型的公共事项，都属于财政必须担负的“公共性”职能。当前对民生领域、民生事项的倾斜政策，只是说明，相对于其他的职能事项，这个领域形成了“瓶颈”，要作为重点投入事项了。这并不意味着财政的职能事项只是改善民生，更不意味着只有民生事项才是公共性的。所以，顾此失彼，从一个极端走向另一个极端，把当前带有“补偿性”色彩的改善民生举动误读为公共财政的全部内容，既确有片面之嫌，也非公共财政的实质所在。

在找寻“公共财政”与以往“财政”区别点过程中遭遇到的困难，实

① 参见诸于媒体的类似说法就更多，如“公共财政为师范教育买单”，“公共财政让农村孩子不再失学”，等等。

际上折射出了中国公共财政问题的特殊性。

从英文译名的改变到被“借用”于财政改革、税制改革的实践，由构建公共财政框架到进一步健全和完善公共财政体制，再到完善公共财政体系，公共财政所走出的这一基本轨迹意味着，它并非一个经过严谨论证的纯学术概念，而更多的是改革实践催生的产物。

传统计划经济条件下，财政体制机制可以概括为“国有制财政 + 城市财政 + 生产建设财政”，财政收支活动所牵动的，主要是国有部门、城市区域，并且主要围绕生产建设事项而进行。在那个时候、那样一种条件下，国有部门大都坐落于城市，在城市中聚集的也主要是国有部门，至于生产建设支出事项，更主要是在国有部门系统内部封闭运行。故而，从所有制看，三个层面高度重叠，财政收支集中表现为国有部门自家院落内的收支。既然是自家的事情、自家的选择，它的运行，即便有一定的规范，但因为立足于国有部门内部，不必纳入公共轨道，也不必适用整个社会的公共规则和公共理念。但是，随着社会主义市场经济体制改革目标的确立，“多种所有制财政 + 城乡一体化财政 + 公共服务财政”的实践要求，财政收支活动所牵动的，是包括国有和非国有在内的多种所有制部门，包括城市和农村在内的所有中国疆土和所有社会成员，并且，要围绕着眼于满足社会公共需要的整个公共服务领域的事项。在这个时候、这样一种条件下，财政收支已经跳出了国有部门的自家院落，而演变成整个社会的收支了。一旦财政收支要在全社会的范围内运作，一旦牵涉全体社会成员的切身利益，作为众人的事情和众人的选择，它就必须纳入公共的轨道，必须立足于整个社会的公共规则和公共理念。

两种覆盖范围的体制机制差异以及由前者向后者的转换过程，把中国财政体制机制带上了一个更高远、更广阔的制度变革平台：改变游戏规则——适用于国有部门内部的旧的“自家”制度规范，被适用于整个社会的新的“公共”制度规范所替代。事实上，公共财政概念的提出以及围绕其发生在中国财政领域的重大变化，正是一个制度变革的过程（贾康，2007）。我们在这个旗帜下所做的全部事情，就在于推进中国财政制度的变革，就在于把中国的财政体制机制带上公共的轨道，按照公共的规则和公共的理念加以运作。

所以，归根结底，公共财政是一种财政制度安排。只不过是与以往不同，它是一种以满足社会公共需要（而非满足其他需要）为主旨的财政制度安排；与之相对应，公共财政建设是一场财政制度变革。它是一场以公共化（而非以其他目标）为取向的财政制度变革。

五、将公共财政的本质特征落实在制度建设上

认识到这一点非常重要。它告诉我们，可以用“公共性”归结公共财政的本质特征，以“公共化”来概括中国财政改革与发展的进程和方向，并把中国公共财政建设的实质落实在彰显“公共性”的财政制度变革上。

为此，站在制度变革的高度，按照公共的规则、公共的理念，深刻地认识并把握公共财政制度的基本特征，是十分必要的。

这显然需要理论抽象。鉴于中国公共财政问题的特殊性，这种理论抽象的思想来源，要从多方汲取。既要构筑在公共经济学一般原理的基础之上，也要立足于改革开放的实践。既要广泛汲取包括典型市场经济国家在内的一切人类社会文明成果，又要植根于中国的基本国情。

将上述的思想来源汇集在一起，并同计划经济年代的情形相对照，可以把公共财政制度的基本特征，归结为如下“三性”：

第一，公共性。即它以满足整个社会的公共需要，而不是以满足哪一种所有制、哪一类区域、哪一个社会阶层或社会群体的特殊需要，作为界定财政职能的口径。凡不属于或不能纳入社会公共需要领域的事项，财政就不去介入。凡属于或可以纳入社会公共需要领域的事项，财政就必须涉足。①

与着眼于满足国有部门、城市区域和生产建设需要的传统体制机制不同，公共财政制度所要满足的，是整个社会的公共需要。所谓社会公共需要，是在同私人个别需要的比较中加以界定的，它指的是社会作为一个整体或以整个社会为单位而提出的需要。它非一部分人的需要，也非大多数人的需要，而是所有人的需要。其突出的特征，一是它的整体性。也就是说，是由所有社会成员作为一个整体共同提出，而不是由哪一个或哪一些社会成员单独或分别提出。二是它的集中性。也就是说，要由整个社会集中组织和执行，而不能由哪一个或哪一些社会成员通过各自的活动分别加以组织和执行。三是它的强制性。也就是说，只能依托政治权力，动用强

---

① 李岚清（2002）曾将公共财政的功能归结为满足社会公共需要的功能、法制规范的功能和宏观调控的功能，并以“公共性”定义满足社会公共需要的功能，将满足社会公共需要视做公共财政的基本功能。

制性的手段，而不能依托个人意愿，通过市场交换的行为加以实现。

以此为标尺，可以纳入社会公共需要的具有代表性的财政职能事项是：（1）提供公共服务。（2）调节收入分配。（3）实施宏观调控。

第二，非营利性。即它以公共利益的极大化，而不是以投资赚钱或追求经营利润，作为安排财政收支的出发点和归宿。

与政企不分、全面介入竞争性领域的传统体制机制迥然相异，公共财政制度是立足于非营利性的。这是因为，在市场经济条件下，政府和企业扮演的角色不同，具有根本不同的行为动机和方式。

企业，作为经济行为主体，其行为的动机是利润最大化。它要通过参与市场竞争实现牟利的目标；政府，作为社会管理者，其行为的动机不是也不能是取得相应的报偿或盈利，而只能以追求公共利益为己任。其职责只能是通过满足社会公共需要的活动，为市场的有序运转提供必要的制度保证和物质基础。即便在特殊情况下，提供公共物品和服务的活动会附带产生一定的数额不等的利润，但其基本的出发点或归宿仍然是满足社会公共需要，而不是盈利。表现在财政收支上，那就是，财政收入的取得，要建立在为满足社会公共需要而筹措资金的基础上。财政支出的安排，要始终以满足社会公共需要为宗旨。围绕满足社会公共需要而形成的财政收支，通常只有投入，没有产出（或几乎没有产出）。它的循环轨迹，基本上是“有去无回”的。

之所以如此强调非营利性，除了上述一般理由之外，还有主要出于现实国情的如下几个方面的：（1）作为社会管理者的政府部门，总要拥有相应的政治权力。拥有政治权力的政府部门，只要进入竞争性领域，追逐盈利，它将很自然地动用政治权力去实现追逐利润的愿望。其结果，很可能会因权钱交易而干扰或破坏市场的正常运行。（2）一旦政府部门出于营利的目的而作为竞争者进入市场，市场与政府分工的基本规则将会被打乱。由于政企不分，本应着眼于满足社会公共需要的政府行为，很可能异化为追逐经营利润的企业行为。其结果，或是政府活动偏离其追求公共利益的公共性轨道，或是财政资金因用于牟利项目而使社会公共需要的领域出现“缺位”。（3）只要财政收支超出满足社会公共需要的界限而延伸至竞争性领域，就免不了对各个经济行为主体的差别待遇。其结果，着眼于满足社会公共需要的财政收支活动，会因厚此薄彼而违背正常市场和正当竞争的公正性，甚至给市场经济的有序发展造成障碍。

第三，规范性。即它依法理财，而不是以行政或长官意志，作为财政收支运作的行为规范。

与随意性色彩浓重的传统体制机制相区别，公共财政制度是建立在一系列严格的制度规范基础上的。其根本的原因在于，以满足社会公共需要为着眼点的财政收支，同全体社会成员的切身利益息息相关。不仅财政收入要来自于全体社会成员的贡献，财政支出要用于事关全体社会成员福祉的事项，就是财政收支出现差额而带来的成本和效益，最终仍要落到全体社会成员的身上。在如此广泛的范围之内运作的财政收支，牵动着如此众多社会成员的财政收支，当然要建立并遵循严格的制度规范。

就总体而言，这些制度规范至少要包括如下三条：（1）以法治为基础。即财政收入的方式和数量或财政支出的去向和规模必须建立在法治的基础上，不能想收什么就收什么，想收多少就收多少。（2）全部政府收支进预算。政府预算不仅是政府的年度财政收支计划，还是财政收支活动接受各级人民代表大会和全体社会成员监督的重要途径。通过政府预算的编制、审批、执行和决算，可以使政府的收支行为从头到尾置于各级人民代表大会和全体社会成员的监督之下。由此推演，政府的收入与支出，必须全部置于各级人民代表大会和全体社会成员的监督之下，不允许有不受监督、游离于预算之外的政府收支。（3）财政税务部门总揽政府收支。也就是说，所有的政府收支完全归口于财政税务部门管理——从全体社会成员那里筹措资金，然后，供给各个政府职能部门作为活动经费，而不让各个政府职能部门分别向自己的服务或管理对象直接收钱、花钱。从根本上铲除“以权牟钱、以权换钱”等腐败行为的土壤，使政府部门能在一个规范的制度环境下、以规范的行为履行它的职能。

第六节　结论与启示

从新中国成立 60 年来财政理论的演进来看，计划经济和市场经济实践均要求有与之对应的财政理论。同时，财政理论的演进也影响了中国财政理论的发展。新中国成立之初，苏联财政理论直接影响了中国财政理论的发展。20 世纪 80 年代之后，当代西方财政理论的引进对结合实践的财政理论的创新也发挥了重要的作用。

回顾 60 年来中国财政理论的演进过程并聚焦其现实的发展格局，可以得到如下几个互有关联的结论与启示：

第一，公共财政，与以往“财政”既有共性，也有区别。以纯学术的眼光看待公共财政，它与源远流长、一般意义上的“财政”范畴和“财政学”学科并无不同：无论是否有“公共”前缀，财政从来都是指政府收支或政府收支活动，财政学从来都是关于政府收支或政府收支活动的科学。因而，公共财政并非一个有别于以往“财政”的新范畴、有别于以往“财政学”的新学科。但是，转入实践层面，并以改革的眼光看待公共财政，它与计划经济年代的“财政”又有实质区别：变局部覆盖为全面覆盖，变差别待遇为一视同仁，变专注于生产建设为覆盖整个公共服务领域，变适用国有部门的“自家”规范为适用整个社会的“公共”规范，是其针对传统财政体制机制的主要着力点。因而，公共财政又是一个有别于以往“财政”的财政制度安排。

第二，“公共性”是财政这一经济范畴与生俱来的本质属性。这在任何社会形态和任何经济体制下，都概莫能外。有所不同的，只在于其公共性的充分程度以及它的表现形式。无论是称为“公共财政”也好，还是称为“财政”也罢，都不意味着其公共属性的任何变化。就此而论，中国的公共财政建设之路，实质是一个让中国财政体制机制回归“公共性”轨道的过程。本着实践—理论—实践的逻辑链条，并关注传统中国财政学与传统中国财政体制机制之间的关联，可以认定，建构在传统中国财政体制机制基础上的传统中国财政学，同样有一个回归“公共性”轨道的过程。

第三，如果说带有“非公共性”特征的传统财政体制机制，是基于计划经济年代的特殊历史背景的一种特殊安排，那么，提出公共财政的概念并以此标志中国财政改革与发展的方向，可以看做基于体制转型的历史背景而推出的特殊举措。因此，按照公共财政制度的基本要求，在制度层面上全面推进以“公共化”为取向的财政制度变革，从而构建起一个彰显“公共性”特征的财政制度体系，既是公共财政这一经济范畴的应有之义，又是我们在这一特殊历史背景下的应有选择。

第四，在某种意义上，公共财政是在学习、借鉴典型市场经济国家适用的财政理论和财政制度过程中进入我们的视野的。从更宽广的视野看，作为中国财政改革与发展的一面旗帜，公共财政萌生于改革开放的土壤，植根于中国的基本国情，同时汲取了人类社会的一切文明成果。故而，公共经济学的一般原理、改革开放的实践基础、中国的基本国情以及包括典型市场经济国家在内的所有人类社会的有关财政理念、规则和制度安排的成果，共同构成了中国公共财政制度的思想来源。

第五，以公共财政制度的基本特征审视迄今的中国财政改革与发展进程，可以看到，尽管我国公共财政制度的框架已经建立，但这个框架还只是初步的。通向完善的公共财政制度之路还很漫长。

要真正步入公共财政制度的新境界，我们还有很多重要的事情要做。认识到经济市场化与财政公共化系一枚硬币的两个方面，“公共性”又是财政这一经济范畴的与生俱来的本质属性，摆在我们面前的一个十分紧迫的任务是：瞄准公共财政制度的目标并不断向其逼近，从而构建起一个既与完善的社会主义市场经济体制相适应，又与财政的本质属性相通的公共财政制度体系。

第六，公共财政本来就是为了解决中国自身问题的需要而提出的一个富有中国特色的概念。植根于中国的特殊国情，站在理论与实践彼此交融、相互贯穿的高度，以特殊的思维和视角，做出关于公共财政的特殊界说，并且，以此为基础，改造中国财政学学科体系，勾画中国财政改革与发展蓝图，是历史赋予我们这一代人的特殊使命。由此获得的成果，将构成中国特色社会主义理论体系的重要组成部分。

参考文献

1. 陈启修：《财政学总论》，商务印书馆 1924 年版。
2. 寿景伟：《财政学》，商务印书馆 1926 年版。
3. 尹文敬：《财政学》，商务印书馆 1935 年版。
4. 马寅初：《财政学与中国财政》，商务印书馆 1948 年版。
5. 千家驹：《新财政学大纲》，生活·读书·新知三联书店 1949 年版。
6. A. M. 亚历山大洛夫：《苏联财政》，中国人民大学，打印本，1953 年。
7. 尹文敬：《国家财政学》，立信会计图书用品社 1953 年版。
8. 许廷星：《关于财政学的对象问题》，重庆出版社 1957 年版。
9. 弗·吉雅琴科：《财政理论问题》，中国财政经济出版社 1958 年版。
10. 埃克斯坦：《公共财政学》，张愚山译，中国财政经济出版社 1983 年版。
11. 何振一：《理论财政学》，中国财政经济出版社 1987 年版。
12. 邓子基：《财政学原理》，经济科学出版社 1989 年版。
13. 陈共主编：《财政学》，四川人民出版社 1991 年版。
14. H. 德姆塞茨：《竞争的经济、法律和政治维度》，上海三联书店 1992 年版。

15. 平新乔：《财政原理与比较财政制度》，上海三联书店 1992 年版。

16. 叶振鹏：《适应社会主义市场经济的要求重构财政职能》，《财政研究》1993 年第 3 期。

17. 安体富、高培勇：《社会主义市场经济体制与公共财政的构建》，《财贸经济》1993 年第 4 期。

18. 叶振鹏、张馨：《双元结构财政》，《光明日报》1993 年 11 月 9 日。

19. Musgrave, R., 1994, *The Longer View*, International Tax and Public Finance 1: 175 - 181.

20. D. C. 诺斯：《经济史中的结构与变迁》，上海三联书店和上海人民出版社 1994 年版。

21. 科斯：《论生产的制度结构》，上海三联书店 1994 年版。

22. 刘迎秋：《中国财政制度改革的更高目标——建立公共财政》，《改革》1994 年第 2 期。

23. 王达：《重新认识财政范畴》，《经济研究》1994 年第 3 期。

24. M. 奥尔森：《集体行动的逻辑》，上海三联书店和上海人民出版社 1995 年版。

25. 傅殷才主编：《凯恩斯主义经济学》，中国经济出版社 1995 年版。

26. 王传纶、高培勇：《当代西方财政经济理论》，商务印书馆 1995 年版。

27. 叶振鹏、张馨：《双元结构财政——中国财政模式研究》，经济科学出版社 1995 年版。

28. 蒋洪等：《财政学教程》，上海三联书店 1996 年版。

29. 刘邦驰：《当前财政学建设的若干理论问题》，载刘邦驰、王国清主编《财政理论与财政学建设》，西南财经大学出版社 1996 年版。

30. 吴水澎：《财务会计基本理论研究》，辽宁人民出版社 1996 年版。

31. 邓子基：《坚持、发展国家分配论》，《财政研究》1997 年第 1 期。

32. 许毅：《对国家、国家职能与财政职能的再认识》，《财政研究》1997 年第 5 期。

33. 张馨：《比较财政学教程》，中国人民大学出版社 1997 年版。

34. 丛树海：《论中国财政学理论体系的创立和发展》，《财经问题研究》1998 年第 2 期。

35. 吴俊培：《论“公共财政”的误区》，《中南财经大学学报》1998 年第 4 期。

36. 叶子荣：《“公共财政”辨析》，《财政研究》1998 年第 4 期。

37. 杨志勇：《中国财政学向何处去——对传统财政理论的反思和重构》，《当代财经》1998 年第 4 期。

38. 李岚清：《深化财税改革确保明年财税目标实现》，《人民日报》1998 年 12 月 16 日。

39. 陈共：《关于“公共财政”商榷》，《财贸经济》1999 年第 3 期。

40. 邓子基：《“国家分配论”与构建公共财政的基本框架》，《当代财经》1999年第5期。

41. 杨灿明：《关于国家财政的公共性问题》，《财政研究》1999年第5期。

42. 王国清：《公共财政：财政的公共性及其发展》，《经济学家》1999年第6期。

43. 许毅：《财政学基础理论的理论基础》，《经济学家》1999年第6期。

44. 安体富：《公共财政的实质及其构建》，《当代财经》1999年第9期。

45. 叶振鹏、张馨：《公共财政论》，经济科学出版社1999年版。

46. 张馨：《公共财政论纲》，经济科学出版社1999年版。

47. 邓子基：《借鉴“公共财政论”发展“国家分配论”》，《财政研究》2000年第1期。

48. 高培勇：《市场经济体制与公共财政框架》，载《建立稳固、平衡、强大的国家财政——省部级主要领导干部财税专题研讨班讲话汇编》，人民出版社2000年版。

49. 叶子荣：《对财政理论的再认识——兼答张馨教授》，《财政研究》2000年第2期。

50. 刘尚希：《公共财政：我的一点看法》，《经济管理》2000年第5期。

51. 张馨、杨志勇、郝联峰、袁东：《当代财政与财政学主流》，东北财经大学出版社2000年版。

52. 高培勇、温来成：《市场化进程中的中国财政运行机制》，中国人民大学出版社2001年版。

53. 杨志勇、陈工：《解读“公共财政”》，《中国财经信息资料》2001年第7期。

54. 项怀诚：《我国公共财政体制框架初步形成》，新华网，2002年11月21日。

55. 李岚清：《健全和完善社会主义市场经济下的公共财政和税收体制》，《人民日报》2003年2月22日。

56. 张馨：《财政公共化改革：理论创新·制度变革·理念更新》，中国财政经济出版社2004年版。

57. 高培勇等：《财政体制改革攻坚》，中国水利水电出版社2005年版。

58. 国家发展和改革委员会：《中华人民共和国国民经济和社会发展第十一个五年规划纲要》，《经济日报》2006年3月17日。

59. 全国干部培训教材编审指导委员会：《中国公共财政》，人民出版社、党建读物出版社2006年版。

60. 《中共中央关于构建社会主义和谐社会若干重大问题的决定》，《学习与参考》2006年第31期。

61. 胡锦涛：《高举中国特色社会主义伟大旗帜 为夺取全面建设小康社会新胜利而奋斗——在中国共产党第十七次全国代表大会上的报告》，人民出版社2007年版。

62. 中国社会科学院财政与贸易经济研究所：《为中国公共财政建设勾画“路线

图”》，中国财政经济出版社 2007 年版。

63. 贾康：《对公共财政的基本认识》，《税务研究》2008 年第 2 期。

64. 杨志勇：《1949—1992 年中国大陆“公共财政”一词的用法》，《经济学消息报》2008 年 10 月 3 日。

65. 高培勇：《公共财政：概念界说与演变脉络——兼论中国财政改革 30 年的基本轨迹》，《经济研究》2008 年第 12 期。

66. 沈志华：《苏联专家在中国（1948—1960）》，新华出版社 2009 年版。

（执笔人：高培勇、杨志勇，中国社会科学院财政与贸易经济研究所研究员）

第十二章

金融理论创新

在计划经济时期，中国形成了主要由财政、信贷资金分口管理体制和以存贷分离为核心内容的大一统的银行体系组成的企业投融资体制。改革开放以来，中国通过构筑中央银行—国有商业银行二级银行体系，并同渐进的外汇管理体制改革和金融对外开放相结合，逐步形成了政府主导型金融体制和相应的宏观调控机制。上述金融体制改革促进了中国金融发展。迄今为止，中国不仅已经成功地实现以广义货币（M_2）存量占国内生产总值（GDP）比重衡量的货币化进程，而且正在迅速推进以股票市值占国内生产总值比重衡量的资本化过程。金融改革和发展对中国经济增长和稳定产生重要影响。总的来说，中国货币化进程相当成功，与此相伴随的政府主导型金融体制和宏观调控机制不仅有效地激励了金融机构（银行）信贷扩张，加速了企业投资和经济增长，而且成功地控制了通货膨胀，实现了经济稳定。然而，中国资本化进程却始终无法有效地解决单边市场问题，加剧了证券，特别是股票价格过度波动和资本市场系统风险。资本配置效率不足不仅无法对企业创新投资提供充分的长期资本支持，而且还有可能引发金融危机，危及经济稳定和国家经济安全。由此可见，中国政府主导型金融体制尚需实现进一步的市场化转型。本章将以中国金融体制演变及其对金融发展，经济稳定和增长的影响为主线，对新中国成立60年来金融理论创新与发展做一概括，并进行简要评价和展望。

第一节　计划经济时期的金融体制和金融理论

计划经济时期的企业投融资体制可以通过资金流量恒等式进行剖析。

计划经济时期的资金流量恒等式可以概括为：$I\equiv S+\Delta Ms$，其中：I代表企业固定资产投资，S代表国民储蓄，ΔMs代表货币供给增加。在计划经济时期，为了同政府成为近乎唯一的储蓄和投资主体相适应，构筑了被称为财政、信贷资金分口管理体制和以存贷分离为核心内容的大一统的银行体系的企业投融资体制。所谓财政、信贷资金分口管理体制，是指财政部门以财政拨款方式满足企业固定资产投资资金和定额流动资金需要。高度集中的金融体系则仅限于以银行信贷方式，满足企业临时性和季节性超定额流动资金需要。此外，由于流动资金定额确定的困难，为了防止财政部门向银行转嫁流动资金供给任务，又实行了大一统的银行体系。大一统的银行体系的核心内容为存贷分离，即总行掌握全部的信贷决策权，其分支机构只有吸收存款，而没有单独发放贷款的权利。而且分支机构所吸收的存款还不能直接用于发放贷款，而必须上缴总行。分支机构贷款规模则由总行下达的信贷额度确定。由此可见，在大一统的银行体系中，分支机构没有独立发放贷款进行信贷扩张的可能。如上式所示，在计划经济时期，通过财政、信贷资金分口管理体制和大一统的银行体系相结合，银行体系不仅被剥夺了将储蓄（S）转化为投资（I），直接提供固定资产投资贷款的权利，而且还有效地控制住银行体系通过信贷扩张，即增加货币供给（ΔMs），提供流动资金贷款，对固定资产投资的间接参与。很显然，在计划经济时期，以银行信贷为代表的债权融资原则上被排除在企业投资活动之外，财政拨款方式的国家股权投资成为近乎唯一的企业投融资方式。

在计划经济时期，为了同上述企业投融资体制相适应，中国还形成了可称之为财政、信贷和物资综合平衡的宏观调控机制。葛致达认为，财政、信贷和物资综合平衡首先必须实现财政、信贷各自的内部平衡，其中财政平衡就是指坚持“财政收支平衡、略有结余”的社会主义财政工作原则；信贷平衡就是指信贷资金的使用必须遵守“按计划贷款、有物资保证、按期归还”的原则，以保持市场货币的正常投放和回笼，保持货币流通与商品流通相适应。[①] 其次，财政资金和信贷资金要相互结合统一平衡。每年安排财政预算的时候，除了要增拨流动资金以外，还要考虑信贷收支的差额，增拨信贷资金。至于财政预算弥补信贷差额的范围和数量还得依据其形成性质。如果是由于经济性贷款产生的，比如商品流通扩大，农副产品收购

① 葛致达：《财政、信贷与物资的综合平衡问题》，《经济研究》1963年第10期。

增长，所需要增加的投放，依靠发行货币解决。如果是财政性贷款所产生的，例如经常占用的商品资金贷款和农业贷款所形成的差额等，则应该由预算提供资金。由此可见，在计划经济时期，除了吸收和贷放社会闲置资金外，银行最主要的职能就是实现财政预算资金的信贷化使用。很显然，在这样的金融体制下，为了适应经济发展需要，银行信贷收支出现差额具有必然性，需通过预算拨款和货币经济性发行加以弥补。换言之，在财政、信贷综合平衡中，财政平衡发挥着更重要作用。最后，财政预算和银行信贷资金之间平衡以后，还必须在财政、信贷与物资供求之间进行平衡，特别是要实现财政、信贷收支与物资供求在构成上的平衡。只有处理好积累和消费的关系，促进第一部类和第二部类生产，即资本品和消费品生产比例协调，以及实现不同商品、品种内部的供求平衡，才能为实现财政、信贷收支事前平衡提供可靠保证，避免财政假平衡、真赤字现象的出现。

由此可见，在计划经济时期，中国学者已经意识到财政、信贷收支事前和事后平衡的差异，并对财政假平衡、真赤字现象的成因及其对策进行了积极探索。林继肯认为，在计划经济时期流动资金没有核实拨足，特别是基本建设规模安排过大，导致流动资金被挪用，一方面会造成财政开支超出预算计划；另一方面还可能妨碍投资项目及时形成生产能力，导致企业经济效益下降，财政虚收。因此，“基建挤财政，财政挤银行，银行发票子”，造成货币的财政发行是形成财政假平衡、真赤字的原因之一。[①] 林继肯进一步提出，在社会主义制度下，根据马克思的货币流通规律公式的基本原理，市场货币需要量可以通过计算社会现金交易额同货币流通速度的比率得出，进而有助于促进货币的经济发行。[②] 其中社会现金交易总额包括社会商品零售额、农副产品采购额、劳务供应、储蓄增减额和居民纳税五种因素。至于确定货币流通速度则采取历史的研究方法。首先，要研究和分析历史上正常的货币流通速度。所谓正常的货币流通速度，就是在金融物价稳定、货币流通巩固情况下的货币流通速度。其次，要研究和比较当前同历史上的经济和货币流通情况，分析当前货币流通速度同历史上的经济和货币流通速度所发生的差距，判断哪些是影响货币流通速度增减变化的正常因素，哪些是不正常因素，从而求出计划期正常的货币流通速度。

① 林继肯：《坚持货币的经济发行》，《经济研究》1981 年第 1 期。

② 林继肯：《论货币需要量及其确定方法》，《江汉学报》1963 年第 11 期。

正是在这种研究方法基础上，林继肯提出了1:8这一颇具影响力的中国计划经济时期货币发行经验值，即每增加8元人民币现金交易额，需增加1元人民币发行进行周转。黄达和杨坚白则分别从实现银行信贷计划化和按照社会生产价格为产品合理定价角度探讨了实现国民经济综合平衡的相应对策。黄达认为，货币流通与银行信用间存在这样的联系：（1）社会主义经济中整个货币流通的组织是以银行信用为基础的；（2）银行贷款的再分配，银行贷款的扩大和收缩直接调节着流通中的货币量。[①] 因此，组织好银行信用，使得信贷有计划地同物资周转计划相适应，是实现正常货币流通的关键。黄达特别强调有计划的货币流通不仅要求货币流通必须自觉地与物资计划的周转要求相适应，而且要求货币流通成为促进物资计划周转的能动因素。为此，必须在事先，在制订国民经济计划的时候，对于计划期货币量的增减幅度和货币量在部门、地区、季节间的分布和流向有一个安排。只有如此，正常的货币流通才能得到自觉的保证。毕竟如果物资运动不合理，仅仅根据物资保证原则贷款，必将引起信贷不合理的分配，从而也引起不合理的货币流通。很显然，黄达已经认识到运用银行信贷改善资源配置的重要性。杨坚白提出社会主义经济中的产品应该按照生产价格方法定价，具体地讲，就是按资金盈利率规定价格，即：产品成本加按垫支资金盈利率计算的利润。[②] 只有按生产价格定价，才能比较准确地确定国民经济发展的规模、水平、速度和比例，核定经济效果，并正确处理各种经济关系。由此可见，杨坚白已经认识到合理定价对改善资源配置的更为重要的作用。然而，黄达利用银行信贷和杨坚白通过合理定价改善资源配置的设想在计划经济时期注定是不现实的。对前者而言，由于银行信贷资金大多来自于财政预算拨款，财政平衡始终是综合平衡的关键，利用银行信贷配置资源必然受到极大的限制。对后者而言，尽管按生产价格方法定价仅仅涉及计划价格的合理调整问题，但还是受到了猛烈的抨击。

第二节　中国金融改革及其影响

随着市场化改革的启动和不断推进，主要受国民收入分配格局变化的

---

① 黄达：《银行信贷原则和货币流通》，《经济研究》1962年第9期。

② 杨坚白：《国民经济平衡和生产价格问题》，《经济研究》1963年第12期。

影响，早在1981年以后，中国储蓄和投资结构就已发生深刻变化。在这场变革中，政府部门储蓄长期以来不敷自身支出所用，企业部门在留成利润中扣除再分配给职工的一部分收入之后，其储蓄也满足不了自身投资的要求。于是，储蓄和投资的缺口只能靠家庭部门的储蓄来填补。很显然，储蓄—投资差异日益扩大需要深化企业投融资体制改革，使得金融业在储蓄—投资过程中成为储蓄者与投资者不可缺少的“媒人”，推动以政府集中投资为中心的财政主导型经济向以企业分散投资为特征的金融主导型经济演化。总的来说，中国企业投融资体制改革主要沿着构筑中央银行—国有商业银行二级银行体系，渐进推进外汇管理体制改革和金融对外开放展开。

一、政府主导型金融体制的形成

（一）构筑中央银行—国有商业银行二级银行体系

构筑中央银行—国有商业银行二级银行体系主要经历了两个阶段的改革。

1. 20世纪80年代构筑中央银行—国有专业银行二级银行体系的改革。经过银行信贷制度（以恢复银行企业固定资产投资贷款职能为核心内容）和建立中央银行制度，特别是实贷实存的信贷资金管理体制改革，使中国中央银行—国有专业银行二级银行体系才得以建立，而且也使得企业投融资体制发生了从单一的财政拨款方式的国家股权融资向以国有金融机构（银行）信贷方式的债权融资为主的转变。很显然，中央银行—国有专业银行二级银行体系构成了中央银行—国有商业银行二级银行体系的基础。然而，一方面，由于国有银行商业化改革尚未实质性展开，国有专业银行更多的仍属于对企业投资提供充分信贷支持的政策工具，致使银行资本配置效率低下，信贷过度扩张屡禁不止，加剧了银行体系不良信贷资产累积和相应的系统风险。另一方面，中央银行宏观调控职能同样存在严重欠缺，使得出现几次较为严重的通货膨胀。由此可见，为了进一步提高资本配置效率，稳定投资项目质量，并在此基础上化解金融风险和控制通货膨胀，需要继续深化国有银行商业化和完善中央银行宏观调控职能改革，实现由中央银行—国有专业银行二级银行体系向中央银行—国有商业银行二级银行体系的过渡。

2. 20世纪90年代以来构筑中央银行—国有商业银行二级银行体系的改革。20世纪90年代以来，构筑中央银行—国有商业银行二级银行体系主要包括国有银行商业化改革和强化中央银行宏观调控职能两方面的内容。其中中国国有银行商业化改革在一系列方面取得进展：（1）组建政策性银行，促进国有银行政策性业务和商业性业务分离，特别是组建金融资产管理公司，专业化处置国有银行不良信贷存量资产不仅能够促进金融风险的化解，而且有利于合理考核商业化改革后的国有银行经营绩效。（2）通过推动国有商业银行内部的统一法人管理改革，以及成立中共中央金融工作委员会和金融机构系统党委，改变了我国国有商业银行名义上一直是一级法人，但受以省为单位的金融管理体制影响，其分行实际以法人资格进行经营管理的原有格局。这不仅有利于国有商业银行经营绩效的合理考核，而且能够减轻各部门和各级地方政府对国有商业银行分支机构的过度干预，促进国有商业银行政企分开。（3）形成分业金融监管体系和金融机构市场退出机制，并根据国际规范对商业性银行实施资产负债比例管理和资产风险管理，全面推行贷款质量“五级分类”制度，有助于提高金融监管水平，促进国有商业银行审慎经营。（4）从以国有独资公司方式初步完成产权制度改革开始，历经股份制改造和发行上市的国有商业银行产权和治理结构改革取得阶段性成果。经过产权和治理结构改革，国有商业银行不仅资本充足率、资产质量和盈利能力等指标均明显改善，而且内部治理结构也取得一定程度的进步。（5）引入银行业内部和非银行金融机构的竞争在一定程度上对国有商业银行发展产生有益影响。很显然，经过上述对国有银行经营和财务重组、统一法人管理、金融监管、产权和治理结构，以及引入信贷市场竞争等一系列改革，国有银行商业化程度明显提高，国有商业银行从原来偏重于对企业投资提供充分的信贷支持，转而强调其与稳定信贷质量，控制信贷风险的平衡。这自然有助于国有商业银行更加有效地事后调整投资项目，稳定投资项目质量，提高资本配置效率。国有银行商业化改革以后，国有商业银行资产质量稳步提高和不良信贷资产比重不断下降就充分证明了这一点。

20世纪90年代以来，强化中央银行宏观调控职能改革同样取得长足进步。强化中央银行宏观调控职能改革主要包括三方面的内容：（1）中国从1993年开始围绕提高中央银行独立性展开一系列金融体制改革：一是确立“保持货币的稳定，并以此促进经济发展”的货币政策目标和禁止向以中央银行透支方式弥补财政赤字提高了中央银行的独立性。二是中央银行宏观调控体系从多层调控转化为强调调控权集中提高了中央银行对地方政府的独立性。(2) 从 1998 年开始，除了继续坚持使用贷款规模最高限额管理的货币政策直接调控工具外，还发展和完善了中央银行间接调控工具体系。1997 年年底，中国人民银行颁布了《关于改进国有商业银行贷款限额控制的通知》，决定从 1998 年 1 月 1 日起，取消对国有商业银行贷款限额控制，在推行资产负债比例管理和风险管理的基础上，实行“计划指导，自求平衡，比例管理，间接调控”的新管理体制。对国有商业银行不再下达指令性贷款计划，而改为按年（季）下达指导性计划。该指导性计划作为中央银行宏观调控的监测指标，供各银行自编资金计划时参考。1998 年，取消国有商业银行贷款限额控制，试图使我国中央银行转向主要运用货币政策间接工具进行宏观调控。不过，在抑制 2003 年过度投资时，重新强调了信贷规模控制的重要性。(3) 1993 年还改革了利润留成的财务制度，有助于消除中央银行营利动机，促使中央银行更加专注于宏观调控。很显然，上述一系列增强中央银行宏观调控职能的改革对控制通货膨胀具有深远影响。其中提高中央独立性和货币政策工具体系的发展和完善，有助于提高宏观调控效率，建立消除中央银行营利动机的财务制度则促进人民银行更加专业化于宏观调控。这两者均有助于有效地控制通货膨胀。由此可见，通过推进国有银行商业化改革和强化中央银行调控职能改革，中国的中央银行—国有商业银行二级银行体系得以形成。

综上所述，经过 20 世纪 80 年代和 90 年代企业投融资两轮改革，中国的中央银行—国有商业银行二级银行体系得以形成。中央银行—国有商业银行二级银行体系的建立不仅成功地实现了企业投融资体制由以财政拨款方式的国家股权融资为主向以国有银行信贷方式的债权融资为主的转变，而且促进了国有银行由原来的开发性金融向商业性金融逐步过渡，使其能够在对企业投资提供充分的信贷支持与稳定信贷质量、控制信贷风险间保持平衡。

上述国有银行信贷主导的企业投融资体制在本质上属于政府主导型金融体制，具有对金融机构，特别是大型国有银行免于破产的国家隐性担保和利率种类单一的信贷利率管制的核心特征。这种政府主导型金融体制在理论上可概括为由国家隐性担保配合利率管制的复式信贷集中性均衡。所谓信贷集中性均衡，就是风险程度不同的借款人（企业家）支付相同的利率。政府主导型金融体制无疑不能实现事先的投资项目融资成本差别化定价，但却可通过投资项目的事后调整在一定程度上控制借款人（企业家）

的逆选择行为，稳定投资项目的质量。这是因为，尽管存在对金融机构（银行）免于破产的国家隐性担保（实质上也是对投资项目国家隐性担保），但只要具有投资项目质量事后信号显示机制（由竞争性产品市场结构形成），国家所提供的隐性担保程度却可以事后调整。过度进行逆选择行为的借款人将可能丧失声誉，并失去继续获得国家隐性担保借款的权利，这就对借款人的逆选择行为形成一定的制约。由此可见，政府主导型金融体制主要依赖竞争性产品市场结构的投资项目质量事后信号显示功能和相应的企业家声誉机制配置资本，并非完全没有对投资项目融资成本的差别化定价，只不过这一定价是隐性的和事后的。很显然，这样的金融体制配置资本的效率很大程度上取决于投资项目的信贷规模。当投资项目信贷规模足够大，并引发过度冒险行为的一次性获益急剧飙升，借款人（企业家）致力于控制投资项目风险，进而保障长期借款权利就可能变得得不偿失。因此，保证政府主导型金融体制配置资本效率的关键就是控制投资项目信贷规模。

中国在改革开放初期之所以选择政府主导型金融体制，关键在于当时干中学的经济增长恰好提供了与控制投资项目信贷规模最为匹配的经济增长机制。这是因为，干中学的经济增长意味着在产业技术选择上偏于劳动密集型，在产业组织选择上以中、小企业为主，这两者均有助于控制投资项目信贷规模。直到 20 世纪 90 年代初，中国人均 GDP 也只有 400 美元左右，仍处于世界后列。截至 20 世纪 90 年代末，中国 12 亿人口仍有 9 亿生活在农村。由此可见，中国在改革开放开始时依然面临突破马尔萨斯陷阱，实现出生率与死亡率由高到低的人口转型的经济发展任务，干中学构成了最主要的经济增长源泉。这才需要增加生产和投资，充分利用当时最为丰富的劳动力资源，发挥干中学对生产率的有益影响，加速经济增长。因此，中国在改革开放初期选择政府主导型金融体制无疑实现了金融体制和经济增长的双赢。一方面，当时低下的生产力水平根本支付不了市场化金融体制昂贵的信息生产成本，实现投资项目融资成本事前的差别化定价。因此，只好被迫选择政府主导型金融体制。另一方面，正是由于政府主导型金融体制与干中学的经济增长相互匹配，政府主导型金融体制才得以发挥节约信息生产成本的优点，较好地实现对企业投资提供充分的信贷支持与稳定信贷质量、控制信贷风险之间的平衡。

（二）渐进的外汇管理体制改革和金融对外开放

构筑中央银行—国有商业银行二级银行体系还得到渐进的外汇管理体

制和金融对外开放的有效配合。

首先，正是得益于渐进的外汇管理体制改革和金融对外开放，上述国有银行信贷主导的企业投融资体制才能够较好地适应对外开放的新条件。中国在改革开放初期被迫选择政府主导型金融体制决定了无法发展具有深度和宽度的债券市场，有效地实现投资项目融资成本事前的差别化定价。国内利率定价效率不足甚至使得外汇套期保值根本无法进行，进而采取人民币可调整的盯住汇率制。同样重要的是，为了抑制采取人民币可调整的盯住汇率制（实质上相当于中央银行集中承担外汇风险）可能诱发的金融机构（银行）过度对外借款的道德风险，还必须实行必要的资本管制，以限制金融机构（银行）持有过多的外汇净敞口头寸。这样，中国汇率制度就逐步演变成基于资本管制的人民币可调整盯住汇率制。与此同时，这样的汇率制度安排并不排斥利用国际上更加市场化的金融结构，作为改善资本配置的有益补充。正如中国社会科学院经济研究所经济增长和宏观稳定课题组所指出的那样，渐进的外汇管理体制改革和金融对外开放促进资本配置效率提高的重要途径之一，就是以外商直接投资方式为主引进外资，这不仅最大限度地减轻了对政府主导型金融体制的流动性冲击，而且相当于借助较为完善的国际资本市场配置了资源，提高了投资项目的整体质量。①

其次，渐进的外汇管理体制改革和金融对外开放还提供了政府主导型金融体制下有效的宏观调控机制。受制于政府主导型金融体制配置资本效率不足，货币政策被迫采取兼顾通货膨胀控制和经济增长的双重目标。考虑到存在资产负债表效应，很难长期通过通货紧缩方式来满足经济增长的实际货币（流动性）需求，兼之如果因流动性供给不足，投资项目被迫提前清算具有巨额成本，中央银行货币供给很大程度上是适应性的。而政府主导型金融体制主要依赖竞争性产品市场结构和相应的企业家声誉机制，实现投资项目事后的隐性差别化定价。由这样的金融体制配置资本将较难避免不合格的投资项目也获得信贷支持，进而引发投资过度和相应的通货膨胀（借助适应性货币供给政策）。当然，这种投资过度引致的通货膨胀并非毫无节制，必须以不危及银行信贷扩张为限。换言之，政府主导型金融

① 中国社会科学院经济研究所经济增长和宏观稳定课题组：《金融发展与经济增长：从动员性扩张向市场配置的转变》，《经济研究》2007 年第 4 期。

体制支持下的经济增长在一定程度上将是同通货膨胀或生产过剩并存的（治理通货膨胀时的必然体现）。由此可见，中国货币政策存在兼顾通货膨胀控制和经济增长的双重目标。不过，采取基于资本管制的人民币可调整盯住汇率制显然有助于获得较为有效的货币锚和通货膨胀预期控制机制，改进通货膨胀控制效果。

中国外汇管理体制改革主要沿着形成更为灵活的人民币汇率决定机制，并稳定汇率水平的方向展开。1994 年 1 月 1 日，中国外汇管理体制进行了改革，一方面实现了人民币在经常项目下的有条件可兑换；另一方面，人民币汇率由原来的官方汇率与调剂市场汇率并存的体制合并为以市场为基础的、有管理的单一汇率，同时将人民币大幅度贬值。2005 年 7 月 21 日，中国人民银行发布公告，即日起我国开始实行以市场供求为基础、参考一篮子货币进行调节、有管理的浮动汇率制度。人民币汇率不再盯住单一美元，形成更富弹性的人民币汇率机制。

金融对外开放则按照外商直接投资—外债—证券投资的大致顺序，逐步放松资本管制来进行。（1）在外商直接投资方面，资本管制一直最为宽松。从 2001 年起，历经外商投资企业资本金结汇和外商直接投资外汇管理改革，中国目前对外商直接投资已基本没有限制（战略性行业除外）。（2）外债的管制则较为严格，并主要集中在外债规模和期限结构上。按照中国加入世界贸易组织的承诺，2006 年之后，在中国经营的外资银行可以向中资企业、外商投资企业、居民和非居民个人提供全方位的人民币和外币业务，这将加快放松外债管制压力。（3）证券投资的管制尽管最为严格，但也在逐步放开。自 2001 年 12 月中国加入世界贸易组织后，中国证券投资管制放松的步伐明显加快。一是 2001 年对境内居民个人开放 B 股市场。二是截至 2006 年年底，中国已全部履行了加入世界贸易组织时有关证券市场对外开放的承诺，设立合资证券期货经营机构。三是在人民币资本项下未实现完全自由兑换的情况下，中国于 2002 年 12 月实施允许经批准的境外机构投资者投资于中国证券市场的 QFII（境外合格机构投资者）制度。四是中国于 2006 年 5 月实施允许经批准的境内机构投资者投资于境外证券市场的 QDII（合格境内机构投资者）制度。

综上所述，通过渐进的外汇管理体制改革和金融对外开放形成的现行人民币汇率制度，正是保证国有银行信贷主导的企业投融资体制有效运行的不可或缺的制度安排，对改善资本配置和有效控制通货膨胀均产生有益的影响。

（三）小结

经过构筑中央银行—国有商业银行二级银行体系，渐进推进外汇管理体制改革和金融对外开放，形成了可称为三驾马车的政府主导型金融体制：（1）国家隐性担保下的金融机构（银行）信贷扩张。（2）兼顾通货膨胀控制和经济增长的货币政策。（3）基于资本管制的人民币可调整盯住汇率制。如图 12－1 所示，在改革开放实践中探索出来的中国政府主导型金融体制三驾马车在机制方面形成极为精妙的配合。在微观上，较为有效地实现了对企业投资提供充分信贷支持和控制信贷风险间的平衡；在宏观上，较为有效地实现了经济增长和控制通货膨胀间的平衡；此外，还较为有效地适应了对外开放的经济条件，并利用国际上更加市场化的金融体制，作为改善资本配置和控制通货膨胀的有益补充。因此，政府主导型金融体制一度成为中国阶段性最优金融制度安排，并至今仍在资本配置中发挥着极为重要的作用。

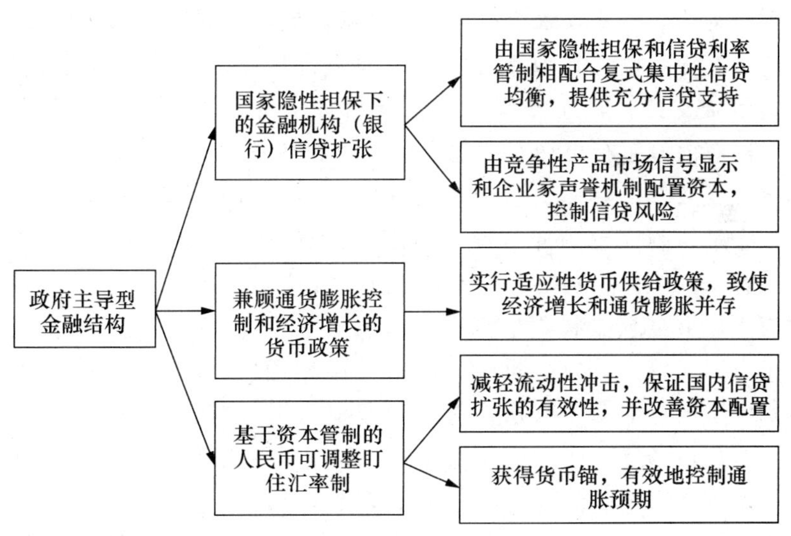

图 12－1　中国政府主导型金融体制三驾马车及其机制

二、政府主导型金融体制市场化转型的滞后和资本市场的不平衡发展

正如上面分析所指出的那样，政府主导型金融体制一度成为最优金融制度安排，关键在于其与干中学的经济增长相互匹配。然而，随着实现人

口转型的经济发展任务逐步完成，中国经济增长的源泉正在发生悄然变化，对转变增长机制，实现金融体制市场化转型提出了新要求。袁富华、李义学通过“增加值产出就业调整”和“资本深化”指标及其计量分析、研究发现，1996—2005年，中国不仅增加值产出就业吸收能力（由单位产出的劳动力占比衡量）大幅度下降的趋势正在中国制造业行业普遍发生，而且作为一种与增加值产出就业吸收能力大幅度下降相伴随的现象，资本深化（由劳均资本量衡量）趋势在中国制造业行业正普遍发生作用。[①] 这从一个侧面证实了中国产业资本密集度提高和经济增长源泉的转变。另一方面，在钢铁、汽车和化工等重化工业内部市场集中度偏低，亟待兼并重组和产业升级也成为普遍共识。产业资本密集度和市场集中度的提高意味着以劳动密集型的产业技术选择和中小企业为主的产业组织选择为特征的干中学的经济增长源泉正日趋耗竭，也不可避免地加剧了控制投资项目信贷规模的难度，进而损害政府主导型金融体制资本配置效率。

然而，与经济增长源泉的悄然变化相比，中国政府主导型金融体制市场化转型较为滞后，并导致资本市场不平衡发展。尽管经过20世纪90年代中后期的国有银行商业化改革，国有商业银行从原来偏重于对企业投资提供充分的信贷支持，转而强调其与稳定信贷质量，控制信贷风险的平衡。这有助于国有商业银行更加有效地事后调整投资项目，稳定投资项目质量，提高资本配置效率。然而，迄今为止的国有银行商业化改革仍基本属于政府主导型金融体制完善内部信贷机制范畴，政府主导型金融体制的核心机制，如国家隐性担保、利率管制等并未发生实质性改变。

政府主导型金融体制调整滞后还造成资本市场发展不平衡，并主要表现在两个方面：首先，为了同银行利率管制相适应，债券市场，特别是企业债市场发展更加滞后。其次，得益于股票与银行信贷和企业债的不完全替代性，股票市场反而获得超常规发展。如图12-2所示，1991—2007年，中国股票融资额和企业债融资额比率有半数以上年份超过50%。

鉴于债权融资方式在信息生产成本方面往往低于相应的股权融资方式，资本市场发展理应按照积极推进银行信贷利率市场化，大力发展债券市场，特别是企业债市场，规范发展股票市场的次序展开。换言之，在市场化的金

① 袁富华、李义学：《中国制造业资本深化和就业调整——基于利润最大化假设的分析》，《经济学季刊》2008年10月。

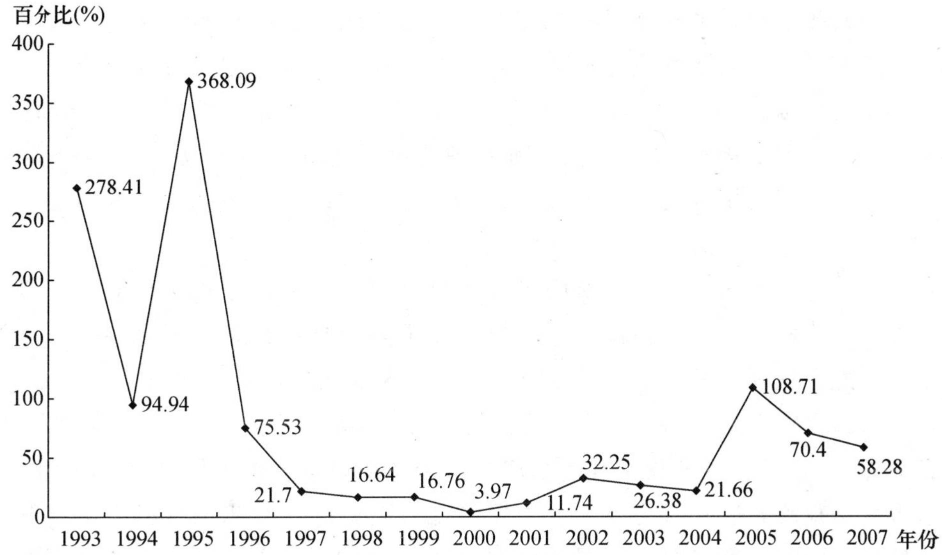

图 12－2　中国股票融资和企业债融资比率

资料来源：中国企业债和股票融资额数据均来自 CEIC。

融体制中，企业长期资本的供给首先应由银行信贷展期和发行债券来满足，只有剩余融资才通过股票发行来进行。这与银行信贷展期提供企业长期资本的合同方式密切相关。很显然，由银行信贷展期提供企业长期资本的合同本质上属于债务合同，将采取状态依存方式，当企业处于非破产状态时，债权人只获得固定收益；而当其处于破产状态时，债权人获得剩余收益。这就给银行提供了通过提前清算方式，控制借款人（企业家）逆选择行为，节约信息生产成本的有效机制。毕竟由于银行只能从具体的投资项目中获得固定收益，其本身过度冒险的激励并不大。由此可见，由银行信贷展期提供企业长期资本实际上给予银行信贷的期权，有助于控制信贷风险，能够形成节约信息生产成本的有效机制。与此形成鲜明对照的是，通过发展外部资本市场，特别二级股票市场融资，其信息生产成本则要高得多。与债权融资相比，这样的融资方式主要不同点不仅在于引入新的金融合同形式，即本质上属于利润分成的股权合同，而且引入了公开交易（近乎连续交易）技术。由于公开交易的资本市场绕不开现金（货币）结算环节，资产泡沫出现和多重市场均衡的产生始终难以完全避免。实际上，只要资本市场泡沫足够大，延续的时间足够长，价值投资就可能并非最优投资策略，从而阻碍投资项目融资成本的信息生产。尽管公开交易的资本市场，特别是股票市场由于股票利润分成的金融合同性质有助于分担投资项目风险和激励不对称信息生产，但在资产泡沫的干扰下，资本市场的信息生产成本无疑更加昂贵。因此，中国信贷利率市场化和企业债市场发展严重滞后，以及股票市场的超常规发展与资本市场发展正常次序背道而驰，其可能阻碍资本配置效率提高也就不足为奇了。

中国股票市场超常规发展所包含的过多政府主导色彩进一步阻碍了资本配置效率的提高。中国现行的股票市场更多的只不过是国家隐性担保和集中性配置资本的机制在股权融资方式上的再度运用。从股票发行、上市、配股权、资产重组和并购，一直到退市资格的确认上都可体现出这一点。很显然，（公开）股权融资作为信息生产成本最昂贵、市场化程度最高的融资方式是很难通过政府主导来改善资本配置的。而从政府主导型金融体制承继过来的刚性管制惯性削弱了股票市场监管能力，进一步加剧了利用股票市场改善资本配置的难度。这是因为，在监管机构和上市公司存在信息不对称的情况下，这样的刚性管制反而会激励上市公司行为扭曲，为了迎合监管机构的偏好而损害公司价值和投资者利益。本应成为股票市场监管重点的扩大强制信息披露范围和保证信息披露真实性的工作却被有所忽略。

即使是广为称道的股权分置改革也因缺乏其他措施的有效配合，未能充分发挥其改善资本配置的预期效果。实际上，股权分置设计的初衷是为了向内部资本市场方向发展的。所谓内部资本市场，是指企业相互持有股份并进行内部转让，公开的二级市场相对不发达。本来如果坚持这样的资本市场发展方向，中国金融体制很可能演变成日、德的全能银行模式，以主办银行制，企业相互持股，公开资本市场，特别是股票市场滞后发展为特征。然而，由于股票市场的迅速发展，特别是国有上市公司不断放弃配股权，资本市场这一发展方向变得难以为继。截至 2004 年年底，中国上市公司总股本为 7149 亿股，其中非流通股份 4543 亿股，占 64%，国有股份在非流通股份中占 74%。正是在这样的背景下，2005 年 4 月 29 日，中国证监会启动了股权分置改革。股权分置改革的整体方案设计和实施过程充分体现了市场化的基本原则。截至 2007 年年底，股权分置改革基本完成。股权分置改革的完成使国有股、法人股、流通股利益分置、价格分置的问题不复存在，各类股东享有相同的股份上市流通权和股价收益权，各类股票按市场机制定价，并成为各类股东共同的利益基础。因此，股权分置改革为中国资本市场优化资本配置功能的进一步发挥奠定了市场化基础，使中国资本市场在市场基础制度层面上与国际市场不再有本质的差别。然而，股权分置改革的完成在便利股票二级市场发展的同时，也不可避免地提高了资本市场，特别是股票市场的不稳定性。

由此可见，中国股票市场超常规发展沿用政府主导型金融体制内在逻辑和机制，市场化监管能力不足以及与发展股票二级市场相伴随的不稳定程度提高，股权分置改革完成并未能完全改变中国股票市场的单边市场的特征。很显然，从长期看，单边市场势必导致系统风险偏高，不仅会提高企业平均融资成本，而且可能造成不同质量的投资项目融资成本差别不大，无法有效配置资本。

三、中国金融改革的影响

根据上面的分析，中国改革开放以来金融改革具有两大特点：其一，通过构筑中央银行—国有商业银行二级银行体系，并得到渐进的外汇管理体制改革和金融对外开放的有力配合，形成了可称为三驾马车的政府主导型金融体制：（1）国家隐性担保下的金融机构（银行）信贷扩张。（2）兼顾通货膨胀控制和经济增长的货币政策。（3）基于资本管制的人民币可调整盯住汇率制。其二，政府主导型金融体制市场化转型滞后，并导致资本市场不平衡发展。中国金融改革的上述两大特点对金融发展，以及经济增长和稳定产生重要影响。

第一，政府主导型金融体制的形成促进了货币化进程的顺利实现，并有助于经济稳定增长。[①] 这是因为，政府主导型金融体制较好地实现了对企业投资提供充分的信贷支持与稳定信贷质量，控制信贷风险的平衡，并得到独具特色的宏观调控机制的有效配合，能够在通货膨胀可控的基础上加速经济增长。通过比较政府主导型金融体制与计划经济时期的金融体制差异，我们可以清楚地揭示政府主导型金融体制在提高资本配置效率和改善

---

① 所谓货币化，就是指经济活动日益通过货币媒介进行，通常由广义货币（M_2）存量占国内生产总值（GDP）比重来衡量。货币化指数（M_2/GDP）自改革开放以来，特别是20世纪90年代中期后迅速攀升，不仅大大高于主要发达国家，并且超过与中国发展水平相近的国家。1992年为（M_2/GDP），0.9，此后在不断上升，1997年为1.22，按照修正后中国公布的GDP数字，2006年年底，我国的M_2与GDP之比已达1.66。

宏观调控效果方面的巨大进步。首先，在政府主导型金融体制中，存在竞争性产品市场结构的信号显示功能与企业家声誉机制，能够较好地实现对投资项目融资成本事后的隐性差别化定价，进而提高资本配置效率。中国先行的价格改革和企业改革同渐进的对外经济开放相配合，不仅形成了扭曲程度较低的产品价格体系，而且在产品市场竞争压力下造就了足够数量的追求价值最大化的企业，中国也由此获得了竞争性产品市场结构和相应的投资项目质量事后信号显示功能。这与改革开放以前，中国绝大多数商品价格由政府决定，国有企业仅仅作为单纯完成计划任务的生产单位（曾被吴敬琏等戏称为算盘珠）而存在的状况显然有天壤之别。其次，政府主导型金融体制的形成还成功地实现了企业投融资体制由以财政拨款方式的国家股权融资为主向以国有银行信贷方式的债权融资为主的转变。国有银行信贷方式的债权融资可通过信贷展期和提前清算发挥节约信息生产成本作用，同样有助于提高资本配置效率。另外，与计划经济时期的金融体制相比，政府主导型金融体制在宏观调控机制方面的进步也显而易见。（1）实现产品市场化定价保证中国获得更为可信和准确的通货膨胀信号。（2）采取基于资本管制的人民币可调整盯住汇率制有助于获得较为有效的货币锚和通货膨胀预期控制机制。（3）灵活运用价格调节和数量调节手段，如贷款规模最高限额管理也改善了宏观调控效果。很显然，在政府主导型金融体制作用下，资本配置效率的提高和通货膨胀的有效控制均有助于促进国有金融机构（银行）信贷扩张，进而顺利推进货币化进程，并加速干中学或投资推动的经济增长。

1953年以来，中国经济增长始终保持着投资推动型特征，但在经济增长绩效上却大相径庭。如图12－3所示，1953年以来，中国不仅始终保持着高投资率，而且投资推动型经济增长特征十分明显。不过，在改革开放前，中国投资和经济增长波动偏大，整体的经济增长速度并不快。1961—1963年、1967—1969年均出现严重的经济负增长，20世纪70年代经济增长速度还出现明显下滑。20世纪80年代尽管投资增长率平均高达30%（此前除极个别年份，投资增长率多保持在20%左右），但经济增长速度和波动状况显著改善。如图12－4所示，到了20世纪90年代以后，高增长的稳定性进一步提高，并突出表现在改革开放后一度困扰中国经济运行的通货膨胀（个别年份通货膨胀率高达两位数）得到较为有效的控制。

第二，政府主导型金融体制市场化转型滞后和相应的资本市场发展不平

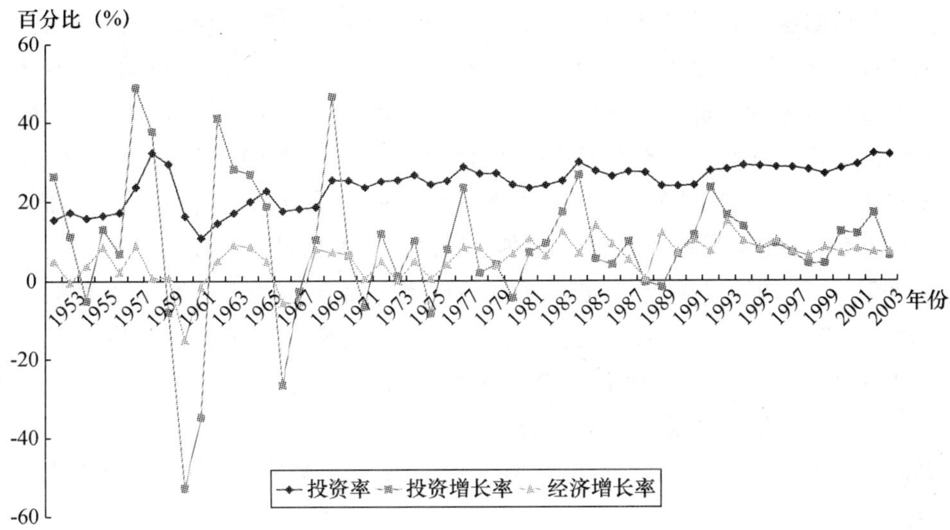

图 12－3　中国 1953 年以来的经济增长和投资

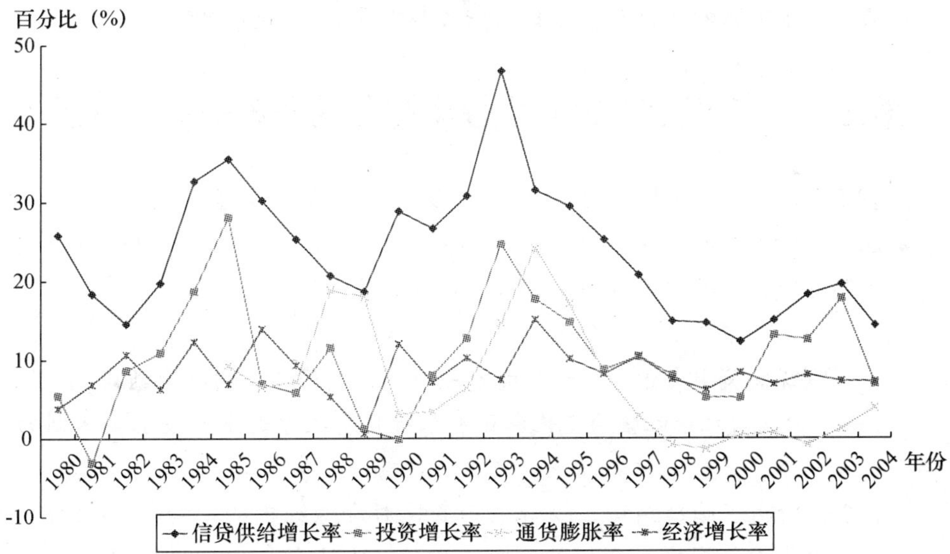

图 12－4　中国改革开放以来的信贷扩张，投资、增长和通货膨胀

资料来源：信贷扩张根据图改货币基金组织提供的货币和准货币计算，投资、增长和通货膨胀等数据均来自美国 NBER 的 PWT6.0。

衡则阻碍了资本化进程顺利推进和资本配置效率的提高，甚至可能引发金融和经济的不稳定。所谓资本化，就是指包括股票等金融资产在内的资本资产价格膨胀，并对经济运行产生日益重要影响，通常由股票市值占国内生产总值（GDP）比重来衡量。鉴于股票等资本资产根据投资项目预期现金流贴现值进行定价，资本化过程实质上就是对投资项目融资成本事前的差别化定价，自然会对资本配置和经济增长产生重要影响。在20世纪90年代初期，中国股票市值占GDP的比重不足30%，截至2007年年底，最高曾达到1.5。与中国货币化进程顺利推进相比，资本化过程则较为曲折，不仅在2001年和2008年前后均出现明显的倒退，而且其迅速进展主要集中在2006—2007年度。中国资本化过程的曲折主要由单边市场及其相应的股价过度波动引起。特别是随着产业资本密集度和市场集中度的提高，投资项目信贷规模控制难度加大，政府主导型金融体制资本配置效率将越发难以保证，市场化转型的滞后和资本市场发展不平衡的负面影响势必越演越烈。

总之，迄今为止，中国政府主导型金融体制的形成促进了货币化进程的顺利实现和经济稳定增长，但是，其市场化转型滞后和资本市场发展不平衡将不仅阻碍资本化进程，而且可能危及未来的经济稳定增长。

第三节　与政府主导型金融体制形成有关的理论创新

改革开放以来，中国金融发展和改革实践激发了金融理论创新热潮，并形成了理论创新同金融发展和改革实践的良性互动。其中与政府主导型金融体制形成有关的理论创新主要包括两方面的内容。

一、围绕构筑中央银行—国有商业银行二级银行体系的理论创新

（一）国民收入分配格局变化和国有银行信贷主导的企业投融资体制的启动

贝多广分析了储蓄结构、投资结构变化对金融结构的影响[①]。他指出，主要受国民收入分配格局变化的影响，1978—1981年，中国储蓄结构发生深刻变化。随着储蓄—投资差异日益扩大，我国以政府集中投资为中心的财政主导型经济，正在向以企业分散投资为特征的金融主导型经济演化。郭树清同样指出，改革开放10多年间，总储蓄的部门结构发生了一个明显

① 贝多广：《储蓄结构、投资结构和金融结构》，《经济研究》1986年第10期。

的两极转换。原来以政府和企业为储蓄主体（1979 年为 75.6%），现在则以居民为储蓄主体（1989 年为 65.9%）。原来的政府和企业储蓄之和为居民储蓄的 3 倍多，现在则是居民储蓄的一半略多一点。投资资金的来源结构从财政为主转变为银行为主，金融市场迅速成长，都与总储蓄结构的这一深刻转换紧密相关。[①] 谢平则分析了 1978—1991 年中国金融深化进程和 1991 年年末中国政府、企业、个人和国有银行资产负债结构特点，突出了国有银行在企业投融资中的作用。[②] 很显然，这一类分析主要运用国民收入和资金流量核算的统计恒等式，从宏观角度探讨改革开放后储蓄结构、投资结构变化对形成国有银行信贷主导的企业投融资体制的推动作用。

为了同形成国有银行信贷主导的企业投融资体制相适应，还需要从微观角度论证恢复银行为企业投资融资功能的必要性和合理性。刘光第分析了恢复银行资本配置功能的必要性。[③] 他提出，为了加强银行对企业的促进和监督作用，建议今后不仅企业所需要的流动资金全部应由银行贷款解决，而且企业所需要的基本建设投资或长期资金也应由银行贷款解决。杨培新对财政信贷资金分口管理做了颇有新意的解释，并认为发放中短期设备贷款没有违背财政信贷资金分口管理的原则。[④] 这是因为，财政和银行的区别在于：财政收支是无偿的，银行收支是有偿的。如果认为这才是财政信贷资金分口管理的根本原则，那么，由于可从微观上走出提高投资效果的新路子，从宏观上加强综合平衡，银行发放中短期设备贷款是完全合理而正常的。黄达从货币的交易媒介性质和贷款创造存款的信用扩张过程，阐述了允许银行参与企业全额流动资金和固定资产投资贷款，加速经济增长的必要性和可行性。[⑤] 曹尔阶、李敏新和王国强、尚明、吴晓灵和罗兰波也描述了国有银行成为企业全额流动资金和固定资产投资贷款主体的制度变迁过程。[⑥][⑦]

（二）构筑中央银行—国有商业银行二级银行体系的改革目标研究

围绕完善国有银行信贷主导的企业投融资体制，理论界对构筑中央银

① 郭树清等：《中国 GNP 的分配和使用》，中国人民大学出版社 1991 年版。

② 谢平：《中国金融资产结构分析》，《经济研究》1992 年第 11 期。

③ 刘光第：《试论银行在新时期的新作用》，《经济研究》1979 年第 1 期。

④ 杨培新：《论银行中短期设备贷款》，《经济研究》1981 年第 8 期。

⑤ 黄达：《财政信贷综合平衡导论》，中国金融出版社 1984 年版。

⑥ 曹尔阶、李敏新、王国强：《新中国投资史纲》，中国财政经济出版社 1992 年版。

⑦ 尚明、吴晓灵、罗兰波：《银行信用管理与货币供应》，中国人民大学出版社 1992 年版。

行—国有商业银行二级银行体系的改革目标进行了研究。随着社会主义市场经济体制改革目标的确立，董辅礽提出了建立中央银行—商业银行二级体系的改革方向。其中为了提高人民银行的独立性，使其成为名副其实的中央银行，除了要求财政用发行债券来弥补财政赤字以及中央银行通过公开市场业务来购买政府债券以帮助财政以外，必须使中央银行独立于政府。为了将专业银行改革成为市场经济中的商业银行，做到自主经营、自负盈亏，还需要对专业银行进行股份制改革，并进行政策性业务剥离。此外，该文还涉及建立更多的商业银行，包括地区性的商业银行，以打破专业银行垄断结构，以及实现股份制银行一级法人管理等问题。① 惠小兵、李晓西也对银行体制改革方向做了类似分析。②③ 谢平则分析了专业银行改革滞后的原因和面临的挑战，并提出了改革目标以及包括调整组织结构在内的改革对策。④ 谢平认为，改革滞后的原因在于专业银行体制对专业银行本身、中央政府、地方政府、企业这四个利益主体在一定时期还具有“正收益”效应。实际上，这种“正收益”来自专业银行每年巨额的贷款增量，而这一增量又来自中央银行的贷款（基础货币）增量，来自于经济货币化过程中社会必要现金余额的增加，是货币发行收入。陆磊、李世宏通过多元博弈模型和分析 2003 年以来中国国有银行在中央—地方—公众—银行博弈中的现实表现，提出，对工、农、中、建应采取不同的改革模式，为履行政策性和金融稳定职能，工、农两行应合并为“中国国民银行”，保留国有独资；而中、建两行应单独改制，从国有独资到国有控股，最后实现市场化商业银行模式。⑤

（三）构筑中央银行—国有商业银行二级银行体系的改革对策研究

除了确立改革目标外，理论界还探讨了构筑中央银行—国有商业银行二级银行体系的改革对策问题。其中国有银行商业化改革对策主要内容包括：

1. 国有商业银行经营和财务重组与国有商业银行产权和治理结构改革

---

① 董辅礽：《中国的银行制度改革》，《经济研究》1994 年第 1 期。

② 惠小兵：《中国经济市场化进程中的银行业变革模式选择》，《经济研究》1994 年第 1 期。

③ 李晓西：《商业银行与大中型企业的新型关系》，《经济研究》1994 年第 2 期。

④ 谢平：《论国家专业银行的改革》，《经济研究》1994 年第 2 期。

⑤ 陆磊、李世宏：《中央—地方—国有银行—公众博弈：国有独资商业银行改革的基本逻辑》，《经济研究》2004 年第 10 期。

协调的重要性。钱颖一特别强调了银行在企业治理中的重要作用，并提出现有国有银行的改革有三个紧迫任务：（1）消除所有的政策性贷款业务；（2）清理资产负债表；（3）将国有银行公司化为股份有限公司。[①] 只有在停止政策性贷款、清理资产负债表和公司化之后，专业银行才能实现完全的商业化。他还强调了建立新的商业银行，引进竞争的必要性。徐传谌、齐树天以中国14家商业银行1996—2003年的数据为样本，研究了它们的成本/利润效率状况和演进趋势。检验结果表明，所有制改革产生了一定意义上的积极作用，而政府对于国有制商业银行的挽救和调整在降低其成本方面则取得了不错的效果。[②] 陈野华、卓贤则从银行不良信贷资产累积与支付渐进改革成本关系角度，论证了国有银行财务重组的价值。他们提出，中国渐进改革的平稳推进，得益于新增改革成本能很快地被财政支付或通过国有银行转移，对渐进改革走势影响更大的是被转移至银行的存量成本。实证数据显示，国有银行财务重组中的不良资产处置过程客观上形成了对这一成本的发现机制。[③]

2. 加强和完善金融监管的重要性。郑超愚、蔡浩仪、徐忠构造了一个在不确定条件下同时涵盖外部性、非对称信息以及金融机构与监管机构目标不一致性因素的一般性金融监管理论模型，并且依据该理论模型的比较静态性质给出了金融机构从分业经营模式向综合经营模式过渡的历史逻辑解释。[④] 陆磊从理论上分析了在存在信息非对称和利益集团共谋的条件下，金融监管机构丧失独立性，被利益集团俘获的可能，特别指出不同集团间的竞争未必给消费者带来好处，提出关键在于继续推行透明度建设，逐步放开金融市场准入管制的政策建议。[⑤] 唐旭提出中国商业银行的不良贷款金额巨大，风险很高，但同时也有大量的投资者希望进入这个行业；商业银行业整体上资本金也严重不足，但监管者却不愿意让投资者进入。他还分析了这两个悖论背后的税收原因和金融制度原因，提出只有建立在“资本监管”基础上的银行监管，才能消除悖论，使监管变得理性，使商业银行

---

① 钱颖一：《企业的治理结构改革和融资结构改革》，《经济研究》1995年第1期。

② 徐传谌、齐树天：《中国商业银行X—效率实证研究》，《经济研究》2007年第3期。

③ 陈野华、卓贤：《中国渐进改革成本与国有银行财务重组》，《经济研究》2006年第3期。

④ 郑超愚、蔡浩仪、徐忠：《外部性、不确定性、非对称信息与金融监管》，《经济研究》2000年第9期。

⑤ 陆磊：《信息结构、利益集团与公共政策：当前金融监管制度选择中的理论问题》，《经济研究》2000年第12期。

体系趋于稳健，同时也使银行业趋于开放。[①]

3. 国有商业银行产权和治理结构改革，以及引入信贷市场竞争的相对重要性比较研究。林毅夫和李永军提出不同的金融机构给不同规模的企业提供金融服务的成本和效率是不一样的，大力发展和完善中小金融机构是解决我国中小企业融资难问题的根本出路。[②] 林毅夫和孙希芳运用中国 28 个省区在 1985—2002 年间的面板数据和双向固定效应模型的估计结果显示，在中国现阶段，中小金融机构市场份额的上升对经济增长具有显著的正向影响。[③] 徐传谌、郑贵廷和齐树天、郭斌和刘曼路也从实证角度分析了发展民营金融机构，引进银行业竞争的必要性。[④][⑤] 不过，刘伟、黄桂田认为，在现代技术不断改变着银行运行机制、主要发达国家的银行业的行业结构进一步向集中化发展、各个银行在努力追求规模经济和范围经济效应的背景下，中国银行业保持一定程度的集中率是符合国际银行业发展趋势的。中国银行业的主要问题是国有银行产权结构单一，而不是行业集中的问题。[⑥][⑦] 姚树洁、冯根福、姜春霞使用了 22 家银行 1995—2001 年期间的一组数据，利用随机前沿生产函数研究了所有制结构和硬预算约束对银行效率的影响。结果表明，非国有银行比国有银行效率高 11%—18%；面临硬预算约束的银行的绩效比国家和地方政府投入大量资本的银行好。[⑧] 王聪、谭政勋采用随机前沿法（SFA）测算了 1990—2003 年我国商业银行的 X—利润效率、规模效率、范围效率及其动态变化，然后分析了宏观因素、产权制度与市场结构对效率水平的影响程度和影响机制。实证检验发现，在面临相同的宏观经济环境下，国有商业银行和股份制商业银行的 X—利润效率水平存在结构性差别，且依次递增；两类银行均存在一定程度的规模效率，不过，从时间趋势看，规模经济效应正在逐步减弱；国有商业银行几

① 唐旭：《不良资产、税收与银行准入的开放》，《经济研究》2005 年第 7 期。

② 林毅夫、李永军：《中小金融机构发展与中小企业融资》，《经济研究》2001 年第 1 期。

③ 林毅夫、孙希芳：《银行业结构与经济增长》，《经济研究》2008 年第 9 期。

④ 徐传谌、郑贵廷、齐树天：《我国商业银行规模经济问题与金融改革策略透析》，《经济研究》2002 年第 10 期。

⑤ 郭斌、刘曼路：《民间金融与中小企业发展：对温州的实证分析》，《经济研究》2002 年第 10 期。

⑥ 刘伟、黄桂田：《中国银行业改革的侧重点：产权结构还是市场结构》，《经济研究》2002 年第 8 期。

⑦ 刘伟、黄桂田：《银行业的集中、竞争与绩效》，《经济研究》2003 年第 11 期。

⑧ 姚树洁、冯根福、姜春霞：《中国银行业效率的实证研究》，《经济研究》2004 年第 8 期。

乎不存在范围效率，而股份制银行则存在一定程度的范围效率，但从时间趋势看，范围效率也逐步减弱。① 贾春新依据银行资产组合配置比率指标（主要包括银行超额准备金率、贷款资产比率和贷存比），研究了中国国有商业银行与股份制银行在谨慎性行为方面的差异。实证结论表明，股份制银行比国有商业银行经营更为谨慎；国有银行由于管理与经营机制的改革正变得越来越谨慎。② 总的说来，已有的研究成果证实，国有商业银行经营和财务重组，强化一级法人管理，加强金融监管，完善产权制度和治理结构，引入信贷市场竞争等改革措施，均有助于促进国有银行商业化，提高其资本配置效率。

涉及完善中央银行宏观调控职能的对策研究则主要包括如下几个方面的内容：

1. 保持中央银行独立性的重要性。伏润民运用 GMT 和 CWN 的方法，将中国人民银行有关法律指数化，发现从中国银行法律层面上看，1995 年《中国人民银行法》颁布以后，其独立性有了提高，特别是经济的独立性有了明显提高。此外，伏润民还构建中国人民银行反应函数，并通过政策工具变量和政治事件虚拟变量的变化来反映中国人民银行的实际独立性。结果发现，中国人民银行的政策行动并不完全依靠过去的政策效果进行调整，还可能根据政府的意图，以及为了实现经济结构的合理和区域经济发展的平衡进行调整。③ 陆磊通过构建中央银行—金融机构—居民部门的非均衡博弈模型，发现基于中央银行和金融机构对于流动性的信息不对称，金融机构具有隐藏信息和游说中央银行的激励；中央银行出于对未来支付体系稳定的考虑，在与金融机构的博弈中处于被动地位，金融稳定和货币政策均因此而丧失独立性。因此，建立最优金融稳定政策必须在微观机制和宏观机制上实施重新设计，包括金融稳定政策的“最后”性、中央银行的监督权赋予和保持距离型制度安排、金融稳定内含于货币政策，以及稳定与改革的分离和成本的重新界定。④

---

① 王聪、谭政勋：《我国商业银行效率结构研究》，《经济研究》2007 年第 7 期。

② 贾春新：《国有银行与股份制银行资产组合配置差异研究》，《经济研究》2007 年第 7 期。

③ 伏润民：《关于中国人民银行独立性的研究——来自独立性指数和政策反应函数的证据》，《经济研究》2004 年第 6 期。

④ 陆磊：《非均衡博弈、中央银行的微观独立性与最优金融稳定政策》，《经济研究》2005 年第 8 期。

2. 货币政策目标的确立和货币政策工具的选择。赵海宽提出，之所以不同意稳定货币币值、物价和支持经济发展并重的货币政策双重目标的理论，强调以稳定币值为货币政策的单一目标，是因为稳定币值、物价同发展经济不是同一层次的目标。稳定币值、物价是货币政策的直接目标，发展经济又是稳定币值、物价的主要目标之一。换句话说，发展经济是货币政策目标的目标、间接目标，或高一层次的目标。坚持以稳定币值为货币政策的单一目标，不是不重视经济的发展，而正是为了理顺稳定货币同发展经济的关系，支持更快、更好地发展经济。[①] 对货币政策目标的这一分析后来被《中国人民银行法》所采纳，该法规定："货币政策目标是保持货币币值的稳定，并以此促进经济增长。"贺力平则根据反通货膨胀目标制涉及类似的货币政策目标问题，吕江林运用动态总供给模型，进一步把中国的目标通货膨胀率确定为6%—7%。[②][③] 赵海宽还提出随着金融体制的完善，不断改进货币政策工具的问题。在金融体制不完善的情况下，掌握中央银行贷款额就是宏观金融控制的最好办法。而在社会主义市场经济条件下，考虑到金融体制的不断完善，尽管中央银行仍然应对全社会的信贷总量进行调控，并以此调控全社会的货币供应总量。不过，调控办法可以不再依赖限额管理，而改为主要使用中央银行贷款利率、存款准备金率和公开市场业务等经济手段。[④] 盛松成、吴培新利用1998年1月到2006年6月的经济金融月度数据，主要运用VAR模型对中国货币政策的中介目标、传导渠道进行实证检验和理论分析，发现：（1）我国的货币政策中介目标实际上是两个——信贷规模和货币供应量M_2，这种调控模式在1998年前后没有发生根本性的变化。（2）两个中介目标调控不同的领域——信贷规模主要针对实体经济，货币供应量主要针对金融市场，这是我国中央银行的一种现实选择，中央银行也较为成功地实现了两者之间的一致和协调。因此，在现阶段，中央银行更应关注信贷规模并以此为核心来调控经济。很显然，这种货币传导模式存在缺陷，需在未来采用包含更多信息的利率作为政策

① 赵海宽：《社会主义市场经济下的货币政策》，《经济研究》1993年第12期。

② 贺力平：《货币政策新方向：反通货膨胀目标及其理论依据》，《经济研究》1998年第2期。

③ 吕江林：《我国通货紧缩的政策成因》，《经济研究》2001年第3期。

④ 赵海宽：《掌握中央银行贷款额是当前宏观金融控制的最好办法》，《经济研究》1986年第10期。

中介，其前提条件是利率和汇率的市场化改革。[①] 赵振全、于震和刘淼运用门限自回归（TVAR）模型，通过非线性脉冲响应函数的检验，结果发现，在1990年1月至2006年5月期间，中国存在显著的金融加速器效应，表现为对于相同特征的各种外生冲击，经济波动在信贷市场处于“紧缩”状态下的反应均明显强于信贷市场处于“放松”状态下的反应。[②]

3. 实现货币政策稳定性和设计合理的货币政策规则。现有的研究大多发现中国的货币政策存在不稳定现象。

谢平、罗雄在检验中国货币政策中的泰勒规则时，运用货币政策反应函数GMM估计发现，通货膨胀率对利率的调整系数小于1，这是一种不稳定的货币政策规则，在这一制度下，通货膨胀或通货紧缩的产生和发展有着自我实现机制。[③] 樊明太在运用1992—2003年数据估计中国货币政策反应函数时，发现通货膨胀压力的厌恶程度小于对产出缺口的容忍程度，货币政策反应函数具有动态不稳定性。[④]

赵进文、黄彦在检测中国的最优非线性货币政策反馈规则时，发现1993—2005年间，中央银行存在非对称性政策偏好，实际造成中国通货膨胀明显倾向[⑤]。张磊通过引入一个含有资本品生产不对称信息和消费品生产流动性约束的干中学世代交叠模型，证实了在干中学发展阶段和金融欠发达共同作用下，中国需要实行国家隐性担保和利率管制相配合的金融体制，并实行适应性货币政策，激励银行信用扩张，加速企业投资和经济增长。运用该模型能够较好地解释中国转轨时期正的货币非超中性和通货膨胀并存格局，并在此基础上剖析相应的兼顾经济增长和通货膨胀控制的货币政策双重目标体制根源[⑥]。谭旭东运用修正的政策时间不一致理论模型研究发现中国货币政策的有效性随着其可信性提高而提高。因此，实行有规则、

---

① 盛松成、吴培新：《中国货币政策的二元传导机制——“两中介目标，两调控对象”模式研究》，《经济研究》2008年第10期。

② 赵振全、于震、刘淼：《金融加速器效应在中国存在吗?》，《经济研究》2007年第6期。

③ 谢平、罗雄：《泰勒规则及其在中国货币政策中的检验》，《经济研究》2002年第3期。

④ 樊明太：《金融结构及其对货币传导机制的影响》，《经济研究》2004年第7期。

⑤ 赵进文、黄彦：《中国货币政策与通货膨胀关系的模型实证研究》，《中国社会科学》2006年第5期。

⑥ 张磊：《中国转轨时期的货币非超中性和通货膨胀——兼论中国货币政策双重目标的体制根源》，《金融研究》2008年第12期。

透明度高、连贯性强的货币政策，对于提高政策有效性具有重要作用。[①]

（四）对构筑中央银行—国有商业银行二级银行体系的总体评价

部分学者从微观实证角度证实了中央银行—国有商业银行二级银行体系对资本配置和企业治理的正面作用。方军雄针对1996—2004年国有工业企业和“三资”工业企业负债状况的研究发现，银行发放给国有工业企业的贷款更多、期限较长的贷款比重更高。这可能源于政府干预以及国有企业所具有的信息成本优势和违约风险的优势。不过，随着政府干预的减少、市场化程度的提高，两类企业的贷款差异相应缩小。[②] 胡奕明、林文雄、李思琦和谢诗蕾提出我国银行作为大贷款人已具有一定的监督作用，且主要通过贷款利率政策体现出来，但贷款续新政策反映的主要是银行融资作用而非监督作用。[③] 谢德仁、陈运森利用2001—2004年上市公司是否进行了债务重组的数据来研究金融生态环境和企业最终控制人性质对融资性负债治理效应的影响。结果发现，作为市场运行的“基础设施”，金融生态环境有助于融资性负债发挥治理效应，但此效应会被政府作为国有控股上市公司最终控制人所具有的“父爱效应”所削弱。[④] 不过，从宏观角度的分析对二级银行体系的评价却存在一定程度的分歧。郭涛、宋德勇采用尼尔森—西格尔（Nelson—Siegel）参数模型连续估计了中国利率期限结构曲线，实证了远期利率对未来即期利率的预测能力，分析了中央银行货币政策措施对利率期限结构的影响和实施效果，研究了利率期限结构与未来通货膨胀的关系。研究结果表明，中国利率期限结构能够为研究制定货币政策提供大量有用的信息。[⑤] 王晋斌、李南计量研究发现，2001年1月至2008年3月期间，中国总体上进口价格指数的汇率传递系数较高，但由于多种原因，进口品价格到国内CPI的传递效应较低。但2005年汇改以来，汇率的短期和长期传递效应明显增加。因此，更有弹性的汇率制度改革能够更有效地

① 谭旭东：《中国货币政策的有效性问题——基于政策时间不一致性的分析》，《经济研究》2008年第9期。

② 方军雄：《所有制、制度环境与信贷配给》，《经济研究》2007年第12期。

③ 胡奕明、林文雄、李思琦、谢诗蕾：《大贷款人角色：我国银行具有监督作用吗?》，《经济研究》2008年第10期。

④ 谢德仁、陈运森：《金融生态环境、产权性质与负债的治理效应》，《经济研究》2009年第5期。

⑤ 郭涛、宋德勇：《中国利率期限结构的货币政策含义》，《经济研究》2008年第3期。

吸收国外物价变化对国内物价水平带来的冲击。[①] 伍戈采用“从一般到特殊”的建模方法并利用 PcGets 软件，实证研究发现，在利率市场化、人民币汇率形成机制改革和资本市场的快速发展的新环境下，依然可以获得稳定的广义货币（M_2）需求函数。其中货币需求对利率并不敏感，这反映出利率没有完全市场化的事实。汇率的变化率并没有显著地影响货币需求，但是2005年以来的人民币升值预期确实引致了更多的货币需求。尽管近年来资本市场经历了很大发展，但是股票价格无论在长期还是短期模型中均不显著，实物资产过去是目前仍然是中国居民资产组合中十分重要的组成部分。[②] 杨子晖运用“有向无环图”（DAG）技术研究我国财政和货币政策对私人投资的影响，结果发现，尽管“信贷渠道”在我国货币政策传导中发挥着主导作用，但由于货币到信贷传导环节的断裂，使得“信贷渠道”自身存在着较大的政策局限性，与此同时，财政政策对私人投资的影响具有较强的独立性和有效性。[③]

总的来说，主流的研究成果在肯定中央银行—国有商业银行二级银行体系对资本配置、企业治理和经济稳定的正面作用同时，也揭示出该体系在利率、汇率定价方面的欠缺。

二、围绕渐进的外汇管理体制改革和金融对外开放的理论创新

正如前面分析所指出的那样，同构筑中央银行—国有商业银行二级银行体系相配合，改革开放以来，中国还渐进推进了外汇管理体制改革和金融对外开放。经济学界也对此分别进行了较为深入的讨论。

（一）人民币汇率形成机制和汇率水平决定的理论创新

对增强人民币汇率形成机制的灵活性讨论由来已久，早在东南亚金融危机发生前后，就有大量的文献建议实行更加灵活的人民币汇率形成机制，减轻对外开放过程中的汇率冲击风险。[④⑤] 陈平、王曦分析了中国实行强制结售汇制下外汇市场的非均衡性质，提出实行更加灵活的人民币汇率制度

① 王晋斌、李南：《中国汇率传递效应的实证分析》，《经济研究》2009 年第 4 期。

② 伍戈：《中国的货币需求与资产替代：1994—2008》，《经济研究》2009 年第 3 期。

③ 杨子晖：《财政政策与货币政策对私人投资的影响研究》，《经济研究》2008 年第 5 期。

④ 俞乔：《亚洲金融危机与我国汇率政策》，《经济研究》1998 年第 10 期。

⑤ 王军：《货币危机的微观理论及政策建议》，《经济研究》1998 年第 3 期。

的政策主张。[①] 2005 年人民币升值压力骤升之后，李扬、余维彬提出，在人民币汇率制度改革过程中，确定汇率形成机制改革和汇率水平变化的优先次序至关重要。他们认为：机制改革优先，并且在改革过程中始终重视汇率稳定，应该是人民币汇率制度改革的基本战略。回归有管理的浮动汇率制度，是实施这一战略的适当选择。在回归有管理的浮动汇率制的过程中，货币错配构成主要风险。为了有效地管理这一风险，中国应保持较高水平的外汇储备，在稳步推进资本项目放松管制过程中加强对货币错配问题的审慎性监管，实施稳健的宏观经济政策，促进资本市场发展。[②] 姚斌从福利角度，应用“新开放宏观经济学”的研究框架对我国中短期内的人民币汇率制度进行了定性和定量研究，结果发现，随着国际实际需求和国际价格指数的不断增长，为了进一步提高我国居民的福利水平，人民币汇率制度应该继续朝着更具灵活性的战略方向发展。[③] 部分研究成果则讨论了人民币汇率调整的必要性和幅度。张斌、何帆运用一个贸易品/非贸易品两部门模型分析发现，在保持名义有效汇率固定与国内物价水平稳定的货币政策组合下，市场经济体制改革所带来的贸易品部门相对非贸易品部门更快的全要素生产率进步，带来的不仅是经济增长，还会造成工业/服务业产业结构扭曲；贸易顺差扩大；工资水平下降，并阻碍农村劳动力向城市转移；工资下降与利润率上升，收入分配恶化。解决上述问题的关键在于人民币汇率水平调整与非贸易品部门市场化改革和全要素生产率提高。[④] 张曙光在回顾改革开放以来人民币汇率变动的基础上，讨论了汇率升值的短期压力和长期压力，前者源自内外经济失衡和双顺差的持续，后者则由于劳动生产率的提高和经济竞争力的增强，认为目前宏观经济失衡主要表现在实体经济和货币经济的两个双向循环和双向依赖，对此必须通过调整体制和政策包括汇率体制和汇率政策加以缓解。[⑤] 施建淮对麦金农的“高储蓄两难综合征”理论提出了质疑。他通过分析该理论背后两个关键命题（汇率变动对

① 陈平、王曦：《人民币汇率的非均衡分析与汇率制度的宏观效率》，《经济研究》2002 年第 6 期。

② 李扬、余维彬：《人民币汇率制度改革：回归有管理的浮动》，《经济研究》2005 年第 8 期。

③ 姚斌：《人民币汇率制度选择的研究——基于福利的数量分析》，《经济研究》2007 年第 11 期。

④ 张斌、何帆：《货币升值的后果——基于中国经济特征事实的理论框架》，《经济研究》2006 年第 5 期。

⑤ 张曙光：《人民币汇率问题：升值及其成本—收益分析》，《经济研究》2005 年第 5 期。

经常项目的调整无效和本币资产的风险升水为负，以吸引美元资产的持有）的证明中存在的问题，认为麦金农关于“如果人民币升值，中国将很有可能陷入通货紧缩螺旋和零利率流动性陷阱”的说法不成立。因此，人民币适度升值具有可行性。① 不过，施建淮自己所做的实证研究还是证实了麦金农人民币升值紧缩效应的判断。② 与大多数主张人民币升值的理论观点不同，刘霞辉从一个随机的开放经济模型出发，探讨了汇率决定的机制，基本结论是：像中国这样的发展中国家，虽然经济保持长期高增长，但因增长的不稳定性与市场风险较大，其货币在相当长的时期都存在贬值预期。只有在经济增长风险降到一定水平后才可能产生升值预期，而目前中国并未达到这个水平。所以，目前人民币升值压力并不是长期的，而只是一些利益集团的短期行为。③

（二）资本管制渐进性改革的理论创新

资本管制渐进性改革的理论创新主要是在探讨人民币汇率制度改革配套措施和金融对外开放次序过程中形成的。郭建泉、周茂荣主要利用修正的 Dornbush“超调”模型，研究了一个具有微观结构的外汇市场在不同的资本控制程度下系统的稳定性，以及资本控制对主要宏观经济变量的影响。结果表明，在一个投资者和投机者同时存在的外汇市场上，不同的资本控制以及不同的资本控制程度对系统稳定性的影响仅仅在于系统是鞍点稳定还是全局稳定；弹性汇率制度下放松对资本流动的限制将使经济由鞍点稳定转变为全局稳定，从而使系统变得更加稳定，这部分支持了 20 世纪 90 年代以来国际汇率制度“两极化”的发展趋势。④ 金雪军、王义中区分产品市场和资产市场均衡汇率、失调和波动，得出了人民币实际汇率的短期和长期均衡值，发现人民币不存在严重高估和低估问题。他们主张以产品市场长期均衡汇率为升值目标汇率，并在保持一定程度资本账户管制基础上，调整短期实际汇率波动，扩大波动幅度，减缓汇率升值预期。⑤ 李扬、殷剑

---

① 施建淮：《高储蓄真是两难的吗？——与麦金农教授商榷》，《经济学（季刊）》2005 年 10 月。

② 施建淮：《人民币升值是紧缩性的吗?》，《经济研究》2007 年第 1 期。

③ 刘霞辉：《人民币已进入了长期升值预期的阶段了吗?》，《经济研究》2004 年第 2 期。

④ 郭建泉、周茂荣：《弹性汇率制度下资本控制的经济效应——一个基于修正的 Dornbush“超调”模型的动态学分析》，《经济研究》2003 年第 5 期。

⑤ 金雪军、王义中：《理解人民币汇率的均衡、失调、波动与调整》，《经济研究》2008 年第 1 期。

锋从金融领域和实体经济两个领域分析，在不同的制度安排下，外部冲击将对一国经济的稳定性产生怎样的影响以及这些影响的传导机制，并得出两个主要结论：第一，与政府干预的经济相比，全面自由化的经济具有最强的稳定性；第二，从保持经济体制转换过程中的稳定性角度看，自由化的最优先后次序应当是：实体经济自由化、国内金融自由化、实行浮动汇率制和资本项目开放。[①] 中国社会科学院经济研究所宏观学科课题组也对金融对外开放次序做出过类似分析。[②]

总的来说，上述理论创新一定程度上论证了中国渐进的外汇管理体制改革和金融对外开放的合理性。

很显然，上述与政府主导型金融体制形成有关的理论创新同相应的金融改革和发展相辅相成，不仅许多改革主张被中央决策层所采纳，而且也得到实践检验而不断改进。

第四节　与资本市场不平衡发展有关的金融理论创新

同与政府主导型金融体制形成有关的理论创新相类似，与资本市场不平衡发展有关的金融理论创新也取得丰硕成果，其主要内容可概括如下：

一、关于发展资本市场必要性和中国金融市场结构设计的讨论

探讨发展资本市场必要性主要围绕两个理论方向展开。

其一，希望通过发展资本市场，特别是股票市场来完善国有企业治理结构。黄范章在论证股份制是实现社会主义全民所有制的最佳企业组织形式基础上，探讨了发展股票市场的重要意义。[③] 张亦春、周颖刚运用信息经济学的分析方法，提出中国以往股份制和承包制企业改革在形成激励机制方面较为有效，但却无法形成有效的监督机制。因此，应该通过发展证券市场，提供更为充分的企业经营信息，缓和投资者和经营者间的信息不对称，促进有效的企业监督机制形成。[④]

① 李扬、殷剑锋：《开放经济的稳定性和经济自由化的次序》，《经济研究》2000 年第 11 期。

② 中国社会科学院经济研究所宏观学科课题组：《总量态势、金融风险和外部冲击——当前中国宏观经济分析》，《经济研究》1998 年第 3 期。

③ 黄范章：《股份制——社会主义全民所有制的好形式》，《经济研究》1989 年第 4 期。

④ 张亦春、周颖刚：《信息不对称、企业改革和证券市场》，《经济研究》1997 年第 5 期。

其二，希望通过发展资本市场，提高直接融资比重，实现金融风险的社会化分担，避免金融风险向国有银行过度集中。易纲在分析 1978 年、1986 年、1991 年、1995 年金融资产结构基础上，总结出中国企业直接融资比重偏低的特点及其带来的危害，并提出纠正这一偏差的最重要的金融改革措施是积极稳妥地发展中国直接融资的股票市场和债券市场。[①] 张春霖提出国有企业面临的问题，根源于从计划经济遗留下来的以国家为唯一中介的融资体制。解决国有企业的问题，根本出路在于以市场经济的融资体制替代计划经济的融资体制，即以竞争性的资本市场替代国家融资，同时尽早处理国家融资体制遗留的历史欠账问题。这既包括以社会保障欠账方式体现的国家隐性债务负担，又包括银行不良资产方式体现的国家显性债务负担。[②] 周天勇提出，改革开放以来我国国民收入分配格局发生了重大变化，使过去财政直接注资主导的国民经济运行，转变为国家银行集中借贷办企业的资金借贷型经济运行。这种资金借贷型经济产生由国有企业低效率引发的银行积累不良资产型通货膨胀压力和金融风险。根本性的出路在于，向社会横向开放企业的资产结构，形成资本需求，疏通直接融资渠道，形成资本的供给，从而使国民经济投资、生产和经营的资本和风险社会化。[③] 王晋斌提出不同于传统的金融抑制（自由化）、金融约束理论所描述的发展路径，20 世纪 90 年代的中国在处理金融改革、风险化解与经济增长关系上，对金融改革采用了既发展又控制的政策。金融控制为改革提供了所需要的资本，同时，让居民个人参与政府主导下的资本市场交易来使风险社会化。中国转轨时期的金融控制缓和了国有银行与国有企业的资金关系，并可能减少银行预期不良资产比例，在让国有银行继续成为大中型国有企业主要债权人的同时，争取到了体制内部（特别是国有商业银行）化解风险的时间。[④]

不过，通过发展资本市场，实现金融风险的社会化分担的理论主张也受到以设计合理金融市场结构为主要研究内容的研究成果的广泛批评。刘光第明确提出发展中国股票市场策略应包括：（1）间接融资为主、直接融

① 易纲：《中国金融资产结构分析及政策含义》，《经济研究》1996 年第 12 期。

② 张春霖：《国有企业改革与国家融资》，《经济研究》1997 年第 4 期。

③ 周天勇：《改革面临重大转折：以国家借贷经济转向社会资本经济》，《经济研究》1997 年第 5 期。

④ 王晋斌：《金融控制、风险化解与经济增长》，《经济研究》2000 年第 4 期。

资为辅。从融资方式的历史演进过程来考察，直接融资和间接融资有一个发展过程。在商品经济不很发达的时代和地区，私人之间的直接借贷占有重要地位；在商品经济比较发达的时代和地区，则以金融机构为中介的间接融资占主导地位；在商品经济极为发达、资金调度力求效率化的时代和地区，直接融资的地位日益重要。考虑到商品经济发展水平的制约，中国股市发展在开始时应吸取日本经济起飞时期的经验，以间接融资为主，直接融资为辅的模式。（2）以债券市场为主，积极发展股票市场。（3）发展国有股份制企业与非国有股份制企业相结合。（4）完善市场条件和规范股份制的互相促进与互相结合。① 刘彪和杨海群则讨论了银行在企业投融资和治理中的特殊作用。②③ 张文魁提出企业负债同样可以通过偿债保障机制发挥完善企业治理的作用。偿债保障机制分为事前保障和事后保障两大类，有自动履债、债权人的审慎和信用配给、流动性和可转换性、戳穿公司面纱等机制。健全中国偿债保障机制在目前企业融资结构下可能比简单化地发展股票市场更能有效地监督企业经营。④ 王晋斌、刘元春提出，中国资本市场上有限的市场或产品增加了投资者退出股票市场的机会成本，较为严重的信息失真程度和股票价格评估依据的脆弱性，这些因素约束了投资者的投资选择权，加大了投资者对标的资产价格评估意见的分歧，股票价格由此呈现出脱离基本面并表现出较大波动幅度的特征。股市历史收益的记忆和银行利率之间明显的资金成本差异又推动了可支配资金以各种方式流入股市，在股票市场上的信息成本得不到补偿时，过多的资金为取得预期的投资收益会加大投资者意见的分歧。⑤

二、关于中国股票市场效率的争论

从中国股票市场诞生伊始，围绕其效率的争论就是热门话题之一。沈艺峰、吴世农运用德博特和撒勒以及泽罗温的方法检验中国证券市场过度反应行为，发现市场上虽有“强者恒强，弱者恒弱”的现象，却不存在显

① 刘光第：《关于发展股票市场的几个问题》，《经济研究》1993 年第 3 期。

② 刘彪：《现代市场经济中的银企关系分析》，《经济研究》1994 年第 5 期。

③ 杨海群：《论银行的控制与被控制—兼议中国的银行体制改革》，《经济研究》1994 年第 5 期。

④ 张文魁：《企业负债的作用和偿债保障机制研究》，《经济研究》2000 年第 7 期。

⑤ 王晋斌、刘元春：《投资选择权约束、意见分歧与中国股市风险》，《经济研究》2000 年第 8 期。

著的"反向修正"趋向，投资公众将无法仅仅只根据过去资料所确定出的"赢家组合"和"输家组合"来跑赢大势，倾向于接受市场弱点有效假设。[①] 张兵、李晓明运用了特别适合于转轨经济体制中新兴股市的渐进有效性检验，研究中国股市是否弱式有效。该方法采用时变系数的 AR（2）自回归模型，同时考虑到"波动集群"的异方差影响，更能清晰地反映出市场有效性的动态演进过程。结合分年度的检验结果，他们认定中国股市从 1997 年开始呈现弱式有效。[②] 陈梦根在引入修正的 R/S 分析与 ARFIMA 模型进行实证研究时发现，中国股市中代表市场总体的股价指数不存在长期记忆效应，而个股收益序列的分布特征存在着较大差异，仅少数个股存在长期记忆行为。因此，他也倾向于认为中国股市总体上已达到弱式有效。[③] 赵勇、朱武强运用 Logit 条件概率模型对我国 A 股市场 1998—1999 年间发生的上市公司兼并收购进行了实证分析和检验，所得到的估计模型对并购的发生有较强的解释能力，但无法取得满意的预测结果。他的结论支持股票市场半强式有效假说。[④]

不过，更多的研究成果倾向于否定中国股票市场有效性。部分研究成果主要从实证角度验证了中国股票市场无效性。王炜、周宇以及苏冬蔚、麦元勋分别从小企业"规模效应"和股票高换手率角度检验了中国股市的流动性溢价问题，并揭示了其中可能存在的过度投机机制。[⑤⑥] 吴世农、许年行以 1995 年 2 月至 2002 年 6 月深、沪两市 A 股上市公司为样本，考察对比了三个定价模型——CAPM、三因素模型和特征模型。实证研究发现：（1）中国股市存在"账面市值比效应"和"规模效应"；（2）三因素模型比 CAPM 能更好地描述股票横截面收益的变化；（3）基于"股票横截面收益是由公司特征决定"的非理性定价理论的特征模型不成立，而基于"股票横截面收益是由风险因素决定"的理性定价理论的三因素模型成立。这些发现说明，账面市值比和公司规模这两个变量代表的是一种"风险因

① 沈艺峰、吴世农：《我国证券市场过度反应了吗?》，《经济研究》1999 年第 2 期。

② 张兵、李晓明：《中国股票市场的渐进有效性研究》，《经济研究》2003 年第 1 期。

③ 陈梦根：《中国股市长期记忆效应的实证研究》，《经济研究》2003 年第 3 期。

④ 赵勇、朱武祥：《上市公司兼并收购可预测性》，《经济研究》2000 年第 4 期。

⑤ 王炜、周宇：《中国股市"规模效应"和"时间效应"的实证分析——以上海股票市场为例》，《经济研究》2002 年第 10 期。

⑥ 苏冬蔚、麦元勋：《流动性与资产定价：基于我国股市资产换手率与预期收益的实证研究》，《经济研究》2004 年第 2 期。

素”，并非“特征因素”，因此中国股票横截面收益的变化取决于风险因素，而非特征因素。吴世农、许年行认为导致上述结果的主要原因是中国股市长期的同涨同跌特征。① 孙培源、施东晖以资本资产定价模型为基础，建立了一个较为灵敏的羊群行为检验模型，并据此对中国股市进行了实证检验。研究结果表明，在政策干预频繁和信息严重不对称的市场环境下，中国股市存在一定程度的羊群行为，并导致系统风险在总风险中占有较大比例。② 更为重要的是，部分研究成果进一步分析了造成中国股市无效性的制度根源。戴园晨将中国股市泡沫生成机理概括为两个方面：（1）股市中信息不充分、不对称，使非理性主体大量产生。（2）为国有企业解困的股市发展定位偏差使得国有上市公司热衷于坐庄“圈钱”，对股价操纵行为监管不足更加重了这一问题。③ 张宗新、姚力、厉格非提出中国证券市场制度风险的形成，归因于政府对证券市场发展的隐性担保契约。政府对市场的“控制均衡”约束及其制度安排上的缺陷，引致证券市场制度风险的产生，并通过非对称信息动态博弈下的企业上市包装、上市公司利润操纵、投资者行为投机化和市场泡沫“制度化”得以扩散与强化。他们认为，制度风险源于市场制度设置本身，化解制度风险只有通过制度创新路径，解除政府隐性担保契约，才能提高证券市场的运行效率和功能效率。④ 周春生、杨云红认为，中国股市制度的内在缺陷，如上市审批制、可供投资的证券种类少、政府的托市行为、卖空机制的缺乏、套利机制缺乏有效性、上市公司很少分红、投资者买卖股票只是为了获得买卖差价等均可能导致股市理性泡沫的产生。因此，只有不断完善股市制度建设，提高其有效性，才能抑制过度泡沫的形成。⑤ 王开国提出中国的股市作为转轨经济中的新兴证券市场，其脆弱性具有内生性和周期性。市场脆弱性的发生过程如下：首先是市场缺乏做空机制，在一段时期内存在向上的自发力量，市场泡沫会不断增大；在此过程中，大量银行信贷资金通过各种灰色渠道进入证券市场，进行逐

① 吴世农、许年行：《资产的理性定价模型和非理性定价模型的比较研究——基于中国股市的实证研究》，《经济研究》2004 年第 6 期。

② 孙培源、施东晖：《基于 CAPM 的中国股市羊群行为研究》，《经济研究》2002 年第 2 期。

③ 戴园晨：《股市泡沫生成机理以及由大辩论引发的深层思考——兼论股市运行扭曲与庄股情绪》，《经济研究》2001 年第 4 期。

④ 张宗新、姚力、厉格非：《中国证券市场制度风险的生成及化解》，《经济研究》2001 年第 10 期。

⑤ 周春生、杨云红：《中国股市的理性泡沫》，《经济研究》2002 年第 7 期。

利性投资。然后，在状态依存的监管策略下，面对过多的市场泡沫，政府便会采取各种政策进行主动性的调整，挤压市场泡沫；在分业经营、分业监管的原则下，政府采取的清查违规入市资金的政策，引起投资者预期和行为的迅速变化。在政策冲击的初期，市场投资者中资金来源存在问题的投资机构首先必须撤离，然后导致部分股价下跌，投资链打开之后，在预期作用下，其他投资者纷纷离场，导致其他上市公司的股价也不断下跌。市场的自我累积效应发生作用，市场最终失去了自平衡能力。[①] 苏冬蔚在分析噪声交易与信息不对称、流动性、波动性和有效性等市场质量指标之间的经验关系时，发现噪声交易是一把双刃剑，只有继续改革价格的形成机制、增强价值投资力量、引导长期资金入市、完善信息披露制度并强化交易监控，才能进一步提高我国股市的质量。[②] 陈国进、张贻军和王景认为，再售期权和通胀幻觉因素分别从投资者对未来现金流分布的信念差异和对贴现率估计的偏差角度解释股价泡沫的形成和膨胀，并指出再售期权和通胀幻觉均是影响我国股市泡沫的重要因素，但是再售期权具有更强的解释作用。这一结论与我国股市存在严重异质信念和严格禁止卖空的特征相吻合。[③]

三、关于中国股票市场资本配置功能的讨论

关于中国股票市场资本配置功能的讨论是由中国上市公司反常的股权融资偏好和不分配红利，特别是厌恶现金红利派送的股利政策引发的。按照主流的融资次序理论解释，由于管理人与投资者的信息不对称会引起公司股票价格扭曲，增大了股票融资的资本成本，因此公司应优先考虑内部融资与债务融资。同样的逻辑可运用到股利政策的决定上，正是为了减轻由管理人与投资者的信息不对称引起公司股票价格扭曲，才使得较为稳定地派送现金红利成为成熟资本市场上市公司发放股利的主要形式。很显然，中国上市公司的融资次序和股利政策与此产生了较大偏离。

对中国上市公司股权融资偏好的直接解释就是由于股票市场扭曲导致

---

① 王开国：《政策诱因与中国证券市场的内在不稳定性——转轨过程中新兴市场的特征》，《经济研究》2002 年第 12 期。

② 苏冬蔚：《噪音交易与市场质量》，《经济研究》2008 年第 9 期。

③ 陈国进、张贻军、王景：《再售期权、通胀幻觉与中国股市泡沫的影响因素分析》，《经济研究》2009 年第 5 期。

股权融资成本偏低。[①] 张峥、孟晓静、刘力根据中国股市的特点对珐玛（Fama）和弗伦奇（French）方法（实质上是将全部上市公司视为一个项目的净现值法）进行适当调整，估计1990—2001年沪、深A股非金融行业上市公司整体的实际价值内部报酬率（综合资本成本）为7.52%，低于同期的年经济增长率9.23%。[②] 不过，正如作者本身也承认的那样，该方法最大的不足在于使用了历史数据来估计公司资本成本，其可靠性依赖于统计性质的稳定性。考虑到中国股市的单边市场性质，有可能低估公司资本成本。沈艺峰、田静运用莫迪格利安尼和米勒的“平均资本成本方法”，计算了中国上市公司中百货板块1995—1997年的权益资本成本分别为9.09%、17.61%、19.96%，均高于同期由银行一年期贷款利率代表的债务成本，但这并没有改变中国上市公司股权融资偏好。[③] 陆正飞、叶康涛运用Logit模型，从融资成本、破产风险、负债能力约束、代理成本和控制权等因素多角度考察了中国上市公司融资行为的影响因素。结果发现，即使在上市公司平均股权融资成本低于债权融资成本期间，股权融资成本的相对上升与上市公司股权融资概率呈正相关关系。由此可见，上市公司股权融资偏好并不能由股权融资成本低来解释。[④]

与此形成鲜明对照的是，尽管债权融资的资本配置效率更高，但却遭到冷落。陈晓、单鑫以1997年为研究窗口，应用截面数据，分析中国上市公司资本结构与资本成本之间的关系。结果发现，尽管上市企业长期财务杠杆与上市企业的加权平均资本成本、权益资本成本存在显著的负相关关系，即增加长期负债可提升公司价值，中国上市企业仍然偏好股权融资，使得财务杠杆，尤其是长期财务杠杆较低。[⑤] 汪辉就上市公司的债务融资与公司治理、公司市场价值的关系进行了理论分析和实证检验，同样发现，尽管总体上债务融资具有加强公司治理、增加公司市场价值的作用，但中国上市公司债务融资占总资产的比重不大。[⑥] 童盼、陆正飞以中国上市公司

① 黄少安、张岗：《中国上市公司股权融资偏好分析》，《经济研究》2001年第11期。

② 张峥、孟晓静、刘力：《A股上市公司的综合成本与投资回报——从内部报酬率的视角观察》，《经济研究》2004年第8期。

③ 沈艺峰、田静：《我国上市公司资本成本的定量研究》，《经济研究》1999年第11期。

④ 陆正飞、叶康涛：《中国上市公司股权融资偏好分析——偏好股权融资就是缘于融资成本低吗?》，《经济研究》2004年第4期。

⑤ 陈晓、单鑫：《债务融资是否会增加上市公司融资成本?》，《经济研究》1999年第9期。

⑥ 汪辉：《上市公司债务融资、公司治理与市场价值》，《经济研究》2003年第8期。

为对象，考察负债融资以及负债来源对企业投资行为的影响。实证结果表明，负债比例越高的企业，企业投资规模越小，且两者之间的相关程度受新增投资项目风险与投资新项目前企业风险大小关系的影响——低项目风险企业比高项目风险企业，投资额随负债比例上升而下降得更快。由此可见，负债融资，特别是银行借款能在一定程度上发挥治理作用，较好地控制了过度投资。[①]

与对上市公司股权融资偏好较为深入的研究不同，对中国上市公司反常的股利政策研究基本仍停留在对股利政策统计性描述及其对市场反应的实证检验上。[②] 吕长江、王克敏采用双步骤法（因子分析法—逐步回归分析法）建立并检验上市公司股利分配模型，发现中国上市公司股利分配不支持融资次序理论。[③] 俞乔、程滢从实证的角度分析了中国上市公司的年度红利报告对股价及交易量的影响，发现不论是首次分红还是一般的年度分红，现金股利所引起的股价异常收益显著小于股票股利和混合股利（即现金加红股）。[④] 由上述对上市公司股权融资偏好和反常的股利政策研究可以看出。中国股票市场资本配置功能尚未得到有效发挥，其效率有待增强。

四、关于中国股市制度改进及其效果的研究

从上市公司治理机制角度对中国股市制度改进效果进行实证检验的文献可谓浩如烟海。这些上市公司治理机制包括董事会规模和结构、独立董事、管理层激励、公司并购、所有制和股权结构、中小投资者法律保护、融资结构、市场竞争、机构投资者和公司监管等广泛内容。不过，考虑到公司不会为治理而治理，兼之资本市场本质上属于信息生产机制，其资本配置效率的高低主要取决于信息生产质量。因此，下面对中国股市制度改进及其效果研究的文献回顾主要集中在上市公司信息披露，特别是会计质量方面。在1996—1998年的3年中，中国证监会规定，上市公司进行后续融资（配股）的必要条件是净资产收益率必须连续三年达到10%以上。陈小悦、肖星、过晓艳运用修正的琼斯（Jones）模型检验证实上市公司在此

① 童盼、陆正飞：《负债融资、负债来源与企业投资行为——来自中国上市公司的经验证据》，《经济研究》2005年第5期。

② 魏刚：《我国上市公司股利分配的实证研究》，《经济研究》1998年第6期。

③ 吕长江、王克敏：《上市公司股利政策的实证分析》，《经济研究》1999年第12期。

④ 俞乔、程滢：《我国公司红利政策与股市波动》，《经济研究》2001年第4期。

期间为迎合监管部门的配股权规定存在利润操纵行为。他们进一步指出上市公司利润操纵行为与僵化、简单的配股资格标准存在莫大的关系。还提出扩大对上市公司业绩评价的范围，变原来单一的利润指标为包括利润数额和利润结构的多元指标，以提高信息披露质量。① 黄志忠、陈龙以上海证券交易所 1994 年年底之前上市的公司为样本，采用多种统计方法，分析了它们连续六年的盈利报告，结果发现：（1）上市公司盈利额及总资产利润率并不遵循随机游走过程和带成长因素的随机游走过程。（2）从盈利增量呈强负自相关的两个样本组合的统计分析看，模型中加进盈利增量变量，较大地提高了模型拟合度。这些检验结果证实在此期间上市公司存在盈余操纵问题，同时表明证监会对配股资格的新规定并未起到提高信息披露质量的作用。证监会于 1999 年 3 月 26 日公布的《关于上市公司配股工作有关问题的通知》中，对上市公司配股权有了新的规定：由原来每年净资产税后利润率均达到 10% 变成了净资产税后利润率三年平均在 10% 以上，同时每年都在 6% 以上。② 王亚平、吴联生、白云霞运用所有报告样本的报告盈余信息，通过假设报告盈余服从混合正态分布，运用参数估计的方法对阈值处的盈余管理频率和幅度进行推断。研究结论表明，中国上市公司从 1995—2003 年间都存在为避免报告亏损而进行的盈余管理。2001—2003 年平均有 64.4% 的亏损公司在阈值 0 点上进行了盈余管理并达到避免报告亏损的目的，平均盈余管理幅度为提高 ROA 数据 0.065。③ 陈信元、叶鹏、陈冬华则从僵化、简单的配股资格标准激励“机会主义资产重组”角度对中国“替代（市场）性管制”提出新的不利证据。④ 平新乔、李自然通过理论模型证明在上市公司质量服从正态分布的前提下，若证监会按经验估计的净资产收益率的均值来确定上市公司再融资资格，则危险很大，它反而会增加虚假的信息披露频率。⑤

除了揭示刚性管制对上市公司信息披露质量扭曲之外，还有部分研究成

① 陈小悦、肖星、过晓艳：《配股权与上市公司利润操纵》，《经济研究》2000 年第 1 期。

② 黄志忠、陈龙：《中国上市公司盈利成长规律实证分析》，《经济研究》2000 年第 12 期。

③ 王亚萍、吴联生、白云霞：《中国上市公司盈余管理的频率与幅度》，《经济研究》2005 年第 12 期。

④ 陈信元、叶鹏飞、陈冬华：《机会主义资产重组与刚性管制》，《经济研究》2003 年第 5 期。

⑤ 平新乔、李自然：《上市公司再融资资格的确定与虚假信息披露》，《经济研究》2003 年第 2 期。

果对刚性管制规则本身的合理性进行了质疑。王立彦、刘军霞通过检验 A—H 股公司 1994—2000 年间净利润双重报告差异发现，1998 年以前，内地与香港的会计准则存在较大差异，但 1998 年的内地新会计准则的实行并没有能够消除或者显著减少双重报告差异。对检验结果分析表明，1998 年会计制度还不完全是上市公司经营者所需要的会计规则是产生差异的重要原因。1998 年会计规则并非利益相关者共同选择的纳什均衡结果，自然容易被经营者所背离。在此规则的制定过程中，会计准则起草人根据自己掌握的资料以及德勤咨询专家组提供的比较研究报告所起草的研究报告，没有向社会公众公开，严重影响利益相关者对会计准则制定的参与。① 姜国华、王汉生运用模型证实，亏损以及连续亏损与否，并不直接依赖于公司长期的盈利能力，而是直接依赖于盈亏稳定性指标。因此，对连续两年亏损的上市公司进行特殊处理的监管政策（俗称 ST 政策）未必能起到促进上市公司发展，规范股市的作用。②

很显然，由于更多地带有替代市场管制色彩，而对强制信息披露范围和真实性要求不足，中国上市公司信息披露制度规范、发展资本市场，增强资本配置功能的作用受到很大局限。李远鹏以 1996—2006 年中国上市公司数据为样本，研究发现所谓的经济周期与上市公司经营绩效背离之谜只不过是根源于 IPO 时的利润操纵。③

与上市公司信息披露制度有限改进形成鲜明对照的是曾被公认为中国资本市场最大制度缺陷之一的股权分置的改革，由于充分遵循了市场化原则却取得较大成功。④⑤⑥ 辛宇、徐莉萍分别使用市场化指数和政府有效性指数作为治理环境的替代变量，在投资者保护的分析框架下，讨论了治理环境在股改对价和送出效率确定过程中的作用。结果发现，较好的治理环

① 王立彦、刘军霞：《上市公司境内外会计信息披露规则的执行偏差——来自 A—H 股公司双重财务报告差异的证据》，《经济研究》2003 年第 11 期。

② 姜国华、王汉生：《上市公司连续两年亏损就应该被“ST”吗?》，《经济研究》2005 年第 3 期。

③ 李远鹏：《经济周期与上市公司经营绩效背离之谜》，《经济研究》2009 年第 3 期。

④ 何佳、夏晖：《有控制权利益的企业融资工具选择——可转换债券融资的理论思考》，《经济研究》2005 年第 4 期。

⑤ 刘煜辉、熊鹏：《股权分置、政府管制和中国 IPO 抑价》，《经济研究》2005 年第 5 期。

⑥ 吴卫星、汪勇祥：《基于搜寻的有限参与、事件风险与流动性》，《经济研究》2004 年第 8 期。

境会使上市公司产生“公司治理溢价”，明显降低股权分置改革成本。① 杨丹、魏韫新和叶建明引入了一个通用的非流通股股价修正方法，即假定每股非流通股价值是流通股的一个比重，并把这一比重作为未知的参数进行估计。运用这一修正方法研究全流通改革是否公平补偿流通股股东时发现，只有非流通股比率较小的公司补偿是公平的。② 廖理、张学勇利用中国家族上市公司股权分置改革前后的季度时间数据进行分析，实证分析显示，全流通能够有效地纠正上市公司终极控制者的利益取向，抑制其掏空行为。③尽管受上市公司治理结构不完善等因素影响，但股权分置改革仍然存在效率损失，股权分置改革在保持市场稳定前提下仍取得了成功。④⑤

综上所述，与资本市场不平衡发展有关的金融理论创新基本上对中国股票市场两大特点达成共识：（1）得益于制度性改进，中国股票市场运行在1997年、1998年以后达到弱式有效。（2）中国股票市场存在单边市场和系统风险偏高的特征，使得配置资本的功能效率不足。还有部分研究成果初步总结了中国股票市场资本配置的功能效率不足的体制成因，即资本市场发展次序的扭曲和市场化监管能力的不足。

第五节　中国金融改革和发展对经济稳定及增长的影响研究

对于改革开放以来，中国金融改革和发展对经济稳定和增长的影响，国内经济学界也进行了广泛研究。国内经济学界大多认为国有银行信贷主导的企业投融资体制带有明显的政府主导特征，并且构成了中国目前金融体制的主体部分。关于国有银行信贷主导的企业投融资体制对中国经济稳定和增长的影响，国内经济学界主要从两个方面进行了分析：

---

① 辛宇、徐莉萍：《投资者保护视角下治理环境与股改对价之间的关系研究》，《经济研究》2007年第9期。

② 杨丹、魏韫新、叶建明：《股权分置对中国资本市场实证研究的影响及模型修正》，《经济研究》2008年第3期。

③ 廖理、张学勇：《全流通纠正终极控制者利益取向的有效性》，《经济研究》2008年第8期。

④ 赵俊强、廖士光、李湛：《中国上市公司股权分置改革中的利益分配研究》，《经济研究》2006年第11期。

⑤ 沈艺峰、许琳、黄娟娟：《我国股权分置中对价水平的“群聚”现象分析》，《经济研究》2006年第11期。

一方面，国内经济学界大多肯定了国有银行信贷主导的企业投融资体制加速投资推动型经济增长的作用。王广谦通过对中国改革17年来金融发展与经济增长的实证分析，论证了金融数量扩张对经济的推动作用和效率较低对经济带来的负面影响。[①] 张杰和张兴胜都肯定了通过金融抑制方式补贴体制内增长（主要指国有企业）对促进宏观经济稳定和增长的极端重要性。[②③] 张杰还剖析了通过金融抑制方式补贴体制内增长的可能机制，即国有银行特殊的资本结构。以国家提供国有银行免于破产以及存款隐性担保体现出来的国家信誉才是国有银行资本金最重要的组成部分。[④] 中国社会科学院经济研究所经济增长和宏观稳定课题组进一步把中国改革开放以来的金融体系概括为国家隐性担保下的银行信用扩张，兼顾经济增长和通货膨胀控制的货币政策和基于资本管制的人民币固定汇率制三驾马车，更加系统地论证了在干中学的经济发展阶段，由货币、金融扭曲加速投资和增长的可行性。[⑤]

另一方面，国内经济学界也对国有银行信贷主导的企业投融资体制可能引发信用膨胀和经济波动表现出高度关注。黄达、周升业较早地界定了信用膨胀概念，并指出信用膨胀最终必将引发通货膨胀。引起货币投放的贷款，必须以本期流通中货币必要的增加额为准。超过这个界限会形成过多的货币投放，即信用膨胀。[⑥] 引发信贷投放过多和通货膨胀体制成因可具体概括为：因体制改革不到位，企业和各投资主体将资金过多地配置于固定资产投资，以及银行固定资产投资贷款规模高速增长，助长了固定资产投资膨胀，使得企业被迫采用信用膨胀方式缓解企业流动资金不足问题。由固定资产投资过度引发信用和通货膨胀由蒋跃较早提出，王一江通过政府追求产出最大化，政府参与企业资源配置，政府与企业存在资源配置的信息不对称等一系列假定，更加严格地论证了这一理论可能性。[⑦⑧] 钱彦敏

① 王广谦：《提高金融效率的理论思考》，《中国社会科学》1996年第4期。

② 张杰：《渐进改革中的金融支持》，《经济研究》1998年第10期。

③ 张兴胜：《经济转型与金融支持》，社会科学文献出版社2002年版。

④ 张杰：《中国国有银行的资本金谜团》，《经济研究》2003年第1期。

⑤ 中国社会科学院经济研究所经济增长和宏观稳定课题组：《金融发展与经济增长：从动员性扩张向市场配置的转变》，《经济研究》2007年第4期。

⑥ 黄达、周升业：《什么是信用膨胀，它是怎样引起的?》，《经济研究》1981年第11期。

⑦ 蒋跃：《当前流动资金短缺机制及其缓解对策》，《经济研究》1986年第5期。

⑧ 王一江：《经济改革中投资扩张和通货膨胀的行为机制》，《经济研究》1994年第6期。

则从企业产权改革滞后和相应的内部人控制角度论证了代表性国有企业产出高于社会最优水平，倒逼出过度信贷投放和货币供给的机制。[①] 钟伟、宛圆渊通过引入预算软约束，构建了金融危机的信贷扭曲膨胀微观基础，并提出防范这种类型的金融危机，必须从减少政策性负担、弱化政府隐含担保和引入竞争性金融体系入手。[②] 易纲、林明提出国有企业事后的费用最大化从而事前的投资最大化是中国经济规模扩张的主要动力，但这种增长方式成本极高，其直接后果是形成巨大的银行不良资产。[③]

关于中国股票市场的超常规发展对经济增长和稳定的影响，国内有关研究成果相对较少。其中一类研究侧重于检验股市运行和实体经济的关系。大多数研究成果发现两者偏离较大，并对实体经济产生负面影响。何旭强、高道德从证券市场价格信号对产业转移的引致作用的角度，对中国证券市场价格信号的资源配置有效性进行实证研究。检验结果表明，中国证券市场价格信号在引致上市公司产业转移方面具有正向效应，并且从市场价格的变化到引致作用的发挥存在一定的时滞。此外，他们还利用投资额的时间分布检验了市场反应的理性程度，结果表明，中国证券市场对价格信号存在着一定程度的过度反应。[④] 刘骏民、伍超明在对有关股票市场与实体经济背离的研究成果进行总结回顾的基础上，构建了货币、虚拟经济与实体经济间关系的模型。分析发现，近年来中国股市与实体经济持续背离的主要原因在于虚拟资产收益率小于实物资产收益率。但收益率差异背后的直接原因是中国股市和实体经济结构的不对称性，股市并不是整个实体经济的晴雨表，而是国有及国有控股企业的真实反映。对在特殊历史背景条件下建立的股票市场，这种背离会使虚拟经济的发展受到限制，而发展滞后的虚拟经济必使实体经济的融资渠道和融资总量受到负面影响，实体经济的稳定持续发展将受到资金供应的限制。[⑤] 然而，靳庆鲁、李荣林和万华林以 1995—2004 年上市公司为样本，考察了经济增长、经济政策与公司业绩

---

① 钱彦敏：《论企业外部性行为与货币政策效率》，《经济研究》1996 年第 2 期。

② 钟伟、宛圆渊：《预算软约束和金融危机理论的微观建构》，《经济研究》2001 年第 8 期。

③ 易纲、林明：《理解中国经济增长》，《中国社会科学》2003 年第 2 期。

④ 何旭强：《证券市场价格信号的资源配置有效性——价格信号引导产业转移的考察》，《经济研究》2001 年第 5 期。

⑤ 刘骏民、伍超明：《虚拟经济与实体经济关系模型——对我国当前股市与实体经济关系的一种解释》，《经济研究》2004 年第 4 期。

之间的关系。结果发现，在控制了经济政策因素后，经济增长并没有和公司业绩背离，我国股市重现宏观经济“晴雨表”效应。[①] 另一类研究侧重于分析资产价格波动对金融和经济稳定的影响。刘霞辉结合一个泡沫经济模型概括出日本“泡沫经济”带来的警示：一是用行政手段保护的企业，在面临宽松的环境和经济增长速度放缓、实体经济投资收益降低时，大量资金会进入资产市场。二是金融市场发展滞后，国际化和金融自由化突然而至，银行放松融资口子，使资金大量涌入资产市场。而在泡沫破灭时，金融体系率先崩溃，对经济造成沉重打击。三是日本社会保险制度落后，在经济萧条时期，消费者预期收入降低，消费倾向下降，内需上不来。很显然，这些教训对中国尤为重要。[②] 江振华、李敏、汤大杰通过提出关于境外投资者分类（分为多头和空头）和决定因素的理论假设，分析境外投资者入市对一国股市风险的影响机制；在此基础上分析境外投资者入市对中国股市股票价格的影响，分析各种可能引发市场风险的因素，包括内源性因素和外源性因素。[③]

不过，也有相当多的成果倾向于否定中国金融发展，甚至银行业发展对经济增长的推动作用。Boyreau—Debray（2003）用 1990—1999 年间的分省面板数据考察中国银行业发展对各省经济增长的影响。他发现，中国银行体系的储蓄规模和国有银行的信贷规模与经济增长之间具有负向关系。[④] 王晋斌根据区域银行存款量与区域信贷量之间的长期相关性划分不同金融区域，并发现，在金融控制强的区域，金融发展对经济增长没有显著的促进作用，金融发展不是经济增长的解释因素，而是一种负面的作用；在金融控制弱的区域，金融发展与经济增长之间可能表现出一种“中性”的作用。[⑤] 陈雨露、马勇在引入社会信用文化、法律传统、政府治理及管理能力等控制因素后发现，在新兴市场国家，其金融体系结构越是倾向于“银行

① 靳庆鲁、李荣林、万华林：《经济增长、经济政策与公司业绩关系的实证研究》，《经济研究》2008 年第 8 期。

② 刘霞辉：《资产价格波动与宏观经济稳定》，《经济研究》2002 年第 4 期。

③ 江振华、李敏、汤大杰：《对外开放条件下的中国股市风险分析》，《经济研究》2004 年第 3 期。

④ Boyreau—Debray, G., 2003, FinancialIntermediation and Growth: Chinese Style, World Bank Policy Research Working Paper, 3027.

⑤ 王晋斌：《金融控制政策下的金融发展与经济增长》，《经济研究》2007 年第 10 期。

主导型”，那么其经营成本相应越高，效率越低。[①] 李富强、董直庆和王林辉在经济增长核算中引入制度因素后发现，金融发展对经济增长没有起到显著的正向作用，反而更多地体现了市场化、产权制度改革和经济增长的后果。[②] 然而，正如 Rioja and Valev 所指出的那样，金融发展与经济增长的关系在不同阶段具有不同的表现形式：在发达国家主要通过影响生产力来促进经济增长，而在发展中国家则主要通过资本积累来促进经济增长。[③] 杨胜刚、朱红运用中国中部地区的金融发展数据在一定程度上验证了这一点。[④] 鉴于中国经济增长的投资推动型特征，上述实证研究成果还不足以推翻中国金融发展，特别是银行业发展对经济增长推动作用的判断。

由此可见，上述的研究成果表明对经济稳定和增长的影响，中国国有银行信贷主导的企业投融资体制具有双重性，即一方面加速了投资推动型经济增长；另一方面又可能引发信用膨胀和经济波动。作为更加市场化的企业投融资体制，股票市场的发展对经济稳定和经济增长的影响基本上负面的。至少中国目前的股市尚未充分达到有效配置资本和加速经济增长的目的，反而有可能加剧金融和经济的不稳定。

第六节　全球金融危机和中国金融理论创新的新挑战

根据上面的分析，经济学界围绕中国改革开放以来政府主导型金融体制形成和资本市场不平衡发展的改革实践，广泛地进行金融理论创新，已经取得比较丰硕的成果。有关研究成果一方面充分肯定了政府主导型金融体制的形成对顺利推进货币化进程和实现经济稳定增长的积极作用；另一方面也揭示了政府主导型金融体制转型滞后，特别是资本市场发展不平衡对改善资本配置，推进资本化进程和实现金融、经济稳定的负面影响。概括起来，中国现行的金融体制存在着“两个滞后，两个超前”的特征。两

---

① 陈雨露、马勇：《社会信用文化、金融体系结构与金融业组织形式》，《经济研究》2008 年第 3 期。

② 李富强、董直庆、王林辉：《制度主导、要素贡献和我国经济增长动力的分类检验》，《经济研究》2008 年第 4 期。

③ Rioja，F. and N. Valev，2004，Finance and the Source of Growth at Various Stage of Economic Development，*Economic Inquiry* 42.

④ 杨胜刚、朱红：《中部塌陷、金融弱化与中部崛起的金融支持》，《经济研究》2007 年第 5 期。

个滞后，是指银行信贷利率市场化改革和债券市场，特别是企业债市场发展滞后，致使无法实现企业投资项目融资成本事前差别化定价；两个超前，是指包括外部股票市场在内的资产市场发展和过度放弃开发性金融超前，前者引发了资产价格泡沫和相应的金融和经济不稳定，后者则过早地放弃了政府主导型金融体制对小额投资项目卓有成效的信贷支持作用。这就要求理论界更加深入研究政府主导型金融体制市场化转型的目标和次序。

由于正在肆虐的全球金融危机发端于高度市场化的金融体制，这就更加突出了深入研究中国政府主导型金融体制市场化转型的目标和次序的紧迫性和重要性。尽管本次全球金融危机成因错综复杂，由金融创新过度引发的道德风险型市场失灵仍是重要根源之一。自20世纪80年代美国掀起金融自由化浪潮以来，利用金融衍生工具对冲投资价格风险成为影响最为深远的金融创新活动之一，其基本思路就是：通过历史数据利用统计中的肥皂理论计算证券价格单边市场的发生概率，并由金融衍生工具对相应的价格风险实现对冲和无风险套利。很显然，这样的理财思路实际上假定证券价格单边市场发生概率是外生的，而且相应的价格风险能够得到完全控制。殊不知，证券价格单边市场发生概率是投资者不同风险态度和信息状况平均而来的参数，一旦利用金融衍生工具对冲投资价格风险成为实践，这样的参数势必发生内生化，提高市场系统风险。同样重要的是，这样的理财思路一旦盛行，还可能引发资产价格泡沫，进一步导致风险防范和信息生产激励不足。另外，股指期货、期权等金融衍生工具的作用只是降低投资者的交易成本，其本身不一定会直接产生投资风险。但考虑到在资产价格泡沫盛行的情况下，价值投资并非最优交易策略，高杠杆的金融衍生工具完全可以用来放大而非控制投资风险。鉴于市场本质上属于处理与不确定性有关的有效信息处理机制，试图完全控制价格风险的金融创新思路本身就是违背市场经济最基本规律的。由此可见，即使金融发达如美国这样的经济体，同样面临着探讨金融结构调整的目标和次序，不断完善市场化金融体制的要求。这就意味着实现金融体制的市场化转型并无完全成功的先例可循，我们必须在深入研究金融危机和国外金融发展的经验、教训基础上，结合本国经济增长、金融发展和金融体制现状，探索最优金融体制市场化转型的目标和次序。

总的来说，国内理论界对本次全球金融危机的研究尚处于极其初步的阶段。彭兴韵认为，应当从金融资产的到期日曲线界定流动性更为准确，流动性过剩不在于货币供应与信贷的较快增长，而应当从资产组合理论出发，将流动性过剩理解为人们持有的短期资产超过了合意的均衡水平，而长期资产不足。这就可以解释与流动性过剩相伴随的资产价格大幅度上涨和收益曲线平坦化的两个典型现象。在此状况下，货币政策可能应该像拉德克利夫报告所指出的那样，关注流动性及资产市场的变化。拉德克利夫报告曾经指出，虽然商业银行的流动性比率是决定其信用扩张能力的主要因素，但由于它可以从其他部门来获得流动性，因而中央银行业难以通过控制商业银行的流动性来控制货币供给，有鉴于此，该报告建议中央银行应该控制经济体系中的所有流动性。① 中国经济增长与宏观稳定课题组运用数理模型分析发现，美国扩张性的财政和货币政策是造成此次全球失衡和金融危机的根本原因，美元的特殊地位或美元霸权发挥了重要作用。国际美元本位有两个层面的含义：首先，美国有责任和义务为全球经济提供流动性，以满足相关需求，这就要求美国有一定程度的国际收支赤字。其次，美国可以利用自己对全球经济的特殊影响，为本国牟取额外利益，包括向全球征收铸币税。这种权利和义务的矛盾与国内外政策目标的矛盾交织在一起，使得美国的宏观经济政策面临两难，过于迁就国内目标往往使得全球经济面临巨大风险。② 很显然，这两项研究成果主要从流动性过剩和货币政策局限性角度探讨金融危机发生的根源，尚未涉及金融体制不完善的相关影响。因此，深入研究政府主导型金融体制市场化转型的目标和次序，满足未来金融改革的理论创新要求尚任重而道远。

参考文献

1. 葛致达：《财政、信贷与物资的综合平衡问题》，《经济研究》1963 年第 10 期。

2. 刘光第：《试论银行在新时期的新作用》，《经济研究》1979 年第 1 期。

3. 黄达、周升业：《什么是信用膨胀，它是怎样引起的?》，《经济研究》1981 年第 11 期。

4. 黄范章：《股份制——社会主义全民所有制的好形式》，《经济研究》1989 年第 4 期。

5. 刘光第：《关于发展股票市场的几个问题》，《经济研究》1993 年第 3 期。

---

① 彭兴韵：《流动性、流动性过剩与货币政策》，《经济研究》2007 年第 11 期。

② 中国经济增长与宏观稳定课题组：《全球失衡、金融危机与中国经济的复苏》，《经济研究》2009 年第 5 期。

6. 赵海宽：《社会主义市场经济下的货币政策》，《经济研究》1993 年第 12 期。

7. 董辅礽：《中国的银行制度改革》，《经济研究》1994 年第 1 期。

8. 王晋斌、刘元春：《投资选择权约束、意见分歧与中国股市风险》，《经济研究》2000 年第 8 期。

9. 戴园晨：《股市泡沫生成机理以及由大辩论引发的深层思考——兼论股市运行扭曲与庄股情绪》，《经济研究》2001 年第 4 期。

10. 张杰：《中国国有银行的资本金谜团》，《经济研究》2003 年第 1 期。

11. 易纲、林明：《理解中国经济增长》，《中国社会科学》2003 年第 2 期。

12. 刘霞辉：《人民币已进入了长期升值预期的阶段了吗?》，《经济研究》2004 年第 2 期。

13. 刘霞辉、张磊、张平、王宏淼：《金融发展与经济增长：从动员性扩张向市场配置的转变》，《经济研究》2007 年第 4 期。

14. 中国人民银行，中共中央文献研究室：《金融工作文献选编（1978—2005）》，中国金融出版社 2007 年版。

15. 中国证券监督管理委员会：《中国资本市场发展报告》，中国金融出版社 2008 年版。

16. 陈雨露、马勇：《社会信用文化、金融体系结构与金融业组织形式》，《经济研究》2008 年第 3 期。

17. 盛松成、吴培新：《中国货币政策的二元传导机制——“两中介目标，两调控对象”模式研究》，《经济研究》2008 年第 10 期。

18. 伍戈：《中国的货币需求与资产替代：1994—2008》，《经济研究》2009 年第 3 期。

19. 陈国进、张贻军、王景：《再售期权、通胀幻觉与中国股市泡沫的影响因素分析》，《经济研究》2009 年第 5 期。

20. 中国社会科学院经济研究所经济增长与宏观稳定课题组：《全球失衡、金融危机与中国经济的复苏》，《经济研究》2009 年第 5 期。

（本章执笔人：张磊，中国社会科学院副研究员）

第十三章

居民收入分配理论演变

新中国成立以来，居民收入分配理论走过了60年的曲折的发展道路，终于形成了中国自己的收入分配理论。从它所探索和讨论的内容来看，主要是由两大理论体系的演变和发展而成的：一是20世纪50—70年代末传统的按劳分配理论体系，主要是以苏联模式的社会主义和按劳分配理论为基础，照搬到中国来以后，人们对它的理解和修正后所形成的按劳分配理论。二是从20世纪70年代末到现在的改革开放以来逐渐形成的居民收入分配理论体系，主要是以社会主义初级阶段实践为出发点，逐步形成的新的收入分配理论。下面对我国居民收入分配理论的演变史进行简要说明。

第一节　改革开放以前的按劳分配理论历程

这一阶段的基本特征，是在照搬苏联社会主义模式和按劳分配理论基础上，对传统按劳分配理论认识的某些变化。大致经历了新中国成立初期的引进、“大跃进”时期的否定、“文化大革命”时期的取消、拨乱反正时期的肯定和思考是否影响生产力发展四个阶段。

一、新中国成立初期的分配关系

1949年中华人民共和国成立以后，中国完成了新民主主义革命。到1956年以前，基本上是五种经济成分共存。即国营经济、合作社经济、私人资本主义经济、个体经济和国家资本主义经济。从分配关系来看，则有按劳分配、自给自足和按生产要素分配（自给自足也可归入按生产要素分配）三种形式。此外，在党政机关和军队则实行供给制。由于五种经济成分占国民生产总值的比重和人口覆盖面不同，其中占主体的是个体经济，其次才是国营经济和合作社经济，再次是资本主义经济。从这个角度来说，占主导地位的分配形式就是按生产要素分配，其次是按劳分配和实行供给制分配。1953 年，毛泽东提出了党在过渡时期的总路线和总任务，是："要在一个相当长的时期内，逐步实现国家的社会主义工业化，并逐步实现国家对农业、对手工业和对资本主义工商业的社会主义改造。"[①] 到 1956 年，基本完成上述"三大改造"。由于一些公私合营企业中，资本家只拿定息，与企业生产经营脱离了关系，所以，在所有制关系上，基本上形成了全民所有制和集体所有制两种所有制形式。在分配关系上，1955 年党政机关和军队的供给制改成了工资制，国营企业于 1956 年实行了"八级工资制"；农村合作社实行了工分制。至此，按劳分配成了主要分配形式，按劳分配理论已经成为我国分配理论的基础。由于两种公有制为主体的社会主义模式和按劳分配理论以及一整套计划经济管理体制，是从苏联引进的，它并不适合我国生产力的发展要求，为后来的社会经济发展带来了隐患。这一时期，讨论的问题不多，主要是对按劳分配的正面理解，以及反对平均主义问题。

二、1958 年"大跃进"期间的按劳分配大讨论

1958 年中共八届二中全会通过了"鼓足干劲，力争上游，多快好省地建设社会主义总路线"。在这条总路线指引下，发动了"大跃进"和"人民公社化"运动。在这一形势下，农村高级农业生产合作社之间刮起了"一平二调"的"共产风"。同时还取消了工分制，实行以吃饭不要钱和什么生活资料"几包"的供给制，即所谓"按需分配"的共产主义因素。城市也取消了奖金和计件工资制，有的地方还酝酿取消工资制，实行供给制。另外，1958 年 8 月毛泽东先后在政治局扩大会议上及全国协作区主任会议上讲话，提出要破除资产阶级法权（资产阶级式的权利）思想的问题。"他认为，按劳分配、工资制度、脑力劳动者与体力劳动者的收入差别等，都是

① 毛泽东：《关于党在过渡时期的总路线》，《毛泽东著作选读》下册，人民出版社 1986 年版，第 704 页。

资产阶级法权思想的残余。要考虑逐步废除工资制，恢复供给制。”[①] 张春桥根据这一思想，在1958年9月上海《解放》杂志第6期发表了《破除资产阶级法权思想》一文，1958年10月13日《人民日报》加了编者按转载了该文。文章说：“资产阶级法权思想的核心是等级制度”；“等级工资制”、“计件工资制”的作用是“钱能通神”，“并不是刺激起了生产积极性，而是刺激起了争名于朝、争利于市的积极性”，“实际上就是要用资产阶级等级制度的礼、法来代替无产阶级的平等关系”。还认为，改供给制为薪金制“是资产阶级为了保护不平等的资产阶级法权，为了打击无产阶级革命传统”。提出“彻底破除资产阶级法权”，恢复供给制。[②] 由于1958年12月中共八届六中全会通过的《关于人民公社若干问题的决议》指出：“否定按劳分配原则，就会妨碍人们的劳动积极性，就不利于社会产品的增加，也不利于促进共产主义的实现。”[③] 及时地纠正了否定按劳分配和取消工资制实行供给制的观点，但《破除资产阶级法权思想》一文引起的争议仍在继续，并出现了按劳分配的大讨论。这个时期讨论的问题主要是：什么是按劳分配、按劳分配与资产阶级法权的关系、要不要贯彻物质利益原则，等等。

三、“文化大革命”期间否定按劳分配

到了“文化大革命”期间，毛泽东对中国可能复辟资本主义忧心忡忡，看到了已经建立起来的社会主义离共产主义相距甚远，于是发表理论指示说：“总而言之，中国属于社会主义国家。解放前跟资本主义差不多。现在还实行八级工资制，按劳分配，货币交换，这些跟旧社会没有多少差别。所不同的是所有制变更了。”“我国现实行的是商品制度，工资制度也不平等，有八级工资制，等等，这只能在无产阶级专政下加以限制。”[④] 他察觉到生产关系与生产力不相适应，但不是调整生产关系来适应生产力的发展，而是在脑子里设想的“平等观”的支配下，进一步限制本来差别就不大的工资制度，结果更加限制了生产力的发展。王洪文、张春桥、江青、姚文

---

① 房维中等：《中华人民共和国经济大事记（1949—1980）》，中国社会科学出版社1984年版，第220页。

② 《人民日报》1958年10月13日。

③ 《中国共产党第八届中央委员会第六次全体会议文件》，人民出版社1958年版，第14页。

④ 《人民日报》1975年2月22日。

元“四人帮”接过“在无产阶级专政下加以限制”指示，把按劳分配与复辟资本主义联系起来，说：资产阶级法权的存在，则是产生新的资产阶级分子的重要的经济基础。[①]“四人帮”控制的舆论工具说：“工资范畴及其具体形式，不论是计时工资还是计件工资，都是资本主义社会遗留下来的”；奖金“没有跳出‘做事为了拿钱’这个资产阶级的框框”。[②] 上述观点起码有三点错误：一是强调政治挂帅，否定按劳分配、物质利益原则，使政治挂帅失去物质基础，成为空洞的口号；二是用供给制代替按劳分配，使低水平的平均主义泛滥；三是使本来已经超前的生产关系还要向“空想的共产主义”过渡。错误的理论给人们的思想造成了极大的混乱，也为国民经济带来严重危害。但极“左”思潮的出现不是偶然的，它反映了传统的分配理论，以及旧的计划管理体制本身的缺陷，即它们不适应生产力的发展，是教条主义地理解马克思社会主义理论的结果。同时，物极必反，极“左”思潮迫使人们反思中国到底应该建立什么样的经济体制以及分配制度的问题。

四、“文化大革命”结束后的拨乱反正

1976 年 10 月“文化大革命”结束，经济理论界开始对“四人帮”所歪曲的分配理论进行正本清源、拨乱反正，使人们对传统的按劳分配加深了理解。但也有抠概念的倾向。在批判极“左”思潮过程中，为了寻找理论依据，人们开始翻阅大量的经典著作，对按劳分配理论进行了系统考察，把“四人帮”扭曲的按劳分配理论纠正过来。在这期间召开了全国第五次按劳分配讨论会，为后来按劳分配理论的发展打下了坚实的基础。

五、在改革开放前对马克思主义按劳分配理论的发展

从新中国成立到改革开放前的 30 年时间里，分配理论的探索，概括地说，就是研讨什么是按劳分配，要不要贯彻按劳分配问题。涉及按劳分配的客观依据、对象、范围、性质、内容、“劳”，等等。经过讨论，人们熟悉了经典作家关于按劳分配的论述，明确了社会主义阶段贯彻按劳分配的必要性，同时加深了对按劳分配的理解和认识，并提出一些值得注意的观点。

---

① 姚文元：《论林彪反党集团的社会基础》，《红旗》1975 年第 3 期。

② 《社会主义政治经济学（未定稿第二版）》，上海人民出版社 1973 年版，327 页

（一）按劳分配是否要以“各尽所能”为前提

马克思、恩格斯、列宁在说到未来社会的分配原则时，都没有把按劳分配与“各尽所能”连在一起。只有讲共产主义分配原则时，说过共产主义社会的旗帜是“各尽所能，按需分配”。在谈社会主义分配原则时，只是说：“他以一种形式给予社会的劳动量，又以另一种形式全部领回来。”[①] 人类从资本主义只能直接过渡到社会主义，即过渡到生产资料公有和按劳分配。[②] 并没有说劳动者给予社会的是“各尽所能”的劳动量。第一个使用“各尽所能，按劳分配”的提法的是斯大林。他是在《和德国作家艾米尔·路德维希的谈话》中提出来的。他说：“各尽所能，按劳取酬”——这就是马克思主义的社会主义公式，也就是共产主义的第一阶段即共产主义社会的第一阶段的公式。只有在共产主义的高级阶段，每个人一方面按自己的能力来劳动，另一方面将按自己的需要来领取劳动报酬。在20世纪50年代经常见到按劳分配前面加上“各尽所能”的提法；20世纪五六十年代末开始出现“各尽所能”是按劳分配的前提。认为所谓各尽所能，就是人人都要为社会主义尽力劳动，充分发挥自己的才智和技能，全心全意为社会主义事业奋斗到底。如果不能各尽所能，势必要发生一部分人坐享另一部分人的劳动成果的现象，这个事实本身就违反了按劳分配原则。[③] 这种观点是值得推敲的。

第一，因为在社会主义条件下仍然存在着工农、城乡、脑力劳动和体力劳动的三大差别，劳动尚未成为生活的第一要素，这些都需要长期的努力才能改变。在这种情况下，有的劳动者所做的工作并不一定是他最能发挥作用的工作，“各尽所能”地劳动也是不可能的。另外，在社会主义条件下，由于劳动者的觉悟程度不同，甚至还有懒汉、二流子，他们只想伸手拿报酬，不愿意多劳动；觉悟高的人当然可以做到各尽所能地为社会劳动。在这种情况下，不论是各尽所能了还是没有各尽所能的劳动者，都只能根据他们的劳动贡献大小来分配给他们消费品，而不能根据是否各尽所能来分配。可见，按劳分配与各尽所能是两回事，不是连在一起互为条件的。

第二，把各尽所能与按劳分配连在一起，目的是想说明按劳分配是按

---

① 《哥达纲领批判》，《马克思恩格斯选集》第三卷，人民出版社1972年版，第11页。

② 《国家与革命》，《列宁选集》第三卷，人民出版社1960年版，第62页。

③ 《经济研究》编辑部：《建国以来社会主义经济理论问题争鸣（1949—1984）》，中国财政经济出版社1985年版，第139页。

需分配的初级阶段，有向按需分配过渡的必然性。它的理论渊源，就是把社会主义看成是无产阶级革命胜利的直接产物，是没有生产力作为基础的生产方式，是向共产主义过渡的短暂的阶段。这一点，在我国提出社会主义初级阶段理论后，已经是人们的共识。要求人们各尽所能地劳动只是对劳动者进行共产主义教育的口号，不是进行收入分配的前提条件。

（二）按劳分配的“劳”是不是个别劳动

马克思的按劳分配学说是马克思的设想，并没有得到完整的论证。马克思在《哥达纲领批判》中提出按劳分配设想时说：“在一个集体的、以共同占有生产资料为基础的社会里，生产者并不交换自己的产品；耗费在产品生产上的劳动，在这里也不表现为这些产品的价值，不表现为它们所具有的某种物的属性，因为这时和资本主义社会相反，个人的劳动不再经过迂回曲折的道路，而是直接地作为总劳动的构成部分存在着。”[①]“每一个生产者，在作了各项扣除之后，从社会方面正好领回他所给予社会的一切。他所给予社会的，就是他个人的劳动量。例如，社会劳动日是由所有的个人劳动小时构成的；每一个生产者的个人劳动时间就是社会劳动日中他所提供的部分，就是他在社会劳动日里的一分。他从社会方面领得一张证书，证明他提供了多少劳动（扣除他为社会基金而进行的劳动），而他凭这张证书从社会储存中领得和他所提供的劳动量相当的一分消费资料。他以一种形式给予社会的劳动量，又以另一种形式全部领回来。”[②] 也就是说，在马克思设想的按劳分配设想里，劳动者的个人劳动直接就是社会劳动的组成部分。那么，个别劳动者的劳动质量则无须检验，只要付出同等的劳动时间，就可以取得相等的报酬。这一结论在现实生活中是行不通的。

（1）在社会化大生产的条件下，“劳”是个别劳动，无法承认客观上存在着简单劳动与复杂劳动、脑力劳动与体力劳动、熟练劳动与非熟练劳动的差别。

（2）个别劳动还存在一个能不能被社会承认的问题，即个别劳动是不是有效的社会劳动的问题。如果是无效劳动，就不可能转化为社会劳动。因为它支付得越多，社会浪费就越大，不应该再根据按劳分配原则支付劳动报酬。所以，个人劳动还不能作为按劳分配的“劳”。

---

① 《马克思恩格斯选集》第三卷，人民出版社1972年版，第10页。

② 同上书，第10—11页。

（3）在20世纪五六十年代的按劳分配大讨论中，热烈地讨论了按劳分配的“劳”是什么。在讨论中曾经有三种不同的思路：一是从马克思等经典作家对未来社会实行按劳分配的设想进行考察的；二是从劳动的性质来考察的；三是从人劳动的自然形态来考察的。劳动的自然形态说，是蒋学模提出来的。具体是指劳动的潜在形态、流动形态、凝结（或物化）形态。一般地说，三种劳动形态都可以衡量工人的劳动贡献。[①]

第一，“劳”是个别劳动支出。这是根据马克思的按劳分配设想得出来的结论。[②]

第二，“劳”是社会平均劳动。即按劳动者的平均劳动强度和熟练程度计算的劳动支出。这是根据劳动的自然形态的凝结形态计算的劳动支出。[③]

第三，“劳”是形成商品的社会必要劳动，即价值。这是从劳动的性质和自然形态的凝结形态来考察的。形成商品价值的平均社会必要劳动，有人也称其为抽象劳动。认为抽象劳动是任何劳动共同的东西。同时每个人所支出的抽象劳动的多少同他对社会的贡献是成正比的，这反映在抽象劳动所创造的价值上。抽象劳动的多少不但同劳动时间有关，而且同劳动的质量、复杂程度有关。因此，以每个人所支出的抽象劳动也就是以每个人所创造的价值来度量每个人的劳动，在社会主义制度下是最合理的。[④] 提出按劳分配的“劳”是形成商品价值的平均社会必要劳动，有着重要意义。第一，发展了马克思等经典作家对按劳分配的设想，即：“劳”是劳动者的个别劳动和社会主义阶段商品货币关系已经消亡的设想。第二，证明了社会主义社会不是产品经济，仍然是商品经济，为改革开放后建立社会主义市场经济打下理论基础。

（三）按劳分配与商品生产的关系

新中国成立后，由于马克思主义经典作家认为社会主义社会不存在商品货币关系，并实行苏联式排斥商品生产的计划经济管理体制，不讲经济核算和经济效果，使国民经济受到极大损失。所以，在社会主义条件下，

① 蒋学模：《关于劳动形态及其它——经济理论问题札记三则》，《学术月刊》1962年第4期。

② 《经济研究》编辑部编：《建国以来社会主义经济理论问题争鸣 1949—1984》下，中国财政经济出版社1985年版，第162页。

③ 同上书，第163页。

④ 华学忠：《社会主义制度下商品生产的必然性是由按劳取酬的经济规律所决定的》，《学习》1957年第8期。

到底存在不存在商品生产，这在苏联和中国都是热烈讨论的问题。1957 年，有人在论证社会主义社会商品生产的原因时提出："社会主义商品生产和商品流通的必要性是由社会主义按劳分配的经济规律所制约的。"按劳分配要求"国家必须对每个社会成员的劳动量和消费量实行经常的有效的统计和监督。……在社会主义制度下，社会生产力有了高度的发展，社会分工很精细，社会上的生产劳动千门万种；同时，在社会主义制度下仍然存在智力劳动和体力劳动、简单劳动和复杂劳动、熟练劳动和不熟练劳动的区别。这种情况就使得社会不能直接用时间数量、钟点数量来计算耗费在各种不同的生产品中的劳动，而不得不用曲折迂回的方法，不得不用价值作为它们的统一指标"。[①] 虽然这种说法，是在肯定按劳分配的前提下，说明按劳分配与商品生产的关系，但也说明了商品生产与按劳分配的密切联系。还有人说：按劳分配"是社会主义时期，价值规律在分配领域的延长。……是等价交换在分配领域的延长"。[②] 这就说明了按劳分配与商品生产是密不可分的关系。

按劳分配与商品生产关系问题，尤其是肯定在社会主义社会，按劳分配是商品生产条件下的按劳分配，有非常重要的意义。第一，社会主义条件下存在商品生产，改变了国家、企业、劳动者三者的关系，企业是商品生产者，有经营自主权，能调动企业生产经营的积极性；国家不再对劳动者实行按劳分配，而是企业按照劳动力形成的价值进行分配。第二，消除了旧分配体制的"低（工资水平低）、平（平均主义严重）、乱（工资等级标准乱）、死（工资管理不灵活）"的毛病，建立起新型的与企业经营成果直接联系的分配关系，调动了劳动者的积极性。

（四）劳动力私有是按劳分配存在的条件

在按劳分配决定条件的讨论中有四种观点：一是强调社会主义公有制决定论。依据是马克思的一句话："消费资料的任何一种分配，都不过是生产条件本身分配的结果。"[③] 如有人说：产品分配的原则始终都只以生产资料所有制形式为转移，有什么样的所有制，就有什么样的分配方式。[④] 这一

① 喻良新：《试论社会主义社会存在商品生产的原因》，《大公报》1957 年 1 月 27 日。

② 许涤新：《论按劳分配的规律》，《光明日报》1962 年 11 月 19 日。

③ 马克思：《哥达纲领批判》，《马克思恩格斯选集》第三卷，人民出版社 1972 年版，第 13 页。

④ 喻良新：《试论社会主义社会存在商品生产的原因》，《大公报》1957 年 1 月 27 日。

观点过于笼统，它只是可以说明公有制消灭了剥削，并没有回答为什么不实行按需分配和平均分配的问题，并没有说明在所有权与使用权、支配权分离后生产资料分配的结果是什么。二是认为由生产资料所有制和生产力发展水平决定，① 但没有回答为什么不能实行平均主义分配问题。三是认为是多因素决定的。即社会主义公有制，生产力发展水平，工农差别、城乡差别、体力劳动和脑力劳动差别，以及人们的思想觉悟。② 这一观点，还无法解释为什么人们会计较个人的利益得失，为什么应该取消平均主义等问题。四是认为由劳动力个人所有制决定的。最早提出这一观点的是艾思奇。他说：在社会主义条件下“虽然没有生产资料的私有，但个人的劳动力在实际上仍被承认为私有。由于这样的私有权利，人们才可能自己向社会要求相应的报酬”。③ 有人分析说：“按劳分配原则的直接依据不是别的，而是劳动力本人私有制。”所谓公有制和生产力水平，等等，“仅仅是实行按劳分配原则必需的一些条件，还不是它的直接根据”，“按劳分配原则本身就说明‘劳’（劳动力支出的数量和质量）是消费品分配原则的直接根据，就说明不同的劳动能力是不同的分配权利的直接根据，就说明社会主义社会承认劳动力的强弱对其拥有者是一种‘天然特权’，就说明社会承认劳动者与其自身的劳动力之间是一种所属关系，即承认劳动力为其所出自的劳动者所私有，就说明社会主义社会里还存在着劳动力本人私有制这一生产关系，这一生产关系就是按劳分配原则的直接根据”。④

把劳动力个人私有制作为按劳分配的直接依据，是20世纪50年代关于按劳分配问题讨论的最大进展。但令人遗憾的是，这一观点的提出，当时并没有引起人们的广泛注意，而被所谓劳动力私有，必然导致劳动力是商品的观点所掩盖。劳动力个人私有制决定按劳分配的意义是：

第一，正确理解和发展了马克思主义的分配原理。马克思在《哥达纲领批判》中说：“消费资料的任何一种分配，都不过是生产条件本身分配的结果。”⑤ 当时人们对这后一句话的理解往往偏重于生产资料的分配（占

① 薛暮桥：《社会主义社会的分配制度》，《人民日报》1959年10月23日。

② 王爱珠：《关于按劳分配的客观必然性》，《中国经济问题》1964年第4期。

③ 艾思奇：《努力研究社会主义社会的矛盾规律》，《哲学研究》1958年第7期。

④ 于伍：《试论社会主义社会的劳动力所有制形式》，《新建设》1962年第6期。

⑤ 马克思：《哥达纲领批判》，《马克思恩格斯选集》第三卷，人民出版社1972年版，第13页。

有），而把生产条件中还包括的劳动者排除在外，是不全面的。其实，只是看到不同生产方式的生产资料占有属性不同，分配方式不同。没有看到劳动者的这个生产条件也是不同的。在资本主义条件下，生产资料私人占有，劳动者是以劳动力商品形式进行配置的。马克思说："资本主义生产方式的基础就在于：物质的生产条件以资本和地产的形式掌握在非劳动者的手中，而人民大众则只有人身的生产条件，即劳动力。既然生产的要素是这样分配的，那末自然而然地就要产生消费资料的现在这样的分配。如果物质的生产条件是劳动者自己的集体财产，那末同样要产生一种和现在不同的消费资料的分配。"① 而在社会主义条件下，生产资料公有，即马克思所说的"在一个集体的、以共同占有生产资料为基础的"生产方式里，劳动者既是生产资料共同的主人，又是以每个劳动者个体为生产条件进行生产和分配活动。这种"生产条件本身分配的结果"，决定了按劳分配方式。在提出劳动力私有制决定按劳分配的观点以后，实际上就是承认和明确了劳动者仍然是社会主义生产过程中不可缺少的生产要素条件，劳动者以劳动力所有权参与按劳分配也是劳动要素所有权的实现。

第二，解决了社会主义条件下劳动力是商品问题。在传统的社会主义政治经济学中，把劳动力商品作为资本主义范畴。在社会主义条件下，劳动者已经是生产资料的主人，就不可能存在劳动力商品。劳动力个人私有论解决了社会主义条件下劳动者既是生产资料主人又是商品的矛盾，使劳动力商品论得以成立。从而不仅在分配理论上解释了按劳分配存在的直接原因，而且在实践中可以开放劳动力市场，使劳动力合理流动，促进社会主义市场经济的发展。

第三，拓宽了对社会主义和按劳分配的研究方法。薛暮桥在分析按劳分配的研究方法的片面性时指出："长期以来，我们对社会主义经济制度，没有从劳动者和生产资料结合形式的特点上进行研究，这是一个缺点。我经过反复考虑以后，认为当我们研究社会主义与共产主义高级阶段不同本质的时候，决不能满足于分析按劳分配和按需分配这两种分配形式的区别，而应当寻根究底。""过去许多经济理论工作者回避人身生产条件即劳动力的个人所有问题，好像只要生产资料的所有制一改变，劳动力的个人所有就会立即跟着完全消灭。甚至根本否认劳动力也有归谁所有的问题。这样，

① 马克思：《哥达纲领批判》，《马克思恩格斯选集》第三卷，人民出版社1972年版，第13页。

就容易把历史上几种不同的社会经济形态混淆起来，也会把共产主义低级阶段和高级阶段的本质区别抹煞掉。我认为这会妨碍我们更深入地探讨按劳分配问题的。”[①] 薛暮桥不仅指出了经济理论研究中的片面性，同时也批评了另外一种倾向，即在社会主义经济理论的研究探索中，以简单的在资本主义和社会主义之间画线，来代替理论分析。如劳动力私有决定按劳分配，实际就是劳动力商品决定按劳分配，传统的观点把“私有”和“商品”看成社会主义经济范畴的禁区，尤其是在社会主义条件下，认为劳动者是生产资料的主人，说劳动力是私有，是商品，就是混淆社会主义与资本主义的本质区别。其实这是缺乏具体分析的方法，是最“有效”驳斥对方的方法，也是最无说服力的方法。直到现在这种错误倾向仍然存在。

（五）按劳分配与资产阶级法权的关系

1958 年张春桥发表《破除资产阶级法权思想》一文，提出取消工资制，实行供给制。有两条论据：一是批判“经济学家们所强调的‘物质利益原则’”；二是为了反对把按劳分配“制度化，系统化，更加向前发展”，“应当从政治思想上、道德上加强共产主义的教育，为彻底破除资产阶级的法权进行斗争”。从而引起混乱和争论。

1. 物质利益原则与政治挂帅的关系

当时，在物质利益与政治挂帅的关系上，强调政治挂帅是主流，把物质利益看成是“臭豆腐”，闻起来臭，吃起来香。但也有正面肯定物质利益的观点。如乌家培说：“工作人员从个人物质利益上关心社会生产的发展，是按劳分配的基本特点之一。按劳分配规律在社会主义经济中的作用直接决定了物质利益原则”，“社会主义物质利益原则具有全新的内容，产生了非资本主义制度所能够有的对劳动者的新的社会刺激”，“所以，对这个原则运用得越好越充分，社会主义的优越性也就表现得越大越明显。为了创造条件在共产主义高级阶段消灭物质利益原则，必须在共产主义低级阶段即社会主义建设时期，充分利用和大力发展物质利益原则。”[②] 沈志远说：“片面地强调政治挂帅而忽视群众的物质利益也会影响群众的积极性，即使可能在一个时期内把群众的干劲鼓舞起来，但如果不同保证物质利益的一定制度（如一定的工资制、奖励制、福利基金制等）密切结合起来，那末

① 薛暮桥：《中国社会主义经济问题研究》，人民出版社 1979 年版，第 71—72 页。

② 乌家培：《略论物质利益原则的性质》，《经济研究》1959 年第 8 期。

群众的积极性也是无法持久的。”还指出：“正确贯彻‘按劳分配’原则，坚持社会主义的分配制度本身就是‘政治挂帅’的一个方面。反之，若不重视‘按劳分配’原则，不重视群众的物质利益，那个‘政治’就会落空。”① 这种把按劳分配也看成是政治挂帅，贯彻按劳分配就是政治挂帅的见解，正确地说明了按劳分配与物质利益、政治挂帅的关系。

2. 如何理解按劳分配是资产阶级法权

按劳分配是资产阶级法权，这是马克思说过的。按劳分配“通行的是商品等价物的交换中也通行的同一原则，即一种形式的一定量的劳动可以和另一种形式的同量劳动相交换”，“在这里平等的权利按照原则仍然是资产阶级的法权”。② 其实，在原始社会后期就出现了商品交换，奴隶社会就有了商品生产。社会主义阶段也很难取消商品生产。说“同量劳动相交换”就是“资产阶级法权”并不准确。极“左”思潮借口按劳分配是资产阶级法权，企图过早地取消按劳分配，是妄想让还不会站立的婴幼儿开始跑步，怎么能不栽跟头呢！我国学者早在1957年就指出：“社会主义制度的建立消灭了剥削，这是社会上真正平等的基础，但是，‘按劳分配’仍是资产阶级法权，比起‘各取所需’来说是一种社会不平等现象。”③

极“左”思潮正是想把我国不成熟的社会主义阶段拉进共产主义；把尚不足以实行按劳分配原则的分配制度硬是向按需分配过渡，其结果，只能破坏生产力的发展。为此，沈志远说：“按劳分配与社会主义生产方式本身一样，具有相对稳定性。由于我国经济‘穷’和文化‘白’，它还有长期稳定性。有人过分强调它的过渡性，特别强调它具有‘资产阶级法权’性质等等‘缺点’，从而现在就应该‘积极培育按需分配的萌芽’，而把事情说成仿佛从社会主义社会存在的第一天起就开始了按劳分配规律的作用范围逐步缩小，按需分配规律的作用范围逐步扩大的过程。这种看法是值得商榷的。因为按劳分配这一经济规律是在整个社会主义阶段内（它在中国是一个相当长的时期）都起支配作用的分配规律”，“即使到了直接向共产主义过渡时期，我国社会性质基本上仍然是社会主义社会，消费品分配方面仍将以按劳分配为主。在这样一个长久的历史阶段内，我们的按劳分配

① 沈志远：《关于按劳分配的几个问题》，《文汇报》1962年8月30日。

② 马克思：《哥达纲领批判》，《马克思恩格斯选集》第三卷，人民出版社1972年版，第11页。

③ 仲津：《也来谈谈按劳分配和工农收入对比》，《学习》1957年第9期。

制度势必经历一个不断完善、不断巩固和发展的过程”。[1] 这一见解，是批判极“左”思潮的最大成果：第一，按劳分配是社会主义的生产关系，不仅不能取消，而且要不断完善、不断巩固和发展，不是资产阶级法权，是无产阶级法权。第二，从历史长河来看，社会主义不是很短的向共产主义过渡的阶段，而是一个相当长的社会经济形态。从而发展了马克思列宁主义的社会主义理论。

第二节　在邓小平理论指导下，中国的分配理论研究步入了新的领域

“文化大革命”结束后，人们开始在理论上拨乱反正，清算“左”的错误。同时，吹响了改革的号角。1981 年，在邓小平主持下制定的《关于建国以来党的若干历史问题的决议》，明确地提出了“我们的社会主义制度还是处于初级的阶段”。“我们的社会主义制度由比较不完善到比较完善，必然要经历一个长久的过程。这就要求我们在坚持社会主义基本制度的前提下，努力改革那些不适应生产力发展需要和人民利益的具体制度”。[2] 这就为改革和调整超前的生产关系提供了坚实的理论依据。1982 年 9 月中共第十二届中央委员会第六次全体会议通过的《关于社会主义精神文明建设指导方针的决议》指出：“我国还处在社会主义的初级阶段，不但必须实行按劳分配，发展社会主义的商品经济和竞争，而且在相当长历史时期内，还要在公有制为主体的前提下发展多种经济成份，在共同富裕的目标下鼓励一部分人先富裕起来。在这样的历史条件下，全民范围的道德建设，就应当肯定由此而来的人们在分配方面的合理差别，同时鼓励人们发扬国家利益、集体利益、个人利益相结合的社会主义集体主义精神”。[3] 在这里，指出了改革的具体内容，强调了按劳分配不是平均主义，它与合理差距并存；强调了社会主义初级阶段必然是公有制为主体的前提下发展多种经济成分。由于除了生产力发展水平外，所有制决定着分配的具体形式。提出“发展多种经济成分”就必然出现多种分配形式。改革开放前，虽然实现了

① 沈志远：《关于按劳分配的几个问题》，《文汇报》1962 年 8 月 30 日。

② 《关于建国以来党的若干历史问题的决议》，人民出版社 1981 年版，第 53 页。

③ 《关于社会主义精神文明建设指导方针的决议》，人民网，《中国共产党历次全国代表大会文件库》。

社会主义公有制，但生产力水平低下，不可能真正实现按劳分配，而是低水平的平均主义。根据世界银行的估计，1980 年中国城市居民收入的基尼系数为 0.16。[①] 基尼系数 0.3 为正常，0.16 则为极度平均。邓小平指出："从 1957 年至 1978 年，'左'的问题使中国耽误了差不多 20 年。中国在这一时期也有发展，但整个社会处于停滞状态。那段时期，农民年平均收入 60 元，城市职工月收入 60 元。在近 20 年的时间没有变化，按照国际标准，一直处于贫困线以下。"[②] 邓小平指出："搞社会主义，一定要使生产力发达，贫穷不是社会主义。我们坚持社会主义，要建设对资本主义具有优越性的社会主义，首先必须摆脱贫穷。现在虽说我们也在搞社会主义，但事实上不够格。"[③] "我们坚持走社会主义道路，根本目标是实现共同富裕，然而平均发展是不可能的。过去搞平均主义，吃'大锅饭'，实际上是共同落后，共同贫穷，我们就是吃了这个亏。改革首先要打破平均主义，打破'大锅饭'"。[④] "我们的政策是让一部分人、一部分地区先富起来，以带动和帮助落后的地区，先进地区帮助落后地区是一个义务。"[⑤] 我国的改革开放在邓小平理论指引下，取得了举世瞩目的成绩，分配理论也得到了丰富和发展，并建立起了有中国特色的社会主义收入分配理论。

第三节　改革开放后收入分配理论逐渐形成

改革开放以后，扩大了收入分配的渠道，相应地扩大了分配理论研究的领域，出现了三大转变：一是消费品的分配向收入分配的转变；二是完全的按劳分配向按劳分配为主多种分配形式并存方向转变；三是规范研究向与实证研究结合方向转变。这三个转变过程，反映了改革开放后分配理论发展的新面貌，最终出现了有中国特色的社会主义收入分配理论体系。

一、从消费品的分配向收入分配的转变

1. 按劳分配是消费品的分配。马克思在设想未来社会将实行按劳分配

① 世界银行：《中国：社会主义经济发展》第 1 卷，华盛顿 1983 年英文版，第 83 页。

② 《邓小平会见新加坡第一副总理吴作栋时的谈话》（1987 年 5 月 29 日），《人民日报》1987 年 5 月 30 日。

③ 《邓小平文选》第三卷，人民出版社 1993 年版，第 225 页。

④ 同上书，第 155 页。

⑤ 同上。

时指出："在一个集体的、以共同占有生产资料为基础的社会里"，[①] "除了个人的消费资料，没有任何东西可以成为个人的财产。至于消费资料在各个生产者中间的分配，那末这里通行的是商品等价物的交换中也通行的同一原则，即一种形式的一定量的劳动可以和另一种形式的同量劳动相交换。"[②] 显然，按劳分配是指消费品的分配，分配的内容只限于生活资料，当时的分配理论是消费品的分配理论。而随着我国从两种公有制发展为公有制为主体、多种经济成分并存，与此相适应的，是按劳分配为主、多种分配方式并存，即劳动、土地、资本、技术、管理等各种生产要素共同参与分配，分配内容已经不限于消费资料，而是各个所有者的收入，是收入分配。这一变化不仅在收入的量上发生变化，而且收入还可以转化为资本，为进一步扩大生产、经营提供条件。所以，新的分配形式是生产条件分配的结果。

2. 最早在分配体制上出现"收入分配"的是1981年推行的农村家庭联产承包责任制。其基本特点是：在保留集体经济必要的统一经营的同时，集体将土地和其他生产资料承包给农户，承包户根据承包合同规定的权限，独立做出经营决策，并在完成国家和集体任务的前提下分享经营成果。一般做法是：将土地等按人口或劳动力比例根据责、权、利相结合的原则分给农户经营。由于农户使用集体的土地和其他生产资料，进行自主经营，其分配办法是："交够国家的，留足集体的，剩下是自己的。"在这里，所谓"剩下是自己的"不仅有消费资料，还包括种子等生产资料和再生产的费用。它基本上就是一种自负盈亏的家庭经济，所谓分配，就是它的收入。有人根据主要生产资料仍归集体所有，说它是按劳分配的一种实现形式。[③] 实际上是一种误解，因为这里的公有制已经出现了所有权与使用权、支配权的分离。1993年中共十四届三中全会通过的《关于建立社会主义市场经济体制若干问题的决定》中，就有"建立合理的个人收入分配和社会保障制度"的决定，正式肯定了收入分配的提法。

3. 从消费品分配向收入分配的这一转变，使收入从单一化迈向多元化，城乡居民收入普遍增加。人民感受到了社会主义优越性，实现了邓小平说

① 《马克思恩格斯选集》第三卷，人民出版社1972年版，第10页。

② 同上书，第11页。

③ 林子力：《论联产承包责任制——中国社会主义农业合作经济的新形式》，《中国社会科学》1982年第6期；王春正主编：《我国居民收入分配问题》，中国计划出版社1995年版，第36页。

的：社会主义的优越性归根到底要体现在："在发展生产力的基础上不断改善人民的物质文化生活。"① 同时，也丰富和发展了社会主义初级阶段理论。

二、完全的按劳分配向按劳分配为主多种分配形式并存方向转变

改革开放后所形成的社会主义初级阶段理论，使社会主义所有制从单一公有制调整为公有制为主体多种经济成分并存，与此相适应，产生了以按劳分配为主多种分配形式并存的分配制度。这一变化，使得我国的分配理论的内容发生了变化。

（一）什么是按劳分配

马克思对未来社会实行按劳分配的设想，有四个基本前提：一是单一公有制；二是由社会对劳动者进行分配；三是商品生产和货币交换已经消失；四是劳动者的个别劳动不再经过迂回曲折的道路形成社会劳动，而是直接成为社会总劳动的组成部分。根据这四个基本前提，为理解什么是按劳分配有了明确的依据。新中国成立后，我国的个人消费品分配，是否是按劳分配呢？基本上是实现了按劳分配的形式。因为它只满足了上述四个前提的前两个，即在公有制下由社会进行的统一分配，并有一定的等级和差别。而后面的第"三"和第"四"个前提还不存在。为什么又说它是按劳分配"形式"呢，是因为在全民所有制经济单位分配实现过程中，出现了低、平、乱、死，体现不出多劳多得，少劳少得，不劳动者不得食的按劳分配原则；在农村集体经济单位中，工分值极低，甚至很难满足劳动力再生产的要求。虽然在改革前的理论上我国实行了"完全的"按劳分配，实际上是略有差别的平均主义分配。

（二）分配体制改革过程中提出来的主要思路

1. 两级按劳分配。1980 年蒋一苇针对全民所有制企业吃国家"大锅饭"的问题，提出了"两级按劳分配"的理论。认为："目前经济管理体制最大的弱点，在于企业与企业之间'吃大锅饭'搞平均主义。这个大的按劳分配不解决，而只在企业内部搞个人按劳分配，可以说是本末倒置了。其原因正由于我们把按劳分配，只是简单地理解为按个人贡献大小进行分配，没考虑到个人劳动只有通过企业产品（或劳务）才能转化为社会劳动，因此也没有考虑到按劳分配首先是按企业集体贡献大小的分配问题。"所以

① 《邓小平文选》第三卷，人民出版社 1993 年版，第 63 页。

必须实行“社会对企业集体实行按劳分配，企业内部对劳动者也实行按劳分配，使劳动者从物质利益上关心集体和个人的劳动成果。”[①] 这个观点引起了热烈的讨论，也是国有企业改革需要解决的一个重要问题。事实证明，“两级按劳分配”有利于解决国有企业吃国家“大锅饭”，平均主义严重问题，是计划管理体制向市场经济管理体制过渡的思路之一。但“两级按劳分配”的概念则不够严谨。因为马克思所说的按劳分配，是指个人的消费品分配，是以个人为对象的。“两级按劳分配”是首先“社会对企业集体实行按劳分配”，在这里按劳分配的对象由个人变成了“集体”，显然是不准确的。

2. 除本分成制。所谓除本分成，指的是企业从销售收入中扣除即消耗的生产资料（即除本）后，再从净产值中扣去除了工资以外的一切费用，包括交给上级管理部门的管理费用、工商税等，余下的部分作为企业的纯收入，按规定的比例在企业和职工之间分成。它的理论依据是两条：一是社会主义按劳分配原则，即马克思在《哥达纲领批判》指出的：“每一个生产者，在作了各项扣除之后，从社会方面正好领回他所给予社会的一切”[②]的原理；二是在社会主义条件下，集体所有制企业生产资料是集体财产，劳动者是企业的主人，劳动力也就不再是商品了。劳动力同生产资料的结合，就不再存在支付“工资”和领取“工资”的人了，劳动者集体劳动的收入即销售收入，在除了生产资料成本后，剩下的部分就是集体劳动创造的净收益，在国家、企业和劳动者个人之间进行合理分配，劳动者个人分得的部分即个人收入，是劳动者根据按劳分配原则取得的劳动报酬，不是劳动力价值或价格的转化形式。这样，反映资本主义雇佣剥削关系的“工资”范畴，在社会主义集体企业中就不存在了，取而代之的是“个人收入”，反映社会主义消费资料分配关系的范畴。劳动者的个人收入，就必然是从企业销售收入中扣除了生产资料成本之后的新价值支付的，产品成本自然就不包括工资，企业也不需要再用企业资金支付职工工资了。[③] 这个分配办法，早在20世纪50年代的手工业生产合作社以及农业集体经济中实行，后来1981年成都的部分集体企业中实行，被称之为除本分成制。后来

---

① 蒋一苇：《关于按劳分配的几个问题》，《工人日报》1980年3月21日。

② 《马克思恩格斯选集》第三卷，人民出版社出版1972年版，第10—11页。

③ 张静：《“除本分成”问题的讨论评述》，《东岳论丛》1985年第2期。

又根据蒋一苇的“两级按劳分配”称两级按劳分配、净产值分配。它之所以在 20 世纪 80 年代成为讨论的热点，是由于 1979 年开始出现的扩大企业自主权讨论引起的。这种分配办法，只适用于小型的股份合作型企业，以及它的成本概念只限定在生产资料上，不符合市场经济的要求，没有引起大的争论就销声匿迹了。

3. 实践推动了按生产要素分配理论的提出。改革开放以后，分配理论也突破了各种各样的“教条主义”的束缚，得到了飞跃和发展。其中按生产要素分配，就是最为突出的例子。改革开放以前，由于生产资料的完全公有制，在分配理论上，也把按劳分配视为社会主义的唯一分配规律。而把按生产要素分配看成是萨伊生产三要素论，与创造价值的源泉联系起来批判。但农村家庭联产承包责任制出现以后，客观上出现了生产要素参加分配的现实。如早在 1983 年全国第五次按劳分配讨论会上，就有文章提出：农村家庭联产承包责任制的分配关系中，投资、土地要素也参加了分配。文章指出：“各承包户按承包产量计算的土地及其质量虽然大体一样，但由于各户对土地的投资不同，因而土地的产量不同，形成级差收益也不相同。所以，在‘剩下是自己的’分配原则下，承包户的产品量和收入量取决于他们投入生产的劳动量和资金。也就是说，生产投资参与了产品的分配。”“另外，由于承包办法不同，也会出现每个劳动力占有的土地数量的差别。在这种情况下，生产资料的数量、质量更加明显地决定了承包应得产品数量，每个劳动力的产出量与劳动投入量的比例，则因户而异。”① 又由于随着多种经济成分的存在和发展，客观上已经明显地出现了按生产要素分配。因为承认私有经济的存在，也就承认了按生产要素分配。另外，公有制经济实行股份制改造以后，也就必然出现按生产要素所有权进行分配的按生产要素分配的原则。在这一背景下，学术界有人在理论上论证了分配领域除了按劳分配外，还要实行按生产要素分配的观点。如谷书堂、蔡继明认为，由于社会主义初级阶段还存在着多种所有制成分，还存在着商品生产和商品交换，国家、企业和个人都还具有相对独立的经济利益，国民收入中的积累与消费的比例、劳动者的现实利益与长远利益和个人需要与公共需要的选择等还不能完全由国家统一规定，企业和个人还都具有不同程度

① 张问敏、余大章：《对农业家庭联产承包责任制分配性质的探讨》，《关于按劳分配问题——全国第五次按劳分配理论讨论会论文选编》，人民出版社 1984 年版，第 422 页。

的收入分配和积累的自主权，所以，不能完全实行按劳分配。社会主义初级阶段的分配原则是按贡献分配，也就是按各种生产要素在社会财富的创造中所做出的实际贡献进行分配。社会主义初级阶段的各种收入都是按贡献分配的形式——工资是根据劳动的贡献而给予劳动者的报酬；薪金是根据经营管理的贡献而给予企业家的报酬；利息、股息和红利等是根据资金或资本的贡献而给予资产所有者的报酬。各种生产要素的贡献是由各生产要素的边际收益决定的。而各种收入的决定，又是通过市场机制实现的。[①]

（三）经济政策指导了按生产要素分配理论的完善

1987 年中共十三大政治报告《沿着有中国特色的社会主义道路前进》中说："我们已经进行的改革，包括以公有制为主体，发展多种所有制经济，以至允许私营经济的存在发展，都是由社会主义初级阶段生产力的实际状况所决定的。"并提出："我们必须坚持的原则是，以按劳分配为主体，其他分配方式为补充。除了按劳分配这种主要方式和个体劳动所得以外，企业发行债券筹集资金，就会出现凭债权取得利息；随着股份经济的产生，就会出现股份分红；企业经营者的收入中，包含部分风险补偿；私营企业雇用一定数量劳动力，会给企业主带来非劳动收入。以上这些收入，只要是合法的，就应当允许。"[②] 在这里，实际上已经肯定了按生产要素分配。从此以后的中共中央文件中便更加明确地宣布按生产要素分配的必要性。如 1997 年中共十五大报告指出："允许和鼓励资本、技术等生产要素参与分配。"[③] 2002 年中共十六大报告指出："确立劳动、资本、技术和管理等生产要素贡献参与分配的原则，完善按劳分配为主体、多种分配方式并存的分配制度。"[④] 随着党和政府对按生产要素分配的肯定，以及国有企业进行股份制改造的实施，多种经济成分的发展，加大了按生产要素分配的比重，打破了按劳分配是唯一分配方式的格局。

（四）按生产要素分配理论尚需深入研究的问题

1. 按生产要素分配与按劳分配的关系。按生产要素分配与按劳分配在概念上是否是一个，目前尚有不同的看法。有一种看法是把二者作为一个

① 参见谷书堂、蔡继明《社会主义初级阶段的分配原则》，《理论纵横》上篇，河北人民出版社 1988 年版。

② 《中国共产党第十三次全国代表大会文件汇编》，人民出版社 1987 年版，第 29、38—39 页。

③ 《中国共产党第十五次全国代表大会文件汇编》，人民出版社 1997 年版，第 25 页。

④ 《中国共产党第十六次全国代表大会文件汇编》，人民出版社 2002 年版，第 27 页。

范畴，只是它们的表现形式不同而已。如有人认为："我国现阶段的按劳分配，是包括在现阶段的按生产要素分配当中的。二者的关系，首先是包含与被包含的关系。"[①] 还有人说："按劳分配与按生产要素分配的关系是本质与现象、内容与形式的关系，是按劳分配因市场关系而转化为、表现为按生产要素分配。"[②]

在讨论中，有人不同意上述见解，认为："不能把按劳分配与劳动作为生产要素参与分配等同起来。"因为"按劳分配只存在于公有制经济中，劳动者得以主人翁的身份而不是仅仅作为劳动要素的提供者参与生产和分配的。而按生产要素分配要以私有制经济的存在为前提。在私营企业和外资企业中，劳动者不是主人，他们的劳动只是作为生产要素之一参与生产和分配。因此，不应把按劳分配纳入按生产要素贡献分配之中。"[③]

根据马克思的按劳分配理论，按劳分配与按生产要素分配并不是内容和形式的关系。

第一，什么是按劳分配。按劳分配是指按劳动贡献分配。按生产要素分配中的劳动要素也是按劳动贡献分配，两者是一样的。但能不能说按劳分配与按生产要素分配是一个概念？显然是不行的。因为在马克思那里，认为私有制之所以会产生剥削，就是由于生产资料占有的不平等。所以，在实现了生产资料公有制以后，把劳动作为分配的尺度，生产资料不参与分配。列宁把马克思提出按劳分配的设想，概括为按劳分配，即"人类从资本主义只能直接过渡到社会主义，即过渡到生产资料公有和按劳分配。"[④] 除此之外，还给社会主义的分配原则加上"'不劳动者不得食'这个社会主义原则"[⑤] 的限制词。从此以后，人们在讲社会主义的分配原则时，都把"不劳动者不得食"的原则作为按劳分配的同义语。所以，按劳分配只承认"劳动"作为分配的依据，以不承认生产资料参与分配为前提，而按生产要

① 杨欢进：《马克思逻辑中的按生产要素分配——兼与周为民、陆宁商榷》，《当代经济科学》2004 年第 1 期。

② 周为民、陆宁：《按劳分配与按要素分配——从马克思的逻辑来看》，《中国社会科学》2002 年第 4 期。

③ 卫兴华：《〈马克思主义政治经济学原理〉修订版的体系结构和理论构思》，《教学与研究》2003 年第 7 期。

④ 列宁：《无产阶级在我国革命中的任务》，《列宁选集》第三卷，人民出版社 1972 年版，第 62 页。

⑤ 列宁：《国家与革命》，《列宁选集》第三卷，人民出版社 1972 年版，第 252 页。

素分配是承认生产资料参与分配，这是两者的本质区别。

第二，所谓按生产要素分配，是指各种生产要素的所有者凭借对要素的所有权，按各自拥有的要素份额参与新创造出价值的分配。它的分配对象，既可以是个人，也可以是集体。这一点与按劳分配不同，按劳分配的分配对象只限于个人。另外，按生产要素分配，并不仅仅是所有制或私有制性质决定的，而是取决于资源配置的方式。在公有制的条件下，既可实行按劳分配，也可实行按生产要素分配。如在单一国有企业采取按劳分配方式；在公有制占支配地位的股份制企业，或不同股份所有者是各不相同的公有制单位，它的分配形式是非劳动生产要素参与分配。目的是有效利用资源，给予被使用的资源以回报，这是市场经济中普遍适用的办法。再如，农村集体经济在改革开放以前实行工分制，是典型的马克思所设想的按劳分配的分配形式；实行家庭联产承包责任制以后，虽然仍是集体经济形式，但所有权与经营权、使用权分离，实质上是按生产要素分配。当然，在私有制的市场经济条件下，生产要素所有权归私人占有，只能是按生产要素分配了。

总之，虽然按劳分配是按劳动要素进行分配的，但不能把按劳分配与按生产要素分配等同起来。

2. 按生产要素分配与剥削的关系。按劳分配的核心问题就是生产资料公有后消除了剥削。而根据劳动价值论和剩余价值理论，按生产要素分配承认资本、土地等非劳动要素参与分配，就会存在剥削。那么，社会主义初级阶段实行按生产要素分配是否存在着剥削，这是一个不能回避的问题。

持存在剥削看法的人认为："在马克思看来，劳动之外的其他因素不创造价值，因为他把价值看做是人类社会生产关系的体现，看做是个人对社会的贡献指标，而自然界等因素当然与个人对社会的贡献无关。从这种观点出发，那些不是靠自己的劳动而获得的收入，包括单纯由非劳动的生产要素的所有权而来的收入，就都是对他人劳动的'剥削'。"还认为："近20年来，我国经济学界却流行着一种以'要素报酬论'来修改劳动价值论的努力，它极力宣扬'资本、土地，也参加生产、也创造价值'，并且据此而主张'按生产要素分配收入'，这种'要素报酬论'不仅不合乎马克思的劳动价值论，它对剥削论的否定在逻辑上也站不住脚。"①

① 左大培：《劳动价值论的科学地位》，《经济学动态》2003年第2期。

一般持有按生产要素分配无剥削论的看法认为："应该理直气壮地抛弃'剥削收入'的提法，代之以'资本收入'新观念。"① 有人解释说："根据我们的研究，在许多方面，资本不再是起主导性作用的要素，它可能被其他要素所利用或雇用，而不是雇佣其他要素。""资本雇用劳动的场合取得的收入可以定义为剥削收入"；"资本被其他要素雇用所取得的收入，就不能一概认定为剥削收入"。"收益的更大份额不是归物质资本，而是归人力资本、归知识资本，这正是社会进步的表现"。②

还有人认为："不能再以单一的劳动价值论为收分配的唯一根据：谁创造价值，价值就归谁。……事实上，劳动要能创造价值，就必须同时创造使用价值，而使用价值即物质财富的创造除了劳动之外还需要资本、土地等客观要素，没有这些非劳动要素的投入，劳动是无法创造价值的。也就是说，资本、土地等生产要素虽然不创造价值，但它们作为创造价值的必要条件，通过参与使用价值的创造帮助劳动创造了价值，因此它们也要参加价值分配，得到应有的回报。只要它们各得其所，就不能说是剥削，也不能说是'合理剥削'。马克思当时提出的剩余价值的剥削理论，是有特定的社会背景的。今天就不能只重价值创造而不重财富创造了，要把价值和财富的创造结合起来重视生产要素的投入。""现在大家确认按生产要素分配，正常情况下的分配所得就是合理合法的，不存在剥夺者，也就不存在'剥夺剥夺者'的问题。"③

目前在对待"剥削"的看法上，都认为它是客观存在，有必然性。焦点仍然在于是否肯定"劳动创造价值的一元论"这个老问题上。但认为非劳动生产要素不创造价值的观点也批评否定非劳动生产要素参与分配的观点。认为：劳动价值论并不否认非劳动要素参与分配的历史必然性。基于对资源的节约使用和保值增值的激励而允许资产获得适当回报和收益的权利。只要这种分配制度是有利于生产力发展的，就有存在的理由。传统理论认为，劳动创造了价值，那么只有劳动才有权参与分配，对非劳动要素参与分配一概加以否定。这是一种脱离物质利益基本制约性的历史唯心主

---

① 杨继瑞：《论资本经济实现的二重性》，《当代经济研究》2003 年第 2 期。

② 洪银兴：《资本及其收入属性研究》，《当代经济研究》2002 年第 1 期。

③ 胡培兆：《从历史与现实性的双重视角看〈资本论〉——纪念〈资本论〉出版 140 周年》，《中国经济问题》2007 年第 6 期。

义观点。[①] 应该说，这就是最大的求同存异，在生产要素分配论与剥削问题讨论的最大进展。

（五）逐渐形成了有中国特色的社会主义收入分配理论体系

回顾新中国成立60年来的收入分配理论，大体上可以看到：前30年主要是消化从国外引进的按劳分配理论。意识到它基本不适应中国的实际，但也出现过两种截然不同的态度：一是极“左”思潮的取消派；二是探索派。后来，发现从国外引进的计划管理体制不适应中国的实际情况，探索派变成改革派。后30年，在邓小平理论指导下进行经济体制改革，发展多种经济成分，建立起社会主义市场经济，逐渐形成了按劳分配为主体、多种分配方式并存的分配制度，即确立劳动、资本、技术和管理等生产要素按贡献参与分配的原则，成为有中国特色的社会主义收入分配理论体系。这一理论体系，是根据市场经济发展的内在要求，突破了传统社会主义政治经济学的偏见，把过去认为是资本主义范畴运用于社会主义市场经济中来，并给以科学的解释。如发展非公有制经济、非劳动要素参与分配，等等，为社会主义初级阶段的市场经济注入了活力，发展了经济、提高了人们的收入分配水平。实践证明，这一分配理论体系是适应生产力发展的，是正确的。

三、从规范分析向着规范分析与实证分析结合

改革开放前的分配理论研究中，主要是规范分析并排斥实证分析。在马克思主义经典著作中，也有实证分析；另外，在西方古典经济学中就有规范分析。作为研究方法，规范分析与实证分析并不是互相排斥的。但在新中国成立初期的马克思主义经济学的研究中，则偏重于规范分析。

规范分析其特点是：以价值判断为基础，着重于逻辑推理。首先是树立经济理论的前提，制定某些标准作为分析经济政策、事物的尺度。其次是研究使经济政策、经济事物符合理论前提和标准。最后是回答结果应该是什么，而不考虑结论如何去检验。实证分析主要是定量分析，通过统计数据的处理，对假说进行证实和证伪。其特点是：超脱一切价值判断，只考虑经济事物之间的内在联系，来分析和预测人们经济行为的效果。回答

① 于祖尧：《中国经济转型时期个人收入分配研究》，经济科学出版社1997年版，第48—49页。

结果是什么，力图使所得出的结论通过经验事实来检验。①

在20世纪80年代，我国学者基本上进行规范研究。如关于收入水平和差距的计量问题，在过去的规范研究中，只限于计算收入变化幅度和差距的倍数关系，很少有精确的计量。随着改革开放的深入，居民的收入水平、渠道都得到了增长和拓宽，相应地需要进行定量分析研究，来适应新的形势。另外，到了20世纪80年代中期，随着西方经济学的广泛传播，西方经济学所擅长的实证分析对我国的影响也开始与日俱增。我国经济学者在分配领域的研究中开始使用实证分析方法，首先是使用一些概念，其后是逐渐开始运用数学方法，进行实证分析。最早使用实证分析方法的是刘国光等主编的《中国经济发展战略问题研究》（上海人民出版社1984年版）一书第十五章《中国消费基金和个人收入分配问题》中，运用了洛伦茨曲线和基尼系数。从此以后，开始广泛使用实证方法，推动了我国收入分配不公问题的研究，其面貌焕然一新。代表性著作有赵人伟等主编的《中国居民收入分配研究》（中国社会科学出版社1994年版）、陈宗胜著的《经济发展中的收入分配》（上海三联书店1991年版）等。

由于在分配问题上，规范研究主要是探讨收入分配不公的基本理论，分析收入来源和如何分配；实证研究重点主要是解决分配关系中矛盾的相关对策，设计理想的分配模式。所以，两者是互补的，在现代经济学研究中不应该互相排斥。可喜的是，在收入分配领域，实证研究已经越来越被学者们所重视，实证研究与规范研究相结合已是大势所趋。

参考文献

1.《关于建国以来党的若干历史问题的决议》，人民出版社1981年版。

2. 经济研究编辑部编：《建国以来社会主义经济理论问题争鸣1949—1984》下，中国财政经济出版社1985年版。

3. 王春正主编：《我国居民收入分配问题》，中国计划出版社1995年版。

4. 于祖尧：《中国经济转型时期个人收入分配研究》，经济科学出版社1997年版。

5. 张卓元等主编：《20年经济改革回顾与展望》，中国计划出版社1998年版。

① 胡寄窗等：《新中国经济思想史纲要（1949—1989）》，上海财经大学出版社1997年版，第101页。

6. 张卓元主编：《争论与发展：中国经济理论50年》，云南人民出版社1999年版。

7. 张卓元主编：《中国经济学30年（1978—2008）》，中国社会科学出版社2008年版。

（执笔人：张问敏，中国社会科学院经济研究所研究员）

第十四章

社会保障理论的演进与创新

新中国建立60年来，尤其是改革开放以来，中国发生了天翻地覆的变化。在中国经济学60年的发展历程中，中国社会保障理论与经济学其他分支一样，同样经历了一个重大变化。

改革开放前，中国社会保障理论的研究主要源于马克思列宁主义和毛泽东思想等经典理论中关于福利的论述。马克思的“产品扣除”思想、列宁的“国家保险”思想和毛泽东的“以福利促发展”思想，都对新中国社会保障制度的建立提供了理论基础，而苏联的“国家保险”直接为我国提供了制度样板，成为新中国社会保障学习的对象。在这些理论和制度指导下，新中国建立了“国家/企业保险”制度。这个制度为新中国的经济建设立下了汗马功劳。

改革开放后，中国进入经济转型期，在“解放思想，实事求是”思想路线指导下，经济学界对社会保障理论的研究从中国实际情况出发，从引入和借鉴国外社会保障理论和经验得失开始，逐渐形成中国特色的社会保障理论和社会保障制度。从20世纪80年代起，福利经济学等一批经济学经典著作以及介绍世界各国社会保障实践著作的引进，为国内社会保障实践提供了理论基础以及可资借鉴的分析工具与方法。在总结改革开放后恢复的劳动保险制度的基础上，在对传统的统账结合模式和新兴的个人账户模式进行比较后，中国最终在试点的基础上建立了独特的基于统账结合模式的养老和医疗保险制度。

世纪之交，为了完善中国社会保障制度，对统账结合模式的重新反思后，中国进一步扩大了养老保险的覆盖范围并改进了养老保险待遇的计发办法，构建了覆盖城乡的医疗保障体系雏形，并正式建立了失业保险制度与最低生活保障制度。走进新世纪，和谐社会和科学发展观成为中国社会保障制度新的理论基础，新时期的社会保障的建设任务还很重，面临的问题还很多，如社会保障立法的问题、统账结合制度的走向问题等，这些都是在新时期需要进行完善的方面。

第一节　改革开放前中国社会保障制度的理论基础与制度描述

一、改革开放前中国社会保障制度的理论基础

（一）马克思的社会保障思想："社会总产品"中的福利扣除

新中国建立之初，由于国内几乎连一本社会保障专业理论译著也没有出版，所以，经济学界对社会保障概念的基本认识完全来自马克思关于"社会总产品"的基本论述。根据马克思的解释，工人创造的"社会总产品"是建立社会保障制度的基础，而社会保障又是人进行"再生产"的必要条件，因此，从"再生产"的角度看，在"社会总产品"中进行福利扣除是必需的。在《哥达纲领批判》一文中，马克思对社会主义社会产品分配原理进行论述时，对社会保障的来源进行了如下概括："如果我们把'劳动所得'这个用语首先理解为劳动的产品，那么集体的劳动所得就是社会总产品。现在从它里面应当扣除：第一，用来补偿消耗掉的生产资料的部分。第二，用来扩大生产的追加部分。第三，用来应付不幸事故、自然灾害等的后备基金或保险基金。从'不折不扣的劳动所得'里扣除这些部分，在经济上是必要的，至于扣除多少，应当根据现有的物资和力量来确定，部分地应当根据概率计算来确定，但是这些扣除无论如何根据公平原则是无法计算的。剩下的总产品中的另一部分是用来作为消费资料的。在把这部分进行个人分配之前，还得从里面扣除：第一，同生产没有直接关系的一般管理费用。同现代社会比起来，这一部分一开始就会极为显著地缩减，并随着新社会的发展而日益减少。第二，用来满足共同需要的部分，如学校、保健设施等。同现代社会比起来，这一部分一开始就会显著地增加，并随着新社会的发展而日益增长。第三，为丧失劳动能力的人等等设立的基金，总之，就是现在属于所谓官办济贫事业的部

分。”[1]

从社会保障的角度看，马克思关于“产品扣除”的思想渊源可以追溯到16世纪欧洲基尔特主义的“行业公会保险”。[2] 当时，为了抵御风险和维持生存，矿工和海员等自发建立了“互助会”和“行业公会”等组织，这种互助性质的组织一般是以行业和大型企业为依托，并建立在雇员和雇主共担风险、互相帮助的基础上，以实现在自愿的基础上最大限度地分散风险、实现劳动力“再生产”的目的。因此，从本质上看，“行业公会”等组织的资金来源于雇员创造的“社会产品”，是对“社会产品”的一种扣除，正是从这个角度，马克思的“产品扣除”和“行业公会保险”的“保险费扣除”如出一辙，可以说，马克思的“产品扣除”理论是对此前“社会保障”实践的高度概括和科学总结。

马克思的社会再生产理论为社会保障制度的建立和实施提供了坚实的理论基础。一般来说，劳动者的社会劳动一方面为自己的养老、疾病和各种福利性质的享受创造后备金的价值；另一方面也为他人创造在丧失劳动能力时的社会生活基金，进而作为人类社会人与人之间相互依存的条件，实现人的社会化。从某种意义上说，社会保障是人自身“再生产”的必备条件，如医疗保险、工伤保险、生育保险等。科学社会主义学说为社会主义国家社会保障制度的产生提供了理论基础。

（二）列宁的社会保障思想：从“产品扣除”到“国家保险”。

新中国建立之初，在中国经济学界对社会保障制度的理解中，列宁关于“国家保险”理论占统治地位，并且建基于列宁“国家保险”理论的苏联社会保障模式对中国经济学界和社会保障制度模式的选择产生了“一边倒”的影响。

十月革命的胜利，使俄国成为世界上第一个社会主义国家，这就为建立“列宁式”的社会主义社会保障制度提供了基础。列宁在揭露资本主义社会保障制度本质的同时，把马克思关于“产品扣除”的思想发展成为“国家保险”思想。所谓“列宁式”的“国家保险”模式，是指“工人在年老和完全或部分丧失劳动能力时，得享受国家保险，国家向资本家征收

---

① 《马克思恩格斯选集》第三卷，人民出版社1995年版，第302—303页。

② 郑秉文：《社会保障基金的法律组织形式：欧盟的经验教训》，《中国政法大学学报》2009年第1期，第30—45页。

特别税作为专用基金”。这一制度设想在1912年1月俄国社会民主工党第六次“布拉格”全国代表会议上得到了明确：“最好的工人保险形式是国家保险，这种保险是根据下列原则建立的：（一）工人在下列一切场合（伤残、疾病、年老、残疾；女工还有怀孕和生育；养育老死后所遗寡妇和孤儿的抚恤）丧失劳动能力，或因失业失掉工资时国家保险都给工人以保障；（二）保险要包括一切雇佣劳动及其家属；（三）对一切保险者都要按照补助全部工资的原则给予补助，同时一切保险费都由企业主和国家负担；（四）各种保险都由统一的保险组织办理，这种组织应按区域和被保险者完全自理的原则建立”。说到底，“列宁式”的“国家保险”理论的本质是指国家应该在社会保障的组织和管理中承担主要的责任，保险费用完全由企业和国家负担，并且制度还扩展到了工人家属。

“国家保险”原则的确立是和苏联当时高度集中的计划经济体制相适应的，实行农业集体化、用工业产品“剪刀差”方式积累工业化建设资金、采取高度集权的计划体系调配各种资源等措施，成为必然的政策选择。作为经济体制的一个“子制度”，“国家保险”成功地调动了国民参与苏维埃建设的积极性，为经济建设和保护苏维埃提供了动力。

20世纪30年代，苏联经济实现快速发展，到1937年年底第二个五年计划时，国民经济平均每年增长17.1%，工业发展速度超过各主要资本主义国家，工业总产值则跃居欧洲第一位，世界第二位。① 此后，苏联在第二次世界大战中的胜利，证明了当时计划经济体制和与之相配套的“国家保险”制度具有无可比拟的优越性。

在“国家保险”原则的指导下，苏维埃政府成立以后就以国家立法的形式建立了社会保障制度，仅在1917年11月到1922年5月的5年时间内，列宁亲自审批和签署的有关劳动者社会保障问题的重要法令就有100多条。② 到1922年年底，逐步形成了以国家保险为主要内容、覆盖面较广的社会保障制度。苏维埃共和国对社会主义公有制条件下社会保障制度建立所进行的探索及其所取得的成绩是对国际共产主义的一个贡献，它使社会保障由“社会性”问题成为“行政性”问题，因此又具有了“强制性”，

① 马杰、郑秉文：《计划经济条件下新中国社会保障制度的再评价》，《马克思主义研究》2005年第1期。

② 梅哲：《构建社会主义和谐社会中的社会保障问题研究》，中国社会科学出版社2007年版，第26页。

使这一制度规定成为全体人民共同享受的“安全性福利”。[1]

（三）毛泽东的福利思想：“以福利促发展”

中国共产党在1921年建党之初就将建立社会保障制度作为自己的奋斗目标之一，并于当年8月在上海成立了专门领导工人运动的机构——中国劳动组合书记部，并创办了机关报《劳动周刊》。1922年8月拟定的《劳动法案大纲》第十一条提出，“对于需要体力之女子劳动者……应予以五星期之休假”，并对劳动者的劳动时间、劳动报酬、劳动教育以及劳动保险等方面均提出了具体要求。1925年组织召开的第二次全国劳动大会提出：“应实行社会保险制度，使工人于工作伤亡时，能得到赔偿。”1930年，中央苏区颁发了《劳动暂行法》，对社会保险又做了明确规定。1931年，第一次中华苏维埃共和国工农兵代表大会上正式颁布的《劳动法》规定，在根据地实行社会保险，雇主每月交纳工资总额的10%—15%作为保险金。[2] 1942年，毛泽东在《必须给人民看得见的福利》一文中指出：“一切空话都是无用的，必须给人民看得见的物质福利。我们第一个方面的工作……就是组织人民，领导人民，帮助人民发展生产，增加他们的物质福利……这是我们党的根本路线，根本政策。”[3] 1947年12月25日，在《目前的形势和我们的任务》中，毛泽东指出：“新民主主义国民经济的指导方针，必须紧紧追随着发展生产、繁荣经济、公私兼顾、劳资两利这个总目标。一切离开这个总目标的方针、政策、方法，都是错误的。”[4]

中国共产党人对社会保障概念的认识与马克思主义经典作家关于无产阶级斗争的理论是一以贯之的。很显然，新中国关于社会保障的理念和理解，其思想渊源首先是马克思、恩格斯创立的科学社会主义学说和在这一学说指导下的无产阶级运动，来源于以毛泽东为主要代表的中国共产党人在领导中国革命的长期斗争中所创立的毛泽东思想。毛泽东对福利的理解体现了“以福利促发展”的思想。一方面，不给予劳动者“看得见的物质福利”，[5] 便得不到他们的支持；另一方面，在处理劳动关系、工资福利待

① 马杰、郑秉文：《计划经济条件下新中国社会保障制度的再评价》，《马克思主义研究》2005年第1期。

② 同上。

③ 《毛泽东著作选读》下册，人民出版社1986年版，第563—564页。

④ 同上书，第637页。

⑤ 同上书，第563－564页。

遇等方面的问题时，要兼顾劳资双方的利益，要保护资方的积极性。毛泽东在《论联合政府》中指出："在新民主主义的国家制度下，将采取调节劳资利害关系的政策。"[①] 这体现了中国共产党人在处理福利待遇上所持的实事求是的态度，特别是新中国成立初期，在国民经济遭受连年战乱、人民生活十分困苦的条件下，有条件地保证资方利益，不在社会保障权益上提出更高的要求，这对恢复国民经济有着重要的意义。由此看来，中国共产党人的福利思想兼顾了劳方和资方的权益，在保证人民福利的基础上，还调动了资方的积极性，体现了"以福利促发展"的思想内涵。

因此，在考察新中国社会保障理论渊源时，如果不将我们党的关于武装斗争的哲学与马克思主义创立的科学社会主义学说联系起来，我们将无法理解为何在我们党在 1949 年夺取政权之前和之后都始终不渝地将保护人民生活的福利作为其武装斗争的一个重要方面，无法理解新中国社会保障制度的本质特征，无法理解计划经济条件下源自于苏联模式和马克思列宁主义毛泽东思想指导下福利制度作为一个相配套的子制度，为什么会适应于那个经济制度和政治制度，为什么适应于那个时代。

二、改革开放前中国社会保障制度描述

在马克思那里，社会保障之所以被视为是对"社会总产品"的扣除，主要是指劳动力进行"再生产"的必要条件而言；列宁将"产品扣除"思想发展成"国家保险"原则，并据此建立起"国家保险"制度；中国共产党人在斗争和建设过程中总结了自己在社会保障方面的做法和经验，遵循马克思"产品扣除"的基本思想，结合列宁"国家保险"的基本原则，进一步拓展了苏联"国家保险"模式，建立起一个具有中国共产党人和中国共产党福利思想特色的"国家/企业保险"模式。新中国"国家/企业保险"既是对苏联"老大哥"社会保障模式的模仿，也是对其的一种衍生；既体现了马克思"产品扣除"的思想内涵，又是对其思想核心的一种实践；既表达了列宁"国家保险"的本质特征，又融合了中国共产党福利思想对缔造新中国的崭新理解。因此，新中国建立的"国家/企业保险"模式本身就是马克思主义基本原理与中国实践具体相结合的一个结晶。具体而言，新中国建立的"国家/企业保险"模式是指以国家为实施和管理主体、国家和

---

① 《毛泽东选集》第三卷，人民出版社 1980 年版，第 1082 页。

企业共同负担费用，由此形成国家和企业一体化的社会保障模式。[①] 其特点主要包括以下三个方面：

第一，“国家/企业保险”模式为城镇居民提供了“从摇篮到坟墓”的保护，并成为计划经济下低工资制度的较好补充，为人们提供了较为全面的保障。在城镇，社会保障制度主要包括四大劳动保险、社会救济、社会福利以及其他的保障，不仅覆盖劳动者本人，劳动者的家属也在保障范围之内。

第二，国家主导，企业执行。这是因为，在计划经济制度下，各个企业并非独立的经济单位，企业依附国家而存在，国家决定了各个企业的生死存亡。表面上看，社会保障政策是由各企业单位实施，但是其背后则是国家财政的无限责任，而“单位”则成为国家各项社会保障政策具体执行的一个载体。

第三，“国家/企业保险”事实上是一种由工会系统主导的“国家统筹和企业保险”相结合的制度，主要体现在工会对保险资金的分级管理和使用上，即各级工会组织实际发挥和承担着组织者的网络服务功能和资金流的管理功能。《中华人民共和国劳动保险条例》规定：[②] 企业必须按月缴纳相当于企业职工工资总额的3%作为劳动保险金，其中的30%上缴中华全国总工会管理，作为劳动保险统筹基金，在全国范围内进行调剂使用。70%存于该企业工会基层委员会，作为本企业的劳动保险基金。

上述新中国社会保障制度的三个特征随着经济建设的发展，其优越性日益显现，为新中国经济建设起到了积极的保障功能。但在1978年改革开放之时，由于“文化大革命”等原因，新中国社会保障制度的上述三个特征逐渐被下述三个问题所掩盖，而且越来越多的问题开始显现。

第一，筹资渠道单一，职工个人不参加缴费，个人激励制度日显削弱，制度建设逐渐失去活力。马克思认为，社会保障基金应该直接从社会总产品中扣除，工人无须缴费，因为“劳动所得应当不折不扣和按照平等的权利属于一切社会成员”。[③] 在这种思想的影响下，“国家/企业保险”模式不要求个人缴费，只有企业缴费支撑（事实上是国家财政兜底）。这种“无限

① 马杰、郑秉文：《计划经济条件下新中国社会保障制度的再评价》，《马克思主义研究》2005年第1期。

② 参见《中华人民共和国劳动保险条例》。

③ 《马克思恩格斯选集》第三卷，人民出版社1995年版，第298页。

风险”的“兜底保险制度”虽然不折不扣地体现了社会总产品扣除的社会功能，但却难以体现出“成本”的概念，必将导致国家财政不堪重负，个人不缴费导致了社会保障权利和义务严重脱节，使得社会保障制度成为另外一个“大锅饭”。

第二，覆盖面狭窄，城乡失衡，加剧了二元结构特征。在城镇，机关事业单位、国有企业和部分集体企业基本被覆盖进来，享有较为完善的低水平的劳动保险制度。但农村人口的保障主要立足于土地保障，只能维持最低生活，和城镇的社会保障制度不可同日而语。农村的社会保障制度主要包括“五保”制度和农村合作医疗制度，以及一些救灾制度。值得一提的是，农村合作医疗制度作为一个独特的制度取得了巨大的成就，例如，在1974年5月举行的第27届世界卫生大会上，中国农村合作医疗受到第三世界国家的普遍关注，引起了许多国家的极大兴趣。世界银行和世界卫生组织把中国农村合作医疗称为“发展中国家解决卫生经费的唯一典范”。[①]但是，从筹资方式、管理模式和待遇计发方面看，农村社会保障制度与城镇制度是完全不同的两个制度，总体来看，农村保障水平低于城镇，不利于经济长期发展。

第三，在“文化大革命”期间，传统的“国家/企业保险”受到极大的冲击。从1966年年底劳动部遭到严重冲击到1970年6月撤销劳动部（劳动部业务工作并入国家计划委员会劳动局，1975年9月国家设立劳动总局仍由国家计划委员会代为管理），工会系统几乎瘫痪，社会保险的管理机构被撤销或处于瘫痪状态，劳动保险金的征集、管理和统筹被迫停止。1969年2月，财政部颁发《关于国营企业财务工作中几项制度的改革意见（草案）》，规定，“国营企业一律停止提取劳动保险金”，“企业的退休职工、长期病号工资和其他劳保开支，改在营业外列支”。[②] 这一规定标志着中国的“国家/企业保险”模式蜕化成“企业保险”，劳动保险制度自此变成了企业内部事务，并一直延续到改革开放。

当“国家/企业保险”制度蜕化为“企业保险”制度后，便导致传统社会保障制度的社会化程度进一步降低：单位各自为战，严重影响了劳动力

① 李砚洪：《赤脚医生——20世纪中国的温暖记忆》，《北京日报》2008年1月22日第14—15版。

② 郑功成等：《中国社会保障制度变迁与评估》，中国人民大学出版社2002年版，第81页。

在不同所有制企业之间、部门之间和地区范围内的正常流动。从财务可持续的角度讲，“企业保险”使各企业不堪重负，特别是对于那些老国有企业来说，保险待遇的支付风险不断加大，随着经济体制的转型，劳动保险待遇越来越成为阻碍企业转制的包袱。

1949—1978 年中国社会保障制度事实上可分为两个阶段，即以 1966 年为界，在此之前为“国家/企业保险”阶段和此后为“纯粹的企业保险”阶段，前者为本来意义上的新中国计划经济条件下的社会保障制度，是新中国社会保障制度的本来面貌，后者为“文化大革命”时期蜕化的社会保障制度，属非正常状态。无论是哪个阶段，我们均应用“一分为二”的观点来分析和评价这个特定历史条件下的社会保障制度。一方面，计划经济下传统社会保障制度在保障人们生活和维护社会稳定方面扮演了重要的角色，为新中国的工业化发展立下了汗马功劳，作为计划经济体制中的“子制度”，对当时的社会发展起到促进作用，是计划经济体制的一个配套制度，是当时国际大环境下一个不得已而为之的制度产物，是在中国特殊历史条件下的特殊经济体制的特殊产物。[①] 另一方面，随着 1978 年经济体制开始转型，传统社会保障制度逐渐成为影响和阻碍经济转型的一个因素，例如，狭窄的覆盖面不适应新体制下经济主体的多样化，更多人暴露在社会风险之下，不利于经济改革的进行；责任主体和筹资渠道的单一化不利于制度的可持续发展等。

第二节　改革开放条件下社会保障理论学习与西方经济学的引入

受“文化大革命”的影响，1976 年国有企业出现了大面积的亏损。全国全民所有制企业的亏损面和亏损率分别达到 31.52% 和 19.44%；[②] 国家统计局 ETO 系统问卷调查结果显示，因历史债务过重和社会负担过重原因造成的亏损竟高达 49.1%。[③]

同期的社会保障工作也遭受到严重的挫折与损失。由于社会保障管理

① 马杰、郑秉文：《计划经济条件下新中国社会保障制度的再评价》，《马克思主义研究》2005 年第 1 期。

② 郑海航：《国有企业亏损研究》，经济管理出版社 1998 年版，第 14 页。

③ 同上书，第 79 页。

机构——工会在“文化大革命”中被撤销，不仅导致中国的社会保障从“国家/企业保险”蜕化成“纯粹的企业保险”，而且许多实际工作无法开展，如已经达到退休年龄却无法办理退休，例如，据统计，[①]“1978 年企业职工应退未退有200 多万人，国家机关工作人员也有60 多万人”，而当年全部离退休人员不过314 万人。[②] 在这样的背景下，重聚经济活力，恢复和完善社会保障制度是当时的历史条件提出的现实要求。

1978 年，关于真理检验标准的大讨论破除了“两个凡是”的精神枷锁，同年，党的十一届三中全会提出的“解放思想，实事求是”思想路线打破了原有的思想桎梏，为研究和探索与经济转型相适应的国外社会保障理论提供了条件。

党的十一届三中全会以后，随着经济体制的转型，多种经济成分和多种分配制度的逐渐出现，恢复中的企业保险制度在运行中出现了新的问题。“社会保障制度在某种意义上说就是社会经济制度本身的体现”,[③] 变化的经济社会环境要求从中国的实际情况出发，研究社会保障的客观规律，借鉴国外的社会保障理论和实践经验，从而促进新形势下中国社会保障事业的完善和发展。

一、现代社会保障理论与西方经济学的引入

党的十一届三中全会以后，马克思主义“产品扣除”理论已无法解决体制转型背景下社会保障实践中出现的新问题，于是，中国社会保障迎来了理论的春天，开始了学习之旅。第一，福利经济学等社会保障基础经典理论开始（恢复）译介进来。[④] 第二，介绍世界各国社会保障制度的著作也逐渐公开出版。在经历了大约十年社会保障基础理论的学习之旅后，在对国内社会保障现状的反思基础上，中国开始出现了社会保障理论著作。

（一）经济学相关理论的引入

改革开放之初，“社会保障”概念还没有普遍使用，1978 年刚实行改革

① 严忠勤：《当代中国的职工工资福利和社会保险》，中国社会科学出版社 1987 年版，第 324 页。

② 《劳动统计年鉴》（1996）。

③ 马杰、郑秉文：《计划经济条件下新中国社会保障制度的再评价》，《马克思主义研究》2005 年第 1 期，第 45 页。

④ 部分经典著作译介始自“文化大革命”前，在改革开放后这些著作陆续重印，如《福利经济学评述》等。

开放时恢复使用的还是基于“产品扣除”理论指导下的“劳动保险（企业保险）制度”等概念；当时的社会保障理论研究尚处于初始阶段，因而这一时期的理论引进是全方位、多角度、多学科的，更多的是社会保障相关基础理论引进，相对缺少的是系统和全面的社会保障专业理论的研究。这个时期引入的主要理论有福利经济学、国家干预理论和新自由主义理论等。

第一，福利经济学。福利经济学的基本理念是，在边际效用递减规律下，国民收入再分配（增加穷人的效用）将使整个社会的福利水平增加。该理论是社会保障制度的基础理论之一，它对福利国家的社会保障制度产生了重要影响，并成为研究社会保障制度的工具之一。1980 年，理论界重新开始介绍福利经济学。①

第二，国家干预理论。凯恩斯主义认为，国家通过赤字政策和大幅度提高社会福利（包括工资标准），可以平抑经济危机。1977 年，《就业、利息和货币通论》一书重印，翻开了国内理论界重新关注凯恩斯国家干预主义理论的新的一页，关于凯恩斯理论相关的探讨一直持续到 20 世纪 90 年代。②

第三，新自由主义理论。新自由主义认为人是理性的，提倡自由市场经济，反对国家干预，要求对公共资源进行私有化改革。里根政府的改革及智利养老金制度改革均受到了新自由主义理论的影响。当时，在新自由主义理论指导下的改革取得了举世瞩目的成就，新自由主义观点也成为影响社会保障理论研究的重要思想之一，引进新自由主义经典著作的热潮一直持续到这个时期末。③

第四，其他经济理论。经济学界译介的社会保障基础理论还包括制度经济学和信息经济学，这些理论为后来评价社会保障制度演进与变迁，以

---

① 商务印书馆于 1980 年重新印刷了的《福利经济学评述》、《理论福利经济学》。国内学者的相关著作则以《西方福利经济学评述》（1984）为代表。

② 对凯恩斯理论的介绍还包括《货币学派与凯恩斯学派》（1984）、《赤字中的民主：凯恩斯勋爵的政治遗产》（1988）等著作。同一时期关于凯恩斯理论的探讨、反思的著作还有：《凯恩斯经济学的危机》（1979）、《凯恩斯有效需求原则和就业倍数学说批判》（1982）、《两个世界的对话：凯恩斯经济学的危机》（1990）。

③ 陆续引进的弗里德曼的著作还有：《米尔顿·弗里德曼和他的货币主义》（1980）、《自由选择——个人声明》（1982）；《米尔顿·弗里德曼论通货膨胀》（1982）、《资本主义与自由》（1986）、《弗里德曼文萃》（1991）等。此外，引入的新自由主义代表性的著作还有：《个人主义与经济秩序》（1989）、《自由、市场与国家：80 年代的政治经济学》（1989）、《公共财政》等名著。

及研究医疗保险等领域提供了可资借鉴的方法，对中国社会保障理论界甚至社会保障制度模式探索产生较大影响。[①]

（二）社会保障制度及其理论的介绍及发展

除相关社会保障基础理论外，从1985年起，经济学界开始大量吸收借鉴世界各国社会保障制度的实践经验，并陆续出版了一批介绍世界各国社会保障制度的著作，同期也刊登了相当数量的介绍世界各国社会保障制度的文章[②]，包括美国、联邦德国、瑞典、挪威以及西欧其他发达国家的制度，并对苏联东欧、亚洲“四小龙”等地区有所涉猎。从总体上看，这些著作和文章更加具有制度介绍的性质，方便国内学界了解西方国家社会保障制度的实际状况。经过对译介相关著作的吸纳与消化之后，[③] 20世纪80年代末期高等学校教材开始出现。[④] 这些著作的出版，进一步提升了社会保障理论的深度，也为培养中国社会保障专业人才奠定了理论基础。

二、恢复中的“国家/企业保险”制度问题探讨

党的十一届三中全会以后，多种所有制形式、多种分配方式带来的新问题开始提出新的挑战。1984年，党的十二届三中全会明确“社会主义经济是有计划的商品经济”以后，[⑤] 随着企业改革、劳动收入分配改革的迅速开展以及劳动合同制和企业破产法的实施，企业负担不均带来的问题开始显现。

对中国劳动保险（社会保障）制度和理论的学术研讨和政策研讨过程中，1983年召开了保险福利问题学术讨论会，这是新中国成立后关于保险福利问题的第一次全国性学术讨论会。此后，学术界陆续召开了不同主题的社会保障问题座谈会与研讨会。

针对经济体制转型过程中新出现的诸多问题，理论界围绕如何建立具

---

① 代表性的著作有：《博弈论与社会科学》（1988）、《信息经济学》（1989—1990）等。

② 这些著作包括：《五十个国家社会保障制度》（1985）、《各国经济福利制度》（1986）、《美国社会保障制度》（1986）、《西欧的社会保障制度》（1986）、《外国社会保障制度概况》（1989）、《苏联东欧社会保障制度》（1991）等。

③ 同期引进的重要社会保障理论著作有：《社会保障导论》（国际劳工局社会保障司编著，1989）与《社会保障基础》（联合国国际劳工组织主编，1989）。

④ 1989—1990年，陆续出版了《社会保障概论》、《社会保障教程》、《社会保障初论》、《社会保障学》等著作。

⑤ 《中共中央关于经济体制改革的决定》。

有中国特色社会保障制度这一主题，对中国社会保障的性质、作用、保险基金的筹措和管理体制等问题进行了热烈探讨，当时主要集中在三个方面：其一，劳动保险（社会保障）制度存在的缺陷；其二，劳动保险（社会保障）的性质和作用；其三，社会保障模式的选择。

第一，关于制度缺陷的讨论。理论界认为，劳动保险（社会保障）存在的问题有：覆盖范围不广；缺乏统一的管理机构，存在着多头治理、政企不分、政事不分等弊端；企业负担不均，职工待遇差距悬殊；劳动与保险之间不具备关联性，无法体现国家、企业、个人利益的统一关系；在医疗保险领域，存在着医疗费用浪费和职工医疗保障不足等问题；在待业保险领域，存在着保障水平低，基金存在保值增值困难，并缺乏监管机制等问题。同期，解决问题的建议包括：扩大覆盖范围到多种所有制企业；实行费用筹集的社会统筹并实现服务社会化；建立统一的社会保障管理机构；建立劳动保险基金以产生激励效应等。

第二，关于社会主义劳动保险性质的探讨。理论界存在三种不同观点：[①] 第一种看法认为，劳动保险是以“需要”为尺度，是按需分配的范畴，属于社会主义阶段的共产主义萌芽；第二种看法认为，劳动保险的大多数待遇是以工资额为计算基数，是按劳分配的继续；第三种看法认为，劳动保险是国家和社会在劳动者丧失劳动能力时提供的一种物质帮助。经过一段时间的探讨，经济学界对社会保障概念的理解开始逐渐向通行的含义即第三种看法接近。

第三，关于社会保障模式选择的探讨。当时的理论界对于相关概念的使用并不统一，[②] 对具体的模式选择更是各持己见。学者们认为，中国可供选择的方案有：其一，现收现付制。支持原有现收现付制的学者认为，该模式所具有的社会共济性优势是其他模式无可比拟的，在当时有相当数量的学者主张通过扩大覆盖范围来完善社会保障制度。其二，基金积累制。支持基金积累制的学者比较看重该模式具备的激励效应与资金积累效应，

---

① 童源轼、钱世明：《关于社会主义劳动保险若干问题的探索》，《财经研究》1984 年第 3 期。

② 当时的社会保障术语还没有得到统一，如现收现付制的表达方式有，“现提现用”（杨继明，1987）、大统筹模式（彭布尔等，1991）、社会共济统筹（周传业、杨团，1991）等；完全积累制的表达方式有，“预筹积累基金制”（华文，1987）、储蓄积累模式（彭布尔等，1991）、个人强制储蓄预筹（周传业、杨团，1991）等；另外需要说明的是，尽管当时部分学者使用了“部分积累制”（如张光耀，1990）这一提法，但其含义与现在不同，当时的含义更多的是字面上解释，尽管当时对于部分积累的实现方式见解不同。

当时由中国人民保险公司举办的部分城镇集体经济组织职工的养老保险便采用了该模式。[①] 其三，“部分积累制”。部分积累目的在于未雨绸缪，应对未来人口老龄化之需。理论界对于“部分积累”的实现形式还有不同看法，一种观点认为应当采用多层次的养老保险体系，在社会统筹之外利用补充保险实现部分积累；[②] 还有一种观点认为，可以通过混合型养老保险制度实现部分积累（原有人员沿用老制度，新加入人员采用基金积累制）。[③]

这一时期，对于许多重大理论问题还存在着较大分歧。例如在1984年前后，就劳动保险是“必要劳动”还是“剩余劳动”展开了激烈的争论；就保险的分配原则是按劳分配还是按社会保障原则在很长时间未能达成共识。此外，对社会保障制度中个人是否缴费、社会统筹资金的调剂原则、养老保险待遇水平、养老保险待遇是否与物价挂钩等问题还存在不同意见。

尽管如此，经济学界仍逐步达成了如下共识：关于“劳动保险”和“社会保险”的名称问题，二者没有本质上的差别；[④] 中国实际上实行的是“就业保障”，未来应转变为“社会保障”；[⑤] 社会保障体系应与生产力发展水平相适应；社会保障制度应广覆盖、低水平、多层次；社会保障费用应三方负担；社会保障费用筹集与社会保障服务应社会化。这些理论研究成果后来陆续体现在党和国家制定的各项社会保障政策之中。

三、政策成果与理论发展

从改革开放之初到党的十二届四中全会，中国社会保障制度整体处于恢复与反思阶段。变化的形势对新时期社会保障工作提出了新要求，传统的“产品扣除”理论已无法应对日益复杂的转型经济，在此情况下，中国经济学对社会保障的学习之旅可清晰地体现这样一个发展脉络：基础理论

---

① 杨海清：《发展我国养老保险事业为企业分忧为改革配套》，《浙江金融》1985年第11期。

② 冯建威：《学习社会保障理论，推进社会保障体系逐步完善》，《中国劳动关系学院学报》1991年第3期；周传业、杨团：《对社会保障制度改革的几点思考》，《管理世界》1991年第1期；陈良焜、孙来祥：《人口老龄化与我国退休制度的研讨》，《北京社会科学》1987年第4期。

③ 朱新月等：《改革职工退休养老保险制度的思考》，《中国农垦》1991年第5期；张光耀：《对老年社会保险制度改革思路分歧的看法》，《南方人口》1990年第4期；高铁生、宋曙光、汤晓青：《德国社会保险发展的历史、现状及对我国的借鉴——国家计委中德宏观经济研讨班赴德考察报告》，《经济研究参考》1992年第1期。

④ 中国劳动学会秘书处：《改革保险福利制度的理论探讨——记保险福利问题学术讨论会》，《中国劳动》1983年第18期。

⑤ 陈望涛、赵晓京：《北京社会保障问题座谈会纪要》，《社会学研究》1986年第3期。

和社会保障制度学习—中国社会保障制度存在问题的反思—解决问题的思考—为中国社会保障制度改革初步奠定了理论基础。

这一时期取得的理论成果与政策成果主要体现在以下几个方面：

第一，覆盖范围稳中求进，不断扩大。党的十一届三中全会之后，劳动保险制度从仅覆盖机关事业单位、国有企业扩大到集体经济。农村养老保险制度的建立开始提到议事日程。到1984年年底，已经实行《劳动保险条例》和参照国营企业有关社会保险规定的集体职工达到1700万人，占城镇集体职工总数的62.9%。[①] 1984年农村养老保险改革试点开始启动。

第二，国家、企业与劳动者三方利益得到统一，进展明显。1985年年底，全国劳动合同制工人已达332万人；[②] 针对这种情况，1986年国务院发布了《国营企业实行劳动合同制暂行规定》（以下简称《暂行规定》），规定劳动合同制工人实行企业和个人双方缴费的养老保险制度。该《暂行规定》具有划时代的历史意义，因为在中国劳动保险发展史上，它首次规定了被保险人的缴费义务，为1991年确立国家、企业、个人“三方负担”原则打下了基础。

第三，提出医疗改革制度方向，开展医疗保险改革试点。1988年，国家建立医疗制度改革小组并提出了中国职工医疗制度的改革方向：[③] 逐步建立起适合中国国情，费用由国家、单位、个人合理负担，社会化程度较高的多形式、多层次的职工医疗保险制度。据此，从1989年开始，在丹东、四平、黄石、株洲进行医疗保险制度改革试点，[④] 并在深圳和海南进行社会保障制度的综合改革。上述试点主要内容包括建立职工医疗保险基金，资金由国家、单位和个人共同筹集，原则上按工资总额的一定比例筹集，将暗补改为明补。同时，职工看病时少量负担医疗费，增设专门的医疗保险管理机构。

第四，1991年国务院发布的33号文件（《关于企业职工养老保险制度改革的决定》）是改革开放过程中社会保障制度改革的一个重要标志，它在

① 严忠勤：《当代中国的职工工资福利和社会保险》，中国社会科学出版社1987年版，第330页。

② 同上书，第335页。

③ 1988年，经国务院批准，由卫生部牵头，8个部门参加，成立了国家医疗制度改革研讨小组，正式启动了医疗保险改革的进程，此改革方向就是该研讨小组提出的。

④ 理论源自1989年3月4日国务院批准的《1989年经济体制改革要点》。

相当程度上体现了这一阶段理论界和政策面对养老保险制度改革达成的共识，例如，国务院33号文件明确了养老保险以社会统筹为主的制度框架，确立了国家、企业、个人三方负担原则，提出了进一步扩大养老保险的覆盖范围和建立多层次养老保险的制度目标。

第五，1991年国家体改委制订了《经济体制改革十年规划和“八五”纲要》（以下简称《纲要》），《纲要》提出，在全民和集体单位试行职工交纳一定医疗保险费用并在看病时适当负担医药费的制度。在企业，从建立大病医疗费用社会统筹保险开始，逐步转向比较完善的社会医疗保险制度。

第六，“待业保险”从无到有。[①] 1986年《国营企业职工待业保险暂行规定》开始实施，它首次以法规的形式建立了城镇国营企业职工待业保险制度，标志着我国社会保障制度发展进入了一个新的阶段，为后来在20世纪90年代末建立失业保险制度打下了基础。

最后，在这一时期社会保障理论界仍将社会保障视为“社会主义市场经济和社会化大生产的一个不可或缺的配套工程”，[②] 因而更多的从同期经济、国有企业、劳动分配制度改革的角度出发进行探讨，这些从“有利生产，保障生活”等提法中可见一斑。而同期始自养老保险金统筹试点中总结出来的“抓好试点，以点带面”的工作方法，也成为以后制度改革经常采用的工作范式。

第三节　社会保障理论的探索与发展：中国社会保障目标模式的选择

1992年，邓小平南方谈讲话标志着中国改革开放进入了一个新的历史时期。1993年召开的党的十四届三中全会通过的《关于建立社会主义市场经济体制若干问题的决定》提出了“建立社会主义市场经济体制”，“个人收入分配要坚持以按劳分配为主体、多种分配方式并存的制度，体现效率优先、兼顾公平的原则”，并提出了“建立多层次的社会保障体系”、“实行

---

① 关于“失业保险”和“待业保险”名称的探讨，可参见陈天培《待业保险与失业保险》，《中国劳动》1991年第9期；赵建臣：《我国待业保险制度亟待深化改革》，《松辽学刊》（社会科学版）1992年第1期。

② 多吉才让：《新时期中国社会保障体制改革的理论与实践》，中共中央党校出版社1995年版，第2页。

社会统筹和个人账户相结合”的制度建设目标。在对社会保障制度改革的论述中，党的十四届三中全会指出，“建立多层次的社会保障体系，对于深化企业和事业单位改革，保持社会稳定，顺利建立社会主义市场经济体制具有重大意义”。

从有计划的商品经济到发展社会主义市场经济，中国的经济体制转型向前迈出了一大步。而在这个时期，中国经济面临着两个困难：严重的通货膨胀和国有企业经营困难。经济体制转型、现实存在的困难以及劳动分配制度改革，这些外部环境的变化对于新时期社会保障理论的研究与探索产生了深刻的影响。

从图 14－1 与图 14－2 可知，20 世纪 90 年代前期，中国面临着严重的国有企业经营困难，无论是亏损率还是亏损面始终居高不下；让当时经济运行更为困难的是 1992 年开始的严重通货膨胀。因而，这一时期的社会保障理论探索不可避免地打上了深深的通货膨胀与国有企业改革烙印。

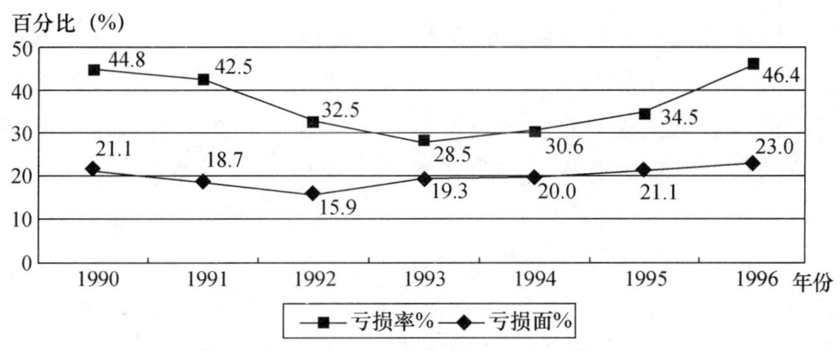

图 14－1　国有企业亏损情况

资料来源：根据郑海航《国有企业亏损研究》经济管理出版社 1998 年版，第 29 页相关数据绘制。

一、社会保障理论发展与国际经验借鉴

（一）社会保障理论发展

20 世纪 90 年代前中期的社会保障理论著作数量已经大大丰富了，著作内容无论深度还是广度来看都有所发展。与上一个时期仅有少量社会保障高等学校教材相比，这些著作大致可以分为以下几类：（1）高等学校教材

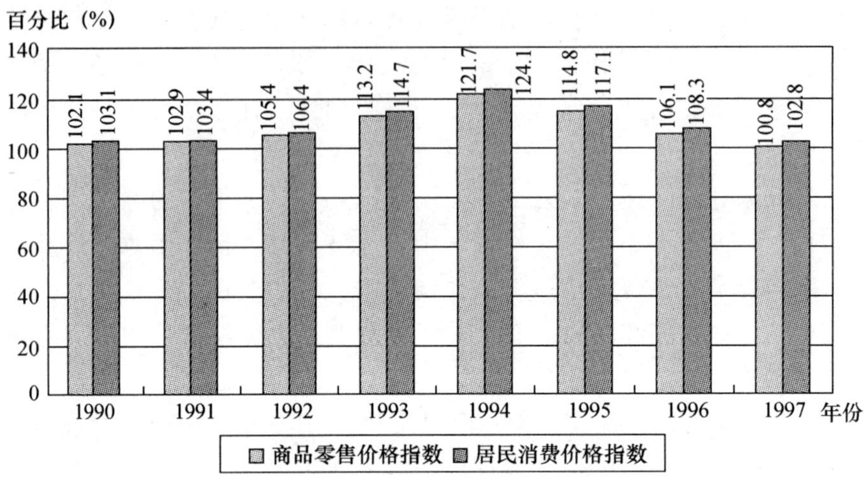

图 14－2　中国物价指数情况

数据来源：《中国统计年鉴》（2001）。

类。这一时期新出版了相当数量的高等学校教材，[①] 这些著作为新出现的社会保障专业（社会工作与管理）教学提供了保证。（2）经验总结类著作。不仅有类似《自贡模式：建立城镇集体职工养老保险新制度探索》（1992）之类的总结试点经验的著作，也包括对社会保障制度改革的理论与实践进行总结的著作。[②]（3）理论研究类著作。这些著作对构建社会保障理论，分析社会保障与其他学科的互动关系都有重要的意义。[③]（4）专题探讨类著作。这些著作主要是针对社会保障领域内的某一主题进行专项研究与探讨。[④]（5）农村社会保障著作。这些著作针对中国农村社会保障实际情况进

① 如《社会保障学概论》（1992，1995，1996）、《现代社会保障制度》（1994）、《社会保障论》（1995）、《医疗保险学概论》（1995）、《社会保障》（1996）等著作。

② 如《社会保障体制改革》（1995）、《社会保障制度改革》（1996）、《社会保障制度改革新论》（1997）、《养老保险制度改革》（1997）、《医疗保障体制改革：一场涉及生老病死的变革》（1999）等。

③ 如《社会保障与保险》（1994）、《社会保障体系》（1994）、《养老保险改革的理论与政策》（1995）、《社会保障经济理论》（丛树海，1996）、《社会保障与保险问题研究》（1996）、《中国医疗保险制度改革政策与管理》（1999）等著作。

④ 如《社会保障指标体系》（1993）、《人口老化与老年社会保障》（1993）、《社会保障财政管理》（1996）、《社会保障制度结构与运行分析》（1997）、《中国养老金会计》（1997）、《社会保障法律制度》（1997）、《社会保障法》（1997）、《城镇职工基本医疗保险制度全书》（1998）等著作。

行了理论分析与探讨。[①]（6）工作手册和工具书。这一时期出现了相当数量的工作手册和工具书，[②] 这些著作的出版，极大地方便了社会保障理论传播和社会保障实务操作。

（二）国外社会保障经验借鉴

这一时期，借鉴国外社会保障经验的著述所探讨的范围更加广泛，研究更为深入。同期出版的国外社会保障相关著作较多，[③] 各种学术期刊发表的关于各国社会保障制度的文章更是不可胜数。

与以往主要介绍西欧、北欧、美国等发达国家的制度不同，这一阶段的比较借鉴视角更宽，除了发达国家之外，还大量介绍了拉美国家的个人账户制度以及新加坡、东亚等经济体的社会保障制度。需要指出的是，到了20世纪90年代，关于世界各国的社会保障制度更多采用的是比较研究的范式，注重于介绍各国的社会保障制度新的发展与变革，而不再是简单的对社会保障制度的介绍。这些比较研究对中国社会保障模式选择的确定，起到了重要的参考作用。

在当时历史条件下，社会保障制度国际比较研究与其他研究一样，也不可避免地受到国际大环境的影响。一方面，石油危机和人口老龄化在一定程度上导致传统的DB型现收现付制出现支付危机；另一方面由新自由主义主导、智利首创的DC型完全积累制改革却取得了举世瞩目的成就。个人账户的引入及其在社会保障制度中的作用日益受到业界的关注，并在世界范围内掀起了一场关于社会保障制度模式优劣比较的探讨，一时间关于模式的争论达到了白热化程度。随着以瑞典为代表的传统DB型现收现付制财政压力越来越大，而以智利为代表的DC型完全积累制取得了较为理想的市

① 如《农村社会养老保险手册》（1993）、《中国农村社会保障概要》（1993）、《中国农村社会养老保险概论》（1993）、《农村社会养老保险基本方案论证报告》（1995）、《农村社会养老保险》（1996）、《农村社会养老保险工作》（1996）等著作。

② 如《社会保障百科全书》（1994）、《养老保险指南》（1995）、《养老保险解答》（1995）、《深化养老保险制度改革实用手册》（1995）、《社会保障法全书》（1995）、《养老保险617问》（1996）、《职工医疗保障制度改革指导手册》（1996）、《医疗保险基本知识》（1999）、《医疗保险政策问答》（1999）等。

③ 如《养老保险的组织与管理》（1992）、《北欧社会福利制度及中国社会保障制度的改革》（1993）、《世界各国的社会保障制度》（1994）、《美国老年医疗健康保险导读》（1994）、《美国医疗保险制度剖析》（1994）、《世界主要国家社会保障制度概观》（1995）、《美国的社会保障》（1995）、《全球社会保障1995》（1996）、《日本社会保障制度：兼论中国社会保障制度改革》（1996）、《社会保障税制国际比较》（1996）、《外国公务员养老保险制度》（1997），等等。

场回报率，智利的完全积累制和同样引入个人账户的新加坡中央公积金模式成为中国经济学界极为关注的一个焦点，相当一部分经济学家对个人账户和 DC 型积累制的应用研究产生了极大的兴趣。①

在医疗保险领域，这一时期的研究开始具有系统性的特点，对国外制度模式比较研究成为当时经济学界的一个重点。比如通过对美国模式考察认为，中国应该大力缩减医疗保险的保障范围，并且个人要承担一定的费用；② 通过对德国模式的考察认为，中国的医疗保险制度应该引入竞争机制，打破医疗垄断，采取效率优先、兼顾公平的原则；③ 通过对英国、加拿大模式的考察认为，中国应学习他们的医疗保险管理体制。④ 在医疗费用控制方面，有的学者将国外的费用控制模式分为三类，即南美模式、美国和新加坡模式、加拿大模式等。⑤ 由于篇幅关系，其他一些著作和文章的观点，⑥ 这里就不一一赘述了。

二、社会保障制度模式选择等问题的探讨

20 世纪 90 年代，中国经济体制改革的主要任务是国有企业改革和建立现代企业制度，面临的主要风险是通货膨胀。而社会保障改革的主要任务是建立起现代社会保障制度的基本框架，主要风险是人口老龄化。理论界公认的社会保障制度的主要问题包括覆盖范围过窄；不同所有制企业负担不均；缺乏激励效应导致的社会保障资源浪费现象；政出多门且缺乏监督，决策行为和基金使用并不规范。此外，引起各界关注的还包括失业保险问题以及社会保障征缴率下降和社会保障基金保值增值等问题。

众所周知，中国实行改革开放之后，20 世纪 90 年代是中国社会保障制

① Zheng Bingwen. The Interaction and the Comparison of Social Security Reform in China and Latin America. "China outside China: China in Latin America". Held by CASCC, Turin and Milan, Italy, March 17 - 18th, 2008.

② 齐明珠：《国外医疗保险制度对我国的启示（一）》，《人口与经济》1996 年第 4 期。

③ 齐明珠：《国外医疗保险制度对我国的启示（三）》，《人口与经济》1997 年第 2 期。

④ 杨生斌、庹国柱、王国军：《医疗保险模式的国际比较》，《中国保险管理干部学院学报》1997 年第 2 期。

⑤ 杨宜勇：《肖庆伦教授谈医疗保险制度改革》，《中国人力资源开发》1991 年第 1 期，第 42 页。

⑥ 如毛安群：《美国医疗保险制度剖析》，中国医药科技出版社 1994 版；美国国际保险委员会、美国卫生与人类服务部医疗保健财政署：《美国老年医疗健康保险导读》，江苏人民出版社 1994 年版；胡善联：《国际医疗保险经验的借鉴》，《中国卫生经济》1997 年第 4 期等。

度建设的关键时期，准确地讲，养老和医疗等社会保障制度雏形诞生于20世纪90年代末。在这个重要历史时刻，理论界对一些重大理论问题逐渐达成共识，这些“社会共识”对20世纪90年代建立起社会保障制度总体框架起到了重要的积极作用。首先，对社会保障概念的定义逐渐趋同。经过十几年的讨论，理论界逐渐认为，社会保障是大保障的概念，包括社会保险、社会福利、社会救济和优抚安置四个方面，其中社会保险是这一制度的核心。[①] 在表述上，国际劳工组织关于社会保障的定义逐渐占主导地位。[②] 社会采取一系列保护性措施，以帮助人们渡过由于失业、年老、疾病、生育、工伤和死亡而造成工资或收入损失的难关。其次，理论界对社会保障总体原则达成共识。政府应对社会保障承担起责任，应加强政府在社会保障事业中的职责；应建立多层次的社会保障制度，逐步实现基本保险、补充保险和个人储蓄相结合的保障制度；实施多渠道的资金筹集方式，实行社会统筹。再次，理论界普遍认为，中国社会保障制度应扩大参保人员的范围；增大收入再分配的因素；不同所有制企业应公平负担社会保障费用，加强社会保障法制建设等。

20世纪90年代，既是社会保障制度总体框架形成的时期，也是社会保障理论争议非常激烈的时期。20世纪90年代出现的这些争议，不仅对当时中国社会保障制度模式的选择产生了重要影响，而且有些问题至今仍然存在，争论仍在继续。当时争论最大的是关于养老保险筹资模式问题，这个问题因为涉及制度可持续性和制度前途，而备受关注。当时主要有三种不同看法。[③] 第一种看法支持积累制，认为中国的改革方向应以新加坡模式为主，该模式既可激励在职职工努力工作，为其自身创造相应的福利与保障，也能促进节约，减少国家开支，合理配置资源。第二种看法支持现收现付制，认为社会保障应以公平为主、兼顾效率，中国人均收入很低，特别是一些企业的生产经营困难，无法实行个人账户制度，只能采取现收现付制。最后一种看法认为应将二者结合起来，建立部分积累制度，这既可通过现收现付制保证绝大多数人的基本生活，又可通过个人账户积累制满足进一

① 张永建：《进一步建设社会保障体系：社会保障体系建设问题座谈会述要》，《管理世界》1994年第5期。

② 国际劳工组织102号公约：《社会保障（最低标准）公约》。

③ 张永建：《进一步建设社会保障体系：社会保障体系建设问题座谈会述要》，《管理世界》1994年第5期。

步提高和改善生活的要求，即通过建立统账结合制度，在自我保障的基础上实行社会互助，在效率的基础上实现公平。[①]

此外，另一个争议较大的焦点是关于养老金替代率高低的问题。[②] 一种观点认为，中国当时的养老金替代率达80%以上，国家和企业财务负担过重，应大力发展企业补充养老保险和个人商业保险。另一种观点认为，如果替代率降至60%，将难以保证退休人员的基本生活。

值得指出的是，这一时期世界银行向中国提出了实行“三支柱模式”的建议。[③]

总体来看，这一时期的探讨受到了国内经济形势和国际社会保障发展的影响。国际上实行传统现收现付制的各国普遍采取降低保险金给付标准，通过增加费率，延长退休年龄等措施以应对支付危机，而同期智利等国实行个人账户取得的成就使得理论界更多地将目光关注于基金积累制；国有企业经营困难使得企业负担不均，缴费难、失业现象日益显现；通货膨胀使得原有的基金面临着保值增值的风险，同时也为乐观的积累制支持者敲响了警钟，积累制的实现需要条件，关于这些条件的探讨也出现在这一时期的末端。[④]

三、政策成果及理论发展

20世纪90年代是确立中国社会保障制度的目标模式的时期。当时的社会保障理论已经更为成熟，理论界对于世界各个国家的社会保障制度的利弊已经有所了解，理论分析探讨也更贴近中国的实际情况。在中国面临着国有企业改革与严重通货膨胀的背景下，理论界开始更多的关注社会保障制度的财务平衡。

这一时期理论的发展脉络为：通过国际比较，开始反思传统现收现付制的不足，借鉴部分国家实行个人账户制的成功经验—反思总结社会保障制度运行过程中所出现的问题，并对解决问题的经验进行总结—确定中国社会保障的原则、目标及制度模式选择。

---

① 刘志峰：《深化社会保障体制改革前景光明》，《人民论坛》1995年第6期。

② 贾春环：《养老保险研讨会观点综述》，《企业改革与管理》1995年第4期。

③ World Bank. *Averting the Old－age Crisis－Policies to Protect the Old and Promote Growth*. New York：Oxford University Press，1994.

④ 李珍：《论社会保障个人账户制度的风险及其控制》，《管理世界》1997年第6期。

社会保障各项政策规定在很大程度上吸收借鉴了当时的理论探讨成果。1993 年，党的十四届三中全会通过的《关于建立社会主义市场经济体制若干问题的决定》提出了“建立多层次社会保障体系”，“城镇职工养老和医疗保险金由单位和个人共同负担，实行社会统筹和个人账户相结合”，确立了中国社会保障模式选择的方向。到 1995 年，国务院出台了《关于深化企业职工养老保险制度改革的通知》，继续强调建立统账结合模式，这些政策的意图显然是将现收现付制与完全积累制的优点整合起来。

（一）养老保险制度统账结合模式的确立

关于养老保险制度模式选择，政府各部门吸收了以往理论探讨的思想成果，但同理论界一样没能达成共识，出现了以劳动部为代表的“社会统筹”模式（即将原有的劳动保险制度扩展到非公有制经济中）、以国家体改委为代表的“双轨制”（全民单位实行劳动保险制度，其他单位采用一种被命名为“个人缴纳或储蓄积累型”①）以及海南、深圳的“统账结合模式”。②

1995 年的《关于深化企业职工养老保险制度改革的通知》要求各地为职工建立个人账户，职工个人的全部缴费以及企业缴费中的一部分计入个人账户。实行社会统筹与个人账户相结合的具体做法提供了两个实施方案，供各省、自治区和直辖市自己选择。关于 1995 年政府养老保险制度提供的两个方案，理论界有学者认为，③ 方案一可以提高职工和企业缴费的积极性，更能体现个人账户的作用；方案二强调的是社会统筹，个人账户应该是小账户。而这个由各地自主选择实施方案的结果，导致了全国出现了许多制度安排，鉴于此情况，国家在吸收当时理论研讨成果的基础上，国务院于 1997 年颁发了《关于建立统一的企业职工基本养老保险制度的决定》（以下简称《决定》）。《决定》是中国城镇职工养老保险统账结合制度最终确立的一个重要标志，奠定了未来中国基本社会保障制度的基本格局。

《决定》提出统一企业职工基本养老保险制度，并提出要在国家政策指导下大力发展企业补充养老保险，发挥商业保险的补充作用，明确了如下基本问题：统一规定个人账户的规模和资金来源；统一规定企业缴费的比

① 实际上是基金积累制。

② 高书生：《社会保障改革何去何从》，中国人民大学出版社 2006 年版，第 78—81 页。

③ 贾春环：《养老保险研讨会观点综述》，《企业改革与管理》1995 年第 4 期。

例；统一规定了养老金计发办法；进一步扩大了城镇职工基本养老保险制度覆盖的范围；规定了基本养老保险基金的财政管理办法。

《决定》规定，退休金由基础养老金和个人账户养老金两部分组成，基础养老金月标准为省、自治区、直辖市或地（市）上年度职工月平均工资的20%；个人账户养老金月标准为本人账户储存额除以120。

《决定》对养老保险基金的筹集与支付的具体规定是：企业缴纳基本养老保险费（以下简称“企业缴费”）的比例，一般不得超过企业工资总额的20%，具体比例由省、自治区、直辖市人民政府确定；个人缴纳基本养老保险费（以下简称“个人缴费”）的比例，1997年不得低于本人缴费工资的4%，1998年起每两年提高1个百分点，最终达到本人缴费工资的8%；按本人缴费工资11%的数额为职工建立基本养老保险个人账户，个人缴费全部计入个人账户，其余部分从企业缴费中划入。

随着农村养老保险理论的发展，农村社会养老保险工作于1992年在各地开展。截至1999年年底，参保数约8000万人。① 自1999年起，国务院开始对农村社会养老保险工作进行清理整顿，要求停止接受新业务，有条件的过渡为商业保险，中国农村社会养老险事业基本处于停滞状态。

回顾中国社会保障制度确立统账结合模式近20年的历程，可以看到这样一个发展轨迹：从20世纪80年代起，通过引入和学习西方社会保障制度实践经验与理论，理论界逐渐了解了现收现付制、完全积累制这两种模式；通过20世纪80年代中后期到90年代的社会保障制度国际比较，总结出这两种模式的利弊；通过总结20世纪80年代起中国劳动合同制员工与部分集体企业的养老保险“双轨”制的经验，展开了不同模式的试点；最后，在这些“双轨制”的经验基础上，建设性地提出了一个大胆的创新制度模式即“统账结合”制度。于是，世界上第一个统账结合养老保险制度模式诞生。

这一时期也是国际上新自由主义思潮大行其道的时候，“华盛顿共识”风靡拉美等许多发展中国家，基于新自由主义思想的智利等拉美国家社会保障制度改革取得初步成功。但中国最终没有受到激进的新自由主义思潮的影响，选择了一个理性的符合中国实际的部分积累制度模式，其制度设计初衷和理念直到今天都是值得称道的。理论上该模式可以将社会统筹与

① 1999年度劳动和社会保障事业发展统计公报。

个人账户的特点结合起来，既可以实现社会共济，也可以增强个人的责任。

但是，这一时期依旧有很多问题没有解决。理论界早已达成共识的“缺乏养老金调整机制、管理体制不顺”依旧没能解决，而养老保险制度自身的复杂性以及一些具体规定也为后来产生新的问题埋下了伏笔。“过渡性养老金”从养老保险基金中解决等规定，导致了一代人负担不止一代人，这也是后来出现的空账、退保问题的制度根源所在。

（二）医疗保险制度统账结合的试点和制度的基本确立

医疗保险制度的确立经历了这样几个阶段。

第一阶段，1993 年提出统账结合的基本思路。对此，学界认为医疗保险制度的改革重点应是现行的公费和劳保医疗制度，改革的思路是建立个人医疗账户与大病统筹保险基金相结合的新制度，保证职工基本医疗，最大限度地减少浪费。[①] 同年，党的十四届三中全会提出了建立多层次社会保障体系的目标、原则和改革重点，强调“社会保障水平要与我国社会生产力发展水平以及各方面的承受能力相适应”。“城镇职工养老和医疗保险金由单位和个人共同负担，实行社会统筹和个人账户相结合。”[②]

第二阶段，不同的医疗保险统账结合试点方案开始出现。统账结合作为新的医疗保险制度的主要原则，国务院在试点的指导意见中并没有明确规定社会统筹和个人账户如何结合，因此，在各地的试点中，出现了几种不同的结合方式，其中主要的结合方式有三种，包括“两江”的“三通道”模式、深圳市的“混合”模式和海南省的“板块”模式。两江的“三通道”模式是指医疗费用首先由个人账户支付，个人账户用完后，再由个人自付年工资的5%，然后由社会统筹按比例支付。但是，这种统账结合模式容易产生“跑步进统筹”的现象，形成大病小病共同依赖统筹。深圳市的“混合”模式主要是按照人群划分，将医疗保险分为综合医疗保险（覆盖有深圳常住户口的人，统筹管住院，个人账户管门诊）、住院医疗保险（覆盖暂住人口和失业人员，只有统筹，无账户）和特殊医疗保险（针对离休人员和二等乙级以上革命残废军人，个人不缴费，就医不自付）三种类型，这种划分满足了不同人群的医疗需求，提高了保险覆盖面，同时符合深圳

① 1993 年，由国家体改委牵头，11 个部门组成社会保障体系专题调研组，调研组由国家体改委副主任刘志峰和劳动部副部长令狐安任正、副组长。经过半年多的调查，调研组于 1993 年 10 月向中央和国务院递交了调研报告。

② 相关内容见党的十四届三中全会《关于建立社会主义市场经济体制若干问题的决定》。

城市年轻化、移民化的特点，但是，这种模式并不适合其他城市效仿。海南省的“板块”模式主要指个人账户管门诊，统筹账户管住院，二者分开管理使用。这样就避免了统筹占用账户资金的弊端，但是，在这种模式下，更容易产生“医患合谋”、“小病大治”等风险。

第三阶段是统账结合制度的确立阶段。1998 年，以国务院《关于建立城镇职工基本医疗保险制度的决定》的颁布为标志，统账结合的医疗保险制度在中国确立。有学者认为，实行统账结合，在法定的自我保障的基础上实行社会互助，在效率的基础上实现公平……单一的社会统筹存在的激励不强，平均主义成分过大，因此个人账户的存在是很有必要的。[①] 还有的学者认为，单一的社会统筹或单一的个人账户都是不完整的。更不宜简单地搬用“抓大放小”，“只管大病，不管小病”。[②]

同时，医疗保险领域也存在着许多问题，如医疗卫生体制不配套的问题、医疗费用快速上涨的问题、覆盖面狭窄的问题、个人账户和统筹账户如何结合的问题等，这些问题的解决将会直接影响到下一阶段中国医疗保险制度的改革。

（三）国有企业“待业保险”制度的发展

“待业保险”制度的出现是中国失业保险制度建立过程中的一个独特阶段，是中国采取循序渐进式改革开放策略的一个缩影，是当时大环境下的一个特殊产物。

与同期的社会保障其他险种问题相似，当时“待业保险”制度存在的问题包括以下几个方面：其一，待业保险覆盖面过于狭窄；其二，统筹层次过低；其三，待业保险待遇偏低；其四，待业保险监督管理体制不顺；其五，待业保险基金的筹集渠道单一。学术界对完善待业保险的建议除了针对以上问题的专门措施以外，还包括待业人员生产自救和专业培训。[③]

1993 年颁布的《国营企业职工待业保险规定》，首先扩大了待业保险的范围，将实施对象扩充为国有企业的七类职工，即除了 1986 年《国营企业

① 刘志峰：《深化社会保障体制改革前景光明》，《人民论坛》1995 年第 6 期。

② 周寿祺：《“统账结合”——走中国特色的医疗保险改革之路》，《国际医药卫生导报》1998 年第 9 期。

③ 辛仁周：《完善我国失业保险制度的对策》，《经济研究》1993 年第 1 期；张克俭：《我国失业保险制度存在的主要问题及对策》，《理论学刊》1998 年第 3 期。

职工待业保险暂行规定》中明确的待业保险的实施对象四类人员外（第一，宣告破产的企业的职工；第二，濒临破产的企业法定整顿期间被精简的职工；第三，企业终止、解除劳动合同的工人；第四，企业辞退的职工），又增加了三类人员（第五，按照国家有关规定被撤销、解散企业的职工；第六，按照国家有关规定停产整顿企业被精简的职工；第七，依照法律、法规规定或者按照省、自治区、直辖市人民政府规定，享受待业保险的其他职工）。

其次，《国营企业职工待业保险规定》明确了待业保险的管理机构及职责。与《国营企业职工待业保险暂行规定》将待业保险的管理工作指定由各级劳动行政主管部门所属的劳动服务公司负责相比，《国营企业职工待业保险规定》明确由各级劳动行政主管部门（县级以上）直接负责待业保险的管理工作；待业保险基金委员会由本级人民政府负责人、本级总工会负责人和劳动、财政、计（经）委、审计、银行参加，实施对待业保险资金管理的指导和监督；地方成立的待业保险机构为非营利性的事业单位，具体经办待业保险业务。从《国营企业职工待业保险暂行规定》到《国营企业职工待业保险规定》，待业保险的监管机制相对规范了。

再次，《国营企业职工待业保险规定》调整了待业保险待遇标准。针对以往出现的待业保险待遇低于救济金的情况，《国营企业职工待业保险规定》给出的标准是相当于当地民政部门规定的社会救济金额的120%—150%，具体金额由省、自治区、直辖市人民政府规定。

在党的十三届四中全会以后，国有企业开始了建立现代企业制度的探索，就业体制随之发生了一些变化，随着企业用人权的扩大，职工待业风险也在逐渐增大。1995年，现代企业制度试点企业被允许依法裁员，而企业因转换经营机制和深化劳动制度改革所出现的富余人员并不在保险对象之列。为了进一步完善待业保险制度，以及应对国有企业改革带来的新问题，理论界展开了新的探索。①

（四）城市居民最低生活保障制度的试点和推广

随着经济体制改革的深化，在经济结构调整和企业转制的过程中，出现了一批破产企业和效益差企业的职工下岗人员，再加上大量离退休人员

① 陆铭、袁志刚：《过渡性失业保险方案与国有企业改革》，《学习与探索》1997年第2期；郭庆松、杨光：《市场经济条件下中国失业保险制度研究》，《人口与经济》1997年第4期等。

和无业人员，形成了城市中新的贫困人口。一方面，原单位或企业无力保障新增贫困职工的基本生活；另一方面，与企业改制相配套的社会保障制度没有建立起来，这就导致城市贫困更加严重，成为突出的社会问题。“城市最低生活保障制度”（以下简称“低保”）正是在这种情况下开始了最初的探索。

1993年，上海开始了城市居民低保制度的试点探索，在调查研究的基础上，上海市民政局与有关部门下发了《关于本市城镇居民最低生活保障线的通知》，该《通知》规定：1993年上海城镇居民最低生活保障线为人均120元，根据低保对象家庭中是否有在职人员，低保的资金分别来自于在职人员所在单位和民政部门，低保线根据物价适时调整。① 后来，在1994年召开的第十次全国民政会议上，民政部对上海的做法予以了充分的肯定，提出了“对城市社会救济对象逐步实行按当地最低生活保障线标准进行救济”的改革目标，并部署在东部沿海城市进行试点。到1995年上半年，青岛、大连、厦门等6个城市相继建立了该制度。

1995年下半年，在对试点经验总结的基础上，学术界研究确立了具有中国特色的城市居民最低生活保障制度的制度框架：其一，关于最低生活保障线的确立，认为国际上通用的贫困线确定方法——市场菜篮子法、恩格尔系数法、国际贫困标准和生活形态法都与中国的国情有一定的差距，因此，在对上述四种方法综合后，提出了“综合法”。② 其二，关于低保对象的资格和条件，学术界认为救助对象大致可分为两大类：已经丧失或者尚不具备劳动能力的救助对象；有劳动能力但一时丧失工作机会或工作机会不足的救助对象。并设计了一套“家庭经济调查”的工作程序进行鉴定和识别。其三，关于制度的经费来源和负担方式，应该考虑由中央、省、市和区四级财政来分担这笔费用，地方政府可以考虑将个人所得税辟为最低生活保障制度的专门财源。其四，关于制度的机构和救助方式，新的低保制度应该包括“基本生活救助金”、“特别需要救助金”和“酌情发放的救助金”三部分，各地区可根据实际情况适当建立。③

1996年3月，八届全国人大四次会议提出“逐步建立城市居民最低生

---

① 参见《关于本市城镇居民最低生活保障线的通知》（沪民救［1993］第17号）。

② 具体见《中国城市社会救济制度改革研究》课题组：《建立中国城市居民最低生活保障线制度的研究报告》，《社会工作研究》1995年第6期。

③ 同上。

活保障制度，帮助城市贫困人口解决生活困难”。[①] 1997 年，国务院发出《关于在全国建立城市居民最低生活保障制度的通知》（国发［1997］29号），规定：1997 年年底以前，已建立这项制度的城市要逐步完善，尚未建立这项制度的要抓紧做好准备工作；1998 年年底以前，地级以上城市要建立起这项制度；1999 年年底以前，县级市和县政府所在地的镇要建立起这项制度。各地要根据当地实际情况，逐步使非农业户口的居民得到最低生活保障。到 1999 年 9 月底《城市居民最低生活保障条例》实施之前，全国有 668 个城市和 1638 个县政府所在地的建制镇已经全部建立起最低生活保障制度。[②]

第四节　社会保障理论的繁荣与制度完善：中国社会保障模式的初步建立

养老保险、医疗保险制度统账结合模式确立前后，时逢国有企业再次出现经营困难和亚洲金融危机的冲击。外部环境的变化使中国经济迅速地从通货膨胀转为通货紧缩，国有企业的亏损面和亏损率逐年递增，在此背景下，中央政府做出了“国有企业三年脱困”的目标安排。国有企业进行了产业结构调整，大量分流的人员（下岗、退休）给社会保障制度运行带来了巨大的压力。这就是社会保障理论界在这个阶段初期所面临的外部大环境。

一、社会保障理论的发展与制度借鉴

（一）社会保障理论发展

这一时期是社会保障理论研究最活跃的时期之一，各种理论著作汗牛充栋，在国家图书馆馆藏文献中，以社会保障为关键词检索的结果数以千计，而十几年前（1992—1998 年）的检索结果则刚刚过百。这里将部分有代表性的著作大致分为以下 7 大类：

---

① 八届全国人大四次会议《关于国民经济和社会发展“九五”计划和 2010 年远景目标纲要》。

② 杨玉婷：《城市居民最低生活保障制度的现状和对策》，《湖南财经高等专科学校学报》2008 年第 24 卷第 114 期。

第一，从经济学与收入分配角度进行探讨社会保障理论。[①] 这些著作从经济学的角度出发，探讨社会保障的再分配以及促进社会公正的功能，对社会保障制度转轨中的帕累托效率等进行了讨论。

第二，对中国社会保障制度建设的总结反思的著作。[②] 这些著作回顾了中国社会保障制度改革历程，总结了改革经验及教训，并对未来的社会保障制度建设构建了理论框架。

第三，社会保障法相关著作。[③] 在这些著作中，探讨了社会保障法理、法律建设等内容。与其他社会保障理论多是国内著作不同，这一时期大量引入了国外社会保障法相关著作。

第四，农村社会保障相关著作。[④] 在这些著作中，总结了中国农村社会保障事业的发展经验与教训，并提出了制度建设的理论框架。

第五，出现了社会保障实务相关理论及特殊群体的社会保障理论。[⑤]

第六，高校教材类有几十种。

第七，还出现了丛书和以书代刊的周期性书籍。[⑥]

（二）国际社会保障借鉴与比较

在这一时期，理论界对国际社会保障制度的介绍与比较更加深入，国内学者研究特定国家和地区社会保障制度的成果浩如烟海。按照研究对象来划分，大致有两类：

---

① 如《社会保障制度与经济发展》（1998）、《社会保障经济学》（1999、2003）、《收入分配与社会保障》（2002）、《国民财富与社会保障收入再分配》（2003）、《社会保险和经济保障》（2005）、《深化社会保障改革的经济学分析》（2006）、《转轨中国——社会保障与社会公正》（2007）等。

② 如《中国社会保障制度建设20年》（1998）、《中国社会保障体系的改革与完善》（2000）、《企业改革中的社会保障制度》（2000）、《中国社会保障体制改革》（2001）、《中国社会保障体制改革与发展报告》（2001）、《中国社会保障制度变迁与评估》（2002）、《社会保障体制改革攻坚》（2005）、《社会保障改革：何去何从》（2006）、《中国的经济转型和社会保障改革》（2006）等。

③ 如《社会保障法的理念、实践与创新》（2002）、《社会保障法》（2002、2003、2006）、《论社会保障法》（2003）等。

④ 这些著作包括：《中国农业保险与农村社会保障制度研究》（2002）、《21世纪欠发达地区农民社会保障的改革与发展》（2004）、《统筹城乡社会保障：理论·机制·实践》（2005）、《中国农村社会保障制度结构与变迁：1949—2002》（2006）。

⑤ 如《中国社会保障基金营运管理》（1999）、《社会保障精算原理》（2000）、《社会保障基金和企业年金管理》（2007）等；《城市贫困群体社会保障政策与措施研究》（2006）。

⑥ 如《当代社会保障制度研究丛书》（2001）、《社会保障问题研究》、《中国社会保障发展报告》、《保险与社会保障》等。

第一，具体国家（地区）社会保障制度的研究分析。与以往相比，制度研究更加深入，往往历经多个时间跨度；研究的内容更加丰富，往往包括大量社会保障制度建立的背景和理论探讨的内容。[①]

第二，专题比较研究分析。研究的主题从基金管理到社会保障法，从私有化改革到农村社会保障比较；从区域社会保障制度集萃到全球化背景下的社会保障变革，主题分布广泛，比较研究的内容无论从深度还是广度看都是以往所不能比拟的。[②]

二、中国特色社会保障理论与制度问题的探讨

在1998—2007年10年间，中国经济飞速发展，[③] 年均GDP增长率在8%以上，城镇企业职工工资增长率在10%以上，同期的物价指数低于2%；国有企业经历了改革攻坚后，扭转了严重亏损局面，国有企业利润从1997年的1703亿元，增长到2005年的14802.5亿元，年均增长速度在30%以上；正是在这10年中，中国开始进入老龄化社会，1999年65岁以上人口占总人口7.63%。同期中国社会保障事业步入快速轨道，以养老保险为例，参加养老保险人数从1997年的8670.9万人增加到了2007年的13120.4万人，离退休人数则从2533万人增加到了4367.5万人。[④]

理论界认为，在这10年中，社会保障制度运行过程中存在着一些突出问题。归纳起来，主要有如下5个方面的问题：

第一，在养老保险方面主要有以下8个方面的问题：一是养老保险制度

---

① 如《当代美国的社会保障政策：1945—1996》（1998）、《美国社会保障制度研究》（1999）、《外国劳动和社会保障法选》（1999）、《当代英国瑞典社会保障制度》（2000）、《日本社会保障制度》（2000）、《当代美国社会保障制度》（2001）、《当代德国社会保障制度》（2001）、《社会保障制度的国际比较》（2001）、《加拿大社会保障制度的选择及其对中国的启示》（2003）、《日本社会保障制度的发展》（2004）、《瑞典社会保障制度的发展》（2004）、《英国社会保障制度的发展》（2004）等。

② 如《社会保障制度改革及其基金管理：全球共同的话题——社会保障基金管理国际研讨会论文集》（1998）、《社会保障制度：欧盟国家的经验与改革》（2001）、《当代西亚非洲国家社会保障制度》（2001）、《外国劳动和社会保障法》（2001）、《劳动与社会保障立法国际比较研究》（2001）、《21世纪亚太地区劳动与社会保障发展趋势》（2001）、《当代东亚国家、地区社会保障制度》（2002）、《欧盟诸国社会保障制度研究》（2003）、《21世纪初的社会保障》（2004）、《社会保障：新共识》（国际劳工局编，2004）、《建立社会保障：私有化的挑战》（2004）、《社会保障基金监管制度国际比较》（2004）、《中外社会保障理论与制度比较研究》（2004）、《地球村的社会保障：全球化和社会保障面临的挑战》（2004）、《农村社会保障的国际比较及启示研究》（2006）等。

③ 数据源自相关年份《中国统计年鉴》。

④ 数据源自各年度《中国劳动和社会保障事业发展统计公报》。

空账运行；二是覆盖范围有待进一步拓宽；三是缴费负担过重，养老保险制度设计缴费率已经达到了28%，这是一个相当高的水平；[①] 四是养老保险制度还存在着条块分割、统筹层次低的问题；五是养老保险费收缴情况并不理想，收缴率逐年下降；[②] 六是养老金替代率迅速下降；七是养老金地区间待遇差异大，且跨地转移困难；八是相关制度规定不明晰，如缺乏养老金调整机制。

第二，在医疗保险领域的主要问题有三：一是覆盖范围过窄，“看病难，看病贵”现象在中国愈演愈烈；二是个人账户部分“冷暖不均”问题益发突出；三是医疗费用仍以超过经济增长的速度上升。

第三，人口老龄化的加速使社会保险基金收支矛盾加大。

第四，在工资增长率超过10%的情况下，所有的基金都存在着保值增值困难问题。

第五，社会保障立法相对滞后。

关于养老保险制度的探讨和争论主要集中于空账与隐性债务、养老保险模式比较、农村社会保障和农民工参保三个问题。

第一，关于空账问题，各界基本上达成了共识，“空账不过是隐性债务的另外一种表现形式而已”；[③] 而关于隐性负债，理论界探讨了其成因、规模与解决途径。关于成因，各界达成了共识，也就是“老人”和“中人”个人账户部分缺失额由制度内解决所带来的问题；关于其规模，各界进行了测算，因测算方法、测算范围等差异，测算结果从1.8万亿—11万亿不等；[④] 至于解决途径大致有如下几种建议，包括：财政转移支付、制度内部

---

① 对OECD24个国家社会保障缴费率的统计，只有意大利（29.64%）、西班牙（28.30%）和葡萄牙（34.75%）3个国家的社会保障税高于中国（孙祁祥，2001年）。

② 1992—1998年，收缴率分别为96%、92%、91%、90%、86%、90.7%、82.7%，这种状况到1999年仍未得到根本性转变（龚秀全等，2002年）。

③ 赵人伟：《福利国家的转型与我国社会保障体制改革》，《经济学家》2001年第6期。

④ World Bank，1997，“Old Age Security：Pension Reform in China，” Washington D. C，pp. 32－33，38－53；YVONNE SIN. Pension Liabilities and Reform Options for Old Age Insurance. The World Bank Working Paper Series on China No. 2005－1. Washington DC，USA. May 2005；房海燕：《对我国隐性公共养老金债务的测算》，《统计研究》1998年第5期；劳动和社会保障部社会保险研究所：《世纪抉择——中国社会保障体系构架》，中国劳动社会保障出版社2000年版；王晓军：《中国养老金制度及其精算评价》，经济科学出版社2000年版；宋晓梧：《中国社会保障体制改革与发展报告》，中国人民大学出版社2001年版；王燕等：《中国养老金隐性债务、转轨成本、改革方式及其影响》，《经济研究》2001年第5期。

分筹措、划拨国有资产、养老保险基金增值、建立主权养老基金、提高退休年龄等。

第二，关于养老保险模式比较，这一阶段开始出现了基于新古典经济学的经济分析判断。[①] 他们大多利用新古典经济学方法，利用世代交叠（OLG）模型等新古典经济学分析工具，论证了现收现付制与完全积累制的判别条件，并探讨了中国的社会保障模式与储蓄率、福利之间的关系。在这十年的平均工资增长率超过10%，而实际养老保险收益率过低的情况下，这些分析判断的结论更接近基于“生物收益率”的“艾伦条件”，即当人口增长率与工资增长率之和小于资金收益率时，完全积累制才具有优势，而中国的实际情况恰恰相反。同期，关于模式的争论还包括名义账户制的探讨。[②]

第三，关于农村社会保障问题，尽管理论界认为无论是从宏观角度还是微观角度，农村社会保障都是必需的，理论界对于农村社会保障制度在运行中存在的很多问题达成了共识：覆盖面小、可持续性差、保障水平低、制度存在不稳定性、基金存在保值增值困难问题等。但是，关于农村社会保障制度评价却充满争论，如“农村社会养老保险名不副实”；[③] 有人甚至认为“存在着重大的理论和实践上的错误”。[④] 关于农民工等群体未来的社会保障模式，也在三种方案中争论不休：[⑤] 其一，纳入城镇社会保障体系；其二，建立新的农民工社会保障体系；其三，把农民工纳入农村社会保障体制。有学者则认为应将农民工纳入全国统一制度之中，防止中国社会保障制度“碎片化”倾向，由此，对中国社会保障制度是建议“统一制度”还是“碎片制度”展开激烈争论。

关于医疗保险制度的探讨主要集中在以下两方面：关于医疗卫生体制

---

① 袁志刚、宋铮：《人口年龄结构、养老保险制度与最优储蓄率》，《经济研究》2000年第11期；袁志刚：《中国养老保险体系选择的经济学分析》，《经济研究》2001年第5期；柏杰：《养老保险制度安排对经济增长和帕累托有效性的影响》，《经济科学》2000年第2期；封进：《中国养老保险体系改革的福利经济学分析》，《经济研究》2004年第2期。

② 郑秉文：《欧亚六国社会保障“名义账户”制利弊分析及其对中国的启示》，《世界经济与政治》2003年第5期；王新梅：《全球性公共养老保障制度改革与中国的选择——与GDP相连的空账比与资本市场相连的实账更可靠更可取》，《世界经济文汇》2005年第12期等。

③ 刘书鹤：《农村社会保障的若干问题》，《人口研究》2001年第9期。

④ 王国军：《现行农村社会养老保险制度的缺陷与改革思路》，《上海社会科学院学术季刊》2000年第1期。

⑤ 杨立雄：《建立农民工社会保障制度可行性研究》，《社会》2003年第9期。

的市场化改革、个人账户的去留等问题。

第一，关于医疗卫生体制的市场化改革。2005 年，国务院发展研究中心在《对中国医疗卫生体制改革的评价与建议中》指出，中国的医疗卫生体制改革基本上是不成功的，主要表现为医疗服务的公平性下降和卫生投入的宏观效率低下，并且认为医疗卫生体制出现商业化和市场化的倾向是其主要原因。一石激起千层浪，学界开始了对医疗卫生体制市场化改革的讨论。有学者认为，医疗卫生体制的商业化和市场化的走向违背了医疗卫生事业发展的基本规律。商品化和市场化的服务模式必然导致医疗服务资源在层次布局上向高端服务集中，在地域布局上向高购买力地区集中，从而使医疗卫生服务的可及性大大降低。① 也有学者认为，不能笼统地说医疗体制改革是由于走了市场化的道路所以导致失败，相反，针对政府垄断医疗资源以及过去医院垄断患者造成的种种弊端，恰恰应该明确医疗资源调整和公立医疗机构应该引进市场机制，有部分医疗机构要民营化，而不应该都抓在政府手里，这样才能充分造成竞争机制。② 另外，中国医改之所以不成功是因为政府没有充分发挥责任，医疗保险制度没有充分建立起来，或者说是国家财政对低收入阶层的补贴制度没有建立起来，这是问题的根源。③

第二，关于个人账户去留的问题。支持个人账户的观点主要包括：通过建立个人账户，进一步明确了个人的医疗费用支付责任，这对控制医疗费用过快增长、提高医疗保障资金使用效率、减轻政府和企事业单位负担都有积极的作用。④ 同时个人账户在统筹基金出现支付危机时能起到缓冲作用，虽然说统筹账户和个人账户不得相互挤占和挪用，但是在统筹基金出现支付困难，甚至是危及社会稳定时，个人账户资金可以在平衡统筹基金支出，降低透支风险方面发挥一定的作用。此外，个人账户还能减轻参保人员个人医疗费用负担，增加参保人员可供支配的医疗资金等。⑤ 而在反对个人账户方面，有相关研究指出：就保险机制而言，医疗保险才是符合大数定律的真正意义上的“保险”，“统筹”和“共济”才是真正的题中之

---

① 2005 年国务院发展研究中心课题组：《对中国医疗卫生体制改革的评价与建议》。

② 宋晓梧：《正确评价医疗改革》，《财经界》2006 年第 6 期。

③ 《几位专家对医疗改革的看法》，“2006 年中国宏观经济与改革走势座谈会”，2006 年 3 月。

④ 王宗凡：《基本医疗保险个人账户的成效、问题与出路》，《中国卫生经济》2005 年第 3 期。

⑤ 傅勤生：《设立基本医疗保险个人账户的利弊分析》，《卫生经济研究》2005 年第 10 期。

义，疾病风险是随时随地都可能发生的，像养老保险那样搞个人账户则非常令人费解。另外，由于总有一部分身体不是那么健康的人的账户总是空的，都会刺激他们向社会统筹冲刺，而另一部分身体健康的人账户中的钱却成了“死钱”，需要专门的机构和人员进行管理，无疑增加了经济和社会成本。[①] 还有的学者认为，首先，在“第三方支付”的作用下，由于“合谋”的结果，账户成了破坏制度财务可持续性的一个“隐患”，这显然是“第三方支付”的大环境造成的，是利益驱动的结果。其次，医疗保险不同于养老保险，医疗保险的统筹层次越高，这个制度的效率就会越高，集合风险和抵御风险的能力就越强，从效率的角度出发，取消医疗保险个人账户在理论上就成为“最优”。再次，关于个人账户资金的性质问题，如果强调其“私有性”，那就必然会纵容“第三方支付”的道德风险，很难完全控制住。最后，由于个人账户在实践中导致了“私有性”的模糊认识，从而造成个人账户消费滥用的道德风险，那么在目前社会经济的大环境下，规避这种现象的最好办法就是取消个人账户，这是个治本的办法。虽然社会统筹账户也会存在滥用的问题，但是个人账户的存在为道德风险带来更隐蔽的条件。[②]

三、政策成果与理论发展

（一）完善养老保险制度中的做实个人账户与提高退休待遇

对养老保险制度存在的诸多问题，党中央和国务院高度重视，颁布了一系列文件并采取了一系列措施，对中国社会保障制度予以完善。这个时期在中国社会保障历史上成为发布文件最为密集的历史时期和社会保障制度发展最关键与最迅速的历史时期。

第一，理顺条块关系，消除行业管理。针对养老保险条块分割的现状，国务院于1998年发布了《关于实行企业职工基本养老保险省级统筹和行业统筹移交地方管理有关问题的通知》，该文件解决了因历史原因形成的企业职工养老保险条块分割局面，原11个行业养老保险统筹基金统一划归地

① “中国社会保障体系研究”课题组：《中国社会保障制度改革：反思与重构》，《社会学研究》2000年第6期。

② 该部分主要引用郑秉文以下文章：《医疗保障制度改革国际比较》（陈佳贵、王延中主编：《社会保障绿皮书：中国社会保障发展报告》，社会科学文献出版社2007年版，第八章）；《取消医保个人账户是大势所趋》（《中国改革报》2007年1月4日第5版）等。

方管理。

第二，确立征缴体制，扩大覆盖范围。针对养老保险覆盖范围过窄的问题，1999 年 1 月国家颁布了《社会保险费征缴暂行条例》，进一步明确养老保险金征缴方式及覆盖范围。养老保险覆盖范围由国有企业、城镇集体企业扩大到了外商投资企业、城镇私营企业、城镇个体工商户。到 2005 年，养老保险制度的覆盖范围进一步扩大到灵活就业人员。

第三，做实个人账户，扩大试点范围。针对基本养老保险制度中实行社会统筹与个人账户相结合方式在实际运行中存在的隐性债务和个人账户"空账"问题以及由此造成的国家、个人责任模糊不清问题，2000 年国务院发布《完善城镇社会保障体系试点方案》，将辽宁确定为试点单位，探索把城镇企业职工基本养老保险的社会统筹部分与个人账户部分分账管理和独立运行。2004 年劳动和社会保障部发文决定将试点扩大至东北三省。2006 年又有 8 省市加入做实个人账户试点的行列。目前共有 11 省市实施做实个人账户试点，做实账户资金已达 1100 亿元，这不仅表明了中国政府做实个人账户和实现部分积累制的决心，而且将进一步厘清了国家和个人各自承担的责任，使统账结合制度名副其实，促进养老保险制度的良性发展。

第四，缩小个人账户比例，调整统账关系。这一阶段制度调整集中体现在 2005 年国务院颁布的《关于完善企业职工基本养老保险制度的决定》。与 1997 年正式确立的统账结合制度相比，2005 年发布的《决定》主要改革有：第一，"统筹账户"比重增大。在缴费总额不变的基础上，统筹账户从 17% 提高到 20%，而个人账户则从 11% 缩小到 8%。第二，养老金与缴费的关联度提高。"退休时的基础养老金月标准以当地上年度在岗职工月平均工资和本人指数化月平均缴费工资的平均值为基数，缴费每满 1 年发给 1%。"

第五，建立信托制 DC 型企业年金制度，明确第二支柱地位。这一阶段社会保障制度建设的一个重大举措是 2004 年劳动和社会保障部发布了关于建立企业年金制度的第 20 和 23 号令。这两个部令明确将中国第二支柱企业年金制度定位为信托制 DC 型制度。这个制度模式是 20 世纪 80 年代以来风靡发达国家的新型第二支柱模式，其优点是养老金资产独立于雇主，实行委托人、受托人、托管人、投资人、账户管理人分立的完全市场化投资的运行模式；其法律定位是采取国家给予税收优惠支持和企业采取自愿原则。此后，劳动和社会保障部陆续颁发了一系列政策文件，对企业年金制度予以完善。目前，企业年金基金已达1500亿元，缴费职工已达1100万人。[①] 2006年出现的“上海社会保障案”促进企业年金制度不断完善，缩短了原企业补充养老保险基金限期移交过程。[②] 在建立企业年金制度的短短5年时间里，经济学界多次产生信托制DC型与契约制DB型之间的激烈争论，[③] 在部门博弈中，现行企业年金制度发展缓慢，税优政策迟迟没有落实。[④] 尽管如此，中国养老保险三支柱目标中的第二支柱毕竟逐步建立起来，三支柱制度框架日渐显现。

回顾这10年间的社会保障制度相关政策规定，尽管取得了很大的成就，但也为未来的问题的产生埋下了伏笔。关于空账问题，政府采用的“统账”分账的财务管理方式，并没有从根源上解决问题；同时，制度内解决历史遗留问题的制度设计出发点，导致了一代人负担畸重——在高达28%的缴费率面前，养老保险制度运行过程中实际的遵缴率并不理想；此外，尽管加强了养老保险制度的收入关联，但社会统筹部分收益并不尽如人意，而养老保险基金在当前的基金管理水平与资本市场成熟程度前提下，也无法保证可以获得令人满意的收益率，[⑤] 由此导致了养老金目标替代率的混乱、参保者选择提前退休及退保等问题。

（二）覆盖城乡的医疗保障体系的初步建立

进入新世纪以来，医疗卫生体制和医疗保险制度发展迅速，制度改革和不断探索成为这一历史时期的主旋律。

第一，医疗卫生体制的探索。2000年，中国开始同步推进医疗保险、医疗卫生体制和药品流通体制改革，重点解决医疗卫生服务和医疗保障制度改革中面临的体制型障碍。同年7月，国务院第一次提出“三改并举”

---

① 郑秉文：《企业补充养老保险30年改革回顾、评估与展望》，载郑大松等《改革开放30年中国社会保障制度改革回顾、评估与展望》第二章，中国社会科学出版社2009年版，第44—88页。

② 郑秉文：《中国企业年金的治理危机及其出路——以上海社会保障案为例》，《中国人口科学》2006年第6期（双月刊）。

③ 郑秉文：《中国企业年金何去何从——从〈养老保险管理办法（草案）〉谈起》，《中国人口科学》2006年第2期（双月刊）。

④ 参见郑秉文的以下文献：《企业年金应尽早纳入〈社会保险法〉》（《上海证券报》2009年2月18日第B6版）、《社会保障法能否接纳：企业年金何去何从?》（《证券日报》2009年3月17日第C3版）、《社会保障法能否接纳：企业年金何去何从?（续）》（《证券日报》2009年3月24日第C3版）等。

⑤ 在1998年举办的中国社会保障论坛第三届年会上，审计署副审计长余效明表示，五项社会保障基金年收益率不到2%。http：//finance. sina. com. cn/g/20081107/02402502198. shtml。

的改革思路，要求同步推进城镇职工基本医疗保险制度、医疗卫生体制改革和药品流通体制三项改革。随后又再次讨论该问题，但改革思路却因种种原因而搁置起来，城镇职工基本医疗保险的发展因孤军深入而困难重重。[①] 2003 年突发的“非典型肺炎”是一个转折点，它引起人们开始对医疗领域市场化改革进行反思。2005 年是对医疗卫生体制改革争论较为激烈的一年。之后，中国在医疗卫生体制方面进行了有效的探索。2006 年《国民经济和社会发展第十一个五年规划纲要》中强调“政府主导，社会参与”的原则，“强化政府在提供公共卫生和基本医疗服务中的责任，建立各级政府间规范的责任分担与资金投入机制”。2007 年国务院发布的《关于城乡医疗卫生体制改革和加强食品药品安全监管情况的报告》指出，深化医疗卫生改革的总体目标是建设覆盖城乡居民的基本医疗卫生制度，首先要强化政府责任和投入，确立政府在提供公共卫生和基本医疗服务中的主导地位。

第二，城镇多层次医疗保障体系的探索。首先是医疗保险的扩面，包括 1999 年将铁路系统职工纳入社会医疗保险制度，[②] 2003 年将灵活就业人员、混合所有制企业和非公有制经济组织从业人员以及农村进城务工人员纳入医疗保险范围。[③] 2006 年 5 月，劳动和社会保障部发布了《关于开展农民工参加医疗保险转向扩面行动的通知》，提出全面推进农民工参加医疗保险工作。其次是医疗救助体系的开展。2005 年 7 月，国务院办公厅发布了《关于建立城市医疗救助制度试点工作的意见》，总目标是：从 2005 年开始，用 2 年时间在各省、自治区、直辖市部分县（市、区）进行试点，之后再用 2—3 年时间在全国建立起管理制度化、操作规范化的城市医疗救助制度。再次是补充医疗保险制度的发展。1998 年国务院颁布的《关于建立城镇职工基本医疗保险制度的决定》中指出，“超过最高支付限额的医疗保险费用，可以通过商业医疗保险等途径解决”。随后，中国也出现了几种不同形式的补充医疗保险模式。

第三，城镇居民医疗保险制度的建立。2006 年党的十六届六中全会通

---

① 董朝晖等：《城镇职工基本医疗保险制度的发展》，载陈佳贵、王延中主编《社会保障绿皮书：中国社会保障发展报告》，社会科学文献出版社 2007 年版。

② 参见《关于铁路系统职工参加基本医疗保险有关问题的通知》（劳社部发［1999］20 号）。

③ 参见《关于城镇职工灵活就业人员参加基本医疗保险的指导意见》（劳社厅发［2003］10 号）和《关于推进混合所有制企业和非公有制经济组织从业人员参加医疗保险的意见》（劳社厅发［2004］5 号）。

过的《中共中央关于构建社会主义和谐社会若干重大问题的决定》进一步明确提出“建立以大病统筹为主的城镇居民医疗保险”。2007 年国务院颁布了《关于开展城镇居民基本医疗保险试点的指导意见》，指出城镇居民基本医疗保险重点保障参保居民的住院和门诊大病医疗支出，有条件的地区可以逐步试行门诊医疗费用统筹。到 2007 年年底，城镇居民医疗保险参保人数达到了 4291 万人。[①]

第四，关于农村合作医疗保险。农村合作医疗的发展大致可以以 2003 年为界，以前为计划经济时期农村合作医疗的延续，但是随着经济体制的改革，农村合作医疗制度也渐渐衰落，到 2002 年，中国农村合作医疗的覆盖率只有 9.5%。[②] 2003 年，国务院办公厅转发了《关于建立新型农村合作医疗制度的意见》（国发办（2003）3 号）指出：“从 2003 年起，各省、自治区、直辖市至少要选择 2—3 个县（市）先行试点，到 2010 年，实现在全国建立基本覆盖农村居民的新型农村合作医疗制度的目标。”这标志着中国的农村合作医疗保险制度进入了新的发展时期。

（三）城镇职工失业保险制度的建立

1997 年，国有企业改革进入了攻坚阶段，下岗失业则是当时改革遇到的最突出的问题。在此背景下，国务院于 1999 年颁布了《失业保险条例》，正式将“待业保险”这一名称改为“失业保险”，这标志着我国的失业保险制度进入了一个新的发展时期：

第一，确立了保障失业人员的基本生活和促进再就业的基本宗旨。

第二，失业保险的保障范围进一步扩大。《失业保险条例》改变了一直以来失业保险仅限于部分国有企业职工的情况，将之扩充到整个城镇劳动者。

第三，实现了三方负担原则。《失业保险条例》规定了单位和职工的缴费义务，不足由财政补贴。

第四，建立了管理、监督机制。失业保险基金实行“财政专户，收支两条线管理”的模式，由劳动保险行政部门管理失业保险工作，财政部和审计署依法对失业保险基金的收支、管理情况进行监督。

---

① 数据来源：中国资讯行统计数据库。

② 邹东涛：《中国改革开放 30 年（1978—2008）》，社会科学文献出版社 2008 年版，第 678 页。

第五，在待遇确定方面，将失业保险金的给付标准与最低工资和城镇居民最低生活保障线挂钩。《失业保险条例》规定失业保险金水平低于当地最低工资、高于当地城镇居民最低生活保障线，具体给付标准由各地政府根据当地实际情况决定。

第六，加大了责任追究及处罚力度。《失业保险条例》针对不同的违法行为规定了不同的处罚形式，其责任形式有经济责任、行政责任，而且还增加了刑事责任。

在《失业保险条例》运行过程中，随着新问题的出现，理论界探讨了存在的问题，[①] 包括保障范围有待于进一步扩大（乡镇企业职工、农民工等）；失业基金征缴困难且存在挤占挪用问题；失业保险申领资格条件审核不够严格。此外，理论界还开始关注起“隐性就业问题”与失业统计指标体系。

（四）城市居民最低生活保障制度的建立和发展

1999 年，以国务院颁布的《城市居民最低生活保障条例》为标志，低保制度正式在中国城市建立起来。该《条例》规定了以下几个方面：

第一，保障对象。持有非农业户口的城市居民，凡共同生活的家庭成员人均收入低于当地城市居民最低生活保障标准的，均有从当地人民政府获得基本生活物质帮助的权利。

第二，保障原则。城市居民最低生活保障制度遵循保障城市居民基本生活的原则，坚持国家保障与社会帮扶相结合，鼓励劳动自救的方针。

第三，保障标准。城市居民最低生活保障标准，按照当地维持城市居民基本生活所必需的衣、食、住费用，并适当考虑水电燃煤（燃气）费用以及未成年人的义务教育费用确定。

第四，资金来源。城市居民最低生活保障所需资金，由地方人民政府列入财政预算，纳入社会救助专项资金支出项目，专项管理、专款专用。

进入 21 世纪，中国的城市居民低保制度进入发展和巩固阶段，取得了突破性的进展。制度覆盖面逐步扩大，保障人数从 1999 年的 265.9 万人上升到 2007 年的 2272.1 万人，[②] 保障资金支出大幅度增加，全国低保支出从

---

① 冯宪芬、赵文龙：《论我国失业保险制度中的问题及完善》，《延安大学学报（社会科学版）》2000 年 6 月第 22 卷第 2 期；刘雪斌、何筠：《我国失业保险制度的变迁和发展》，《当代财经》2004 年第 1 期；丁煜：《我国失业保险制度的演变、评估与发展建议》，《中国软科学》2005 年第 4 期。

② 数据来源：中华人民共和国民政部网站，《2008 年民政事业发展统计报告》。

2001 年的 45.74 亿元上升到 2006 年的 241.01 亿元，[①] 在缓解贫困和保障城市居民基本生活权益方面发挥了重要的作用。在取得一些成绩的同时，该制度在实施过程中还存在这样一系列的问题，如最低生活保障的标准偏低，未能实现有效保障；制度结构过于简单，忽视某些特殊情况的存在；未能有效区分低保对象和非低保对象；和其他社会保障政策的衔接不好等。[②]

在实施城市居民最低生活保障制度的同时，中国也开始了农村最低生活保障制度的探索。党的十六届六中全会中指出："逐步建立农村最低生活保障制度，有条件的地方探索建立多种形式的农村养老保险制度。"为贯彻落实党的十六届六中全会精神，切实解决农村贫困人口的生活困难，国务院决定，2007 年在全国建立农村最低生活保障制度。农村低保对象是家庭年人均纯收入低于当地最低生活保障标准的农村居民，主要是因病残、年老体弱、丧失劳动能力以及生存条件恶劣等原因造成生活常年困难的农村居民。农村低保制度实行地方人民政府负责制，按属地进行管理，所需资金由地方政府纳入财政预算，中央政府要对贫困地区予以补贴。截至 2007 年年底，全国已有 1608.5 万户、3566.3 万人得到了农村最低生活保障，比上年同期增加 1973.2 万人，2007 年全年共发放农村最低生活保障资金 109.1 亿元，人均补差 38.8 元/月，比上年同期增长 12.5%。[③]

第五节　构建和谐社会与社会保障体系建设：新时期的重大理论突破

随着制度的基本定型，中国社会保障事业的发展也进入了一个新阶段，在新的时期，我们国家不仅仅追求经济发展，在民生建设上也不再仅仅限于基本生活的满足，在"以人为本"理念的指导下，提高人民的生活质量，注重个人的未来发展成为新时期追求的目标。实现这样的民生目标，建立覆盖全民的社会保障体系必不可少，而构建社会主义和谐社会的目标以及科学发

---

① 数据来源：中国资讯统计数据库。

② 相关资料见毛华滨、刘士才《城镇居民最低生活保障问题研究》，《高等函授学报》（哲学社会科学版）2007 年 12 月第 20 卷第 12 期；康蕊：《浅析城市居民最低生活保障制度》，《中共太原市委党校学报》2007 年第 1 期；杨玉婷：《城市居民最低生活保障制度的现状和对策》，《湖南财经高等专科学校学报》2008 年第 24 卷第 114 期；程静：《论城市居民最低生活保障制度》，《现代商贸工业》2008 年第 11 期等。

③ 数据来源：中华人民共和国民政部网站，《2007 年民政事业发展统计报告》。

展观理念的完整提出也为社会保障体系的建立提供了理论依据和发展契机。

党的十六届六中全会和十七大以和谐社会与科学发展观为主题，将民生建设推向了一个更高的层次，社会保障体系建设也被提到空前的理论高度，为新时期社会建设和社会保障建设指明了方向和描绘了蓝图，是新时期中国社会保障制度建设的重要指导思想。

一、新时期中国社会保障体系建设的指导思想

（一）完善社会保障——建设和谐社会的重要手段

党的十六届六中全会以构建和谐社会为主题，首次将社会建设放在一切工作之首要位置，首次将社会管理推向了前台，经济管理的突出地位被取而代之，这说明构建和谐社会在我国社会主义事业建设总体布局中的地位已经明确。从社会保障制度建设和研究的角度看，党的十六届六中全会公报有两大亮点：

第一，社会保障的地位更加突出。首先，完善社会保障是推动社会建设的一个重要领域。社会建设与经济建设是一个国家全面发展的两翼，如果只强调后者而偏废前者，则“拉美化”和“社会病”就会蔓延滋生，进而对后者产生很大的负面影响。其次，社会保障制度是发展社会事业的一个具体体现。现代社会保障的概念在我国还属新生事物，在以往经验、社会投入、公众心目中，既日益显现出空前的重要性，同时也表现出了较大的差距。社会事业，一般意义上说，大多有公共物品的属性，应由社会予以公共提供；从融资的角度看，应属公共财政的范畴，国家的干预与提供是必需的，这是政府的责任。在发展社会事业中，社会保障是一个重要的体现，因为它具有十分强大的社会外部效应，具有正外部性。社会保障不完善、不发达，社会和谐就无从谈起。再次，社会保障是促进社会公平正义的一个手段和目的。对中国特色社会主义来说，社会保障是促进社会公平正义的一个重要手段。

第二，勾画2020年社会保障远景蓝图。党的十六届六中全会公报对社会保障正式勾画出的远景和蓝图是：“覆盖城乡居民的社会保障体系基本建立。”在中央全会上明确提出2020年完善社会保障制度的远景目标，这是第一次；在中央全会上具体指出要基本建立一个将城市和乡村全部覆盖进来的社会保障制度，也是第一次。这是对完善社会保障制度建设的一次重

要战略部署。①

（二）建立覆盖城乡居民的社会保障体系——以科学发展观为指导

以科学发展观为主题的党的十七大在报告中再次提出和强调建立“覆盖城乡居民的社会保障体系”的战略目标，继党的十六届六中全会之后，这是第二次正式提出建立覆盖城乡居民社会保障体系的战略目标，并指出要“加快建立”，这充分说明，建立覆盖城乡居民社会保障体系的战略目标很可能将提前完成。党的十七大报告指出：“社会保障是社会安定的重要保证。”这是对完善社会保障制度建设最高的评价：建立一个覆盖城乡居民的社会保障体系，是构建和谐社会的一个重要保证，没有完善的覆盖城乡的社会保障体系的社会肯定不是一个和谐的社会；社会保障体系覆盖面狭小，或者城乡割裂形成碎片化的制度，都将不利于和谐社会建设，甚至等于将当前的困难推向了未来。

除了对未来社会保障制度的发展指明大方向外，党的十七大报告还对制度发展的具体目标和发展道路做出了概括。例如，报告中提出的“以社会保险、社会救助、社会福利为基础”，实际上是对中国特色社会保障体系框架蓝图的描述；报告中提出“以基本养老、基本医疗、最低生活保障制度为重点”，实际上指出了当前社会保障体系建设迫切需要完善的三个重要领域；“以慈善事业、商业保险为补充”，实际上“点到”了目前我们社会保障体系的薄弱环节，同时也为慈善事业和商业保险在社会体系框架中的地位定了性，那就是“补充”性质，意味着建立多层次和多支柱社会保障体系是我们党的既定方针。党的十七大报告还对社会保障体系的改革重点和难点做出了论述，如“促进企业、机关、事业单位基本养老保险制度改革，探索建立农村养老保险制度”，前句话提出了城镇社会保障体系改革的目前任务，后句话提出了下一步社会保障体系改革的重要领域；“全面推进城镇职工基本医疗保险、城镇居民基本医疗保险、新型农村合作医疗制度建设”的论述，实际上是对医疗保险制度大格局做出的重要判断和基本概括，是对中国建立城乡统筹的医疗保障体系的重要指导。②

---

① 以上内容主要参考郑秉文《完善社会保障：建设和谐社会的重要手段》，《中国证券报》2006 年 10 月 17 日第 A04 版；郑秉文《社会保障：构建和谐社会的新要求》，《中国社会科学院院报》2006 年 11 月 2 日第 1 版。

② 以上内容主要参考郑秉文《注重社会建设，着力改善民生——学习十七大报告体会》，《中国社会科学院院报》2007 年 10 月 23 日第 3 版。

二、新时期对社会保障制度问题的若干讨论

新时期反思我们的社会保障体系，距离构建“覆盖城乡居民的社会保障体系”的目标还很远，还有很多工作要做。目前，中国社会保障体系问题不少，体系还不完善，如《社会保险法》迟迟未颁布，《社会保险法（草案）》对于关键问题的处理依旧模糊不清；医改思路到底如何确定；机关事业单位的养老保险改革路在何方；面对全球的金融危机，中国的社会保障制度何去何从，是机遇还是挑战，等等。所有这些问题都值得我们考虑，并且这两年来，对于这些问题的讨论也从未停止过。

（一）《社会保险法（草案）》——争论颇多

发达国家的经验告诉了我们社会保障发展的一条重要原则——立法先行。目前，中国的社会保障法律体系中，最高的立法位阶是条例（例如《失业保险条例》和《工伤保险条例》），由此导致制度体系强制性不高，执行起来容易走样。

第一，关于社会保险制度的覆盖范围。有的学者认为，目前的《社会保险法（草案）》基本上是一部保障企业职工的法，主要表现在“重职工轻居民、重城市轻农村”，缺乏公平性。并且关于如何协调解决失地农民和农民工的养老保险等问题还不够具体，立法既要留出空间，也要体现公平性。但有学者却提出，社会保险法不是社会保障法，不要奢望所有的问题都由社会保险法来解决，应该明确其保护对象是收入关联的劳动者还是所有公民。①

第二，关于社会保险统筹层次。有学者从管理的角度认为，全国统筹很大程度上不是技术问题，结构设计如果合理，就不会影响到经济发达地区的利益。全国统筹后会存在大量信息不对称等问题，有必要设立一个独立的全国性的社会保障监督机构，以实现养老保险经办机构的垂直化管理。② 从提高统筹层次可能导致的后果看，有学者认为，在目前统账结合制度下，如果强制提高统筹层次，就将面临严重的道德风险，制度收入就会面

---

① 2009 年 2 月 12 日中国社会保险法专题研讨会召开，与会作者的主要观点见《问道社会保险法——社会保险法专题研讨会综述》，《中国社会保障》2009 年第 4 期。

② 同上。

临逆向选择的风险，进而有可能减少制度收入，甚至收不抵支，给财政就会形成一个包袱。[①] 还有学者认为，在地区之间发展极不平衡的情况下，提高统筹层次可能会导致出现“抽瘦补肥”的现象，全国统筹意味着事权的上移，这与目前公共管理事权下移的改革思路是冲突的。事权上移的后果就是博弈的各方增加，带来管理难度、制度运行成本增加等一系列问题。[②]

第三，关于草案中的授权问题。有的学者认为，授权太多了，法案更大程度上像指导思想、指导意见和立法原则。对于一些应该用法强制规定的内容，却选择了授权国务院制定办法，如公务员参加养老保险办法的授权等。但是，有的学者认为，草案中的一些授权是必要的，因为：首先，社会保险本身是从最基层地区试点开始的，到目前依然是大面积地分散在各个区域，一部法律不可能把这么大的差距完全统一起来。其次，有些东西还在试点，还看不清楚，回避也是必要的。最后，有些问题现在看法还不一致，就从专家来说，看法也不一致。重要的是社会保险法涉及社会保险待遇，社会不同利益群体的博弈，是一个利益博弈问题，目前的社会保险法没有能力去调整这么大的历史形成的利益关系，有些问题先缓一下，今后根据条件成熟再完善，不能期待社会保险法一锤定音。[③]

社会保险制度是一个系统工程，其制定需要集中力量，做各种科学的测算与论证；制度设计也应该长远规划，有统一的理念支撑。同时，中国社会保险制度还处于未定型、未定性、未定局的阶段，一切都在“摸黑”的不确定状态中，这是立法的难处。但同时，这次立法也是中国社会保险制度改革的机遇。应借立法机会，从制度结构上重新审视、完善和扬弃中国目前的社会保险制度，理清部门之间的利益之争。解放思想、实事求是，克服畏难情绪，知难而上，确定中国的福利理念，提出框架性的、完整的社会保险制度设计。否则《社会保险法》很可能徒有其表，即使出台，也

① 郑秉文：《社会保障法应一次性一揽子解决社会保障设计问题》，《21 世纪经济报道》2009 年 2 月 17 日第 8 版。

② 中国社会保险法专题研讨会：《问道社会保险法——社会保险法专题研讨会综述》，《中国社会保障》2009 年第 4 期。

③ 2009 年 1 月 15 日，中国社会保险学会在京召开社会保险法专家研讨会。相关专家观点见《把脉问诊：社会保障专家议法》，《中国社会保障》2009 年第 2 期。

会被束之高阁，无法发挥作用。[①]

（二）农民工社会保障制度的抉择——碎片化还是大一统

中国农民工频繁地参保、退保，成为全世界独一无二的一个奇特的社会现象。有学者认为，[②] 目前农民工参加社会保障制度主要存在两个障碍：一是异地流动时发生的便携性障碍。由于统筹层次低，财政“分灶”吃饭，农民工异地打工时难以完全解决社会保障关系的转续问题。按现行规定，农民工异地流动时只能带走个人账户部分资金，而统筹部分则留在原打工地，这使得农民工个人和所在打工企业都遭受损失。二是农民工异地打工时地方政府“经济人”扭曲行为与部分农民工的短视心理一拍即合。这就在客观上使农民工不得不频繁参保、退保、再参保、再退保。

针对农民工社会保障问题的看法概括起来可以分为“统派”和“分派”。“分派”认为，目前的城镇基本社会保障制度不适合农民工，因此主张为其建立一个单独的制度，这是典型的“碎片化”养老保险制度。而“统派”主张重构当前的社会养老保险制度，打破城乡界限和职业界限，跨越户籍制度的藩篱，建立基于国民身份的单一基本养老保险制度，即全国一个制度、一种规则，这就是“大一统”基本养老保险制度。对于“分派”的观点，有的学者认为这种分立的制度弊端颇多，如为农民工单立制度是把农民工的贫困合法化，会导致全国劳动力市场的扭曲，待遇不一致导致不同群体之间进行攀比，进而使得社会不和谐等，因此，为农民工单独建立养老保险制度是一种“短视”的行为。[③]

2009 年 2 月颁布的《农民工参加基本养老保险办法》（征求意见稿）是一个过渡性的政策。很显然，尽管该《办法》还存在一些问题，例如，低费基、低费率、低缴费密度必将导致农民工退休待遇水平远远低于社会平均退休金水平，但毕竟解决了眼下最急迫的便携性问题，这说明，决策层最终放弃了为农民工分立养老保险的思路，这是一个很大的进步，使中国社会保障制度朝“大一统”方向迈进了一步。

---

① 参见郑秉文相关文章，如《借社会保障立法解制度困局》，《财经》2009 年第 2 期；《〈社会保险法〉立法面临三大困难》，《上海证券报》2009 年 5 月 27 日第 B06 版；《〈社会保险法〉正式立法：不是今年或明年的事》，《中国社会科学院院报》2009 年 2 月 10 日第 4 版等。

② 郑秉文：《农民工社会保障：单立，还是统一?》，《中国社会科学院院报》2008 年 11 月 18 日第 4 版。

③ 同上。

（三）机关、事业单位的养老保险改革——三个联动

作为行政管理体制改革和社会保障体制改革的重要组成部分，事业单位养老金改革试点省市确定后，引起全国范围内广泛关注。事实上，事业单位养老金试点方案在2008年1月已经确定，一年来，试点省市的试点几乎毫无进展，遇到了前所未有的阻力，原因有两个：第一，人们对养老金预期降低的恐慌。如果事业单位的养老保险制度进行企业化改革，毫无疑问，在没有其他补充养老金的情况下，事业单位的养老金势必降低。第二，事业单位和公务员“碎片化”改革。这次养老保险改革的对象只包括事业单位，而不包括公务员，与此同时，向社会广泛征求意见的《社会保险法（草案）》也把公务员与事业单位的养老保险制度分开。其次是事业单位内部的“碎片化”改革，这次改革试点的主体包括医疗卫生部门和大学等。如此“碎片化”的试点改革必然导致相互攀比和人为制造恐慌，其结果必将是改革难以推动，这显然是增加了改革的政治成本，人为地拉长了改革的历史进程。

有的学者认为，[①] 从长远和全局的角度看，事业单位参加基本养老保险改革是否能成功，关键在于“三个联动”：一是事业单位和公务员改革一起行动，以避免相互攀比，互相掣肘。二是事业单位的三个类别一起改革，[②] 在养老保险上不应该分出三六九等，此次改革方案中列出的改革对象是第二大类的第二小类。三是事业单位改革与建立职业年金同步进行，以弥补参加改革后降低的那部分，旨在给出预期，减少改革阻力，维持生活水平不要降低，给所有人一个“定心丸”。法国“碎片化”的制度教训显示，多种退休制度必然引起攀比，改革必然遭到反对，时间越久，差距越大；福利刚性越大，改革越困难，甚至引发社会动荡。同时，中国的养老保险制度由于统筹层次比较低，已经形成不少的“碎片”，如果再加上事业单位和公务员的碎片，必然会使中国的养老制度积重难返，从长远看面临不可持续的困境。还有的学者提出了事业单位养老保险制度改革的一些原则，[③] 如

---

① 参见郑秉文相关文章，如《事业单位养老金改革的关键是三个“联动”》，《中国证券报》2009年2月23日第A12版；《〈社会保险法〉立法面临三大困难》，《上海证券报》2009年5月27日第B06版等。

② 中国的事业单位可分为三大类：第一大类是行使行政职能的，第二类是从事公益性活动的，第三类是从事经营活动的事业单位。

③ 华迎放：《建立统一的养老保险制度》，《瞭望》2006年5月29日。

事业单位的养老保险目标模式和城镇职工养老保险模式应该保持一致；事业单位要和国家机关实行统一制度，不能形成新的“二元制度结构”；应借鉴企业养老保险改革的教训，做好事业单位养老保险新老制度的平稳过渡；保证权利义务相统一，事业单位职工应该强制缴费等。综合这一时期对这一问题的讨论，从根本上说，人们关注的是养老保险制度的公平性，关注的是“碎片化”的制度能否实现大一统。这种观点认为，在建立覆盖城乡的社会保障制度的过程中，机关和事业单位的养老保险制度不宜再分立，这也是和构建和谐社会的要求相一致的。

（四）新医改——走向全民医保

经过5个多月公开征求意见和修改，中共中央、国务院于2009年4月6日正式公布《关于深化医疗卫生体制改革的意见》，成为医改方案的最终稿。关于医疗保障制度，方案规定，加快建立和完善以基本医疗保障为主，其他多种形式补充医疗保险和商业健康保险为补充，覆盖城乡居民的多层次医疗保障体系。其中基本医疗保障体系包括城镇职工基本医疗保险、城镇居民基本医疗保险、新型农村合作医疗和城乡医疗救助制度。从各个制度的覆盖范围来看，事实上新医改方案为中国确立了一种全民医保制度。

新医改方案颁布以来，学者和决策者从以下几个方面解读了全民医保制度。

第一，全民医保是中国医疗体制改革的突破口，可以从根本上改变病无所医的局面。有的学者认为，中国医疗卫生体制存在一个很大的问题，就是民众看病时自费的比重太高，事实上是保障不足的问题。而在全民医保制度下，全体城乡居民都被纳入基本医疗保障制度中，居民可以在更大的范围内分散风险，实现“病有所医”的目标。[①]

第二，全民医保下中国医疗保障模式的选择问题。学者认为，政府主导下的全民医保有两种选择：一是公费医疗；二是强制性的医疗保险。当然，全民医保的公平性自不待言，但是这种制度对财政的压力较大，最终会转嫁到消费者或企业身上。一般来说，一个有效的公费医疗体系必须覆盖80%的医疗费用，以2005年的医疗数据来看，为了建立全民公费医疗体

① 顾昕：《全民医保是医改的突破口》，http：//news. xinhuanet. com/politics/2008 －02/14/content_ 7602104. htm；王杉：《全民医保将改变病无所医》，http：//old. jfdaily. com/news/hot/200904/t20090407_ 595228. htm。

制，财政至少支出 5003 亿元，占当年财政总支出的 1/7，而卫生财政支出中还有一部分并非用于看病，还包括公共卫生支出和农村卫生支出等。由此可见，在现在的财政体制和现有财力的约束下，实行公费医疗模式是不可行的。[①] 而只能是国家继续扮演保险者的角色，在现行制度架构中通过调整实现全民医保。

第三，全民医保的资金是否足够。有学者对全民医保制度下医疗保险费用的收支作了测算，认为从 2010 年开始，全国城乡医保机构有望每年最少筹集 5650 亿元，而从现在的医疗机构的看病收入来看，大约为 5000 亿元，医疗保险制度足以应对居民的看病支出，从而不会出现资金的缺口。[②]

（五）统账结合制度的改革出路——“混合型”统账结合

统账结合属于部分积累制的一种，中国从确立到现在，该制度已运行 12 年，其中取得了不少的成绩，但是实施至今，统账结合却越来越受到人们的质疑。有学者认为，[③] 作为部分积累制的一种，统账结合最重要的一个标志就是要做实个人账户，但是，在具体的运行中，中国的个人账户却是“空账”运行。2001 年，开始了做实个人账户的辽宁试点，并且将个人账户从 11% 减少到 8%。通过试点，发现三个问题：第一，当期统筹支付面临缺口，每年需要十几亿元的财政补贴。第二，账户资金到 2008 年年底的积累已超过 500 亿元，是任凭财政永远补贴下去，还是同意辽宁借支账户资金用于社会统筹缺口的申请？一旦同意“动用”账户资金，就意味着做实个人账户试点的彻底流产，进而意味着统账结合将流于形式。第三，随着个人账户资金的做实，如何使账户资金保值增值成为决策层要考虑的重要问题。除了统账结合制度本身存在的问题外，退休金待遇水平下降趋势靠自身已无法遏制和补偿，从 2005 年开始，中央政府已经连续 5 年上调退休金，这是因为，退休金水平与社会平均工资和公务员退休金水平的差距与日俱增，单靠保险制度的计算公式已经无能为力。

当一个养老金制度的融资方式和给付公式双双出现问题时，就说明这

---

① 顾昕：《全民医保是医改的突破口》，http：//news. xinhuanet. com/politics/2008 – 02/14/content_ 7602104_ 1. htm。

② 顾昕：《新医改的三大新挑战》，http：//www. ycwb. com/news/2009 – 04/13/content_ 2107040. htm。

③ 郑秉文：《译者跋：中国社会保障“名义账户”改革新思路——“混合型”统账结合》，《名义账户制的理论与实践——社会保障改革新思想》，中国劳动社会保障出版社 2009 年版。

个制度已经存在着必须要进行改革的理由，或者说是到了不得不改的程度了。而“名义个人账户”（NDC）是目前可供选择的一个重要制度出路：通过它，可以走出做实账户的两难困境，可以免除连续多年认为调节待遇水平的“外力干预”，还可以解决诸如统筹层次低、投资体制严重不合理、收益率低下、碎片化地方割据造成基金监管困难等问题。

利用名义账户思想，将当前“简单型”统账结合制改造成“混合型”统账结合制，可以解决近年来中国统账结合制度遇到的问题。所谓“混合型”统账结合制度的主要内容包括：第一，将名义账户的基本原理应用于现行统账结合的制度框架之中，以保持现行统账结合政策的稳定性和连续性。第二，将个人和单位缴费统统划入个人账户“混合运用”，雇员和雇主的缴费全部归属账户持有人。第三，将参保人职业生涯中的DC型融资方式与退休后兑换成DB型的终生退休金“混合使用”，旨在克服二元结构的制度不适应性和保持退休金的替代率水平。第四，将个人账户中做实的部分与虚拟的部分混合起来，旨在实现部分积累制规定的做实账户的目的。第五，将做实的账户资产“集中混合”起来而无须量化到个人账户里，旨在达到银行储蓄式账户的效果和目的。第六，将做实部分的“真实收益率”与虚拟的“名义收益率”（即内部收益率）“混合计算”，旨在建立一个8%的“固定利率”即本书使用的类似银行的“公布利率”。第七，将个人账户该做实的部分继续做实并与没有做实的部分进行“混合投资”管理，旨在实现资产个人化的目标。第八，将全体参保人的“身份混合”起来以消除社会身份与城乡户籍带来的“参保歧视”和社会排斥，旨在实现社会保障的公平性和公正性。第九，将城乡制度混合起来统一设计以打破二元结构的制度分割，旨在建立一个全国范围的统一制度和消灭“碎片化”现象。第十，将名义账户制的“内核”植入统账结合的外壳之中，旨在建立具有中国特色的名义账户制度。①

（六）金融危机带给中国社会保障制度的启示——机遇还是挑战

由美国次贷危机引发的全球金融危机无疑对中国实体经济产生了巨大冲击，特别是中国的出口制造业。面对金融危机，中国面临着转变经济增

① 该部分主要参考郑秉文《译者跋：中国社会保障“名义账户”改革新思路——“混合型”统账结合》，《名义账户制的理论与实践——社会保障改革新思想》，中国劳动社会保障出版社2009年版。

长方式的压力。一直以来，中国的经济增长严重依赖出口和投资，外贸依存度超过了70%，为世界之最，而美国、日本、印度、德国等国家基本维持在20%左右。中国消费对经济增长的贡献始终很小，最终消费已达到历史最低水平。从20世纪80年代占GDP比重的62%下降到2005年的52%，其中居民消费从1991年的48.8%下降到2005年的38%，远远低于同期世界79%的平均消费率，这种出口型经济的脆弱性在国际经济危机中暴露无遗。

2008年12月的中央经济工作会议指出，要着力在“保增长”上下工夫，把扩大内需作为保增长的根本途径，把加快发展方式转变和结构调整作为保增长的主攻方向。从长期看，拉动内需的一个重要制度保证就是加快社会保障制度建设，没有社会保障制度这个安全网，内需就难以启动，内需不足就永远是悬在根本转变经济增长方式头上的一把利剑。中国社会保障制度之所以不能为拉动内需作出较大的贡献，原因有三：

第一，覆盖面太小。中国的社会保障制度是作为经济体制改革的附属品产生的，从建立之初，没有进行通盘考虑，只是将国有企业职工纳入其中，而广大的农村居民、农民工却被排斥在外，再加上现有制度的便携性较差，在这种情况下，更加难以实现应保尽保。

第二，城镇企业基本保险的待遇没有与社会平均工资增长率挂钩，退休收入替代率逐年下降，并与机关和事业单位退休金的差距逐渐增大，为此中央政府不得不每年上调退休金。多种退休制度导致待遇差，导致攀比，导致各单位之间的不和谐，导致财政风险，导致人们消费信心下降，社会保障制度的公信力下降。甚至从社会保障制度建设的角度看，“调待”这种从制度外部干预养老金水平的做法也是不正常的。很明显，这种不正常的养老金制度很难为拉动内需作出应有的贡献。

第三，社会制度的碎片化。目前中国社会保障制度的展开与扩大是以碎片化的方式而进行的，所谓碎片化扩展方式，是指除国有企业以外，社会保障制度基本不适应其他群体的加入，于是便为不同群体分别建立社会保障制度，这样的制度不利于全国范围劳动力大市场的形成，容易造成职业隔离，弱化参保人的当期消费能力，不利于提高整体社会保障基金的风险集合能力和大数法则的优势。建立全国统一的社会保障制度是未来社会长期利益的需要，也是促进经济增长、抵御外部经济波动和冲击的本质需要。

为应对金融危机，社会保障制度应尽快推进以下几个方面的改革：

第一，提高社会保障的覆盖面。扩大覆盖面的对象包括三个部分：其一，城镇灵活就业人员；其二，农民工；其三，在农村的务农农民。

第二，适当和适时提高基本保险的水平，除了提高给付水平，缴费率也应该下调，因为高缴费率必然抑制缴费人当期的消费能力。

第三，某些非缴费型福利项目的水平应适当提高，如目前中国针对低保人群的社会救助等。第四，应该设立一些新的福利项目，眼下较为急迫的是在全国建立养老补贴制度，也称“国民年金”或“社会养老金”。

对中国而言，完善社会保障制度，加快转变经济增长方式，既是应对外部环境变化的结果，也是内部发展的必然要求，更是历史赋予的一个十分迫切的战略任务。只要统一认识，凝聚全国力量，协调行动，形成合力，就能趁势建立起一个既“保和谐”又“保增长”的“双赢”的社会保障制度。①

参考文献

1. 童源轼、钱世明：《关于社会主义劳动保险若干问题的探索》，《财经研究》1984年第3期。

2. 张光耀：《对老年社会保险制度改革思路分歧的看法》，《南方人口》1990年第4期。

3. 陈天培：《待业保险与失业保险》，《中国劳动》1991年第9期。

4. 高铁生、宋曙光、汤晓青：《德国社会保险发展的历史、现状及对我国的借鉴——国家计委中德宏观经济研讨班赴德考察报告》，《经济研究参考》1992年第1期。

5. 辛仁周：《完善我国失业保险制度的对策》，《经济研究》1993年第1期。

6. World Bank. *Averting the Old - age Crisis - Policies to Protect the Old and Promote Growth*. New York: Oxford University Press, 1994.

7. 中国城市社会救济制度改革研究课题组：《建立中国城市居民最低生活保障线制度的研究报告》，《社会工作研究》1995年第6期。

① 该段主要参考郑秉文如下文章：《扩大社会保障制度覆盖范围：国际经验与教训》，《红旗文稿》2009年第8期；《金融危机下的社保改革》，《中国社会科学院院报》2009年6月16日第3版；《金融危机引发社会保障制度改革不断深化》，《中国证券报》2009年7月6日第A14版；《社会保障：反危机的措施和反周期的手段》，《中国劳动保障报》2009年7月10日第3版；《金融危机·增长方式转变·建立统一的社会保障制度》［在2008年12月18日浙江省（浙江大学）社会保障发展研究中心成立10周年举办的“改革开放与社会保障”学术论坛上演讲，载郑秉文个人主页，http://ilas.cass.cn/zhengbingwen］等。

8. 齐明珠：《国外医疗保险制度对我国的启示（一）》，《人口与经济》1996年第4期。

9. World Bank, 1997, "*Old Age Security: Pension Reform in China*", Washington D. C..

10. 杨生斌、庹国柱、王国军：《医疗保险模式的国际比较》，《中国保险管理干部学院学报》1997年第2期。

11. 郭庆松、杨光：《市场经济条件下中国失业保险制度研究》，《人口与经济》1997年第4期等。

12. 李珍：《论社会保障个人账户制度的风险及其控制》，《管理世界》1997年第6期。

13. 周寿祺：《"统账结合"——走中国特色的医疗保险改革之路》，《国际医药卫生导报》1998年第9期。

14. 王国军：《现行农村社会养老保险制度的缺陷与改革思路》，《上海社会科学院学术季刊》2000年第1期。

15. 柏杰：《养老保险制度安排对经济增长和帕累托有效性的影响》，《经济科学》2000年第2期。

16. 劳动和社会保障部社会保险研究所：《世纪抉择——中国社会保障体系构架》，中国劳动社会保障出版社2000年版。

17. 袁志刚：《中国养老保险体系选择的经济学分析》，《经济研究》2001年第5期。

18. 赵人伟：《福利国家的转型与我国社会保障体制改革》，《经济学家》2001年第6期。

19. 刘书鹤：《农村社会保障的若干问题》，《人口研究》2001年第9期。

20. 宋晓梧：《中国社会保障体制改革与发展报告》，中国人民大学出版社2001年版。

21. 郑功成等：《中国社会保障制度变迁与评估》，中国人民大学出版社2002年版。

22. 郑秉文：《欧亚六国社会保障"名义账户"制利弊分析及其对中国的启示》，《世界经济与政治》2003年第5期。

23. 国务院发展研究中心课题组：《对中国医疗卫生体制改革的评价与建议》，《中国发展评论》2005年第1期增刊。

24. 马杰、郑秉文：《计划经济条件下新中国社会保障制度的再评价》，《马克思主义研究》2005年第1期。

25. 丁煜：《我国失业保险制度的演变、评估与发展建议》，《中国软科学》2005年第4期。

26. 王新梅：《全球性公共养老保障制度改革与中国的选择——与GDP相连的空账比与资本市场相连的实账更可靠更可取》，《世界经济文汇》2005年第12期。

27. 宋晓梧：《正确评价医疗改革》，《财经界》2006 年第 6 期。

28. 郑秉文：《社会保障：构建和谐社会的新要求》，《中国社会科学院院报》2006 年 11 月 2 日第 1 版。

29. 高书生：《社会保障改革何去何从》，中国人民大学出版社 2006 年版。

30. 陈佳贵、王延中主编：《社会保障绿皮书：中国社会保障发展报告》，社会科学文献出版社 2007 年版。

31. 郑秉文：《社会保障基金的法律组织形式：欧盟的经验教训》，《中国政法大学学报》2009 年第 1 期。

32. 郑秉文：《社会保障：反危机的措施和反周期的手段》，《中国劳动保障报》2009 年 7 月 10 日，第 3 版。

33. 邓大松等著：《改革开放 30 年中国社会保障制度改革回顾、评估与展望》，中国社会科学出版社 2009 年版。

（执笔人：郑秉文，中国社会科学院拉丁美洲研究所研究员；高庆波、于环，中国社会科学院拉丁美洲研究所博士）

第十五章

对外开放理论研讨与进展[①]

第一节　概述

党的十一届三中全会明确提出，发展我国的对外经济关系，实行对外开放政策，要求“在自力更生的基础上积极发展同世界各国平等互利的经济合作，努力采用世界先进技术和先进设备”。[②]“这一历史的选择，标志着我国多年闭关自守状态的彻底结束，走上了对外开放的宽广大道。”[③] 自新中国成立到党的十一届三中全会期间，在对外经济上，我国始终处于闭关自守的状态。而与之相对应，在这30年的时间里，对外经济理论的发展也十分有限。“1979年改革开放前，中国经济学界关于对外经济关系的理论研究甚少，几乎是个空白。”[④]“我国经济学界展开关于对外经济关系的理论研究，严格来说是在1979年实行改革开放后开始的。”[⑤]

---

① 本章是以作者已经发表的《对外开放理论：50年发展与论争》以及《对外开放理论30年论争与发展》为基础整理而成的，文章分别发表在张卓元主编《论争与发展：中国经济理论50年》以及《中国经济学30年（1978—2008）》中。商务部李文锋和汪连海两位博士参与了前一篇文章的校对；中国社会科学院研究生院2007级博士邹士年和徐朝阳为后一篇文章撰写提供了很多的资料和有价值的观点。在本章写作中，中国社会科学院2008级博士杨旭提供了大量引进技术以及对外援助方面的资料和相关观点，本院2009级博士丛雅静承担了汇总并增加新内容的工作，为我提供了初稿。对以上各位博士的大力协助，在此一并表示感谢。

② 《中国共产党第十五次全国代表大会文件汇编》，人民出版社1997年版，第21页。

③ 苏星：《新中国经济史》，中共中央党校出版社1999年版，第749页。

④ 张卓元主编：《论争与发展：中国经济理论50年》，云南人民出版社1999年版，第26页。

⑤ 同上书，第27页。

新中国成立60年来，我国对外开放可以概括为三个阶段：一是20世纪50年代，就其在对外开放阶段上，这个时期可称之为半开放、半封闭时期。二是20世纪60—70年代，为对外开放近乎全封闭时期，当然，不排除此期间有一点小范围的涉外经济。三是党的十一届三中全会会后，即20世纪80年代至今，为逐步走向全方位开放的时期。与之相对应，对外开放理论也可分为半对外开放的理论、不开放的、封闭的或自称为“自力更生”的理论和全方位对外开放的理论三个阶段。

简单来说，新中国成立后前10年，即半开放、半封闭时期。一方面是以美国为首的资本主义国家对中国进行经济封锁；另一方面是在一边倒的基本方针要求下，我们只与以苏联为首的社会主义国家发展经济联系。因此，那时主要的理论倾向是，不与资本主义世界进行经济来往，只需向社会主义国家对外开放，即半开放半封闭。这一理论的基础来自1952年斯大林在《苏联社会主义经济问题》中提出的“两个平行的世界市场理论”，即资本主义世界市场和社会主义世界市场。认为只能在也只需在社会主义国家之间发扬国际主义，进行必要的物资交流，对社会主义经济发展就足够了，“不需要从资本主义国家输入商品”。而且随着东欧国家实现工业化，还将缩减甚至可以停止对资本主义国家的贸易。这一平行的世界市场理论成为我国半对外开放的理论基础。

中国之所以很容易接受两个平行的世界市场理论，其中有着深刻的历史原因。中国近百年来受尽了帝国主义的侵略欺辱之苦。中国近代的对外开放史，充满辛酸与仇恨。因此新中国一成立，就理所当然地反对和防止来自帝国主义的外来侵略。宁肯封关闭国，也不能与帝国主义打交道，这成为民族的共识，也成为全世界民族解放运动潮流的一部分。“新中国成立后，以美国为首的主要资本主义国家对中国实行封锁和禁运，妄图扼杀新生的中国。而斯大林领导的苏联和其他社会主义国家都愿意为新中国提供技术设备。这就是五十年代我国引进技术设备和对外开放局限于苏联和东欧的原因。”[①] 从客观上讲，长期以来，资本主义发达国家对我经济封锁，也使我国对外开放的条件难以成熟。

形成半开放理论的原因之二是教条地理解马列主义，只强调国际分工

---

① 李德彬：《五十年代我国引进技术设备的问题》，《北京大学学报》（哲学社会科学版）1985年第4期。

中体现的资本主义剥削关系，把对外贸易的作用局限在互通有无、调剂余缺上，而否认或忽视了国际分工中体现的生产社会化的客观需要，教条地理解列宁在对外贸易上的观点，过分强调了国家对对外贸易的统制。苏联政治经济学教科书的一个观点即社会主义制度下的对外贸易是发展生产和改善居民消费品供应的补充物质来源，对我们影响很大。多年来，“补充论”成为我们对外开放理论中的主要观点。当然，即使在这一时期，我们还是利用香港与西方国家做了些生意。

对外开放理论的第二个阶段是从20世纪60年代初到70年代末的近20年时间。这期间，不开放理论仍占对外经济理论的主导地位，是近乎全封闭的理论。全封闭理论最兴盛、最典型的是“文化大革命”时期。这一时期我们理论上的主要观点，主要有三个方面：

第一，对外经济关系要服从于政治关系，服从于反帝反修的大目标。20世纪60年代，随着与苏联关系的破裂，社会主义阵营分裂了。占主导的理论认为，苏联、东欧成为修正主义、社会帝国主义，因此，仅对社会主义国家开放的对外经济关系也终止了。在理论上则把解释和宣传的重点放在政治上，否定经济交往，强调安全保护。苏联要求我们提前还债，更刺伤了我们的心，因此，更加强调“既无内债，又无外债”。苏联在社会主义国家的“经互会”中推行大国沙文主义，使我国理论界对国际分工论持批判态度或消极态度。

第二，是一步一步地把自力更生与对外开放对立起来，强调自力更生的同时，否定对外开放。认为自力更生体现着一种革命的精神、民族的精神，而对外开放既带不来物质上的帮助，更带不来精神上的财富。在这种理论指导下，全国是大的自给经济，各部门、各单位都搞小而全的自给经济，生产活力不足，经济发展缓慢。在这种大背景下，我国理论界也只能是片面地强调国民经济的完整性，美化万事不求人的自给经济。与旧中国相比，总以为在经济发展上很不错了，可以傲视别国了，是没有内外债的强国了。这种观点，成为这一时期宣传上的一个模式。直到党的十一届三中全会时，抬头环顾世界，才发现大大落后了。当然，不能否认自力更生理论本身是对外部世界不公正对待我们的反映，也有其积极的一面。但当这种理论作为一种政治上的争论而产生和存在时，就没有也不可能产生真正的、有比较的自力更生理论体系，就没有可能真正地、独立地对“洋奴哲学”、“爬行主义”这类流行观点作进一步分析。因此，此时期对外开放理论的总基调仍是排外的、批判的。

第三，是出现了一些在涉外经济关系上的实用做法。比如，在贸易上，提出出口为进口服务，进口为工业化服务，强调贸易为使用价值服务；在借用外资方面，重进口信贷而不允许直接外商投资，等等。可以把这些做法归于一种“从属性”观点。这些观点低估了出口作为国际分工中组成部分的作用，降低了为增加价值服务的重要地位，正如众多学者的一个共识，即对外不开放有被动的、客观的一面，不完全是自愿的选择。另一方面也要看到，这些观点反映了在对外封闭的历史条件下，并不是排除一切涉外经济活动，而是有一些保留或发展。当然，这是极其有限的。在这近 20 年的时间里，只要客观条件许可，对外贸易和技术设备引进，还是力求扩大一些。比如 20 世纪 70 年代中后期，就有过一定数量的技术设备引进。

第三个阶段是 1978 年党的十一届三中全会以来的 30 年时间，这一时期逐步形成了全方位开放的对外开放理论。开放初期，经济学界对于李嘉图的比较成本学说在对外贸易中的作用进行了初步的探索，论述了我国在对外关系中如何利用比较利益来获得经济的更大发展。如 1980 年袁文祺等在《中国社会科学》上发表的《国际分工与我国对外经济关系》一文。[①] 改革开放初期的理论界支持改革开放是主流，但也存在一些担心，比如，对外开放会不会使贸易受国际市场波动冲击，引进外资会不会被发达国家经济控制，发达国家的消费方式和生活方式会不会冲击和影响我国人民的思想，但随着理论讨论的深入，这些担心逐步得到消除，有些认识问题逐步得到了解决。而且，在这一过程中，学界逐渐肯定了资本主义国家的发展成就，客观冷静地分析了资本主义的产生和发展，认识到了在我国建设社会主义的过程中，是可以借鉴、吸收资本主义包括经济、科技等各个方面的优秀成果的。而随着改革开放的不断深入，我国的对外经济理论也获得了较大程度的发展。

我国改革开放 30 年来，对外开放理论的发展是相对丰富的，其发挥的作用也是新中国成立以来最大的。这一时期理论的特点就是结合中国国情，从国际发展趋势与中国改革进程结合上入手，探讨我国对外经济理论的发展。而这一时期的争论焦点主要不在要不要开放上，而是在如何开放上。

对外开放理论的深化，是与商品经济、市场经济理论的发展同步的。可

---

① 袁文祺等：《国际分工与我国对外经济关系》，《中国社会科学》1980 年第 1 期。

以说，由传统的计划经济向社会主义市场经济发展和演变，也是对外开放理论不断深化的一条主线。这反映了一个基本事实，即商品经济和市场经济，其本性是要求开放的，要求将国内市场与国外市场联系在一起。对外开放理论的深化，又是与西方国际经济学影响扩大同步的。西方国际贸易、国际分工、国际投资的理论，为我们传统的经济理论注入了大量市场经济条件下国际经济交往的新鲜理论，大大开拓了人们的眼界，提高了理论的深度。特别要指出的是，开放与改革，相辅相成，互相促进。开放促进着改革，改革推动着开放。一些学者说，在某种意义上讲，开放成为改革的强大推动力。这个观点的确很有道理，符合我国改革开放 30 年所走过的道路。

对外开放理论中，有三个观点曾起过较大的作用。一是 20 世纪 80 年代的“机遇论”，强调和平与发展的国际环境是我国发展的难得机遇；二是 20 世纪 90 年代早期开始的“接轨论”，强调了按国际惯例办事，与国际经济一体化；三是 20 世纪 90 年代末期开始的“安全论”，强调在国际金融和经济一体化中要保护国家的经济安全，当前特别是要防范国际金融危机的冲击。

这一时期对外开放理论的形成与邓小平理论是分不开的。邓小平的对外开放理论有两个显著特点：一是长期性；二是全方位。首先，他把对外开放政策与社会主义现代化“三步走”战略联系在一起。他说：“对外经济开放，这不是短期的政策，是个长期的政策，最少五十年到七十年不会变。为什么呢？因为我们第一步是实现翻两番，需要二十年，还有第二步，需要三十年到五十年，恐怕是五十年，接近发达国家的水平。两步加起来，正好五十年至七十年。”① 他认为，对外开放才能有助于实现翻两番的战略目标：“我国年国民生产总值达到一万亿美元的时候，我们的产品怎么办？统统在国内销？什么都自己造？还是要从外面买进来一批，自己的卖出去一批？所以说，没有对外开放政策这一着，翻两番困难，翻两番之后再前进更困难。”② 其次，邓小平主张全面地对外开放。他说：“我们是三个方面的开放。一个是对西方发达国家的开放，我们吸收外资、引进技术等等主要从那里来。一个是对苏联和东欧国家开放，这也是一个方面。……还有一个是对第三世界发展中国家的开放……所以，对外开放是三个方面，不

① 邓小平：《我们的宏观目标和根本政策》《邓小平文选》第三卷，人民出版社 1993 年版，第 79 页。

② 邓小平：《在中央顾问委员会第三次全体会议上的讲话》，《邓小平文选》第三卷，人民出版社 1993 年版，第 90 页。

是一个方面。”[①] 邓小平多次阐述了对外开放不单是中国的选择，也是世界经济发展规律对所有国家的共同要求。全球化、市场化、信息化是世界经济发展的趋势，其深刻基础在于国际分工的新发展。

改革开放以来，尤其20世纪90年代以来，世界科技进步的步伐不断加快，国与国之间的联系日益紧密，国际贸易获得了蓬勃的发展，全球经济一体化的趋势明显。我国在这一期间，国内经济有了迅速的发展，积极参与了国际分工，并在国际市场上有了一席之地。但是，1997年的亚洲金融危机使得学界更加认识到，在加快我国经济发展的同时，要注意我国的经济安全，防范和规避外部经济危机对我国的不利影响，学界对于这些问题进行了多方位的研究，在外汇储备、人民币汇率、国际收支等方面取得了很多有用的研究成果。

对外经济理论是经济学研究的一个重要领域。涉及外贸、外资、外债、外汇、外援以及对外投资六个主要方面的问题。而对于我国而言，这些问题的研究相对比较薄弱，故本章主要从外贸、外资和外汇三个方面对新中国成立60年来的对外经济理论进行论述。

第二节　改革开放前的对外开放理论

一、外贸理论

在20世纪50年代，我国的外贸理论与整个对外开放理论一样，尚没有形成系统的理论体系，仅限于一些阐述与外贸有关的重要观点。这些观点，按影响力，当首推党和国家领导人的见解和提出的相应政策。比如，毛泽东说：“中国人民愿意同世界各国人民实行友好合作，恢复和发展国际间的通商事业，以利发展生产和繁荣经济。”[②] “关于同外国人做生意，那是没有问题的，有生意就得做。”[③] 这类主张对外贸易观点，是20世纪50年代的

① 邓小平：《军队要服从整个国家建设大局》，《邓小平文选》第三卷，人民出版社1993年版，第99页。

② 毛泽东：《在新政治协商会议筹备会上的讲话》，《毛泽东选集》第四卷，人民出版社1991版，第1466页。

③ 毛泽东：《在中国共产党第七届中央委员会第二次全体会议上的报告》，《毛泽东选集》第四卷，人民出版社1991年版，第1435页。

主导观点。当时涉外经济活动及其理论，从有关资料来看，多归入了“社会主义阵营国际主义合作”的范畴。

20世纪50年代对外贸易理论上主要有这样一些观点：(1) 社会主义各国之间的经济关系是一种国际主义援助关系，是兄弟般的互助、合作关系。(2) 平等互利、互通有无的贸易，是社会主义国家之间经济合作的主要形式之一。通过贸易关系进行互助合作，也就把社会主义各国从经济上联系起来了。在这个原则下，我们从社会主义国家得到了许多质优价廉的商品，其中不少商品是资本主义国家不愿卖给我们，或者是索取高价才能买到的商品。(3) 社会主义各国对外贸易是根据协定有计划进行的。最初是短期协定，后来一般都有长期的贸易协定。这就使社会主义国家产品的销售和原料供应事先有了保证。贸易按照稳定的和统一的价格来进行核算，虽然这种价格还是以世界市场的价格为基础，但这是在双方平等、自愿协商的基础上规定的，因此，认为它已经摆脱了资本主义市场的行情波动和价格繁多的现象。(4) 随着社会主义各国生产的发展，各国间对外贸易额也不断地增长，1957年比1950年增长了16倍。社会主义国家的绝大部分对外贸易是在社会主义体系范围内进行。苏联的全部对外贸易中，属于社会主义国家范围的占80%。十年来，对社会主义国家的贸易在我国对外贸易总额中约占75%。[①] 1951年，中国同社会主义国家的贸易额占全国对外贸易总额的比重为52.9%，1952年至20世纪50年代末，都在70%以上；其中对苏联的贸易额约占全国对外贸易总额的50%。苏联提出的亚非拉国家与帝国主义国家不等价交换理论，对我国外贸理论与实践都产生了影响。从这些理论观点可以看到，20世纪50年代的外贸理论主要是从党的政策角度和从外贸实践角度进行总结的，还不是完整的理论，更不是有理论深度的一套体系。

新中国成立后20世纪50年代初期到50年代末，中国同社会主义国家的贸易额占全国对外贸易总额从50%左右不断攀升到70%以上。其中，对苏联的贸易额占全国对外贸易总额的半壁江山。[②] 但随着1960年中苏关系的恶化，苏联政府废合同、撤专家、向我国逼债，中国和苏联、东欧的经

---

① 中国人民大学经济系编：《政治经济学（社会主义部分）》，中国人民大学出版1960年版，第十五章。

② 《当代中国财政》上，中国社会科学出版社1988年版，第120页。

济贸易交往急剧下降，对我国经济产生了不良影响，原来的“半开放”告一阶段了。“1960 年中苏两党关系破裂后，中苏贸易额为 16.7 亿美元，占中国进出口总额的 43.7%，比 1959 年下降了 21%，1961 年为 8.3 亿美元，1964 年又下降为 4.4 亿美元，1965 年为 4.1 亿美元，1967 年为 1.1 亿美元，1969 年则降至 0.5 亿美元。”“中国的对外贸易急剧萎缩，基本上关上了对苏联、东欧开放的大门。”① 1965 年，我们还清了苏联的债务，并开始把注意力更多地放在自力更生上。而且我国长期的小农经济及其自给自足的思想使闭关自守理论具有深厚的基础。20 世纪 60—70 年代，为使这种自然经济观具有马克思主义的根据，通常是借用共产主义阶段的产品经济观来为之辩解和论证。这是这一时期对外经济理论的一个重要特点。②

“文化大革命”时期，“四人帮”的理论把 20 世纪 60—70 年代的闭关自守论推向了顶端。在极“左”思潮的严重影响下，出口初级产品被说成“出卖资源”，积极增加出口创汇则是“外汇挂帅”，引进技术是“崇洋媚外”、“爬行主义”，甚至集中攻击对外贸易部是“卖国部”。“四人帮”全盘否定了发展社会主义对外经济关系。他们提出：“社会主义国家国民经济的高速度发展，不取决于国外市场，而是取决于社会主义制度和计划经济的优越性，取决于国内劳动人民的努力奋斗。”③ 这种完全否定国外市场重要性以及必要性的观点，把独立自主、自力更生推向了“闭关自守”的错误解释上。“四人帮”反对社会主义国家对外经济关系的理论依据是国际分工有害论。当时的教科书把国际分工看成是“帝国主义奴役和掠夺世界人民的反动理论，是霸主和附庸之间的分工”，是“帝国主义向外侵略和扩张的工具”④。但是，如果否定了国际分工理论，也就否定了国际贸易的基础，否定了国际经济交往的必要性。在这种错误思想的引导下，中国对外贸易额自 1967—1969 年连续三年停滞、下降，甚至几乎中断，中国同世界隔绝了。

“文化大革命”时期的外贸理论被完全意识形态化了，“左”的观点达到了极点。如在《社会主义政治经济学》一书中讲：“社会主义国家的对外

---

① 孟宪章主编：《中苏贸易史资料》，中国对外经济贸易出版社 1991 年版，第 580—610 页。

② 王珏主编：《中国社会主义政治经济学四十年》第三卷，中国经济出版社 1991 年版，第九章。

③ 上海编写小组：《社会主义政治经济学》，上海人民出版社 1976 年版，第 332 页。

④ 《政治经济学（社会主义部分）征求意见稿》，北京大学 1975 年版，第 437 页。

贸易，同资本主义国家的对外贸易根本相反，是一种完全新型的对外贸易，它受社会主义基本经济规律的支配，是无产阶级进行社会主义革命和社会主义建设的工具。”[①]“四人帮”及其舆论工具，以各种理由来否定对外贸易的必要性。他们认为：“对外贸易完成的贸易额越大，对国内生产的破坏也就越大，帮助外国资本家吸国内工人农民的血也就越多，丧权辱国的事情也就越多。”[②]“进口的装备越多，出卖的资源越多，国民经济的依赖性也就越大。经济上丧失独立，政治上当然不可能自主。”[③]“同出口有关的工业部门将出现畸形发展，同出口无关或关系不大的工业部门就会受到压制，国民经济有计划按比例发展将会受到严重破坏，独立的、完整的国民经济体系将会受到摧残。这哪里还谈得上独立自主地建设社会主义?”[④]这一套理论否认外贸有自己的规律，否认有国际共同的规则，否认外贸有必要性，因此，这套理论不仅不能指导实际的外贸工作，反而极大地破坏和阻碍了我国与世界经济的交往。

在20世纪60—70年代，外贸理论与外贸实践存在脱节现象。这一时期依靠自己的资源，实行自力更生，既是外贸实践的基本方针，也使所有的外贸实践与理论，都具有从属于这个方针的性质。在参加国际贸易的实践中，这种具有从属性的外贸理论的基本色调是自然经济。但只要存在外贸实践，就不可避免地带有某些商品经济的色彩，并反映到这一时期的外贸理论中。比如，当时理论界也提出国际交往中的平等互利问题，提出对外要收支平衡的问题。这个观点在新中国成立初期已经存在，后来在实践以及理论概括中则得到了细化和丰富。实际部门也在务实地讨论两种贸易政策的选择，即进口替代和出口促进哪一种战略更有利，虽然这场讨论影响很小，并没有反映到我国的贸易政策上。但在实践中，外贸部门能做点什么就做点什么，扩大出口目的也是为了获取外汇，以便进口。而且由于与苏联等社会主义国家关系的破裂，所以，这一时期的贸易对象逐渐由苏联东欧国家转为西方国家。中国对西方国家贸易额占全国对外贸易总额的比重由1957年的17.9%上升到1965年的52.8%。通过这些经济交往，大致

① 《社会主义政治经济学》，上海人民出版社1972年版，第352页。

② 上海编写小组：《社会主义政治经济学》，上海人民出版社1976年版，第336、333页。

③ 同上书，第333页。

④ 同上。

上形成了新的格局。[①]

需要指出的是，国际贸易不等价的理论不仅有理论上的影响，也有实践上的影响。1964年第一次联合国贸易发展会议上，政治上已独立的亚非拉国家，要求取消国际商品交换中的不等价交换，中国支持这一立场。这一理论的直接影响是：一方面中国对参与国际贸易越来越持否定的观点，认为与帝国主义国家不发生贸易往来是正确的，与社会帝国主义即苏联、东欧国家减少经济往来，是必要的；另一方面，当亚非拉国家与中国贸易时，要求中国作为先进的社会主义国家，要低价卖货高价进货，才是等价交换，才是支持民族解放运动时，给我国外贸也增加了一层困难。[②] 应当承认，在国际贸易中，交换基本上是等价的，不能用一国内部成本价来衡量国际价格。这种用政治关系处理经济交往的所谓不等价交换的观点，在改革开放后，被逐步淡化并消除。

对于我国新中国成立后到改革开放前30年的外贸理论研究，有学者这样概括：外贸理论除去“文化大革命”时的极“左”观点，有影响的观点主要是三点：一是关于社会主义国家发展对外经济贸易是必要的，独立自主不等于闭关自守，自力更生不排斥争取外援；二是互通有无论，外贸就是要得到自己不能生产的东西，为了进口，就要出口创汇；三是经济服从政治，与社会主义国家进行贸易是发展友好关系，与第三世界国家进行贸易是发扬国际主义义务，与帝国主义国家做生意是为了团结那里的人民。这些理论认识对指导我国对外经济贸易发展起过积极作用。但理论研究几乎没有超出领导人见解范围的理论探讨。[③] 这个评价是比较客观的、准确的。

二、外资理论

在引进外资方面，第一个五年计划时期只是对苏联、东欧国家开放。那时，我国从苏联、东欧国家引进了资金和技术。苏联分别于1950年和1955年以1%—3%的利率向我国提供贷款3亿美元和23亿美元。利用这两批贷款，我们从苏联引进一大批成套设备，建立了冶金、机械、汽车、石

① 陈东林：《七十年代前期的中国第二次对外引进高潮》，《中共党史研究》1996年第2期。

② 韩克信：《现代国际经济贸易问题》，中国对外经济贸易出版社1990年版，第116—118页。

③ 陈琦伟：《国际竞争论》，学林出版社1986年版，第5页。

油、煤炭、电力、电讯等149个重点基础项目，从东欧国家引进7个重点建设项目，一共为156项。这个时期引进的外资，对中国经济发展起了重要作用。

20世纪50年代，理论界把社会主义国家之间的信贷关系，视为经济合作的一种形式。认为社会主义各国间的信贷关系，根本不同于资本主义世界中的借贷关系，资本主义的国际信贷是一些国家奴役和掠夺另一些国家的手段。社会主义国家间的贷款，则是在双方完全平等和条件极为优惠的基础上进行的，归还期限通常是10—15年，利率一般为年利2%，有时还可免付利息，或者是使用贷款的头几年免付。得到借款的国家，可以用该国大量出口的普通商品，按公平价格来偿付贷款及利息。这些说明了社会主义国家间信贷关系的真诚互助实质。新中国成立以来，苏联给我贷款以进口设备，对我国国民经济恢复和发展起到了重要作用。同时，我国也对阿尔巴尼亚提供了长期贷款。①

对于引进技术，当时认为，社会主义阵营国家间经济合作形式的另一表现是提供技术援助和进行科学技术合作。提供技术援助，包括帮助设计、供应设备、传授生产技术和管理经验、帮助培养专家和技术人员，等等。社会主义国家间在科学技术上的合作，是通过如下形式实现的：互换关于工业企业建筑工程、各种产品的生产和先进工艺规程的技术设计书；互派专家了解科学技术成就和先进生产经验；各国科学研究机构之间建立直接联系以及举行科学会议等。为巩固这种合作，社会主义国家之间还缔结了长期的科学技术合作协定。自1954年中苏两国签订科学技术合作协定以来，我国从苏联取得4000多项先进技术。1958年，两国又签订了关于共同进行苏联帮助我国进行122项重大科学技术研究的议定书。同年，苏联帮助我国建造的第一个原子能反应堆开始运转。我国和东欧各国之间也进行了广泛的科学技术合作。到1958年年底，这些国家在工农业方面提供我国的技术资料有800多项。那时我们常引用的一句话是："问题不仅在于这种帮助是极度便宜的，技术上是头等的。问题首先在这种合作的基础，是互相帮助和求得共同经济高涨的真诚愿望。"② 在资本主义世界，没有援助，目的只是为了赚钱，

① 中国人民大学经济系编：《政治经济学（社会主义部分）》，中国人民大学出版社1960年版，第十五章。

② 斯大林：《苏联社会主义经济问题》，人民出版社1958年第3版，第23页。

为了掠夺和进一步奴役别的国家，或者是为了摆脱本国的危机。①

到20世纪60—70年代，“四人帮”攻击利用外资是“引狼入室”。他们说：“旧中国借了一百多年的外债，结果国家主权、国民经济命脉全落到帝国主义手里。邓小平主张接受帝国主义国家的资本输出，实际上是妄图将我国人民经过长期浴血奋战赶走的帝国主义势力重新引狼入室，让它们继续剥削和奴役中国人民。”② 其次，他们还否定引进技术的必要性，认为引进技术是“洋奴哲学”、“爬行主义”。他们说：“如果把经济建设的基点放在‘引进外国技术装备’上，那么自己能制造的也用不着制造，自己暂时不能制造的，更用不着自己奋发图强去研究制造，只要向外国去进口就行了。即使自己制造一点，也只是照抄、照搬外国的设计和工艺，仿制外国的设备，跟在洋人屁股后面一步一步地爬行。”③ 在“文化大革命”期间，围绕造船有过一场大的争论。在“四人帮”控制下的《人民日报》说：“立足于国内造船，自行配套，还是依赖买船租船、仿制装配，这是关系到造船工业走什么道路的重大问题。”④ 这种“道理”是极其荒唐的。谁都知道，在世界上的发明创造中，我国占的专利很小，如果否认引进外国先进技术的必要性，中国岂不真正永远要爬行在别人后面？

由于20世纪60—70年代是我国对外经济的不开放时期，所以，在外资利用上，与外贸情况相似，也是大不开放小开放。公开的半开放理论消失了，开放理论更是被批倒批臭了。但向西方引进外资的情况还是存在的，虽然规模是十分有限的。自20世纪60年代开始，中国利用出口信贷的延期付款方式，从日本、英国、法国、联邦德国、瑞典、意大利、奥地利等国引进价值3亿多美元的成套设备。但由于科学技术和资金的不足，加之“文化大革命”的不利影响，引进效果没有很好地发挥出来。到20世纪70年代初，中国引进外资方式没有大的改进，不过规模增大，截至1978年，先后两次贷款30亿美元和73亿美元引进大型设备，由于投资规模过大，超过国力，一些项目被迫下马或调整压缩。回顾这一时期的引进工作，大致

① 中国人民大学经济系编：《政治经济学（社会主义部分）》，中国人民大学出版社1960年版，第十五章。

② 上海编写小组：《社会主义政治经济学》，上海人民出版社1976年版，第334页。

③ 同上书，第333页。

④ 造船工业系统革命大批判写作小组：《扫除洋奴哲学，大搞造船工业》，《人民日报》1970年6月4日。

可归纳为如下几点：一是引进外资主要是利用出口信贷和延期付款方式的间接引进。由于借来的钱大多数属于利率高、还期短的商业贷款，引进成本过大。二是引进的外资主要投在重工业上。由于农、轻、重比例关系一直没有得到正确的解决，这种不顾客观规律的盲目上项目的做法，不仅造成宏观经济效益潜在损失，而且微观效益也不高，在一定程度上加剧了经济结构的失衡。三是新中国成立后到改革开放的30年引进的外资，主要是服务于计划经济的，一方面我们不应否定它对推动经济发展的作用，另一方面也要看到这种作用发挥得十分有限。

从这30年的情况看，引进外资方面理论很少，基本上是按照自力更生为主、外援为辅的精神，从经济服从于政治的角度，进行一些为现行政策解释的理论分析，占主导地位的则是“四人帮”的反对引进外资的理论。

三、外汇理论

早在1949年天津解放时，为恢复私营进出口贸易，人民政府公布了人民币对美元的汇价。人民币汇价不根据含金量计算，也不依附某种外国货币来计算，是根据对美国进出口商品比价，兼顾侨汇的原则来确定的。人民币汇价以能照顾75%的大宗出口商品，按照人民币在出口中换汇成本来考虑对美元的比例，按照华侨日用品生活费用来考虑对港币的汇价。当时汇价是灵活调整的。人民币币值尚不稳定，如1949年当年，对美元的汇价变动了42次，美元汇价上涨了286倍。1950年7月，取消了人民币汇价在津、沪、穗三地分别挂牌的办法，实行全国统一汇价。当时定为1美元等于35000元（旧币）。1950年9月，改变银行买卖外汇收取手续费办法，实行人民币汇价买卖制度，当时的买卖差价为1%左右。1955年实行人民币改革，1元新币等于1万元旧币。当时人民币对美元汇价为2.46元新币。这一折算率一直使用到1971年12月，长达16年之久。①

在外汇理论方面，20世纪50年代理论界争论的核心问题是人民币汇价定在什么水平上是合理的。具体有这样几个问题：（1）制定对资本主义国家货币比价的依据是什么？资本主义国家商品对外的价格呈长期下跌趋势，而国内价格却在上升，如何看？我国物价基本稳定，我们根据西方国家的

① 雷声：《人民币汇价问题的回顾与探讨》，载中国国际金融学会编《人民币汇价讨论文集》，中国金融出版社1984年版。

国际价格决定汇价，还是根据其国内价格来确定比价？根据前者，人民币要下调；根据后者，人民币应升值。（2）人民币与苏联、东欧国家的比价关系，与西方国家货币关系之间是不协调的。因此，出现了在各种比价中套利的现象。对此有四种不同意见：一是认为要根据资本主义国际商品价格和国内进出口商品价格的对比来制定汇价。二是认为规定人民币的含金量，据此来制定比价。三是人民币对美元比价应从对卢布比价套算，即保持同社会主义国家一致的原则。四是人民币汇价应从两国国内货币购买力比较为基础。这四种意见都有利也有弊。在现实中，第四种意见比较可行，同时可吸收其他办法的可取之处。实际部门基本上是按此办理的。①

到1971年，世界货币体系放弃了黄金与美元挂钩、各国货币与美元挂钩的制度，实行美元双脱钩。此后，美元贬值，人民币相对升值，1971年1美元兑2.46元人民币。1972年9月对美元汇价重新挂牌，1美元兑换2.2元人民币。1973年2月后，西方货币实行浮动汇率，变动很大。人民币汇价调整也变得频繁了。比如，1978年人民币对美元的汇率就调整了61次。从1968—1979年，人民币对美元上升58%，而对欧洲各国货币有升的，也有降的。②

对这30年的外汇管理如何看待？有两种看法是有代表性的：一种看法是基本肯定的。比如，有学者认为，从新中国成立到改革开放前，人民币汇率制定是基本合理的。“根据进出口商品比价和侨汇比价来制订汇价，实践证明是切实可行的。它比按两国全面的物价水平计算货币购买力平价更真实，比外贸部门的换汇成本更合理，因为有的换汇成本含有经营不善、损失浪费等不合理部分。这一时期灵活调整汇价的方针也是切合实际的。该升则升，该降则降，该变则变，不固守官价。”③ 另一种看法是，中国实行高度集中的外汇管理体制，是20世纪50年代从学习苏联外汇管理工作经验基础上逐步形成的，外汇收支实行了全面的指令性计划管理，人民币汇价由国家规定。这种高度集中统一的、以行政手段管理的办法是和国家垄断外贸管理体制相适应并为其服务的，在新中国建立初期，起过积极作用。但在某些方面集中过多，统得过死，依靠行政管理，存在着经济效益低、

① 吴念鲁、陈全庚：《人民币汇率研究》，中国金融出版社1989年版，第16—21页。

② 同上书，第二章。

③ 雷声：《人民币汇价问题的回顾与探讨》，载中国国际金融学会编《人民币汇价讨论文集》，中国金融出版社1984年版。

缺少灵活性和应变能力差的弱点，不利于充分调动各方面创汇的积极性。随着中国对外开放、对内搞活经济政策的贯彻落实，这种外汇制度的弊端越来越明显。[①] 其实，这两种意见并不完全矛盾。时代不同了，历史条件变化了，当时正确的理论，在新条件下就不能适应了。因此，这两种观点只是强调的重点不同而已。

第三节　改革开放以来的对外开放理论

1978 年党的十一届三中全会以来的 30 年时间，已形成了全方位开放的对外开放理论。这 30 年来，对外开放成为我国一项长期的基本国策，对外开放理论也进入了黄金时期，发挥了重大作用。

改革开放的总设计师邓小平阐明了开放的重要性，他说，对外开放具有重要意义，任何一个国家要发展，孤立起来，闭关自守是不可能的，不加强国际交往，不引进发达国家的先进经验、先进科学技术和资金，是不可能的。邓小平多次阐述了对外开放不单是中国的选择，也是世界经济发展规律对所有国家的共同要求。全球化、市场化、信息化是世界经济发展的趋势，其深刻基础在于国际分工的新发展。他还强调开放是两个内容，一个对内开放，一个对外开放。邓小平理论是改革开放 30 年来对外开放理论的强大思想武器，是指导对外开放的基本纲领。

在邓小平理论指引下，我国理论界摆脱闭关自守理论的束缚，从理论上论证了发展对外经济关系的必要性和必然性，并在涉外经济各方面开展了富有成果的研究。谷牧指出："实行对外开放是进行社会主义现代化建设的迫切需要"，"我们资金还不足，技术还落后，现代社会化大生产的经济管理还缺乏经验。"因此，必须"积极引进资金，引进技术，引进人才、知识、经验，博天下之长为我所用，来加快四化建设的步伐。"[②] 季崇威认为："我国过去对国际间的经济技术交流缺乏紧迫感，同我们生产力水平低和商品经济不发达有关。"今后应该"坚持对外开放，面向世界，通过各种适当的形式加强对外经济技术交流，以促进我国现代化事业的发展"。[③] 罗元铮

① 尹艳林：《汇率多轨合并与适度管理》，中国财政经济出版社 1993 年版，第 15 页。

② 谷牧：《关于我国对外开放政策》，《理论月刊》1984 年第 11 期。

③ 季崇威：《我国实行对外开放政策的理论和实践》，《经济研究》1984 年第 11 期。

等人认为，研究和学习外国在引进先进技术、利用外资、企业管理、国家干预和组织经济等方面的先进经验，可以提高按客观规律办事的自觉性，加速“四化”建设。[①] 理论界还从世界经济发展出现新动向的角度，论证了对外开放的必然性。有学者指出，新的科学技术革命，[②] 产业结构调整和转移，[③] 国际分工的大发展及其导致的经济生活国际化，[④] 都要求我们实行对外开放，努力发展对外经济技术交流合作。

一、外贸理论

改革开放以来，外贸理论研究开始活跃起来，取得了较大进展。理论界比较集中地讨论了以下几个问题：

（一）关于对外贸易的作用

改革开放前，外贸的作用被简单化为互通有无，调剂余缺。说到底，就是从使用价值角度来看待外贸作用。比如，柯阳认为：“我国对外贸易的作用，主要就是在国际劳动分工的基础上通过对外互通有无或交流经济技术等，一方面充分实现我国出口商品的国际使用价值和国际价值，换取必要的进口商品的国际使用价值和国际价值；另一方面实现利用国际劳动分工提高我国劳动生产率的好处，从而加速发展我国社会生产力，促进国家经济建设，满足人们物质文化生活需要，调动人们劳动积极性，巩固和发展社会主义制度，加强维护世界和平，促进人类进步的物质力量和精神力量。”[⑤] 20 世纪 80 年代初，有学者提出了要重视外贸在价值交换方面的作用，要从国民经济盈利性角度看外贸。与此相关，要重新认识外贸的经济效益。[⑥] 袁文祺、王建民发表的《重新认识和评价对外贸易在我国国民经济发展中的作用和地位》，王林生的《试论社会主义对外贸易的地位和作用问

① 罗元铮、利广安：《学习外国先进经验，提高按经济规律办事的自觉性》，《理论与实践》1979 年第 5 期。

② 滕维藻等：《国际经济环境及其对我国外经贸决策的影响》，《世界经济》1988 年第 12 期。

③ 姚曾荫：《世界产业结构的变化与中国》，《世界经济》1988 年第 5 期。

④ 罗龙：《试论国际分工发展的若干新特点》，《世界经济》1988 年第 6 期。

⑤ 柯阳：《谈谈对外贸易是否增加价值的问题》，《世界经济》1987 年第 6 期。

⑥ 袁文祺、王建民：《重新认识和评价对外贸易在我国国民经济发展中的作用和地位》，《国际贸易》1982 年第 1 期；王林生：《试论社会主义对外贸易的地位和作用问题》，《国际贸易》1982 年第 2 期；陈德照、谈世中：《实行对外开放是我国坚定不移的战略方针》，《国际贸易》1983 年第 5 期；季崇威：《大力提高经济效益，扩大外贸新局面》，《国际贸易》1988 年第 3 期。

题》，陈德照、谈世中的《实行对外开放是我国坚定不移的战略方针》以及季崇威的《大力提高经济效益，扩大外贸新局面》等文章，是这种观点代表性的文章。

20世纪90年代后，这个问题的讨论更加深入。江小涓从工业经济发展与对外经济贸易结合角度，提出比较利益原理可以用来解释国际贸易格局的现状，但是，不能以获得比较利益作为落后国家对外贸易的长期目标，要看到发展中国家的"后发优势"，应致力于使外贸发挥促进国内工业增长、结构调整和技术进步的重要作用。[①] 从这样一个角度来认识外贸的作用，实际上已超脱就外贸看外贸，而是从国民经济发展的整体考察外贸的作用了。因此应当说，20世纪90年代的认识比80年代有了深化。

进入21世纪，贸易作用的讨论已经不再局限在主要讨论对外贸易对中国经济增长速度的影响上，而上升到对经济增长的质量和产业结构的转换及升级上。吴仪指出，只有加快优化我国出口商品结构、经营主体结构、市场结构，增强外经贸发展后劲，实现外经贸与国民经济发展要求相适应的持续增长，才能使我国真正由贸易大国走向贸易强国，为国民经济的可持续发展作出更大贡献。[②] 龙永图在《世界贸易组织知识读本》中称，对外贸易是经济增长的发动机及条件，[③] 认为对外贸易有利于经济、产业结构的转换，有利于资本积累，有利于加速技术进步和扩散，有利于提高劳动力素质并增加人力，有利于维持国际收支平衡，保持人民币汇率稳定以及增强我国参与经济全球化的综合国力。此外，学者们还从利用全球资源、提高参与国际分工的层次角度，论述了对外贸易对提高综合国力的作用。樊明太认为，对外贸易对于引进新产品及其内含的新技术和现代管理经验，对于提高经济增长和实现经济结构转变和升级，具有不可替代的重要作用。他在具体分析了经济增长对对外贸易的依存度及对外贸易对经济增长的贡献度的基础上，指出，对外贸易对中国经济发展的影响主要方面并不是体现在对经济增长速度的影响上，而是体现在对经济增长质量和产业结构转

① 江小涓：《中国工业发展与对外经济贸易关系的研究》，经济管理出版社1993年版，第16页。

② 吴仪：《贯彻"三个代表"重要思想，全面推进外经贸工作》，《国际商报》2000年7月20日。

③ 龙永图主编：《世界贸易组织知识读本》，中国对外经济贸易出版社1999年版，第169—174页。

换及升级上，体现在维持国际收支平衡、保持人民币汇率稳定上。[①] 俞新天指出，中国应充分利用周边发展中国家资源丰富、劳动力低廉的优势，逐步把劳动密集型和资源密集型的产业和产业环节转移出去，增加中国在国际贸易和国际投资中的效益。[②] 钟昌标从通过对外贸易、提高企业的竞争力的角度论述了在经济全球化背景下，对外贸易对经济发展的重要作用。[③]

加入世界贸易组织以后，我国的对外贸易取得超高速增长，同时也推动国内经济快速发展。对外贸易增加了国民经济总量，优化了经济机构，改善了国际收支状况，有力地支持和促进了我国经济体制改革，增强了我国的综合国力和国际竞争力，对经济全球化进程起到了极大的推动作用。[④]

（二）关于对外贸易的理论基础

主要有几种观点：第一种观点认为，“比较成本论”和“国际分工论”可以作为我国对外贸易的一个指导原则。他们强调，不能认为比较成本是为帝国主义服务的理论，就不能作为我国对外贸易的一个理论。在这方面，特别要提出的是一篇有影响的文章，即袁文祺、戴伦彰、王林生在《中国社会科学》1980 年第 1 期上发表的《国际分工与我国对外经济关系》。这篇文章破除了理论禁区，首先提出了国际分工的必然性，提出比较成本学说有“合理内核”，提出社会主义国家要正确看待国际分工。还有不少同志持这种观点，如季崇威的《应用比较成本论指导我国对外贸易，在国际贸易中取得较好的经济效果》（参见《外贸教学与研究》1981 年第 3 期）、陈琦伟的《比较利益论的科学内核》等。陈琦伟论证了劳动生产率不同的国家，通过对外贸易，利用国际分工，都能达到在不同程度上实现社会劳动的节约，从而给交换双方在经济上带来利益；[⑤] 朱国兴、王绍熙在《关于马克思对李嘉图“比较成本说”的评价问题》中论证了通过国际交换可使贸易双方互利的问题[⑥]等。

第二种观点是明确反对把比较成本学说和国际分工论作为我国对外贸

---

① 樊明太：《对外贸易对中国经济发展的影响及意义》，《财贸经济》2000 年第 8 期。

② 俞新天：《中国对外开放理论的演进与前瞻》，《毛泽东邓小平理论研究》1999 年第 6 期。

③ 钟昌标：《我国利用外贸纽带促进技术进步的机制与持续利用的关键》，《经济问题探索》2001 年第 3 期。

④ 李晓西、张生玲：《试论我国对外开放的新思维》，《中国流通经济》2005 年第 2 期。

⑤ 陈琦伟：《比较利益论的科学内核》，《世界经济》1981 年第 3 期。

⑥ 朱国兴、王绍熙：《关于马克思对李嘉图“比较成本说”的评价问题》，《国际贸易》1982 年第 8 期。

易的理论之一。认为比较成本论是反劳动价值论的，是发达国家剥削发展中国家的理论工具；认为国际分工与我国建立一个完整的社会主义国民经济体系“总目标”是矛盾的，等等。比如高鸿业指出，比较成本学说过去给落后国家带来灾难，今天仍然不利于落后国家，否则，中国将永远成为初级产品和劳动密集型产品的出口国。[①] 薛荣久[②]和杨湛林[③]等人的文章均代表了这种观点。薛荣久明确指出，比较成本说不能指导我国对外贸易，他认为资本主义的国际贸易和国际分工不是以“比较成本说”为理论指导的，资本家始终非常敏感地注视着世界市场价格的变动。姚曾荫认为，完全按比较成本学说进行国际分工和国际贸易，只存在于教科书和某些经济学家的理论思维中，在现实世界早已不存在了。发达国家都不愿意为了所谓节约社会劳动而放弃保护贸易措施，大多数第三世界国家更不能按照比较成本理论行事。[④]

第三种观点是介于这两者之间。大多数人认为，可以在一定条件下，将比较成本学说或国际分工理论作为一种可借鉴的观点，但不一定作为外贸的理论基础。如认为，利用“比较成本学说”参加国际分工和国际贸易，这绝不是放弃自力更生的方针，而是使得一国的经济得到迅速发展，正是进一步巩固自力更生的基础。[⑤] 还有朱刚体强调如何成功地利用比较成本说，且以日本利用“比较成本说”成功地、迅速地完成了经济结构改革的例子来说明这一问题。[⑥] 20 世纪 80 年代以来，对市场经济国家外贸理论的引进，大大充实了讨论的内容，强化了讨论的市场经济取向，起到促进改革开放的作用。比如，生产要素禀赋理论、产品周期理论、需求结构相同理论等的引入，使外贸理论的讨论理论性更强，角度更新，视野更广阔了。20 世纪 80 年代中期以后，也有一些重要观点的争论，但影响相对小一些。比如，有人提到，我国对外贸易的理论基础是马克思的国际价值理论；有人认为应是以马克思的国际价值理论作为基础，同时，吸收比较利益理论的合理内容；有人认为运

① 高鸿业：《比较成本说不应构成我国外贸发展战略的理论基础》，《经济研究参考资料》1982 年第 44 期。

② 薛荣久：《李嘉图比较成本说不能指导我国对外贸易》，《经济科学》1982 年第 2 期。

③ 杨湛林：《国际分工与社会主义国家对外经济关系》，《经济科学》1980 年第 4 期。

④ 姚曾荫：《关于我国对外贸易几个理论问题的探讨》，《人民日报》1987 年 7 月 13 日。

⑤ 汪尧田、叶松年：《对资产阶级古典贸易理论——比较成本说的评价》，《国际贸易问题》1981 年第 1 期。

⑥ 朱刚体：《“比较成本理论”与我国对外贸易》，《外贸教学与研究》1981 年第 2 期。

用国际价值理论把古典比较成本学说改造成现代比较利益学说，作为我国外贸的基础理论。但这一时期争论已不那么激烈了。

20世纪90年代后期，中国经济理论界再次展开了对于比较优势理论的理论探讨和争论。学术界从比较优势研究转向竞争优势的研究，转向国家竞争优势（整体竞争）和政府在形成一国产业和产品在国际市场上竞争优势中的作用方面的研究。洪银兴提出了“比较利益陷阱”的概念，他认为单纯的由资源禀赋决定的比较优势在国际贸易中不一定具有竞争优势，单纯依据资源禀赋来确定自己的国际贸易结构，企图以劳动密集型产品作为出口导向，就会跌入“比较利益陷阱”。[①] 其实质是在告诫人们不要静止和僵化地看待比较利益理论，警醒那些单纯依据比较利益理论来制定本国的对外贸易发展的长期发展战略，势必会导致其国的资源配置和产业结构都跌入“比较利益陷阱”中去，长期下去，将不利于发展中国家国民经济的健康发展和产业结构的调整与升级。王子先运用实证研究的方法对改革开放以来中国进出口商品比较优势的变化进行了分析和研究，提出一国资源禀赋的比较优势并不等于其国产业或产品在国际市场上的竞争优势，而比较优势是竞争优势的基础，但比较优势只有最终转化为竞争优势，才能形成真正的出口竞争力，同时还指出中国国内企业和产业将比较优势转化为竞争优势的能力较差，为适应知识经济和高新技术产业蓬勃发展的需要，中国外贸发展战略从比较优势为导向转向以竞争优势为导向的轨道实为必然的选择。[②]

（三）关于对外贸易的发展战略

外贸发展战略的探讨也是经贸学术界讨论的一个热门话题，主要围绕外贸发展战略的概念含义，制订战略的指导思想、理论依据、战略目标、战略重点、战略步骤和措施进行的。具体地对我国外贸发展战略的几个主要模式即进口替代战略、出口导向战略、国际大循环战略、平衡发展战略、大经贸战略以及科技兴贸战略等进行研讨。

20世纪80年代初期开始，一些专家就认为，采取进口替代政策，可以较少受到国际的影响，利于安定，适合国情；可继续实行保护政策，促进

① 洪银兴：《从比较优势到竞争优势》，《经济研究》1997年第6期。

② 王子先：《以竞争优势为导向——我国比较优势与外贸长期发展的思考》，《国际贸易》2000年第1期。

民族工业的发展；在现有的生产水平下，推行出口导向有困难；实行进口替代的战略，发展国内生产，逐步取代从国外进口工业品，特别是日用工业消费品；实行进口替代为主的战略，通过引进一大批工业项目，建立国民工业体系，积累了经验，为继续推行进口替代奠定基础。① 但另一些学者认为，进口替代战略过于强调保护国内市场，无法有效利用两个市场、两种资源，必然限制外贸对国民经济发展的促进作用。因此，应加大出口导向战略的分量。滕维藻指出：初级产品出口奖励、进口替代和出口替代是发展中国家曾经或正在采取的较典型的发展战略，由内向型向外向型发展是生产社会化不断加深的客观要求，问题是不可把它们的转化顺序、发展阶段绝对化和简单化。一个国家在经济发展的某一个阶段，虽然往往侧重于某一贸易战略，但并不排斥实行其他形式的若干内容。② 20 世纪 80 年代中后期，随着对外贸易在经济发展，特别是在工业发展规划中地位的提高，对外贸易发展战略与经济发展战略研究结合起来了。从沿海到内地，建立和发展外向型经济成为潮流，出口导向型战略影响也在扩大。王建提出的国际大循环理论有很大影响。他认为，我国经济是发达的重工业与落后的农业并存，对内优先发展农业、轻工业，对外引进外资和发展制造业出口的战略，都不能带动我国经济长期较快地发展。要解决这一结构性矛盾，必须走国际大循环的道路，即通过发展劳动密集型产品出口，换取外汇，为重工业发展取得所需的资金和技术，再用重工业发展后积累的资金返回来支持农业，通过国际市场的转换机制，沟通农业和重工业的循环关系，达到消除我国“二元结构”偏差的目标。③ 国际大循环理论引起了热烈的讨论，赞成者有，反对者也有。这一新的思路，受到当时中央领导同志的重视，对政策形成起到了积极作用。石水认为，国际大循环构想，顺应传统产业海外转移浪潮，通过发展劳动密集型产业，走“外向型”经济发展道路，为我国农村工业化提供了一把金钥匙，为我国重工业高级化的资金积累开辟了一条财路，使开放成为连接发展与改革的纽带。④

---

① 张培基：《关于我国对外贸易发展战略的探讨》，《国际贸易》1984 年第 1 期，刘昌黎：《进口替代是我国赶超世界工业大国的长期战略》，《经济研究》1987 年第 8 期；边振瑚：《我国社会主义初级阶段的外贸发展战略》，《国际贸易论坛》1989 年专辑；姚曾荫：《对外贸易与发展战略》，《国际贸易》1983 年第 6 期。

② 滕维藻：《中国社会主义现代化与外贸形式》，《南开大学学报》1981 年第 1 期。

③ 王建：《关于“国际大循环”经济发展战略的构想》，《经济日报》1988 年 1 月 5 日。

④ 石水：《国际大循环与沿海发展战略》，《教学参考》1988 年第 2 期。

20世纪90年代初，有些学者提出了平衡发展战略，试图在进口替代和出口导向的综合发展中，寻求一条中性的不偏不倚的道路。所谓平衡发展战略，是指一种既不歧视出口，又不贬低进口，既不过度补贴出口产业，又不过度保护进口替代产业的政策体系和生产体系，是要建立一种不偏不倚的中性的开放经济。他们认为，此战略正适合我国国情，因为它融合了进口替代和出口导向两种战略要素，适合我国这样一个已经建立了比较完整的工业体系的超大国经济。[①] 桂世镛、魏礼群提出，应当实行出口导向与进口替代相结合的战略。他们认为，基于中国是一个大国且已经建立了一定的工业基础这一国情，单纯地采取“进口替代战略”或“出口主导战略”都不可取，应二者结合。要把发展加工业的出口放在优先位置，着眼于多出口、多创汇，同时积极引进先进技术，改造和发展国内制造业、能源工业和原材料工业，以减少和替代这些部门的进口。[②] 这一观点，为多数人接受，对政策制定起了很大的影响。

20世纪90年代中期，外贸管理部门提出的一种“大经贸战略”产生了很大的影响。这种战略的主要内容是，实行以进出口贸易为基础，商品、资金、技术、劳务合作与交流相互渗透、协调发展，使外经贸与生产、科技、金融等部门共同参与的外经贸发展战略。[③] 王子先认为，“大经贸战略”的实施，有利于打破部门和地区界限，增进竞争，促进专业化协作，促进产业结构调整，对推动我国改革开放尤其是外经贸领域的改革开放具有十分积极的意义。[④] 相当多的专家同意这种提法，但根据自己的理解，进行了各自的解释。比如，有的认为这是把内外贸结合起来，贸易领域不再搞两个部门管理；有的理解是贸易与生产的结合，可以像日本那样，搞通产省，减少政府对生产和流通的直接干预，等等。这种战略，一改过去就外贸谈外贸的传统思路，在实践中起了有益的作用，对发展民间的对外贸易和推进外贸体制改革，打破部门分割，促进部门联合，推进机构改革，均产生了实际的影响和作用。

---

① 任纪军：《中国贸易发展战略分析》，《财贸经济》1991年第2期。胡凤英、唐海燕：《我国经济发展状况与平衡发展外贸战略》，《国际贸易》1992年第3期。

② 桂世镛、魏礼群：《论我国社会主义经济发展战略》，中国计划出版社1988年版，第128页。

③ 可参考吴仪1994年5月11日在“九十年代中国外经贸战略”国际研讨会上发言，载《中国对外经贸年鉴》（1995）。

④ 王子先：《关于我国实行“大经贸战略”的若干问题》，《国际贸易问题》1994年第10期。

20世纪90年代后期，为了应对亚洲金融危机造成的困难，加速我国由外贸大国向外贸强国的转变，大力推动高新技术产品出口，加快我国适应知识经济时代到来的需求。我国提出了"科技兴贸"的战略。外经贸部副部长张祥指出，"科技兴贸"战略的实施对当前和今后中国对外贸易的发展具有十分重要的意义。"科技兴贸"战略是"科教兴国"战略在外经贸领域的具体体现，是我国适应国际竞争的必然需要和贸易大国走向贸易强国的必由之路。[①] 尤宏兵则具体地从加入世界贸易组织后中国需要更深层次地参加国际竞争，实现中国出口商品结构战略调整，培育我国外贸出口新增长点，发展知识经济等方面论述了"科技兴贸战略"实施的必要性。[②]"科技兴贸战略"的内涵更为丰富，是更符合我国外贸发展的一项长期战略，也必将成为促进我国由贸易大国走向贸易强国的必由之路。这一时期，对外贸易中提出的"以质取胜战略"、"品牌战略"、"走出去"战略、互利共赢战略等，都产生了实际的影响，并得到广泛的认同。

对外贸易发展战略是与对外开放的总思路相关的。在2001年中国加入世界贸易组织后，全球化背景下的对外开放有了很多新特点，学者们也是纷纷探讨如何应对新形势。李晓西在2004年提出对外开放的新思维，提出了10个转变：一是要把对外开放由政府主导向市场主导转变；二是要从发展中国家利益代表者向国际公法和规则的维护者转变；三是要从只关心国内经济稳定发展向关心国内外经济的综合平衡转变；四是要从追求国际收支顺差向追求国际收支平衡转变；五是要从"世界工厂"变成世界市场；六是要由政府对外投资的积极性转向企业对外投资的积极性；七是要从大规模的招商引资走向以平常心对待外商；八是要从强调知识产权上发展中国家的特殊性转向以维护知识产权国际规则；九是由强调内资企业的技术引进转向不分内外资企业鼓励技术创新；十是要把科学发展观推广到对外开放的领域中，扩大宣传经济与社会发展协调、人与自然发展和谐的大思路和价值观。[③] 这些观点产生了实际影响，尤其是从追求国际收支顺差向追

---

① 张祥：《用科技振兴贸易》，《中国高新技术产业导报》1999年6月1日。

② 尤宏兵：《科技兴贸：中国由贸易大国走向贸易强国的必由之路》，《国际贸易》2001年第10期。

③ 李晓西：《对外开放的新思维》，2004年5月23日在欧美同学会与北师大经济学院合办的对外开放论坛上的演讲；《长安讲坛》，社会科学文献出版社2004年版；《中国流通经济》2005年第2期。

求国际收支平衡的建议得到了决策部门的认可。在中央提出科学发展观的新形势下，学者们提出需要进一步研究的问题，比如裴长洪提出，要研究如何在科学发展观指导下进一步发展开放经济，如何理解外贸增长方式转变，如何统筹国内改革发展与对外开放的关系，如何加强自主创新、扩大自主知识品牌，如何处理扩大内需和开发国外市场的关系，如何通过建立贸易平衡机制解决贸易摩擦等。①

（四）关于外贸体制改革的讨论

这是改革开放以来，外贸理论界讨论最多最热烈的一个题目。其中主要涉及这样几个方面：

1. 关于外贸体制改革的方向。20 世纪 80 年代初，有专家提出，我国外贸体制改革的方向是：对外贸易部负责研究发展政策，掌管方针政策的贯彻执行，负责对全国对外贸易活动的监督和管理；各专业外贸公司经营一些重要进出口商品，并负责对地方经营的商品进行协调和管理；一些具备条件的重要企业和联合体将直接经营对外贸易，它们各自独立核算，自负盈亏。② 戈辉认为："改进动力性能和平衡性能是对外贸易体制改革的根本目标。"③ 钟朋荣提出外贸体制改革要实行四大转变。④ 袁文祺认为，改革旧的外贸体制，使政企职能分开，变高度集中经营为分散经营，各外贸企业成为独立经营，自负盈亏的经济实体，才能实现社会主义对外贸易目的。⑤学者们认为，政企分开是整个外贸体制改革的方向，也是解决外贸体制中管死与管活，国家和企业主要矛盾的关键。

自 20 世纪 90 年代改革开放进入全新时期后，外贸体制改革的方向是：统一政策，平等竞争，自负盈亏，工贸结合，推行代理制，建立适应国际通行规则的外贸运行机制。主要内容有：实行新的外汇管理体制，运用法律、经济手段，完善外贸宏观管理，转换外贸企业经营机制，逐步建立现代企业制度，强化进出口商会的协调服务机制等。有的学者提出，应立足于获取国际分工的利益和促进国内经济发展，核心是重构外贸的微观基础

① 裴长洪谈对外开放需要研究的新问题，中国管理传播网 http：//manage. org. cn，2006 年 1 月 9 日。

② 张培基 1981 年在对外经济研讨会上发言：《中国对外贸易发展及其前景》，载《世界经济与中国对外经济》，中国对外经济贸易出版社 1991 年版。

③ 戈辉：《对外贸易体制改革目标及其实现》，《国际贸易问题》1987 年第 2 期。

④ 钟朋荣：《外贸体制要实现四大转变》，《财经经济》1988 年第 7 期。

⑤ 袁文祺：《中国对外贸易发展模式研究》，中国对外经济贸易出版社 1990 年版。

和制定宏观调控方法，造就一种具有自我调节能力，能及时灵活地对动态比较利益做出正确反应的外贸运行机制。还有学者认为，我国外贸体制改革的重点是深化企业内部改革，企业改革的关键是尽快实现经营机制的根本转变，建立高效、灵敏、富于活力、完全自负盈亏的新的经营机制。[①] 邱杰等人探讨了外贸体制改革相对独立于整个国民经济体制改革的必要性与可能性，以系统论和控制论作为方法论基础，设计了新的外贸体制的“一揽子”转轨。[②]

2. 关于外贸体制改革的阶段。周小川提出了对外贸逐步放开的五个阶段：一是高度行政管理和数量控制阶段；二是开始利用经济杠杆的间接控制与直接控制相结合的阶段；三是汇率合理化阶段；四是经济性和价格性手段逐步全面取代不必要的行政性手段阶段；五是货币自由兑换阶段。[③]

对外贸改革中出现的现实问题的讨论，问题主要有：放开外贸与出现的不正当竞争和内部自相竞争，“对内抬价收购，对外削价竞销，肥水流到外人田”；放开经营以及汇率调整对国内通货膨胀的影响；外贸改革与其他改革的配套与衔接等，这些问题都成为理论界和政府部门关注和讨论的问题。最终的结论，多数人认为还是应从市场取向角度，支持和完善各项重大的改革，力求降低改革成本，建成外贸新体制。

改革开放30年来外贸理论的进展，是与邓小平对外开放的思想分不开的。1978年，邓小平提出了要突破经济管理体制权力过于集中，要有计划地大胆下放权力，发挥国家、地方、企业和劳动者个人四个方面积极性，在经济计划、财政、外贸等方面给予更多自主权的改革思路。1979年4月在中央工作会议上，邓小平听取了广东省的汇报后，提出要利用沿海优势，试办经济特区，并给予充分的外贸自主权；同年6—7月，又批准广东、福建两省在对外贸易中实行特殊政策和灵活措施。此后，邓小平理论一直推动着外贸改革的实践，也为外贸理论的研究指出了方向。

通过21世纪近10年的发展表明，新世纪我国外贸理论与实践都将有重大发展。外贸进出口中，国营部分将继续下降，但向提高国有经济控制力

---

① 《关于适应社会主义市场经济体制深化外贸体制改革的各种思考与探索》，《国际贸易论坛》1993年第1期。

② 邱杰、常慧立：《关于外贸体制改革采取“一揽子”转轨方式的思考》，《国际贸易问题》1996年第4期。

③ 周小川：《论外贸体改的方向、阶段和问题》，《国际贸易》1988年第2期。

的方向转化，非公有制经济的出口将有大的发展。内外贸一体化的进程将加快。外贸理论将越来越与国际学术界靠近，有越来越多的关于全球化和内外经济相互关系的研究成果。

二、外资理论

党的十一届三中全会确定了我国实行对外开放的政策，利用外资进入了一个新的阶段。2007 年年底，全国外商投资企业注册登记数为 28 万余家，1979—2007 年累计实际利用外资总额达到 9545.65 亿美元，其中外商直接投资额达 7602.19 亿美元。2007 年度引进外商直接投资达 747.68 亿美元，居全球首位。这期间，我国利用外国政府和国际金融机构的贷款、国际商业贷款等对外借款以及外商其他投资额累计达到 2000 多亿美元[①]。对外借款主要是用于加强国民经济“瓶颈”项目，在能源、交通、煤炭、化工等工业方面完成了一批重要项目，如京秦电气化铁路、秦皇岛港扩建工程等。外商直接投资带来的先进技术和管理经验，填补了国内生产的某些空白，如电梯、彩色显像管、小轿车等，扩大了我国的出口和对外贸易，推动了市场竞争，对我国经济尤其是沿海经济发展起到了很大作用。特别要指出的是，这一时期的外资理论也有了较大进展。有相当数量的论文、专著发表，在某些重大问题上，有比较深入的讨论。下面摘要简述之：

（一）引进外资的指导思想

较早期的观点，主要是强调了马列关于利用外资的论述。认为马克思、恩格斯早就指出：“过去那种地方的和民族的自给自足和闭关自守状态，被各民族的各方面的互相往来和各方面的互相依赖所代替了。”[②] 列宁指出：当我们国家在经济上还极其薄弱的时候，怎样才能加速经济的发展呢？那就是要利用资产阶级的资本。由此证明，我们是可以利用外资的。邓小平在总结新中国成立以来中国经济建设的历史经验和教训时指出，利用外资在我国改革开放的社会主义现代化建设实践过程中是非常必要的。1977 年，他主持中央工作后，开始思考如何拓展筹资渠道来加快中国经济发展。1978 年 10 月，他批示“合资企业也可以办”，并指出，“吸收外国资金肯定可以

① 《中国统计年鉴》（2008），中国统计出版社 2008 年版。

② 马克思、恩格斯：《共产党宣言》，《马克思恩格斯选集》第一卷，人民出版社 1972 年版，第 255 页。

作为我国社会主义建设重要补充”。到了20世纪80年代后期，对引进外商投资主要是从对我国经济发展的利弊上分析必要性的，学者们主要是从实际效果来说明引进外资的必要性。党的十四大报告指出：“当前必须进一步扩大对外开放，更多更好地利用国外资金、资源、技术和管理经验”；党的十五大报告中又一次要求我们“努力提高对外开放水平，积极合理有效地利用外资”；党的十六大报告中提出，“进一步吸引外商直接投资，提高利用外资的质量和水平”。进入21世纪，党的十七大报告指出：“拓展对外开放广度和深度，提高开放型经济水平。……创新利用外资方式，优化利用外资结构，发挥利用外资在推动自主创新、产业升级、区域协调发展等方面的积极作用。”

（二）利用外资的基本原则和战略

改革开放以来，这个问题就开始了讨论。一种观点是：“我国利用外资的基本原则和方针，可以归纳为：独立自主、自力更生、平等互利。”① 这种观点强调了维护国家主权，独立自主制定利用外资的方针、政策和法规；强调了在自力更生基础上利用外资，不能过分依赖外资，要保护自己的工业；强调了在合资和合作中，中外双方的平等互利，要保护外商的合法权益。这种看法在20世纪80年代的相当长时间内是主导性的观点，起过有益的作用。但可以看到，这种观点慎重有余，不够积极，只是在弥补我国资金不足角度上看待引进外资的。20世纪90年代后，曾争论过如何调整引进外资战略，一种观点认为，现在到了从引进中小外资到引进跨国公司的新阶段，从扩大数量到了提高质量的新阶段。这样概括引资战略，主要是从发展角度上看问题的。还有一种是从引进外资有利于促进改革和法制化角度提出来的，认为“我国90年代中后期引进外资的战略是：以加快我国经济发展的步伐为中心，以促进我国经济市场化、法制化和国际化进程为目标，继续积极有效地利用外资”。② 这种观点是对担心引进外资负面影响太大的一种分辩，强调了引进外资促进我国经济改革的作用。

我国20世纪90年代的利用外资战略，总起来说，可以归结为是一种“以市场换技术”的战略。这一战略的实施，对加速我国企业技术进步产生了一定的效果。随着我国改革开放的不断深化、国内产业竞争力的提升，

---

① 林树众编：《利用外资与发展外向型经济》，中信出版社1989年版，第5页。

② 李晓西：《引进外资战略研究》，《生产力经济》1994年第4期。

尤其是中国加入世界贸易组织后，这一战略的局限性日益明显。进入21世纪，一种新的观点①认为，中国对外开放进入新阶段："资金等要素从单向流入为主向双向流动并重的格局开始形成，企业全球配置资源的能力增强，国内经济与外部经济的互动关系更加复杂。"中国要"综合考虑作为投资东道国和投资母国之间的利益均衡，考虑商品流动和要素流动之间的利益均衡，考虑保护国内市场和推动别国开放市场之间的利益均衡，以更积极和主动的姿态参与多边谈判，借助多边规则，平衡各方权益"，"更均衡合理地融入全球经济"，"推动全球贸易和投资体制更加合理与开放，为我国中长期经济发展争取较好的外部环境"。

20世纪90年代中期以后，较多讨论的问题是：引进外资的规模多大适宜？现在引进外资是不是太多了？一些学者认为，我国储蓄率高达35%以上，居全球之首，这些年外资流入过多，从1992年后，我国银行存款大大高于贷款，使国内资金过剩，已造成国内资金大量流向海外，导致外汇储备增长过快，因此，没必要大量引进外资了。② 这种观点的代表性学者如陈炳才等。另一些学者则认为，我国劳动力资源密集，需要与资本的结合；中西部发展，需要外资来投资；大型跨国公司来华投资仅为开始，远没到限制的时候；我国建设资金不足，将是长期的，外商投资不仅弥补资金不足，还分担了投资风险。因此，还需要大力引进外商投资。③ 李晓西认为："首先要承认，外商投资规模是市场调节的结果，你有吸引力，发展前景看好，有较好的投资环境，外商才会来。不可能事先计划好外商投资规模。现阶段我国经济对外资需求还是很大的，不仅中西部地区和基础产业（尤其是农业和电力），东部沿海仍然需要引进和利用外资。引进外资是一种机遇，要把握住，不要只看自己这一面。国内储蓄高要具体分析。城乡居民存款中，真正能用于投资是相当有限。外汇储备进行中长期投资也是不现实的、危险的。"④

（三）引进外资的作用

经过30年的发展，中国已经成为吸引外国直接投资最多的发展中国家

① 江小涓：《中国对外开放进入新阶段：更均衡合理地融入全球经济》，《经济研究》2006年第3期。

② 陈炳才观点转引自姚淑海《外商投资问题讨论综述》，中国改革基金会课题资料，1997年。

③ 李晓西：《引进外资战略研究》，《生产力经济》1994年第4期。

④ 杨晓平：《"外资不是虎"——访李晓西博士》，《中华工商时报》1997年1月21日。

之一。“总体上，外商直接投资对中国经济发展做出了积极的贡献。”① 与此同时，随着中国吸引外资的规模不断扩大，引进外资中存在和带来的一些问题也引起了学界广泛的思考。

余永定认为，在过去的时间里，外资对推动中国就业发挥了积极作用。但是，外资在创造就业的同时，也通过竞争破坏了原先由国有企业提供的就业。外商直接投资对创造新增就业的贡献适中。② 江小涓认为，跨国公司的技术外溢效应是明显的，并且大大加快了国内产业结构的升级。③ 麻省理工学院的黄亚生教授认为，中国对外商直接投资的依赖反映了国内民间投资不旺的病征，大量外商直接投资的涌入可能导致对国内民营资本的压抑。④ 胡祖六认为：“没有实证证据表明外商直接投资‘挤出’了有效率的国内投资。外商直接投资与民营投资相辅相成，在公有制为主的经济体制下一道渐渐壮大，成为今天推动中国经济增长的引擎。”“外商直接投资对中国资本形成的好处显而易见，对促进就业增加也立下了汗马功劳。”“外商直接投资给中国经济带来了技术转移，产生了外溢效应。”“外商直接投资给中国经济最大的贡献是带进了全新的商业模式与管理模式，而不一定是高新技术。”⑤

（四）引进外资与国家经济安全

20 世纪 90 年代以来，外商以并购国有企业的方式进行投资，而且并购重点转向效益较好的国有大中型骨干企业，有的则是在某一城市进行全行业的并购，如香港中策公司在福建泉州市和辽宁大连市的并购，这种做法在我国经济领域产生了很大影响；跨国公司进来后，其产品在中国市场上以其高质量和很强竞争力，也对我国企业形成巨大压力。在此背景下，保护民族工业的呼声开始高涨，对引进外资与保护民族工业的关系的讨论也很热烈。一些工业主管部门的研究人员认为，现在引进外商投资，是引狼入室，与狼共舞，我国自己的工业快要支撑不住了，国有企业将败在跨国公司手下。应当限制外资，保护国有企业。主张扩大引进外资的学者则认为，首先是要明确什么是民族工业。其次要从中国引进外资中我国港台资

① 世界银行：《中国利用外资的前景和战略》，中信出版社 2007 年版，第 34 页。

② 余永定：《FDI 对中国经济的影响》，《国际经济评论》2004 年第 2 期。

③ 江小涓：《吸引外资对推进中国产业技术进步的影响》，《煤炭企业管理》2004 年第 5 期。

④ 黄亚生：《2006，印度年还是中国年?》，《华盛顿观察》周刊 2006 年第 6 期。

⑤ 胡祖六：《关于中国引进外资的三大问题》，《国际经济评论》2004 年第 2 期。

本占70%的事实来讲民族工业，虽然统计时将港台视同外资，但不能否认港台资本也是民族的。还要看到，国内市场份额外资企业所占并不大，比如1995年这个问题争论最高潮时，外资企业工业产值占我国工业总产值的比重不到5%。但由于外资企业生产的商品多为市场需要，因此，感到市场上外商企业的产品比比皆是。按现在这种情况发展下去，外资企业占的市场份额还会扩大，但新的一代内资企业将会生长起来，合资和合作企业中中方力量也将最终成长起来。这个历史过程看看中国台湾经济发展史就可以知道。国内市场保护，最终是靠企业家，不是靠行政力量。更重要的是，如何来保护民族工业，一定要靠符合国际惯例的办法而不是靠行政办法来保护。要使民族工业成为社会主义市场经济中的有机组成部分，而不是特殊的被保护者。要从开放角度和积极态度支持适当保护，而不是从关门的消极的角度搞民族工业的保护。①

“随着经济全球化程度的加深，国际投资的规模和影响力大大增强，‘国家安全’的内涵在大幅度向外扩展，已经由传统的国防军事领域向经济、社会领域延伸，由此产生了‘经济安全’、‘社会安全’的概念”。② 尤其是20世纪90年代中期以后，外资企业对国内重要行业的龙头企业几次并购事件，如美国凯雷收购徐工、收购洛轴，法国SEB并购苏泊尔等，以及国内企业在海外并购遇到政治性歧视，比如，联想集团收购美国IBM的PC业务、海尔并购美泰和中海油收购尤尼科等事件，诸如此类的事件不断发生，不断唤醒我们对外资并购影响国家安全的意识，从而引发了国内关于外资并购影响国家经济安全的广泛关注。一种观点认为：“随着中国加入WTO，对外资限制降低且某些政府盲目地引进外资，在带来收益的同时，也使得国家经济在丧失某些主权，严重威胁着国家经济安全。”③ “在鼓励大量引进外资的同时，也必须对某些重要行业的外资并购进行限制，例如装备制造业、金融业、能源业、矿产开采业，等等，国家只有牢牢抓住这些关键行业，并完善相关法律法规和体制，才能在任何情况下都能稳定和发

① 王林生、裴长洪等：《在扩大开放中如何有效地保护民族工业讨论》，《光明日报》1996年6月27日。

② 邢厚媛：《外资并购与国家安全》，《中国外资》2007年第9期。

③ 巫才林、李鑫：《反思外资并购行为——外资并购对中国经济的负面影响及底线分析》，《集团经济研究》2007年第24期。

展国家经济，减小外资对于中国经济命脉的影响。”[①] 另一种观点认为，“笼统地认为外资并购装备制造业骨干企业会威胁国家经济安全过于夸大其词”。[②] “外资并购只是全球通用的吸收 FDI 的一种形式，并且是一种行之有效的市场手段。并购并不一定构成行业垄断，并购本身也不会危及行业安全和经济安全，关键是加强审查和监督。”[③]

利用外资是邓小平理论的重要组成部分。他说：“搞社会主义，中心任务是发展社会生产力。一切有利于发展社会生产力的方法，包括利用外资和引进先进技术，我们都采用。”[④] 这是从生产力角度来评价引进外资，是有很强说服力的。邓小平认为，利用外资加速发展的积极效果要远远超过可能带来的副作用。他说：“一个三资企业办起来，工人可以拿到工资，国家可以得到税收，合资合作的企业收入还有一部分归社会主义所有。更重要的是，从这些企业中，我们可以学到一些好的管理经验和先进的技术，用于发展社会主义经济。”[⑤] 因此，外商虽然有利可图，但更多的利益在我们自己这边。

展望 21 世纪，我国引进外资总趋势将平缓下降，但会时高时低地保持一定的数量，高时仍可达 400 亿美元，中期的平均水平也不会低于 100 亿美元。一是因为我国将坚持对外开放的基本国策，更加积极的走向世界，完善全方位、多层次、宽领域的对外开放格局，发展外向型经济。二是因为我国正在扩大引进外资的领域，进一步开放国内市场，比如，商业零售、外贸业和旅游业的开放正在试点或扩大，会计、法律等中介机构也在扩大引进外资的试点，银行和保险业引进外资企业一直在进行中。不排除在 21 世纪的某一阶段，由于我国经济的发展出现新高潮，尤其是中西部发展加快，引进外资出现一段时期的高潮。三是因为我国经济的持续增长，宏观环境不断改善，增强了外商投资的信心。四是一些鼓励外资的政策，比如，对高新技术项目和产业政策鼓励的外资项目，其进口自用设备，凡属国内不能生产的，将免征关税和进口环节增值税，等等，还将持续一个时期。

---

① 彭立立：《看待外资并购防范两种倾向》，《中国外资》2007 年第 6 期。

② 桑百川：《外资并购的分歧与评价》，《国际贸易》2007 年第 7 期。

③ 彭立立：《看待外资并购防范两种倾向》，《中国外资》2007 年第 6 期。

④ 邓小平：《改革开放是很大的试验》，《邓小平文选》第三卷，人民出版社 1993 年版，第 130 页。

⑤ 邓小平：《改革是中国发展生产力的必由之路》，《邓小平文选》第三卷，人民出版社 1993 年版，第 138—139 页。

因此，对外资鼓励效应仍将会持续相当一个阶段的。在外资理论的研究上，会有系统的、突破性的理论成果问世。这是因为，这些年引进外资的实践和已有的研究成果，已为重大理论突破提供了基础；而进一步与国际交往和学术交流，将会促使中国的学者们在若干重大问题上取得突破。这些问题可能有：一是跨国公司作用的研究将会越来越重要，与现在已有研究成果不同之处，将是理论性更强，更系统化，更着眼于从全球范围进行分析。二是对如何管理好已来华投资的外资企业，并促使其按我国法律办事方面，将会成为研究重点。如何更多引进外资的问题将不成为热点，由此引发的争论也大大减少。三是引进外资与向海外投资的双向研究会加强。后者将越来越成为被人们关注的问题。四是引进外资中，外商直接投资的研究将有所减少，而对引进证券形式的外资研究将增多，利用国债形式和借用国际组织或商业贷款的间接引进外资的研究也将增多。

三、外汇理论

改革开放以来的30年，我国外汇体制改革取得很大进展，外汇理论研究开始进入系统化新阶段。改革开放前，我国外汇一直是国家统一集中管理，中国银行处理外汇业务。1979年3月设立国家外汇管理总局，直接由国务院领导，各省、自治区、直辖市设立管理办事处。国家外汇管理总局的任务是制定外汇政策和法令，统一经营外汇，监督外币支付，保证外汇收支平衡以及公布外汇汇率。1979年根据外贸出口换汇成本，制定了1美元等于2.53元人民币的目标汇价。1980年国务院颁布了《外汇管理暂行条例》。考虑到外贸出口的合理利润，为解决出口难和出口亏损问题，1981年1月开始，全部进出口实行1美元等于2.80元人民币的贸易内部结算价。从这以后，理论界开始了对汇率问题进行较大规模的讨论。加入世界贸易组织，尤其是2003年以后，由于美欧等国对人民币币值的质疑，围绕中国汇率水平高低和汇率制度的合理性的讨论非常热烈。

综观30年来的外汇理论的讨论，有三个显著的特点：一是问题比较集中；二是联系实际非常紧密；三是讨论比较有深度。主要讨论的问题有这样几个：

（一）人民币汇价制度应是单一汇价制还是双重汇价制

这个问题是由1981年实行内部贸易价结算价后引起的。在1983年6月中国国际金融学会第一次学术讨论会会上，多数学者认为，1981年后实行1

美元兑 2.8 元人民币的贸易内部结算价格未达到预期效果，应予改革，应将双重汇价改革为单一汇价。学者们认为，单一汇率具有更简明特点，便于管理；不能靠双重汇价来对个别商品价格进行补贴；我国作为国际货币基金组织成员国，实行双重汇率，在对外影响上也不利；单一汇率比双重汇率有利于维护人民币信誉和人民币汇率的稳定。[①] 吴念鲁认为，国际上一些国家搞双重汇价，但西方国家与东欧国家不同。中国现在实际上也是双重汇价，类似于东欧国家。因为，人民币不是自由兑换的，不是由市场供求决定汇价的；人民币贸易内部结算价定位低，而非贸易汇价定值高，与西方国家相反；人民币贸易内部结算价主要是对外贸易出口贴补的手段。他认为，应当实行单一汇价，取消内部结算价，在单一牌价基础上，对进出口商品按大类进行贴补、加成、征税，以体现进出口贸易盈亏的真实情况，消除两种汇价引发的矛盾和混乱，以适用于我国对外各种性质的支付结算。[②] 很显然，理论界对实际部门政策操作有不同看法，这促使实际部门思考，并在后来取消了双重汇率。

（二）人民币汇价水平的确定

20 世纪 80 年代以来，理论界曾热烈地讨论过确定我国人民币汇价水平的理论依据是什么？有人认为，汇价要以物价水平相对变化率来定，应以马克思的价格论作为基础，将购买力平价学说加以改造并吸收其合理部分后，作为我们中长期制定人民币汇价的依据。有人进一步认为，要把汇价水平建立在狭义的购买力平价理论上，即不用两国全面的价格水平比较来确定人民币汇价，而只用可贸易商品的国内外比价作为依据，即只用进出口物价平均换汇成本为依据。也有专家认为，应以马克思国际价格理论为制定人民币汇价的理论依据。汇价实质是一国货币的对外价值与他国货币对外价值的比率。国内价值实际上反映了社会平均必要劳动时间，国际价值则反映了世界平均劳动单位。因此，在人民币理论汇价测定中，不是比较两国国内的消费物价水平，也不是比较进出口商品的各自国内售价，而应比较进出口商品用本币表示的国内售价与用可兑换货币表示的国际市场价格相互折算的比率。或者，按照价格围绕价值波动并在长期内与价值相

---

① 中国国际金融学会秘书处：《关于人民币汇价问题讨论情况综述》，载中国国际金融学会编《人民币汇价讨论文集》，中国金融出版社 1984 年版，第 3 页。

② 吴念鲁：《人民币汇价的性质和改革方向》，载中国国际金融学会编《人民币汇价讨论文集》，中国金融出版社 1984 年版，第 116 页。

符的原理，可以用出口换汇成本和进口商品销售比价来替代尚无法直接测定的国际价值，并考虑进出口商品各自在对外贸易总额中的比重来加权测定人民币汇价水平。具体测算人民币汇价水平，学者们提出了五种方式：一是以出口平均换汇成本为主；二是以进口和出口商品的国内外价格比率为准；三是进出口商品的国内外价格比率，并参照非贸易的净收入；四是以进出口商品的国际价格比率为主，并综合考虑非贸易项目和无偿转移项目及国际资本流动项目的影响；五是按照进出口贸易的平均比较利润相等的原则来确定。[①] 应当说，以后关于汇价确定的讨论，基本上是在此基础上进行的。

在2003年以后，就欧美国家对人民币升值施压，国内多数专家认为，要求人民币汇率升值，是美国等大国国内收支不平衡和世界经济结构调整深化的结果。中国对世界经济的影响越来越大，也引发了各国借汇率来保护既得利益而提出的各种要求。比较一致的看法是，一国汇率水平是其经济实力的集中体现，综合国力增强了，劳动生产率提高了，本国货币必然升值。人民币升值水平，有主张高点，有主张低点。这方面论述很多，易纲教授的观点很有代表性。他认为，人民币汇率变化是源于中国经济的实力增强，劳动生产率提高是基础，经济体制改革的推进又提供了制度性基础。[②]

（三）我国汇率制度如何改革

对于我国汇率制度的改革，20世纪80年代就开始了对这一问题的讨论。陈彪如认为，一国的外汇制度由汇率制度、外汇收支和外汇管理三部分组成。我国汇率的改革方向，应是有限弹性的汇率；汇率决定要与外汇收支的长期平衡为目标，外汇收支要逐步由行政命令式的强制性平衡改为市场调节式的供求平衡；在外汇管理方面，慎重地逐渐地开放外汇市场，有计划、有步骤地放松管制，最后建立一个比较灵活松动的外汇体制。[③] 这个思路很有影响，被实践证明是正确的。季崇威认为，我国外汇体制改革

① 参见中国金融学会《关于人民币汇价理论与政策的讨论》，载中国人民银行外汇管理局编《关于中国外汇与外债问题的研究》，中国金融出版社1989年版，第20—22页。

② 易纲：《人民币汇率变化背后的原因和制度性因素》，载王梦奎主编《亚洲金融危机后的中国》，中国发展出版社2007年版，第53—69页。

③ 陈彪如：《对我国外汇体制的探讨》，载中国国际金融学会编《外汇体制改革讨论文集》，中国金融出版社1986年版。

主要包括五个方面：一是改革外汇的计划管理，要把短期与长期、贸易与非贸易、外汇与财政、信贷、物资进行综合平衡。二是改革外汇留成制度，调动中央、地方和企业三个方面的积极性，并应考虑在几个大的口岸和中心城市设立国家管理控制下的内部外汇调剂市场。三是建立适合我国国情的汇价制度，要既能反映国际国内价格变动趋势，又能体现我国的对外经济政策。四是逐步实行外汇批改贷，即把国家无偿批拨外汇制度逐渐改为贷款制度，同时，要实行用汇与创汇相结合，提高用汇的效益。五是革除外汇管理中的官僚主义和经营中的官商作风。① 显然，这个改革思路就更具体了。有学者认为，当前发展中国家汇率安排主要是把本国货币同某种由几个国家的货币按一定的权数组成的“货币篮子”挂钩。我国应选择一种最佳的进口权数货币“篮子”，将人民币的对外汇率同它钉住。一方面这具有稳定性，同时又可以进行调整；另一方面进口权数可因各种货币不同方向变动而自相抵消，因此，具有一定的自调节功能。② 有的学者不同意这种观点，认为“我国实行一篮子货币挂钩汇率，并不符合我国在经济上独立自主的原则和国家的经济利益，我们完全有条件实行独立自主的浮动汇率，把汇率建立在稳定的对内币值的基础上，才能正确地考核进口成本和出口成本，衡量贸易条件的变化。例如，港币贬值，就不能用港币反映我转港出口商品的实际收益，而如果人民币按一篮子挂钩就也会贬值，也不能反映我国出口商品的实际收益了”。③

20 世纪 90 年代初，学术界进一步讨论汇率放开的问题。厉以宁认为，放开汇率需要四个条件：一是商品生产者应当成为独立的利益主体，自主经营，自负盈亏，具有利益约束和自行成长的机制，只有这样，才能适应汇率放开以后的市场变化和价格变化。二是总供求关系基本平衡，涉外经济活动对外汇供求基本平稳，这时放开，不至于出现汇价大的波动。三是居民的资产选择形成了多元化的格局，不会因放开汇率而抢购外汇，引出风潮。四是国家财政力量充足，有能力维持经济和社会的稳定，能应付汇

① 季崇威：《总结经验，在改革中加强管理；搞活经营，力争国际收支平衡》，载中国国际金融学会编《外汇体制改革讨论文集》，中国金融出版社 1986 年版。

② 张志超：《论汇率的决定》，载中国国际金融学会编《人民币汇价讨论文集》，中国金融出版社 1984 年版，第 167 页。

③ 虞关涛：《我国汇率制度的改革问题》，载中国国际金融学会编《人民币汇价讨论文集》，中国金融出版社 1984 年版，第 124 页。

率放开后出现的各种动荡。[①] 这一时期，理论界对外汇体制改革基本上达成共识，具体方案则有不同。这种共识是：近期目标是人民币实行适度管理的单一市场弹性汇率制，长期目标是人民币国际化，实现可自由兑换。学者们认为，人民币走向自由兑换时间上较长，管制需要逐步放宽，应先从特区、沿海及内地的各大城市着手，率先放松外汇管制，同时，进一步完善涉及企业、外商投资的法律和投资环境，扩大企业的用汇自主权；建立稳固的外汇储备，设立中央银行的外汇平准基金；进一步推进价格改革。[②] 综上可见，我国理论界在外汇理论方面的讨论是比较深入的，也是颇有成效的。

2005 年 7 月，中国人民银行发布公告[③]称：我国开始实行以市场供求为基础、参考一篮子货币进行调节、有管理的浮动汇率制度。人民币汇率不再盯住单一美元，形成更富弹性的人民币汇率机制。中国人民银行将根据市场发育状况和经济金融形势，适时调整汇率浮动区间。同时，中国人民银行负责根据国内外经济金融形势，以市场供求为基础，参考一篮子货币汇率变动，对人民币汇率进行管理和调节，维护人民币汇率的正常浮动，保持人民币汇率在合理、均衡水平上，以的基本稳定，促进国际收支基本平衡，维护宏观经济和金融市场的稳定。人民币汇率制度改革，进入了以建立健全以市场供求为基础的、有管理的浮动汇率体制，保持人民币汇率在合理、均衡的水平上基本稳定为目标的新阶段。余永定认为，要“消除人民币升值恐惧症，实现向经济平衡发展的过渡”。[④] “汇率制度改革增加了人民币汇率的弹性，同时又给中央银行干预外汇市场留下了足够的空间，从而保证了人民币汇率的稳定。中央银行必须把握好汇率的稳定性和灵活性，既不能忽视汇率的稳定性，也不能过度强调汇率的稳定性。否则，参考一篮子货币的汇率制度又会回到钉住美元的汇率制度，从而使我们的改革目标落空”。[⑤] 这是理论工作者也是实际部门工作者共同努力取得的重大成果。

---

① 厉以宁、秦宛顺主编：《中国对外经济与国际收支研究》，国际文化出版公司 1991 年版，第 163 页。

② 参见尹艳林《汇率多轨合并与适度管理》，中国财政经济出版社 1993 年版，第十二章。

③ 参见中国人民银行网站，2005 年 7 月 21 日。

④ 余永定：《消除人民币升值恐惧症，实现向经济平衡发展的过渡》，《国际经济评论》2003 年第 9—10 期。

⑤ 余永定：《人民币汇率制度改革的历史性一步》，《世界经济与政治》2005 年第 10 期。

第四节　关于区域开放理论

区域开放是从党的十一届三中全会以后才开始的。1979 年 7 月，党中央、国务院批准广东、福建两省在对外经济活动中实行特殊政策和灵活措施，标志着我国对外开放正式起步。不久，中央又采取了举办经济特区的重大步骤，开办了深圳、珠海、汕头、厦门 4 个经济特区。此后，又相继开放天津、上海、广州等 14 个沿海港口城市，在长江三角洲、珠江三角洲和闽东南地区、环渤海地区开辟经济开发区，批准海南建省并成为最大的经济特区。20 世纪 90 年代，相继开放了上海浦东新区，以及沿江、沿边的一些城市，扩大了内陆省会城市的对外开放，还在一些开放城市的适宜地区设立保税区。目前，我国已对外开放 1000 多个县（市），已有海、陆、空一类口岸 240 多个。区域的全方位、多层次开放格局已形成。① 目前，对外开放正在由南到北，由沿海到内地逐步扩大和推进。在区域开放中，理论界的争论一直没有停止过。讨论的问题和不同观点主要有以下几个方面：

一、关于经济特区的经济性质

20 世纪 80 年代初，兴办特区的同时，就开始了特区经济性质的论争。多数学者的看法是：经济特区是在社会主义国家管理下以国家资本主义为主要成分的多种经济成分并存的综合体。② 比如，许涤新认为，我国的经济特区，基本上具有国家资本主义的性质；认为在特区要有国营经济作为支柱和一定的集体经济，来同外资、外商发生接触，但只有吸引大量“三资”企业，特区才是成功的，合资、合作经济是国家资本主义的，外商投资企业是一种受到国家限制和管理的特殊的资本主义，带有一定国家资本主义的性质。③ 于光远对此有不同的看法，认为不能把合作、合资和“三来一补”等经济形式完全看做国家资本主义，因为在它们中有社会主义的经济活动，有我国社会主义劳动者的劳动，有我国社会主义资金，有我国社会主义的组织力量，等等，而且还是主要的方面，这一方面，它的性质不是

① 对外经济贸易部副部长刘山在在纪念党的十一届三中全会二十周年大会上的发言。

② 《特区经济理论问题论文集》，人民出版社 1984 年版，第 158 页。

③ 许涤新：《特区与国家资本主义》，《港澳经济》1982 年第 1 期。

国家资本主义的，而是社会主义的。[①] 符大榜认为，特区内独资企业在经济上是独立的，并不与我国发生内在联系，其性质应是私人资本主义经济，而且其比重会不断增大。[②] 戴园晨认为，要把经济性质与社会性质区分开。那种对于特区多种所有制结构的发展怀有疑虑的想法，是不必要的恐资症。[③] 显然，这个问题的提出，没有离开姓社姓资的范围，是特区发展初期遇到的意识形态困难的反映。

二、谁赚谁的钱

特区发展与内地支持分不开，特区与内地开展了大量的贸易活动，并从价格差中获取了收益。有的学者指出：深圳在过去几年的急速扩大，基本上是不健康的经济增长，主要利用了中央给特区的特殊政策上的优惠，在市场调节力量的盲目牵引下，依靠赚内地的钱而来的。它的发展，在一定程度上侵蚀了国家其他地区的发展利益。总之，特区之特，在于特权。在这方面，胡鞍钢的观点具有代表性。但大多数学者不同意这种看法。有的学者认为，特区发展是改革开放的重要组成部分，作为对外开放的窗口、试验场，意义非常重大。戴园晨指出：要正确看待特区赚内地钱和靠国家输血的问题。以深圳为例，从其开发初期三年建设资金来源看，近1/3是外资，近1/3是银行贷款，国家投资8%，中央各部、省属单位和财政拨款只占17%。可见，建设资金来源主体上是自筹的，不是国家财政划拨的。商品区域价差是正常的，赚这个利益是按市场规律运作的，且不仅会对特区有利，也是对内地经济发展的支持，是窗口作用的体现。[④]

三、关于区域开放战略

20世纪80年代初，多数学者认为我国对外开放只能是“梯度推进”战略，形成经济特区—沿海开放城市经济技术开发区—沿海开放城市—沿海开放地区—内地的不同层次。在实践中，也正是这样推进的。内地也有学者提出，[⑤] 要实行反梯度战略，要先开放内地，引进外资到内地，缩小沿海

① 于光远：《论特区经济性质》，《经济研究》1993年第2期。

② 符大榜：《谈谈对特区经济性质的认识》，《暨南大学学报》1981年第4期。

③ 戴园晨：《从封闭型经济走向开放型经济》，鹭江出版社1993年版，第55页。

④ 同上书，第22页。

⑤ 1994年全国第一次中青年经济工作者浙江莫干山会议上，内蒙古代表的发言。

与内地经济差距。具体提出了三种办法：第一种办法是取消或者减少对于经济发达地区的优惠政策，变地区优惠政策为产业优惠政策。但这种要求脱离中国国情，是一相情愿，很难达到目标，在实践中也没能实行。他们提出的第二种办法是，增加国家对西部资金的投入，减少对东部资金的投入。但由于西部投资回报率低，舍了东部也保不了西部甚至整体更差，因此，也没有可行性。第三种办法是改革西部资源价格和东部工业加工品价格的不合理状况，为西部经济发展创造有利环境。[①] 这种意见是正确的，价格改革对达此目标也起了一定作用，中央对发展中西部的政策中，也提出了这一条，但这毕竟是西部发展战略的一部分还不是西部开放战略，因此，并没有在开放战略中形成大的影响。到了 20 世纪 90 年代，我国对外开放形成全方位开放的格局，这时，全国出现了很多增长极，甚至增长带。因此，支持这些增长极或增长带，成为理论界关注的课题。有学者提出要从梯度开放走向点面结合的全方位开放，马洪等学者提出开放沿边、沿江和沿海的三沿开放，在学术界达成共识，并有力地促进了我国全方位的开放。

四、西部大开发、振兴东北老工业基地与中部崛起

随着我国加入世界贸易组织进程的加快，对外开放进入了一个新的阶段，中部、西部和东北地区也将像东部沿海地区一样更加开放。

1999 年，国家提出西部大开发战略。2006 年 12 月 8 日，国务院常务会议，审议并原则通过《西部大开发“十一五”规划》,《规划》要求“积极扩大对内对外开放”，“充分利用西部地区与周边 14 个国家和地区接壤的有利区位条件，进一步发挥劳动力资源、土地资源、特色矿产资源丰富的优势，更好地统筹西部开发与对内对外开放，以扩大开放促进西部地区实现又好又快发展，以西部大开发推进我国实施互利共赢的开放战略，增强西部地区参与国际国内市场竞争的能力。”要“促进东、中、西区域协调互动”，“正确引导外商投资方向”，“构筑参与国际区域经济合作的新平台”，“用好国际金融组织和外国政府贷款”，“转变外贸增长方式”。要“扩大西部对内对外开放，加强与毗邻国家的经济技术交流与合作，大力发展与周边国家的贸易和边境贸易”。[②]

---

① 戴园晨：《从封闭型经济走向开放型经济》，鹭江出版社 1993 年版，第 27 页。

② 国务院：《西部大开发“十一五”规划》，2006 年 12 月。

2004 年，温家宝总理提出："振兴东北老工业基地与西部大开发战略，是东西互动的两个轮子。"关于振兴东北老工业基地，有人认为，"改革开放以来，东北地区对外开放程度明显提高。对外贸易发展较快，利用外资规模日益扩大，国际经济合作也取得了一定程度的进展，但不可否认的是，东北地区的对外开放程度在全国仍处于偏低的位置，特别是远远低于东部沿海发达地区。在这种现实状况下，扩大东北振兴过程中的对外开放必须要有新思路，并制定出符合实际情况的政策体系。即应该以形成多层次的对外开放格局、有竞争力的区域对外开放布局、提高对外出口能力和推动出口产品结构不断优化为基本思路，并制定和实施以加强区域内部的协调与合作、加快对东北地区对外开放具有重大影响的基础设施和口岸建设、推动边境贸易快速健康发展等政策措施"。[①]

2004 年 3 月，温家宝总理在政府工作报告中，首次明确提出促进中部地区崛起。2004 年 12 月，中央经济工作会议再次提到促进中部地区崛起。2005 年 3 月，温家宝总理在政府工作报告中再次提出：抓紧研究制定促进中部地区崛起的规划和措施，充分发挥中部地区的区位优势和综合经济优势，加强现代农业特别是粮食主产区建设；加强综合交通运输体系和能源、重要原材料基地建设；加快发展有竞争力的制造业和高新技术产业；开拓中部地区大市场，发展大流通。[②]

随着促进中部地区崛起和西部大开发战略的加速推进，我国目前已初步形成东部发展、西部开发、中部崛起和东北振兴的四大区域经济合作发展的新格局。

第五节　关于涉外经济法制建设

对外开放的实践证明，尊重国际惯例，按照国际通行规则办事，是对外开放的一个重要方面。涉外经济中，法规是不可缺少的。改革开放 30 年来，有大量的涉外经济法规。涉外法规是与涉外经济活动相关的，因此，越是开放程度高，涉外经济活动越多，这方面法规才更充实。

---

① 廉晓梅：《东北振兴过程中的对外开放：总体思路与对策》，《东北亚论坛》2007 年第 16 卷，第 5 期。

② 温家宝：《政府工作报告》，2005 年。

改革开放30年来，我国涉外经济立法之快，成果之丰，为新中国前所未有。在改革开放前，我国仅颁布过《对外贸易管理暂行条例》、《暂行海关法》、《进出口贸易许可证制度实施办法》以及海关监管、外轮运输等少数法律法规。涉外法律的理论研究和争论也是很少的。现已初步形成一个由规范国内涉外经济和参加国际条约两大方面的法律体系。可以说，这30年是对外经济法规建设的黄金时期。主要涉及投资、税收、贸易、知识产权、合同仲裁等各方面的法律体系。这些法律，体现了平等互利原则，体现了尊重国际惯例的导向，旨在调整我国经济主体与国外经济主体的各类经济关系，比如，外资方面立法就适用于调整外商企业设立、变更、终止和经营管理过程中产生的经济关系。

国内法律涉及面很广，在外贸方面，有：《对外贸易法》、《海关法》、《商标法》、《专利法》、《进口商品管理条例》、《出口商品管理条例》、《反倾销条例》、《反补贴条例》等，涉及进出口贸易、涉外经济合同、海关、税收、商标管理、仲裁等各个领域。在外商直接投资方面，主要有：《中华人民共和国中外合资经营企业法》、《中华人民共和国中外合作经营企业法》、《中华人民共和国外资企业法》、《中华人民共和国台湾同胞投资保护法》等关于外商投资企业的法律法规。外资立法维护了国家主权，保护着投资者合法权益。在我国政府缔结和参加的有关涉外经济条约主要有：《海牙公约》、《保护知识产权巴黎公约》、《联合国国际货物销售合同公约》和《建立世界知识产权组织公约》等；认可和采用了国际商会制定的《国际贸易术语解释通则》、《信用证明统一惯例》和国际工程师联合会编写的《土木工程国际合同条件》等。这些法规对保护涉外经济正常运转，保证国家必要管理，保护经营者利益，解决经济纠纷，促进经济新秩序的建立等，起到了极大的作用。

经济立法中讨论的问题很多，最关键的矛盾是，涉外法律尊重和参照国际法律并与国际社会接轨的要求，如何与国内经济改革转轨现实相结合。完全按国际成熟的法律来制定涉外经济法，有助于和国外经济的联系与交涉，有助于获得国际社会的承认，有助于促进我国改革向市场经济基础上的法制方向努力。但是，我国经济的基础与国外有较大差别，是从传统的计划经济转过来的，经济体制改革还正在深入，完全按严格的西方法律肯定是行不通的，还需要一定的变通。其次，经济生活的很多关系变化很快，按当时需要立法，法律难以稳定；不按当时需要立法，法律与现实有较大脱节，执法困难。无法，变革没有根据；立法，又常落后于变化。因此，经济生活的变化与法律的稳定性是存在较大矛盾的。这阶段的“暂行条例”形式的法规比较多见。再次，立法中的党、政、法三者关系本身还没有完全法制化。不少法律由主管部门来起草，使法规中带有部门利益的特点。虽然在多次征求意见和修改中，会降低部门利益的要求，但不可能真正消除部门利益，使法律的权威性和公正性受到一定影响。这些问题，将会在有关法律的理论研究和讨论中，寻找到更有利的结合点；在实际中，选择更可行的办法。下一步，应以《对外贸易法》等有关法律为基础，加强研究有关国际经贸条约，从建立社会主义市场经济体制的要求出发，制定和完善对外经济贸易法律法规，增强国家涉外经济法律体系的统一性、规范性和透明度。展望未来，中国走向法治社会潮流不可阻挡，涉外经济法规将会有进一步的进展，以适应社会主义市场经济对外开放的需要。

第六节　简要结论

从新中国成立60年来，尤其是改革开放30年来对外开放理论的发展可以看到：

第一，一个国家、一个地区，如果要想使经济得到高速发展，就必须向世界开放。没有对外开放，也能发展，但只能是低水平的发展，慢速度的发展，将会不断地拉大与发达国家的经济差距。没有对外开放的胆略和智慧，就不可能有大步的前进。对外开放，就是要进入世界市场进行贸易，利用国际资本市场借用资金，改善投资环境引进外商投资和开办企业，本币与外币更自由地接轨，实行有管理的浮动汇率以与外部沟通，国内宏观调控把国际经济变动作为政策分析的重要因素，加强与主要的发达国家的经济交往，等等。30年来，凡促进开放的理论，今天看起来就显出了远见，显出了水平。凡是反对对外开放的理论，尽管有不少论据，今天看来，就显得苍白和保守。因此，我们经济理论工作者，要在支持和推动对外开放方面继续下工夫，要在提高对外开放质量上下工夫。

第二，我国对外开放理论的进展，是与计划经济体制向市场经济体制转变过程相一致的，是与商品经济、市场经济理论的进展同步的。商品经济和市场经济，其本性是要求开放的，要求将国内市场与国外市场联系在一起的。开放与改革，相辅相成，互相促进。开放促进着改革，改革推动着开放。传统的计划经济向社会主义市场经济发展和演变，是对外开放理论不断深化的一条主线。理论工作者在商品经济、价值规律以及后来的市场经济的大争论，都直接与对外开放理论的发展紧密相关。反过来，对外开放理论的进展，也极大地推动了经济体制改革的进程。一些学者说，在某种意义上讲，开放成为改革的强大推动力。这个观点的确很有道理，符合我国改革开放 30 年走过的道路。这说明邓小平将改革和开放并列提出，具有重大意义。

第三，理论联系实际十分重要。对外开放理论，由于其复杂性和实践性，使理论界脱离现实的超前研究相当困难。大量有实际用处的理论，是先来自实际部门工作的初级形态理论，然后由理论界再归纳升华成某种体系。改革开放 30 年来的理论特点就是结合中国国情，从国际发展趋势与中国改革进程结合上入手。理论界面对的大多是新问题，理论界也是在干中学，这就是对外开放 30 年的现实。这就要求理论工作者更紧密联系实际，更深入调查现状，以提供更有价值的理论给社会。

第四，引进先进理论和知识很重要。我国对外开放理论是在邓小平理论指导下前进的，但一定程度上，也是在不断地借鉴发达市场经济国家经验和理论的帮助下前进的。可以说，对外开放理论的深化，是与西方国际经济学影响扩大同步的。西方国际贸易、国际分工、国际投资的理论，为我们传统的经济理论注入了大量市场经济下国际经济交往的新鲜理论，大大开拓了人们的眼界，提高了理论的深度。由于理论界先接触了西方市场经济国家的理论，因此，在运用于国内开放理论上，显出了一定的超前。如果没有这种学习，理论界就相当难有作为。这说明了，我们在建立市场经济体制方面，要继续勇于和善于学习，学习世界上一切对我有用的理论和知识，多学点，学深点，才能在指导中国对外开放方面，取得较大进展，才能在此基础上，创造出中国特色的对外开放理论。

第五，理论界在对外开放各方面，总体上是清醒的、谨慎的。比如，在开放时序上，理论界持既推动又慎重的态度。对外开放是一个逐步开放的过程，不能不顾条件，一步到位，具体搞与世界接轨，这样做，无益有害。从 30 年对外开放的情况看，我国是逐步在开放；从 30 年改革开放的过程看，对外开放也是逐步在扩大，程度逐步在提高。又比如，对外开放理论中，理论界提出的四个观点曾起过较大作用：一是 20 世纪 80 年代的“机遇论”，强调和平与发展的国际环境是我国发展的难得机遇；二是 20 世纪

90 年代早期开始的“接轨论”，强调了按国际惯例办事，与国际经济一体化；三是 20 世纪 90 年代末期开始的“安全论”，强调在国际金融和经济一体化中要保护国家的经济安全；四是当前学界突出的是讲大国的“责权论”，这是崛起的中国融入世界所特别需要的。这些重要论述，都反映出理论界能从国情出发，及时提出比较客观的应对思路为对外开放的实践服务。当然，开放是方式，是达到某种目标的手段。理论界还要对目标有更深的理解，才能真正对手段研究得更加深透。

第六，思想解放对理论研究有重大意义。新中国成立 60 年的理论研究，为什么主要成果出在改革开放以来呢？就是因为这 30 年思想解放，实事求是，让学者讲话，不断突破各种理论禁区，把政策研究与研究宣传区分开来，才出现了理论研究的大好时期。开放初期，理论界支持改革开放是主流，在对外开放方面，理论界的争论主要不在要不要开放上，而是在如何开放上。但也存在一些担心，比如，对外开放会不会使贸易受国际市场波动冲击，引进外资会不会被发达国家经济控制，发达国家的消费方式和生活方式会不会冲击和影响我国人民的思想，但随着理论讨论的深入，这些担心逐步得到消除，有些认识问题逐步得到了解决。

第七，对外开放理论研究还将要上一个新台阶。我国的对外开放由有限范围、领域、地域内的开放，转变为全方位、多层次、宽领域的开放；由以试点为特征的政策性开放，转变为在法律框架下的制度性开放；由单方面为主的自我开放市场，转变为我国与世界贸易组织成员之间的双向开放市场；由被动地接受国际经贸规则的开放，转变为主动参与制定国际经贸规则的开放；由只能依靠双边磋商机制协调经贸关系的开放，转变为可以多双边机制相互结合和相互促进的开放；从扩大对外开放到统筹国内与对外开放，从提高对外开放水平到提高开放型经济水平。在新的基础上，我们的对外开放发生着根本性进步，我们的对外开放理论也将走向新的阶段。其中一个最令人关注的就是，我国政府现在特别强调科学发展和民主建设，这非常重要。大力推进政治体制改革，形成完善的政治民主制度，将为理论研究创造更为良好的环境，将迎来 21 世纪中国的全面进步。

第八，当前的世界经济已进入了全球化和一体化的新阶段。生产要素在全球范围内流动加快，各国、各地区相互融合，紧密联系，形成一个复杂多变的国际政治经济新格局，各国也都在积极调整自己的定位，维护自身的利益。一个国家与世界的关系，仅用“对外开放”已不够了。中国的国际影响日益扩大，国际地位不断提升。2008 年世界金融危机后，中国扮演的角色日渐重要，国际社会将中国推向了世界舞台的最前沿。中国在对外开放和国际定位上要有理性的判断，要处理好三个基本关系：第一，处理好发展国内经济和争取国际话语权的关系。第二，承担国际责任要和国情国力相吻合。第三，将同时积极处理好国内外经济失衡的矛盾，在与世界经济协调中发展自己。

参考文献

1. 中国人民大学经济系编：《政治经济学（社会主义部分）》（内部发行），中国人民大学出版社 1960 年版。

2. 世界银行：《中国长期发展的问题和方案》，中国财经出版社 1985 年版。

3. 陈琦伟：《国际竞争论》，学林出版社 1986 年版。

4. 朱威烈主编：《亚非国家的对外开放》，上海外语教育出版社 1988 年版。

5. 林树众编：《利用外资与发展外向型经济》，中信出版社 1989 年版。

6. 王新奎：《国际贸易与国际投资中的利益分配》，上海三联书店 1989 年版。

7. 吴念鲁、陈全庚：《人民币汇率研究》，中国金融出版社 1989 年版。

8. 韩克信：《现代国际经济贸易问题》，中国对外经济贸易出版社 1990 年版。

9. 袁文祺：《中国对外贸易发展模式研究》，中国对外经济贸易出版社 1990 年版。

10. 方生主编：《走向开放的中国经济》，经济日报出版社 1991 年版。

11. 王珏主编：《中国社会主义政治经济学四十年》第三、四卷，中国经济出版社 1991 年版。

12. 武超主编：《外商对华直接投资调研报告》，中国财政经济出版社 1991 年版。

13. 樊勇明：《中国的工业化与外国直接投资》，上海社会科学出版社 1992 年版。

14. 戴园晨：《从封闭型经济走向开放型经济》，鹭江出版社 1993 年版。

15. 江小涓：《中国工业发展与对外经济贸易关系的研究》，经济管理出版社 1993 年版。

16. 尹艳林：《汇率多轨合并与适度管理》，中国财政经济出版社 1993 年版。

17. 李岚清主编：《中国利用外资基础知识》，中国对外经济贸易出版社 1995 年版。

18. 苏宁主编：《中国利用外商投资问题研究》，国际文化出版公司 1996 年版。

19. 王建主编：《跨世纪发展中的利用外资战略》，中国经济出版社 1996 年版。

20. 王洛林主编：《中国外商投资报告》，经济管理出版社 1997 年版。

21. 龙永图主编：《世界贸易组织知识读本》，中国对外经济贸易出版社 1999 年版。

22. 张卓元主编：《论争与发展：中国经济理论 50 年》，云南人民出版社 1999 年版。

23. 永定、郑秉文主编：《中国“入世”研究报告：进入 WTO 的中国产业》，社会科学文献出版社 2000 年版。

24. 张卓元主编：《改革开放经验的经济学思考》，经济管理出版社 2000 年版。

25. 尹翔硕：《加入 WTO 后的中国对外贸易战略》，复旦大学出版社 2001 年版。

26. 江小涓：《中国的外资经济——对增长、结构升级和竞争力的贡献》，中国人民大学出版社 2002 年版。

27. 王允贵主编：《中国加入 WTO 后的外经贸发展战略》，中国计划出版社 2002 年版。

28. 北京师范大学经济与资源管理研究所：《2003 年中国市场经济发展报告》，中国对外经济贸易出版社 2003 年版。

29. 江小涓、杨圣明、冯雷主编：《中国对外经贸理论前沿Ⅲ》，社会科学文献出版社 2003 年版。

30. 鲁桐主编：《中国企业跨国经营战略》，经济管理出版社 2003 年版。

31. 张小济主编：《中国对外开放的前沿问题》，中国发展出版社 2003 年版。

32. 中国国际贸易学会编辑出版委员会编：《形势与对策：中国外经贸发展与改革》，中国对外经济贸易出版社 2003 年版。

33. 冯雷等：《经济全球化与中国贸易政策》，经济管理出版社 2004 年版。

34. 霍建国：《中国外贸与国家竞争优势》，中国对外经济贸易大学出版社 2004 年版。

35. 卢进勇、杜奇华编著：《国际投资理论与实务》，中国时代经济出版社 2004 年版。

36. 张二震、马青野、方勇等：《贸易投资一体化与中国的战略》，人民出版社 2004 年版。

37. 曹洪军：《外资并购与中国外资政策调整研究》，人民出版社 2005 年版。

38. 刘兴华：《汇率制度选择》，经济管理出版社 2005 年版。

39. 曹均伟：《利用外资阶段论》，上海社会科学院出版社 2006 年版。

40. 丁冰等：《我国利用外资和对外贸易问题研究》，中国经济出版社 2006 年版。

41. 吕进中：《中国外汇制度变迁》，中国金融出版社 2006 年版。

42. 裴长洪：《中国对外经贸理论前沿》（4），社会科学文献出版社 2006 年版。

43. 王晓红：《利用外资与中国经济新跨越》，社会科学文献出版社 2006 年版。

44. 王叙果：《汇率制度安排与国家金融安全》，经济科学出版社 2006 年版。

45. 王世春：《论公平贸易》，中国商务出版社 2006 年版。

46. 罗志松：《外资并购的东道国风险研究》，人民出版社 2007 年版。

47. 裴长洪：《经济全球化与当代国际贸易》，社会科学文献出版社 2007 年版。

48. 世界银行东亚与太平洋地区减贫与经济管理局：《中国利用外资的前景和战略》，中信出版社 2007 年版。

49. 世界银行:《中国利用外资的前景和战略》，中信出版社 2007 年版。

50. 王梦奎主编:《亚洲金融危机后的中国》，中国发展出版社 2007 年版。

51. 向松祚:《汇率危局》，北京大学出版社 2007 年版。

52. 周宁:《人民币汇率机制》，上海社会科学出版社 2007 年版。

53. 黄晓东:《中国外汇储备增长问题研究》，西南财经大学出版社 2008 年版。

54. 张卓元主编:《中国经济学 30 年（1978—2008)》，中国社会科学出版社 2008 年版。

（执笔人：李晓西，北京师范大学教授）

第十六章

转型经济学研究创新与发展

转型经济学研究是20世纪80年代适应市场化改革的实践需要而在理论经济学研究中出现的一个新领域，学界将其研究范围严格的界定在由计划经济向市场经济转变的历史时段而所提出的理论和实践问题。

1949年新中国成立以来到现在，我国虽然始终坚持了中国共产党的领导，但在经济领域的深层，却经历了由传统的计划经济转向现代市场经济的巨大转型，这是一场深刻的“换代”。而在这同一历史时期，国际范围内的一些社会主义国家，也几乎都抛弃了集权计划经济，逐步建立了各种不同模式的市场经济新体制。转型经济学研究，它综合了马克思生产关系变革理论、新制度经济学体制变迁理论，以及发展经济学、比较经济学等学科中最新的研究成果，以中国由计划经济向市场经济转变的实践为依据，参照国际转型国家的经验与教训，通过对同一个国家纵向制度变迁的历史进程和不同国家横向制度变迁的经验教训的比较，研究转型的起点在哪儿?弄清不同国家计划经济体制的具体特征；研究转型要转到哪儿去？寻找适合本国国情的市场经济模式；转型的路子该怎么走？探索符合本国国情的转型策略和解决的重要问题；即通常所说的：转型的起点在哪儿？转型到哪儿去？转型的目标模式又是什么?

第一节　转型经济研究的对象与方法

一、经济转型的起点：30 年集权计划经济体制的得与失

1949—1978 年，是我国实行集权计划经济体制的 30 年。这期间，我们虽然有过成功，但也发生过全国性的经济大波动。从统计数据上看，在那 30 年间，我国经济的增长速度并不慢，国民经济年均增长 8.2%，工业增长 11.5%，农业增长 3.1%。这个速度超过了其他亚洲大国如印度和印度尼西亚。但由于我们计划经济国家的统计体系与西方市场经济国家的统计体系不同，它计算的是全部新增加的产品而不是最终消费品，其中难免有很多的重复计算即通常说的有很重的“水分”。因此，人们实际的感受和统计数据并不大一致，邓小平坦城地说过：“从一九五八年到一九七八年整整二十年里，农民和工人的收入增加很少，生活水平很低，生产力没有多大发展。”[①] 1978 年 9 月 17 日，邓小平在东北视察时说：现在全世界一百多个国家中，我们的国民收入名列倒数二十几名，算贫穷的国家之一。社会主义有优越性的表现之一是高速度的发展社会生产力。生产力发展的速度比资本主义慢，那就没有优越性。”“我们太穷了，太落后了，老实说，对不起人民。[②] 邓小平的这些判断，实事求是地表达了全国人民的实际感受。因此，从总体上讲，低效率的集权计划经济体制，是引发中国放弃它而转向实行市场经济体制的深层原因。

与此相关，还有若干重大经济理论问题，如何弄清它？始终牵制着转型的起步和进程。

（一）我们处在一个什么样的社会发展阶段

毛泽东在 1940 年曾对中国的社会性质进行过分析，提出了新民主主义纲领。经过党的七大，直到新中国成立后的国民经济恢复时期，新民主主义理论始终是我们党制定各项经济、政治和社会政策的基础。但在 1953 年后，毛泽东却提出了另外一套社会发展阶段的理论，围绕过渡时期的总路

---

① 《邓小平文选》第三卷，人民出版社 1963 年版，第 115 页。

② 中共中央文献研究室编：《邓小平年谱（1975—1997）》上，中央文献出版社 2004 年版，第 379—380 页。

线，他把“从新民主主义社会到社会主义社会的过渡”修改成了“从资本主义到社会主义的过渡”。同时，还根据对非社会主义经济成分的改造，提到了进入社会主义社会的时间表。1956 年当基本上完成了对生产资料的社会主义改造后，[①] 即宣布：社会主义的社会制度在我国已基本上建立起来了。党的八大，从当时中国社会的基本矛盾出发，明确提出发展生产力，搞经济建设是主要任务。但毛泽东面对当时国内外接二连三出现的一些事件，认为：共产主义还面临着挑战，右翼势力包括知识界，企图要推翻共产党。因此，从 1957 年 5 月开始，在全国范围内部署了一场“反右”的政治运动，号召在思想战线上要“不断革命”。从那时开始，全国进入了“反右派”、“大跃进”、“人民公社”……搞了一系列变革生产关系的政治运动。从 1959 年后半年开始，中国被拖入了空前的全国性的大饥荒时期，成千万的人因饥饿而死亡。[②] 但毛泽东没有主动去调整政策，反而针对党内不同意见在 1962 年 8 月党的八届十中全会上提出：在无产阶级革命和无产阶级专政的整个历史时期（这个时期需要几十年，甚至更多的时间），存在着无产

① 如何评价 20 世纪 50 年代中期的对生产资料所有制的社会主义改造？1981 年 6 月，在有关党的若干历史问题决议的文件中指出：在 1955 年夏季以后，农业合作化以及对手工业和个体商业的改造中要求过急，工作过粗，改变过快，形式也过于简单划一，以致在长期间遗留了一些问题。1956 年资本主义工商业改造完成以后，对一部分原工商业者的使用和处理也不适当。但是，在思想理论界，对这个时期发生的问题的性质判断，始终有不同意见。薄一波在 1991 年回顾了这段历史，他说：对农业的社会主义改造，违背了自愿的原则，是通过政治运动和经济措施双重手段来完成的。如果土改后不急于立即向社会主义过渡，不立即动摇私有制，而是继续实行新民主主义政策，这对生产力的发展可能更有利。他还说：土改后农村出现的两极分化是难以避免的，是商品经济发展的必然产物。他特别肯定了刘少奇当时所持的观点。他还特别就手工业的社会主义改造提出更加不同的看法，认为：个体手工业和个体农业还不一样，他们没有多少生产资料，都是小商品生产者，他们的生产和销售活动都离不开市场，行业多、经营灵活，有很多民族性的工艺技术主要是采用师傅带徒弟的方式传授的。因此，把个体手工业盲目组建成合作社，后来，又变成由联社经营的合作工厂或直接转变为地方国营工厂，这是“在不正确理论指导下形成的社会变革”。（薄一波：《若干重大决策与事件的回顾》，中央党校出版社 1991 年版）

② 薄一波在《若干重大决策与事件的回顾》下卷第 837 页中曾记载了一句民谣：“庐山错批一人，全国饿死千万”。还说：在三年困难时期，全国人民粮食缺乏、营养不良，相当普遍地发生浮肿病，不少农村因饥馑死亡增加，据统计，1960 年全国人口减少了 1000 多万人。在和平建设时期发生这种事情，我们作为共产党人实在愧对百姓。根据 1986 年《中国统计年鉴》第 91 页记载：1958—1961 年，全国人口总数没有增加；而 1959—1961 年，全国人口总数减少了 1346 万人。林毅夫在 1999 年撰写的一篇论文中，利用计量经济学的方法，通过对食物供应量、食物获取权的研究，分析了中国 1959—1961 年饥荒产生的原因主要是食物获取权被剥夺，危机的额外死亡人数总共大约 3000 万人，而城乡、地区的死亡人数的不同，主要是计划经济的制度和政策。详见林毅夫等《再论制度、技术与中国农业发展》，北京大学出版社 2000 年版。

阶级和资产阶级之间的阶级斗争，存在着社会主义和资本主义这两条道路的斗争，即“无产阶级专政下的继续革命”的理论。按照这个理论，他不断地发动各式各样的政治运动，在党内寻找斗争对象，直到“文化大革命”，社会处在激烈的动荡中。这一切使中国丢掉了十多年经济发展的最好时期。在毛泽东提出“左”的社会发展阶段理论时，党的决策层也有不同看法，比如，刘少奇“巩固新民主主义秩序”的理论；学术界也提出过“综合经济基础论”的问题，但都遭到了批判。我国还处在社会主义初级阶段，这是邓小平在总结社会主义建设教训、批判“左”的错误倾向时所作出的科学结论，是对毛泽东错误的社会发展阶段理论的纠偏。党的十三大召开前夕，邓小平指出：“社会主义本身是共产主义的初级阶段，而我们中国又处在社会主义的初级阶段，就是不发达的阶段。一切都要从这个实际出发，根据这个实际来制订规划。”[①]党的十三大按照邓小平的思想，第一次系统地论述了社会主义初级阶段的理论。同时，还按照社会主义初级阶段理论，全面阐述了党在这个时期的基本路线，党的十五大进一步明确了社会主义初级阶段所要完成的主要经济任务，鲜明地提出，社会主义初级阶段“至少需要一百年时间”。由此，是否有利于发展生产力，就成为这个历史阶段考虑一切问题的出发点和检验一切工作的根本标准。当今，把保证实现社会的公平与正义，也纳入了社会主义初级阶段的内在任务，经济发展就有了新的科学观保证。[②]

（二）我们需要什么样的社会主义

我国是在半封建半殖民地的废墟上建设社会主义的，人口多、底子薄、耕地少，经济发展水平又很不平衡，在这样一个经济和文化都比较落后的国土上建设社会主义，首先必须集中精力发展社会生产力，去实现许多别的国家在资本主义条件下实现工业化和经济社会化、市场化、现代化的任务。

马克思、恩格斯生活在资本主义产生的初期，残酷的资本原始积累，引发了极其尖锐的社会矛盾。《资本论》在对资本主义社会基本矛盾揭露的基础上，预见到取代资本主义的社会是一个一切生产资料都归全社会所有

① 《邓小平文选》第三卷，人民出版社 1993 年版，第 252 页。

② 详见温家宝《关于社会主义初级阶段的历史任务和我国对外政策的几个问题》，新华社 2007 年 2 月 26 日电讯稿。

的无阶级社会。他把这个社会称作是共产主义社会。需要指出的是，马克思在《资本论》中所得出的结论，“只限于西欧各国”。① 从已发表的文献资料考察，马克思在设想未来社会时，还没有用过“社会主义社会”这个概念。第一次用“社会主义社会”概念是恩格斯在19世纪70年代中期，但他也仍然非常严格地把社会主义看做是共产主义社会发展的一个阶段。科学的社会主义是在对19世纪的古典资本主义弊端批判的基础上形成的一种对未来社会的合理追求，生产资料由私人所有向社会所有转变、劳动由被资本的束缚向社会的解放转变，以及个人的全面发展，等等，都体现了人类对未来社会的向往。但社会主义到底怎样实现？马克思、恩格斯并没有实践。列宁在19世纪初期，特别是在《国家与革命》的著作中，把共产主义低级阶段说成是“社会主义社会”。② 但就列宁对什么是社会主义的问题，在他的早期和晚年，思想理论的变化也是非常大的。邓小平在1985年接见外国朋友时说：“社会主义究竟是个什么样子，苏联搞了很多年，也并没有完全搞清楚。可能列宁的思路比较好，搞了个新经济政策，但是后来苏联的模式僵化了。”③ 邓小平对列宁“思路”的肯定，就是指列宁晚年的一些思想。我们在充分占有学术资料的基础上，认真研究老祖宗的思想，社会主义的确没有什么固定的模式。不同的国家如何建设社会主义？具有鲜明的具体国家的地域、民族特色。邓小平从中国国情出发，明确提出了建设有中国特色的社会主义理论。他说：“现在虽说我们也在搞社会主义，但事实上不够格。只有到了下个世纪中叶，达到了中等发达国家的水平，才能说真的搞了社会主义，才能理直气壮地说社会主义优于资本主义。”“社会主义的第一个任务是要发展社会生产力。”④ 邓小平有中国特色社会主义理论的提出，是对苏联斯大林社会主义模式的否定，与那种把社会主义定

① 《马克思恩格斯全集》第19卷，人民出版社1963年版，第268—269页。19世纪80年代，俄国的马克思主义小组即“劳动解放社”在学习《资本论》时，联系俄国当时还普遍存在的农村公社问题及由此产生的对俄国革命进程发生了争论，小组有一位成员在1881年2月16日直接给马克思写信请教，信中还特别提到：你在《资本论》中所讲的历史必要性，是否适合世界各国？马克思收到信后对俄国的社会经济情况进行了深入的研究，先后写了4份复信的手稿，1881年3月8日复信说：我在《资本论》中所讲的对农民的剥夺，以及必然发生的剥夺者被剥夺“这一运动的‘历史必然性’明确地限于西欧各国”。

② 汤在新主编的《“资本论”续篇探索》（中国金融出版社1995年版）对这些文献资料作过比较详细的考察，详见该书第585—586页。

③ 《邓小平文选》第三卷，人民出版社1993年版，第139页。

④ 同上书，第225、227页。

义为有一种固定的体制模式的僵化观念与教条思维划清了界限，澄清了我们对社会主义理论的错误认识。

（三）市场经济是不是“异己”的魔鬼

市场经济和计划经济的属性长期困扰着理论界。从已有的经典文献看，马克思从来也没有使用过“计划经济”的概念。在他谈到未来社会时，通常使用的概念大都是“有计划”、“有意识”、“自觉的”，等等。恩格斯曾把“有计划的组织”作为资本主义的对立面来看待，他说：“一旦社会占有了生产资料……社会内部的无政府状态将为有计划的自觉的组织所代替。”① 但他也没有使用过“计划经济”的概念。19 世纪末，随着垄断在一些主要工业部门的出现，恩格斯改变了过去的观点，他指出：如果我们从股份公司进而来看支配着和垄断着整个工业部门的托拉斯，那末，那里不仅私人生产停止了，而且无计划性也没有了。

最早把计划经济与市场经济对立起来并作为社会制度来对待的是列宁。1906 年，列宁说：只要还保存着货币权力和资本，世界上任何法律也无力消灭不平等和剥削。只有实行巨大的社会化的计划经济制度，同时把所有的土地、工厂、工具的所有权交给工人阶级，才能消灭剥削。但是，过了 10 多年，即在 1917 年俄国社会民主党第七次会议上，列宁根据资本主义发展中出现的新情况，高度评价了恩格斯有关“资本主义也是一种有计划的经济”的观点，坦率地承认：资本主义正直接向它更高的、有计划的形式转变。但是，斯大林却始终把计划经济和社会主义紧紧地捆绑在一起的同时，认为市场经济是资本主义的专利。1927 年 12 月，他在一次会议讲话中说：人们有时援引美国和德国经济机关，仿佛那些机关也是有计划地领导国民经济的。不，同志们，它们还没有做到这一点，并且只要那里的资本主义制度还存在，它们就不能做到这一点。在斯大林的主持下，苏联编写了《政治经济学》教科书，将斯大林的有关社会主义和计划经济关系的论述、对市场经济的批判，加以理论化和系统化，这不仅影响了苏联，而且也影响了中国经济思想界相当长一段时间。

二、经济转型的基础理论：市场经济理论在中国确立

市场经济的存在，已经有好几百年的历史了。这几百年间，在不同的

---

①《马克思恩格斯选集》第三卷，人民出版社 1972 年版，第 323 页。

历史发展阶段，在不同的国家，市场经济的有效性，始终取决于如何理顺市场与政府的关系。

18世纪中期，取消封建壁垒，增加国民财富，是产业资产阶级的主要任务，亚当·斯密在19世纪70年代写的《国民财富的性质和原因研究》中，首次论述了完全自由的市场经济运行规则，奠定了自由市场经济所必要的思想资料。但到20世纪20年代，经过完全自由市场发展的英国经济，却开始出现萧条，严重的失业导致了一系列社会经济问题。20世纪30年代，凯恩斯出版了《就业、利息和货币通论》，系统地批评了自由放任的经济思想，提出了政府干预经济的主张。第二次世界大战前后，英国、美国等主要资本主义国家都采纳了凯恩斯的政策建议，其中美国“罗斯福新政”取得了良好的效果。因此，亚当·斯密和凯恩斯两人在不同的历史时期，奠定了两类市场经济理论的不同框架。在这以后经济学的各种流派，基本上都是从这两类不同理论框架中繁衍出来而又对各国社会经济发展起到了作用。比如，20世纪中期以美国萨缪尔森和汉森为代表的新古典综合派，以英国罗宾逊为代表的新剑桥学派等，是从重视政府作用方面发展了凯恩斯的经济学思想。再比如，19世纪末以英国马歇尔为代表的新古典学派，20世纪70年代以美国弗里德曼为代表的货币主义等，在新时期发展了亚当·斯密的完全自由的市场经济思想，特别是货币主义学派在当今世界范围内有广泛影响，甚至渗透进了转型期国家的决策思想。另外，还有德国的弗赖堡学派、美国加尔布雷斯为代表的新制度经济学派等，都从如何理顺政府和市场的关系这一根本问题出发，形成现代经济学的不同流派，在不同国家的不同文化背景下，也出现了不同的现代市场经济模式。

但是，在中国的1949—1978年，学术界凡是讲市场经济及与此相联系的观点，都会受到极端的政治处罚。20世纪50年代中期，孙冶方根据计划经济的弊端，认为价值规律是价值存在和运动的规律，它是任何社会化大生产都不能取消的自然规律。社会主义经济作为社会化生产，同样也存在着价值规律发生作用的机制。他在价值规律内因论和商品生产外因论的总题目下，特别强调了价值规律的决定作用，价值规律能促进社会劳动生产率的提高；特别强调等价交换作用，价值规律能督促企业搞好经济核算。只要按生产价格交换，依据资金利润率，核算活劳动耗费，核算物化劳动即资金占用效果，就能实现价值规律等价交换的作用。孙冶方以价值规律内因论和商品生产外因论对集权的计划经济体制进行了尖锐的批评。[①] 同一个时期，顾准也提出了市场调节论。他认为，价值规律对计划经济同样有重要的制约作用，价值规律不仅调节着消费资料的生产和流通，而且也调节着生产资料的生产和流通。价值规律对社会生产的调节作用是通过经济核算进行的，有一个重要办法是使劳动者的物质报酬与企业盈亏发生程度密切的联系；使价格也成为调节生产的重要的工具。[②] 孙冶方的价值规律内因论、顾准的市场调节论，触动了集权计划经济体制的痛处。他们也因此而遭到了非常不公正的处置：投入牢狱。20 世纪 60 年代初期，学术界也讨论过毛泽东提出的“价值规律是一个伟大的学校”，但那不过是在经济发生困难的时候，想利用价值规律而已。到“文化大革命”中，对市场经济的批判，达到了顶峰，认为价值规律是一种异己的力量；商品交换是产生资本主义和资产阶级的温床、土壤，等等，因而必须通过无产阶级专政的手段来加以限制。

面临国民经济崩溃的危机局面，1979 年开始，许多经济学家反思了在商品货币市场问题上的观点，提出要发挥价值规律的作用。孙冶方再次提出：千规律，万规律，价值规律第一条。有关国家经济工作的综合部门还组织重新学习了孙冶方过去曾被批判过的观点，比如，把计划建立在价值规律的基础上等。薛暮桥提出，要利用市场搞活流通，为长途贩运平反。李先念公开提出了“计划经济和市场经济相结合”的口号。虽然这个时候，邓小平也讲过：社会主义也可以搞市场经济。但对经济理论界和决策部门的影响还不是很大，因为当时党内外所能接受的思想是在实行计划经济的前提下，采取某些市场调节的办法，来增加社会主义经济的灵活性，以满足人们生活多方面的需要。1980 年 9 月，国务院经济体制改革办公室提出的有关经济体制改革的意见中说，进行经济体制改革的方向，应该是：在坚持生产资料公有制占优势的条件下，按照发展商品生产和促进社会化大生产的要求，自觉地运用价值规律，把单一的计划调节，改为计划指导下的充分发挥市场调节的作用。薛暮桥对这个意见做过一个说明：提出我国现阶段的社会主义经济是生产资料公有制占优势、多种经济成分共同并存

① 孙冶方：《把计划和统计放在价值规律的基础上》，《经济研究》1956 年第 6 期；《论价值——试论价值在社会主义以至于共产主义政治经济学体系中的地位》，《经济研究》1959 年第 9 期。

② 顾准：《试论社会主义制度下的商品生产和价值规律》，《经济研究》1957 年第 2 期。

的商品经济。这是对30年来占统治地位的教条主义的挑战，从而解决了在中国这块土地上应该建立什么形式的社会主义经济的问题。如果这个问题解决了，是对马克思的社会主义学说的重大发展。这个时期，赵紫阳在四川搞了“扩大企业自主权”的试点；万里在安徽搞了“包产到户”的试点。这两类改革，为充分发挥市场力量的作用打开了大门，也拉开了我国由计划经济转向市场经济的序幕。但在党的十二大政治报告起草的过程中，胡乔木组织并批发了袁木等五位同志给他的一封信，这封信尖锐地批评了经济学界关于社会主义经济也是商品经济、发挥价值规律的作用的观点。由于这封信的导向，1982—1983年，一些主要的报刊发表了不少批评强调价值规律和市场调节作用观点的文章，薛暮桥也因为说过“计划调节大部分要通过市场调节来实现”的话而在一次会议上不得不做了检讨。1984年9月，赵紫阳给中央政治局其他常委写了一封信，信中说：计划第一，价值规律第二，这一条表述并不确切，今后不宜沿用。他还说：社会主义经济是以公有制为基础的有计划的商品经济。计划要通过价值规律来实现，要运用价值规律为计划服务。这个意见得到了邓小平、陈云等人的支持。[①] 1984年10月召开了十二届三中全会，会议的决定指出：社会主义计划经济必须自觉依据和运用价值规律，是公有制基础上的有计划的商品经济。商品经济的充分发展，是社会经济发展不可逾越的阶段，是实现我国经济现代化的必要条件。只有充分发展商品经济，才能把经济真正搞活，促使各个企业提高效率，灵活经营，灵敏地适应复杂多变的社会需求，而这是单纯依靠行政手段和指令性计划所不能做到的。邓小平对此称赞说：“这次经济体制改革的文件好，就是解释了什么是社会主义，有些是我们老祖宗没有说过的话，有些新话。我看讲清楚了。”还说：“文件是马克思主义基本原理和中国社会主义实践相结合的政治经济学。”[②] 经济理论界也突破了仅仅在消费品市场意义上理解的市场，强调要发展资金市场、劳动力市场、技术市场等，这样，就使市场由消费品的买卖概念转变为市场能够配置资源的科学范畴。

在1987年2月6日即在党的十三大召开前夕，邓小平同中央的几位领导人有针对性地谈到了计划和市场的问题，指出计划和市场都是方法。我

① 张卓元等主编：《20年经济改革回顾与展望》，中国计划出版社1998年版，第11页。

② 《邓小平文选》第三卷，人民出版社1993年版，第91、83页。

们以前是学习苏联，搞计划经济。后来又讲以计划经济为主，现在不要再讲这个了。党的十三大的政治报告全面地总结了改革开放以来的实践经验，没有再提“计划经济”，而是提出了社会主义经济体制中计划和市场都是覆盖全社会的论断，按照这个思想，还特别提出了社会主义有计划的商品经济的体制应该是计划和市场内在统一的体制，“新的经济运行机制，总体上说应当是国家调节市场，市场引导企业的机制”。党的十三大后，经济理论界空前活跃。马洪撰文说：我国经济体制改革，是要以市场机制为基础的资源配置方式取代传统的、以行政命令为主的资源配置方式。也就是说，我们要通过改革建立的社会主义有计划的商品经济，是一种用宏观管理的市场来配置资源的经济，在这个意义上，也可以叫做社会主义的市场经济。我们要进一步解放思想，为市场经济正名，这对建立国家调节市场、市场引导企业的新的经济运行机制是非常重要的。① 于光远撰文说：市场经济的计划，应该有更好的适应市场情况的特性，应该有更大的灵活性。我们应该抛弃那种以固定的不允许有伸缩性的目标为目标的计划模式。② 薛暮桥撰文说：我主张再不提指令性计划、指导性计划、市场调节三块论了。市场调节与市场经济是不是不能混淆的两种本质？需要好好讨论。我国只说商品经济而不说市场经济，苏联只说市场经济而不说商品经济；我们说有计划的商品经济，苏联说有调控的市场经济，我认为，本质相同，都不能等同资本主义，只要保持生产资料公有制为主体。③ 吴敬琏撰文说：新古典经济学剖析了商品经济的运行机制，说明它如何通过市场机制的运作而有效地配置资源，市场被确认为商品经济的运行枢纽，从此，商品经济也通称为市场经济。所谓的市场经济，就是指在这种经济中资源的配置是由市场导向的。所以市场经济，从一开始就是从经济的运行方式即资源配置方式上立论的。④ 这个时期的经济学家坚持独立思考，对市场化改革提供了相当充分的理论依据。

20 世纪 80 年代末，我国发生了一场政治风波。一些政治家、理论家利用市场化改革出现的暂时困难，对党的十三大提出的改革路线以及经济理

① 《社会主义初级阶段市场经济》，东北财经大学出版社 1988 年版，第 3 页。

② 《政治经济学社会主义部分探索》（四），第 252—253 页。

③ 《特区时报》（1991 年 1 月 4 日）。

④ 详见《中国社会科学》1991 年第 6 期；《通向市场经济之路》，北京工业大学出版社 1992 年版。

论界有关市场经济的讨论发动了一场倒算。他们说：改革开放是引进资本主义，和平演变的主要危险来自经济领域。那时，对市场化改革提出批评的文章几乎一边倒，由此造成了新的思想混乱。意识形态上的倒退使市场化改革停滞不前。在这种形势下，邓小平去南方，直接面对群众，对计划和市场的关系，发表了令人耳目一新的谈话。邓小平南方谈话，对确立社会主义市场经济理论具有非常重要的意义，他针锋相对地指出："改革开放迈不开步子，不敢闯，说来说去就是怕资本主义的东西多了，走了资本主义道路。要害是姓'资'还是姓'社'的问题。判断的标准，应该主要看是否有利于发展社会主义社会的生产力，是否有利于增强社会主义国家的综合国力，是否有利于提高人民的生活水平。""计划多一点还是市场多一点，不是社会主义与资本主义的本质区别。计划经济不等于社会主义，资本主义也有计划；市场经济不等于资本主义，社会主义也有市场。计划和市场都是经济手段。"① 邓小平的谈话，得到了广大人民群众的热烈欢迎。1992 年 3 月，在中央政治局会议上，对计划和市场的关系问题，又做出了明确的规定，指出：计划和市场，都是经济手段，要善于运用这些手段，加快发展社会主义商品经济。在这种情况下，经济学界的不少同志，根据马克思主义理论的发展和我国改革的实际进程，特别是邓小平对我国经济建设和体制改革的深入思考，而发表的一系列观点，建议把党的十一届三中全会以来对计划和市场问题的论述提到一个新的高度，应该将我国社会主义经济改革的目标明确规定为建立市场机制即以市场机制为基础的资源配置方式，取代以行政命令为基础的资源配置方式，这样才能更加鲜明而又准确地表达我国经济体制改革的实质，也才能为指导我国跨世纪的经济发展纲领奠定理论基础。1992 年 10 月，党的十四大宣布：中国经济体制改革的目标是建立社会主义市场经济体制。在 1993 年 11 月党的十四届三中全会关于建立社会主义市场经济体制的若干问题决定中，为在 20 世纪末建立社会主义市场经济体制绘制了一幅壮丽的蓝图。

市场经济理论的确立，在我国经济学界经历了一个漫长的历史过程，有不少经济学家为此而付出了血的代价。现在回过头看看经济学理论界所走过的道路，我们无不深深地感到遗憾：在一个时期，经济学家独立思考的社会环境太狭窄、太残酷了！如果没有邓小平关于"说市场经济只存在

① 《邓小平文选》第三卷，人民出版社 1993 年版，第 372—373 页。

于资本主义社会，只有资本主义的市场经济，这肯定是不正确的。社会主义为什么不可以搞市场经济”。“社会主义也可以搞市场经济。”[①] 这一划时代的理论判断，经济学界就此理论问题的争论将可能依然在黑暗中摸索。

三、经济转型的目标：社会主义市场经济体制的基本框架

随着经济理论的清理归真，从20世纪70年代末开始了由集权计划经济体制向市场经济体制的转型。而社会主义市场经济新体制的基本框架是在转型的实践中逐步形成的。

转型的第一阶段，重点是在农村。1978年12月召开了党的十一届三中全会，初步总结了中国农村走过的曲折道路。在农村曾存在了近20年的人民公社制度，是集权计划经济制度在我国农村的具体体现。但从实行的那天起，人民公社就没有得到广大民众的赞成，它严重地阻碍着农业的发展，农民群众以各种方式曾进行过抵制，但都一次又一次地被“政治运动”压了下去。20世纪70年代末，反人民公社的浪潮重新涌起。党的十一届三中全会后，党中央支持来自实践的经验，使完善后的“包产到户”即家庭联产承包责任制得到普遍发展。在这同时，国家还从推动农业发展入手，大幅度提高了农副产品收购价格，1979—1984年，农副产品收购价格提高了53.7%，农民从提价中获得收入超过300亿元。家庭联产承包责任制和提高农副产品收购价格，这两项重大改革措施，使中国20世纪80年代初的农业获得了迅速发展，主要农产品从长期短缺达到了基本自给，初步解决了中国人民的温饱问题。乡镇企业的蓬勃发展，是这一阶段农村经济体制改革的又一新事物，它不仅开辟了国家财政收入的新来源，而且还安排了农村大量剩余劳动力，闯出了中国农业现代化和农村城市化的新路子。

1984年10月，党的十二届三中全会后，转型的重点转移至城市，对城市集权计划经济体制的基础进行改革，对象主要是国有企业。国有企业一方面沉积和经营着大量的国有资产；另一方面又提供着国家所需的财政收入，但集权计划经济体制不能使二者协调，投入与产出不匹配。因此，1984年，党在有关经济体制改革决定中明确指出：增强国有企业活力，是以城市为重点的整个经济体制改革的中心环节。但那时国有企业的改革，一个明显的特点是突出了“包”，在国家与企业的关系上，以调整利润分配为主线，相继实

① 《邓小平文选》第二卷，人民出版社1983年版，第236页。

行了生产经营责任制、利改税和承包制；与企业改革相配套，在中央和地方的财政关系上，实施“分灶吃饭”，也是“包”字当头。相比之下，价格体制改革则由以调为主适时转入以放为主，逐步放开了农副产品和工业消费品价格，而在一个时期内，对生产资料价格仍实行“双轨”价格，这对生产固然有刺激作用，但也给某些不法分子提供了“腐败”的条件。[①]

1992年党的十四大总结了改革中经验，对什么是社会主义市场经济体制做了一般的描述：“我们要建立的社会主义市场经济体制，就是要使市场在社会主义国家宏观调控下对资源配置起基础性作用，使经济活动遵循价值规律的要求，适应供求关系的变化；通过价格杠杆和竞争机制的功能，把资源配置到效益较好的环节中去，并给企业以压力和动力，实现优胜劣汰；运用市场对各种经济信号反应比较灵敏的优点，促进生产和需求的及时协调。同时也要看到市场有其自身的弱点和消极方面，必须加强和改善国家对经济的宏观调控。”“依据客观规律的要求，运用好经济政策、经济法规、计划指导和必要的行政管理，引导市场健康发展。”这里实际上已经讲清了社会主义市场经济的基本框架，主要有两点：一是力求通过价格信号对企业的销售、供应和生产进行导向，在公开平等的市场竞争中实现优胜劣汰，把稀缺的经济和自然资源配置到社会最需要的行业中去；二是国家通过经济政策、经济法规以及各类经济参数对市场进行调节，克服市场的缺陷。

1993年11月，在党的十四届三中全会上，进一步描述了对社会主义市场经济体制的基本框架，它包括：必须坚持以公有制为主体、多种经济成分共同发展的方针，进一步转换国有企业经营机制，建立适应市场经济要求，产权清晰、权责明确、政企分开、管理科学的现代企业制度；建立全国统一开放的市场体系，实现城乡市场紧密结合，国内市场与国际市场相互衔接，促进资源优化配置；转变政府管理经济的职能，建立以间接手段为主的完善的宏观调控体系，保证国民经济的健康运行；建立以按劳分配为主体，效率优先、兼顾公平的收入分配制度，鼓励一部分地区、一部分人先富起来，走共同富裕的道路；建立多层次的社会保障制度，为城乡居民提供同我国国情相适应的社会保障，促进经济发展和社会稳定。实际上，

① 苏星在他的晚年，撰写了一部颇具特色的经济史，对大量的史料做了筛选，描述了中国由计划经济向市场经济转变的进程，参见《新中国经济史》，中共中央党校出版社1999年版。

就经济的一般运行来看，正如邓小平说：（社会主义市场经济的）“方法上基本上和资本主义相似”。[①] 因此，我们在发展社会主义市场经济的问题上，完全可以大胆地吸收和借鉴当今世界各国包括资本主义发达国家的一切反映现代社会化生产规律的先进经营和管理方式。

到20世纪90年代中期，市场化改革的实践使国家集权控制全社会经济运行的格局发生了根本性变化，笔者在1997年出版的《转型期中国社会经济关系研究》对此曾做过这样的归纳与总结：一是国家不再对企业经营承担无限责任，企业也不能继续吃国家的“大锅饭”，国有企业已逐步成为法人实体。二是个人对社会成果的分配，已不再是抽象的劳动支出，而必须是社会必要劳动，不仅个人劳动以社会标准衡量，各种生产要素也有偿参与社会价值的创造、实现和分配，政府以各种政策调节收入分配差距并逐步为实现共同富裕而创造条件。三是农村和城市，都以工业化为目标，农村不再是城市工业化资金积累的来源，提高农业生产率和农产品商品率，发展城乡商品关系。四是中央和地方政府，在统一的国家政权组织内，一级政府，一级事务，有独立的财政收支权限，同时中央和地方政府分税并法制化。集权计划经济体制下的各类经济关系发生了根本的变化。[②]

与世界成熟的市场经济模式来比较，社会主义市场经济模式还处在探索中。实际上，在我国提出社会主义市场经济模式之前，国际上就有经济学家对社会主义市场经济模式进行过研究。早在20世纪30年代，有关社会主义经济的大论战中，奥斯卡·兰格就提出了“竞争的社会主义”模式，南斯拉夫提出的“个人自治的社会主义”，都对东欧国家的经济转型有过很大的影响。在西欧的社会民主党中，他们为了达到财富更公平的分配和社会平等的目标，也主张把市场经济和社会主义结合起来，他们特别注重对财富和收入的再分配，要求建立社会福利的国家。这对我们构建具有中国特色的社会主义市场经济模式，还是提供了某些可借鉴的思想资料。[③] 1994

① 《邓小平文选》第二卷，人民出版社1983年版，第236页。

② 冒天启主笔：《转型期中国经济关系》，湖北人民出版社1997年版。

③ 美国经济学家斯蒂格利茨在他的著作《经济学》中说：市场社会主义面临着两个关键性的问题，一是获得确定价格需要的信息；二是经理缺乏激励，当企业赚得利润时，厂商不能获得回报，但当企业发生亏损时，政府又必须来弥补。他说，这种市场经济的模式既缺乏资本主义中的市场激励结构，同时也缺乏传统社会主义中的经济控制机制。他也指出，中国在农业的生产责任制中获得了成功，提高了农业的劳动生产率，但在其他方面的改革还是有争议的。详见斯蒂格利茨《经济学》下册，中国人民大学出版社1998年版，第379—381页。

年，笔者曾参加了马洪主编的《什么是社会主义市场经济》的撰写，对第二次世界大战以来，世界上“成功”的市场经济运行特点进行了比较研究，提出了三种模式：一是美国：消费者导向型市场经济模式，注重消费者利益，国家通过政府对商品和劳务的采购来扩大市场，通过货币政策对经济运行发生影响；二是法国和日本：行政导向型市场经济模式，依靠经济计划、产业政策对市场运行进行协调；三是德国：社会市场经济模式，在通过经济计划协调市场的同时，注重社会公正。实行社会市场经济的还有北欧的一些国家，如瑞典等。[①]

四、经济转型的研究方法：体制变迁的纵向和横向比较

转型经济的研究，涉及马克思生产关系的变革理论、新制度经济学的制度变迁理论和发展经济学，以及如何评价新古典经济学等经济学中最基本的理论，但最直接的是有关比较经济学的理论。

传统意义上的比较经济学，通常是将世界上现有的经济制度划分为资本主义、法西斯主义、社会主义和共产主义而进行研究。库普曼在1968年发表过一篇论文《论经济体制的描述与比较：理论与方法的研究》，认为比较经济学不能是“主义”的比较，要“以对具有特殊的经济功能的组织安排的比较为开端”。[②] 对按“主义”划分体制进行比较提出了质疑。埃冈·纽伯格、威廉·达费合著的《比较经济体制》[③]（商务印书馆1984年版）是20世纪80年代初介绍引入中国的一部有关进行经济体制比较的学术著作，它把经济体制解释为在生产、消费和分配三个基本领域作出经济决策的一种机制，由决策、信息和动力结构三个部分构成，这给中国的研究者提供了一个比较简洁的进行经济体制比较研究的方法即决策方法或DIM研究。同期介绍引入的著作还有阿兰·G. 格鲁奇的《比较经济制度》、[④] 维克拉夫·赫尔索夫斯基的《经济体制分析和比较》[⑤] 等。但从总体上来说，“主义”的比较仍然是这门学科最基本的研究方法。

20世纪80年代末90年代初，东欧剧变、苏联解体，社会主义作为一

① 马洪主编：《什么是社会主义市场经济》，中国发展出版社1993年版。

② 参见张仁德等《新比较经济学研究》，人民出版社2002年版。

③ ［美］埃冈·纽伯格、威廉·达费：《比较经济体制》，商务印书馆1984年版。

④ ［美］阿兰·G. 格鲁奇：《比较经济制度》，中国社会科学出版社1987年版。

⑤ ［美］维克拉夫·赫尔索夫斯基：《经济体制分析和比较》，经济科学出版社1988年版。

种社会制度在那里已不复存在，作为以“主义”比较为主要研究对象的比较经济学面临着新的挑战。这种研究对象的变异，使以“主义”为基本研究方法的比较经济学是否还会存在成了首要问题。其次，传统的比较经济学，虽然也研究经济体制，但基本上是横向对几个体制进行静态比较，而没有纵向地对一个体制的变迁进行过动态的比较研究。所以，以中国、俄罗斯还有东欧的社会主义国家为案例，说明由计划经济向市场经济过渡中的各种经济问题，即转型经济研究，可以说是比较经济学的新分支。[俄]布茨卡林的《过渡经济学》(1995)、[美]斯蒂格利茨的《社会主义向何处去》(1998)、[1] 青木昌彦的《比较制度分析》(1999)、[2] 热诺尔·罗兰的《转型与经济学》(2002)[3] 等著作对社会主义国家的转型做了理论总结。中国学者盛洪主编的《中国的过渡经济学》，[4] 对中国经济改革的方方面面进行了理论探索；林毅夫等的《中国的奇迹：发展战略与经济改革》，[5] 在与俄罗斯的比较研究中，用“奇迹”概述中国改革的成果；张仁德等撰写的《中外经济转型度比较研究》等著作，都相当娴熟地运用了比较经济学的最新成果研究中国的经济转型。

对“转型”和“改革”的含义，一般都是指从传统集权计划经济向现代市场经济过渡的理论和实践。但在国际学术界，对两者的含义却有不同的理解。波兰经济学家格泽戈尔茨·W. 科勒德克指出：“转型”，是一个发生根本性变化的过程，它从基于由国家控制产权的社会主义集中计划经济转向自由的市场经济。这个过程意味着引进全新的制度安排，或者说放弃了原来的社会主义制度，是以市场经济替代了中央集权的计划经济。因此，“转型”是一个新制度代替旧制度的过程，如俄罗斯；“改革”，是在原有的社会主义制度范围内做一些改进，但并不发生制度的根本改变，如中国。他还指出：中国目前虽然也在进行“改革”，已经走出了传统的中央计划控制经济体制，但还没有从社会主义跨入“转型”的道路即走上自由市场经济。中国的“转型”，就其内在所包含的事实来说，的确与俄罗斯的“转型”不同，俄罗斯的“转型”包括两层含义：一是在国家政体上由共产

① [美] 约瑟夫·E. 斯蒂格利茨：《社会主义向何处去》，吉林人民出版社 1998 年版。
② [日] 青木昌彦：《比较制度分析》，中国发展出版社 1999 年版。
③ [比] 热诺尔·罗兰：《转型与经济学》，北京大学出版社 2002 年版。
④ 盛洪主编：《中国的过渡经济学》，上海三联书店 1994 年版。
⑤ 林毅夫、蔡昉、李周：《中国的奇迹：发展战略与经济改革》，上海三联书店 1994 年版。

党的一党执政转向多党的议会制。二是由集权的计划经济体制转向市场经济体制，而这一层又包括两个阶段：一个是叶利钦时期的自由市场经济体制；二是普京时期的可调控的市场经济或社会市场经济体制。但在中国的“转型”，一是指由集权的计划经济体制转向现代市场经济或称社会主义市场经济体制；二是指由落后的农业国转向现代的工业国，因此，体制转型和经济发展是中国“转型”的主要含义。

第二节　经济转型研究或比较研究的主要领域

一、对向市场经济转型策略的比较研究

在一个时期比较流行的研究方法是：把俄罗斯选择“休克”（激进）的改革策略模式的失败案例和中国选择“摸着石头过河”（渐进）的改革策略模式的成功案例进行比较。

斯蒂格利茨的《改革向何处去?》的文章对中国与俄罗斯转型按“渐进”和“激进”以及其结果作了对比，着重分析了俄罗斯“激进”失败的原因。首先，是对“市场经济最基本的概念理解错误”，美国模式的教科书很大程度上仅仅是依赖新古典主义一种学术学派，而没有涉及其他学派，然而恰恰是其他学派的观点可能会对转型阶段的国家有更深刻的解释。其次，混淆了手段和结果，比如，将私有化或放开资本账户看做是成功的标志而不是手段。最后，采纳经济学家建议的政治程序出了问题，即决策错误。斯蒂格利茨在其他的不少文章和著作中都赞扬中国改革“渐进”的成绩。当然，他对所谓“社会主义市场经济”的模式是否能最终成功，也有自己的判断。① 他的观点，通常我们将其归结为后凯恩斯学派。

但是，国际上也有经济学家认为，经济转型的核心是大规模的宪政制度的转变。在新的宪政制度下，人们遵守一个新的游戏规则，这种游戏规则能够产生更多的制度创新和更好的经济绩效。杨小凯（哈佛大学国际发

---

① 斯蒂格利茨以信息经济学、交易费用论对新古典经济学理论进行了反思，他还对转型国家中的一些重要问题进行探讨，比如，集权和分权、产权界定、私有化、公司治理结构、银行与法人控股、创新、寻租行为、分配关系、逆向选择、道德风险、信息不对称性、资本市场、金融政策、垄断与竞争、政府职能、市场失效、政府失效等都进行了相当广泛的比较研究。他将社会主义国家的经济转型和世界经济一体化、金融国际化联系在一起，认为社会主义市场经济也有缺陷。

展中心研究员、莫纳什大学经济系讲座教授）等认为，经济改革只是宪政转型的一部分。宪政制度是一种为人们认可并接受其约束的游戏规则，人们在这种游戏规则下从事各种活动，包括经济活动。经济增长的最终源泉是制度与技术的创新，而这些都是在给定的宪政制度下完成的。他们在联合撰写的《经济转型和宪政改革》[①] 文章中认为，赞成“渐进”改革模式的经济学家缺乏宪政思考，只看到不同转型方式的短期经济效果就轻易地下了结论，不赞成以中国的“渐进”的改革业绩去否定俄罗斯“休克”改革的失败。他们指出：建立新的游戏规则的长期利益与短期效果往往并不一致。英国式的宪政制度的建立经历了痛苦的历程，其间伴随着战争与大规模的经济衰退，但最终建立的宪政制度为经济的成长奠定了基础。美国内战是宪政转型的又一代表性案例，在内战结束后10年间美国经济持续衰退，但今天内战对以后的经济繁荣的贡献显而易见。从这一意义上说，对俄罗斯与东欧的改革成效的认定需要重新考虑，不能因为短期的挫折而认定改革的失败，或者认定它们不如中国改革成功。如果考虑到长期因素，现行改革制造的长期宪政转型的成本可能超过了在短期内而取得的收益。因此，对中国现在改革的成就也要重新评价。

对杨小凯教授的这种结论，国内有的经济学家提出了不同看法。林毅夫认为，既然宪政是人民认可和接受的游戏规则，而不是写在纸上的宪法，那么人民认可和接受一个新的游戏规则，是一个缓慢的过程，它受到文化因素的制约，转型就必然是一个长期的过程，不会因为一部宪法的颁布和一次选举的举行而完成转型的过程。因此，用激进改革并不能真正实现宪政转型，但这种改革对经济的破坏是直接和立即的。因此，渐进的改革比激进的改革好。至于中国改革过程中采用的双轨制度，不能因为这种制度在其他国家、地区或时代被采用过就不认为是一种创新，因为创新不等于发明，只要采用的制度和过去的不同，就属于经济学所说的创新。茅于轼也认为，中国过去20年的改革无论如何应该认为是成功的。在现实的改革过程中，必须选择在现实情况下可行的改革办法，任何一个改革策略也都是有路径依赖的。

波兰的经济学家格泽戈尔茨·W. 科勒德克的《从休克到治疗》从另一个角度对“激进”和“渐进”的选择作了分析。其中有三个观点值得重视：

① 杨小凯等：《经济转型和宪政改革》，http：//www. china028. com。

一是认为如果政治改革进程不是很深入，那么经济发展是有限的。通常，向市场经济转型的过程，是和向议会民主、公民社会的政治转变联系在一起的。二是认为“激进”和“渐进”的选择，主要发生在三个领域：（1）经济自由化和宏观经济的稳定方面，要看货币和金融的稳定程度。如果转型之前经济的控制程度很高，转型初期出现了金融的不稳定，那么实行“激进”的方式就可达到经济的自由化。（2）结构改革和制度变革方面，包括民营化、公司治理结构，则必须采用“渐进”的改革方法而不能采取“激进”的改革，因为这项改革所需要的时间长，花费的财政和社会成本高。（3）产业的微观结构重组方面，要注入新的投资，要关闭旧工厂，要对劳动力重新进行调配和再培训，要提高行业的竞争能力，要吸收流动资本，等等，这些改革措施都需要时间，在这个问题上，也不能采取“激进”的方法。所以，不能简单地在“渐进”和“激进”两种方法上作出“转型”的选择。三是以一个时期经济增长的快慢来判断转型策略选择的得失，并不科学。科勒德克认为，从长时段看，制度改革是经济发展的必要前提。但是，也经常出现在某一时段中体制转型缓慢，但增长迅速；或者体制转型迅速，但经济却大幅度下降的情况。我们还未必能看清转型与增长两者之间的清晰联系。所以，他明确地提出：在对中国和俄罗斯“转型”的比较研究中，不要太看重一时经济是增长还是衰退并对此进行褒贬。① 他的观点，通常我们将其归结为新政治经济学派。

美国学者大卫·科兹对俄罗斯新自由主义引导的转型战略与中国国家引导的转型战略进行比较。他批评新自由主义，他以经济是增长还是衰退为标准，认为中国实行“政府指导的转型战略”要比俄国“新自由主义引导的转型战略”好得多。在中国，价格控制逐渐放开、政府仍保留对大型国有企业决策权的控制、政府开支特别是对国有企业和基础设施的投资保持增长、对银行系统实行国家控制等，由此，保证了经济的持续增长。但他同时也认为，市场经济的运行必然会在经济上产生新的精英集团，伴随着市场经济在中国经济中所占的份额越来越大，这些经济精英集团也就越来越强、越来越富。那些在经济上发了财的精英集团必然会追求政治上的权力，从而反过来反对原来所实施的“政府指导的转型战略”而要求采取新自由主义的政策。大卫·科兹认为，2001 年中国加入世界贸易组织，在

① 格泽戈尔茨·W. 科勒德克：《从休克到治疗》，上海远东出版社 2000 年版，第 94 页。

一定程度上已经放弃了一些国家指导的转型策略。他的结论是：如果中国放弃现在的模式而转向新自由主义，中国经济将要受到损害。要避免新自由主义的危险，只有实行社会主义，它应具有以下特点：建立公有制；实行计划经济；有完善的民主制度，使普通的劳动者在政治上、经济上有说话的权利。在这种制度下，才会消除强有力的精英集团在向新自由主义的转向中获益。

值得注意的是，自 20 世纪 90 年代，随着俄罗斯经济的迅速恢复和发展，以经济增长还是衰退为标准而对中国与俄罗斯的转型进行褒贬的争论几乎就销声匿迹了。

二、对市场微观基础的建设：产权配置和企业制度建设

打破国有经济产权对国民经济的垄断，对国有资产重新配置，是由集权计划经济向现代市场经济转型的重要任务。

中国国有企业的改革是20 世纪 70 年代末由“扩权让利”逐步推开的。但那时所实施的具体措施，比如，恢复奖金制度、超计划利润分成、计划外产品生产和销售等，主要还都着眼于利润如何分配？分配办法主要有利润留成；盈亏包干；以利代税、自负盈亏等。为了稳定国家财政收入的来源，1983 年上半年实行“利改税”，但由于企业之间在价格、资产占用、资源使用等方面的级差收入未能得到调节，“利改税”的实际效果不仅单方面加重了企业负担，还加剧了企业间的苦乐不均。其实施一年，就销声匿迹了。“承包经营责任制”是 20 世纪 80 年代中期扩大企业经营自主权的过程中逐步完善并于 1987 年年初在全国范围内推广的，基本原则是：包死基数，确保上缴，超收多留，歉收自补，以合同形式划分国家和企业的权、责、利，保证国家财政基数不减少，调动企业增收。但实施了几年，承包制的弊病渐渐显露了出来，一些企业追求收入最大化，短期行为急剧膨胀，完成承包基数的企业，奖金侵蚀利润，而亏损的企业却仍然与政府有关部门讨价，要求调整基数，从而损害了国家财政收入。总之，20 世纪 80 年代我国国有企业改革的总思路，基本上局限在如何调整国家和企业对利润的分配上。

随着经济发展和市场化改革，企业对资金的需求越来越紧迫。通过集资，聚集社会闲散资金，吸收内部职工入股，这对发展中的企业来说，是最简便易行的一种办法。这样，一种古老的财产组织形式即股份制，在市场化改革中慢慢萌生。当然，股份制的出现，还有另外两个直接的经济原

因：一是随着承包制的完善，企业自有资金的量逐步扩大，为企业自我积累、自我改造、自负盈亏乃至形成法人实体提供了稳定的财源。二是在企业之间相互以产品为龙头，冲破不同所有制界限，相互参股、融资，再加上技术、物资、劳动力相互渗透，不同企业逐渐演变为股东。这种混合的财产组织形式即股份公司，作为新型企业制度在党的十四大以后得到了很大发展。组建各类股份公司，作为对国有企业进行改革的主要形式而被确立了起来。因此，进入 90 年代，国有企业改革的总体思路有了质的变化，它由过去利润怎样合理分配转向了资本怎样有效经营。就深层理论来说，影响实践变化的经济理论主要有两点：一是所有权同经营权可以适当分开的理论，诸如“利改税”、“承包制”，还有“租赁制”等，在特定时期，“两权分离”是向集权管理体制为企业讨还某些经营自主权的思想武器，有利于发挥企业生产经营的积极性和主动性，增强企业活力。二是出资者所有权与企业法人财产权分离的理论。这一理论有利于政企分开、转换经营机制，让企业摆脱对行政机关的依赖，国家解除对企业承担的无限责任。那些大量的多元股东公司，对建立新机制有相当大的促进作用。

出资者所有权与企业法人财产权分离，是使资本有效经营的重要理论。但由于历史的原因，这两种权利基本上还都处于残缺不全的状况。就出资者所有权来说，国有企业的资产属国家所有，国务院代表国家行使所有者职能，但由什么机构来具体行使出资者的所有权职能，非常不明确。政府部门谁都可以管企业，但谁都不对企业经营后果负责任，这是造成国有资产流失的体制因素。而就企业法人财产权来说，国家财政自“拨改贷”后，企业发展的资金被迫全部依赖银行贷款。作为国有企业，国家财政却欠拨、欠补、欠退，相当数量大中型国有企业，一方面按市场经济原则运作；另一方面却又承担着国家政策性业务，这是造成国有企业负债过重的体制原因。建立现代企业制度，就其实质来讲，就是要对两种残缺的权利进行修补。比如，对改制企业，首先要界定产权，明确投资主体，建立科学的公司治理结构，让所有者代表进入企业，通过企业内的权力、决策、监督、执行等机构，形成所有者、经营者、劳动者相互协调和相互制衡的机制，出资人享受出资权益，并保证国有资产的增值。改制企业，都进行过“增资减债”的工作，其中包括：将企业实际上缴的所得税、城建税等返还一定比例给企业，作为国家资本金；将地方财政借款、欠缴的能源建设基金和预算调节基金、集中的折旧和地方“拨改贷”转为国家资本金；提高企业折旧率并将税后一部分利润留给企业，增加国家资本金。科学的公司治理结构，抑制了原有行政隶属关系对企业经营活动的干预。

资本经营的有效性，除采取改制的办法推动出资者所有权和企业法人财产权分离外，还有一项就是产权的流动和重组。对于市场经济机制来说，存量产权重组和流动，是提高资本有效经营的条件。但实践中，企业兼并和收购还存在着很多难点，比如，出资者所有权或法人财产权没有到位，缺乏交易主体，并购很难进行；还有国有资产难折价；富余人员也难安排。另外，僵化意识形态的干扰，也使并购进程步履维艰。

就国有企业改革的具体措施来说，对照中国与其他转型国家，比如俄罗斯有关对国有企业进行改革的文件，无论是实行股份制改造而对国有财产所有权进行转移，还是实行租赁而对财产经营权进行让渡，大体上都差不多。但从实施的绩效来看，却相去甚远。问题的症结，主要发生在国有产权重新配置的目标确定上，俄罗斯国有产权重新配置的目的是扶植新的财产所有者；中国则是为了调整国有资产的布局，打破国有经济对国民经济的垄断，改造国有资产的管理制度，建立现代企业制度。但从结果来看，中国、俄罗斯，都在配置市场经济的微观基础，这对转型来说，应该说是殊途同归。

对俄罗斯改革方案的设计者来说，不是不懂与民营化相联系的放开价格、清理资产负债表、创建资本市场、建立法律框架以及确保契约和竞争等市场运行中的常识，而他们所担心的首要问题是：相关法律制度的建立会拖延民营化的实际进展，甚至导致反复，造成集权的经济制度和极权的政治制度的死灰复燃。所以，在他们看来，民营化的实现速度要比如何实现民营化更为重要，从而主张必须快速进行民营化，能多快就多快！谁是民营化最初的所有者，这一点并不重要，“市场”会很快把资产重新分配到能够有效利用资产的新的所有者手中，从而形成一个新的强有力的政治力量，而这股力量，将是实行自由市场经济的社会基础，他们会更积极地进一步推进更为广泛、更为彻底的转型计划。因此，俄罗斯转型的设计师设计的国有资产产权重新配置的方案，重要的不在于民营化最初能不能成功，而是要通过民营化尽快创立一股有利于市场经济的政治力量，配置新的财产所有者。

俄罗斯国有企业民营化，提供我们深入思考不少问题，主要集中在两点：

第一点是如何建立严格的公司法人治理结构？

据统计，俄罗斯职工所拥有的公司股票比世界上任何国家职工所拥有的都要多，但他们的权利却很小。公司的实际控制权完全掌握在董事长、经理的手里。董事长、经理还继续保持着集权计划经济下的思维方式。企业的资金不足，就靠削减生产，解雇职工，然后依靠政府补贴、贷款和拖欠债务来继续生存。这样的“公司”只能是“城头变换大王旗”，实质内容并没有什么变化。这说明：建立科学的公司法人治理结构，确定符合国情的多元股权结构，是非常重要的问题。

第二点是如何让一部分国有资产“有序退出”？

俄罗斯在国有资产产权重新配置中，一些国有资产“无序退出”，造成了经济上的混乱，同时还引发了社会各阶层尖锐的利益矛盾。我们国家吸取了这个教训。提出了“有进有退”的基本思路，对“有序退出”作出比较周密的部署，首先，规定了国有经济“退出”的领域；其次，在实施“退出”中，都必须听取职工意见，规范操作，注重实效。再次，要加快社会保障体系建设，依法扩大养老、失业、医疗等社会保险的覆盖范围。最后，还特别强调了稳定的宏观经济环境和政府在国有经济布局调整中的重要作用。不过，在具体的实施中，盗窃国有资产的恶性案件累有发生。

这两条教训，对我国国有企业改革的成败非常重要。但国有经济的改革，仍然任重道远。如果国有企业不思进一步改革，甚至堕落为官办、官营的垄断经济，那将会给社会主义市场经济带来新的麻烦！

发展非国有经济，为打破国有经济垄断状况创造外部的竞争环境，这是比俄罗斯培育市场经济微观基础更为成功的一条经验。改革开放30年来，非公有制经济的发展虽然有过波折甚至是风险，但从总体上看，还是逐步地得到了政策支持和制度保证。统计显示，截至2006年年底，我国非公有制（不包括港、澳、台）注册企业3130.4万户（含个体工商户），占全国企业总数的95.7%；非公有制经济从业人员23780.4万人，占全国城镇就业人数的84.0%；非公有制经济城镇固定资产投资总量58265.9亿元，占全社会城镇固定资产投资总额的62.3%；非公有制经济（不包括规模以下私营企业及个体工商户）实现工业增加值3.93万亿元，占全国工业增加值总额的49.3%；在全国40个传统工业行业中，私营经济已在27个行业中经济比重超过50%，在轻工纺织、普通机械、建筑、运输、商贸服务等行业已占70%以上；非公有制经济（不包括外商投资企业）实现社会消费品零售额 33523.6 亿元，占全国社会消费品零售总额（76410 亿元）的 43.9%；非公有制经济（不包括港、澳、台及国有控股企业的非国有部分）共缴纳税收总额 12666.84 亿元，占全国税收总额 37636 亿元（不包括关税、耕地占用税和契税）的 33.6%。就经济总量而言，2006 年，非公有制经济所创造的国内生产总值已占全国国内生产总值的 65% 左右。[①]非公有制经济对社会经济发展的贡献虽然越来越大，但还属于粗放的数量增长；另一方面，公有制经济在质量上却得到了提高，控制着国民经济的命脉并在先进行业中居主导地位，并依然是国家财政收入的主要来源。民营经济是千千万万老百姓通过自主创业而从事的经济事业，是发展生产力、解放生产力的经济，已经成为社会主义市场经济的重要组成部分，成为促进社会生产力发展的重要力量。

三、对市场宏观调控机制的建设：政府职能转变

中国和俄罗斯在这个问题上走了完全不同的路子！俄罗斯有关政府职能改革的立足点是建立在将原有国家政体、国体推倒重建的思路上。

俄罗斯一些思想家认为，俄罗斯文化不具备能使经济增长和保障世界福利标准的潜力，因此要用猛烈的措施，不惜一切代价，打破原有的社会结构和制度，消除俄罗斯的文化和传统。莫斯科历史档案学院院长尤·阿法纳西耶夫说："这种体制不应当修补！它有三大支柱：苏联作为一个中央集权的国家，非市场经济的国家社会主义，还有党的垄断。应当逐步地、不流血地拆除这三根支柱。"[②]因此，俄罗斯转型的定位在一开始就很明确："一定要把原来的那个国家机器搞散架"，将原有的国家政体、国体彻底摧毁，重新建立一个新的国家体制和政府机构。

俄罗斯思想家还认为，大政府便意味着无效率；小政府则意味着高效率。所以，转型后一定要建立一个小政府。美国经济学家杰弗里、萨克斯在 1993 年便认为，中央计划官僚机构一旦退出原位，市场马上就会繁盛起来，认为在转型形成后要扭转经济萎缩、实现经济复苏和增长，其最简捷的路径是采取各种措施，减少政府对经济事务的干预，以建立一个小政府。叶利钦政府在市场经济运行中无所作为，就是由此产生的。

---

① 参见《中国统计年鉴》（2007），中国统计出版社 2007 年版。

② 参见《社会科学报》2007 年 4 月 19 日。

而中国与此完全不同，政府职能在转型中经历了由管理向服务的巨大转变。

政府职能转变的目标是依法行政。政府职能转变既是经济转型的关键，又是推进政治体制转型的起点。传统管理模式下政府履行职能的基本方式是行政审批制度。审批范围广、环节多、效率低；审批几乎不受法律的制约，审批的自由裁定权很大。市场准入的前置审批，给人力资源的进入和流动设置了重重障碍，大大削弱了市场配置资源的效率；项目行政不负责任的审批，对社会造成了严重的浪费，政府也因此承担了对社会的无限责任，并由此付出了昂贵的代价。这也为寻租、官员以权谋私的腐败提供了温床。因此，改革行政审批制度，推进行政体制改革，重新建立起与社会主义市场经济相适应的行政审批制度，是转变政府职能的关键。只有政府职能得到了转变，建立了符合现代市场经济运行的新体制，才能谈得上如何运用财政政策、货币政策以及产业政策、收入政策对市场经济的运行进行调控。与革命时期相关联的政府职能，本能地要行使经济的集权管理；但与建设时期相关联的政府，理所应该行使公共服务职能。

建立一个“公共服务型政府”，是政府职能转变中的一个新问题。政府的存在是为了纠正市场的失灵，为社会提供市场所不能有效提供的公共产品和公共服务，同时制定公平的规则，加强监督，确保市场竞争的有效性和市场在资源配置中的基础作用。在经济活动中，政府通过宏观调控、公正执法和提供公共品的服务，最大限度地减少经济发展的成本和风险；维护社会公正和公共安全，维护公民和法人的合法权利。市场经济运行中的政府不是统治社会，而是要服务社会，要建立一个完善的公共服务型政府。因此，坚持以人为本，注重并建立不同利益主体的利益表达机制、界定中央和地方的财权事权，加快公共服务的立法，建立信息公开制度，用市场经济的理念构建新型政府职能。

四、对市场安全网的建设：社会保障体系

凡实行转型，都必须对原有的国有经济垄断布局进行调整和结构改革，都必须对原来的收入分配平均主义制度进行调整，都必须使产业、金融、财政等方面的宏观调控逐步适应现代市场经济运行的需要，而这一切都会引起社会经济利益的新矛盾，从而引发出一些社会问题甚至社会动荡，诸如通货膨胀（紧缩）的压力、失业和再就业、城市退休和养老、农村养老

和保险、文化教育医疗、地下经济等城乡社会诸多问题的威胁。如何实现社会的健康转型？这不仅需要建立完善的市场经济的运行机制；同时，还需要完善的社会保障体制并重构新的社会安全网，由具有社会保障、社会服务和社会救助功能的正规和非正规部门或组织构成社会保护伞，维护与经济发展水平相适应的社会公平。

由于国情和转型策略的选择不同，由此引发的社会问题及其带来的社会震荡也有显著的差异。就一般而言，转型期间，随着经济结构调整的深化、管理机构的精简，企业停产甚至破产，都成为一种非常正常的经济现象。这使得过去以企业或机构为基础的社会保障失去了根基。另外，原社会主义国家的养老金，一般都由公共财政负担，但随着时间的推移，这些国家大都进入了老龄社会，而且人均寿命也在延长，这使得公共财政的压力越来越大，社会保障的赤字变成了中央财政的赤字。在转型过程中，如果缺乏经济增长作后盾，税收制度不健全，中央财政状况就会恶化，常规的社会保障项目也就成了无源之水，这使得原来社会保障水平低但却还算比较稳定的社会保障制度遭到了破坏。俄罗斯经济严重衰退和剧烈的社会动荡，使原来的社会保障体系遭到了完全的破坏，由此付出了沉重的代价。因此，改革和完善的社会保障体系成为规避市场转型风险的安全网和有序推进转型的保障。①

转型期间社会保障制度的改革和完善主要应该在社会保障筹资方式、财务管理、运行监督制度等方面寻找新的思路，将集权计划经济下的企业保障转为现代市场经济下的社会保障。但俄罗斯似乎在这方面还毫无建树。而我国经济转型过程中保障供给却包含着更加复杂的难题，整个保障体系面临着更加沉重的财务负担。我国的社会保障的水平原来就比俄罗斯低，

① 在苏联，每一个公民都享受着相当完备的社会福利，人们可以免费乘车、免费医疗，政府则从财政预算中弥补铁路和医疗系统的亏损。苏联解体后，虽然实施了私有化，但很多福利优惠政策却仍然继承了下来。叶利钦时期，为讨好选民，甚至无原则地增加社会福利，使俄罗斯 1.44 亿人口中，分布在不同行业和社会阶层的 1.03 亿人，继续享受各种免费医疗、教育、物业管理等优惠政策。名目繁多的优惠政策、数额庞大的福利补贴已成为俄政府的沉重负担。2004 年 8 月 5 日，国家杜马通过了《以津贴取代优惠》的法案，根据这项法案，自 2005 年 1 月 1 日起，3200 万老龄和弱势人口的福利待遇包括免费使用城市公共交通、免费药品和疗养、低价使用水电煤气等市政服务等都将被取消，取而代之的将是政府以卢布现金形式发放的补贴。但在实施中由于改革分配不均，受到冲击最大的是老战士、退休者和残疾人，而各级公务员的社会福利优惠并未改变。因此引发了新的社会矛盾。俄罗斯科学院经济研究所沙洛京教授提供的一份有关俄罗斯贫困水平的资料中指出：按俄罗斯当年汇率计算，1999 年人均每月 32.4 美元的底线，到 2006 年，已经提高到 107.2 美元。

转型期间中央财政收入与国内总产值的比重逐年下降，财政用于社会保障的开支与其他方面，如基础建设设施、文化教育等形成尖锐的矛盾。值得注意的是，我国集权计划经济时代存在着城镇职工保护过度和乡村人口保护不足的差别，过去在企业保障下的工人，曾经获得过“从摇篮到坟墓”式的全方位生活保障及福利待遇。突然的失业不仅使他们的主要收入来源中断，家庭生活状况迅速下滑，过去的社会保障也都丢失了。因此，在城镇社会保障危机引发的社会矛盾远比乡村尖锐，失业者直接面对的就是政府，城市大规模的失业难免引发集中的社会冲突或社会动荡。但困扰我国的社会保障制度的核心问题是资金严重不足，加上中国面临的人口老龄化问题，社会保障任务十分繁重。在集权计划经济的低工资下，国有企事业职工所积累的养老金，曾经被政府用作了不断扩大生产的投资，它物化在了现有的国有资产中。将养老金的受益基准制转向供款基准制，将现收现付制转向基金积累制，那些在旧制度下没有养老金个人账户积累的退休职工和在职职工，理所当然要向政府索取其养老退休金的权益。这项权益实质上就是政府背负的隐形养老保险债务。将一部分国有资产变现为社会保障资金，实际上是将国有企业职工在国有资产中的一份劳动积累返还给他们。但还没有找到返还的有效途径和机制。目前最严重的问题是养老金的隐形债务。从总体上看，后转型国家的社会保障体系，还很不健全。1999—2006 年，国家财政收入从 1.5 万亿元增加到近 4 万亿元，但社会福利制度建设却相当滞后，人们被医疗、教育、养老、住房四座大山，压得有些喘不过气来。中国经济虽然在高速增长，但穷人却很少分享到经济高速发展的成果。

与经济转型同步，社会问题日益复杂化。中国经济转型的起步点是着眼于经济发展，忽视了与市场相关的制度立法的严肃性，给官员的贪污、腐败和受贿提供了可乘之机，官员的权力向资本转化；中国经济转型注重经济的增长速度，忽视了社会政策的有效性，贫富差距扩大，中国已属于当今世界收入不平等程度很高的国家之一。1983 年 1 月 12 日，邓小平曾经主张，让一部分人通过劳动先富起来。但那时，他似乎没有预见到劳动致富后的剩余资金一旦转化为资本，资本致富的速度以及由此产生的收入差距会快速扩大。1993 年 9 月 16 日，邓小平曾语重心长地反思说过：过去，我们讲，先发展起来。现在看，发展起来以后的问题不比不发展时少。富裕起来以后财富怎么分配，解决这个问题比解决发展起来的问题还要困难。

要利用各种手段、各种方法、各种方案来解决这些问题。[①] 邓小平晚年所思考的问题，是很实在的，而这正是社会各个阶层所深深忧虑的问题。诸多社会问题的累积，威胁着社会安全网的有效性。与此相适应，关于中国社会转型与社会结构变迁的研究引起学界内外的关注，社会学家孙立平提出了“权利失衡”、“利益博弈”、“上层寡头化，下层民粹化”等概念与观点，体现了对社会问题的深入思考。[②]

第三节　转型经济研究还需要进一步发展与深化

转型经济学是否是一门独立的经济学学科，还处在艰难的探索中，到目前为止，体系、范畴等都没有初步形成。转型经济研究还需要进一步发展与深化。

转型经济研究需要强化对制度建设的研究。

进入21世纪，对后转型国家制度建设的关注，成为转型经济研究的一个新视角。这一点在由叶利钦自由市场经济转向普京可调控的市场经济的俄罗斯学界尤为明显。

俄罗斯学者詹科夫、波塔教授在《新比较经济学》[③] 一文中说：过分强调转型的速度最终被证明是毫无意义的。各国经济转型成就存在巨大差异，在很大程度上取决于其创立的新制度的有效性，而新建的制度，需要在控制无序与专制的危害中作出权衡取舍。就各个转型国家看，所谓“无序”，是指个人以及财产遭受谋杀、盗窃、违约、民事侵权以及垄断定价等形式的私人侵占的危险。无序还表现为个人通过行贿、盗窃来扰乱法院等公共机构，从而使进行侵犯的个人逃脱惩罚。所谓“专制”，是指个人及其财产被机构及其代理人通过谋杀、征税、财产侵害等形式来侵占的危险。专制还表现为通过国家以及利用监管者来限制竞争对手的进入。而贪污腐败等现象，同时反映了无序与专制两个方面：当考虑个人通过行贿来使自己免除其侵害行为的惩罚时，贪污反映了无序；当考虑官员通过制定一些有害规则来从他们周围私人身上寻求贿赂的时候，贪污反映了专制。新制度的

① 参见《邓小平年谱（1975—1997）》下，中央文献出版社2004年版，第1356—1364页。

② 孙立平：《我们在开始面对一个断裂的社会?》，www. xschina. org。

③ 詹科夫、波塔等：《新比较经济学》，《比较》第10辑。

功能，就是要控制无序与专制的危险。严重的无序，会带来社会的巨大损失；但用更大的权力来控制无序，也会产生更强的专制甚至滥用权力。这种思考的角度，对后转型国家新制度的建立，极富启发意义。列昂纳德·波里什丘克教授在《转型经济中的制度需求演进》[①] 一文中结合俄罗斯经济转型的实践，对制度建设作了具体说明：转型初期，获得了经济控制权的金融与工业寡头，并不支持甚至是反对产权保护的制度建设。但是，随着转型的深入，特别是1998年亚洲金融危机后，经济主体对于透明、稳定和有效的法律制度的兴趣有所增加，更愿意将其业务从地下经济转向正式部门，更愿意足额支付税金以换取产权的公共保护、法律和秩序。但是，法治建设是一个博弈过程，它涉及政治文化、宪政制约、政府可利用的财政和监督工具以及社会进行政治组织的能力之间的关系。

吴敬琏一直关注市场运行中的制度建设，他认为，市场经济就是法治经济。政府一定要为市场机制提供一个制度平台。没有这样一个制度平台，就很难摆脱规则扭曲、秩序混乱、权力干预市场交易等状况。[②] 笔者在《转型国家的不同制度安排和价值取向》[③] 一文中也指出：近百年的历史以及转型国家的实践教训说明：市场经济对一个国家来说，是一个提高效率的机制，但搞不好，也可能是一个让社会毁灭的机制。就世界范围来说，有两种市场经济，一种是良性的，一种是恶性的。我们需要研究到底什么是良性的市场经济？什么是恶性的市场经济？什么样的市场经济形态容易走向良性的市场经济？什么样的市场经济形态容易走向恶性的市场经济？它的演变过程会受到什么因素的影响？类似公司结构、产权结构、市场结构、分配制度、政治制度等因素外，还有一些什么因素？完善我国现行的市场经济体制，虽然是要将现行的市场经济体制发展为一种良性的市场经济，但对许多别的因素如果考虑不足，制度建设滞后，对行政权力的应用缺乏监督、制衡和责任追究的机制，也不排除会演变成恶性的市场经济。

转型经济研究需要经济学各流派更深入的融合。社会科学多学科进一步协调，与政治、社会以及历史、民族等学科合作攻关。

新制度经济学在转型经济研究中得到了广泛的应用，诺斯说：“在详细

① 列昂纳德·波里什丘克：《转型经济中的制度需求演进》，《比较》第9辑。

② 吴敬琏：《当代中国经济改革》，上海远东出版社2003年版。

③ 冒天启：《转型国家不同制度安排和价值取向》，《经济研究》2007年第11期。

描述长期变迁的各种现存理论中，马克思的分析框架是最有说服力的，这恰恰是因为它包括了新古典分析框架所遗漏的所有因素：制度、产权、国家和意识形态。”因此，马克思主义生产关系变革理论与新制度经济学的制度变迁理论的结合在转型经济研究中得到了有益探索，比如，在对待制度变迁评价的标准上，马克思坚持生产力标准，但并不排斥交易成本标准。同样，新制度经济学的交易成本标准，也可以包含在生产力标准中；在对待意识形态的作用上，两者都重视意识形态在制度稳定和变迁中的作用，认为不能脱离意识形态来分析制度变迁，而且都认为意识形态具有群体性：马克思的“群体”以阶级为主，同时具有地理环境、宗教等方面的含义；新制度经济学则主要从地理环境、文化等方面解释意识形态的形成。所以，科学地吸取新制度经济学中的某些观点，可以丰富马克思主义的制度变迁理论。当然，我们清楚地看到马克思生产关系变革理论在研究不同经济制度的更替；新制度经济学在研究既定经济制度下如何让制度更有效率。改革开放以来，新制度经济学在中国有了生存、发展的土壤，许多年轻的经济学家，做出了许多有益的工作，开创了新制度经济学在中国经济实践中的运用。

比较经济学在对转型经济的研究中得到了广泛应用。2002 年，由吴敬琏主持创建了《比较》杂志，提倡“以比较传递理念、思想和知识”，根据中国经济转型中所遇到的重大问题，有选择地介绍转型国家的理论和实践，经验和教训，至今刊物已编辑了 40 余辑，推动了转型经济研究的不断深入。章玉贵在他所著的《比较经济学与中国经济改革》一书中对比较经济学在中国经济转型实践中的广泛传播做了系统介绍。①

应用演化经济学对社会经济制度的演化进行研究对转型经济研究的深入也起到了推动作用，德国学者何梦笔用演化经济学的研究框架来研究大国转型，他在《大国体制转型理论分析范式》的文章中认为：中国和俄罗斯两国存在着巨大的空间（或地区）差异，全国统一的经济转型政策将会引发各地区政治经济不同的反应，而这种反馈差异又将促使各地区逐渐形成不同的转型路径。在转型过程中，各地不同的制度安排，也会引起相互趋异的结构变迁，从而使地方利益逐渐形成并日益强化，中国与俄罗斯都出现了地方政府作为产权主体的“地方产权制度”现象。因此，必须用一

① 章玉贵：《比较经济学与中国经济改革》，上海三联书店 2006 年版。

种全新的观念来确立经济体制转型政策，有效的转型政策应该为政府竞争创造一种能够操作的政策框架。马克思在写给恩格斯的信中曾指出，达尔文进化论构成了他们学说的自然历史之基础，马克思就有过技术进步类似于生态系统中物种共同演化及其相互转换的论断，这显然就是一种进化论的经济学观点。对此，贾根亮在《演化经济学——经济学革命的策源地》①一书中对此也作了详细的论证。

坦诚地讲，就转型经济研究领域的研究成果看，大多仍停留在对经济发展政策解释的层面上，但对更深层的问题，却很难说清楚。所以，单从经济学的角度来研究转型，或者对转型国家的进程进行比较，可能是一个死胡同，因为它还涉及政治、文化、民族、历史、宗教等全方位的理论问题，需要多学科协同研究、民主讨论。转型经济研究需要多学科进一步协调，与政治、社会以及历史、民族等学科合作攻关。

参考文献

1. 薛暮桥：《中国社会主义经济问题研究》，人民出版社 1983 年版。

2. 孙冶方：《社会主义经济的若干理论问题》，人民出版社 1984 年版。

3. 尤里·阿法纳希耶夫编：《别无选择——社会主义的经验和未来》，辽宁大学出版社 1989 年版。

4. 薄一波：《若干重大决策与事件的回顾》上、下卷，中共中央党校出版社 1991 年版。

5. 苏星：《新中国经济史》，中共中央党校出版社 1999 年版。

6. 马洪主编：《什么是社会主义市场经济》，中国发展出版社 1993 年版。

7. 林毅夫、蔡昉、李周：《中国的奇迹：发展战略与经济改革》，上海三联书店 1994 年版。

8. 盛洪主编：《中国的过渡经济学》，上海三联书店 1994 年版。

9. 冒天启主笔，朱玲副主笔：《转型期中国经济关系研究》，湖北人民出版社 1997 年版。

10. 张卓元、黄范章、利广安主编：《20 年经济改革回顾与展望》，中国计划出版社 1998 年版。

11. 约瑟夫·斯蒂格利茨：《社会主义向何处去——经济体制转型的理论与证据》，吉林人民出版社 1998 年版。

① 贾根亮：《演化经济学——革命的策源地》，陕西人民出版社 2004 年版。

12. 胡家勇主编：《转型经济学》，安徽人民出版社 1999 年版。

13. 约瑟夫·布拉西等：《克里姆林宫的经济私有化》，上海远东出版社 1999 年版。

14. 冒天启主笔，朱玲副主笔：《经济转型与社会发展》，湖北人民出版社 2000 年版。

15. 格泽戈尔茨·科勒德克：《从休克到治疗——后社会主义转型的政治经济》，上海远东出版社 2000 年版。

16. 于光远：《于光远经济学文选》，经济科学出版社 2002 年版。

17. 张仁德等：《新比较经济学》，人民出版社 2002 年版。

18. 热诺尔·罗兰：《转型与经济学》，北京大学出版社 2002 年版。

19. 吴敬琏：《当代中国经济改革》，上海远东出版社 2003 年版。

20. 雅诺什·科尔奈：《后社会主义转型的思索》，吉林人民出版社 2003 年版。

21. 贾根亮：《演化经济学——经济学革命的策源地》，陕西人民出版社 2004 年版。

22. 章玉贵：《比较经济学与中国经济改革》，上海三联书店 2006 年版。

23. 李新主编：《转型经济研究》，上海财经大学出版社 2007 年版。

24. 陆南泉：《苏联经济体制改革史论》（从列宁到普京），人民出版社 2007 年版。

25. 雅诺什·科尔奈：《社会主义体制——共产主义政治经济学》，中央编译局出版社 2007 年版。

26. 张卓元主编：《中国经济学 30 年（1978—2008）》，中国社会科学出版社 2008 年版。

27. 路德维希·冯·米塞斯：《社会主义经济与社会学的分析》，中国社会科学出版社 2008 年版。

28. Е. И. Капустин 1984：“экономический строй соцализм а”，издательство “москва экономика”.

29. А. В. Бузгалин 1994 ：“ переходная экономика”，издательство，“белорусский дом печати”.

30. Российская экономическая академия 1995：“Общая экономическая теория”，издательство，“промо – медиа москва”.

31. Кита й и россия 2003 ：“развитии экономических реформ”，издательство Российс кая академия наука.

32. Китай и россия 2005：“общее и особенное в социаьно – экономическом развитии”，издательство Российская академия наука.

（执笔人：冒天启，中国社会科学院经济研究所研究员）

第十七章

经济增长与理论探讨

图 17－1 为中华人民共和国成立以来，人均国内生产总值增长的对数值图，该图的直观结果是，新中国成立 60 年来，人均国内生产总值基本上呈加速增长趋势，而且该趋势在近几年有加快的迹象。是什么因素在推动着中国经济的快速增长？

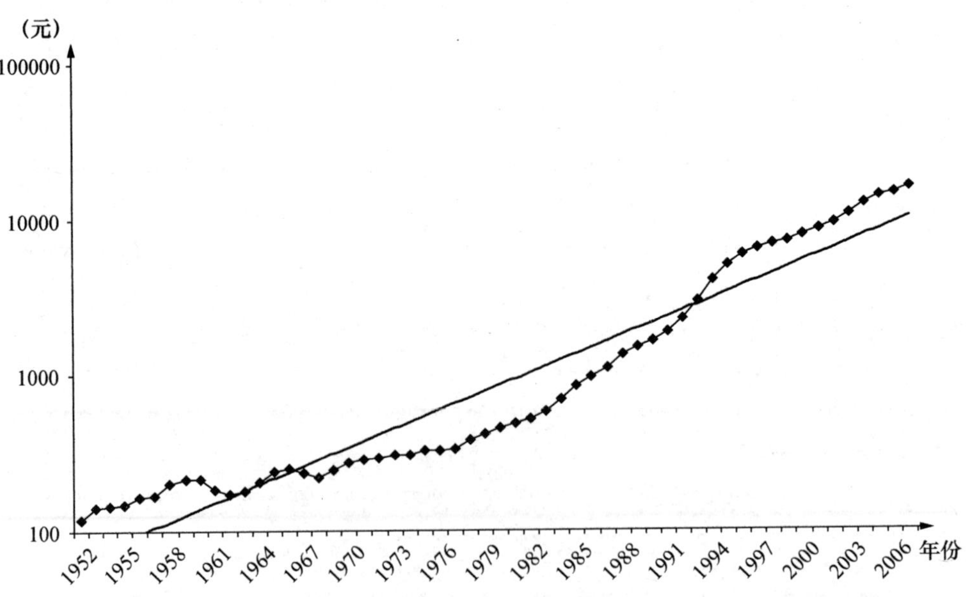

图 17－1　中国人均 GDP 演化路径（对数值）及增长趋势（指数）

资料来源：历年《中国统计年鉴》。

中华人民共和国的成立，标志着一个新政权和一种新的国家发展方式的确立，社会主义体制的先行者给中国演示了计划经济体制在经济落后国家实现赶超的可能性，而赶超正是近代中国所追求的梦想。如此环境，自然很快使中国经济驶入了计划经济体制之轨。到20世纪70年代中期的实践表明，这种经济发展模式确实促进了中国经济增长，从1952—1977年，人均GDP从100元左右增长到340元，这也是一个了不起的成就。但是，计划经济体制下的赶超是以牺牲个人福利的提高及扭曲经济运行机制为代价的，赶超后劲不足几乎是当时所有社会主义国家都面临的紧迫问题，因此，如何实现可持续的高增长就成为改革要实现的主要目标。中国的改革起步于20世纪70年代中后期，要远晚于东欧一些国家早在20世纪50年代就已进行的改革。但从几十年的经济发展情况看，无疑中国的改革对社会福利改进效应最明显，取得了改革与发展的双赢，使赶超进程得以延续。

第一节　经济表现

从总量看，我们虽然不能用一穷二白来描述1949年以前的中国经济，但经济总量和人均产出（收入）低却是事实。高增长的显著效果是人们拥有的各类商品丰富了，产能大幅度提高了。表17－1为1949—2007年中国的人均主要工农业产品产量，结果显示，1949年时，中国的人均工业产品拥有量很低；到2007年，除主要农产品增长幅度较小及原煤和原油增长幅度不大外，主要工业产品则增长很大（增长幅度都在100—1000倍之间）。

表17－1　　人均主要工农业产品产量（1949—2007年）

年份	粮食（公斤）	油料（公斤）	糖料（公斤）	水果（公斤）	猪牛羊肉（公斤）	原煤（吨）	原油（公斤）	发电量（千瓦时）	粗钢（公斤）	水泥（公斤）
1949	208.95	4.73	5.23	2.22	0.00	0.06	0.22	7.94	0.30	1.22
1950	239.38	5.38	6.12	2.40	0.00	0.08	0.36	8.33	1.11	2.55
1951	255.22	6.43	8.86	2.78	0.00	0.09	0.55	10.12	1.60	4.42
1952	285.17	7.29	13.21	4.25	5.89	0.11	0.77	12.70	2.35	4.98
1953	283.74	6.56	13.12	5.05	0.00	0.12	1.05	15.65	3.01	6.60
1954	281.29	7.14	15.90	4.94	0.00	0.14	1.31	18.25	3.70	7.63

续表

年份	粮食（公斤）	油料（公斤）	糖料（公斤）	水果（公斤）	猪牛羊肉（公斤）	原煤（吨）	原油（公斤）	发电量（千瓦时）	粗钢（公斤）	水泥（公斤）
1955	299.26	7.85	15.79	4.15	0.00	0.15	1.58	20.01	4.64	7.32
1956	306.79	8.10	16.40	4.94	0.00	0.18	1.85	26.42	7.11	10.17
1957	301.69	6.49	18.40	5.02	6.16	0.20	2.26	29.85	8.27	10.61
1958	303.06	7.23	23.69	5.91	0.00	0.41	3.42	41.67	12.12	14.09
1959	252.95	6.11	18.07	6.32	0.00	0.55	5.55	62.94	20.64	18.26
1960	216.74	2.93	14.89	6.01	0.00	0.60	7.85	89.72	28.18	23.64
1961	223.96	2.75	7.69	4.31	0.00	0.42	8.06	72.88	13.21	9.43
1962	237.76	2.98	5.62	4.03	2.88	0.33	8.54	68.06	9.91	8.92
1963	245.76	3.55	12.03	4.16	0.00	0.31	9.37	70.84	11.02	11.65
1964	265.96	4.78	19.10	0.00	0.00	0.30	12.03	79.43	13.67	17.15
1965	268.18	5.00	21.20	4.47	7.60	0.32	15.59	93.19	16.86	22.53
1966	287.09	0.00	18.83	0.00	0.00	0.34	19.52	110.68	20.55	27.03
1967	285.22	0.00	19.96	0.00	0.00	0.27	18.18	101.35	13.47	19.14
1968	266.20	0.00	15.91	0.00	0.00	0.28	20.36	91.17	11.51	16.07
1969	261.52	0.00	15.97	0.00	0.00	0.33	26.95	116.52	16.52	22.67
1970	289.14	4.55	18.75	4.51	7.19	0.43	36.93	139.65	21.44	31.03
1971	293.49	4.83	17.91	4.53	0.00	0.46	46.24	162.39	25.01	37.05
1972	275.85	4.72	21.49	5.10	0.00	0.47	52.39	174.82	26.82	40.69
1973	296.98	4.69	22.02	5.81	0.00	0.47	60.09	186.97	28.27	41.82
1974	302.96	4.86	20.60	5.67	0.00	0.45	71.37	183.58	23.24	40.82
1975	307.86	4.89	20.71	5.82	8.62	0.52	83.38	211.86	25.86	50.05
1976	305.50	4.28	20.87	5.77	8.33	0.52	93.00	216.72	21.83	49.83
1977	297.69	4.23	21.28	5.99	8.21	0.58	98.60	235.22	25.00	58.59
1978	316.61	5.42	24.74	6.83	8.99	0.64	108.09	266.57	33.02	67.78
1979	340.49	6.60	25.23	7.19	8.17	0.65	108.82	289.11	35.35	75.76
1980	324.77	7.79	29.49	6.88	12.21	0.63	107.34	304.54	37.61	80.91
1981	324.79	10.20	36.00	7.80	12.60	0.62	101.15	309.08	35.57	82.84
1982	348.73	11.62	42.88	7.59	13.29	0.66	100.46	322.37	36.56	93.65
1983	375.97	10.24	39.15	9.21	13.61	0.69	102.97	341.14	38.85	105.09

续表

年份	粮食（公斤）	油料（公斤）	糖料（公斤）	水果（公斤）	猪牛羊肉（公斤）	原煤（吨）	原油（公斤）	发电量（千瓦时）	粗钢（公斤）	水泥（公斤）
1984	390. 30	11. 41	45. 81	9. 43	14. 76	0. 76	109. 82	361. 26	41. 66	117. 88
1985	360. 70	15. 02	57. 53	11. 07	16. 75	0. 83	118. 83	390. 76	44. 52	138. 86
1986	367. 00	13. 81	54. 86	12. 63	17. 97	0. 84	122. 51	421. 36	48. 93	155. 66
1987	371. 74	14. 09	51. 20	15. 39	18. 32	0. 86	123. 74	458. 75	51. 92	171. 81
1988	357. 73	11. 98	56. 17	15. 12	19. 91	0. 89	124. 41	494. 90	53. 95	190. 75
1989	364. 32	11. 58	51. 88	16. 38	20. 79	0. 94	123. 04	522. 78	55. 05	187. 99
1990	393. 10	14. 21	63. 55	16. 51	22. 14	0. 95	121. 84	547. 22	58. 45	184. 74
1991	378. 26	14. 24	73. 16	18. 91	23. 67	0. 94	122. 52	588. 77	61. 70	219. 51
1992	379. 97	14. 09	75. 61	20. 95	25. 24	0. 96	121. 97	647. 18	69. 47	264. 57
1993	387. 37	15. 31	64. 70	25. 55	27. 37	0. 98	123. 25	712. 34	76. 00	312. 18
1994	373. 46	16. 69	61. 63	29. 36	30. 98	1. 04	122. 57	778. 72	77. 70	353. 39
1995	387. 28	18. 68	65. 90	34. 98	27. 42	1. 13	124. 54	835. 81	79. 15	394. 74
1996	414. 39	18. 16	68. 66	38. 21	30. 35	1. 15	129. 22	888. 10	83. 15	403. 42
1997	401. 74	17. 54	76. 31	41. 37	34. 55	1. 12	130. 68	923. 16	88. 57	416. 02
1998	412. 50	18. 63	78. 83	43. 91	37. 02	1. 01	129. 61	939. 48	93. 05	431. 50
1999	405. 82	20. 76	66. 53	49. 79	38. 02	1. 02	127. 63	988. 60	99. 12	457. 09
2000	366. 04	23. 40	60. 47	49. 30	37. 57	1. 03	129. 09	1073. 62	101. 77	472. 82
2001	355. 89	22. 53	68. 05	52. 35	37. 99	1. 09	128. 91	1164. 29	119. 22	519. 75
2002	356. 96	22. 63	80. 39	54. 30	38. 49	1. 14	130. 43	1291. 78	142. 43	566. 23
2003	334. 29	21. 82	74. 83	112. 68	39. 50	1. 34	131. 64	1482. 91	172. 57	669. 11
2004	362. 22	23. 66	73. 84	118. 36	40. 39	1. 54	135. 70	1699. 98	218. 28	745. 96
2005	371. 26	23. 60	72. 50	123. 65	41. 98	1. 69	139. 10	1917. 79	270. 95	819. 84
2006	379. 89	20. 14	79. 78	130. 45	42. 65	1. 81	140. 93	2185. 88	319. 71	943. 36
2007	380. 61	19. 49	92. 48	137. 62	40. 09	1. 92	141. 38	2490. 01	371. 27	1032. 85

资料来源：《中国统计年鉴》（2008）、《新中国五十年统计资料汇编（1949—1999）》和《新中国五十五年统计资料汇编》。

注：1985 年以前通过各类总产量除以总人口获得，1985 年（含）以后以《中国统计年鉴》（2008）为准。表中出现的 0. 00 表示该数据未统计或者是数量极少，可以忽略不计。

与此同时，在第一产业就业的劳动力，从 1953 年占就业总量的 80% 以上快速下降，到 2006 年降为 40% 左右；第二、第三产业的就业比重则快速上升，尤其是第三产业，其就业比重于1995年已超出第二产业，并保持不断上升态势，从发展趋势看，在不远的将来将超过第一产业（见图17－2）。

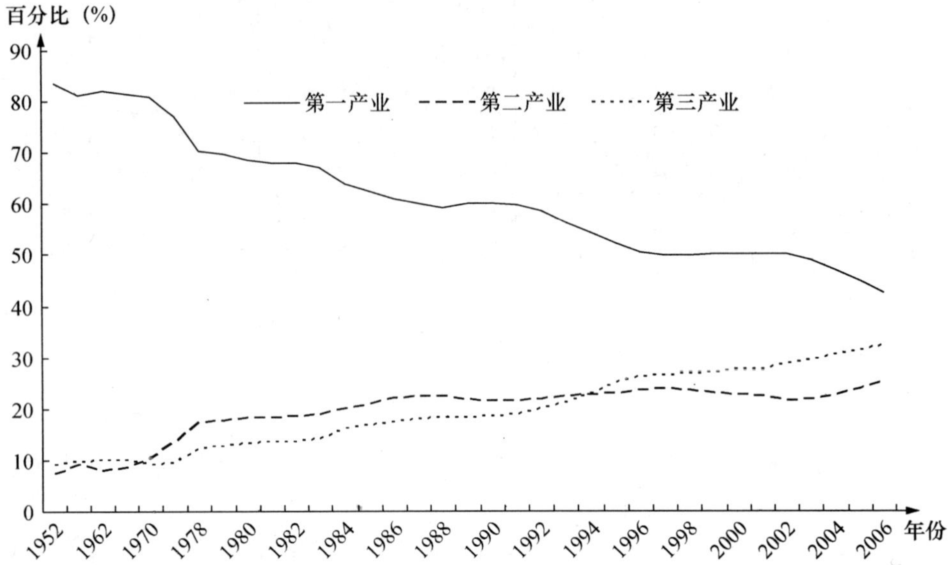

图17－2 按三次产业分就业人员数（年底数）

资料来源：《中国统计年鉴》（2007）。

表17－2显示了新中国成立以来，中国城市公用事业的发展情况，城市人口密度增长近10多倍，其他指标也都显示城市发展速度加快。

表17－2　城市公用事业基本情况项

项目＼年份	1957	1965	1978	1980	1984	1985	1990	1995	2000	2005	2006
城市建设											
建成区面积（平方公里）							12856	19264	22439	32521	33660
城市人口密度（人/平方公里）							279	322	442	870	2238
年末实有住宅建筑面积（亿平方米）						11.3	20	31	44.1	107.7	112.9
城市供水、燃气及集中供热全年供水总量（亿立方米）	9.6	26.3	78.8	88.3	117.6	128	382.3	481.6	469	502.1	540.5

续表

项目＼年份	1957	1965	1978	1980	1984	1985	1990	1995	2000	2005	2006
人均生活用水（吨）	14.9	19.7	44	46.6	52.3	55.1	67.9	71.3	95.5	74.5	68.7
用水普及率（%）	56.6	74	81	81.4	82	81	48	58.7	63.9	91.1	86.7
人工煤气供气量（亿立方米）	2.0	6.3	16.7	19.0	22.1	23.7	174.7	126.7	152.4	255.8	296.5
天然气供气量（亿立方米）			6.9	5.9	16.9	16.2	64.2	67.3	82.1	210.5	244.8
液化石油气供气量（万吨）		0.01	17.6	27	47.4	54.7	219	488.7	1053.7	1222	1263.7
燃气普及率（%）	1.5	3	13.9	16.8	21.1	22.4	19.1	34.3	45.4	82.1	79.1
集中供热面积（亿平方米）							2.1	6.5	11.1	25.2	26.6
城市市政设施											
每万人拥有道路长度（公里）	3	3.4	3.4	3.3	3.3	3.3	3.1	3.8	4.1	6.9	6.5
人均拥有道路面积（平方米）	2.4	3	2.9	2.8	3	3.1	3.1	4.4	6.1	10.9	11
城市排水管道密度（公里/平方公里）							4.5	5.7	6.3	7.4	7.8
城市公共交通											
年末公共交通运营数（万辆）	0.6	1.1	2.6	3.2	4.1	4.5	6.2	13.7	22.6	31.3	31.6
每万人拥有公交车辆（标台）	1	1.6	3.3	3.5	3.8	3.9	2.2	3.6	5.3	8.6	9.1

资料来源：《中国统计年鉴》（1986）和《中国统计年鉴》（2007）。

第二节　全社会福利状况

虽然中国仍处经济不发达国家之列，但在近几十年，居民福利状况有了较大改进，这是高速经济增长的主要结果之一。表 17－3 为中国最近五次全国人口普查的数据，结果显示，每十万人拥有的各种受教育程度人口都大幅度提高，文盲大幅度下降；城镇人口与平均预期寿命大幅上升，这从总体上反映了中国的社会发展状况。

表 17－3　　　　五次全国人口普查人口基本情况指标

指标	1953 年	1964 年	1982 年	1990 年	2000 年
总人口（万人）	59435	69458	100818	113368	126583
每十万人拥有的各种受教育程度人口（人）					
大专及以上		416	615	1422	3611
高中和中专		1319	6779	8039	11146
初中		4680	17892	23344	33961
小学		28330	35237	37057	35701
文盲人口及文盲率					
文盲人口（万人）		23327	22996	18003	8507
文盲率（%）		33.58	22.81	15.88	6.72
城乡人口（万人）					
城镇人口	7726	12710	21082	29971	45844
乡村人口	50534	56748	79736	83397	80739
平均预期寿命（岁）			67.77*	68.55	71.40
男			66.28*	66.84	69.63
女			69.27*	70.47	73.33

资料来源：《中国统计年鉴》（2007）（本表未包括香港、澳门特别行政区和中国台湾数据）。

注：（1）历次普查总人口数据中包括了中国人民解放军现役军人。在城乡人口中，中国人民解放军现役军人列为城镇人口统计；（2）1953 年总人口数据中包括了间接调查人口，而民族人口、城乡人口中未包括；（3）1964 年文盲人口为 13 岁及 13 岁以上不识字人口，1982 年、1990 年、2000 年文盲人口为 15 岁及 15 岁以上不识字或识字很少人口；（4）表中“＊”号表示为 1981 年数据。

世界银行每年发布一份世界发展报告，其中包括上百个衡量一国发展水平的发展性指标。为简明起见，这里我们仅采用 20 世纪 70 年代美国社会学家英克尔斯提出的 10 项国家现代化标准来综合衡量中国通过改革开放而实现的经济发展水平。英克尔斯的 10 项国家现代化标准如下：（1）人均国民生产总值 3000 美元以上；（2）农业产值占国民生产总值比例低于 12%—15%；（3）服务业产值占国民生产总值的比例在 45% 以上；（4）非农业劳动力占总劳动力的比重在70%以上；（5）识字人口的比例在80%以上；（6）大学入学率在10%—15%以上；（7）每名医生服务人数在1000人以下；（8）平均寿命在70岁以上；（9）城市人口占总人口的比例在50%以上；（10）人口自然增长率在1‰以下。表17－4是中国改革开放30年来这10项英克尔斯国家现代化指标值。总的来看，在英克尔斯的10项指标中，中国已有5项指标超过了设定的标准，另外5项指标正在接近设定的标准。可以说，如果按照英克尔斯的现代化标准来衡量，经过30年的改革开放，中国已在某些方面实现了现代化，或者说中国已实现了准现代化。

表17－4　　中国的10项英克尔斯现代化发展指标

	1	2	3	4	5	6	7	8	9	10
度量标准	人均GDP（美元）	第一产业占GDP的比例（%）	第三产业占GDP的比例（%）	农业劳动力占总劳动力的比例（%）	城市人口占总人口的比例（%）	人口自然增长率（‰）	平均寿命（年）	文盲率*（%）	大学入学率（%）	医生数（每千人）
标准目标	>3000	12%—15%	>45%	<30%	50%	1‰	>70	<20%	10%—15%	>1
2006	2060	11.8	39.5		43.9	5.28			23.0	
2005	1714	12.6	39.9	44.8	43.0	5.89		11.04	21.0	1.5
2004	1490	13.1	40.7	46.9	41.8	5.87		10.32	19.0	1.5
2003	1274	12.6	41.4	49.1	40.5	6.01		10.95	17.0	1.4
2002	1135	13.5	41.7	50.0	39.1	6.45			15.0	1.4
2001	1042	14.1	40.7	50.0	37.7	6.95				1.6
2000	949	14.8	39.3	50.0	36.2	7.58	71.4	9.08		1.6
1999	865	16.2	38.0	50.1	34.8	8.18		15.14		1.6
1998	821	17.3	36.5	49.8	33.4	9.14			9.8	1.6
1997	774	18.1	34.4	49.9	31.9	10.06				1.6
1996	703	19.5	33.0	50.5	30.5	10.42				1.6
1995	604	19.8	33.0	52.2	29.0	10.55				1.6
1994	469	19.6	33.8	54.3	28.5	11.21				1.6
1993	520	19.5	33.9	56.4	28.0	11.45				1.5

续表

	1	2	3	4	5	6	7	8	9	10
度量标准	人均GDP（美元）	第一产业占GDP的比例（%）	第三产业占GDP的比例（%）	农业劳动力占总劳动力的比例（%）	城市人口占总人口的比例（%）	人口自然增长率（‰）	平均寿命（年）	文盲率*（%）	大学入学率（%）	医生数（每千人）
1992	419	21.5	35.0	58.5	27.5	11.6				1.5
1991	356	24.3	33.9	59.7	26.9	12.98				1.5
1990	344	26.9	31.8	60.1	26.4	14.39	68.5			1.5
1985	292	28.2	28.9	62.4	23.7	14.26				
1984	301	31.8	25.1	64.0		13.08				
1980	311	29.9	21.9	68.7	19.4	11.87	67.8			
1978	227	27.9	24.2	70.5	17.9	12.0				1.1

资料来源：世界银行：《世界发展报告》（2007）。

注：* 文盲人口占15岁及以上人口的比例。

中国经济的快速增长，带动了数亿人口的收入增长并使消费水平大幅上升（即全社会福利水平的提高），表17－5综合反映了这一变化。可以看到，1978年的城镇居民人均可支配收入为343.4元（当年价格计），增加到2007年的13785.8元（当年价格计），30年间实际增长了近39倍。1978年的农村家庭人均纯收入为133.6元（当年价格计），增加到2007年的4140.4元（当年价格计），30年间增长了30倍。1957年的城镇居民人均消费为222元（当年价格计），增加到2007年的9997元（当年价格计），50年间名义增长了45倍。1957年的农村家庭人均消费（当年价格）为70.9元（当年价格计），增加到2007年的3224元（当年价格计），50年间名义增长了45倍。

表17－5　中国的GDP、人均GDP及城乡居民人均收入和人均消费变动

年份	国内生产总值（亿元）B	人均国内生产总值（元）B	城镇居民人均可支配收入（元）C	农村家庭人均纯收入（元）C	城镇居民人均消费（元）C	农村家庭人均消费（元）C
1952	679.00	119.00				
1953	784.92	134.59				

续表

年份	国内生产总值（亿元）B	人均国内生产总值（元）B	城镇居民人均可支配收入（元）C	农村家庭人均纯收入（元）C	城镇居民人均消费（元）C	农村家庭人均消费（元）C
1954	818.20	136.97				
1955	873.87	143.16				
1956	1005.60	161.36				
1957	1056.52	165.29		73.0	222.0	70.9
1958	1280.59	195.52				
1959	1393.99	208.61				
1960	1389.23	207.66				
1961	1009.67	152.44				
1962	953.32	142.68				
1963	1050.41	153.51				
1964	1241.89	177.31			220.7	
1965	1453.74	202.66		107.2		95.1
1966	1609.91	218.25				
1967	1518.24	200.63				
1968	1455.78	187.43				
1969	1701.57	213.13				
1970	2032.25	247.64				
1971	2175.52	257.87				
1972	2257.00	261.09				
1973	2434.22	275.25				
1974	2490.57	275.84				
1975	2707.17	294.53				
1976	2663.04	285.36				
1977	2866.06	302.86		117.1		
1978	3200.81	333.80	343.4	133.6	311.6	116.1
1979	3443.21	354.26	387	160	406	152
1980	3712.77	377.35	477.6	191.3	496	178
1981	3907.65	391.99	491.9	223	487	194
1982	4261.40	421.26	526.6	270	500	212
1983	4724.48	460.29	564	310	523	235
1984	5440.83	523.24	651.2	355	584	265

续表

年份	国内生产总值（亿元）B	人均国内生产总值（元）B	城镇居民人均可支配收入（元）C	农村家庭人均纯收入（元）C	城镇居民人均消费（元）C	农村家庭人均消费（元）C
1985	6173.47	585.72	739.1	397.6	802	347
1986	6720.06	628.08	828	424	920	376
1987	7498.20	689.72	916	463	1089	417
1988	8344.23	755.17	1119	544.9	1431	508
1989	8683.05	773.98	1261	601.5	1568	553
1990	9016.44	791.95	1510.2	686.3	1686	571
1991	9844.14	852.87	1700.6	708.6	1925	621
1992	11246.28	962.47	2026.6	784	2424	718
1993	12765.20	1080.04	2577.4	921.6	3027	855
1994	14379.86	1202.97	3496.2	1221	3956	1087
1995	15892.00	1315.07	4283	1577.7	4874	1434
1996	17417.63	1425.53	4838.9	1926.1	5430	1768
1997	18950.38	1535.30	5160.3	2090.1	5796	1876
1998	20428.51	1638.22	5425.1	2162	6217	1895
1999	22028.74	1749.68	5854	2210.3	6796	1927
2000	23707.30	1866.76	6280	2253.4	7402	2037
2001	25706.13	2008.27	6859.6	2366.4	7761	2156
2002	27839.82	2159.22	7702.8	2475.6	8047	2269
2003	30368.25	2339.59	8472.2	2622.2	8473	2361
2004	33412.78	2558.16	9421.6	2936.4	9105	2625
2005	36782.47	2799.48	10493	3254.9	7943	2555
2006	40619.90	3073.41	11759.5	3587	8697	2829
2007	45331.80	3411.49	13785.8	4140.4	9997	3224

资料来源：根据1978—2008年各年《中国统计年鉴》、《新中国五十年统计资料汇编（1949—1999）》和《新中国五十五年统计资料汇编》整理得到。其中B为1952年价格，C为当年价格。

表17－6和表17－7是中国国家统计局所做的城镇居民与农村家庭抽样调查结果，从微观层面较全面地反映了普通百姓的收入和消费水平的变化，时间起始为1957年。表17－6显示，到2006年，城镇居民平均每人全部年收入名义增长50倍，平均每人消费名义增长39倍。收入中工薪收入一直是

最主要的收入来源，经营净收入、财产性收入增幅大但数额较小，转移性收入大幅提高；消费方面，食品与家庭设备用品占比下降，衣着、教育文化娱乐服务基本稳定，医疗保健、交通通信、居住占比大幅度提高。这些情况表明，中国普通百姓的收入来源渠道正在多元化，消费需求从简单的温饱状态向舒适与健康方向发展。农村也同样发生着巨大变化。

表 17－6　　中国城镇居民家庭基本情况

项目＼年份	1957	1964	1984	1990	1995	2000	2006
调查户数（户）	5350	3537	12500	35660	35520	42220	56094
平均每户家庭人数（人）	4.37	5.3	4.04	3.50	3.23	3.13	2.95
平均每户就业人数（人）	1.33	1.58	2.36	1.98	1.87	1.68	1.53
平均每户就业面（%）	30.43	29.81	58.42	56.57	57.89	53.67	51.86
平均每一就业者负担人数（包括就业者本人）（人）	3.29	3.4	1.71	1.77	1.73	1.86	1.93
平均每人全部年收入（元）	253.56	243.48	660.12	1516	4279	6296	12719
其中：工薪收入				1150	3390	4481	8767
经营净收入				23	73	246	810
财产性收入				16	90	128	244
转移性收入				328	726	1441	2899
可支配收入				1510	4283	6280	11759
平均每人消费（元）	222	220.68	559.44	1279	3538	4998	8697
食品	129.72	130.68	324.24	694	1772	1971	3112
衣　　着	26.64	24.24	86.88	171	479	500	902
家庭设备用品及服务	16.92	15.6	75.24	108	263	374	498
医疗保健	4.08	4.08	3.36	26	110	318	621
交通通信	5.28	3.84	8.28	41	183	427	1147
教育文化娱乐服务	8.04	10.32	14.8	112	331	670	1203
居住	17.04	18.96	23.25	61	284	565	904
杂项商品与服务	14.28	12.96	23.39	67	115	172	309
平均每人消费性支出构成（人均消费性＝100）							

续表

项目 \ 年份	1957	1964	1984	1990	1995	2000	2006
食品	58.43	59.22	57.96	54.25	50.09	39.44	35.78
衣着	12.00	10.98	15.53	13.36	13.55	10.01	10.37
家庭设备用品	7.62	7.07	13.45	10.14	7.44	7.49	5.73
医疗保健	1.84	1.85	0.60	2.01	3.11	6.36	7.14
交通通信	2.38	1.74	1.48	1.2	5.18	8.54	13.19
教育文化娱乐服务	3.62	4.68	2.65	11.12	9.36	13.4	13.83
居住	7.68	8.59	4.16	6.98	8.02	11.31	10.4
杂项商品与服务	6.43	5.87	4.18	0.94	3.25	3.44	3.56

资料来源：《中国统计年鉴》（2007）和《中国统计年鉴》（1985）。

表 17－7　　农村居民家庭基本情况

项目 \ 年份	1957	1978	1980	1983	1984	1985	1990	1995	2000	2005	2006
调查户数(户)	17378	6095	15914	30427	31375	66642	66960	67340	68116	68190	68190
调查户人口（人）											
常住人口	84270	34985	88090	165131	168446	341525	321429	301878	286162	277759	276460
平均每户整半劳动力	2.33	2.27	2.45	2.84	2.87	2.95	2.92	2.88	2.76	2.82	2.83
平均每个劳动力负担人口（含本人）	2.08	2.53	2.26	1.91	1.87	1.74	1.64	1.56	1.52	1.44	1.43
平均每人年收入（元）											
总收入		133.6	216.2			547.31	990.38	2337.87	3146.21	4631.21	5025.08
工资性收入							138.8	353.7	702.3	1174.53	1374.8
家庭经营收入							815.79	1877.42	2251.28	3164.43	3309.95
财产性收入							35.79	40.98	45.04	88.45	100.5

续表

项目 \ 年份	1957	1978	1980	1983	1984	1985	1990	1995	2000	2005	2006
转移性收入								65.77	147.59	203.81	239.82
现金收入		63.88	113.1			357.39	676.67	1595.56	2381.6	3915.5	4301.93
平均每人年支出（元）											
总支出			195.5			485.51	903.47	2138.33	2652.42	4126.91	4485.44
家庭经营费用支出			24.61			121.39	241.09	621.71	654.27	1189.7	1242.31
购置生产性固定资产							20.29	62.33	63.9	131.14	139.63
税费支出							38.66	88.65	95.52	13.1	10.93
生活消费支出	70.86	116.1	162.2			317.42	584.63	1310.36	1670.13	2555.4	2829.02
财产性支出							18.8	55.28	19.74	21.97	20.68
转移性支出									148.86	215.63	242.86
现金支出			122.9			389.19	639.06	1545.81	2140.37	3567.31	3931.76

资料来源：《中国统计年鉴》（1985）和《中国统计年鉴》（2007）。

注：其中1978年的总收入用纯收入代替。

表17－8对居民消费分城乡进行了刻画，总体看消费水平都有大幅度增长，但两相比较发现，城乡消费差异依然很大并呈不断扩大的趋势（城乡消费水平对比由1952年的2.4变为2007年的3.6）。

表17－8　　居民消费水平

年份	居民消费水平（元）			城乡消费水平对比（农村居民＝1）	居民消费水平指数（上年＝100）			居民消费水平指数（1952＝100）		
	全国居民	农村居民	城镇居民		全国居民	农村居民	城镇居民	全国居民	农村居民	城镇居民
1952	80	65	154	2.4				100	100	100
1953	91	72	188	2.6	107.5	102.8	115.1	107.5	102.8	115.1

续表

年份	居民消费水平（元）			城乡消费水平对比（农村居民=1）	居民消费水平指数（上年=100）			居民消费水平指数（1952=100）		
	全国居民	农村居民	城镇居民		全国居民	农村居民	城镇居民	全国居民	农村居民	城镇居民
1954	92	73	191	2.6	100.6	101.2	100.7	108.2	104	116
1955	99	80	198	2.5	106.8	108.7	103.7	115.5	113	120.3
1956	104	81	212	2.6	105	101.3	107	121.3	114.5	128.7
1957	108	82	222	2.7	102.7	102	102.4	124.5	116.7	131.8
1958	111	86	212	2.5	101.6	102.5	95.8	126.6	119.6	126.2
1959	104	70	224	3.2	91.7	80.8	100.8	116	96.6	127.2
1960	111	73	236	3.2	94.7	95.5	89.4	109.8	92.2	113.8
1961	124	87	248	2.9	93.7	101.3	87.2	102.8	93.5	99.3
1962	126	93	248	2.7	103.7	106.9	102.8	106.6	99.9	102
1963	124	94	240	2.6	109.4	107.5	116.3	116.7	107.4	118.7
1964	127	99	253	2.6	105.6	105.8	111.3	123.2	113.7	132
1965	133	104	259	2.5	109.8	110	109.3	135.2	125.1	144.3
1966	139	111	262	2.4	103.1	104.1	101.6	139.5	130.2	146.5
1967	143	115	268	2.3	103.3	104.2	102.4	144	135.7	150
1968	139	111	266	2.4	96.8	95.9	99.1	139.4	130.1	148.6
1969	142	113	272	2.4	102.7	103	102.9	143.1	134	152.9
1970	147	119	281	2.4	104	104.8	103.5	148.8	140.5	158.3
1971	150	121	287	2.4	101.3	101.2	102.2	150.8	142.2	161.8
1972	155	121	315	2.6	102.8	99.7	109.4	155	141.8	177.1
1973	162	128	325	2.5	104.7	105.4	103.3	162.2	149.5	182.8
1974	163	128	334	2.6	99.9	99.1	102.2	162.7	148.3	186.8
1975	167	130	349	2.7	102.2	101.5	103.9	165.6	150.4	194
1976	171	131	365	2.8	102.1	100.7	104.6	169.1	151.5	202.9
1977	175	130	390	3	101.3	99.8	103.7	171.4	151.2	210.4
1978	184	138	405	2.9	104.1	104.3	103.3	178.4	157.7	217.3
1979	208	159	425	2.7	106.9	106.5	102.8	190.7	168	223.4
1980	238	178	489	2.7	109	108.4	107.2	207.9	182.1	239.5
1981	264	201	521	2.6	108.3	109.8	104	225.2	199.9	249.1

续表

年份	居民消费水平（元）			城乡消费水平对比（农村居民=1）	居民消费水平指数（上年=100）			居民消费水平指数（1952=100）		
	全国居民	农村居民	城镇居民		全国居民	农村居民	城镇居民	全国居民	农村居民	城镇居民
1982	288	223	536	2.4	106.8	109.1	100.7	240.5	218.1	250.8
1983	316	250	558	2.2	108.1	110.6	102.1	260	241.2	256.1
1984	361	287	618	2.2	112	112.9	107.9	291.1	272.3	276.3
1985	446	349	765	2.2	113.5	113.3	111.1	330.4	308.5	307
1986	497	378	872	2.3	104.7	102.3	106.7	346	315.6	327.6
1987	565	421	998	2.4	106	104.9	105.6	366.7	331.1	345.9
1988	714	509	1311	2.6	107.8	105.2	109.7	395.3	348.3	379.5
1989	788	549	1466	2.7	99.8	98.3	100.7	394.6	342.4	382.1
1990	833	560	1596	2.9	103.7	99.2	108.5	409.2	339.7	414.6
1991	932	602	1840	3.1	108.6	105.4	110.7	444.3	358	459
1992	1116	688	2262	3.3	113.3	108.5	116.1	503.4	388.4	532.9
1993	1393	805	2924	3.6	108.4	104.3	110.4	545.7	405.1	588.3
1994	1833	1038	3852	3.7	104.6	103.1	104.4	570.8	417.7	614.2
1995	2355	1313	4931	3.8	107.8	106.8	107.2	615.4	446.1	658.4
1996	2789	1626	5532	3.4	109.4	114.5	103.4	673.2	510.8	680.8
1997	3002	1722	5823	3.4	104.5	103.1	102.2	703.5	526.6	695.8
1998	3159	1730	6109	3.5	105.9	101.2	105.9	745	532.9	736.8
1999	3346	1766	6405	3.6	108.3	105.1	107	806.8	560.1	788.4
2000	3632	1860	6850	3.7	108.6	104.5	107.8	876.2	585.3	849.9
2001	3869	1969	7113	3.6	105.7	104.5	103.2	926.2	611.7	877.1
2002	4106	2062	7387	3.6	106.5	105.2	104.2	986.4	643.5	913.9
2003	4411	2103	7901	3.8	106.5	100.3	106.3	1050.5	645.4	971.5
2004	4925	2301	8679	3.8	107.4	103.4	106.4	1128.2	667.4	1033.7
2005	5463	2560	9410	3.7	107.9	107.6	105.7	1217.3	718.1	1092.6
2006	6138	2847	10423	3.7	109.6	108.4	108.1	1334.2	778.4	1181.1
2007	7081	3265	11855	3.6	110.2	108	109.2	1470.3	840.7	1289.8

资料来源：1978—2007年数据来自《中国统计年鉴》（2008），1952—1977年数据来自《新中国五十年统计资料汇编（1949—1999）》。

注：（1）城乡消费水平对比，没有剔除城乡价格不可比的因素；（2）居民消费水平指按常住人口平均计算的居民消费支出；（3）本表绝对数按当年价格计算，指数按可比价格计算。

第三节 理论争鸣与创新

新中国成立以来，在经济不断发展与转型过程中，对于如何实现经济增长也进行了多方面的理论探索，因涉及范围广，以下分几个专题分析。

一、再生产问题

20世纪50年代，中国经济在恢复中增长，此时适逢斯大林的《苏联社会主义经济问题》一书在中国翻译出版，经济理论界以学习和宣传该书对马克思再生产理论的论述为契机，讨论了在优先发展重工业的前提下，如何使工业和农业、重工业和轻工业、基本建设和人民生活保持一定的发展比例的问题，提出了进行综合平衡，保持经济协调发展的经验标准和数量界限。重点是研究再生产理论。当时，于光远、孙冶方、薛暮桥等组织和发动了再生产、经济核算和经济效果问题三大理论讨论。20世纪80年代出版的刘国光和董辅礽的文集《社会主义再生产问题》和《社会主义再生产和国民收入问题》反映了当时的研究状况和水平。当时讨论的主要问题有：(1) 针对盲目增加积累，扩大投资，以求扩大再生产，忽视现有企业的更新改造，讨论了简单再生产和扩大再生产的关系问题。(2) 针对重工业增长过快，轻工业和农业相对增长过慢，比例严重失调和经济调整的需要，讨论了生产资料优先增长和生活资料的制约作用，积累和消费的关系以及两大部类和农轻重的协调发展问题。(3) 以此为背景，在再生产公式的具体化和固定资产再生产理论方面取得了新的进展。

当然，从当时的历史背景看，这次再生产理论讨论与社会主义经济增长理论研究相合。1927年，苏联已建立了五年计划体制，随着这个计划集中发展重工业和集体化农业，并以它们为根据开始研究加速增长和发展的规划。同时，苏联计委被指示制订一个延展到10—20年左右的总计划，作为这个计划的基础，工程师兼经济学家G. A. 菲尔德曼建立了一个严密的增长模型。菲尔德曼的报告被概括在苏联计委编的《计划经济》杂志1928年11月上的著名论文《关于国民收入增长理论》中，文中的主要思想吸收到斯大林的《苏联社会主义经济问题》一书中。菲尔德曼论文的重要意义是：

(1) 该文建立在马克思主义宏观经济观点的基础之上，而从长期来看它却产生了在性质上类似于哈罗德—多马增长方法的结论。菲尔德曼模型的基本特征是运用马克思著名的再生产图式，因此，该经济的总产出被视为产生于两大部类中的一类。菲尔德曼把第一部类定义为资本品部门，而所有的消费品，包括相应的原料都被包括在第二部类中。

（2）菲尔德曼的模型对苏联政策的制定没有什么影响，可是，他的结论与最早的两个五年计划在内容和形式的一致性则不应被忽略。而且，苏联增长政策的总战略，尤其是偏重于重工业的战略可以很容易地在菲尔德曼模型所提供的结构中加以分析。

（3）在菲尔德曼的模型中，资本是限制增长的唯一要素，即是说，在那里沿着由阿瑟·刘易斯使人们熟知的思路，假定“劳动供给无限”，强调国内经济生产资本品能力的战略作用。

菲尔德曼模型的假定如下：

假定1：经济被分为两个部门或两大部类，分别写为第一部类和第二部类。第一部类生产资本品，而这些资本品可以安置在两个部类的任何一个部门之中。可是，一旦安置好以后，这些资本品就不可能在部门之间转移，即一旦一台机器安装在第一部类中了，就绝不可能在第二部类中使用。第二部类生产消费品。当前资本品产出中的比例 μ 被配置于第一部类，因此，$(1-\mu)$ 则配置于第二部类。

假定2：两个部门都具有固定系数的技术，即：

$$Y_1=\min\left[\frac{K_1}{v_1},\ \frac{L_1}{u_1}\right],\quad Y_2=\min\left[\frac{K_2}{v_2},\ \frac{L_2}{u_2}\right]$$

这里，Y_1 = 第一部类的产出（即资本品），Y_2 = 第二部类的产出（即消费品），K_1 和 K_2 分别是安装在第一部类和第二部类中的资本量，L_1 和 L_2 分别是第一部类和第二部类雇用的劳动量，v_1、v_2、u_1 和 u_2 是固定的系数。可是，在经济增长过程中，资本是唯一的限制性要素，或按菲尔德曼的话来说，“假定劳动是可以按任何数量和构成使用的”。因此，该技术可以适当地由下式表述：$Y_1=\dfrac{K_1}{v_1}$，$Y_2=\dfrac{K_2}{v_2}$，劳动力 L 永远不需要以明显的形式进入该模型。

假定3：资本存量不折旧，总资本品存量的变化率 $\overset{\times}{K}$ 等于总投资 I，反过来，这又等于第一部类资本品的产出。这个假定仅仅是为了方便计，对于该分析来说，这一假定并不是必需的，大部分菲尔德曼类型的模型确实是考虑到折旧的。

假定 4：经济是封闭的，因此，资本品不可能从国外进口。当然，这对 20 世纪 20 年代和 30 年代苏联的特定政治情况来说，是一个合理的假定。

假定 5：第一部类产品的生产是完全独立于第二部类产品生产的，即是说，甚至消费品的生产下降到零，资本品的生产也能够继续不衰。

在给定假定 1 至假定 5 的条件下，投资品的总产出（它可以安装在任何一个部类之中）是：$I = Y_1 = \frac{K_1}{v_1}$，这样，全面投资的变化率则由下式给出：$\check{I} = \check{Y} = \frac{K_1}{v_1}$，现在，第一部类中资本存量的变化率 $\check{K}$ 取决于配置在第一部类投资品总产出的比例。这样，按定义：$\check{K}_1 = \check{I}_1 = \mu I$，我们得到：$\check{I} = \frac{\mu I}{v_1}$。现在，$\frac{\check{I}}{I}$是投资增长的比例率，在菲尔德曼的模型中，它等于$\frac{\mu}{v_1}$即把当前资本品的产出配置于生产更多投资品的第一部类中的比例的提高，将会提高总投资的增长率。同样，降低资本品部门的资本—产出比 也会提高总投资的增长率。但消费品产出的增长率和该经济总的产出增长率又怎样呢？消费品产出 C 是第二部类的产出，它由下式给定：$C = Y_2 = \frac{K_2}{v_2}$，消费品产出的变化率因而就是：$\check{C} = \check{Y}_2 = \frac{K_2}{v_2}$，按定义 $\check{K}_2 = I_2 =$ （$1 - \mu$）。I 即是在任何一个时点上，投资品产出的当前流量中的比例（$1 - \mu$）配置于第二部类，这构成了第二部类中的投资流量。我们得到：$\frac{\check{C}}{C} = \frac{1 - \mu}{v_2} \frac{I}{C}$，总投资 I 按$\frac{\mu}{v_1}$ 的比率增长，消费品产出的增长率将取决于 I 的增长率。可是并没有出现 C 将按照与 I 相同的比率增长。以上结果可以总结为以下命题：

命题 1：一般来说，消费的增长率并不等于投资的增长率。但随着时间的推移，消费的增长率将会提高，并直到达到由投资增长率$\frac{\mu}{v_1}$所给定的长期增长率。命题断定，在当前总的投资中增大配置于第一部类的比例，将会在长期中提高消费的增长率。

命题 2：一般来说，国民收入的全面增长率将不会等于总投资产出的增长率，但在长期中将趋向于$\frac{\mu}{v_1}$这个增长率。配置当前资本品于生产更多资本品的比例，最终将使消费、投资和产出的增长率得以增加到超过那类如果不这样配置所能获得的增长率之上。

由以上分析可知，在中国自20世纪50年代延续到80年代关于再生产理论的争论，基本上在这一框架内进行。

二、城市化与经济增长

新中国成立后至“大跃进”开始，这一时期的主要特征是：城市领导乡村，城乡互助，统筹发展。对中国的城市化建设道路进行了积极探索，这条道路就是城市发展工业，变消费性城市为生产性城市；城市为农村提供消费品，工业为农业提供机械化手段，农村为城市提供粮食、蔬菜、肉类等生活物资，农业为工业提供原材料和市场；城市领导乡村，工业领导农业，同时工业的发展、城市的发展又要以农村、农业的发展为基础。城乡之间存在互帮互助、统筹发展的辩证关系。

“大跃进”至“文化大革命”结束，这一时期的主要特征是：人民公社成为城市化的主要载体，在城市有城市人民公社，在农村有农村人民公社。在思想上，追求公社工业化、城乡一体化、城乡均衡发展、消灭城乡差别。但在实践上却由于“大跃进”、“文化大革命”等严重的“左”的政策形成城乡隔离、城乡差别不断扩大的局面。

1978年年底改革开放至20世纪末，我国城市化思想呈现出百花齐放的形势。除了占主导地位的小城镇理论外，其他城市化的思想也异彩纷呈。新中国成立以后，一直到20世纪70年代初，由于经常不断的政治斗争运动和对国外的相对封闭，我国城市化的思想仅仅体现在毛泽东等政治人物的政策主张中，缺乏学术界的讨论。实行改革开放之后，国外有关城市化的理论和实践逐渐被国人所了解和研究，同时对新中国成立以来我国城市化发展的历史和经验也进行了总结，许多学者从不同的角度提出了各种各样的城市化思想。

（一）小城镇重点论

我国的改革首先从农村开始，联产承包责任制提高了农业产出，农村中隐性的剩余劳动力逐渐显性化。这些“不愿务农”的剩余劳动力或者头脑精明，跑买卖经商，或者随着商品市场的松动，原来的社队企业逐渐复兴和发展。人民公社体制的解体和乡镇体制的恢复，使以乡镇企业的发展为依托的小城镇在全国各地尤其是东部沿海地区兴旺发达起来。小城镇的大发展不仅得到了政策的支持，也得到了主流理论的认同。

1980年12月9日，国务院向各地各部门批转了《全国城市规划工作会议纪要》，该纪要回顾了我国城市规划工作发展的历史，认为第一个五年计划期间城市规划工作开展得比较顺利，但从20世纪50年代末直到“文化大革命”结束，城市规划工作实际上被取消了，造成了严重后果：大城市规模失去控制，小城镇没有得到应有的发展；城市内部建设混乱。为此，该纪要明确提出，今后我国城市发展要遵循：“控制大城市规模，合理发展中等城市，积极发展小城市，是我国城市发展的基本方针。”理由是国内外经验证明，城市规模过大，将带来许多难以解决的弊端；我国中等城市数量较多，分布较均衡，在这些城市有选择地搞一些工业项目，有利于争取建设时间，提高经济效果；而依托小城镇发展经济，有利于生产力的合理布局，有利于就地吸收农业剩余劳动力，有利于支援农业和促进当地经济文化的发展，有利于控制大城市的规模，有利于逐步缩小城乡差别和工农差别。

自1980年《全国城市规划工作会议纪要》公布以来，整个20世纪八九十年代，我国城市化发展的理论与实践问题就主要围绕着以城市规模大小为取向的所谓城市化道路选择的争论上了。大部分人都赞同和论证限制大城市规模和大力发展小城镇，这其中费孝通先生在1984年《瞭望》上发表了一系列文章，提出了“小城镇，大问题”这个命题。许多文献对大力发展小城镇问题进行了更广更深入的探讨，并把它总结为走具有中国特色的城市化道路。这些论证的主要依据是，中国农村人口众多，现有大中城市基础设施无法承接将要从农业中转移出来的几亿剩余劳动力，而通过小城镇发展乡镇企业和商品经济，既可以容纳农村剩余人口，发展农村的第二、第三产业，提高农民的收入，也可以促进城乡交流，避免西方国家城市化过程中“大城市病”和农村凋敝并存现象的发生。

（二）大城市重点论

虽然重点发展小城镇的声音在20世纪八九十年代占据主导地位，但强调大城市的优势，主张重点发展大城市的声音也不乏入耳。主张重点发展大城市的研究者列举的理由主要包括：（1）大城市的发展是工业化过程中的普遍现象；（2）大城市的规模经济和集聚效应远高于小城镇，大城市能最大限度地节约土地；（3）小城镇浪费土地资源、水资源和公共建设资源，不容易解决环境污染问题，影响了第三产业发展，就业机会有限。

21 世纪初以来，人们在城市化的理论和实践上都更前进了一步，提出了以城市群为我国城市化的主要形态，大中小城市共同协调发展，以经济手段取代行政手段控制大城市人口过快增长，实施城乡一体化的户籍管理制度的城市化思想。但城市化滞后于工业化的矛盾直到今日仍然没有得到有效解决。工业化创造供给，城市化创造需求。东南亚金融危机后，我国主要采取了扩大投资需求的措施使经济克服了通缩状态，但今天由美国金融危机引发的我国经济发展趋缓单靠扩大投资需求来拉动，效果已极为有限，甚至会对我国经济结构的调整累积许多负面影响。扩大消费需求应当是我国当前和今后提升经济的主要措施，而加快城市化进程，则可以释放出巨大的国内消费需求。因此，理清新中国成立以来我国城市化思想的变化轨迹对于提出以城市化为取向的经济振兴方案将有实际意义。

城市化动力问题的研究也更深入地展开，不仅研究城市化本身的动力问题，而且应用 20 世纪 90 年代以来，新经济地理学派发展的“迁移驱动模型”和“投入—产出联系驱动模型”等理论，对我国城市化驱动区域经济增长的机制进行了初步探究。杨开忠（2001）得出的结论和政策建议是，要素自由流动和商品自由贸易是城市化和经济发展的重要驱动力和前提。在城市化过程中，政府没有必要也不应该去规定人口和企业区位的选择，没有必要也不应该规定是重点发展大城市还是重点发展小城镇，政府作用的关键在于为个人和企业的区位决策，为不同区位、不同规模等级的城市之间的竞争创造公开、公正的条件和环境。

国家政策方面的变化也反映了上述理论研究的成果。2001 年 3 月 15 日，九届全国人大通过的国家“十五”计划中关于城市化提出的总纲是“实施城镇化战略，促进城乡共同进步”，提出要走符合我国国情、大中小城市和小城镇协调发展的多样化城镇化道路，逐步形成合理的城镇体系。有重点地发展小城镇，积极发展中小城市，完善区域性中心城市功能，发挥大城市的辐射带动作用，引导城镇密集区有序发展，防止盲目扩大城市规模。而 2006 年十届全国人大通过的国家“十一五”规划纲要中对城市化问题的指导思想指出，在继续坚持大中小城市和小城镇协调发展的基础上，提出要把城市群作为推进城镇化的主体形态，以若干城市群为主体，其他城市和小城镇点状分布，永久耕地和生态功能区相间隔，高效协调可持续的城镇化空间格局。并强调要改革城乡分割的就业管理制度，深化户籍制度改革，逐步建立城乡统一的人口登记制度，要形成用经济办法来控制城市人口过快增长的机制。

三、经济增长方式转变

尽管我国政府从1995年起就强调经济增长方式的转变，但长期以来粗放型增长为主的局面未有明显改观。究其原因，张卓元（2006）① 认为，20世纪90年代以来，以企业改革为中心，积极推进经济体制改革，力争20世纪末初步建立社会主义市场经济体制一直是重中之重的任务，使得从主观上对经济增长方式转变未予以实际意义上的足够重视；在客观上，由于社会主义市场经济体制还不完善，由于原来经济增长的粗放程度很高，由于前一段粗放型经济增长还有一定的空间。刘晓辉（2006）② 从体制层面进行了分析，认为国家管制下的资源定价、行业垄断、财税体制、政府定位、干部政绩考核和提拔任用体制助长了粗放型增长，制约了经济增长方式的转变。

有鉴于此，当前我国粗放型增长仍大行其道，但各种矛盾的积累，决定了粗放型增长至今已难以为继。对于各种矛盾的加剧，刘伟（2006）③ 从经济发展阶段角度予以了分析，认为我国经济目前正处于工业化加速时期，而这一时期是经济持续高速增长期，是国民经济结构急剧变化期，也是社会发展成本迅速上升期，导致了宏观经济总量与结构失衡，同时还造成大量失业，加剧了宏观与微观的矛盾。同时，他认为，我国的改革也进入了历史性变化阶段，改革的核心由企业改革转变为政府改革，由对社会主义市场经济体制的构建转为完善，由产品市场化转为要素市场化，由改革绩效评价的单一标准转为综合标准。提出了要解决工业化加速期背景下的矛盾和深化目前的改革，根本在于转变经济增长方式，由依靠要素投入量转变为依靠效率的提高。卫兴华等（2007）④ 则从现代经济增长的规律、中国经济发展的长远目标以及解决制约经济增长的“瓶颈”问题等角度分析后，指出，经济增长方式的目标选择和定位必须立足于集约型增长方式，并指

---

① 参见张卓元《十一五时期转变经济增长方式的紧迫性》，《宏观经济研究》2006年第1期。

② 参见刘晓辉《转变经济增长方式要从体制入手》，《经营与管理》2006年第3期。

③ 参见刘伟《经济发展和改革的历史性变化与增长方式的根本转变》，《经济研究》2006年第1期。

④ 参见卫兴华、侯为民《中国经济增长方式的选择与转换途径》，《经济研究》2007年第7期。

出了当前转变需要克服的四个难点：（1）投资、分配和消费结构的协调；（2）产业结构优化与劳动力就业的平衡；（3）资源有效利用上政府管制与市场机制抉择的结合；（4）转换政府的职能和创新科技体制的衔接。而克服四大难点的出路在于科技创新和体制创新，指出前者在于提高科技和教育的公共支出以及推动企业成为研发、技术创新及其应用的主体；后者的重要基础是塑造集约型的微观载体，塑造效率主导型投融资机制，制定如税收、干部考核、市场准入等政策，以及政府职能转变。此外，顾海兵等(2007)① 对经济增长方式转变进行了更细致的分类与量化分析，他们把增长方式划分为四类，除通常所熟知的粗放型与集约型外（A类），还有投资拉动型与消费拉动型（B类）、政府主导型与市场主导型（C类）、发展型与欠发展型（D类）三类，并分别量化分析了各类方式转变的状况。认为A类转变的难度会逐渐加大；B类转变的关键在于改善固定资产投资的结构和质量；C类转变已取得很大进步，但人力、资金和资源等要素的管制过度已使增长方式转变出现乏力现象；D类则涉及社会公正与建立和谐社会的问题，群体利益和谐的改善、政府廉洁程度与环保力度的推进都还需付出更大的努力。

四、经济增长的动力、路径与模式

对于经济增长的动力，邱晓华等（2006)② 通过建模对我国过去26年间经济持续高增长的动力进行了分析，认为资本投入是中国经济增长的最主要源泉，另外结构升级、人力资本效率提高、制度变迁等在内的技术进步和产业结构调整中第二产业的快速发展都是重要动力，而由于我国劳动力供给过剩使得劳动投入增加对经济高增长的贡献相对较弱。此外，他们还对我国未来16年经济增长前景作了测算和分析，认为从需求空间来看，我国GDP可以支撑7%—9%的较快增长，从供给空间来看，可以支撑GDP年均增长7%—8%，但在现有增长模式下要保持9%的增长则由于资本需求过大将导致的经济结构扭曲和资源供给的“瓶颈”等因素而使难度加大。

---

① 参见顾海兵、沈继楼《近十年我国经济增长方式转变的定性与量化研究》，《经济学动态》2006年第12期。

② 参见邱晓华等《中国经济增长动力及前景分析》，《经济研究》2006年第10期。

对于我国经济增长路径的转变，中国经济增长与宏观稳定课题组(2006)[①]从微观企业的“干中学”技术进步模式与技术的“套利”扩散机制分析入手，认为两者的结合虽形成了一个具有全球强大竞争力的“低价工业化”，但却造就了企业的恶性竞争模式，使得这种路径推动的经济增长会危及中国经济增长的持续性和稳定性。而造成企业的这种行为则与政府管制和补贴的双重行为有关系密切，提出了增长模式要向集约型转变就必须放松政府管制，开放新兴服务业、新的重化工业以及校正扭曲的要素价格。此外，2007年该课题组[②]又从劳动力供给效应角度，探讨了我国经济增长路径的转换。他们从理论上分析了我国经济转型过程中的劳动力供给效应转换，认为我国以劳动力规模扩张和就业人口增加为特征的劳动力供给“水平效应”对经济增长的影响逐渐递减，以通过教育等人力资本投资产生的人力资本积累的“垂直效应”开始显现，而这种劳动力供给效应的转变则隐含了我国经济增长路径转换的内在必然性，即劳动力大规模投入促进的我国经济规模扩张与现在享受“人口红利”推动的城市化高需求和高投入的高增长路径因劳动力供给的“水平效应”递减而受到挑战，而必将转换到以知识、技能等人力素质提高为主导的“垂直效应”推动下的经济内生增长路径上。由此，我国劳动力资源的二次开发体系的构建及其机制的深化将对我国今后经济的持续稳健增长起到至关重要的作用。

关于增长模式，杨淑华(2007)[③]通过对TFP的测算，论证了我国经济没有走出高投入、低效率、低质量增长模式的陷阱，认为技术进步对中国的贡献率不大，失业率的上升也并非技术进步所为。同样指出，投资与资源扩张是我国经济增长的动力，而资本密集型技术的选择，致使我国劳动力没有充分利用，为此，提出了要优先选择劳动密集型技术，实现经济与就业同步增长的目标。但林毅夫等(2007)[④]则在综述国内外文献与回顾一些国家经济增长经验基础上，深入分析了TFP计算方法的发展和理论基础，对克鲁格曼关于东亚经济增长模式不可持续的立论提出了异议，认为国内

---

① 参见中国经济增长与宏观稳定课题组《干中学、低成本竞争和增长路径转变》，《经济研究》2006年第4期。

② 中国经济增长与宏观稳定课题组：《劳动力供给效应与中国经济增长路径转换》，《经济研究》2007年第10期。

③ 杨淑华：《中国经济增长路径的选择：基于技术进步与就业关系的实证分析》，《经济学动态》2007年第2期。

④ 林毅夫等：《东亚经济增长模式相关争论的再探讨》，《经济研究》2007年第8期。

学者不应简单地沿用此立论所依据的 TFP 测算来评论我国经济增长的来源及其模式的可持续性，并对我国放弃以要素投入为主，而改采以 TFP 增长为主的增长模式予以了否认。指出，一个国家的可持续发展重要的是技术的不断创新而非 TFP 的高低，并以美国、日本等国家在成为发达国家前后，TFP 也随之由低到高的事实为例，阐述了当前我国正处于发展中阶段时期，技术创新应主要靠从发达国家引进技术设备，并在此基础上加大自主研发的经济增长模式。而赵志耘等（2007）[①] 对我国学术界对技术进步的分析主要集中在 TFP 估算上得出的改革开放以来特别是 20 世纪 90 年代以来我国高投入型经济增长，技术进步率低，是低效的结论则明确予以了否认。认为这种估算没有对要素式技术进步特别是资本体现式技术进步予以足够重视，通过构建一个区分设备资本和建筑资本的内生增长模型，提出了资本体现式技术进步三个命题并在此基础上实证研究发现，中国经济增长一直都存在明显的体现在设备资本中的技术进步，测算出 1990—2005 年间该形式的技术进步率至少在 5.1%—6.0% 以上，并且中西部地区这种技术进步并不必然低于东部地区，由此判断物质资本积累与技术进步的动态融合是我国经济增长的一个典型事实，高投入式增长并非一定是低效增长。

第四节　新型工业化道路之争

进入 21 世纪以来，由于政府提倡走新型工业化道路，而地方却出现了重化工业化热潮，因此，一场关于中国新型工业化道路的论争出现。争论从 2004 年 11 月下旬，吴敬琏呼吁警惕片面发展重化工业；厉以宁认为中国的重化工业阶段不可逾越。2005 年年初，在北京大学中国经济研究中心召开的“新世纪中国经济发展战略”研讨会上，吴敬琏反对过分依赖重化工制造业，龙永图提出制造业是中国经济发展的必由之路。中国发展高层论坛 2005 年年会预备会上，吴敬琏指出，一些地方政府热衷的重化工业仍是走旧型工业化道路，依靠资源大量投入支撑外延式增长，无助于效率提高和结构优化；走传统工业化道路，引发了七个方面的问题：（1）不能扬长避短、有效率地配置资源；（2）放松技术创新和提高效率的努力；（3）挤

① 赵志耘等：《资本积累与技术进步的动态融合：中国经济增长的一个典型事实》，《经济研究》2007 年第 11 期。

占用于发展服务业的资源；（4）造成水、土、煤、电、油及其他资源的高度紧张；（5）造成生态环境破坏；（6）增加解决就业问题的难度；（7）隐含着银行坏账增加的金融风险。樊纲则认为重化工业化是必然选择，他认为，从长期看，中国首要的问题是如何实现发展的均衡，保持社会稳定，解决“三农”问题，这些问题说到底就是中国从农业社会向工业社会转型的问题。不仅中国人需要的重化产品在中国生产，世界上所需要的重化产品也在中国做，然后出口到世界各地去，为全世界生产，用全世界的资源。中国需要这样的战略去创造就业机会，以解决几亿农民进城的问题。在相当长的一个时期，比如二三十年，甚至是三四十年里，为了中国几亿农民的就业，我们还不能放弃传统产业，不能放弃劳动密集型行业，甚至不能放弃资源密集型的行业。

2005 年 8 月 20 日《商务周刊》开辟了“工业化道路大论争——专访吴敬琏、林毅夫、李佐军”专栏，吴敬琏发表《新型工业化道路的误解与扭曲》，反对将“新型工业化道路”等同于重化工业化，否认重化工业化是工业化的必经阶段，认为工业化中后期不是重化工业居主导地位，而是服务业占主导地位，主张新工业化主要应该是服务业—工业化。李佐军发表《中国进入重化工业阶段》，认为根据历史分析，重化工业化是先行工业化国家工业化中后期之必然，重化工业在中国这样一个发展中大国的特定历史阶段是必要的。林毅夫发表《谨慎对待“重化工业热”》，提出比较优势论。认为目前加速重工业化并非产业升级的自然结果，而是走进了岔路，不符合中国经济与社会发展的需要。目前中国的资源禀赋结构决定了中国应该主要选择发展劳动密集型产业而非资本密集型产业。2005 年年底，刘世锦对重工业化与新型工业化的关系做出澄清，认为到目前为止，还找不到一个大的经济体没有经过重工业加快增长阶段而进入了后工业化社会的先例；我国大量需求的重化工产品，不可能主要通过进口解决；重化工业并不都是高消耗、低效率，也可能是低消耗、高效率；新重化工业化阶段的投资主体是非国有经济的投资者，属于市场选择；增长方式问题本质上是体制和机制问题，并不与特定行业相关。因此，“新”“旧”工业化的区别，不在于是否生产和使用重工业产品，是否要经历重工业增长加快、比重提高的阶段，而在于生产和使用重工业产品的方式和效率有了较大程度的变化。

看来，由于中国城市化发展的特殊需求，重化工业需要发展，而在此基础上进行升级换代是今后一段时期的任务。

参考文献

1. 董辅礽：《社会主义再生产和国民收入问题》，生活·读书·新知三联书店 1980 年版。

2. 刘国光：《社会主义再生产问题》，生活·读书·新知三联书店 1980 年版。

3. 林毅夫、蔡昉、李周：《中国的奇迹：发展战略与经济改革》，上海三联书店 1994 年版。

4. 世界银行：《东亚奇迹》，中国财政经济出版社 1994 年版。

5. 麦迪森：《世界经济二百年回顾》，改革出版社 1996 年版。

6. 刘霞辉：《论中国经济的长期增长》，《经济研究》2003 年第 5 期。

7. 索罗：《增长理论》，中国财政经济出版社 2003 年版。

8. 世界银行：《东亚奇迹的反思》，中国人民大学出版社 2003 年版。

9. 世界银行：《东亚的复苏与超越》，中国人民大学出版社 2003 年版。

10. 世界银行：《东亚创新未来增长》，中国财政经济出版社 2004 年版。

11. 刘霞辉：《从马尔萨斯到索罗：工业革命理论》，《经济研究》2006 年第 11 期。

12. 刘霞辉、张平、张晓晶：《改革年代的经济增长与结构变迁》，格致出版社 2009 年版。

13. 张平、张晓晶执笔：《经济增长、结构调整的累积效应与资本形成》，《经济研究》2003 年第 8 期。

14. 张晓晶、张平执笔：《开放中的经济增长与政策选择》，《经济研究》2004 年第 4 期。

15. 汪红驹、刘霞辉执笔：《高投资、宏观成本与经济增长的持续性》，《经济研究》2005 年第 10 期。

16. 张平、刘霞辉执笔：《干中学、低成本竞争机制和增长路径转变》，《经济研究》2006 第 4 期。

17. 张晓晶、常欣、汪红驹执笔：《增长失衡与政府责任：社会性支出角度的分析》，《经济研究》2006 年第 10 期。

18. 袁富华等执笔：《劳动力供给效应与增长路径的转换》，《经济研究》2007 年第 8 期。

19. 张晓晶、汪红驹执笔：《外部冲击与中国的通货膨胀》，《经济研究》2008 年第 5 期。

（执笔人：刘霞辉，中国社会科学院经济研究所研究员）

第十八章

中国经济可持续发展理论研究与进展

在 1987 年联合国环发大会上，世界环境与发展委员会提交了《我们共同的未来》的研究报告。针对过去的发展道路所造成的资源环境问题，报告深刻地指出，人类应该走一条全新的发展道路，这就是“可持续发展”之路。1992 年，联合国环发大会在巴西里约热内卢召开，会议通过了《里约环境与发展宣言》（《地球宪章》）和《21 世纪议程》。至此，可持续发展得到世界最广泛和最高级别的政治承诺，实现可持续发展成为人类高高举起的重要旗帜。

在中国，实现可持续发展已经成为国家战略，在经济发展的同时实现环境保护和资源永续利用，建设资源节约型和环境友好型社会也已经成为社会各界的共识。然而，回顾新中国成立 60 年的历程，中国在经济、社会、人口、资源、环境的协调发展问题上走过了极不寻常的道路。这期间，既有在“人定胜天”认识下恣意蹂躏自然从而饱尝苦果的痛苦经历，也有把倡导环境保护和珍惜地球作为“帝国主义阴谋”的滑稽经历，还有以牺牲环境为代价获得经济快速发展尔后又不得不再修复环境的曲折历程。

马克思说：“物质生活的生产方式制约着整个社会生活、政治生活和精神生活的过程。不是人们的意志决定人们的存在，相反，是人们的社会存在决定人们的意识。”① 在可持续发展问题上的曲折经历，决定了人们认识变化的轨迹；反过来，人们的认识变化和提高也折射出发展的曲折历程。

回顾新中国成立 60 年的发展历程，对于经济可持续发展及其相关问题

---

① 《马克思恩格斯选集》第二卷，人民出版社 1972 年版，第 82 页。

的研究大体经历了四个阶段：从1949—1966年“文化大革命”开始是第一阶段，其间经历了“大跃进”下资源环境大破坏和其后的大衰退（所谓“困难时期”）；从1966—1978年改革开放是第二阶段，主要是“文化大革命”及其后的徘徊时期；1978年中国共产党十一届三中全会到1994年《中国21世纪议程》把可持续发展作为国家战略是第三阶段；1994年以后，全面实施可持续发展战略，进入了一个全新的发展阶段。

第一节　第一阶段：“大跃进”严重破坏资源和环境

一、旧中国的凋敝和新中国的发展冲动

1949年中华人民共和国成立后，面临的经济形势异常严峻。几乎原始的农业生产方式使农业发展非常落后；长期的战乱，使本来就脆弱的工业体系陷于崩溃的边缘。由于工业化程度低，工业化对于城市化的带动作用极其有限，90%的人口生活在农村，当时城市化率大体为10%。从经济发展布局上看，有限的工业主要布局在沿海一带，广大内地现代工业发展非常有限，许多地区甚至为零。在这个大背景下，党领导人民迅速地恢复国民经济。1953年提出了以“一化三改造”为核心内容的过渡时期总路线，它包括两个方面的内容：一是逐步实现社会主义工业化，这是总路线的主体；二是逐步实现对农业、手工业和资本主义工商业的社会主义改造，这是总路线的两翼。当时，普遍存在一种发展冲动，共和国的领袖们踌躇满志，试图用最短的时间来改变旧中国积贫积弱的面貌。按照梁思成先生的回忆，新中国成立之初，北京市市长在天安门城楼上告诉他，中央一位领导人曾说，将来从这里望过去，要看到处处都是烟囱。[①] 囿于当时的眼界和认识水平，在领袖们看来，中国是一个农业国，要强大就必须建成一个工业国，而工业国的标志就是烟囱，实为“污染”。

正是在这样的背景下，漠视自然规律和经济规律，不仅对于自然环境造成严重破坏，经济自身的发展也在大起大落，付出了异常沉重的代价。

---

① 参见林姝《国宝梁思成》，《今晚报》1996年7月8日。

二、“大跃进”运动的破坏

在这一阶段发生了具有深远影响力的“大跃进”运动。1958 年 5 月召开的党的八届二中全会是发动“大跃进”运动的一次重要会议。会议制定了“鼓足干劲，力争上游，多快好省地建设社会主义”的总路线，通过了第二个五年计划，提出了一系列不切实际的任务和指标。在“大跃进”中，高指标、瞎指挥、虚报风、浮夸风、“共产风”盛行，各地纷纷提出“工业大跃进”和“农业大跃进”的不切实际的目标。在农业上，不断宣传“高产卫星”，“人有多大胆，地有多大产”，粮食亩产量层层拔高；在工业上，全国几千万人掀起了“全民大炼钢铁运动”，并且“以钢为纲”，带动了其他行业的“大跃进”。在“大跃进”运动中，把人与自然完全置于对立的境地：“让高山低头，让河水开路”，试图要通过人力，变山湖为良田，变丘陵为平原，并鼓励大家“人定胜天”，所有这一切都可以用“荒唐”来形容。1961 年 1 月，中国共产党八届九中全会制定了“调整、巩固、充实、提高”的方针，“大跃进”运动曲终人散。

“大跃进”运动中表现出的疯狂是中外历史上罕见的，对国民经济和自然环境的危害程度极深。“大跃进”后，中国出现了全国性的饥馑和大量的人口非正常死亡。

第二节　第二阶段：人口与资源环境矛盾突出

一、“文化大革命”时期的中国人口资源环境问题

1966—1976 年，在中国爆发了持续十年之久的“文化大革命”，其后又经历了“徘徊中前进”的两年，其间，中国的各个方面都发生了前所未有的变化，政治、社会方面的变化和动荡自不待言，经济发展更是受到严重干扰，国民经济一度曾经达到崩溃的边缘。与此同时，在政治动乱的形势下，在发展中不考虑环境和资源问题，致使工业盲目发展，城市布局混乱，主要城市都出现了严重污染的局面；同时，由于生态破坏加剧，自然灾害频繁，植被破坏加剧了水土流失，土壤退化、沙化、盐碱化趋势加剧，农业环境普遍受到化肥、农药、工业“三废”（废水、废气、废渣）的污染；人口剧增对环境造成巨大冲击和压力，使得土地、森林、草原、矿产、淡

水等各种自然资源超负荷开发利用，人口与资源的矛盾日益突出。

“文化大革命”期间，由于人口剧增，城市所提供的工作岗位不能满足需求，政府在“广阔天地，大有作为”、“我们也有两只手，不在城里吃闲饭”的口号下，成千上万的城市青年（总人数达到1600多万人）来到了乡村，约占当时城市人口的1/10。1978年10月，中央决定停止上山下乡运动并妥善安置知青的回城和就业问题。1979年后，绝大部分知青陆续返回了城市。

知青下乡是人类现代历史上罕见的从城市到乡村的人口大迁移。它暂时缓解了城镇的就业压力，并且成功地解决了当时红卫兵组织问题。但是，由于中国农村普遍人多地少，大量人口涌入后边际产量很低，所以相当多的知青去了“生产建设兵团”，这具有垦荒戍边的功能。但是，在“以粮为纲”思想指导下，毁林开荒造成森林资源的严重破坏，毁草开荒造成草地资源的破坏。在“文化大革命”期间，连续发生了几起大的污染事件，如大连海湾因陆源污染使六处滩涂养殖场关闭，渤海湾、上海港口、南京港口也有类似的情形，河北的官厅水库遭污染，威胁到北京饮水安全。与此同时，卫生部也报告说，许多食品饮料因滥用化学添加剂造成严重危害。

二、从“阴谋论”到开始注重资源环境问题的转变

“文化大革命”期间的中国是非常自负的。虽然污染问题已经在蔓延，但仍天真地认为由于社会主义制度具有无可比拟的“优越性”，不可能产生污染，即使产生污染也会通过制度加以克服。发达国家出现的资源环境问题是由其资本主义制度决定的，至于说，它们试图在全球范围内解决环境问题，则可能是一个企图阻止落后国家获得发展的“阴谋”。面对1972年在瑞典斯德哥尔摩召开的联合国环境与发展大会，中国出乎意料派出由国家计委、外交、冶金、轻工、卫生、核工业、石油化工、农业等部门和北京、上海以及科技界的40多人组成的代表团，去参加“政治斗争”，揭露“阴谋”。在回国后上报的会议总结材料中，历数的全是在会议上的“政治斗争”，而作为会议主题“环境与发展”却只字不提。据参加会议的曲格平教授回忆，虽然如此，但那次会议仍然给中国代表团成员上了生动的一课，使他们不同程度地认识到中国环境问题的严重性和环境保护的重要性，因为中国城市和江河的污染并不亚于西方国家，自然生态的破坏程度也远在

西方国家之上。①

在联合国人类环境大会的直接推动下，1973 年 8 月 5 日，中国召开了全国环境保护会议。会议提出，环境保护是关系到能否多快好省地建设社会主义、关系到巩固工农联盟、关系到保护人民健康的大事，应该引起各级部门领导的充分重视。自此以后，环境保护在中国被正式列入议事日程，中国的环保事业终于蹒跚起步了。

第三节　第三阶段：经济高速增长提出可持续发展问题

一、经济迅速发展所引起的资源环境问题

以 1978 年 12 月中国共产党第十一届三中全会为标志，中国进入全面推进经济建设的新时代。由于党的工作重点转移到经济建设上来，伴随着改革开放，中国经济呈现出了前所未有的活力。商品经济（市场经济）的发展和市场竞争，使非国有经济所占比重迅速扩张，也促进着国有经济自身的改革和创新；区域的非均衡发展中，逐渐出现了长江三角洲、珠江三角洲以及京津唐地区三个具有强劲竞争力的“增长板块”。一言以蔽之，中国经济进入了前所未有的快速发展时期。

然而，也就是在这个时期，中国发展中出现了非常严重的资源枯竭和环境污染问题：滇池污染、淮河污染、太湖污染、苏州河终年黑臭……经济快速发展造成了资源和环境问题；反过来，资源和环境问题又制约着经济的进一步发展。为此，1986 年，在国家科委（现科技部的前身）、国家计委（现国家发展和改革委员会的前身）联合当时国务院的 28 个部门，就经济发展后造成的社会问题、资源环境问题进行综合实验示范，选择当时发展最快的长江三角洲地区的常州市和无锡市的华庄镇作为试点，对经济、社会、人口、资源、环境各个方面的协调发展进行了先期探索。这是在环境和资源问题恶化胁迫下，中国在实践上的最初反应，这种试点示范涵盖着可持续发展的全部内容。一年以后，也就是在 1987 年，世界环境与发展委员会（成立于 1983 年）向联合国提交的《我们共同的未来》的研究报

① 参见曲格平《从斯德哥尔摩到约翰内斯堡的发展道路》，《中国环境报》2002 年 11 月 15 日。

告，才提出了我们需要一条新的发展道路，这就是“可持续发展”的道路，指出可持续发展就是“当代人的发展不妨碍后代人发展的能力”，[①] 使人类关于生存与发展的思想又一次发生重要飞跃。

二、可持续发展战略的制定

1978 年改革开放以后，面对经济快速发展所造成的资源耗竭和环境污染，人们已经敏锐地意识到环境和资源问题的重要性，意识到要实现经济的持续快速发展，不能没有良好的环境和资源支持。人们认识到，中国经济获得快速发展，是由于有资源的支持，而将来制约中国经济发展的首要因素，也是由于资源无法支持所造成的。为此，需要珍惜资源和保护环境，而要做到这一点，就必须改变以耗竭资源、污染环境的“高投入、高污染、高排放、低产出”的经济增长方式，在经济体制改革中实现经济增长方式的转变。

1992 年，联合国环境与发展大会在巴西里约热内卢召开，可持续发展得到了世界最广泛和最高级别的政治承诺。以这次大会为标志，人类对环境和发展的认识提高到了一个崭新的高度。至 1994 年，中国通过了《中国 21 世纪议程——中国 21 世纪人口、环境与发展白皮书》，把“可持续发展”和“科教兴国”作为国家战略，国家发展从此进入了一个新的阶段。

在这一阶段，学者和官员都在介绍和推介可持续发展思想，介绍中国确立可持续发展战略的重要意义。甘师俊[②]、宋健[③]、邹家华[④]、邓楠[⑤]等深刻地阐述了中国走可持续发展之路的紧迫性。他们指出，可持续发展的概念涉及人口、资源、环境和社会经济发展等各个方面，是一个具有内在联系的系统工程，要使人口、资源、环境和经济发展协调共进，必须改变就人口论人口、就资源论资源、就环境论环境、就经济论经济的单一倾向。在社会经济发展过程中，对资源开发和利用必须考虑到人口增长的长期需

① 中译本参见世界环境与发展委员会《我们共同的未来——从一个地球到一个世界：世界环境与发展委员会的总观点》，王之佳、柯金良等译，吉林人民出版社 1997 年版。

② 甘师俊：《〈中国 21 世纪议程〉：我国实现可持续发展战略的纲领》，《中国人口、资源与环境》1993 年第 6 期。

③ 宋健：《推动〈中国 21 世纪议程〉实施与实现可持续发展》，《管理世界》1994 年第 6 期。

④ 邹家华：《制定和实施〈中国 21 世纪议程〉，走可持续发展之路》，《中国软科学》1994 年第 10 期。

⑤ 邓楠：《制定〈中国 21 世纪议程〉，实施可持续发展战略》，《中国投资》1994 年第 8 期。

要和自然资源、生态环境的承载能力，必须有利于人口控制和环境保护；同时，人口控制和环境保护的本身也应该以保护和促进长期发展为主要目标。可以理解为，中国政府所确立的可持续发展战略是人口、资源、环境和经济发展等多因素综合治理的总体发展战略。

值得一提的是，甘师俊、邓楠、宋健等人还满怀热情地推进了中国可持续发展的实践。针对经济发展出现的资源环境问题，在1986年开始推进社会综合发展试点，这就是后来国家可持续发展实验区（China National Sustainable Communities，CNSCs）的早期雏形。截至2009年8月，CNSCs共83个（含13个示范区），在地方可持续发展方面进行了积极探索，在国际上也产生了广泛的影响。

第四节　第四阶段：积极探索中国可持续发展道路

一、对经济增长和经济发展方式转变的探索

在可持续发展思想指导下，经济学家和环境工作者深刻地思考了中国的经济可持续发展问题，尤其是对于转变经济增长方式提出了许多真知灼见。转变经济增长方式成为理论界研究的持续的热点问题，根据“CNKI中国知网”（www. cnki. net）统计，1995—2009年间，以“经济增长方式转变”为题发表的论文超过4600篇，经济学者陆百甫[①]、吴敬琏[②]、张卓元[③]、郭克莎[④]等都参与了讨论并表述了各自的观点。

总体观点是，实现经济增长方式从粗放型向集约型转变，是针对粗放型增长方式的局限性和危害性而提出的。粗放型增长方式实质是以资源、资金的双高投入拉动经济高速增长；集约型主要不再依靠资源、资金的过高投入，而是通过提高劳动生产率、科技贡献率、管理效益、调整产业结构实现经济增长。我国本来就是一个资源相对匮乏的国家，加之资源利用

① 陆百甫：《实现经济增长方式转变是我国经济发展的战略性选择》，《管理世界》1995年第10期。

② 吴敬琏：《怎样才能转变经济增长方式》，《经济研究》1995年第11期。

③ 张卓元：《转变经济增长方式主要靠深化改革》，《中国物价》2005年第7期；《转变经济增长方式，保持经济平稳较快发展》，《财贸经济》2005年第11期；《深化改革，推进粗放型增长方式转变》，《经济研究》2005年第11期。

④ 郭克莎：《经济增长方式转变的条件和途径》，《中国社会科学》1995年第6期。

效率低下，使资源短缺的压力加剧，对于环境的压力也不断加大，造成环境透支。因此，如果不转变经济增长方式，资源和环境都难以承受，经济发展的可持续性将受到严重挑战，资源环境“瓶颈”约束使转变增长方式变得刻不容缓。在经济学家看来，经济增长方式是一个动态的演进过程，在一个较长的时期内，我国走了粗放式经济增长的道路，随着工业化步伐的推进，经济发展日益受到资源、环境的约束，迫使我们必须选择新的经济增长路径，通过转变经济增长方式来寻求新的增长空间。在经济全球化的背景下，高耗费、高投入、低产出的经济增长方式所产生的负效应必然会向外扩散，而世界资源的有限性与分布的不平衡性、生态破坏和环境问题在国际的传递，必然会引起国际纷争。事实上，近年来中国资源性产业发展和对外资源性产业的投资已经成为一些国家制造“中国威胁论”的口实。

在讨论中，学者们提出了要处理好几个关系，如经济增长方式转变与经济体制和经济运行机制转型的关系、与宏观经济管理政策转变的关系、与政府职能转变的关系、与经济结构调整的关系、与区域经济发展协调的关系；还提出了在经济增长中降低污染程度的途径，就是要加快产业结构升级，降低高污染产业部门的比重；提高技术水平，增强对污染过程的控制和防治能力；提高经济增长中的污染防治意识，加强对于污染产业和企业的依法管理。

经过了十几年的经济增长方式转变，我国的经济依然粗放，究其原因，主要是对于资源节约的重要性和紧迫性缺乏足够的认识，在世界观上还没有从“人定胜天”转变为“创造性地适应自然”，没有完全树立以人为本，全面、协调和可持续发展的科学发展观。同时，粗放型的经济增长方式存在着很大的惯性和顽固性，再加上经济体制尚未完全实现根本性转变，使转变经济增长方式缺乏内在的利益驱动力，政府又以 GDP 为核心来考核干部的政绩，各级官员势必大力发展能够在短期内提高经济增长速度的项目，客观上对于经济增长方式转变起到了阻碍作用。看来，要实现经济方式的彻底转变，必须树立科学发展观和确立正确政绩观。

在推进经济增长方式转变的讨论中，学者们如徐寿波[①]、葛霖生[②]等也

---

① 徐寿波：《衡量经济增长方式转变要有一套科学的指标体系》，《中国经贸导刊》1995 年第 23 期。

② 葛霖生：《经济增长方式转变的评价指标体系》，《复旦学报》（社会科学版）1996 年第 4 期。

提出了衡量方法和指标体系。提出衡量判断经济增长方式是粗放型还是集约型的重要指标是投入弹性系数，衡量转变速度快慢的指标是增效率或节约率，还提出了除了经济指标如综合生产要素投入产出率、技术进步的经济效益等外，还要考虑社会和资源环境因素如教育和生态环境保护方面的指标。

除此之外，学者们还讨论了行业经济增长方式转变、区域经济增长方式转变以及企业经济增长方式转变，也进行一系列案例研究，把经济增长方式转变的成功经验进行了比较系统的总结。

二、对 EKC 的检验

环境库兹涅茨曲线（Environmental Kuznets Curve，EKC）是通过人均收入与环境污染指标之间的演变模拟，说明经济发展对环境污染程度的影响。也就是说，在经济发展过程中，环境状况先恶化尔后得到逐步改善。1991年，美国经济学家格罗斯曼（Grossman）和克鲁格（Krueger）针对北美自由贸易区谈判中，美国人担心自由贸易恶化墨西哥环境并影响美国本土环境的问题，首次实证研究了环境质量与人均收入之间的关系，指出了污染与人均收入间的关系为“污染在低收入水平上随人均 GDP 增加而上升，高收入水平上随 GDP 增长而下降”。

为此，经济学者根据这种思想对于中国经济发展与环境污染之间的关系进行了实证检验。李瑞娥和张海军①利用 1981—2004 年的面板数据，对中国 EKC 的存在性及其区域差异性与趋同性特征及变化趋势进行了实证研究。研究结果表明，中国的部分污染物具有明显的 EKC 特征，转折点的收入低于发达国家水平。然而，污染物 EKC 特征的短期性和对于模型设定形式的依赖性都表明，必须对中国环境污染问题做出理性的判断。同时，中国经济发展中存在的地区差距对于环境—收入关系具有一定的影响，它从另一角度说明中国 EKC 的区域特征。陆虹②介绍了我国经济和环境的状况及特点，以大气污染为例，分析我国大气污染的 EKC 的特性，发现我国的大气污染问题具有自身的特征，并用先进的统计分析方法来分析和验证这种

① 李瑞娥、张海军：《中国环境库兹涅茨曲线的变化特征（1981—2004）》，《西安交通大学学报》（社会科学版）2008 年第 4 期。

② 陆虹：《中国环境问题与经济发展的关系分析——以大气污染为例》，《财经研究》2000 年第 10 期。

关系，从数量上具体描绘出两者互为影响的关系。赵细康等[①]对中国经济发展与污染排放的实证研究表明，虽然中国在发展经济的同时，相应地采取了一系列较为严格和有效的环境保护政策措施，使得环境质量恶化的速度大大低于同期经济增长速度，有效缓解了经济增长对环境的压力，但中国经济增长与环境质量之间的关系仍未呈现良性发展的势头。研究显示，虽然主要污染物的排放增长趋势近年来有所减缓，但多数污染物的排放并不具有典型的 EKC 特征，许多污染物的排放总量随着经济发展仍在继续增加，受近年来中国重化工业发展对能源需求增加的影响，二氧化碳等污染物的排放出现了较大反弹。在他们看来，也许当时间序列更长时，EKC 所反映的转变趋势才会显现出来。

除此之外，研究者还分别研究了一些地域（如安徽省、浙江省等）的 EKC 并提出了相关政策建议。然而，也有人提出，EKC 隐含着“先破坏，后恢复；先污染，后治理”的思想，即使明晰产权，也只是承认污染和损害环境的“权利”，以及造成环境损害的“结果”。[②]

三、对于资源型城市产业转型和可持续发展的研究

对于资源型城市的产业转型和可持续发展的研究是这一阶段国内研究的重点问题之一。资源型城市是依托于某一种资源而发展起来的城市，资源型产业在整个城市经济中居于主导地位。我国有 118 个资源型城市，国家发改委批准的 44 个资源型城市转型试点（2008 年 3 月批准 12 个、2009 年 3 月批准 32 个），都是由于不可再生资源的枯竭而被迫转型的。由于支撑产业发展的资源枯竭和生态环境恶化，产业发展受到严重制约，以及由于历史欠账造成的矿区人民生活困难，下岗失业问题严重，资源型城市接续产业发展和可持续发展问题成为各级政府关注的重点，也是理论界研究的热点问题。

首先，对于资源型城市的界定问题，张以诚[③]认为，资源型产业增加值（或产值）占工业增加值（或产值）比重达到 20%，也有人认为达到 10%

---

① 赵细康、李建民、王金营、周春旗：《环境库兹涅茨曲线及在中国的检验》，《南开经济研究》2005 年第 3 期。

② 刘学敏：《从“庇古税”到“科思定理”：经济学进步了多少?》，《中国人口、资源与环境》2004 年第 4 期。

③ 参见张以诚《矿业城市与可持续发展》，石油工业出版社 1998 年版。

就可以界定为资源型城市。按照国家发改委的标准，主要依据四个指标：采掘业产值占工业总产值的比重在10%以上；采掘业产值规模，对县级市而言应超过1亿元，对地级市而言应超过2亿元；采掘业从业人员占全部从业人员的比重在5%以上；采掘业从业人员规模，对县级市而言应超过1万人，对地级市而言应超过2万人。

其次，研究者[①]研究了资源型城市的产业结构问题，主要表现在产业结构单一、畸形，第二产业是主体部分，第一产业和第三产业严重滞后，且第一产业多为粗放经营的传统产业，第三产业主要是商业和餐饮业，层次也比较低。由于资源型城市主要依托资源而形成和发展，当资源枯竭以后，接续产业的发展面临着极大的障碍，产业结构的特殊性制约着城市的建设和可持续发展，并由此在社会发展方面造成了一系列矛盾和问题。

最后，就如何破解资源型城市转型和可持续发展问题，研究者从不同的方面提出解决办法。张米尔等[②]、王青云[③]、田霍卿[④]等从不同侧面研究了资源型城市经济结构转型的基本思路，提出应该把“拓宽资源开发领域，拉长资源产业链条”作为接续产业发展的重要方向，根据全国城市体系中的定位、自身特色和市场选择发展替代产业，充分发挥资源性企业与城市政府两个积极性，把招商引资作为推进转型的重要出路。

我国资源型城市的产业转型和可持续发展问题非常复杂，主要是由于产业转型、社会转型、城市转型、体制转型交织在一起，目前尚未找到完全实现转型的典型案例，虽然研究者试图从国外（如法国的洛林地区、日本的九州地区、德国的鲁尔地区等）寻找可资借鉴的经验和灵感，但由，于面临的具体情况不同，恐有南辕北辙之虞。

四、对循环经济的探索

为了实现可持续发展，转变经济增长方式，建设资源节约型和环境友好型社会，就必须改变传统的“资源—产品—废弃物”的线形经济，把资源的使用限制在资源再生的阈值之内，把经济发展对于环境的损害限制在

① 参见齐建珍等《资源型城市转型学》，人民出版社2004年版。

② 张米尔、吴春友：《资源型城市产业转型障碍与对策研究》，《经济理论与经济管理》2001年第2期。

③ 王青云：《资源型城市经济转型研究》，中国经济出版社2003年版。

④ 田霍卿：《资源型城市可持续发展的思考》，人民出版社2000年版。

环境自净能力的阈值之内，发展“资源—产品—再生资源”的循环经济，最终构建循环型社会。

由于传统线形经济的发展造成了资源耗竭和环境污染，预示着传统的经济发展模式走到了尽头，所以，在20世纪末以来，学者们开始把循环经济作为研究的热点问题。根据“CNKI中国知网”（www. cnki. net）统计，1997—2009年间，以“循环经济”为题发表的论文超过1.2万篇，研究者包括经济学家、科学家、工程技术人员、政府官员等，研究范围涉及几乎各个领域，把对循环经济的关注提到前所未有的高度。

“循环经济”一词，首先由美国经济学家肯尼斯·E. 博尔丁①提出，主要指在人、自然资源和科学技术的大系统内，在资源投入、企业生产、产品消费及其废弃的全过程中，把传统的依赖资源消耗的线形增长经济，转变为依靠生态型资源循环来发展的经济。博尔丁认为，地球就像在太空中飞行的宇宙飞船，要靠不断消耗自身有限的资源而生存，如果不合理开发资源、破坏环境，就会像宇宙飞船那样走向毁灭。因此，必须改变过去那种“增长型”经济为“储备型”经济；要改变传统的“消耗型经济”，而代之以休养生息的经济；实行福利量的经济，摒弃只着重生产量的经济；建立既不会使资源枯竭，又不会造成环境污染和生态破坏、能循环使用各种物资的“循环式”经济，以代替过去的“单程式”经济。在这种思想观念下，人们开始研究循环经济问题，并循着科学问题、技术问题和经济问题三条思路来展开研究。

所谓循环经济（Circular Economy），是对物质闭环流动（Closing Materials Cycle）经济的简称。虽然每个人都有自己的表述②，但大致的意思都是：循环经济是把经济活动组织成一个“资源—产品—再生资源”的反馈流程，所有的物质和能源要能在这个不断进行的经济循环中得到合理和持久的利用，从而把经济活动对自然环境的影响降低到最低限度（把废弃物排放限于环境自净能力的阈值之内），实现可持续发展所要求的环境与经济的双

① 中译本参见博尔丁《即将到来的宇宙飞船地球经济学》、《重访地球宇宙飞船》，载戴利、汤森主编《珍惜地球：经济学、生态学、伦理学》，马杰、钟斌、朱又红译，商务印书馆2001年版。

② 参见李良园主编《上海发展循环经济研究》，上海交通大学出版社2000年版；王润如：《清洁生产，绿色消费，干净处理——循环经济中的包装废弃物污染控制》，《中国包装》2000第4期；刘学敏：《正确理解循环经济的科学内涵》，《中国经济时报》2004年8月17日。

赢。王如松[①]的表述是：循环经济是按照生态学原理和系统工程方法运行的具有整体、协同、循环、自生功能的复合型生态经济。

循环经济在人、自然资源和科学技术的大系统内，在资源投入、企业生产、产品消费及其废弃的全过程中，把传统的依赖资源消耗的线形增长的经济，转变为依靠生态型资源循环来发展的经济。它以资源的高效利用和循环利用为目标，以“减量化、再利用、资源化”为原则，以物质闭路循环和能量梯次使用为特征，它是按照自然生态系统物质循环和能量流动方式运行的经济模式，它要求运用生态学规律来指导人类社会的经济活动，其目的是实现污染的低排放甚至零排放，保护环境，实现可持续发展。循环经济是把清洁生产和废弃物的综合利用融为一体的经济，本质上是一种生态经济，它要求运用生态学规律来指导人类社会的经济活动。

“减量化、再利用、资源化”是循环经济活动的行为准则。减量化原则针对的是输入端，旨在减少进入生产和消费过程中物质和能源流量。对废弃物的产生，是通过预防的方式而不是末端治理的方式来加以避免。在生产中，制造厂可以通过减少每个产品的原料使用量、通过重新设计制造工艺来节约资源和减少排放；在消费中，人们可以选择包装物较少的物品，购买耐用的可循环使用的物品而不是一次性物品，以减少垃圾产生。再利用原则属于过程性方法，目的是延长产品和服务的时间强度。也就是说，尽可能多次或多种方式地使用物品，避免物品过早地成为垃圾。资源化原则是输出端方法，能把废弃物再次变成资源以减少最终处理量。资源化能够减少垃圾产生，制成使用能源较少的新产品。资源化有三种：一是原级资源化，即将消费者遗弃的废弃物资源化后形成与原来相同的新产品，例如将废纸生产出再生纸，废玻璃生产玻璃，废钢铁生产钢铁等。二是次级资源化，即废弃物变成与原来不同类型的新产品。三是升级资源化，即资源经过使用以后，在下一个经济周期的使用比原来的使用层次高。与资源化过程相适应，消费者应增强购买再生物品的意识，来促进整个循环经济的实现。

此外，近年来，还对循环经济实践中产生的模式以及国外的经验进行了总结和介绍。

---

① 王如松：《循环经济建设的产业生态学方法》，载王如松主编《复合生态与循环经济》，气象出版社 2003 年版。

五、对低碳发展和低碳经济的探索

2003年，英国在《我们能源的未来——创建低碳经济》的白皮书中正式提出“低碳经济”一词。它是指通过更少的自然资源消耗和环境污染，获得更多的经济产出。发展低碳经济有助于创造更高的生活标准和更好的生活质量，为发展、应用和输出先进技术提供机会，同时带来新的商机和更多的就业机会。“低碳经济”实质上是以低排放、低能耗、低污染为特征的绿色经济，是一种全新的发展模式，它通过提高能源利用效率和优化能源结构，通过能源技术创新、制度创新，最终减缓气候变化和促进人类的可持续发展，它是发展方式、生活方式、消费方式的一次新变革。另外，发展低碳经济在提高环境承载力和构建可靠的、竞争的能源市场，以及支持世界各地区的经济发展方面具有示范作用。

关于低碳经济和低碳发展，国内学者也进行了积极探索。蒋益民[①]提出完善价格制度，建立低碳发展激励机制，通过深化价格体制改革，相对提高资源和能源在生产环节中的成本比例，逐步形成反映资源稀缺性的价格机制。按照鼓励开发利用可再生能源、再生资源原则，调整可再生能源产品与一次性能源产品、再生资源产品和初始资源产品的价格关系。按照污染防治关口前移的原则，加大和延长生产者责任，提高污染损害补偿代价，推进污染排放物资源化、无害化处理。必须密切协作，充分利用节能减排与推行低碳经济之间的政策协同关系，建立适应我国国情的支持低碳经济的市场体系和政策体系。坚持低碳优先的方针，努力降低能源消耗，提高能源利用效率，实现经济发展方式转变，从根本上缓解能源约束，减轻环境压力。

鲍建强等[②]提出要发展具有低碳特征的产业，产业结构的调整是发展低碳经济的重要途径。他们认为，知识密集型和技术密集型产业属于低碳行业，如信息产业的能耗和物耗十分有限，对环境的影响也微乎其微。IT产业是低碳经济中最具发展潜力的产业，不论是硬件，还是软件都具有能耗低、污染小的特点。就硬件产业而言，电脑芯片越来越微型化，而其功能

---

① 蒋益民：《推行低碳经济，促进环境友好》，《新湘评论》2008年第6期。

② 鲍健强、苗阳、陈锋：《低碳经济：人类经济发展方式的新变革》，《中国工业经济》2008年第4期。

则日益强大，制作过程所消耗的能量和对环境的影响很小，而其蕴涵的知识产权和技术的附加值却非常高。软件产业更是智力密集型和技术密集型产业，互联网作为一个人类虚拟空间不断扩展的载体，以大容量、高速度的方式提供了功能强大的信息交互平台，是一种低耗能、零污染的低碳产业。他们提出，限制高碳产业的市场准入，提高高碳产业准入的市场门槛，积极发展低碳产业对中国未来经济发展具有举足轻重的战略意义。

值得注意的是，随着国外低碳经济的发展，一些发达国家会把碳密集产业和高能耗项目向发展中国家转移。未来数年，发达国家的钢铁产业、石化产业、建材产业、造纸产业、印染产业等高碳产业都会向发展中国家转移。马学禄①提出，文化创意产业处于技术创新和研发等产业价值链的高端环节，是一种高附加值的产业和低碳消耗的绿色产业。大力发展文化创意服务业，能够为社会创造巨大的财富，同时避免了能源过度消耗和环境污染问题。

此外，付允等②提出，要确立国家碳交易机制。在我国的不同功能区，一些区域是生态屏障区，一些地区是生态受益区，依照国际通用的"碳源—碳汇"平衡规则，生态受益区应当在享受生态效益的同时，拿出享用"外部效益"溢出的份额，对于生态保护区实施合理补偿。补偿原则是"碳源"大于"碳汇"的省份按照一定的价格（双方协商或国家定价）向"碳源"小于"碳汇"的省份购买碳排放额，以此保证各省经济利益和生态利益总和的相对平衡。同时，积极发展省际间的清洁发展机制（CDM），推广低碳生产技术。

第五节　结论与讨论

一、几点结论

第一，中国对于可持续发展问题的关注大大迟于发达国家，这与经济发展的程度密切相关。经过几百年工业革命的辉煌，发达国家在享受富裕

① 马学禄：《低碳经济：可持续发展必由之路》，《城市住宅》2008 年第 5 期。

② 付允、马永欢、刘怡君等：《低碳经济的发展模式研究》，《中国人口、资源与环境》2008 年第 3 期。

的同时也忍受着日益恶化的环境。为此，在20世纪40年代就开始觉醒，至60年代已经形成一股潮流，如火如荼，走可持续发展的道路是它逻辑上的继续。而在中国，新中国成立时才刚刚进入工业化的起始阶段，即使有爱护环境的微弱声音也很快被淹没在快速工业化的浪潮之中。直到改革开放以后，经济发展引起环境生态问题时才意识到，要实现经济的持续发展，必须要有良好的资源环境作为支撑，这是未来持续发展的本底。但即使这样，就已经比发达国家晚了整整25年的时间，使我国在一定程度上走了发达国家“先污染，后治理”的老路。好在中国一俟觉醒，就全力推进可持续发展，以至于在可持续发展的理论研究和实践的许多方面都走在全球的前列。

第二，中国关于可持续发展方面，意识形态的障碍时隐时现，一直影响着学者的思维。且不说改革开放以前把西方国家倡导环境保护、全球的环境合作作为一种“阴谋”加以抵制，当第一次全球环境与发展会议，中国代表团的任务之一就是要揭露“资本主义国家的鬼蜮伎俩”，以至于成为会议的另类。即使是在改革开放后仍然存在着这种惯性思维，对于发达国家所倡导的理念有一种近乎本能的抵触，国外的主张往往本能地反对，如近来的新能源革命和低碳经济成为一种世界潮流具有不可阻挡之势，却有被斥之为发达国家“阴谋”的论调。诚然，在涉及国家根本利益的问题上，有些国家确实可能设陷阱、搞阴谋，但在科学发展的问题上必须要能够独立思考，能够站在国家的最高利益上。只有这样，才能切实推进国家的可持续发展，促进国家繁荣，而不是误国误民。

第三，关于可持续发展的研究卷帙浩繁，内容庞杂。由于可持续发展问题涉及经济、社会、人口、资源和环境的各个方面，从而研究者也就涉及经济学家、自然科学家、工程技术人员以及政府官员等，研究领域涵盖社会科学、自然科学、人文科学和工程技术，研究内容既宽泛又高度综合，使在概括总结时时常受到专业素养的限制。比如，关于循环经济问题，经济学家重视“经济”，更多地关注利益关系；科学家则更侧重“循环”，试图阐释循环的机理；而由于循环经济偏重于实践，工程技术人员则在实践中构建具有代谢和共生关系的循环链条。又如，关于低碳发展和低碳经济问题，科学家关注低碳技术、低碳产品、低碳能源、低碳建筑等，关注碳捕获和碳封存，而经济学家则更关注新能源产业和产业结构演进，更关注碳贸易等。再如，关于EKC问题，经济学家主要对污染物与经济发展的关系进行实证检验并提出相关政策建议，而科学家则更关注污染物无害化和循环利用的技术问题。由此看来，要对可持续发展问题进行全面系统地总结是非常困难的。

二、需要进一步讨论的问题

第一，关于经济可持续发展问题，虽然从不同方面进行了较为深入的研究，一个完整的学科体系也正在搭建，但远没有达到完善的地步。随着可持续发展思想的提出，一些研究者试图构建一门完整的学科体系，也出版了一些以“可持续发展经济学”、“自然资源与环境经济学”、“循环经济学”等命名的著作，但它们或许只是对于一些现实材料和理论成果进行堆砌，没有逻辑上的关联和体系，徒有学科之名而无学科之实；或者，仍然以新古典主义作为分析方法和理论工具，把新古典主义经济学的理论延伸到资源与环境领域，显现出经济学的“帝国主义倾向”。但事实上，新古典主义的方法缺少时间维和空间维，假设经济活动发生在抽象的宇宙，没有历史，不考虑地理环境，而资源环境不能离开时间和空间而独立存在。所以，要构建完整的学科体系，必须超越新古典主义的分析方法，必须进行理论和方法上的创新。

第二，虽然可持续发展的思想和理念出现的时间不长，仅有20多年的时间，但由于经济全球化和环境问题的共同性，使可持续发展问题一直处于“一波未平，一波又起”的思想激荡中，新观点不断涌现，领域在不断拓宽，使人应接不暇。清洁发展机制（CDM）、循环经济、低碳发展、碳贸易的概念一俟出现便成为研究的热点问题，可以肯定，随着可持续发展实践的深入，还会出现新的概念和研究领域。不仅如此，可持续发展更是一个实践的科学，在实践中又存在着利益相关者的博弈和利益均衡，这就决定了对于它的研究不能闭门造车，不能先验地提出一套理论，或者是硬套现有的理论以削足适履，必须参与到丰富多彩的实践中，总结实践，在实践中导出理论，再去指导实践。

第三，可持续发展的理论与实践涉及许多领域，是一门高度综合的学科，是自然科学、社会科学和工程技术的融合，这就需要有相关的知识储备。但从现有的研究中可以看出，学科壁垒森严，在研究相同的问题时，各个专业背景下的研究者自说自话，不能产生共鸣。常常是，经济学家以“专业”的语言体系阐述问题，但却不了解最基本的自然科学常识；而自然科学家们却在研究科学问题时，说出了在经济学家看来的“外行话”。这或许与现代教育体系把人培养成“在越来越多的领域知道的越来越少”和“在越来越小的领域知道的越来越多”的专才有关，但相关知识的欠缺确实已经成为可持续发展问题研究进一步深入的障碍，而且随着实践的发展和深入越来越显露出来。

参考文献

1. 齐建珍等：《资源型城市转型学》，人民出版社 2004 年版。

2. 朱明峰：《循环经济与资源型城市发展研究》，中国大地出版社 2005 年版。

3. 张米尔：《市场化进程中的资源型城市产业转型》，机械工业出版社 2005 年版。

4. 科学技术部农村与社会发展科技司、中国 21 世纪议程管理中心：《中国地方可持续发展特色案例》，社会科学文献出版社 2005 年版。

5. 中国科学院可持续发展战略研究组：《2006 中国可持续发展战略报告——建设资源节约型和环境友好型社会》，科学出版社 2006 年版。

6. 科学技术部农村与社会发展科技司、中国 21 世纪议程管理中心：《中国可持续发展实验区的探索与实践》，社会科学文献出版社 2006 年版。

7. 科学技术部社会发展科技司、中国 21 世纪议程管理中心：《国家可持续发展实验区报告（1986—2006）》，社会科学文献出版社 2007 年版。

8. 刘学敏：《论循环经济》，中国社会科学出版社 2008 年版。

9. 张卓元主编：《中国经济学 30 年（1978—2008）》，中国社会科学出版社 2008 年版。

10. 中国科学院可持续发展战略研究组：《2008 中国可持续发展战略报告——政策回顾与展望》，科学出版社 2008 年版。

11. 中国科学院可持续发展战略研究组：《2009 中国可持续发展战略报告——探索中国特色的低碳道路》，科学出版社 2009 年版。

（执笔人：刘学敏，北京师范大学资源学院教授）

第十九章

区域经济学理论研究的进展与创新

第一节　区域经济学的形成与发展

20世纪50年代以来，区域问题成为全球关注的热点之一，许多国家都把区域的开发、规划、整治、决策和管理提到重要的议事日程。在西方国家，区域经济学经过20世纪50年代的萌芽和成长、60—70年代的拓展和丰富，于80年代开始形成较为完善的理论体系和分析方法，逐步发展成为经济学中的一门新兴学科。

我国幅员辽阔、人口众多、少数民族分布广、资源多样、边界线长；原有经济社会基础和总体发展水平低，地域差异大，如何统筹区域协调发展，是社会主义建设需要回答和解决的重大问题。在较长时期的传统计划经济体制下，计划纵向传导，区域经济只是作为国民经济总体布局的一个要素加以考虑和得以存在和发展。改革开放以来，中央向地方、企业放权，地方政府日益成为具有相对独立利益的经济主体，区域经济的垂直依赖弱化，区际横向关系迅速扩大，激发了各级地方政府把发挥区域优势、促进产业结构与布局合理化作为区域经济发展的主要目标。同时，在经济转轨过程中，由于市场经济体制机制尚不完善等原因，忽视区域经济发展客观规律的各种区域矛盾不断产生和激化。为适应我国改革开放和现代化建设的需要，我国区域经济研究开拓了新领域并促进了向纵深方向的发展。

一、区域概念的界定

人类的各种社会经济活动总是在一定的空间范围内进行的。地球表面的空间范围称为区域。但不同学科对区域的含义有不同的回答。如地理学按其自然地理特征，把区域定义为地球表面的地域单元。20 世纪以来，中外经济学家一直在探讨明确统一的区域的定义。

最早从经济学角度对区域概念进行界定，也是目前较能为大家接受的，当推 1922 年全俄中央执行委员会直属经济区划问题委员会所给出的定义："所谓区域应该是国家的一个特殊的经济上尽可能完整的地区。这种地区由于自然特点，以往的文化积累和居民及其生产活动能力的结合而成为国民经济总链条中的一个环节。"

1970 年，美国区域经济学家 E. M. 胡佛提出目前影响较大的定义，认为："区域是基于描述、分析、管理、计划或制定政策等目的而作为一个应用性整体加以考虑的一片地区。它可以按照内部的同质性或功能一体化原则划分。"

对于区域经济学中"区域"的基本内涵，就已知文献大体可以概括出以下几点：

1. 区域是一个空间的概念。"区域"和"空间"在区域经济学中往往互相换用。

2. 区域包括在特定的主权国家的疆域内，中央政府及其代表对它拥有政治经济方面的控制权，政府通过政策等手段引导、调控区域经济活动。任一区域既具有区别于其他区域的政策上的差异，又在区域内部具有政策上的"一致性"和"连续性"，为此，最实用的区域划分应当符合行政区划的疆界。

3. 区域经济上应当尽可能是一个比较完整的地区。经济学所研究的区域是在考虑到行政区划基础上，按照经济活动的内在联系形成的经济区。要求区域具有能够组织和协调内部经济活动和区际经济联系的能力，并存在由中心城市构成的这种调节及协调的核心。

4. 区域界定和划分的基本方法为同质性与集聚性。同质性指区域内部某些重要因素特征上的一致性或相似性。集聚性是指由若干异质部分构成而在功能上紧密联系的因素，但由于某种区域共同利益和集团的内聚力而形成区域。

5. 区域存在的前提有三：一是资源短缺且分布不均衡条件下生产要素不完全流动，从而某些经济活动会产生某个区域。二是由于规模经济或集聚经济等要求而形成的经济活动的不完全可分性，使生产要素和经济单位结合在一定的空间内而出现的以城市为中心的区域经济。三是距离成本限制了自然优势的发挥和空间集聚经济得以实现的必要而构成的区域经济。

二、区域经济研究的主要内容

区域经济研究揭示“区域”的内涵，从科学的角度看，是为了探讨区域运行的经济学规律，统筹区域协调发展，实现提高效率与促进公平的统一。如果整个国民经济是个大系统，区域经济就是其中的子系统。子系统虽有行政区域的界限，但要素在子系统之间的活动原则上是“全贯通”的，从而形成全国的统一市场。

区域经济研究的主要内容包括：

1. 区域经济的特点和地位。由于以下原因的综合作用，有必要对区域经济进行专门的研究。一是要素分布的不均衡决定了区域产业的“非均衡发展”。二是要素空间转移的特性。即要素有不可转移性，如土地、不易转移资源和可转移但转移成本不等。三是地理区位不可替代的某种排他性。四是长期形成的社会文化积淀的区域特征。因而决定了国民经济必然是由不同类型的区域有机组合而成。只有因地制宜形成各具特色、分工协作、互相促进的区域组织结构，才能取长补短，发挥优势，提高整体经济水平。

2. 区域经济发展战略。就是对特定区域内经济长远发展的全局性谋划，主要是为实现地区经济社会发展总目标指明前进的方向、策略和行动纲领。由于各地经济发展水平、阶段、面临的任务各不相同，不同类型的地区其发展战略所采取的对策就会不一样。大体可按经济的发展阶段将地区划分为待开发地区，处于成长阶段的地区和处于发达阶段的地区。正确分析区域所处发展阶段，是制定区域经济发展战略的基本出发点。

3. 区域经济增长和产业结构。区域经济增长一般是指区域国民生产总值不断增加的总体趋势和可持续发展。区域发展既表现为总量的增长，又体现结构的优化，包括区域空间结构和城镇体系的建设与布局。

4. 区域经济政策。它是政府运用国家干预，优化资源空间配置，控制区域差异扩大，协调区际关系，解决发展中出现的种种区域性问题，以推动地区协调发展所实施的政策和政策体系。普通意义的区域经济政策是国家层次的政策，它具有三个明显的特征：（1）有限性，必须与其他政策配合运用才能发挥更大的作用。（2）系统性，各项政策要相互衔接，相互配合。（3）阶段性，区域发展阶段、问题的类型和性质不同，采用的区域政策也不同，并应适时更新、转换区域经济政策。

三、国外区域经济学的形成与发展

生产社会化和劳动地域分工的扩展，区域失衡的矛盾也日益突出。区域经济发展的研究就应运而生。

1. 西方区域经济学的形成与发展。从我国区域经济发展的文献研究中可以看出，对西方区域经济学的论述有三种视角。

第一，从分析资本主义生产布局规律性及其本质属性的角度，评介西方区域经济学。指出到了资本主义社会，近代生产布局科学沿着两个方向发展：一是逐步从地理科学中分离出来以研究人文分布现象为对象的“人文地理学”，主要由地理学家如李特尔、拉采尔、白吕纳等人初步完成；二是从经济科学中分离出来以研究生产区位为对象的“区位论”，主要由经济学家杜能奠基，经过韦伯的系统著述，克里斯特勒与廖什等人的进一步发展，逐步成为经济科学体系中的一个重要分支科学。因此，作为一门独立学科的生产布局学，是资本主义社会发展到一定阶段的产物，是社会化大生产的产物。资本主义制度经历了自由竞争和垄断两大阶段，“西方区位论在理论和方法上也经历了一个形成发展的过程，如由单一区位因素的研究发展为几种区位因素的研究，进而发展为多种区位因素的综合研究，从微观角度的研究发展为宏观与微观经济相结合的研究。”① 但从总体上看，无论是传统的区位论，还是现代的空间经济学，都是以资产阶级政治经济学的基本理论为指导，为资本主义生产目的服务的，这就不能不带有很大的阶级局限性。

第二，从区域经济理论创新的角度，简要梳理西方区域发展理论。认为该理论主要以经济地域空间差异为研究对象，从19世纪20年代开始逐渐发展起来，到20世纪50年代末，比较有影响的经济学家及其相关理论主要有：德国农业经济和地理学家杜能（Thunen）在1826年发表的著作《孤立国同农业和国民经济的关系》中提出的农业区位论，1957年缪尔达尔

① 刘再兴等编著：《生产布局学原理》，中国人民大学出版社1984年版，第22页。

（Myrdal）在《经济理论和不发达地区》中提出的“累积因果论”，1958年赫什曼（Hirrshman）在《经济发展战略》中提出的“核心与边缘区理论”，1960年艾萨德（Isard）提出的“国家干预政策”等。从20世纪50年代末开始到21世纪初，国外研究主要关注区域经济增长与区域间均衡发展、区域发展战略和综合布局以及区域经济研究的数学模型这三个领域。其中，1966年弗里德曼（Friedman）的《区域发展政策》、1975年胡佛（Hoover）的《区域经济导论》、鲍茨和斯坦的《自由市场条件下的经济增长》、1965年威廉姆森的《区域不平等和国家发展过程》、1955年佩鲁的《略论增长极概念》等，均围绕着区域经济增长与区域间均衡发展这个领域提出了各自的建设性分析。而汉森（Hansen）1972的著作《区域开发中的增长极核》、劳埃德（Lioyd）1977年的《空间区位论》、帕特赖克（Patnaik）1981年的《第三世界国家区域开发与规划经济学》、理查森（Richardson）的著作《区域增长理论》等围绕着区域发展战略和综合布局提出了各自的观点。1978年布朗（Brown）的《区域——国家经济模型》、1977年因特里格特（Intigator）的《经济模型技术与应用》是围绕着区域经济研究数学模型进行研究的。

上述理论对我国的区域发展有一定的借鉴价值，但各有缺陷，有的经济学家认为主要偏颇在于过于夸大市场的自发作用，不可能真正解决我国区域布局的实际问题。

第三，从区域经济学的来源和组成部分的角度论述西方区域经济学。我国区域经济学者在这方面的论述还比较多，其中值得我们关注的是2006年魏后凯主编的《现代区域经济学》导论中对西方区域经济学所做的比较全面系统和力求准确的述评。他认为，总体上看，从杜能率先提出农业区位论算起，西方区域经济学的形成和发展大体经历了三个阶段：

第一阶段：第二次世界大战前，该研究还主要局限于对企业、产业和城市的区位选择、空间行为和组织结构方面。这期间表现出至今仍有较大影响的区位理论，如杜能的农业区位论、韦伯的工业区位论、克里斯塔特的中心地理论和勒施的市场区位理论。杜能提出以城市为中心呈同心圆状分布的农业地带理论，即著名的“杜能环”。韦伯的《论工业区位》（1909）和《工业区位理论》（1914）系统、完整地建立了工业区位模式，成为这一理论的奠基人。其理论的要点在于区位因素决定生产场所，而运费、劳动费用和集聚因素又是工业区位指向的决定因素。以杜能和韦伯为代表的古典区位理论主要以第一、二产业为对象，进行静态的、微观的区位研究，而且以成本—效益分析为主，从而形成区位理论的成本学派。1933年区位理论扩展到聚落分布和市场研究，建立了中心地理论（克里斯塔勒，1998）。在此基础上，勒施将利润原则应用于区位研究，并从宏观的一般均衡角度考察工业区位问题，从而建立了以市场为中心的工业区位理论和作为市场体系的经济景观论（勒施，1995）。此外，20世纪30—40年代还有瑞典经济学家奥林、帕兰德，美国经济学家胡佛等，从不同方面扩展了区位论的研究。

第二阶段：20世纪50—70年代，西方区域经济学研究的重点开始转向区域经济发展和区域政策问题，各国学者提出了许多很有影响的区域发展理论和战略模式，其中较有影响的有输出基础理论、增长极理论、积累因果理论、中心—外围模式、新古典增长模型等。

输出基础理论最初由诺思（North，1955）在其《区位理论和区域经济增长》中提出，由蒂伯特（Tiebout）等加以完善。基本思想是：一个区域的增长取决于其输出产业的增长，区域外生需求的扩大是区内增长的重要原动力。

增长极概念最早由法国经济学家佩鲁（Perrour）提出，其基本思想是，“增长并非同时出现在所有地方，它以不同的强度首先出现于一些增长点或增长极上，然后通过不同的渠道向外扩散，并对整个经济产生不同的终极影响”（佩鲁，1988）。20世纪60年代，法国学者布代维尔（Boudeuille）认为“一个区域增长极是指区位在一个城市区，并在其影响范围内引导经济活动进一步发展的一系列推进型产业”（布代维尔，1966）。

20世纪50年代第三个很有影响的区域发展理论是累积因果理论，是由美国经济学家缪尔达尔在其名著《经济理论与不发达区域》中提出的。他认为，“市场的力量通常倾向于增加而不是减少区际不平等”。按他的观点，由于集聚经济的存在，繁荣地区会因市场的作用而持续、累积地加速增长，并同时产生扩散效应和回流效应。前者对落后地区有利，而后者则对落后地区不利。由于前者远小于后者，经这一不均衡的互动过程，繁荣地区越繁荣，落后地区越落后。之后，卡尔多（Kaldor）等提出了具体的累积因果模型，进一步发展了缪尔达尔的思想。而弗里德曼1966年在《区域发展政策》中却认为，从长远看，“随着区域经济的持续增长，将推动着空间经济逐渐向一体化方向发展”。

第三阶段：自20世纪80年代以来，西方区域经济研究开始逐步走向计量化，实证研究成为一种新时尚，逐步把研究重点转移到多厂企业的区位选择与空间组织上来。国际直接投资区位的选择和新型劳动地域分工等问题，日益成为当今西方区域经济学研究的热点。

2. 苏联生产布局理论对我国的影响。新中国成立后，我国生产布局的理论研究和传统经济体制一样，模仿甚至照搬了苏联生产布局的理论和方法。20 世纪 50—60 年代，经济地理学和生产布局学研究工作者等，翻译了大量苏联有关经济地理和生产布局的教科书、著作和论文；有关单位派留学生去学习有关专业理论、方法，邀请了一批苏联有关专家来讲学，包括生产布局著名学者费根前来讲学，1957 年我国还出版了他的代表作《资本主义与社会主义的生产配置》。他的思想观点对我国生产布局的研究，产生了颇深的影响。

这一时期，均衡布局原则和建立各区域相对完整的工业体系原则，就成了生产布局原则的中心以及这一时期生产布局研究的最重要内容。而且这些方面也深深地打上了苏联的烙印。1955 年，刘再兴主编的《中国生产力总体布局研究》中将改革开放前我国学者对生产力布局原则的几种提法和苏联专家的提法列表做了对比，竟发现惊人的相似，而且有关生产力布局理论和思想方法的许多观点与苏联学者的提法也如出一辙，即以“生产关系决定论”为特征，误解了马克思、恩格斯有关未来社会主义资源配置的计划性、直接性和均衡性，过火地批判了“地理环境决定论”，甚至把资本主义和社会主义生产力布局规律绝对对立起来。应当说，苏联生产布局理论对我国有值得借鉴的地方，但在更多方面却值得我们反思。此后，由于众所周知的中苏关系交恶等原因，苏联生产布局和区域经济理论对我国的作用和影响也日益淡化了。

第二节　我国区域经济理论研究的发展历程

新中国成立 60 年来的区域经济理论研究大体可分为改革开放前后两个时期。

一、改革开放前时期又可分为三个阶段

（一）1953—1957 年阶段

新中国成立后经过三年的经济恢复时期，我国开始实行“一五”计划。这个阶段，生产力均衡布局论处于统治地位。为了改变解放前生产力布局

偏集东南沿海的状况，缩小沿海与内地的差距，党和政府以及经济界专家学者都主张把重点工程项目更多地安排在内地建设。1956 年，毛泽东在《论十大关系》中指出："我国的工业过去集中在沿海。……我国全部轻工业和重工业，都有约百分之七十在沿海，只有百分之三十在内地。这是历史上形成的一种不合理的状况。沿海的工业基地必须充分利用，但是，为了平衡工业发展的布局，内地工业必须大力发展。"① 还说："新的工业大部分应当摆在内地，使工业布局逐步平衡，并且利于备战，这是毫无疑义的。但是沿海也可以建立一些新的厂矿，有些也可以是大型的。至于沿海原有的轻重工业的扩建和改建，过去已经作了一些，以后还要大大发展。"② 1955 年正式颁布的"一五"计划也正是按照这个指导思想进行安排的。"一五"时期的生产力布局还体现了集中与分散相结合的原则，表现为宏观分散、中观集中、微观成组的特征。工业布局尽可能与原料、燃料产区相结合，生产地尽可能接近消费地。此外，还考虑到少数民族地区工业发展的要求和遵循国防安全的原则。

在这个阶段，我国生产力布局和区域经济理论工作者主要在以下几方面做了许多工作：

1. 非常重视马克思、恩格斯和列宁有关生产力布局和区域经济发展理论的学习和阐释，认为这是我国社会主义经济建设包括生产力布局的重要指导思想。其中经常学习和引用的是恩格斯在《反杜林论》中的一段论述："只有按照一个统一的大的计划协调地配置自己的生产力的社会，才能使工业在全国分布得最适合于它自身的发展和其他生产要素的保持或发展。"当时普遍认为，我国的社会主义社会就是恩格斯讲的这个社会，我们的"一五"计划就像是恩格斯所说的"一个统一的大的计划"，其中包括了"协调地配置自己的生产力"，其长远目标似乎正如恩格斯所说的："大工业在全国的尽可能均衡的分布是消灭城市和乡村的分裂条件。"在建设项目的安排上，常常学习和阐释列宁在《科学技术工作计划草稿》等著作中所作的重要论述，包括"必须合理地配置工业生产力，使工业企业接近原料地，尽量减少在整个生产过程各阶段中的劳动消耗"等论述。问题在于如何正确理解和应用马克思、恩格斯、列宁经典作家的观点。马克思、恩格斯提出

① 《毛泽东著作选读》下册，人民出版社 1986 年版，第 723 页。

② 同上，第 724 页。

的实现均衡布局的思想前提，是生产力高度发达的社会主义，而在我国刚刚建立社会主义制度，生产力水平还十分落后的情况下，单纯靠国家一个主体的统一大计划就想按比例地配置全国的生产力，实现均衡分布，是不符合中国实际，因而其效果是会受到很大限制的。

2. 重点围绕生产力布局原则进行研究。早在新中国成立初期，新中国经济地理学的主要创始人孙敬之就强调经济地理学的研究对象是生产力布局。他主持和编写了新中国第一部以马克思主义为指导的《经济地理学》教材。在学习苏联的潮流下，老一辈生产力布局理论工作者王守礼、周起业等翻译、推介了一批苏联生产力布局和区域经济学方面的论著。

3. 参加实际工作。广泛参与和开展了新建工业布局的技术经济论证和新工业基地的区域规划实践，流域考察和规划、联合选厂、农业区划等实际工作，作出了一定的贡献，也为理论研究提供了实践基础，使理论与实践更好地结合起来。

（二）1958—1964 年阶段

从 1958 年起，我国经历了“大跃进”和“人民公社”运动。在生产力布局和区域经济发展上提出了地区综合发展论，并作为主导思想。1958 年 3 月，在继续批评反冒进，推行“全面大跃进”的形势下，毛泽东在天津视察工作时指出：地方应该想办法建立独立的工业体系，首先是协作区，然后是许多省，只要有条件，都应建立比较独立的但是情况不同的工业体系。当时，将全国划分为东北、华北、华东、华南、华中、西南、西北七个协作区，并要求各区分别建立大型的工业骨干和经济中心，形成若干个具有比较完整的工业体系的经济地区（刘再兴，1995）。各地工业都“遍地开花”，尤其是“以钢为纲”，不顾条件，大办钢铁，目标是建立起各地独立完整的工业体系，其后果则是到处铺新摊子、建新厂子，一个个“大而全”、“小而全”、“小土群”、“小洋群”的工业企业星罗棋布。

我国区域经济学者提出过在地区分工基础上综合发展各地区经济的观点，并作为生产力布局的原则之一加以论述，即认为应当“在全国各经济区间实行有计划的地域上的分工并综合发展各区经济”（张文奎）。类似的观点认为：生产力布局的原则之一，是“在各个经济地区间实行有计划的地域分工，同时使这些地区内部经济得到全盘发展”。[1]

---

① 转引自杨开忠《中国区域发展研究》，海洋出版社 1989 年版，第 26 页。

区域综合发展论本身不见得不妥，问题在于这一理论实际上已经涉及区域经济发展的模式选择问题。因为区域经济的结合构成国民经济。在如何结合上，陈栋生提出有两种类型：一类是区域经济的简单聚合型，即各个地区按统一模式建立行行俱全的、独立完整的地区经济体系，国民经济就如同一袋马铃薯，是由结构质地相同，仅有大小差别的马铃薯聚合而成。采用这种形式，即使能实现国民经济的发展目标，其效率和效益肯定也是低下的。另一类是区域经济有机耦合型，即各地区从实现国民经济总体发展目标出发，根据各地不同的条件与特点，建立各具特色、相互耦合、相互促进的地区结构。但实行劳动地域分工，建立各具特色的产业结构，应当是有客观依据的。一是地区自然条件的差异和自然资源分布的不均衡；二是原有经济发展水平、特点和社会文化因素的地区差异；三是充分利用生产专业化、集中化、集聚化、联合化效益的需求；四是各地区自然地理、经济地理和国防地理位置上的差异（陈栋生，1991）。而且地区经济综合发展的实现，只能在经济发展水平不断提高的过程中逐步地相对实现，与一定时期的国家财力、物力相适应。在生产力布局问题上违背客观规律，脱离我国国情，超越实际可能，往往只会降低社会宏观效益。

这一阶段地区综合发展论作为指导思想存在偏差，主要表现为没有建立在充分合理的区域分工基础上，区域优势并未充分发挥，割裂了区域间的经济联系。这种强调区域自成体系的理论，导致区域产业趋同化，阻碍了区域产业合理化的进程，付出了较为沉重的代价。不过当时发现问题还较快，1961 年起，国家决定对国民经济实行“调整、巩固、充实、提高”的方针，其中包括大力缩短基本建设战线，下决心停缓建了大批不适当的在建工程，关停并转迁了大批不合理的建成项目。在我们这样一个历史上自给自足的自然经济思想根深蒂固的国家，在当前社会主义市场经济体制机制还不完善的条件下，带有片面性的地区综合发展理论的影响仍会相当久远。对此，我们要有足够的认识。

（三）1965—1977 年阶段

集中更大的力量，开展以西部为主的“三线建设”。20 世纪 60 年代中后期，由于中苏关系破裂，战争威胁有所加重，特别是作为近邻的苏联具有更大的威胁。毛泽东提出“备战、备荒、为人民”的口号，区域战略部署作了重大调整，即主要是集中更大力量加强“三线建设”。

对于这一重大建设布局，由于处于“文化大革命”期间，加上带有国防项目性质，生产力布局和区域经济学者直接参与者较少。但作为事后评价，总结经验教训，则有多种多样的看法，历来有不同的评价。大体上可分为三类论点：

1. 利大于弊论。认为“三线建设”是新中国成立以来我国生产力布局从沿海到内地的一次战略性的大转移，空前规模的大调整。对于改善我国生产力布局畸重沿海、工业布局与资源布局严重脱节的状况；对于建设强大的战略后方基地，防止侵略；对于改变西部地区贫困落后的面貌，增强各民族的团结，都具有着深远的意义和作用。“三线建设布局在‘山、散、洞’的方针下，产生出不少毛病，但从总体上看，布局基本上是合理的”。持这一类论点的学者如林凌、李树桂于1992年还主编出版了《中国三线生产布局问题研究》，书中专门论述了上述论点。2009年，杨承训在其主编的《中国特色社会主义经济学》一书中，也持同样的观点。认为“三线”建设“其积极意义在于确实加强了（西南、西北）国防工业和重工业，特别是一些高新技术企业，并且对西部的开发打下一定的基础，改变了不少地区无工业的历史（如贵州），有相当一批人进入西部。缺点是成本巨大，产生了重大比例失调，也造成许多坐落在偏远地区的企业向市场转移困难”。“‘三线’建设，对改变我国工业布局、开发大西南和大西北起到了积极作用，但这个决策有重大失误。”

2. 有得有失论。有得，指的是“三线”建设时期在陕南、四川、贵州、鄂西、广西、湘西等“大三线”地区建立了一大批技术先进、装备精良的大中型军工企业，成为长时期内实现国民经济技术改造的重要技术力量。有失，指的是它给国民经济造成巨大的、无法挽回的损失：违背了客观经济规律，不是选择优势区位集中配置生产力，而是大搞“山、散、洞”，使建设周期拉长，工程造价提高，投资效果下降，已建成生产能力效益不理想，一些企业不得不迁出山沟，更多的企业仍年复一年地支付着超额费用（蒋海清、刘再兴，1995）。

3. 得不偿失论。主要理由是两个方面：一是由于错误判断国际形势，认为战争迫在眉睫，造成宏观决策失误。况且国防不能作为独立的生产力布局的原则，需要通过多条布局原则的贯彻实施才能合理实现。二是从经济角度看，建设“三线”战略后方经济效益低。不计经济效率与效益，在“三线”地区投入大量人力、物力、财力，其结果是严重损失，得不偿失（杨开忠，1989）。

二、改革开放后时期

这个时期是我国区域经济研究空前活跃的时期，也可分为三个阶段。

（一）1979—1992年，加快发展沿海地区的非均衡发展阶段

改革开放以来，中国区域经济发生了根本性的变化，区域经济学的发展翻开了新的一页。在这一新的阶段里，由过去地区均衡布局到非均衡布局是最重要的转变。根本原因在于区域经济发展思想的转变。邓小平理论成为具有中国特色的区域经济学的重要指导思想。有的区域经济学者认为，这一指导思想有关的重要内容应包括：发展社会生产力是区域经济建设的根本任务；一部分地区先富起来与全国各族人民共同富裕是区域经济发展的目标；发挥市场机制的作用，给地方更多的自主权，使其成为经济利益主体是区域经济的运行机制（李树桂，1997）。还应当包括关于帮助少数民族地区发展的政策思想，特别是关于沿海与内地发展关系"两个大局"与兴办特区和开放沿海城市的思想，等等，对区域经济理论研究和发展都具有直接的指导意义。

对于由"均衡"到"非均衡"布局的重大转变，实际上是承认和自觉运用地区经济不平衡布局的规律，其深刻的现实与理论背景是什么？综合区域经济学者的观点，大体上有以下几点：（1）区域差异的存在，不应平均使用财力、物力，各地经济一样快地发展起来。（2）前30年正反两方面经验证明，通过每个时期有重点、不平衡地发展，从长远看，既可保证整个国民经济较快发展，又能切实有效地逐步缩小地区之间经济发展水平的差距。（3）综观国际经验表明，一国生产力布局的均衡度和国民经济的总水平存在着正相关关系。均衡配置的实现，必须以提高原有重心区作为向新地区展开的出发点和依托，要始终把提高原有经济重心区和开发新地区紧密结合起来（陈栋生，1988）。（4）改革开放和经济发展战略的转变，使以往"均衡"的生产力布局战略丧失了存在的条件，同时追求效率和赶越心理又把"倾斜"的生产力布局战略推到了前台（刘再兴，1995）。实际上，一个经济体系尚处于有效供给不足的阶段时，区域不平衡发展是总体经济有效增长的一个必要条件。这样一些理论探索与概括是引人注目的。

这一阶段，在区域发展总体战略布局上向条件较好的沿海地区倾斜。1979年中央提出了"扬长避短、发挥优势、保护竞争、促进联合"的方针。有区域经济学者参与编制的"六五"计划（1981—1985）专设"地区经济

发展计划篇”，包括了沿海地区、内陆地区、少数民族地区、地区协作与国土开发和整治五章。提出了积极利用沿海地区现有基础，充分发挥它们的特长，带动内地经济进一步发展等要求（“六五”计划）。“七五”计划（1986—1990）首次将全国划分为东部、中部和西部三大经济地带，并相应地提出了三大地带的发展方向与重点。这种划分有利于认清各个地带的优势和制约条件，有利于宏观上分类指导，采取相应的对策和部署，有利于各地区经济的共同发展，有利于形成合理的地域分工和地区经济结构（房维中、桂世镛，1986 年）。

这一阶段，国家投资布局相应地重点东移，实施了一系列的沿海开放政策，包括对广东、福建实行了特殊政策、灵活措施，设立经济特区，开放部分沿海港口城市，开发开放浦东新区和台商投资区，对海南经济特区实行更加灵活开放的经济政策；国家对老、少、边、贫地区实行了扶持政策，以及进一步完善支持民族地区发展的政策等。与此同时，我国区域经济工作者不断扩展了区域研究的领域，从理论与实际的结合上，参与了区域经济现实问题的研究，如参与编制《全国国土总体规划纲要》、《京津塘地区国土规划纲要》、经济结构的国际化比较和中国经济结构问题与对策研究，一些地区的经济结构问题与对策研究等。1982 年 9 月，党的十二大提出了中国到 20 世纪末经济社会发展战略构想以后，各地兴起了发展战略研究热潮（有关区域发展战略后面将专门论述），实施非均衡发展的方针取得了显著成效。

（二）1993—2002 年，实施非均衡协调发展阶段

前一阶段的区域发展，由于体制机制和政策的不完善，加上市场力量的自发作用，粗线条划分的跨省份的三大地带内部又缺乏协调机构机制，因而区域发展仍然存在诸多问题，地区差距包括地区收入特别是东西和城乡收入差异进一步扩大，“诸侯经济”初见端倪等。

对此，区域经济学者进行了新的探索，寻求解决问题的思路、方略。1986 年，李树桂在其主编的《中国区域经济问题研究》中提出，“从我国区域经济发展的历史经验教训”来看，改变均衡发展战略和非均衡发展战略，实行非均衡互补协调战略是最佳选择。他在肯定非均衡发展战略的同时，认为非均衡发展要与协调发展相结合，通过区域间互补、互促、互利来实现，这是既提高效率又兼顾公平的极好选择。为促进非均衡协调发展，还提出了四项对策。对于采取什么样的地区发展战略，才能解决面临的地区

经济差距进一步扩大等主要问题，区域经济学界有各种不同的主张。总的认为，在目前我国体制转轨阶段，要改变这种状况，既不能用传统的以政府行政配置资源的方式，也不能任凭市场左右，而应在国家产业政策指导下，借助财政、金融、法律、政府政策等手段，按照因地制宜、合理分工、各展所长、优势互补、共同发展的原则，促进区域间经济协调、健康发展（任新保，1996）。

非均衡协调发展阶段，主要是实施“八五”（1991—1995）计划和“九五”（1996—2000）计划期间。这期间，党中央、国务院审时度势、与时俱进地提出了一系列有关区域经济协调发展战略的重大决策和举措。主要是：（1）1991 年 3 月，十年规划和“八五”计划纲要进一步明确指出：“要正确处理发挥地区优势与全国统筹规划、沿海与内地、经济发达地区与较不发达地区之间的关系，促进地区经济朝着合理分工、各展所长、优势互补、协调发展的方向前进。”（2）1992 年年初，邓小平视察南方谈话时指出：“一部分地区有条件先发展起来，一部分地区发展慢点，先发展起来的地区带动后发展的地区，最终达到共同富裕。”[①] “可以设想，在本世纪（本文注：20 世纪）末达到小康水平的时候，就要突出地提出和解决这个问题。”[②]（3）1995 年 9 月《中共中央关于制定“九五”计划和 2010 年远景目标的建议》明确指出：“从‘九五’开始，要更加重视支持内地的发展，实施有利于缓解差距扩大趋势的政策，并逐步加大工作力度，积极朝着缩小差距的方向努力。”（4）1998 年 3 月，“十五”计划纲要明确提出了“实施西部大开发战略，加快中西部地区发展，合理调整地区经济布局，促进地区经济协调发展”的指导方针。2000 年 10 月，发布了《国务院关于实施西部大开发若干措施的通知》，随后国务院还发布了有关西部大开发的多项政策措施。（5）2002 年 11 月，党的十六大正式作出“支持东北地区等老工业基地加快调整和改造”的决定。2006 年 4 月，颁发了《中共中央、国务院关于促进中部地区崛起的若干意见》。可以说，由此从根本上发展了“七五”计划按东、中、西部梯度推进的思想，开始形成涵盖东部率先发展、西部大开发、中部崛起、东北振兴的区域协调发展的“四大板块”的总体格局，形成区域经济发展的“四轮驱动”，并初步形成促进区域协调发展的

① 《邓小平文选》第三卷，人民出版社 1993 年版，第 374 页。

② 同上。

体制和机制。

以上五项重大举措，我国区域经济学界都以不同方式、不同程度地参与探索、研究和在各自的岗位上加以推动。特别是对西部大开发的研究，结出了硕果，表现之一是区域经济学者出版了一批相关的论著，如王洛林和魏后凯著《中国西部大开发政策》、陈栋生著《西部大开发与可持续发展》、张绪胜主编《西部大开发——战略·对策·信息》、胡鞍钢主编《西部开发新战略》、李树桂主编《西部经济跨越式发展》、靖学青著《论中国区域经济发展战略重点西移》，等等。他们在自己的论著中对西部大开发的现实意义、制度创新、挑战与机遇、西部大开发与区域经济发展和可持续发展的关系等，都做了相当深入的研究，提出了许多政策性的建议。至于发表在各种相关报纸专刊上的论文就更多，有的还是实证性很强的论文，如发表在《区域经济论丛》上的季任钧、安树伟的论文《西部老工业基地产业空洞化问题研究》就是国家社科基金项目“西部地区发展优势产业和特色经济研究”的阶段性成果，就空洞化的表现、形成原因、摆脱措施做了比较深入的研究，对促进西部大开发建言献策很有帮助。

（三）2003 年至今，以科学发展观统筹区域协调发展阶段

2003 年 10 月，党的十六届三中全会通过的《中共中央关于完善社会主义市场经济体制若干问题的决定》，提出了坚持以人为本，树立全面、协调、可持续的科学发展观，提出了“五个统筹”，即统筹城乡发展、统筹区域发展、统筹经济社会发展、统筹人与自然和谐发展、统筹国内发展和对外开放。其中的统筹区域发展，可以说是区域经济协调发展战略的高级阶段，也是坚持全面、协调、可持续的科学发展观和构建和谐社会的内在要求与重要内容。

如何正确理解和践行统筹区域发展的崭新理念，是这一阶段区域经济学者非常关注和认真探索的重大问题。学者们提出的见解的要点是：

1. 要正确理解统筹区域发展的内涵。认为，统筹区域发展的核心理念是以人为本，改革的根本目的是促进所有人的全面发展，提倡的是“共同富裕”；并认为中国区域发展战略存在第一代与第二代之分，第一代发展战略体现为沿海有限发展，而包括统筹区域发展在内的第二代发展战略强调协调发展、全面发展、可持续发展，倡导共同发展、共同分享、共同富裕（胡鞍钢，2004）。国家发展和改革委员会宏观经济研究院在《统筹区域发展研究》的报告中给出的概念在相当大程度上与之所见略同。其他学者也

从不同角度做了阐述。有的认为统筹发展强调的是机会均等，是着力于起点平等的崭新理念（江世银，2003）。有的认为，统筹区域发展，就是从全国区域经济发展格局的角度，有重点、分阶段地全面解决各种类型的区域问题（胡乃武、张可云，2004）。有的从区域统筹层次的角度理解，认为统筹区域发展，就是把各个层次的区域纳入国民经济与社会发展全局之中进行通盘筹划、综合考虑，通过自然资源的合理利用与保护、生产力布局、城乡布局等手段，促进各种资源要素的空间流动，优化空间结构，最终实现空间协调发展。王梦奎、李含林、魏奋子等也都提出了各自的理解和界定。

2. 要合理、科学地确定区域发展战略。因为区域经济发展战略就是对特定地区内的经济、社会发展进行全局性的根本性的筹划、思路和决策，对统筹区域发展至关重要。我国区域经济学者为此进行了相当广泛而深入的研究，下面将专门加以论述。

3. 要妥善处理区域发展中的若干关系。杨承训为此提出了六个关系，即理论上摆正西方区域发展观和中国理论创新的关系；统筹中央和地方以及各地区内各层次的关系；突出区域特色经济与整体结构优化的关系；区域之间竞争与合作的关系；国内区域与国际区域的关系；经济社会发展与自然环境友好相处的关系。其他学者也从不同方面探讨了区域经济发展中要妥善处理的一些关系问题，实际上反映了包括统筹地区发展在内的“五个统筹”之间是相互联系、彼此互动的关系，必须统筹协调。

第三节　区域经济发展战略研究

一个区域的经济发展能否成功，在很大程度上取决于所确定的发展战略是否正确。“发展战略”、“发展规划”和“计划”都是对未来发展的总体筹划和部署，但还是有区别的，发展战略是制订规划和计划的大思路、灵魂和精髓。战略研究是基础和前提，应当先有战略研究，再编制发展规划和计划。区域经济发展战略是全国经济发展战略体系的重要组成部分。正确的指导方针和指导思想，是制定区域经济发展战略的出发点和关键。因此，区域经济学者进行了广泛而深入的研究。

据考证，“在新中国建立后的五六十年代里，政府和学术界都还没有直接使用经济发展战略这一概念，更没有发表有关经济发展战略一般理论问题的论著”。大致在1979—1980年，随着西方发展经济学在中国的大量传播，经济发展战略这个概念便在中国理论界开始被使用并迅速传播开来（李成勋，1999）。作为经济学分支的区域经济学大体亦复如此。

有的学者较早地提出了布局优化的战略模式：一是从不同地区的客观条件和具体特点出发，采取不同的生产布局模式，形成地区的经济优势。二是注意生产布局的整体协调性，形成宏观布局的综合优势。三是根据经济发展和社会、自然条件的变化，合理调整生产布局。在生产布局的动态演进过程中实现其优化（潘照东，1989）。这是因为不同的发展阶段，发展要素在空间上的布局必然会有所不同，从而形成不同的战略布局模式。一般来说，在工业化初期，采用据点式布局；在工业化中期，采用点轴式战略布局模式；在于工业化后期，采用网络式战略布局。当然，在具体确定战略布局时，还需要在详细考虑区情的基础上作出选择（朱传耿、沈山、仇方道，2007）。

应当选择何种区域经济发展战略才科学呢？区域经济学者作出了多种选择。其中区域经济发展的梯度理论的运用与发展，引起了理论界的争论。

20世纪70年代末80年代初，源于西方的梯度理论被引入我国总体布局与区域经济研究中，主要是针对我国经济分布的不平衡性，运用这个理论，探讨有重点地开拓空间转移、空间结构调整的途径。结合我国实际，有些学者依据梯度推移理论认为：“我国经济发展不平衡的特点，实际上已经形成一种技术梯度——有的地区是‘先进技术’，有的地区是‘中间技术’，有的地区还是‘传统技术’。过去的问题是期望一下子全面先进，齐头赶超，甚至用‘一平二调’来拉平地区差距。现在，我们应当改过来，自觉地按照技术梯度，让一些有条件的地区首先掌握先进技术，然后逐步向‘中间技术’地区、‘传统技术’地区转移。随着经济的发展，通过转移的加速，逐步缩小地区差距。”① 这个观点出台后，引起了区域经济理论界的争论。有几种不同的观点：

1. 反梯度推移论。其基本内容是：一些经济技术落后的国家或地区，引进国际先进技术之后，能够有效地吸收、消化和创新，继而又反过来把更先进的技术向发达国家或地区转移。认为梯度推移论必然阻碍落后地区

① 转引自李树桂主编《中国区域经济问题研究》，成都科技大学出版社1993年版，第11页。

的开发建设，使落后地区永远赶不上先进地区。[①]

2. 梯度推移与跳跃式并存论。认为技术的空间推移，可分为纯梯度式、纯跳跃式和混合式三种类型。三种都起作用，但在不同时代、不同国家，三者作用的大小不同。在生产力水平低下的时代，由于空间规模很小，技术推移速度很慢，这时梯度推移的作用很明显；随着生产力的发展，特别是运输、通信手段的现代化，技术空间推移的规模大大扩大，推移速度大大加快，这时跳跃式就起作用。在一个历史时期内，在发达国家中，跳跃式就起作用。在不发达国家中，梯度式占优势。[②]

3. 梯度推移主导论。这种观点认为，我国的布局战略，在总体上要坚持从东向西逐步展开，在一个地带以及一个省区内，也应遵循从先进到中间再到落后地区的技术传递全程，不宜脱离实际，从主观愿望出发，盲目超越；但同时也应充分挖掘和发挥中西部的潜力和优势，按技术吸收程度、消化能力和有效需求程度，在大的梯度推移顺序中，争取局部范围的超越发展（周起业等，1989）。陈栋生认为，梯度理论正确地反映了技术空间转移的空间规律。但是，经济不发达地区的丰富资源确实是导致技术流向的一项重要因素，其能否成为现实，关键在于这些地区是否创造了较好的"政策环境形成对新技术的强磁力"（陈栋生，1993）。

除梯度推移战略外，区域经济学者还提出了几种可供选择的地区发展战略：（1）东部决战战略。其理由是从现有经济发达程度和技术先进程度看，东部地带大大高于西部地带，将力量集中于优先发展东部地带，可获得最好的经济效益，促进东中西的梯度转移。（2）中部突破战略。认为中部是我国能源和原材料工业的主要基地，而这些正是制约国民经济发展的"瓶颈"产业，主张建设重点应从中部突破，带动两翼（何竹康，1986）。（3）西部跃进战略。其主张与东部决战战略针锋相对，认为既然西部大大落后于东部，就应当重点开发西部，求得均衡发展，尽快消除差距，改变西部贫穷面貌；认为在新技术引进上并不存在梯度规律，西部可以直接引进和消化先进技术，加快经济发展。以上三种主张，有一定的合理性，也有一些偏颇之处。看来实施统筹区域协调发展，才是科学的区域经济发展战略的指导思想。

---

① 参见周起业等《区域经济学》，中国人民大学出版社1989年版，第152页。

② 同上。

至于与区域发展战略相关的国家生产力总体布局的主轴线问题，区域经济理论界也展开了热烈的讨论，进行了更深层、更具体化的研究，提出了不少构想和主张，其中有代表性的就有 11 种，包括沿海和长江结合的 T 字形“江海两线论”、“四沿”型格局论（即沿海、沿江、沿路即沿京广、京九、陇海—兰新、沿边）网络结构等。这些构想都为进一步研究我国宏观经济布局框架奠定基础作了贡献。

第四节　区域经济学研究的对象

在我国，区域经济学是一门新兴的学科，发展历史短，理论体系尚不成熟，在其学科基础建设中要探讨的问题很多，观点也莫衷一是。但任何一门独立的学科，都有其排他性的研究对象，这也应当是学科理论建设首先会碰到的关键性问题。实际情况也是这样。近 20 多年来，我国经济学界、经济地理学界和政府的计划与规划部门对区域经济问题进行了大量的调查研究工作，研究成果如雨后春笋，远远超过前 30 年的总和。仅国内正式出版的区域经济学专著就有周起业、刘再兴等著（1989）、程必定主编（1989）、陈栋生主编（1993），直至魏后凯主编（2006）等数十个版本。这些同名的区域经济学专著，无一例外地都专门探讨了区域经济学的对象。此外，在其他著作或论文中也有论述。定义很多，差异也较大。如有的界定为空间分离的经济学，有的认为是关于资源缺乏流动的经济学。这里着重就区域经济学的对象问题大体按发表顺序作出概要的述评。

程必定认为，区域经济学的研究对象是国民经济发展的地域组织规律。这一规律，简单地说，就是生产要素的区域配置和经济发展区域管理的规律。他把这一规律的含义大体归纳为五个方面：（1）生产要素赋存不均衡条件下，不同类型的区域经济发展的区内组织问题。（2）在区域分工条件下，区域之间经济发展的区际地域组织问题。（3）在地区经济发展不平衡的条件下，加快经济发展的地区推移，促进发达地区和不发达地区的经济发展。（4）在生产力布局不作外延扩张的条件下，通过优化生产要素的组合、调整区域产业结构、技术结构和改善区域经济的管理，促进地区经济的发展。（5）在中央政府和地方政府都具有制定区域政策的权与责的条件下，正确处理中央与地方的关系，建立有效的宏观调控体系和分层次管理体制，为中央和地方政府的区域决策提供科学的理论依据（程必定，

1991）。有学者评论，认为这种观点企望弥合以往经济学研究的空间缺陷，不过它的定义过于宽泛，与经济地理学的四“W”（where，what，why，which）定义近乎雷同。

周起业认为，区域经济学是研究如何建立国家区域系统，并按照地域分工与合作的原则来组织系统内各区域第一、第二、第三产业的发展与布局，使之形成一个既能顺乎世界经济发展潮流，又能最大限度地发挥地区优势的产业结构；形成一个大、中、小企业相结合、聚集与分散相结合，以多层次城市为结点，由运网、信息网、服务点分布网等网络系统将全区城乡连成一气的有机体的科学（周起业，1989）。有学者点评，认为这种观点，是用研究的主要问题来界定，在用高度概括的简洁的语言表述科学研究最本质的内涵上存在欠缺。在这方面，魏后凯提出，区域经济学对象的表达，应当有本学科使用的专门概念和术语，并用简洁的语言做出高度概括。据此，他认为区域经济学是运用经济学的观点，研究国内不同区域经济的发展变化、空间组织及其相互关系的综合性应用科学。它具有区域性、综合性和应用性三个最基本的特征（魏后凯，2006）。

1993 年，陈栋生在其主编的《区域经济学》的自序中指出：“区域经济学是从宏观角度研究国内不同区域经济发展及其相互关系的决策性科学，并把其研究领域划分为区域经济发展、区际经济关系和区域经济政策三个部分”。2006 年，他在为朱传耿、沈山、仇方道著《区域经济学》（第二版）作新版序言时，实际上也进一步表达了他对区域经济学对象的看法。该书认为，广义的区域经济学应该包括区际经济学和狭义的区域经济学。认为狭义的区域经济学是研究区域内资源的优化配置和组合，以及区域（内）经济运行的科学。它是以区情分析为起点，以战略、规划的编制为主体，以区域经济政策制定和区域经济管理实施为“终点”，以区域可持续发展为“目标”的应用科学。按照这个对象观点，陈栋生认为，作者构筑了面向管理思维的区域经济学理论体系，遵循着条件分析—战略制定—规划编制—政策制定—管理实施的逻辑关系来安排篇章，思路清晰，结构合理，富于创新，有利于提升区域经济学的实践应用价值。陈耀、杨开忠、李树桂等均提出了有自己特色的区域经济学研究对象的观点。相信在我国区域经济理论工作者和实际工作者的共同努力下，一定能够建立起具有中国特色的区域经济理论体系。

第五节　区域经济政策研究

建立社会主义市场经济体制，就是要使市场在国家宏观调控下对资源配置起基础性作用。而为了实现宏观调控目标，必须采取一系列宏观调控的措施和经济政策，包括制定切实可行的区域经济政策。我国政府部门和学术界关于区域政策的研究十分活跃，内容相当广泛，主要包括以下几个方面：

一、区域经济政策的内涵

这就涉及对其内涵的理解。1999 年王一鸣在其专著《中国区域经济政策研究》中认为，区域经济政策，简称区域政策，是政府根据区域差异而制定的促使资源在空间的优化配置，控制区域间差距扩大，协调区际之间关系的一系列政策的总和。区域政策的突出特点是以区域为作用对象，它的出发点是区域差异，它的必要性是纠正市场机制在资源空间配置方面的不足，它的目标是实现资源在空间的优化配置和控制区域差距的扩大。

陆大道认为："区域政策是国家和地区政府部门制定并组织实施的调整地区差异和宏观经济运行机制的政策和措施。其内容主要是区域经济政策、结构政策、景观与自然保护政策等。"①

有学者从区域化的新视角看待区域政策。认为从区域经济发展政策的主体框架上说，它是国家产业政策、国家对外开放政策、国家可持续发展政策区域化的结果（叶卫平，见 1998 年张敦富主编的《区域经济学原理》），并分别就区域化的目标，主要内容和实施重点等做了论述。这种观点有新意。

此外，杨开忠认为，区域政策是政府干预区域发展的一系列政策手段(1993)。张可云认为，"它是政府干预区域经济发展与区域经济关系的重要工具，是政府公共政策的一个重要组成部分，是经济发展空间格局发展到一定阶段的产物"。②

从区域经济政策渊源和以上的论述可以看出，一般认为的区域政策，实质是以控制区域差距、协调区际之间关系、促进生产力布局逐步平衡的

① 参见陆大道《区域发展及其空间结构》，科学出版社 1995 年版，第 12 页。

② 参见张可云《区域经济政策——理论基础与欧盟国家实践》，中国轻工业出版社 2001 年版，第 8 页。

政策总体。

二、区域经济政策的主要内容和手段

新中国成立60年来，我国区域经济政策大体经历了这样四个阶段：(1) 1949—1980年属于均衡发展的区域政策阶段。加速了内地经济的发展，缩小了长期存在的地区差距，侧重于公平，而以效率的牺牲为代价。(2) 1980—1994年，属于以效益为中心的区域发展政策阶段。国家投资向沿海地区倾斜，还给东部地区各种优惠措施，包括减免税收等，从整体上提高了我国的综合经济实力，但东西差距迅速拉大。(3) 1994—2000年，属于区域协调发展政策构建阶段。国家的重点建设项目较多地安排在中西部；开放沿边沿江城市；开始调整资源性产品价格，增强中西部自我发展能力；实行规范的对中西部的中央财政转移支付制度；加大对少数民族、贫困地区的支持力度等，确定并实施以合理布局，协调发展，效率为主，兼顾公平为特色的区域协调发展政策，在保持东部快速发展的前提下，加快了中西部地区发展。(4) 进入21世纪，属于科学发展的区域政策阶段。统筹区域发展，制定与实施科学合理的区域发展政策，包括“四个板块”发展政策，将国土空间区分为四类主体功能区，实行分类管理的区域政策等。

回顾我国区域经济政策的简史可以看出，国家区域经济政策是由一系列具体的职能不同、手段不一、适用性有别的区域经济政策所组成。1999年，郝寿义、安虎森主编的《区域经济学》分析了区域经济政策的主要类型，实际上也阐明了其主要内容和手段。综合区域经济学者的研究成果，概括区域经济政策主要内容为：

1. 区域财政政策。这一直是国家区域经济政策的重要组成部分，尤其在计划经济体制下，国家财政的投资政策就起了很显著的作用。通过财政的转移支付补充欠发达地区地方政府财政能力的不足也是区域财政政策的主要职能。20世纪80年代中期，全面实行财政大包干后，财政补贴已成为一项制度。通过财政扶贫资金重点支持集中连片的贫困区，也是区域财政政策的重要内容。“十一五”规划明确规定，公共财政配置的重点支持区域是：限制开发区域和禁止开发区域，中西部地区特别是老、少、边、贫地区，资源枯竭型城市等。

2. 区域税收政策。核心内容是通过对全部或部分企业实行一定范围的税收减免，进而实现对区域经济发展的调控，包括增加对区外企业前来投资的吸引力。1979年年底以后，国家在沿海建立5个经济特区，进一步开放14个沿海港口城市，并在这些港口城市建立经济技术开发区和名为保税区的自由贸易区，政府都运用区域税收政策，通过对新建“三资”企业减少企业所得税，对其进口自用的设备和原材料减免进口关税，促成这些区域成为国外资金流入的主要地区，带动了有关地区的经济发展。

3. 区域投资政策。政府通过建设上的投资决策权，选择或引导建设项目的重点投资地区，来促进这些特定地区的经济发展。我国从“一五”计划开始，中央政府就很注意运用国家区域投资政策来调控区域经济发展。随着市场经济的发展，生产性项目的投资市场取向越来越多，国家投资政策的作用越来越局限于基础设施建设领域，但对外商投资和地方、企业投资仍然采取发布外商投资指导目录，分别实施审批制、核准制、备案制，对贫困地区、少数民族地区实行投资配套资金减免等手段调控投资取向。

4. 区域产业政策。宏观政策不仅要体现产业差别，也要注意区域差别。最终目的是要形成符合中央政府期望的地区产业分工格局，区域产业政策的制定和实施与国家区域投资政策有十分密切的联系。区域经济的整体发展，不仅取决于优势产业和主导产业的发展，也取决于其他一般产业的发展及产业之间结构的合理性。以产业结构合理化为前提的产业结构高度化，才能使区域经济发生质的变化，得以飞跃。我国西部大开发，就把产业结构调整作为实施这一战略的关键，专门制定了鼓励、限制与禁止（不在此列为许可）的产业发展指导目录，2008年经过修订又出台了分省级的中西部地区外商投资优势产业目录。总的是要按照“调结构、促增长”的新思路，积极而又扎实地推进西部大开发。

5. 区域货币政策。这是由对金融机构的资金运用具有控制权的中央政府，通过对已经开始按市场规则运行的金融机构贷款投向的调控而实施的一项国家区域经济政策。我国原先采取的贷款额度管理，实际上就是区域货币政策。改革开放后，居民储蓄存款增加很快，外资进入我国，地区间的存差与贷差的差别扩大，形成资金由经济发展较快地区向发展较慢地区的转移，甚至对贫困地区的贷款实行贴息。国家货币政策也就演变成区域发展的调节手段。国家还成立了政策性银行，并要求办成符合市场需要的、财务上可持续的、具有一定竞争性的开发性金融机构，建立相应的管理模式，实行国家指定项目和自主经营的开发性项目分账管理、专项核算的制度，有利于国家指定项目的资金供应。

此外，在土地政策上，按照区位条件不同，将全国土地出让金价格规定了15个等级；在环保政策上，对不同地区提出不同的环境容量的政策；在宏观调控政策上坚持有保有压、区别对待的地区差异性原则等。

三、我国区域经济政策调整完善的方向

区域经济学者从不同的视角探讨了区域政策调整完善的方向问题。早在1991年在陈栋生主编的《区域经济学》中就提出和探讨了这一问题。2006年，魏后凯主编的《现代区域经济学》中，还提出要认真总结制定和实施区域政策经验教训的问题。之后，还有许多区域经济的理论与实际工作者提出了相关的问题。综合他们的主要意见如下：

第一，宏观经济布局政策既要适度倾斜，也要协调发展，要合理确定国家投资的地区分配比例。地区经济倾斜发展必须适度，以保持社会稳定与经济协调为前提。要点轴开发，集中力量重点发展若干产业密集带。实行“产业”和“地区”相结合的优势区位倾斜政策。

第二，统筹规划地区产业政策。合理的区际分工格局由于受许多非经济因素的影响，市场还不具备调整产业结构和实施优化配置的功能，国家要对各地区的产业发展统筹规划，通过政策引导，促进地区间合理分工。包括形成不同地区的产业特色，制定产业政策地区实施办法。

第三，实行统一规范、分区调控的政策。包括合理界定中央、地方和企业的责权利范围，制定地区经济活动与运行的规则，促使地区经济活动各主体特别是地方政府行为规范化、制度化及合理化。实行针对性强的差别化区域政策，或按区域问题的性质和严重程度，或按地区资源和承载能力，划分经济类型区。也有学者以区域政策目标的不同划分为发展援助区、均衡发展区和优先发展区制定与实施国家区域经济政策（郝寿义、安虎森，1999）。“十一五”规划专门规定了“实行分类管理的区域政策”要求，表明专家们的意见已为政府所采纳。

第四，建立区域间互相促进、优势互补的互动机制。通过市场机制和政府的宏观调控，引导生产要素跨区域合理流动，实现合作互补，各方共赢。包括建立健全四大机制：健全市场机制、合作机制、互助机制和扶持机制。这是实现东中西区域协调互动、优势互补、互相促进、共同发展的重要途径（杨承训，2009）。实际上，就是正确处理市场与政府关系的具体化，不应过分强调一个机制，偏废另外一个机制。

第五，研究提出主体功能区政策导向重点。国家“十一五”规划纲要提出：“按照资源环境承载能力、现有开发强度和未来发展潜力，统筹考虑未来我国人口分布、经济分布、国土利用和城镇化格局，将国土空间划分为优先开发、重点开发、限制开发和禁止开发四类主体功能区，按照主体功能定位调整完善区域政策和绩效评价，规范空间开发秩序，形成合理的空间开发结构。”这是一个创新。实现主体功能区定位的关键，是形成一套与主体功能区要求相一致的政策体系。为此，国务院办公厅发出了《关于开展全国主体功能区划规划编制工程的通知》；国家发改委办公厅也发出了《关于开展省级层面主体功能区划基础研究工作的通知》；国家发改委宏观经济研究院提出了 2006 年重点课题“我国主体功能区划分及其分类政策研究”的成果，其中专门论述了中央和省级政府分别承担国家和省级层面主体功能区分类政策的设计和管理责职以及四类主体功能区的政策重点导向，特别是研究加大对限制开发区和禁止开发区域财政转移支付力度的政策措施。那种把区域协调发展完全等同于缩小地区差距，进而认为完全等同于缩小 GDP 的看法是不对的。我国对主体功能区的研究总体上处于起步阶段。截至 2007 年 9 月仅出版了两部有关专著，学术论文不足 40 篇。这方面的研究急需展开。相信这些成果会有助于主体功能区政策导向的进一步深入研究（高国力，2006），但有一点应当明确，缩小区域差距是一个长期而艰巨的任务，工作的重点不是指缩小 GDP 的差距，而主要是指缩小人均 GDP 的差距，特别是率先实现基本公共服务的均等化（杜鹰，2009）。

第六，积极推进区域立法工作。区域政策、规划和立法是推进实施区域发展总体战略的三大杠杆，是有机统一的整体。但从长远看区域立法亟待提上日程，世界上主要国家都将立法作为落实区域发展战略的先行性措施和制度性前提，而我国却还没有一部法律来保障促进区域协调发展，要尽快启动区域协调发展促进法的研究工作，做好立法的前期基础工作（杜鹰，2009）。

第六节　中国特色城镇化道路研究

一、区域经济发展与城镇化

在我国众多同名的《区域经济学》中，有一部分并未设专门的章节论述城镇化的内容，似乎认为城镇化并不是区域经济学研究的内容，但有的也会在书中提到“区域是城镇发展的依托，城镇是区域发展的核心，在发展上，城镇与区域相互支撑。现代区域发展表现为城镇体系的形成与不断完善，而城镇的发展规模、体系结构又通过空间集聚与扩散对区域发展施加影响”（朱传耿等，2006），表明区域经济发展和城镇化密切相关。国务院学位委员会则将区域经济学，包括城市经济学和经济地理学（部分），列为与产业经济学并列的二级学科，也是一个例证。

有学者认为，城市作为社会生产力发展到一定阶段的产物，主要经历了三个阶段：乡村式城堡阶段；城、市分离阶段；城、市结合一体化阶段。到了工业革命以后，城市才一跃而成为经济活动中心，并不断对生产要素产生集聚力（陈萍，2009）。城市经济学家饶会林从城市形成和发展的特点描述了城市的定义：“城市是生产力发展到一定阶段的产物，是经济密集的社会有机体，是区域发展的中心。”①

著名科学家钱学森则从系统学观点出发，将“城市”概括为“以人为主体，以空间和自然环境的合理利用为前提，以积聚经济效益和社会效益为目的，集约人口、经济、科技、文化的空间地域大系统”。这是一种独特的系统学的观点。②

进一步分析，“区域经济学和城市经济学的研究都表明，一个相对完善的区域经济系统或经济区，都是以中心城市为依托建立起来的空间组织。但尽管如此，由于区域在很大程度上限制和规定着城市的规模和发展方向，城市的发展与区域的自然条件、人文条件等存在着明显的正相关关系。不同环境和条件使得城市的性质和职能呈现不同的特征，如我国的城市可分为发达地区城市和不发达地区城市。这两类城市的自身条件和发展环境有较大的差异，发达地区的城市在资金、技术、设备、劳动力等方面具有明显的优势，而不发达地区的城市在上述方面显然处于劣势”。（陈萍，2009）这更进一步的阐明了区域经济与城镇化的关系。

从树立与践行科学发展观必须统筹城乡、区域协调发展来看，区域经济与城镇化是密切相关的。城镇化是工业化、现代化的客观要求。而我国经济二元结构的重要表现就是城镇化水平低，解决城乡二元结构矛盾的突

① 转引自傅崇兰、陈光庭等《中国城市发展问题报告》，中国社会科学出版社2003年版，第6页。

② 参见唐恢一《城市学》，哈尔滨大学出版社2004年版，第23页。

破口就在于城镇化，以优化城乡人口结构，推动城乡产业结构优化升级，使城乡人口结构的改变拥有产业依托，摆脱自然经济束缚，扩展市场经济，根本改善人民生活，实现整个社会的现代化。诺贝尔经济学奖获得者斯蒂格利茨说："影响21世纪人类发展有两件大事，一件是中国的城市化，一件是美国的高科技。中国城市化将是区域经济增长的火车头，并产生最重要的经济利益。"联合国环境规划署署长也曾撰文指出："城市的成功是国家的成功。"① 无论怎样解读这些观点，有一点是肯定的，城市在我国现代化建设中具有十分重要的地位。研究城镇化的路径选择和走中国特色城镇化道路问题，同样具有重要的意义。

和西方国家提"城市化"不同，我国则提"城镇化"，主要思路就是要在发展大、中、小城市的同时，重点建设现有县城和一批基础较好、发展潜力较大的建制镇。因为小城镇介于城市与乡村之间，是相对独立的区域，是城市之"尾"，又是乡村之"首"，兼有城市经济与农村经济的属性。如果能将现有1.9万个建制镇建成现代化城镇，那么社会主义新农村建设就将取得阶段性成果，各等级规模的城市连同小城镇一起就会形成一个网络布局（杨承训等，2009）。

二、中国特色的城镇化道路

区域经济学者和实际工作者在这方面都提出了许多有益的见解。有学者认为要促进城镇化健康发展，对以下三个基本问题要有正确的理解和把握。

第一，关于城镇化的基本内涵。城镇化是多种经济资源向特定的区域集聚的过程。城镇化与新型工业化是互相依存的两个进程，工业化需要一个载体，农村人口的变迁更需要一个载体，两个方面统一于城镇化，但工业化与城镇化是相辅相成的历史过程，要互相适应。国内外的历史表明，城镇化与工业化有三种状态：同步、滞后和超前。

我国滞后型城镇化即落后于工业化水平的城镇化始于"一五"时期。1955年，国家建委在《关于当前城市建设工作情况和几个问题的报告》中提出，"今后一般不应发展大城市"，对沿海旧有大城市和"一五"计划内新建和扩建项目较多的城市，其人口发展规模"应予以严格控制"。这种指导思想一直延续到改革开放，严重阻碍了中国城市化进程。1952—1978年，

① 转引自张成福为谭仲池主编的《城市发展新论》所写的序言，中国经济出版社2006年版。

我国城市化率由12.5%提高到17.9%，25年间仅提高5.4个百分点。这与一系列制度有关，包括抑制劳动力转移的户籍管理制度（杨承训等，2009）。2007年10月颁布新的《城市规划法》才对城镇规模不再提出要求，体现了统筹城乡协调发展的精神。

超前型城镇化即超过了工业化承载能力的城镇化发生于“十五”期间。一些地方把城镇化单纯看做扩大城镇面积，导致土地城镇化的速度，大大快于人口城镇化的速度。1990—2005年间，城市用地增长率与人口增长率之比为1.6∶1；把城镇化简单地等同于加强城镇建设，热衷于“县改市”、“县改区”和“乡改镇”等翻牌式的城镇化，部分城镇的各种设施建设“贪大求洋”，过于超前。但从总体上说，“十五”期间，城镇化取得了很大成就，包括城镇化率提高到43%，五年年均提高1.36个百分点，明显高于1979—2000年年均提高0.83个百分点的水平。[①]“十一五”规划城镇化率预期提高到47%，增长4个百分点，年均增长0.79个百分点。这也不过是2000年世界平均46.6%的城市化水平。应当考虑到由于基数加大，这就比较难以同步发展。

第二，关于城镇化的主体形态。程必定根据国内外城市化的经验提出，要走新型城市化道路，即既要继续推进“人口转移型”的城市化，又要推进“结构转换型”的城市化，但起主导作用的是“结构转换型”城市化，统筹城乡协调发展。[②] 有学者认为，城镇化是各类规模城市发育成长的过程，大中小城市和小城镇就其形态而言都有其存在的必然性和合理性。[③] 脱离一定区域，以及区域的产业支撑、就业支撑、资源环境支撑，孤立地、一刀切地强调发展哪一类形态的城市和城镇都是不可取的。从国际经验看，城市群已成为发达国家城镇化的主体形态。初期的城镇化，是以单个大城市的平面扩张为主；发展到一定阶段，在市场机制作用下，逐步形成以特大城市为龙头，中小城市集群协调分布，城镇间保留一定的绿色空间，并通过高效便捷的交通走廊连接的城市群，能防止单个城市过度扩张带来的

---

① 参见马凯主编《中华人民共和国国民经济和社会发展第十一个五年规划纲要辅导读本》，北京科学技术出版社2006年版，第247—255页。

② 见江村罗布、陈云达、陈栋生主编《区域发展创新论》，经济科学出版社2008年版，第4页。

③ 大中小城市和建制镇划分有城市规划法、国家统计方法划分，但学术界则划分为4级：市区非农业人口在100万以上为特大城市，50万—100万为大城市，20万—50万为中等城市，20万以下为小城市，2000人以上为建制镇。

"城市病"，避免分散型城镇化带来的土地浪费，有利于保护土地和生态环境，城市群以外的其他城市和小城镇，作为特色产业中心或一定区域的公共服务中心，点状分布在其他区域，也将发挥其不可或缺的独特功能。总之，是要促进"大中小城市和小城镇的协调发展"，这是中国特色的城镇化道路，在世界城市化历史上具有重要意义。

第三，关于城镇化的空间布局。工业化以来的城镇空间布局，主要取决于不同产业经济技术特点对布局的要求。2000 年，发达国家的发达地区城镇化水平可以高达 75%，而其欠发达地区也只不过 40% 左右，并非一国的每寸国土都要实现工业化、城镇化和现代化。要根据不同区域的主体功能，统筹考虑经济布局、就业岗位、人口居住、资源环境，通过规划等措施引导，逐步形成合理的城镇化空间格局。①

三、推进城镇化健康发展的主要政策

区域经济学者和实际工作者对此提出了不少好的建议。主要是：

第一，要加强城乡统筹规划。充分发挥城市对农村发展、中心城市对区城发展的带动作用。统筹规划城市和农村居民点，协调城乡基础设施、要素市场、公共服务设施的建设，处理好农民工问题。坚持"紧凑型"的城镇规划建设方针，选择资源节约型和可持续发展的城镇化之路，并体现在城镇规划中。城市总体规划要与国民经济和社会发展规划相衔接，与重点专项规划、行业规划、区域规划和土地利用规划相衔接，提高资源空间配置效率，并有法律法规保障。

第二，改革户籍制度。有学者提出要取消暂住证，城乡居民具有平等的地位和权利，以减少农村剩余劳动力的转移成本。实行出生证与身份证"两证"办法，身份证易地居住半年以上可申请更换。新华社报道，2009 年 6 月 3 日浙江已决定，流动人口居住证持有人符合条件的，可申请常住户口。

第三，建立统一的城乡劳动力市场，为农民进城务工开绿灯。

第四，着力提高城市综合能力。重点加强城市基础设施的统筹规划、协调建设和综合利用。

第五，城市建设不能千"城"一面，要有特色，独具风格，建设宜居

---

① 参见马凯主编《中华人民共和国国民经济和社会发展第十一个五年规划纲要辅导读本》，北京科学技术出版社 2006 年版，第 247—255 页。

城市。要统筹考虑人与自然的和谐相处，人与自然的关系不协调，城市发展就失去了基础。

四、关于城市经营问题

城市经营或经营城市作为一种新的城市建设发展模式，已成为西方发达国家在城市现代化过程中的一个重要方面。联合国开发计划署在对城市变迁政策及合作技术的研究中认为，城市经营能够应对城市在快速集聚过程中出现的一系列问题。魏后凯、陈萍专门讨论过这个在我国还具有争议的问题，在中国学术界也屡屡提及。

对于什么是城市经营，学者有不同的解释。一些学者认为，政府根据城市功能对城市环境的要求，运用市场经济手段，对构成城市空间，城市功能和城市审美载体的各种城市主要进行资本化的市场集聚、重组和运营，以实现这些资源、资本在容量、结构、秩序和功能化上的最大化和最优化，从而实现城市建设投入与产出的良性循环和城市的可持续发展（陈萍，2009）。魏杰、赵黎明、程向民、朱铁臻、魏后凯等也都对城市经营提出了自己的解释。

20 世纪 90 年代初，大连市市长薄熙来首次提出“要用经营的眼光看待整个城市资源”，如果理解不错的话，这就是在我国地方政府领导人中第一个把整个城市资源当做国有资产来经营。1998 年 9 月，中国城市经济学会会长汪道涵在上海召开的纪念党的十一届三中全会 20 周年研讨会上明确指出，今后城市现代化建设要走经营城市的新路，“经营城市”和“城市经营”的概念首次在公开的会议上被正式提出。汪道涵认为：“城市经营就是城市政府需要在城市规划、建设和管理等方面引入与市场经济相适应的经营理念，既要学会做一个城市发展的监管者和引路人，又要像经营一个企业那样做一个合格的决策者和经理人。前一个角色是为了使城市的发展尽可能做到规范、有序；后一个角色是为了使政府和社会能够实现投资良性循环，有发展后劲和可持续性。”此后，大连、青岛、广州、上海、北京等城市先后将国外城市经营的理念应用到城市建设和城市管理的实践中，使城市面貌发生了显著变化，使这一理念成为各地城市发展的基础理论（陈萍，2009）。

但城市经营中也存在不少问题，如土地城镇化大大快于人口城镇化，把“经营城市”变成以地生财的借口和手段，使不少农民沦为“种田无地、就业无岗、低保无份”的“三无”农民，影响社会和谐与稳定。2002 年 12

月，建设部颁布了《关于加快市政公用行业市场化进程的意见》，鼓励社会资金、外国资本参与市政公用设施建设。根据报上披露，从2002年开始，有些大型外资水务集团开始进入中国，以巨资溢价收购水厂，然后通过水涨价赚回去，损害的是公众利益。知情人认为公用事业不应完全推向市场，必须把社会效益放在首位，不能单纯考虑经济效益。魏杰等人认为："那种所谓经营城市就是将构成城市空间和功能载体的自然生成资本（如土地）和人力作用资本（如城市基础设施）等，运用市场手段，进行聚集、重组和营运，将城市可以用来营运的部分存量资产和生产要素推向市场，从中获益，再将这些收益投入到城市建设的新领域，走以城市养城市、以城市建城市的市场化路子，实现滚动发展的认识是很不全面的。"[①] 有些学者提问：党的十六大报告指出，政府的职能是"经济调节、市场监管、社会管理和公共服务"，政府怎么可以经营城市呢？这是政府"经营城市"要不断总结经验教训、深入思考的问题。

第七节　区域经济理论研究的简要评述

一、对改革开放前生产力布局与区域经济理论研究的总体评价

从1954年到现在，一直从事生产力布局与区域经济理论研究的中国社会科学院荣誉学部委员、中国区域学会常务副会长陈栋生说：我国对布局经济的理论研究，开始于新中国成立以后，初期主要是翻译，介绍苏联"区域学派"和"经济学派"的论著。以后配合国家经济建设，研究工作者先后参加了许多地区和流域的考察与规划工作，作出了一定的贡献。但在1978年以前的20多年间，由于理论上否定商品经济，采用行政性方式实施资源与要素的空间配置，政府特别是中央政府几乎是布局的唯一决策主体，使当时的生产力布局与区域经济研究，长期局限于"社会主义生产力布局原则与应用"等几个狭小的领域，而且在布局原则的论述中，长期把"均衡布局"简单化地作为社会主义生产力布局的首要原则。[②] 原首届中国区域

① 陈萍编著：《城市经济发展——理论与实践》，经济管理出版社2009年版，第103页。

② 参见陈栋生《我的空间经济观》、《我的经济观——当代中国百名经济学家自述（1）》，江苏人民出版社1991年版，第564—565页。

经济学会会长、已故著名经济学家孙尚清评论说：1979 年以前，国家决定区域发展的规则，即通常所讲的生产布局原则，它是区域发展研究的中心问题。但是，传统的生产布局原则分析，本质上是一种从规范到规范，“空对空”式的片面规范研究，于区域发展的理论建设和政府政策的科学化并无多大意义。①

以上两段论述，似乎可以作为对改革开放前生产布局与区域经济理论研究总体评价的一个框架。不过其中讲到的问题的原因，应当说主要是由于当时“左”的指导思想、政治领导体制、传统经济体制和行政指令的运行机制等诸多原因造成的，不会也不应全盘否定区域经济工作者的成绩。

二、对改革开放以来生产力布局与区域经济理论研究的总体评价

改革开放以来，我国区域发展格局发生了深刻变化。一是逐步形成“四大板块”协调发展的总体格局；二是地区经济结构明显优化；三是加大了对老、少、边、贫地区的支持力度，遏制了区域差距扩大；四是区域合作广度深度明显拓展。我国区域经济学者和实际工作者积极总结和反思新中国成立后前 30 年生产力布局的经验和教训，吸收和借鉴国外区域经济学的理论、方法和区域经济发展的有益经验，对我国区域经济运行的深层机制，开展了广泛深入的探索，参与了区域经济发展方针、政策、规划、计划的制订，兴起了一股区域经济理论研究的热潮，取得了丰硕的成果。区域经济学发展翻开了新的一页。

魏后凯概括了这期间区域经济研究的成果：在 1978 年党的十一届三中全会精神指引下，理论界对 1978 年以前中国生产布局的经验教训进行了理论总结，结合国家经济建设任务和当前中国区域经济中出现的新问题，不断拓展了区域经济研究的领域，包括许多学者从不同角度对中国宏观区域发展战略提出了各种理论模式，丰富了区域经济理论；加入了中央区域政策和区域发展研究的行列，参与了全国性国土规划和区域规划试点工作；在广泛实践的基础上，学科建设也有较大进展，20 世纪 80 年代以来出版的区域经济研究和理论方法方面的著作，远远超过前 30 年的总和，仅区域经济学类著作就有数十个版本；区域经济研究队伍不断壮大；成立了中国区域经济学会，召开了多次年会，仅 2007 年年会就收到了 100 余篇论文；开

① 参见孙尚清《中国区域发展研究》序，海洋出版社 1992 年版，第 1—2 页。

通了学会主办的“中国区域发展网”等，以至于有学者提出“中国区域经济学的春天到来了”。魏后凯还提出了区域经济研究中现存的主要问题。[①]正如陈栋生所指出的：“区域经济研究还存在两方面值得重视的问题：一是在大量引用西方国家区域经济理论和方法的同时，忽视了理论产生的背景和实践上的适应性，出现了机械套用西方区域理论来阐释我国区域问题的现象。二是对具有中国特色的区域经济理论和方法建设，尚未引起足够重视。”[②] 刘再兴、孙尚清等也先后对这期间区域经济学研究中存在的问题提出自己的见解，限于篇幅，恕不详述。但由上述也可对改革开放以来区域经济研究的总的评价有一个概貌的了解。

参考文献

1. 刘再兴等：《生产布局学原理》，中国人民大学出版社 1984 年版。
2. 周起业等：《区域经济学》，中国人民大学出版社 1989 年版。
3. 中国区域经济学会编：《区域经济研究的新起点》，经济管理出版社 1991 年版。
4. 陈栋生主编：《区域经济学》，河南人民出版社 1993 年版。
5. 刘再兴主编：《中国生产力总体布局研究》，中国物价出版社 1995 年版。
6. 李树桂主编：《中国区域经济问题研究》，成都科技大学出版社 1997 年版。
7. 王一鸣主编：《中国区域经济政策研究》，中国计划出版社 1998 年版。
8. 郝寿义、安虎森主编：《区域经济学》，经济科学出版社 1999 年版。
9. 张卓元主编：《论争与发展：中国经济理论 50 年》，云南人民出版社 1999 年版。
10. 魏后凯主编：《现代区域经济学》，经济管理出版社 2006 年版。
11. 朱传耿等：《区域经济学》第二版，中国社会科学出版社 2007 年版。
12. 张卓元主编：《中国经济学 30 年（1978—2008）》，中国社会科学出版社 2008 年版。
13. 杨承训主编：《中国特色社会主义经济学》，人民出版社 2009 年版。
14. 陈萍编著：《城市经济发展——理论与实践》，经济管理出版社 2009 年版。
15. 杜鹰：《深入学习实践科学发展观，全面推进区域协调发展》，《宏观经济管理》2009 年第 2 期。
16. 高国力：《我国主体功能区划分及其分类政策研究》，《区域经济论丛（五）》。

（执笔人：利广安，中国计划出版社编审）

① 参见魏后凯主编《现代区域经济学》，经济管理出版社 2006 年版，第 3、11—14 页。

② 参见陈栋生为朱传耿等著《区域经济学》（第二版）所写的新版序言。

第二十章

西方经济学在中国

纵观新中国成立60年间，西方经济学在中国的遭遇可说极为坎坷。它的地位与作用因历史阶段而异。粗略地说，可大体划分为两个阶段，即改革开放以前的30年和改革开放以来的30年，前30年可以说遭到全盘否定和批判，后30年以逐渐得到公正估计、重视并发挥重要借鉴作用。本章的重点是着重阐述改革开放以来30年间西方经济学在中国经济理论发展的影响和借鉴作用。

我这里使用的“西方经济学”一词，就是指西方国家所流行的宏观经济学、微观经济学以及其他有关经济学（如货币金融学、财政学、国际经济学、发展经济学、计量经济学等）的统称。依我个人看来，用地区概念来区分经济学的做法并不合适，也不科学。其实，作为西方经济学主体的宏观经济学与微观经济学范畴，均属市场经济的理论体系，因为宏观经济、微观经济均属市场经济，[①] 而市场经济归根结底是社会化大生产发展到一定阶段的产物。社会化大生产跟私有制结合，便可缔造资本主义市场经济；而社会化大生产跟公有制相结合，可望缔造社会主义市场经济。可以说，资本主义市场经济在历史上已存在、发展了几百年，研究、反映市场经济的经济理论也已存在、发展了几百年；而建立在公有制基础上的市场经济正史无前例地在我国进行建设，它仍在建设过程之中，也就是仍在孕育和发育之中，我们正“摸着石头过河”，还有很长一段路要走，心目中虽有一

---

① 黄范章主编：《外国市场经济的理论分析与实践》，商务印书馆1998年版，第一章第3—4节。

个朦胧的轮廓，但目前难以细说；至于研究、反映社会主义主义市场经济的经济学（或理论体系）远未建立起来。所以，就历史现阶段看，目前世界上唯有西方国家的资本主义市场经济算是成熟的市场经济，与之相应的经济理论构成一个较完整的体系。有人把后者称为现代经济学，这也未尝不合适，只是要记住：作为研究市场经济体系的现代经济学应包括两大部分，除了研究资本主义市场经济体系理论体系之外，还应包括研究社会主义市场经济体系的理论体系，而后一部分尚有待于我们在今后的经济改革与经济发展的实践中去创立。本章只限于讨论前一部分现代经济学近50年来对中国经济理论发展的影响，或者说，讨论它在中国经济理论50年的发展中所起的作用。考虑到目前高等院校均把现代经济学统称为西方经济学，既已约定俗成，本章也照例沿用。

第一节　关于前30年西方经济学的影响

在新中国成立后的前30年里，西方经济学在我国一直处于受批判、遭扼杀的境地。报刊上对西方经济学只许批判，不许客观地介绍或公正地评估。高等院校西方经济学课程被取缔了，财经各系的课程只开马克思主义政治经济学（资本主义部分和社会主义部分）、《资本论》，采用的是苏联专家编写的政治经济学及其他财经各科的“教材”。对于西方经济学及经济学家也有历史的“区分”，完全按照马克思在《资本论》、《剩余价值学说史》书中所给定的标准，对配第、斯密、李嘉图、魁奈等古典经济学派给予基本的肯定，而对于萨伊、马尔萨斯及以后的经济学理论都归之为资产阶级经济学中“庸俗的”经济学派，后者是辩护的、伪科学或反科学的甚至是反动的，而且越接近现代便越“庸俗”、越“反动”，其所以如此，归根结底是因为它们是为资本主义市场经济和利润动机辩护的，因而必须全盘否定，彻底批判。这种历史虚无主义的“左”的指导思想在“文化大革命”期间发展到了顶点。

一、西方经济学被全盘否定

（一）西方经济学被否定的原因

在改革开放以前的30年里，我国对西方经济学采取这种全盘否定的态度，绝不是偶然的，是有其经济和政治的根源和需要的。

1. 实施计划经济的需要。新中国成立之后，我国立即着手推行中央集权的计划经济制度。于是，国家立即垄断了对外贸易和金融，限制、取缔商品流通和自由市场，对私人工商业以及个体手工业实行了全面的社会主义改造，把国民经济转移到以国有国营为主的公有制经济基础上，从而有可能在全国范围内实行中央集权的计划经济制度。这种体制要求依靠行政力量，推行国民经济计划化，由政府决定生产什么、生产多少和为谁生产，用计划化取代市场机制作为分配社会资源的基本手段。国有企业纳入统收统支的政府财政系统，银行沦为国家财政的“出纳”，“物资调拨”取代了企业之间、部门之间以及地区之间的商品流通，财政拨款取代了企业投资，生产不计成本，资金不计费用，重复建设层出不穷，“投资饥饿症”愈演愈烈。整个国民经济就如同当年孙冶方所描述的那样，成为一个现代的“自然经济”。① 计划经济制度作为一种现代的“自然经济”，自然与市场经济不相容，凡是一切反映、研究市场经济的经济范畴与经济理论都与之格格不入，被视为“异己的”或破坏性的，因为历史上“自然经济”确实被商品货币关系所瓦解。所以，计划经济制度为维护自己生存而坚决扼杀市场经济和摒弃西方经济学。

2. 理论或意识形态的需要。在马克思、恩格斯、列宁、斯大林的教导中，社会主义只能建立在计划经济的基础上，加以十月革命后苏联也是依靠计划经济体制，动员了巨大的物资力量，在短短的 20 多年内实现了工业化，并战胜了德国法西斯。这样一来，计划经济只能为社会主义所固有，而市场经济则为资本主义所固有，便成为天经地义的事。此后，这一“教条”便被以苏联为首的全世界传统的马克思主义者奉为“圭臬”。不仅如此，这一“教条”还把市场经济与计划经济的不相容性，渲染为市场经济与社会主义制度的不相容性，把计划经济置于“社会主义”灵光的庇护之下，从而把市场经济、市场机制、利润动机、自由竞争等机制和范畴视为危害社会主义制度的洪水猛兽，在实践中要全盘扼杀，在理论上要彻底批判。这一“教条”支配了我国经济建设达 30 年之久，直到党的十一届三中全会以后才被邓小平所破除。这就决定了西方经济学在新中国成立后的 30 年里不能不承受被批判、遭围剿的命运。

① 参见孙冶方《社会主义经济的若干理论问题》，人民出版社 1979 年版，第 60、205—207 页；黄范章《积极倡导经济管理体制改革的经济学家——孙冶方》，《经济研究》1983 年第 2 期。

3. 贯彻以“阶级斗争”为纲的政治路线的需要。新中国成立后，我们坚持以“阶级斗争”为纲，采取镇反肃反、剿匪反霸、惩治贪污等措施。这对于当时遭到西方国家禁运和封锁，接着又被迫进行抗美援朝的年轻的共和国来说，是维护自身的政治稳定与社会安定所必需的。但到“三大改造”（对农业、手工业和资本主义工商业的社会主义改造）结束，党的八大决议指出，阶级斗争的暴风骤雨时期已结束，今后国内的主要矛盾是落后的生产力与先进的生产关系的矛盾，工作重心应转移到经济建设上来。可是这一路线很快被“以阶级斗争为纲”的“左”的路线与思潮掩盖了，“阶级斗争”矛头便从“人民”外部转向人民内部，以后又伸向党内，最后在“文化大革命”时期进一步伸向领导核心，“炮打司令部”。值得提及的是，当“以阶级斗争为纲”的矛头在20世纪50年代中期转向人民内部的初期，首当其冲的是所谓“资产阶级右派”，主要是指党外人士和学者，在国外受过教育的经济学家连同他们所研究的西方经济学自然不能幸免。

上述三个原因，注定了西方经济学在新中国成立后的30年里始终处于受批判、遭摒弃的历史命运。

（二）陈振汉等六教授的《我们对于当前经济科学工作的一些意见》被批判

如果说在20世纪50年代初期，批判的矛头还主要指向各种西方经济理论（如凯恩斯主义、马尔萨斯主义等），国内对西方经济学有素养的学者还只是提出“重新学习”（即“自我批判”），但从“反右”开始，贯彻“以阶级斗争为纲”，批判的矛头指向“人”，一批早年负笈海外、富有学识的经济学者即在运动中被扣上了“右派分子”的帽子，不少人在政治高压下被迫接受批判，受到不公正的待遇甚至人身攻击。对陈振汉等六教授（陈振汉、徐毓楠、罗志如、谷春帆、巫宝三、宁嘉风）关于《我们对于当前经济科学工作的一些意见》（以下简称《意见书》）的批判，就是很有代表性的一例。

陈振汉等六教授均是早年负笈美、英等国的并已回国工作多年的知名经济学家，其中谷春帆、宁嘉风两位先生当时服务于政府部门，巫宝三先生当时服务于中国科学院经济研究所，其余三位是北京大学深受尊重的著名学者。他们虽不是共产党人，但他们毕生言行表明，他们爱祖国、拥护党，积极学习马列主义，热心本职工作，想把自己的学识贡献给祖国的经济建设事业。他们为党的八大制定的以经济建设为中心的新路线备感鼓舞，他们为应邀帮助党整风而坦诚陈词，其间最主要的一点意见，就是不应忽视西方经济学理论对经济建设工作的积极作用。他们毅然写下了关于经济学的《意见书》，[①] 为改变对待西方经济学的消极态度而呼吁。

该《意见书》的基本观点是，要在社会主义经济建设中发挥马列主义经济科学对实践的“指导作用”，须解决两方面的问题：一是经济工作者和国家经济机关应该重视经济科学的作用而克服对于经济科学的轻视态度，要在工作中尊重客观经济规律而避免主观主义和盲目行事；二是要在社会主义经济建设实践中发展马列主义经济科学，要严肃认识到我们经济科学还“停滞在相当幼稚的阶段”，我国经济科学还相当“薄弱”。诚然，后一方面的问题更为重要和艰巨，这不仅涉及如何正确对待马列主义经典著作问题以及对待苏联经验和苏联教科书问题，而且还涉及如何正确对待西方经济学的问题。

《意见书》反对用教条主义态度来对待马克思列宁主义的经典著作，强调学习的目的在于“懂得经典作家的思想、观点和方法，而不是字句”，对经济学界靠大量经典著作的“引文”（50%带引号的引文和40%不带引号的引文）写文章的现象很不以为然，强调应紧密联系中国的建设实践，不要“习惯于对任何不同于经典著作文字的说法扣上修正主义的帽子”。同时，《意见书》也反对当时盛行的对苏联的经济建设经验和对苏联经济学教科书采取一切照搬照抄的做法。

《意见书》还着重讨论了对待西方经济学问题。它沿用传统的称谓，把西方经济学称为“资产阶级经济学”，但不同意对其采取一味批判、全盘否定的态度，而提出了对“资产阶级经济学的批判接受问题”。在当时理论界对于包括经济学在内的西方哲学社会科学采取一味批判的情形下，《意见书》竟提出对西方经济学除“批判”外还有“吸取（接受）”问题，委实难能可贵。《意见书》还就西方经济学的批判与吸收问题，举例做了进一步分析。《意见书》指出：“例如凯恩斯的乘数论只是一种数学概念，是否也可用来分析我们的投资效果的呢？又如庸俗经济学中所常用的边际观念，作为一种分析工具是否也有它的用处呢？特别是像统计学这样一门科学，对于社会现象的科学研究无论是资本主义社会的和社会主义社会的具有同

① 陈振汉、徐毓楠、罗志如、谷春帆、巫宝三、于嘉风：《我们对于当前经济科学工作的一些意见》，载《反对资产阶级社会科学复辟》第二辑，科学出版社1958年版，第773—789页。

样的重要意义。资产阶级统计学里面的许多方法概念，像选样理论、常态曲线、时间序列和相关系数等等，我们感觉可以同样应用来分析我们的社会经济现象的，但被一概摒诸统计领域之外，而我们所学所教的统计成为除了加减乘除与简单平均数以外毫无其他内容。”

对西方经济学采取既批判又吸收的态度，是科学的态度。这也正是我们今天所应采取的态度。西方经济学，作为反映、研究资本主义市场经济的一门学科，对于我国社会主义经济建设或建设社会主义市场经济来讲，既有不少不适用的东西，也有不少可供借鉴、吸收的东西，因为当代资本主义经济和社会主义经济都同样依托于社会化大生产，两者又同样是搞市场经济，自然两者之间会有不少范畴、规律相通，可以相互借鉴或吸取。其实，马列主义经典作家对待历史文化，也是主张采取批判地继承的态度，他们对待资产阶级经济学家及其理论，也都是既批判又吸收。至于今天的我国，从西方经济学吸收有用的成分，已成为经济学界绝大多数人的共识；不仅如此，而且像乘数理论、边际分析、选样理论、常态曲线、时间序列、相关系数等许多范畴和方法，已被广大研究工作者、教学工作者以及经济工作者各自在实际工作中加以运用。像这么一个今天看来道理十分浅显的问题，在40年前竟然会成为一个大动干戈的问题，西方经济学之所以会遭到全盘否定，除了因为当时人们的实践与认识还远不充分外，一个重要的原因就在于当时中国所实施并竭力维护的计划经济，是一种与市场经济不相容的现代“自然经济”。

《意见书》还谈到其他一些问题，但其基本观点和思想倾向是积极的，不少观点是中肯的，有的至今尚未失去参考价值。在学术领域内，本应按“双百方针”办事，允许有不同观点，允许争论，也应允许改正错误。但在当时，由于贯彻“以阶级斗争为纲”，全国上下发起“反右”运动，处处抓“右派”，六教授的《意见书》在经济学界首当其冲。在所谓“批判”中，不仅上纲上线，而且无限上纲，把六位经济学者关于经济学的《意见书》说成是“反社会主义的科学纲领”、向社会主义的“猖狂进攻”、“为资产阶级经济学招魂”，等等，把学术问题搞成了政治问题。可以说，如果在此之前，对西方经济学的批判，还只限于以文字形式对“理论”进行“批判”，而自此之后，对西方经济学的批判便进一步对“人”进行口诛笔伐了，扣上各种政治“帽子”，承受不应有的政治迫害。这种“欲加之罪，何患无辞”的“批判”，不仅在精神上严重伤害被批判的当事人，而且通过政治压力把广大研究工作者、教学工作者以及一般群众都卷入“无限上纲”的政治运动中去，使大家都受到程度不同的精神伤害。用这种把学术问题搞成政治问题的做法，使人人把研究西方经济学视为畏途，这样西方经济学可真的销声匿迹了，它不仅被“批”倒了，而且被“压”垮了。这便开了以恶劣态度对待学术问题的先例。

（三）马寅初先生的《新人口论》被批判

尽管“反右”运动给广大知识界造成了深刻的精神创伤，但广大知识界的爱国主义热情和对共产党的拥戴依然充沛，特别是一些资深的老经济学家，他们犹如“老骥伏枥，壮心不已”那样，不仅关心国家建设和重大国民经济问题，而且运用自己的学识向政府陈词献策，明知有政治风险也在所不辞。马寅初先生就是其中的突出代表。

马寅初先生是我国著名的经济学家，早年负笈海外，不仅其学识为国人所敬仰，而且在新中国成立前几十年一直追求进步，以大无畏的精神揭露国民党统治的腐败与黑暗，抗战期间曾一度被国民党政府投入集中营，抗战结束后曾冒着被特务暗杀的危险而投身民主运动。他乃是深受国人尊敬的爱国民主人士。新中国成立后不久，便以其才德威望受命担任北京大学校长职务。他在繁重校务工作之余，还悉心研究如人口、综合平衡等重大国民经济问题，每年利用人大常委视察工作的机会，深入工厂农村进行调研，人口问题尤其是他调查研究的中心。1955 年马寅初先生在全国人大会议浙江小组讨论会上提出了一份题为“控制人口与科学研究”的书面发言，当时人们并没有体会到这个问题的重大意义。1957 年他写就了《新人口论》，在一届人大四次会议作了发言，受到中央的重视，《人民日报》于当年 7 月 5 日以人大代表书面发言的形式发表了。不久，刮起了一股“左”的阴风，把马寅初先生的新人口论说成是“新马尔萨斯主义”，把它跟毛主席批判过的艾奇逊相提并论，于是，一篇篇“批判”的檄文纷至沓来。一个学术问题又变成了政治问题。

《新人口论》[①] 究竟有哪些基本观点呢？第一，马寅初先生在文章中尖锐地提出了我国人口增长过快的问题。他根据 1953 年全国人口普查的资料以及他在 1953—1955 年期间亲自去许多省市及农村考察的结果，发现，1954—1957 年的 4 年间平均每年人口自然增长率为 22.2‰，比 1953 年高很

① 马寅初：《新人口论》，广东经济出版社 1998 年版。

多，人口增长过快而资金积累不快，使作为经济学家的马寅初老先生深为焦虑，亟须引起全国人民高度重视。第二，在世界范围内，马寅初先生算是较早地提出了人口质量问题。他认为，应该把人口的数量问题跟人口的质量联系起来考虑，强调发展教育、提高知识水平以提高人口质量。他认为，人口多是一种“极大的资源”，又是一个“极大的负担”；主张控制人口数量和提高人口质量，只有这样，才能保留它的好处，去掉它的坏处；保全这个大资源，去掉这个大负担。第三，他特别强调指出，人口增长过快会给国民经济造成严重影响，例如：（1）无法加速积累资金。（2）势必扩大粮食种植面积而缩小经济作物的种植面积，缩小工业原料的供应而推迟工业化的推进。（3）削弱了工业化基础，影响科技的研究与发展。总之，控制人口，绝非可有可无的政策，而是非有不可，已成了当务之急，不容怠慢。为了有效地控制人口的增长，马寅初先生提出三大措施：一是加强宣传，破除“早生贵子”的封建思想。二是修改婚姻法，鼓励晚婚。三是普遍宣传人工避孕，反对人工流产，以免杀害生命。

为了便于让更多的人能理解、接受他的观点，马寅初先生在论文中郑重阐明：“我的人口理论在立场上和马尔萨斯是不同的，他们主张以瘟疫、疾病、战争等残酷的手段把人口削减……我则不但不主张削减而且要提高劳动人民的劳动生产率，借以提高他们的物质和文化生活水平。”

以上各点，就是马寅初先生在他的论文中所阐发的基本观点和建议。这些观点在理论上是正确的，这些建议是切实可行的。而且 40 多年前就已尖锐地提出要控制人口的增长，委实是一种高瞻远瞩的基本国策。这些观点和建议究竟错在哪里呢？从许多“批判”文章看来，大多限于简单地利用所谓“人手论”来批判马老的“人口论”，说什么，“人不仅是消费者，而且是生产者”；人不仅有“口”而且有“手”，指责马老“只是见口不见手”。这种简单地渲染“人手论”，便得出了人口越多越好的错误结论。其实，这种“批判”是站不住脚的。因为，人固然是生产者，但不能光凭两只手，还须有土地（包括自然资源）和资本设备，而开发自然和装配设备，这一切都需要增加积累；而人口增长过快，将导致消费增大而削弱积累，从而削弱人们自身的生产能力。马寅初先生正是主要有鉴于此而为“人口增长过快”感到忧心忡忡，不得不奔走呼喊。他那一腔爱国爱人民的火热的心跃然纸上。但在当时，真理、事实、良知都被“左”的思潮湮淹没了。一篇篇檄文携带着一顶顶政治“帽子”，什么“反党反社会主义”、“一贯反马克思主义”、“一贯为帝国主义、封建主义和资本主义服务”、“借学术研究之名，而行向党向社会主义进攻之实”，都扣到年近八旬的马老头上。

可是，马老不仅有理，而且他还有一副坚持真理、不畏强暴的硬骨。尽管对马寅初先生理论的批判持续了几年，尽管马老知道上面有个“理论权威”（康生）在策动对他的围攻，但马老却是当“理”不让。他在1959年11月间在一篇“声明”中表示：“我虽年近八十，明知寡不敌众，自当单枪匹马，出来应战，直至战死为止，决不向专以权力压服不以理说服的那种批判者们投降。”[①] 他还在“声明”中对他未能接受一位好朋友的劝告而感到歉然。他的这位好朋友，曾在新中国成立前当马老在重庆受难时曾千方百计营救他，新中国成立时他又应这位好友之召离开香港北上参政，这次却恳切劝告他检讨了事。可是，马寅初先生却说，他虽对老朋友的一向关心是“感激不尽”和“牢记在心”，“但是这次遇到了学术问题，我没有接受他的真心诚意的劝告，心中万分不愉快，因为我对我的理论有相当的把握，不能不坚持，学术的尊严不能不维护，只得拒绝检讨”。从此，马老的这篇重要文章在经过几年的“围攻”后便被打入“冷宫”。

尽管马寅初先生的正确观点受到无理的政治围攻，但马老以其德高望重，在他担任北大校长公职期间还获得几次为自己申辩的机会，这是其他受到政治攻击的所谓“资产阶级右派”或“资产阶级学术权威”所难得享有的。值得指出的是，这些受到政治性批判的“右派”、“反动权威”或“资产阶级学者”，大多数都还强调要在马列主义思想指导下应用西方经济学的一些理论来为中国经济建设服务。即使如此，他们也遭到“批判”，而且绝大多数不容申辩。这一切表明，西方经济学自新中国成立以来一直处于被全盘否定的悲惨境地。

二、西方经济学的引进和接受

到了20世纪60年代初，情况稍有变化。1961年中宣部和教育部组织编写文科教材，供全国各大专院校文科和法科（包括经济学和财经科）师生用。在此之前，国内各文科、法科（包括经济学和财经科）都一律采用苏联教材（或由苏联在华专家编写的教材），而且不允许任何人对此说个“不”字。而今，中宣部和教育部却要组织中国专家学者为文科和法科等各

---

① 马寅初：《重申我的请求》，载马寅初《新人口论》，广东经济出版社1998年版，第71页。

专业编写自己的教科书，对当代西方国家的经济学及其他学科的各种流派及理论也要编写教材，以开拓学校师生的视野。当时对待西方经济学明确指示，既要批判，也要介绍，而且介绍须“客观”、“系统”。中宣部和教育部指示教材抓紧时间编写，并由当时中宣部副部长周扬同志负责所有文法科教材编写工作。

（一）西方经济学引进的原因

当时为什么会出现这种情况呢？我认为，一是由“左”的思想和路线掀起的“三面红旗”（即指总路线、大跃进、人民公社）运动遭到了失败，加上三年自然灾害，“人民公社”暂时破产了，农村里的公共食堂也关闭了，有些农村开始自发地实行“包产到户”制度，“左”的思想与路线一时受到了挫折。二是中苏两党两国的关系破裂，苏联停止援助，撤退专家，“向苏联一边倒”、“以苏联为师”的政策不行了，今后中国要走自己的路子，需要更多地了解除苏联以外的外部世界。当时就是在这种形势下，中宣部和教育部组织部分中国学者着手编写各种文科教材，而且要编写西方经济学的教材，并且指示说：对西方经济学要批判，也要了解和借鉴，为此就着重要求介绍要客观、要系统，使人们能了解西方经济理论的原貌。为了解除编者的顾虑，还着重指示：你们编写者负责把学术关，我们组织者负责把政治关。介绍是否客观和是否系统，你们要负责；批判得够不够，他们负责，你们不必多顾虑。上述“指示”，表明政府已开始让广大青年学生了解外部世界（特别是西方国家）的经济情况和经济理论的实际情况。这是自新中国成立以后对西方经济学一直采取全盘批判态度达十多年后第一次显得有所“松动”。

（二）编写西方经济学教材

关于西方经济学，当时组织编写两本教材，一本是关于西方经济学史，教材定名为《经济学说史》；另一本是当代西方经济学，定名为《当代资产阶级经济学主要流派》。前一本《经济学说史》的时间跨度大，从古代希腊罗马一直介绍到凯恩斯的经济理论。内容庞博，既包括古代希腊、罗马的经济思想，也包括空想社会主义经济思想和马克思、恩格斯、列宁的经济思想。除此之外，相当一部分篇幅是介绍资产阶级学说史。该书由中国人民大学的鲁友章、李宗正两位教授主编，参加编写的还有中国人民大学、北京大学、南开大学、吉林大学等大学的多位教授。该书的编写，主要以卢森贝的《政治经济学史》及苏联有关教材为参考。另一本《当代资产阶级经济学主要流派》由北京大学罗志如教授任编写组组长，由中国科学院经济研究所巫宝三先生、中国人民大学高鸿业教授任副组长，此外还有北京大学、中国人民大学、中国科学院经济研究所等单位的学者多人参加。该书共为五个分册：（1）凯恩斯主义；（2）垄断经济学；（3）福利经济学；（4）经济计量学；（5）“人民资本主义”。此书的编写，也多参考苏联学者（如布留明等）的著作。这五个分册，陆续于1962—1965年由商务印书馆出版。《经济学说史》（上册）于1964年由人民出版社出版，旋即被“文化大革命”所中断，该书下册直到1982年才出版。

尽管有了周扬关于介绍西方经济学要“客观、系统”的指示，但在当时“左”的思潮仍占支配地位的大环境下，从领导到编写者当时受“左”的思想束缚很大，加以当时编写西方经济学教材仍多参考当时苏联流行的著作（如卢森贝、布留明等人的著作），所以，我作为《当代资产阶级经济学主要流派》教材的编写者之一，深感在当时思想状况下编写者虽然做了巨大的努力去贯彻“介绍要客观、系统”的指示，但实际上对西方经济学，基本上仍采取批判、否定的态度。虽然如此，但教材在介绍西方经济学方面比过去还是较充分、较系统些，对西方经济学的态度在一定意义上有稍许改进。但不久“文化大革命”的急风骤雨给全国带来混乱，更是把对西方经济学的极“左”态度推到了极其荒诞的地步。

（三）翻译出版西方经济学原著

在“介绍”西方经济学方面，除了编写和出版教材外，还有个重要渠道，那就是翻译出版西方经济学原著。承担这方面工作的主要有商务印书馆、生活·读书·新知三联书店、人民出版社、上海人民出版社等单位。其中，以商务印书馆出版西方经济学著作较多也较系统。从20世纪50年代起，商务印书馆为了便利国内读者可以更多地了解马克思主义三个来源，就有计划地组织翻译出版了马克思主义的三个来源的著作，其中包括马克思所推崇的英法古典经济学著作。后来，又组织翻译了不少近代、现代、当代西方经济学（如马歇尔、魏克塞尔、瓦尔拉、凯恩斯、汉森等）的著作。当时出版这些著作时必须附有一篇批判性中文版“序言”，以便给广大读者“指导”，免遭资产阶级思想毒害，但人们还是有可能接触到西方经济理论。可惜，“文化大革命”一来，翻译西方学术著作的工作被停止了，这条渠道也被堵死了。

总之，新中国成立后至改革开放前的30年间，在“左”的教条主义思潮支配下，我国对待西方经济学，特别是对待19世纪以来的西方经济学，给它冠之“资产阶级庸俗经济学”的称谓，认为它作为一种辩护的经济学，理论上是反科学的，政治上是反动的，而且越来越反动，于是对其采取全盘否定、全面批判的态度。不仅如此，而且把对西方经济理论的批判用来对本国人民内部进行政治迫害的手段，结果，在经济理论界和经济教学领域内造成思想僵化、闭塞，教条主义日益严重，理论研究日益脱离实际，经济学教学更其如此，政治经济学的资本主义部分越来越无法解释当代资本主义世界经济的发展，其社会主义部分却越来越变成国家财经政策法令的汇编。我国经济学研究和教学陷入了危机。

（四）全盘否定西方经济学给我国经济建设带来的危害

尤其严重的是，长期以来，我国对西方经济学所采取的这种“左”的全盘否定的态度，造成我国政策指导思想僵化，无视甚至违反客观经济规律，给我国的经济建设造成严重损害。这种损害至少可从下述三方面看到。

第一，在“左”的教条主义思想的长期支配下，政策指导思想僵化，致力于把人们的思想死死地禁锢在“计划经济制度”上，对任何带有市场倾向的思想苗头和具体措施都在理论上严加批判，在实践中坚决扼杀或取缔。“宁左毋右”之风日盛，对经济发展的伤害日益严重。例如，由于利润动机、竞争、成本—收益观念、经济核算原则、个人经济利益、企业自主地位等市场经济的机制与范畴，都作为“资本主义货色”被批判、摒弃，于是在“大跃进”中出现了“一平二调”、“要算政治账、不要算经济账”的“共产风”，也出现了“人有多大胆、地有多大产”、“超英赶美”、“跑步进入共产主义”之类违反客观经济规律的“主观狂热症”；在“文化大革命”中更刮起了批判按劳分配原则的“平均主义风”，还掀起了收缴农村社员“自留地”的“割资本主义的尾巴”的运动。这一切，严重破坏了工农业生产、自然资源以及广大劳动者的生产积极性，最后，使国民经济在20世纪70年代中期濒于崩溃。

政策指导思想僵化的恶果还表现在：通过对西方经济学的批判，在人们思想上筑造起一道“保护”社会主义的围墙，把它跟市场经济所固有的机制及范畴完全隔绝开来，实际上阻碍了我国更早地从计划经济向市场经济过渡，这不仅意味着巨大的经济的（或物质的）损失，但更重要的是时间的损失，这无疑是一种更大的损失。

第二，还值得提及的是，在新中国成立后的30年里，我国还把由联合国推荐、西方国家普遍采用的“国民经济核算体系（SNA）”，当做西方经济学的构成部分而被全盘否定、彻底摒弃掉了，却追随当时的苏联采用“物质产品平衡表体系（MPS）”。MPS和SNA这两种不同的核算体系之间的重大差别之一，就是MPS只把物质生产部门的劳动者收入和社会纯收入计入国民收入，认为只有物质生产部门的劳动才能成为收入的源泉，而非物质生产部门的劳动并不创造价值；SNA则把物质生产部门和非物质生产部门的收入都计入国民收入。应该提及的是，已故去的我国著名经济学家巫宝三先生，是我国“国民所得”问题专家，在新中国成立前曾运用国民经济核算体系研究过旧中国的国民收入问题。新中国成立之后，随着SNA的理论与方法在理论上受批判和在实际工作中被摒弃，巫宝三先生的这项研究也无条件继续进行。然而，真正遭受损失的是国家，因为MPS的采用和SNA的摒弃，导致我国非物质生产部门的发展遭到忽视，导致我国第三产业（特别是服务业）的发展长期落后，不仅落后于许多发达国家，甚至还落后于某些发展中国家。这个教训是十分深刻、惨痛的。

第三，还须提及对马寅初先生的《新人口论》的错误批判带来的极其严重的后果。如果当初不是粗暴地对待马老的文章和建议，从20世纪50年代中期起就实行计划生育，我国目前人口就有可能控制在9亿左右；我国的人口压力、就业压力、资源短缺的压力、环境保护的压力就大大减缓了；我们就会有更多的积累和更快速的经济增长。正如有人说的，错“批”一个人，冒增了几亿人，受累了十几亿人。

第二节　西方经济学、西方市场经济与中国社会主义市场经济

在改革开放以来的30年间，我国在邓小平理论和“三个代表”思想的指导下，落实科学发展观，进行探索、建设社会主义市场经济的历史性长征。在这个过程中，我国经济理论工作者和实际工作者不断研究、鉴别与广泛借鉴西方经济学的理论和他们的实践（经验和教训）。

一、西方经济学与西方市场经济的基本特征

所谓西方经济学，是指西方国家所流行的宏观经济学、微观经济学以及其他经济学分支（如货币金融学、财政学、国际经济学、发展经济学、

计量经济学，等等）的统称。其实，用地区概念来区分经济学并不合适，也不科学。西方经济学，就其本质讲，就是研究市场经济的经济学。市场经济的最重要标志，乃是它以市场机制作为配置社会资源的基本手段。这个市场经济，在西方国家已存在、发展了几百年，以市场经济为研究对象的经济学也存在、发展了几百年，一般来说，开始于17世纪中叶的英国古典经济学。西方国家的市场经济以及与之相对应的经济学，表现出以下三大特点：

（一）以生产资料资本主义私有制为核心

西方国家的市场经济从一开始就建立在资本主义私有制基础上，它以维护私人产权为核心、以营利为目的，依靠价格机制和竞争机制，发展资本主义私人经济，来解决生产什么、为何生产和为谁生产的问题。所以，几百年来，市场经济总是跟资本主义私人经济融为一体，密不可分。由此，西方经济学几百年来也都把市场经济跟私人资本主义经济视为一体，把市场经济视为私人资本主义经济所固有的东西，他们不承认也很难想象离开资本主义经济哪有市场经济生存的地方。与此同时，传统的马克思主义也同样把市场经济跟私人资本主义经济视为一体，认为市场经济跟社会主义基本制度水火不相容，甚至改革开放后，邓小平同志提出中国特色社会主义理论，认为市场经济也可以跟社会主义基本制度相结合并付诸实践，西方许多人士（我国国内也有少数人）仍然顽固坚持传统观点，硬把我国建立社会主义市场经济体制的改革实践，说成是搞资本主义。然而，尽管我国正在建设的是跟社会主义基本制度相结合的新型市场经济，但西方国家几百年来所赖以安身立命、繁衍传承的确是与资本主义私人经济结合一体的资本主义市场经济。而西方经济学则把维护资本主义私有制经济奉为圭臬。

（二）现代西方经济学是以成熟的、发达的资本主义市场经济为研究对象

西方国家的资本主义市场经济之所以是成熟的、发达的，不仅在于它经历了漫长（几百年）的发育成长的历程，它的每项机制、每项制度、每个游戏规则乃至每项法律法规都不是由哪位“先知”事前设计的，而是根据生产社会化的进展和经济发展的需要而逐步确立的。它从商品市场、货币市场、债券市场、证券市场到期货市场及衍生品市场，也都是由千万人在自己的经济实践中，根据经济发展的需要，不断探索、创新而建立起来的。例如，当今举世瞩目的纽约证券交易所，一天进行数百亿美元的证券

交易。可是这个证券交易所并不是哪位“先知”设计的，而是两百多年前由于经济发展的需要，由24名商人于1792年在纽约曼哈顿岛南端一棵大梧桐树下签订一个合同开始的。当时，他们为了交易各州政府的债券，约定不定期在那棵梧桐树下进行交易。后来才移到华尔街68号门外碰头，若干年后才从露天交易改为登堂入室，在华尔街的一家咖啡馆内定期聚会。至1817年，由原来签订1792年协议的商人的后继者组成了纽约证券交易所理事会，1863年才正式成立了纽约证券交易所。此后，为运河和铁路建造而发行了大量债券与股票，吸收了巨额的欧洲投资，给纽约证券交易所注入了巨大的活力。经过两百多年的发展，原先露天交易所的小小聚会，一步一步地发展成今天举世瞩目的世界第一大国际金融中心。纽约证券交易所的成长、发展过程，可视为资本主义市场经济成长、发展的一个缩影。它表明，市场经济的每项机制、每项制度、游戏规则及法律法规之所以有充沛的生命力，都是有经济发展的需要为依托，都是千万人通过自身的经济实践确立的。还须提及，在西方市场经济不断成熟的两三百年间，发达国家完成了工业化、城市化的历程，经历了后工业化时代，进入了信息化时代，产业结构不断升级，新型的产业结构成了成熟的、发达的市场经济的载体。成熟的、发达的市场经济，最后要以立法形式加以规范，成为成熟的、法治的市场经济，为西方成熟的市场经济理论提供了它所必需的沃土。

（三）现代资本主义是国家干预与市场经济相结合的国家资本主义

按照古典经济学的说法，资本主义市场经济是非常完美的，依靠价格机制和竞争机制，市场会自动趋于平衡，可无为而治。它虽然承认偶然会出现失业，但只要工人把工资要求降下来，自然会受到雇用。因此，它不存在什么“非自愿失业”，“失业”也都是自愿的。

然而，资本主义市场经济绝不像古典经济学家所描绘的那么“美妙”。它的基本矛盾决定了它固有的三大缺陷：（1）周期性危机；（2）竞争必导致垄断；（3）社会贫富两极分化。20世纪30年代的资本主义世界大危机，把这三大缺陷发展到极其尖锐的地步，整个资本主义经济面临崩溃。资本主义经济已无法靠市场经济的“自我调节”，不得不求助于“国家干预”。随着罗斯福“新政”，特别是英国经济学家凯恩斯1936年出版《就业、利息和货币通论》一书，为国家干预，特别是为“宏观经济调节”提供了理论基础。第二次世界大战后，凯恩斯主义风靡一时，不仅让西方基本经济理论出现了宏观经济学及微观经济学的分野，而且依靠以财政政策和货币政策为主要手段的宏观经济调节，使西方资本主义市场经济远离了30年代那样毁灭性的危机。战后西方经济经过几十年的发展，使许多人士都为凯恩斯讴歌颂德，在纪念凯恩斯著作出版30周年时竟喊出了“是凯恩斯拯救了资本主义”。可是好景不长，美国的经济陷入了“滞胀”，美国总统里根推行的以供给学派和货币主义为主要内容的新保守主义盛行起来，有少数人走得更远，鼓吹极端的新自由主义，要求回到哈耶克主张的自由放任主义。然而，事实是历史的发展已铸就资本主义市场经济必然跟“国家干预”结为一体，现代资本主义市场经济的运行已离不开“国家调节”，那些极端的新自由主义观点被许多西方经济学家讽刺为“原教旨市场主义”。如果说古典西方经济学研究的是自由放任的资本主义市场经济，那么，现代西方经济学研究的则是与国家干预相结合的国家资本主义市场经济。

二、社会主义市场经济——中国特色的社会主义道路

我国社会主义市场经济，应是中国特色社会主义道路的一个重要组成部分。那么，在中国，社会主义市场经济相对于世界资本主义市场经济来讲，有哪些特点？

（一）中国社会主义市场经济，属于世界新兴市场经济的一部分，它的建立与成长贯穿于中国三种“转型”交织在一起的“转型”时期

西方国家的资本主义市场经济的存在、发展已经历了几个世纪，而且在一百多年前就已完成了工业化、城市化进程，使资本主义市场经济臻入成熟的发达的市场经济。而中国的社会主义市场经济，包括发展中国家正在建设的私人资本主义市场经济，乃至俄罗斯、东欧国家由社会主义计划经济转型的私人资本主义市场经济，才有几十年的历史，都属于新兴的市场经济。

中国作为新兴世界市场经济的一部分，它萌发于30年前开始的改革开放。以邓小平为核心的党中央在30年前开始实施的“改革开放”政策，把中国经济推进了复杂的、艰巨的“转型时期”。这个“转型时期”的复杂性、艰巨性，集中表现在它由三种“转型”交织在一起：一是经济体制上从计划经济“转向”市场经济；二是经济结构上从“二元经济”转向现代化工业经济；三是增长方式上从粗放型转向集约型，特别是转以科学发展观为基础的可持续性型。西方国家过去花费了几百年时间才完成的事实，我国要在短短几十年内完成，其复杂性与艰巨性可想而知。以失业和就业为例，西方发达国家一百多年前完成了工业化、城市化，农村人口只占全

国人口的3%—5%，全国失业率约4%—5%，而且有较好的社会保障设施。而我国“转型”起步于“二元经济”，农村人口占70%多，是全国最大的弱势群体，农村剩余劳动力1亿—2亿人，处于隐蔽性失业状态。在过去20多年里，已有1.2亿农民工流向城市，虽大大促进了城市经济发展，却也增大了城市的就业压力，他们就业处于不稳定状态。此外，随着企业改革的推进，国有企业和集团企业下岗职工，据统计1990—2002年间这两类企业的就业人数减少5610万人；另据统计，经济增长方式转变的推进，导致自1994年以来共失去了1.5亿—2.0亿个工作岗位。结果我国在转型时期所面临的失业（或就业）问题，远比当今市场经济发达的西方国家更加严重，尽管我国城镇登记失业率并不算高，但实际情况不容忽视，而且今后一段时期还会趋于严峻。三种“转型”叠合在一起的复杂情况，使得我国即使有持续的高增长，也常和高失业或低就业结伴而行。[①] 当今，西方经济学都是根据西方发达的市场经济的产业结构及运行规则所确立的失业率不超过5%，反映社会收入分配程度的基尼系数不超过0.4，用此标准要求或对比我国，对我国转轨时期并不适合和实事求是，因为我国目前经济跟西方发达国家经济处于不同的平台上。我们应朝此方向努力，加速经济发展和改革，使我国社会主义市场经济日趋成熟。

（二）政府在经济发展与改革中的主导作用

中国作为新兴市场经济体，和也属新兴市场经济体的东亚其他发展中国家一样，都属于“赶超型”经济。为了“赶超”西方早已成熟、发达的市场经济国家，不得不借助于政府的力量。著名日本经济学家青木昌彦在《政府在东亚经济发展中的作用》一书中阐明东亚发展中国家在其经济发展中政府发挥了重要的主导作用。世界银行在其1993年发表的《东亚经济奇迹》研究报告中，把东亚经济的高速增长归功于政府经济政策的灵活性和主导性。[②]

中国，无论是实现工业化还是建设成熟的市场经济来讲，都要在短短的几十年内完成西方国家过去花去数百年才完成的事业，这就要求发挥政府的主导作用来实现“赶超”。这种由政府主导的“赶超型”经济，决定了

---

① 参见黄范章《高增长与通货紧缩同时并存——我国转轨时期的特有现象》，《转轨通讯》［中国（海南）改革发展研究院］2003年第1期；刘鹤《对高增长、低就业格局的初步研究》，《比较》2005年9月号。

② World Bank: *The East Asian Miracle Economic Growth and Public Policy*（1993）.

市场经济的各种机制和制度工具处于“发育”、“不成熟”或“夹生”过程之中，而且各种市场机制、制度工具“发育”程度不同，相互之间还亟须相互“匹配”或“配套”和“协调”。

从发达国家的历史看，从商品市场、货币市场、债券市场、证券市场、期货市场到衍生品市场，大约经历了二百年的历史。每种市场、每种机制和每个制度工具，并不是靠某个天才设计而诞生的，而是随着市场经济的成长，由千万人在经济实践中根据活动的需要而自发地形成协议并共同遵守。但我国作为发展中国家要在短短的几十年间完成发达国家两百多年所完成的事，而经济全球化的发展也不允许让我国先建立一个比较成熟的、规模的市场经济，然后再去融入世界经济。为了“赶超”，在这里，政府发挥了“主导”作用，主导着制度“创新”。当经济货币化的进程尚未完成时，就已开始证券、票证化；当证券、票证制度尚未发育甚至有关运作法规尚不完善时又出台了期货及衍生品市场——这一切都是在短短几十年或十几年内几乎同时出现的。这就造成这么一种局面：在推进自身经济发展与世界经济接轨过程中，各种市场组织形式、机制、制度工具都具有不同程度的“不成熟性”或“夹生性”。在我们看来，凡是发达国家的成熟市场经济所有的市场形式、机制、制度工具，我们都应该一应俱有，即使目前条件不成熟也得先引进，在运行实践中培育，就像一群饿急了的人群，等不及饭煮熟就争着吃“夹生饭”，就只好“边吃、边煮、边熟”，致使各种市场组织形式、机制、制度工具之间常出现不协调、摩擦、脱节情形，这就构成了这种“赶超型”经济所固有的弱点。这个弱点是难免的甚至是必然的，这就决定了我国经济在“转型”过程或社会主义市场培育、成长过程中，有就各个不协调、摩擦、脱节方面进行多层次、多方面“协调”的必要性。正如胡锦涛同志在十七大报告中所讲：“科学发展观，第一要义是发展，核心是以人为本，基本要求是全面协调可持续，根本方法是统筹兼顾。”

（三）社会主义市场经济最本质特征：社会主义基本制度与市场经济相结合

“把坚持社会主义基本制度跟发展市场经济结合起来”，这是胡锦涛同志在十七大报告论述改革开放作为一场新的伟大革命的方向与道路的十大“结合”中提出的。从经济制度讲，“社会主义基本制度”是什么？它再也不是公有制“一统天下”，而是“公有制为主体、多种所有制共同发展的基本经济制度”。问题是这个社会主义基本制度的核心部分是什么？它和市场经济如何才能结合？结合的难点是什么？

社会主义的这个“公有制为主体、多种所有制经济共同发展的基本制度”，其核心部分是“公有制为主体”，没有这个核心部分，社会主义基本经济制度也就不成其为社会主义，仅有其他非公有制经济跟市场经济相结合，那将是资本主义市场经济。这些非公有制经济跟市场经济相结合，从经济体制上讲毫不困难，因为历史上市场经济从来都是建立在资本主义私有制的基础上；而社会主义基本经济制度要跟市场经济相结合，其最大的难点就在于它的核心部分——作为经济主体的公有制经济跟市场经济相结合，而要实现这个结合，就必须在公有制经济的基础上建立起为市场经济所须臾不可缺的微观经济基础，而这是旷古以来的历史性创举。

经济学告诉我们，市场经济的诞生、成长与发展从来都是和资本主义私有制经济融合在一起的；经济学说史也告诉我们，无论是西方经济学抑或传统的马克思主义政治经济学，两者虽然立场对立、立论各异，但有一点是相同：都否认市场经济跟社会主义公有制相结合的可能性，而且都把这一点奉为“信条”。20 世纪 30 年代在西方经济学界发生一次历时数年的社会主义大论战，当时西方经济学界主要代表人物米塞斯及哈耶克（后来均为诺贝尔经济学奖得主）断言：只有私人企业，才能构成市场经济所必需的微观经济基础；断言：社会主义公有制不可能跟市场经济相结合，而只能搞计划经济，只能是一条“通向奴役的道路”；与此同时，传统的马克思主义政治经济学也断言：市场经济是资本主义私有制所固有的，跟社会主义公有制经济水火不相容，把市场经济视为“洪水”、“猛兽”。正是邓小平同志高瞻远瞩，解放思想，总结国内外建设社会主义的经验与教训，毅然采取“改革开放”决策，并于 20 世纪 90 年代初提出建设社会主义市场经济的基本方针，粉碎了来自传统马克思主义和西方经济经济学左右两个方面的同一把思想枷锁——所谓市场经济跟社会主义公有制不相容的“教条”。中国共产党领导着十几亿华夏儿女，在神州大地上探索着“摸着石头过河”，开始了把社会主义公有制跟市场经济结合起来的历史性长征，这是旷古以来的伟大的制度创新。

建立社会主义市场经济的最大难点，就是要在维护这一基本经济制度的核心部分——公有制为主体同时还在公有制基础上建立市场经济所必不可少的微观经济基础。何以如此？

我们社会主义国家与西方国家不同。西方国家的企业都掌握在私人手里，政府作为政治实体，只具有“公共服务”职能，而我国政府不只是政治实体，而且还受国家委托履行经济实体的职能，拥有大批国有企业。国家所有制企业（即国有企业），实际是政府所有制企业。政府一身兼有“政治实体”和“经济实体”两种身份和两种职能，这种体制是我国新中国成立之初从苏联那里学来的，政府以国家名义对国有企业实现政府所有制，而且一统天下。不仅非经营性、非竞争性国有企业为政府所统辖，而且本该由经济实体所统辖、按营利原则经营的经营性、竞争性也归政府所统辖，结果经济服从于政治，营利原则（成本—收益原则）被财政原则（无偿征收、无偿支付）所取代，市场机制和经济手段被计划和行政手段所取代，大家都争着吃财政“大锅饭”，企业没有独立的经营行为和经济利益，丧失了经济活力。这种企业，根本不可能构成市场经济所必需的微观基础。那么，社会主义基本制度能否跟市场经济“结合”起来，主要取决于能否在公有制基础上建立起市场经济所需要的“微观经济基础”，这就是社会主义基本经济制度与市场经济的“结合点”。

中国人民在邓小平理论的指导下，在改革的实践中不仅找到这个“结合点”，即通过国有企业改革，把国有企业建设成独立的生产者和经营者，在公有制基础上为市场经济塑造“微观经济基础”；而且探索出了一条可行的途径，即“产权明晰、责权明确、政企分开、管理科学”，尔后又进一步明确“股份制”可以是公有制的“实现形式”，循此在公有制基础上建立现代企业制度，使之具有“自主经营、自负盈亏、自我发展、自我约束”的职能与机制。在这里，“产权明晰、政企分开”，至关紧要，不仅直接关系到产权能否明晰，关系到国有企业是否真正享有独立、自主的经营地位，而且关系到政府能否完全真正地从“经济建设型”转变为“公共服务型”。因此，党的文件中长期以来都把“政企分开、政资分开、政事分开”作为经济改革的重点，事实上，我国在“政企分开、政资分开、政事分开”方面做了不少努力（如把政府的一些经济主管部门改为大型国有集团公司或控股公司等），但仍障碍重重。改革的进程表明：政府一身兼有双重身份和双重职能，仍是“政企不分开、政资不分开、政事不分开”的体制根源。所谓“病”在企业，“根”在政府①。十七大报告中把政府体制改革放在突

① 参见黄范章《双重身份、双重职能应是政府体制改革的重点》，（香港）《中国评论》2005年10月号。

出地位，强调“建设服务型政府”，这还需要我们进行艰苦努力。

三、制度创新要求理论创新——创建中国特色的“转型经济学”和市场经济学

中国经济的“转型”和建设社会主义市场经济的伟大实践，迫切要求创立有中国特色的转型经济学和旷古未有的社会主义市场经济学。这是因为：

一则我们不能接受曾被西方自由派人士吹捧并向发展中国家兜销所谓“华盛顿宣言”，用西方经济学来指导我国的经济“转型”和经济改革，走全盘私有化和资本主义市场经济道路。我们不应纠缠于“姓资姓社”之争，但必须高举中国特色社会主义旗帜，走创建社会主义市场经济体制的道路。

二则我国三种“转型”交织在一起的复杂情况以及各种市场形式、市场机制、市场产品在短短时期几乎同时出现而造成复杂情况，是成熟、发达的西方市场经济和现代西方经济学见所未见的。前面提到，我国转型时期失业（或就业）问题，跟西方成熟、发达的市场经济很不相同。再以我国春节客运为例，在短短一两周内实现上亿人口大范围的往返运输，这对早已完成工业化、城市化的西方发达国家来讲是难以想象的。

三则在改革开放30年的经济发展与经济改革的伟大实践，我国的确积累了丰富的经验，是值得我们十分珍惜和值得国人引以为自豪的。兹举其荦荦大者：如在从指令性计划转向以市场调节作为分配社会资源的基础性手段中，我国以极简洁的语言“政府调控市场，市场引导企业”，总结出我国社会主义市场经济体制下政府与市场的关系；又如我国总结出的“产权明晰、责权明确、政企分开、管理科学”这一国有企业改革道路，为把国有企业改革成为公有制基础上的“微观经济”，解决了社会主义公有制与市场经济相联结的世界级难题；我国一度实行的价格“双轨制”，成为从计划价格稳妥地过渡到价格放开的中间“桥梁”；还有，我国总结出的“以信息化带动工业化、以工业化促进信息化”，为我国指明了带有时代特征的中国工业化道路；特别是我国根据科学发展观在经济发展与经济改革的实践，为应对我国“转型”时期所面对多方面、多层次的复杂情况与问题，在十七大报告中提出的“十大结合”的方针，等等。所有这些，都是根据我国“转型”时期的具体国情总结出的成功经验，是成色十足的“中国制造”，是现代西方经济学所无法也不可能提供的。我们应十分珍惜自己的实践经

验及成果，当然，还需要进一步发展、深化及理论化。

总之，中外历史上从未见过与社会主义基本制度相结合的社会主义市场经济，是历史赋予中国人民进行制度创新、理论创新的伟大历史使命。我们应在邓小平理论、“三个代表”重要思想的指导下，落实科学发展观，解放思想，勇于创新；同时，我们也看到西方经济学虽把资本主义私有制奉为圭臬，但它毕竟是发达的市场经济的理论结晶，是世界人类文化成果的一部分，它所研究的每种市场形式、市场机制、市场产品及法规，对于我们有重大的参考、借鉴意义。我们固不可盲从，但也切忌历史虚无主义，要认真吸收、借鉴包括西方经济学在内的一切人类文明成果。

第三节　改革开放以来我国对西方经济学的介绍及引进

“左”的路线与思潮在“文化大革命”时期被“四人帮”发展到了极点，但它的影响及对人们思想的毒害，并没有随着“四人帮”的覆灭而立即消失。“两个凡是”以及各种传统思想，就像沉甸甸的桎梏禁锢着人们思想。全国关于“实践是检验真理的唯一标准”的讨论，像霹雳一声春雷，使人的思想开始苏醒过来。1978 年 12 月召开的党的十一届三中全会，贯彻了邓小平提出的“解放思想、实事求是，团结一致向前看”的方针，更是起了振聋发聩的作用。人们开始重新思考祖国的前途与命运，重新“甄别”、“认识”西方经济学的问题也被开始提上日程。

党的十一届三中全会吹响了“改革开放”的号角，要贯彻“以经济建设为中心”，就要求从我国经济的实际情况出发，研究客观经济规律，并借鉴国外实际经验和经济理论。于是，自然提出一个问题，西方经济制度以及西方经济学中有无可供我们借鉴、利用的东西？过去在“左”的思想及路线支配下用“政治棍子”将西方经济学一棍子打死的做法是否应该？现在是否应该加以甄别、重新认识？

党的十一届三中全会关于“解放思想、实事求是”的思想路线有如春风化雨，为重新研究和科学对待西方经济学准备了思想条件和政治条件。于是，“外国经济学说研究会”便应运而生。1979 年 5 月间，以北京大学著名教授陈岱孙（已故）为首的 17 位研究西方经济学及经济学说史的学者在杭州聚会讨论西方经济学问题。他们深感必须摒弃过去对待西方经济学采取全面否定的“左”的做法，认为那里有可供我们利用、借鉴的东西，而且毋论是有所“取”或“舍”，都必须先要全面地、客观地研究它和了解它。

“外国经济学说研究会”成立后的第一个活动，就是举办国外经济学说讲座。当时“研究会”组织了几十位从事这个领域的教学工作者和研究工作者，对西方国家经济学的不同流派、不同观点进行比较系统的、有分析的介绍。目的是推进思想解放，让人们对国外经济学有一个比较系统、全面、初步的了解，从中吸取有用的东西。这个“国外经济学”讲座从1980年开始，历时约一年，全部讲稿后来由中国社会科学院分四辑出版。尽管参加讲座的讲演人思想上都程度不同地存在过去几十年留下的“左”的余悸，但大家都是朝着新的方向作了巨大努力，取得了积极效果。这对于西方经济学几十年遭到封锁、禁锢、扼杀的神州大地来说，在某种意义上起了“启蒙”作用，有助于为后来的经济体制改革进行思想和理论的准备。

如果说20世纪80年代初仅“外国经济学说研究会”在短暂时间开始介绍、引进国外经济学说和理论，那么，在“改革开放”、“解放思想、实事求是”的方针感召与推动下，介绍引进西方经济学的工作很快就全面铺开。30年来，这一工作主要是通过三方面或三个渠道开始和进行的。

一、高校教育课程

由于广大经济工作者和理论工作者在此之前很少接触或了解西方经济学，而改革开放事业又要求人们借鉴国外有用的理论和模式。因此，在改革开放初期，介绍西方经济学的责任基本上落在高等院校和少数研究机构从事研究西方经济学及经济学说史的一些学者肩上。这些学者当时虽然承受着很大的政治压力和“左”的路线的伤害，仍毅然挑起了重担。除了“外国经济学说研究会”组织、创办了西方经济学讲座，出版了文集四辑之外，还出版为数不多的当时具有较高水平的教材，如张培刚、厉以宁合著的《宏观经济学和微观经济学》（人民出版社1980年版）、刘涤源和谭崇台合著的《当代西方经济学说》（武汉大学出版社1983年版）、胡代光和厉以宁合著的《当代资产阶级经济学主要流派》（商务印书馆1982年版）、樊弘著的《凯恩斯有效需求原则和就业倍数学说批判》（四川人民出版社1982年版）。还有《西方经济思潮评论——评萨缪尔逊的经济学》（商务印书馆1984年版），宋承先编的《现代西方经济学》（上、下册，复旦大学出版社1988年版），高鸿业和吴易风合著的《现代经济学》，罗志如、范家骧、厉以宁和胡代光合著的《当代西方经济学》（上、下册，北京大学出版社 1989 年版）以及吴奎罡等主编的《新编西方经济学》（上海人民出版社 1989 年版），等等。这类教材在不少高等院校也先后出版一些。就是这么一批老学者通过这些著作和讲座，从 20 世纪 80 年代初期就开始向国内介绍西方经济学，而且同时还培养了一大批青年学生和青年经济工作者。尽管这些老学者中间，有些人在思想上还不同程度上留有“左”的思想烙印或影响，但他们给广大莘莘学子开启了眺望另一个世界的窗扉，起到了“启蒙”的作用。

值得特别提及的是，如果说在 20 世纪 80 年代上半期许多高校自发地各自设置了介绍西方经济学的一般课程，而自 80 年代下半期以来，教育部允许高等院校正式开设宏观经济学、微观经济学之类的属于西方经济学的基础理论课程。同时，有关财经的各专业都采用本专业的西方基础理论教材。这不是因为青年学生的好奇，而是因西方经济学所阐述的毕竟是一个成熟的、发达的市场经济的结构、机制及运行规则。学生掌握了这些知识，更能适应我国社会主义市场经济发展的需要，能有更多的就业机会。

二、出版界的努力

出版界在介绍西方经济学方面也做了大量工作。商务印书馆不仅在“文化大革命”以前翻译出版了 17 世纪以来西方古典经济学代表著作，而且改革开放后又出版了大量现代西方经济学的重要著作（如萨缪尔逊的《经济学》、哈罗德的《动态经济学》等）。中国社会科学出版社、中国人民大学出版社、北京大学出版社、经济科学出版社、上海人民出版社在 20 世纪 80—90 年代均组织翻译出版了许多西方经济学重头著作，如诺贝尔经济学奖得主的代表作，《新帕尔格雷夫经济学大辞典》，包括斯蒂格利茨的《经济学》在内的经济科学译丛书，等等。21 世纪以来，出版界还不遗余力地翻译出版了不少西方经济学的重头著作，如多恩布什的《宏观经济学》（中国人民大学出版社 2002 年版），包括货币经济学、能源经济学等 9 个门类代表著作的《经济学手册》（经济科学出版社 2002 年版）、克鲁格曼的《国际经济学——理论与政策》（中国人民大学出版社 2002 年版）、金德尔伯格的《世界经济霸权（1500—1990）》（商务印书馆 2003 年版）、麦迪森的《世界经济千年史》（北京大学出版社 2003 年版）、斯蒂格利茨的《经济学》（中国人民大学出版社 2005 年版）、曼昆的《经济学原理》（北京大学出版社2006年版)、托马斯·费尔曼的《世界是平的》(东方出版社2006年版)、奥尔森的《国家的兴衰——经济增长、滞胀和社会僵化》(上海人民出版社2007年版),还应提及的是,国内重要的经济学报刊如《经济研究》、《比较》、《社会经济制度比较》、《经济学家》、《经济学动态》、《经济学消息报》、《经济观察报》等不仅翻译介绍许多国外著名经济学家的论文,还发表了大量我国经济学家,特别是中青年学者研究西方经济学并应用它来分析国内重大经济问题的成果,反映了我国研究、应用西方经济学成果的基本情况,成了反映我国经济科学在借鉴现代经济学成果中不断发展的一面镜子。

此外,还应着重提及,《经济学消息报》组织对美国12位诺贝尔经济学奖得主的越洋专访,就中国的人口与就业、通货膨胀、企业改革、贫富差距、信息高速路等问题征求意见和建议,出版了《诺贝尔经济学奖得主专访录——评中国经济及经济发展》一书(中国计划出版社1995年出版),受到学界高度重视,在国内产生了广泛影响。

三、送出去,请进来

从改革开放一开始,30年来,我国送出数十万青年学生到西方国家留学,其中学习财经的约有10万人,此外还有大批中青年财经院系教师、经济理论工作者和经济部门工作者到国外进修。应该提及的是,中国留美学会经济学会分别与商务印书馆、上海人民出版社合作,先后于20世纪80年代末和90年代初出版了系统介绍西方经济理论的丛书《现代经济学前沿专题》(商务印书馆1989年版)和《市场经济普及丛书》(上海人民出版社1993年版)。出版这些丛书的目的,并不是兜销"舶来品"。该学会在《现代经济学前沿专题》的前言中说,文辑出版的目的是帮助中国国内读者"对现代经济学先要加以了解,然后试用于分析中国经济问题,这样才会发现它的功能与缺点。"① 可贵的不仅是他们的科学态度,还有他们身居异国,心系神州的赤子之心。他们中间有一些学成之后留在国外工作,但不少人均学成归国在高等院校、企业和政府部门工作。特别是20世纪90年代末以来归国参加国家各方面建设工作的越来越多。尽管他们在国外学习的是西方经济学,有的归国后在高校仍教授西方经济学,但大多都主动、积极了

---

① 参见汤敏、茅于轼主编《现代经济学前沿专题》第1辑,商务印书馆1989年版。

解、研究中国经济的发展和改革中的进程与问题，这种势头是可取的、可喜的。特别是一些人出国之前有过实际工作经验，他们回国后更易于立足中国经济实际、借鉴西方经济理论和经验，在理论工作和实际工作中作出贡献。可喜的是，20 世纪 90 年代末以来，已有归国留学人员在教学工作、理论研究工作以及各级政府经济部门工作发挥重要作用甚至担任领导工作。应着重提及的，北京大学于 20 世纪 90 年代成立了以林毅夫为首的“中国经济研究中心”（现改为国家发展研究院），聚集了一批国外留学归国的人才，而且与美国国民经济研究局（NBER）建立了定期交流关系。他们的研究成果受到许多有关部门的重视。

自 20 世纪 80 年代中期以来，随着学校交流的开展，我国高等院校聘请或邀请西方国家以及日本、印度等国的著名经济学家来我国讲学越来越多，许多单位甚至有的政府部门举办各种有关重大社会经济问题的国际研讨会，也都邀请国外著名经济学家及国外政府官员参加。绝大多数诺贝尔经济学奖得主都先后来中国讲过学，有的（如蒙戴尔、斯蒂格利茨、科斯等）还多次来华讲学。这些西方国家的著名经济学家，他们给我们介绍和讲解的自然是他们对现代资本主义经济研究的新成果，我们不应该指望或要求他们给我们讲社会主义市场经济如何建设，因为社会主义市场经济的建设需要靠我们在改革实践中去探索、创新，然而他们关于市场经济体制及运行规律的研究无疑有助于推进我们对社会主义市场经济的探索、研究。值得提及的是，确有一些西方著名经济学家也力图了解中国所面临复杂的经济情况与问题，并提出善意的、有益的建议。仅举一例，即国务院发展中心自 21 世纪初开始每年 3 月举办一次“中国发展高层论坛”，邀请国外权威经济学家跟中国有关专家、学者及高级官员就中国经济发展和改革中的热点问题和难点问题进行对话和交流。如 2007 年 9 月 17—19 日，邀请有帕金斯（哈佛大学）、斯科特（耶鲁大学）、斯蒂格利茨（诺贝尔经济学奖得主）、费尔德斯坦（前美国总统经济顾问委员会主席）、罗奇（摩根士丹利公司首席经济学家）、杜大伟（世界银行中国局局长）等著名专家，就中国经济增长方式、分配与消费、能源、环境、可持续发展、城乡医疗保险、新农村建设等重要问题与中国高层官员及学者进行交流。2009 年年初，成立了以曾培炎为首的“中国国际经济交流中心”（CCIEE），并首次举办与国外重要智库交流会，就当前国际金融危机及中国经济面临的问题进行了有益的交流。

第四节　西方经济学对我国经济学研究及实际经济的影响

一、对我国经济学研究对象及方法的影响

我国传统的社会主义政治经济学是社会主义计划经济的理论表现或反映。随着我国从计划经济日益向社会主义市场经济转型，实践日益要求改变"苏联模式"的经济学理论，摒弃以苏联政治经济学教科书为蓝本的传统教材，要求有新的经济理论体系创立出来；另一方面，中国经济学人在改革的实践中越来越认识到：西方经济学虽然是为资本主义市场经济服务的理论，但其间有关市场经济的规律、机制、运行等各方面的研究成果都可供我们借鉴。于是，我国经济理论研究便在邓小平理论的指导下密切联系经济改革和经济发展的实际，有分析地从西方经济学中吸取某些有益的养料，把理论研究不断推向深入。与此同时，我国经济科学的研究，也已开始发生而且还将进一步发生深刻变化。这些深刻变化主要表现在以下几个方面：

（一）对经济学研究对象的反思，拓宽了经济学的研究范围和内容，启动了我国经济学研究方法的变革

传统的社会主义政治经济学，以传统的计划经济作为它的研究对象。这种计划经济实际是用计划化网络捆绑的现代自然经济，企业投资由国家无偿提供，产品由国家统一调拨，企业利润全部上缴，一切生产、交换、消费都由国家计划安排，企业的投资及其他主要经济活动均由各级政府有关部门决策。在这里，整个社会是个"大企业"，企业不过是"车间"，这里没有宏观经济和微观经济之分，整个社会经济好似一个大混沌。结果，研究、反映这一社会经济形态的社会主义政治经济学便越来越简单化了，成为几条社会主义经济规律和政策法令的汇编。宏观经济和微观经济决不是大小之分或整体与个体之分，两者均属市场经济的范畴，而在计划经济中是不存在的，从而也不可能成为传统的社会主义政治经济学的范畴[①]。

---

① 参见黄范章《宏观经济、微观经济是市场经济的范畴》，《改革》1998 年第 1 期；黄范章《外国市场经济的理论与实践》，商务印书馆 1998 年版，第一章第三节。

改革开放事业启动了社会主义计划经济向社会主义市场经济的转型，也要求经济学适应转型的要求而以社会主义市场经济为研究对象。尽管目前我国市场经济的体制和机制还很不成熟、规范，尽管社会主义市场经济跟目前西方国家的市场经济有很大不同，但研究西方市场经济的西方经济学对我们有很多可以借鉴之处，宏观经济、微观经济的区分以及有关经济范畴被我国经济学界所引进、借鉴，并且被用来推进对我国转型经济的研究，乃属自然而然的事情。这一切使我国经济学研究的面貌发生了重大变化，而且这一发展还将往广度与深度推进。

在市场经济体制下，一切经济问题的核心是“成本—收益”（Cost - benefit）分析，利润动机、竞争是经济进步的推动力量。在资本主义市场经济中是如此，在社会主义市场经济中也应是如此。这些也都应是我们经济学的基本范畴。但传统的政治经济学所集中研究的是生产关系，本来生产关系跟经济利益密切相关，可是传统的政治经济学在研究资本主义生产关系时只突出“阶级”对立；它在分析社会主义生产关系时却把“经济利益”问题摒弃了，强调的是“政治挂帅”、“全社会的利益一致”等，从而把经济关系变成了政治关系，用政治分析取代经济分析。现在适应向社会主义市场经济转轨的需要，我们的经济学研究则致力于分析经济关系，分析市场经济主体的行为与活动。

西方经济学从市场经济出发，把“成本—收益”分析法贯穿于对一切经济问题的分析之中，因而形成了许多经济学分支学科，不仅有财政学、金融学、贸易学等学科，还有消费经济学、人口经济学、环境经济学、卫生经济学、区域经济学、公共经济学、服务经济学，等等。我国经济学界借鉴西方经济学的多种学科的发展，开阔了视野和研究领域，并从中国的情况出发，致力于创立、发展具有中国特色的各种经济学科，从而结束了过去传统的政治经济学不仅凌驾于一切经济学科之上而且独占经济论坛的局面，开始出现经济学科万马奔腾的活跃局面。

（二）改革开放方针在拓宽经济学研究视野的同时，还启动了经济学研究方法的变革

经济学方法论基本上可以分为三个层次：第一层次是最根本也是最抽象的，属于哲学基础，如唯物主义或唯心主义、辩证法或形而上学；第二层次是进行理论研究或构建体系的思维方法，如逻辑方法或历史方法、规范分析法或实证分析法；第三层次是技术性的具体应用方法，如数学方法、

均衡分析法、个案研究法等。但传统的社会主义政治经济学，过于拘谨规范分析方法，忽视实证分析方法，无视现实生活中社会化生产的发展对于市场经济的要求，只是从自己的“价值判断”出发去观察外部世界，不是让自己的思想去适应客观世界，反而要求外部世界来适应自己的价值判断；不习惯于回答“世界是什么”的问题，反而热衷于阐述“世界应该是什么”；经常忽视现实经济运行的客观性，但又强调应该怎样运行，从而使研究的结论无法通过经验检验。应该说，传统的社会主义政治经济学所贯彻的这种过分偏重于规范分析的研究方法，实际上有违于辩证唯物主义和历史唯物主义的方法。正因为如此，邓小平在改革开放刚开始时就大声疾呼“实践是检验真理的唯一标准”，为的就是要把全党的思想重新统一到辩证唯物主义和历史唯物主义的轨道上来，为推行改革开放的伟大历史性创举准备好思想基础。我国经济学人正是主要得益于这一伟大的教育运动，端正了自己的思想方法，力图在辩证唯物主义和历史唯物主义的指导下，正确地将规范分析方法和实证分析方法、历史方法和逻辑方法等结合起来。就这个意义讲，我们现在的经济学研究，是在邓小平理论指导下，摆脱了传统政治经济学的“教条主义”方法，实现了方法论上的变革。

然而，也应该看到，西方经济学的某些方法论问题（如实证方法、数量分析方法）也对我国经济学研究产生了有益的影响。这里应特别提及新制度学派。西方新制度学派为什么会在我国经济学界，特别是中青年经济学家中间引起广泛的兴趣呢？主要原因之一是新制度学派在方法论上较易为中国学者所接受。例如，（1）制度分析方法（无论传统制度学派抑或新制度经济学派）强调制度因素在社会发展中的推动作用。他们反对把制度的分析局限于抽象的经济因素，而强调应该把非经济因素（如政治的、社会的等）包括在内，这些非经济的制度又由“正式的约束”（如宪法、法律、规章等）和“非正式的约束”（如道德、习惯、传统等）所组成。尽管新制度学派从整个社会制度大体系中未区分出上层建筑与经济基础，没有认清经济基础的决定性作用，然而，他们毕竟把社会发展的动力从人的主观方面移到了客观的社会存在，这一点上与历史唯物主义有一定的共同语言。这使得新制度主义分析方法较易为一些中国经济学人所接受。（2）制度分析多是从经济运行的角度来研究制度的，它所使用的基本概念、方法和手段都和市场经济运行直接相关。它将制度纳入新古典理论模式的框架，即把制度（特别是非经济因素）视为模型的内生变量，以考察其对人的经济行为的影响。以科斯、诺斯、德姆塞茨、阿尔奇安、威廉姆森等为代表的新制度学派的理论和方法，特别是新制度学派的产权理论，一度在我国成了被介绍和研究的重点。例如，张军的《现代产权经济学》（上海人民出版社1994年出版），便是其中对产权理论作了较为系统研究的一本著作。新制度学派关于市场经济运行的制度分析，较之传统的政治经济学更有可取之处，对于我国许多经济学家，特别是中青年经济学家颇有吸引力。例如我国有相当一部分经济学家从20世纪80年代末起就开始采用西方新制度经济学的方法，运用交易成本分析、制度内生分析和新古典均衡分析相结合的方法，对我国从计划经济向市场经济转轨过程中的经济问题（如改革成本—收益分析、企业产权制度安排等）进行了较深入的研究，研究成果成篇累牍。

二、中国学者有选择地吸收、借鉴西方经济学理论，深入研究中国经济改革与发展中的问题

党的十一届三中全会吹响了“改革开放”的号角。要贯彻“以经济建设为中心”，就要求我国经济理论工作者和经济工作者从我国经济实际情况出发，既坚持社会主义道路与方向，又须挣脱计划经济体制与观念的桎梏，探索走向市场经济的途径，并借鉴国外的实际经验和经济理论。经济理论的发展是与经济发展同经济改革的推进密切联系的、相互促进的。可以说，在改革开放的30年中，中国经济理论是在建设社会主义市场经济的过程中，既立足本国同时有选择地吸收、借鉴国外经济经验与经济理论的过程中发展的。

在20世纪80年代初期，当时西方经济学在中国主要尚处于被介绍阶段，已有少数人主张借鉴西方经济学的个别原理来改进我们的经济分析和改善我国的经济体制。随着对西方经济学的介绍越来越广泛和深入，借用西方经济理论分析中国经济改革和发展问题的人越来越多。自1992年我国明确宣布以建立社会主义市场经济体制为经济体制改革目标以来，我国经济理论工作者和经济工作者目标更明确地从中国实际情况出发，更加紧密地环绕经济发展与改革中的问题开展研究和讨论，因而也更多地借鉴引用了西方经济学理论、西方市场经济的某些机制或制度产品。下面拟就1992年前后两个时期作一简要介绍。限于篇幅，仅分别举其间荦荦大者为例。

（一）改革开放至1992年

这段时期属于改革方向探索时期。人们在小心翼翼地探索，或者是“计划与市场调节相结合”，或者进一步走向“市场经济”。许多经济学家在向“市场经济”探索中，借用了西方经济学的某些理论。

1.“买方市场”理论。买方市场与卖方市场是相对应的两个概念，前者是与竞争、消费者主权、市场机制相联系的，而后者则是与垄断相联系的。按照西方经济学的观点，“消费者主权”、“买方市场”是一种值得争取实现的状态，而“垄断”则是应该防止或加以反对的。至于计划经济，更被视为国家实施的全面“垄断”，匈牙利经济学家科尔奈说它造就“短缺经济”。改革开放刚开始，多数经济学家主张扩大商品经济，黄范章于1979年2月在《经济管理》上发表文章，主张通过确立“竞争”机制以便在社会主义经济中实现“消费者主权”（当时称之为“消费者权力”）。① 翌年10月，刘国光《经济研究》上发表文章，提出建立社会主义经济的“买方市场”问题。② 1983年9月又在《财贸经济》上发表文章，从社会生产目的的角度提出“再论买方市场”。③ 他说，“买方市场”的提出是生产目的的讨论和消费者权利讨论的继续。怎么把我们的市场变成真正为消费者服务、听消费者意见、由消费者做主的市场。该文还明确地从经济体制改革的角度提出问题，指出“买方市场”这一概念里的“买方”，不单指作为个人消费者的“买方”，而且包括作为“生产的消费者”的“买方”。“生产者在原材料等等投入上进行选择，是他行使企业自主权的很重要的一条”。这种“买方市场”只能通过竞争来建立，只能是市场经济的产物。在20世纪80年代初期，人们在思想上还不可能有社会主义市场经济的概念，然而，建立社会主义经济中“买方市场”的主张，实际是对社会主义制度下市场经济的早期企盼。

2. 市场机制、公司治理结构理论。借鉴西方经济学阐述市场机制作用的著作很多，其中吴敬琏的《论竞争性市场体制》（天津人民出版社1991

---

① 参见黄范章《“消费者权力”刍议》，《经济管理》1979年第2期。

② 参见刘国光《略论计划调节与市场调节的几个问题》，《经济研究》1980年第10期。在经济学中，“买方市场”是与竞争、市场机制相联系的，它表明市场机制能按照消费者的需要分配社会资源。这本来是值得争取实现的状态。20世纪90年代中期我国经济一度下滑，商品滞销，有人把这些说成是“买方市场”，甚至有的全国性大报刊还发表专论，似乎把它变成“经济衰退”的同义词。这是对“买方市场”一词的讹用。

③ 参见刘国光《再论买方市场》，《财贸经济》1983年第9期。

年版）和《大中型企业改革：建立现代企业制度》（天津人民出版社 1993 年版）较有代表性。

吴敬琏在《论竞争性市场体制》一书中，通过对兰格、布鲁斯、锡克等人不同的模式与理论的分析与评论，明确认定经济体制改革的核心问题乃是转换社会资源的基本分配手段，即用市场机制取代计划化管理。他认为市场机制无可取代，即使像兰格那样主张采取先进计算技术来“模拟”市场机制也不会成功，因为资源配置问题主要不是计算或信息问题，而是人们的经济利益问题，“计算机模拟即使能解决信息传递问题，也不能调节利益关系”。① 可见，即使是计算机“模拟”的市场机制也不行，唯一的选择就是现实的市场机制，因而改革的目标模式应是社会主义商品经济，即社会主义市场经济，从而为我们在邓小平理论指导下建立社会主义市场经济体制起了张目的作用。

至于如何建立社会主义市场经济，吴敬琏在书中不仅借用美国比较经济学家伯恩斯坦所提出的“行政性分权”和“经济性分权”（或市场性分权）的理论，主张通过“经济性分权”实现国有企业的“政企分开”；而且为了给社会主义市场经济塑造“微观基础”，主张引进西方的“公司制度”和“法人治理结构”来帮助国有企业建立现代企业制度。他借鉴西方学者（如伯里、米恩斯、钱德勒、波特等）关于现代公司制度的理论，特别是关于委托—代理关系的理论，提出了促进我国国有企业的管理体制实现现代化改革的系列建议，起了积极的作用。与此同时，他还据此对当时国有企业盛行“承包制”提出了异议，认为这种“国有工业企业承包制可能是我国经济体制转轨过程中出现的‘内部人控制’的最高形式”。这种承包制只是在政企尚未分开、竞争性市场尚未形成的条件下给予企业某些自主权的一种“过渡性办法”，根本出路还在于建立现代企业制度。② 在 20 世纪 90 年代，吴敬琏多次呼吁建立“好”的市场经济，避免“坏”的市场经济，要警惕“内部人控制”和“权贵资本主义”，主张“法治的市场经济”。③

3. “产权理论”。我国学者介绍、研究西方产权理论的著作很多，联系我国经济改革实践来探讨、应用的也很多。刘伟、平新乔的《现代西方产

① 参见吴敬琏《论竞争性市场体制》，天津人民出版社 1991 年版，第 42 页。

② 参见吴敬琏《大中型企业改革：建立现代企业制度》，天津人民出版社 1993 年版，第153—173 页。

③ 吴敬琏：《呼唤法治的市场经济》，生活·读书·新知三联书店 2007 年版。

权理论与企业行为分析》（《经济研究》1989 年第 1 期）便是其中比较突出的一篇。

该文着重介绍了科斯的产权理论，指出这个产权理论是建立在科斯提出的交易成本学说的基础上，后来科斯又将“外在性”考虑在内从而提出“社会成本”范畴。科斯关于产权问题的这一套观点，后来被斯蒂格勒概括为“科斯定理”。虽然科斯本人并未对自己的理论观点作这一概括，但斯蒂格勒所概括的这个“科斯定理”，还是被西方学术界广泛接受。刘伟等在论文中联系到我国经济改革的实践，阐发了产权理论对我国经济改革的重大意义，主要是：(1)“产权理论强调企业产权在全部经济运行中的地位的观点，有助于我们认识企业所有制改革在整个体制改革中的地位。”合理的均衡价格机制只能是企业产权明晰的归宿和结果；否则，企业便不可能有财产约束和预算约束，价格“放开”的结果只能是发散的、非收敛的，只能是物价轮番上涨。(2)“产权理论强调企业产权构造对风险责任承担的重要性，对于我们认识改革中财产关系上的权利与责任的对称性是有启发的。”在现代公司制度下，董事会掌握的是法人所有权——相当于企业产权，持股者拥有的股权是所有权，经理所掌握的是经营权。在这种三权分离的条件下，简单地强调所有权与经营权的“两权分离”而趋于“弱化”所有权对经营活动的制约，不以新的产权约束经营权，“这正是两权分离最突出的缺陷”。(3)“产权理论强调交易成本的经济意义的思想，对于我们认识企业规模与运用市场机制的效率之间的相互关系是有帮助的。”并不是说，交易者规模越大，交易者数量越少，效率就越高，而是说，应该找到两者之间的一种均衡关系。(4)“产权理论强调产权自由转让的必要性，对于我们认识社会主义产权市场的重要性不无启迪。”就是说，应该允许产权自由转让，发育产权市场，从而提高全社会的资源配置的有效性。①

4.“非均衡分析”。所谓非均衡分析，是指凯恩斯的《就业、利息和货币通论》出版后发展起来的一种经济理论。它突破了传统的瓦尔拉一般均衡理论，认为瓦尔拉均衡是以市场完善、价格机制灵敏为条件，这只是主观的臆想，而现实中经常存在的却是市场不够完善、价格机制不够灵敏的情形，这种非均衡条件下也能达到一种“均衡”，只是这种非均衡条件下所达到的“均衡”经常与失业或者通货膨胀相伴随。它把瓦尔拉的“均衡”

① 参见刘伟、平新乔《现代西方产权理论与企业行为分析》，《经济研究》1989 年第 1 期。

视之为“特例”。我国20世纪90年代初出版的厉以宁著《非均衡的中国经济》，就是用非均衡理论来分析当今向社会主义市场经济过渡的中国经济。

厉以宁在该书中对当今非均衡的中国经济的分析主要集中于以下几个要点：（1）他将非均衡区分为两类：第一类是与市场不完善相联系的，这关系到有限的资源不能合理地在各种部门、产业、地区间进行合理的分配；第二类是与企业缺乏预算约束相联系的，使得资源无法得到有效的利用。我们应当力争使经济先由第二类非均衡过渡到第一类非均衡，然后进一步缩小非均衡程度。（2）在转轨时期非均衡条件下，有可能发生“滞胀”，“胀”可有公开的“胀”和隐蔽的“胀”（表面上价格未涨而实则有价无货）两种，“滞”也有公开的“滞”和隐蔽的“滞”（虽保持一定增长率但实际的有效供给未增加甚至减少）。于是“滞胀”可能有四种组合，需要分别情况，采取相应措施来防止和治理。（3）应重视结构失调在经济失衡中的作用，困难的是：如何确保经济改革、经济增长与产业结构调整三者协调地推进。（4）非均衡经济中存在着各种“刚性”，除了“工资刚性”、“就业刚性”、“福利刚性”外，还有“企业刚性”，不解决国有企业软预算约束的问题，不消除“企业刚性”，中国经济无法摆脱第二类非均衡状态。上述种种问题，都要求通过经济改革把中国向社会主义市场经济推进；而非均衡经济又往往使得经济改革和政策措施容易走样，使制度创新“变型”。这主要与市场不完善、制度创新不规范有关。这一切，都要加速推进以市场为取向的经济改革。[①] 该书实际上也起了为建立社会主义市场经济经济制度张目的作用。

5. 宏观经济理论。我国经济学界借鉴西方宏观经济理论来分析我国经济问题的很多，上面提到的几位和他们的著作几乎都可说在不同程度上借鉴了宏观经济理论；但是，若说借鉴宏观经济理论致力于我国宏观经济问题研究的理论著作（不是宏观经济学教科书），则为数不多。樊纲、张曙光的《公有制宏观经济理论大纲》（生活·读书·新知三联书店1990年出版），便是这为数不多中的一例。

樊纲等在该著作中对公有制经济进行了理论研究。它所研究的“公有制经济”是一种理论的抽象，不是指某一个国家的经济或一个具体经济组织；但这种理论模型又是以实践为依据的，即主要是对中国社会主义经济

① 参见厉以宁《非均衡的中国》，经济日报出版社1990年版，前言及第十章。

中的某些现实经济关系进行适当概括、抽象之后得出的，也是在所有社会主义国家经济的更广阔的背景下产生的，所针对的是这些社会主义国家共同面临的一些经济问题。这种实证研究不是想告诉人们“公有制经济应该是怎样的”或人们“应该怎样行为”，而是“实事求是地说明现实中经济关系本身是怎样的，人们事实上如何行为”。它从“公有制的基本矛盾”的分析开始，说明了宏观经济各行为主体的行为方式以及它们之间的利益矛盾，从理论上分析了各种宏观经济现象和经济问题（如通货膨胀、过度增长、短缺、经济波动等）发生的原因。此外，它还提出了一系列新的概念、观点和分析方法。总之，该著作力图在马克思主义的指导下，运用西方宏观经济学的理论和方法，对社会主义公有制宏观经济进行探索性的理论研究。这种探索无疑是一种有益的尝试。

（二）1992 年至现在

随着 1992 年党的十四大作出了“建立社会主义市场经济体制”的决定，指出“建立社会主义市场经济体制是一项前无古人的开创性事业，需要解决许多极其复杂的问题”，我国广大经济理论工作者和经济工作者在这开创性事业中进行研究与探索，在这过程中借用西方经济学中不少有用的东西。在这里也只能举其间几个荦荦大者为例。

1. “国民经济核算体系（SNA）”的采用。随着计划经济转向市场经济，随着由行政指令性的直接控制向依靠经济手段的宏观调控转化，我国国民经济管理的技术方法也相应地发生了变革，即采用以现代西方经济学理论为依据并由联合国向世界各国普遍推荐的“国民经济核算体系”（SNA），取代以传统社会主义政治经济学为依据并由苏联创立并一向采用的“物质产品平衡表体系”（MPS）。这两个很不相同的国民经济核算体系，其分歧是从一个关键性范畴“国民收入”开始的。在“物质产品平衡表体系”（MPS）中，基于传统的社会主义政治经济学理论，国民收入只是由物质生产部门的劳动者创造的收入；而在“国民经济核算体系”（SNA）中，基于西方现代经济学理论，“国民收入”不仅包括物质生产部门也包括非物质生产部门（如服务部门）所创造的收入。正是从“国民收入”这关键性范畴的不同定义出发，各自设计了一套统计指标体系，从而形成 MPS 和 SNA 不同的用以管理国民经济的统计制度。

我国统计部门 1992 年颁布了《中国国民经济核算体系试行方案》，自 1993 年起，正式取消 MPS，采用 SNA 基本核算框架、核算原则和方法，与国际接轨。为适应改革开放形势发展及宏观经济管理的需要，有关部门以联合国 1993 年 SNA 为基础，结合中国国情，确立了中国国民经济核算体系，设计和编制了国内生产总值及其使用表、投入产出表、资金流量表、资产负债表、国际收支平衡表和一套国民经济循环账户等。

值得提及的是，我国研究“国民经济核算体系（SNA）”和研究我国 GNP 有关问题的著作不算很多，其中影响较大的是郭树清、韩文秀所著《中国 GDP 的分配和使用》（中国人民大学出版社 1991 年出版）。该书运用联合国推荐的国民经济核算法，实证地考察了我国自 1979 年以来的国民生产总值（GNP）的统计及其分配和使用结构，分析了相应的体制原因和政策背景，提出了改善 GNP 分配结构及使用结构的若干建议，对我国实际工作中推行国民经济核算体系起了积极作用。

随着国外展开对绿色 GDP 的研究，我国学者也以科学发展观为指导，开展对建立中国绿色国民经济核算体系的研究。2004 年由潘岳、李德水编辑出版的《建立中国绿色国民经济核算体系国际研讨会文集》（中国环境科学出版社 2004 年出版）可以算是这方面研究的良好开端。

2. 关于劳动价值论和“均衡价格”论。随着我国建立社会主义市场经济体制下合理的收入分配制度，确立按劳分配为主体，多种生产要素（劳动、资本、技术、管理等）按贡献参与分配的制度；随着我国国民经济管理从“物质产品平衡表”（MPS）转向“国民经济核算体系”（SNA），这一切变革迫切要求人们对它们的理论基石——“价值论”进行新的、深入的思考。传统的社会主义政治经济学奉为圭臬的“劳动价值论”显然已难以为这些变革提供理论基础，人们的思想与认识要“解放思想”和“与时俱进”，“价值论”也需要发展。我国老一辈经济学家钱伯海（已故）的《社会劳动价值论》（中国经济出版社 1997 年出版）、谷书堂的《求解价值总量之迹》（中国工商时报 2001 年 11 月 5 日）、刘诗白的《新财富论》（生活·读书·新知三联书店 2005 年出版）均认为，传统的“劳动价值论”已难以为体制创新提供理论基础，要与时俱进地加以发展，也在不同程度上借鉴了西方经济学。不过，他们多停留于承认服务业劳动也是属“生产性劳动”，不承认劳动之外的其他生产要素也是价值的源泉。

值得提及的是，晏智杰在《价格决定与劳动价值论》（《学术月刊》1995 年第 9 期）及《劳动价值学说新探》（北京大学出版社 2001 年出版）等著作中作了更进一步的探讨与尝试。他提出，在价格决定及其变动方面，劳动是一个重要因素，但不是唯一的要素，此外还有各种生产要素的作用。于是，他提出价值的源泉不是一元的，而是多元的，除劳动外其他多种生产要素（如资本、土地、科技、管理等）都应是价值的源泉。此外，他认为，劳动价值论提出的商品价值由生产商品的社会必要劳动时间决定的情况，适用于说明简单商品生产甚至更早时期的实物交换条件下的交换关系。但随着经济进步、价值转化为生产价格，则生产价格的决定还取决于物化于商品之中的劳动是否符合社会的需求。于是，他借鉴马歇尔的《均衡价值论》，从供求两个方面分析了现代经济中价格决定问题，并对马克思的有关论点作了进一步说明。

当然，也有人仍坚持劳动价值论，对晏智杰的新观点提出了异议。这说明，为了适应社会主义市场经济发展的需要，还需理论工作者和实际工作者对价值论进行深入研究。

3. 关于股份制和公司法人治理结构。黄范章早于1989年发表《股份制——社会主义全民所有制的好形式》一文，主张用股份制改革国有企业，一是利用股份制的所有权与经营权的“两权分离”便于“政企分开”；二是利用股份制的治理机制可在公有制基础上建立市场经济所要求的“微观基础”；三是通过国家控制确保国企公有制基础，还可吸收社会资金来壮大国有企业的实力。结论是：股份制是维护、实现社会主义公有制的好形式。当时，大家都在探讨国有企业如何改革既能维护公有制又可适应市场经济，讨论主要集中在究竟是“承包制”还是“股份制”。不久发生了1989年春夏之交的政治风波，股份制一时受到较多的质疑。

随着1992年提出建立社会主义市场经济体制的历史性任务后，改革的进程很快淘汰了“承包制”，不少国有企业开展了股份制的试验和实践。一些有影响的学者如吴敬琏、高尚全、王珏、钱颖一等以及国务院发展研究中心、中国（海南）改革发展研究院、中国（深圳）综合开发研究院等一些有影响的研究机构，以及《经济社会体制比较》、《中国工业经济》、《开放导刊》等有影响的刊物，对国有企业的股份制改革、公司治理结构作了大量的研究、报道。正是在国有企业的股份制改革试验和研究的基础上，中共中央才于2003年作出《关于完善社会主义市场经济体制若干问题的决定》，明确认定“使股份制成为公有制的主要实现形式”，凡需要由国有资本控股的企业，可实行绝对控股或相对控股。

股份制原本是诞生于资本主义市场，是适应生产社会化发展产生的企业组织形式。在股份制下，一般股权只是一般财产权，只有控股权才代表企业产权，私人资本可控股，国有资本也可控股，因此，股份制，资本主义可以用，社会主义也可用。如果说，在20世纪90年代人们的认识主要是侧重于不要把股份制等同于资本主义，那么在中央确认了“使股份制成为公有制的主要实现形式”之后，有些同志又走向另一个极端，即把股份制等同于公有制，甚至认为西方国家的股份企业也是公有制企业。如厉以宁的《论新公有制企业》[①]、何伟的《股份制是社会所有制》[②]，就持有这种观点，并且援引已故学者董辅礽的主张“把公众持股的企业称为公众所有制企业”。我不同意这个观点，先后发表了三篇文章[③]，并和何伟教授进行了讨论，指出：所有制（毋论公有制或私有制）都需要一定的实现形式，不应将所有制本身跟它的实现形式混为一谈；应将一般股权跟控股权区分开来，由控股权归谁所有来区分是公有或私有；如果将控股权跟一般股权混为一谈，势必从左右两个方面产生错误论点：一是像20世纪50—60年代美国一些人借口许多家庭持有股票而宣扬什么“人人都是资本家”；二是用模糊的所谓“公众持股”而把所有股份制企业说成是公有制企业。

应该指出，马克思虽在《资本论》中就对股份制进行了研究，指出股份制是把“作为私人财产资本在资本主义方式本身范围内的扬弃”，是指股份制把中小资本集中为大资本家所用，仍把企业保持在资本主义生产方式的限度内。西方经济学家（如伯利和米恩斯）虽对股份企业作过深入研究，指出所有权与经营权的分离，但把股份制跟资本主义经济视为一体。唯独中国共产党在邓小平理论和“三个代表”重要思想的指引下，虽借鉴西方股份制的经验，却用来作为社会主义公有制的主要“实现形式”，既是理论的创新，也是体制的创新。

4. 关于“公共服务型政府”、“公共服务型政府”，本来是西方国家市场经济和西方经济学中的一个范畴，界定市场经济中政府的地位与作用。由于资本主义市场经济中，私人企业一统天下，但确实有一些事关公共利益、非排他性的服务与产品，则不是任何个人、企业、团体能够或者愿提供的，这就需要一个“公共服务型政府”来提供公共产品和公共服务，除

① 厉以宁：《论新公有制企业》，《经济动态》2004年第1期。

② 何伟：《股份制是社会所有制》，《中国经济时报》2005年3月23日。

③ 黄范章关于股份制的三篇文章发表在《中国经济时报》2004年11月22日、2005年8月8日和2006年1月9日。

宏观调节、维护市场秩序外，还有公共卫生、教育、基础设施、公共工程、环境保护以及社会保障等公共产品和公共服务须由政府提供或支持。我国要建设社会主义市场经济，自然迫切需要建立一个“公共服务型政府”。这一点，无疑是值得我们向西方借鉴的。

20 世纪 90 年代后期以来，我国学界对“公共服务型政府”的呼吁越来越高，要求政府适应社会主义市场经济发展的需要，应该从传统“经济发展型”向“公共服务型”转变。特别是 21 世纪初“非典型肺炎”袭击后，党和政府也日益重视政府体制的改革与转型问题。不仅许多学人著文呼吁，而且许多政府部门、团体也为此组织研究和举办研讨会。值得着重提及的是，中国（海南）改革发展研究院不仅较早而且大力组织这方面的研究。中国（海南）改革发展研究院于 2003 年 11 月和德国技术合作公司联合举办一次盛大的题为“建设公共服务型政府——中国转型时期政府改革国际研讨会”，出版了包括《加速公共服务型政府的若干建议（24 条）》在内的重要著作《建设公共服务型政府》（中国经济出版社 2004 年出版）。

还值得提及的是，过去政府对履行的提供公共产品和服务的职责重视不够，特别是对广大农村享受的公共产品和公共服务更差。不仅如此，过去一段时期，教育、医疗本来主要应属于政府提供的公共产品与公共服务，但有些医院和学校，却被一些人变成经营性单位，要求或鼓励教师、医生为个人和单位创收，出现方向性偏差。党和国家对此十分重视，努力加以纠正，党的十七大已把建设“服务型政府”列为今后改革的一个重点。

我国学界关于把经济建设型政府转变为“公共服务型政府”的文章、著作虽成篇累牍，但有一个问题却讨论不多，即从“经济建设型”政府到“公共服务型政府”转型的难点及其体制根源何在。我曾多次在文章中提出根本原因在于我国政府具有“政治实体”和“经济实体”的双重身份和双重职能。① 政府除了作为“政治实体”应履行“公共服务”职能外，还是拥有大批国有企业的经济实体，国有企业实为各级政府所有制企业。这个双重身份和双重职能的政府体制是新中国成立初从苏联那里学来的。这种体制适合于搞计划经济。而建设社会主义市场经济就要求坚决推行“政企分开”，关键是要把政府的双重身份和双重职能分开。尽管中央历届领导都

---

① 参见黄范章《双重身份、双重职能应是政府体制改革的重点》，（香港）《中国评论》2005 年 10 月号；《中国改革报》2005 年 7 月 25 日。

一向把“政企分开、政经分开”作为改革的重点，而且实践中进行了不少努力，但还是“藕似断，丝更缠绵”。前不久上海社保基金弊案和房地产市场乱象，都充分暴露了“政企不分、政经不分”的体制根源。[①] 如果不解决政府一身兼有双重身份和双重职能的问题，政府就难以从“经济发展型”转变为“公共服务型”。这有待于制度创新，[②] 有待于今后政府体制改革中逐步解决。

5. 关于效率与公平问题。“效率与公平”问题，这是市场经济和现代经济学中的一个永恒的主题。美国经济学家奥肯（已故）在1975年出版《公平与效率——一个重大抉择》一书中突出地提出了这个问题。“公平”“有机会公平”（如就业机会）和“结果公平”（如收入公平）。不过，奥肯在书中强调的是“机会公平”。多数西方经济学家认为，效率是企业的事，公平是政府通过再分配对分配进行调节的事。我国随着由计划经济转向社会主义市场经济，自然面临着“效率与公平”问题，特别是在改革初期，为了让人们思想上更加明确以市场经济为改革方向，突破计划经济的习惯势力和平均主义思想阻力，很有必要把“效率”置于突出、优先的位置。

“效率优先、兼顾公平”，最早是经济学家周为民、卢中原等同志在一篇关于社会保障制度改革的研究报告中提出的。[③] 由于我国建立社会主义市场经济的经济起点低，贫富之间、城乡之间、地区之间经济差距较大，1993年党的十四届三中全会在《关于建立社会主义市场经济体制若干问题的决定》中写入收入分配“要体现效率优先、兼顾公平的原则”。

随着20世纪90年代我国收入分配差距扩大，中央在文件中提出“效率优先，注重公平”，后来又进一步提“效率优先，更加注重公平”。随着在一段时间内，中央在重要文件中没有重提这一原则。有人认为中央放弃了这一原则，有人甚至提出“公平优先”或“公平至上”。我认为“效率优先”是市场经济的生命线，先后发表文章“为效率优先辩”、“效率优先、

① 参见黄范章《从上海社保基金弊案探讨体制根源和体制失缺》，《中国经济时报》2007年3月12日；《房地产市场乱象的体制根源及整治之法》，《开放导报》2007年第3期。

② 参见黄范章《政企分开：社会主义市场经济体制下的政府体制改革》，《未来五年中国经济社会发展报告》，中共党史出版社2006年出版。

③ 周为民、卢中原：《效率优先，兼顾公平——通向繁荣的权衡》，《经济研究》1986年第2期。

促进公平”。[①] 接着楼继伟发表文章，提出“效率优先，重视公平”。[②] 我和楼继伟都同样认为“效率优先”是市场经济的基本要求，都重视我国的“公平”问题，但我更认为必须靠“效率优先”把“蛋糕”做大，才能“促进公平”，“促进公平”应是“效率优先”的目的与归宿。

党的十七大全面审视了我国的效率与公平问题，提出“初次分配和再分配都要处理好效率与公平问题，再分配更加注重公平”，并强调“创造条件让更多群众拥有财产性收入”，这是落实初次分配要处理好效率与公平问题的一项战略性措施。我最近发表一篇《让财产性收入大众化》的文章，提出利用股份制及资本市场，让广大群众都能拥有财产性收入。[③] 我国关于收入分配制度的改革，既借鉴了西方国家的经验和理论，更凸显出社会主义市场经济的中国特色。

（三）为创建有中国特色的经济学——转轨经济学和社会主义市场经济学而努力

在中国，创建社会主义市场经济新体制的这个历史性进程，既对我们提出了创立转型经济学和社会主义市场经济学的要求，也提供了充分的可能。我国是在三个“转型”同时进行的条件下建立社会主义市场经济的。我国的转型经济和社会主义市场经济，跟西方发达的资本主义市场经济相比较，在经济结构、市场成熟程度上讲有很大差别和差距。胡锦涛在十七大报告中提出：“科学发展观，是立足社会主义初级阶段基本国情，总结我国发展实践，借鉴国外发展经验，适应新的发展要求提出来的。”我们要创立中国的“转型经济学”和“社会主义市场经济学”，借鉴西方国家的实践经验和西方经济学是重要的和必要的，更加重要的是立足中国的基本国情。我们面临的问题难以从西方经济学中找到现成答案，我们前面讲到我们从西方经济学借鉴了不少有用东西，但借鉴不等于照抄照搬，还须结合中国国情才能生根发芽。20 世纪 90 年代国际社会一些人吹捧美国国际经济研究所研究员威廉姆森 1989 年提出的所谓“华盛顿宣言”，向发展中国家兜销充满新自由主义思想，鼓吹私有化，自然跟中国的国情是“牛头不对马

① 黄范章：《为效率优先辩》，《中国经济时报》2006 年 5 月 16 日；《要科学地历史地认识效率与公平的关系兼倡“效率优先、增进公平”》，《中国改革报》2006 年 6 月 15 日；《中国转轨时期的效率与公平问题》，《中国流通经济》2006 年第 11 期。

② 楼继伟的文章刊登在《学习时报》2006 年 6 月 19 日。

③ 黄范章：《让财产性收入大众化》，《中国经济时报》2008 年 2 月 19 日。

嘴”；也有好心的国际人士重视中国的特殊道路和经验。如美国《时代》杂志前编辑雷默2004年搞了个“北京宣言”，但对中国如此复杂的国情缺乏足够的了解。创立有中国特色的“转型经济学”和社会主义市场经济学的历史任务，我们无法指望也不应该指望国外“高手”来替我们完成。这项历史性任务，历史地落在中国的经济理论工作者和实际工作者身上，这是中国经济学家所无法推卸也不应推卸的历史性任务。

创立有中国特色的经济学，我国的一些著名经济学家，如薛暮桥、于光远、刘国光、高尚全、董辅礽、刘诗白、谷书堂等，早已发出呼吁。有的学者正进行努力，如以高尚全、迟福林先生为首的中国（海南）改革发展研究院致力于中国转型经济的研究，提出中国转型经济以“市场取向、渐进方式”为特征，并于1995年出版了《中国转型经济研究报告》（改革出版社出版），就转型经济的理论及有关重大经济问题发表了很有见地的研究报告十余篇。又如，吴敬琏、周小川、荣敬本1996年提出《建立市场经济的总体构想与方案设计》（中央编译出版社出版），就中国从计划经济向社会主义市场经济转型的基本思路、总体设计以及各项改革配套进行了系统研究。这些研究成果积极推进了对转型经济学的研究，并从实证性研究方面为创立社会主义市场经济学进行了基础性准备。陈东琪、李茂生还尝试写作了《社会主义市场经济论》，作为中国社会科学院研究生的教材。

有些经济学家对转型经济学和社会主义市场经济学进行着更为理论化的探索。例如，张曙光、盛洪、樊纲、林毅夫等借鉴新制度学派和公共选择理论，以转型过程为经济学的研究对象，以对利益分配的分析为线索，分析不同利益集团在改革过程中如何按公共选择的方式解决它们之间的利益冲突，把这种利益冲突作为转型过程的成本。他们对转型过程进行成本—收益分析，认为渐进式变革将是阻力较小、成本付出较少的一种选择。

董辅礽、吴敬琏则在更高也更抽象的理论层次上来概括社会主义市场经济。他们用简单公式来表述社会主义的本质：社会主义 = 公平 + 市场经济或公平 + 效率。[①] 显然，这个等式将会成为贯穿他们设计的社会主义市场经济学的一条主线。

多年来，我不仅主张研究转型经济学和社会主义市场经济学，而且提出了另一个公式：社会主义市场经济 = 公有制主体 + 市场经济。经过几十

① 参见《经济参考报》1997年8月5日。

年的改革实践，我们对社会主义基本经济制度的认识有了新的发展，它不是唯独建立在公有制经济基础上，而是将建立在以公有制为主体、多种所有制经济共同发展的经济基础上，其间，公有制主体是社会主义基本经济制度的核心部分。不仅如此，更重要的是，社会主义市场经济的成熟与发展，将会带动各种由国家控制的社会保障基金（如养老基金、医疗保险基金、失业保险基金等）相继建立并迅速发展，还将带动其他各种公共基金（如投资基金、儿童福利基金、残疾人基金、大学基金、科研基金等）不断涌现。这些“基金”将成为日益重要的“机构投资者”，将成为越来越多的国有企业的主要投资者，从而缔造另一种公有制实现形式——“基金所有制”或“社会所有制”。这将是一种比目前国家所有制（或政府所有制）更为完善的公有制形式，因它给公众提供了一种新的机制——“投资者主权”。上述观点，曾被海外学者称之为“金融社会主义（Financial Socialism）”或“基金社会主义”（Fund Socialism）。我国国有制的发展在转型时期大体将依下述阶段推移：国家所有制—国家控股制—基金所有制（或社会所有制）。尤其重要的是，我多次著文阐明，通过国家控制的公共基金及其控制、掌管国有企业的“基金所有制”，可进一步实现“政企分开”，使政府彻底实现从“经济建设型”政府到“服务型政府”的转变。[①]

（四）根据中国经济特点应对世界金融危机

1. 认清世界金融危机的性质和中国经济的特点，争取中国率先走上复苏之路。中国经济学人多数认为，这次金融危机实则虚拟经济危机，乃美欧国家虚拟经济过度泛滥所致。而中国仍以实体经济为主，因此，中国轻言中国也陷入“危机”，中国所承受的是增长速度“下滑”，增长率仍是“正”而非“负”。中国并未受美欧金融危机直接袭击，而美欧金融危机导致他们本身实体经济的危机，从而严重影响中国的进出口。所以，吴敬琏认为是海外“金融海啸”加重了中国的经济困难。

---

① 参见黄范章《中国经济“转轨”的基本特征关键及难点》，《转轨》（中国改革发展研究院主办）2002 年第 2 期；《有中国特色的社会主义——公有制与市场经济的结合（公有制 + 市场经济）》，《经济学家》1998 年第 5 期；《股份制——社会主义全民所有制的好形式》，《经济研究》1989 年第 4 期；罗伯特·许：《中国经济理论的发展》，剑桥大学出版社 1991 年出版（英文版）；黄范章：《从建立全国社会保障基金到“基金所有制”》，《中国工业经济》2000 年第 10 期；《政企分开：社会主义经济体制下的政府体制改革》，《未来五年中国经济社会发展报告》，中共党史出版社 2006 年出版；《创建有中国特色的转轨经济和社会主义市场经济学》，《经济学动态》2009 年第 3 期。

正是从中国的社会主义初级阶段和社会主义市场经济体制这个基本国情出发，有些中国学者进一步认为只要我们妥善对应，中国会率先复苏。如左小蕾在2009年2月提出“三大因素支持中国经济率先复苏”，这三大因素是：中国的实体经济有扎实而稳定的基础优势；中国有较雄厚的财政实力；有稳定而且可靠的金融体系，而且受国际金融危机的冲击较小（见《中国证券报》2009年2月2日）。黄范章在2009年3月初发表《审慎乐观看中国经济趋势》一文（载《中国经济时报》2009年3月7日），认为理由有五：一是中国主要是实体经济，虚拟经济规模小，而且金融对外开放步子稳健。二是中国出口多是发达国家广大居民所必需的基本生活用品，出口下降趋势将会较快得到遏制或扭转。三是中国内需有巨大潜力，启动内需将是对应危机的主要着力点。四是有巨额国内储备和2万亿美元外汇储备，可采取“外购内促”策略。五是中国面临调整产业结构和产业从沿海向内陆进行“梯度转移”的大好时机，开发内地经济。世界银行副行长林毅夫2009年7月间也向《环球时报》记者表示，中国有巨大财政潜力和外汇储备，可以率先走出低谷，并预计2009年GDP增速可达7%—8%（见《环球时报》2009年7月31日）。

2. 根据中国国情，借鉴西方宏观调控的框架，提出并实施一系列应对措施。面对来势汹涌的国际金融风暴，中央果断决策，及时采取了积极的财政政策和适度宽松的货币政策，不断丰富、充实、完善保增长、扩内需、调结构、惠民生等一揽子计划，其中主要是：中央实施4万亿元投资计划，结构性减税、家电下乡、适度调整出口税率。此外，还实施十大产业调整振兴计划，发展高科技产业集群、加强企业技术改造等政策；稳定发展农业、促进农民增收；制定实施稳定和扩大就业政策；提高离退休职工的退休金和养老金，提高最低保障水平等措施。这一揽子计划的实施，在2009年上半年取得明显成效。

中国学者还借鉴西方理论和实践，提出了一些有意义的观点。如有的学者（如李义平）鉴于美国过去曾热衷于凯恩斯主义的扩张性政策，结果导致20世纪70年代出现“停滞膨胀”，警示国人要注意预防“凯恩斯主义依赖症”（见《中国经济时报》2009年7月14日）。有的学者（如宋立、王元）提出“有必要对货币政策进行结构性微调”，以便在扩大信贷的同时防范资产泡沫，促进经济自主增长（见《中国经济时报》2009年7月28日）。

3. 积极参与宏观经济政策的国际合作和国际货币体系的改革。如果说在20世纪70年代以前，西方国家多秉承凯恩斯主义的宏观经济调节方法，使本国经济避免20世纪30年代那样的大危机，那么，此后随着经济全球化进程迅速推进，危机或风险的传导机制也全球化。在此情况下，任何一个国家的经济都难以独善其身，唯一的选择就是进行宏观经济政策的国际合作。我过去多次发表文章阐述这种国际合作。① 这种国际合作，就其规模讲，可是以双边的、地区的或全球的；就其形式讲，可以从初级到高级逐步推进和提升，可以从对话和信息交流开始，增进彼此有关制度、政策、法规的透明度，进而举行政策磋商和政策协调，再而达成协议或采取共同行动。我国积极开展了宏观经济政策的国际合作，既有双边的（如中美经济合作对话机制），也有地区的（如中国与东盟的财长与央行行长会议），还有全球性的（如参与20国集团财长和央行行长华盛顿会议和伦敦会议）。我国积极开展上述各种宏观经济政策的国际合作，充分表明我国坚持改革开放的决心，其国际地位与影响日益显著提升。

我国还积极参与国际货币体系的改革。周小川行长以个人名义在20国集团伦敦会议前夕连续发表三篇文章，提出建立一种与主权国家脱钩并能保持币值长期稳定的国际储备货币的主张。这一建议在国际社会得到广泛反响。胡锦涛主席在20国集团峰会上讲，改革国际货币要坚持“全面性、均衡性、渐进性、实践性的原则”。显然，只有建一个与主权国家脱钩的国际储备货币，国际货币体系的改革才是全面的、彻底的。但这种改革不可能一蹴而就，必须是渐进的。在此之前，我们应该推进国际货币多元化的发展。我国学者近几年来积极主张“人民币国际化”，如刘力臻、徐奇渊的《人民币国际化探索》（人民出版社2006年出版），冯郁田的《人民币渐进国际化的路径与政策选择》（中国金融出版社2009年出版）。有的人提出“人民币先周边化再国际化”（如朱超平文刊《环球时报》2009年7月9日）。有的人还提出“分三步走”（周边化、区域化、国际化）推进人民币国际化（如葛兆强文刊《上海证券报》2009年7月17日）。与此同时，我国政府也在切实、稳步推进人民币国际化进程。中国中央银行除了与东亚国家签订了货币互换协议外，还与韩国、马来西亚、白俄罗斯、印尼、阿

① 参见黄范章《经济全球化与金融监督国际化》，《宏观经济研究》1998年第2期；《金融全球需要宏观经济政策的国际合作》，《中国经济时报》2002年6月29日；《经济全球化需要宏观经济政策的国际合作》，《宏观经济研究》2009年第7期。

根廷等国中央银行及中国香港金管局签订了总额为6500亿元人民币货币互换协议，2009年4月8日中国国务院决定在上海市和广东省的广州、深圳、珠海及东莞4个城市进行跨境贸易人民币结算试点。人民币国际化的逐步推进，将有助于国际货币体系的改革加速推进。

总之，我国的社会主义市场经济的建设，是在中国特色社会主义伟大旗帜下，解放思想，实事求是，与时俱进，突破传统马克思主义和西方经济学的“教条”进行前无古人的制度创新和理论创新。相信，再过30年，当我国完成“三重转轨”之日，也是完善社会主义市场经济建设之时，那时候，在东方地平线上，在我国神州大地上将高高地矗立着一面鲜艳的旗帜，上面写着：“社会主义市场经济——中国特色社会主义。”中国将以有中国特色的“转型经济学”和社会主义市场经济学给世界经济学文库增添瑰丽的篇章。

参考文献

1. 《经济研究》历年各期。

2. 《经济学动态》历年各期。

3. 萨缪尔森：《经济学》，商务印书馆1979年版。

4. 张卓元、黄范章主编：《中国十年经济改革理论探索》，中国计划出版社1991年版。

5. 青木昌彦、钱颖一：《转轨经济中的公司治理结构》，中国经济出版社1995年版。

6. 多恩布什·费自尔：《宏观经济学》，中国人民大学出版社1997年版。

7. 斯蒂格利茨：《经济学》，中国人民大学出版社1997年版。

8. 郑新立主编：《迈向2020年的中国》，中国计划出版社1997年版。

9. 黄范章编：《外国市场经济的理论分析与实践》，商务印书馆1998年版。

10. 张卓元、黄范章、利广安主编：《20年经济改革回顾与展望》，中国计划出版社1998年版。

11. 张卓元主编：《论争与发展：中国经济理论50年发展》，云南人民出版社1999年版。

12. 吴敬琏：《呼唤法治的市场经济》，生活·读书·新知三联书店2000年版。

13. 吴敬琏：《改革：我们正在过大关》，生活·读书·新知三联书店2001年版。

14. 高尚全主编：《未来五年中国社会经济发展报告》，中共党史出版社2006年版。

15. 迟福林：《起点——中国改革进入30年》，中国经济出版社2007年版。

16. 马洪、王梦奎主编：《中国发展研究2007》，中国发展出版社2007年版。

（执笔人：黄范章，国家发改委宏观经济研究院研究员）

后　记

本书经过十多位执笔人的努力，已按期于国庆60周年前定稿、出书，作为向祖国六十华诞献礼，感到十分欣慰。

本书的写作得到了中国社会科学出版社孟昭宇社长、赵剑英总编辑和卢小生编审的倡导、支持和鼓励，特此致谢！

本书是各章执笔人辛勤劳动的成果。有好几位作者年逾七旬，有的作者为赶时间加班加点。作为主编，我要感谢全体执笔人的大力支持与付出。

本书各章后面，均注明执笔人。主编对各章内容进行审阅，一律尊重和保持执笔人的主要观点和论述，只对少数章节做了个别改动或删节。

中国社会科学院经济研究所程锦锥博士帮我做了一些编辑加工工作，特致谢意。

张卓元识

2009年8月